蓬莱阁文化研究

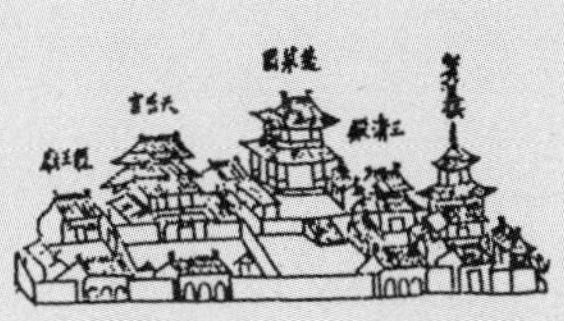

蓬莱阁景区管理服务中心 编

齐鲁书社

图书在版编目(CIP)数据

蓬莱阁文化研究 / 蓬莱阁景区管理服务中心编. --
济南 : 齐鲁书社, 2021.7
ISBN 978-7-5333-4465-8

Ⅰ.①蓬… Ⅱ.①蓬… Ⅲ.①文化史—蓬莱—文集
Ⅳ.①K295.24-53

中国版本图书馆CIP数据核字(2021)第140124号

责任编辑 / 刘　强
责任校对 / 王其宝　赵自环
装帧设计 / 亓旭欣

蓬莱阁文化研究
PENGLAIGE WENHUA YANJIU
蓬莱阁景区管理服务中心 编

主管单位	山东出版传媒股份有限公司
出版发行	齊魯書社
社　　址	济南市英雄山路189号
邮　　编	250002
网　　址	www.qlss.com.cn
电子邮箱	qilupress@126.com
营销中心	(0531)82098521　82098519　82098517
印　　刷	山东新华印刷厂潍坊厂
开　　本	787mm × 1092mm　1/16
印　　张	27
插　　页	3
字　　数	470千
版　　次	2021年7月第1版
印　　次	2021年7月第1次印刷
标准书号	ISBN 978-7-5333-4465-8
定　　价	98.00元

《蓬莱阁文化研究》编纂委员会

主　　任　姜福明

委　　员　王　伟　穆衍鹏　张　婕

　　　　　曲桓生　邢光杰　袁晓春

《蓬莱阁文化研究》编撰人员

主　　编　姜福明

副 主 编　王　伟　袁晓春

编　　辑　（按姓氏笔画排序）

　　　　　刘建军　汤少杰　张景龙

　　　　　范惠泉　黄传娜　董韶军

序

忽闻海上有仙山，山在虚无缥缈间。如果说蓬莱是一座位于东方神话传说里的海滨之邑，那么矗立在丹崖山巅的蓬莱阁就是离“神仙”最近的地方。

蓬莱方丈虽冥邈，高阁近照亦胜游。北宋嘉祐六年（1061），朱处约出任登州知州，他眼前的蓬莱山海相映，呈现出一派虚无缥缈的奇幻之景，蓬莱古代的那些神话传说似乎近在咫尺。他在感叹“世传蓬莱、方丈、瀛洲，在海之中，皆神仙所居，人莫能及其处”之余，转念之间豁然开悟：“听览之间，恍不知神仙之蓬莱也，乃人世之蓬莱也。”于是，朱处约脑海中便萌发了“将为州人游览之所”的念头，最终在丹崖山海神庙原址建起了一座蓬莱阁。神奇壮观蓬莱阁，气势雄峻丹崖山，这是何其的美哉、壮哉！历经岁月淘洗，跨越苍茫时空，这座历经960载的古代名楼便与“蓬莱仙境”紧密相联，以至于明代陈钟盛如此感慨：“以形破影，以迹蹈空，使登此阁者悟蓬莱亦如此阁，不必更从阁外觅蓬莱耶。”

东方云海空复空，群仙出没空明中。蓬莱阁突兀高峻，地处山海之间，其海天一色的自然景观、虚无缥缈的海市蜃楼、家喻户晓的八仙传说、人间仙境的美好寄寓，千百年来“惹”得海内外文人雅士慕名前往，成为人们心目中理想的精神朝觐之地。宋代大文豪苏东坡五日知登州，登临蓬莱阁，幸运地目睹了海市蜃楼的自然奇观，一首脍炙人口的《海市诗》横空出世，成为后人争先拜读的经典佳作。登仙阁，观海市，访八仙，成了后人到蓬莱的精神寄托。尽管并非每个人都能幸运地看到海市蜃楼奇观，更不可能真正邂逅传说中的八仙人物，但这丝毫不影响人们对蓬莱阁的心驰神往。人们虔诚地相信“一上蓬莱阁，虚心瞪目遥”，也许苏东坡笔下的“群仙出没空明中”便悄悄隐藏在眼前的虚无缥缈中。历代文人雅士荟萃于蓬莱阁上，留下无数弥足珍贵的翰墨碑刻，更为蓬莱阁增添了浓厚的历史文化底蕴。

文物承载灿烂文明，传承历史文化，维系民族精神。2018年6月13日，习近平总书记冒雨视察蓬莱阁时强调，领导干部要多读一点历史，从历史中汲取更多精神营养。要加强国家重点文物保护，让优秀文物世代相传。在钟灵毓秀、人杰地灵的蓬莱，老祖宗为我们留下了以蓬莱阁为代表的宝贵历史文化遗产，传承、保护以及开发好这些文化宝藏，是每一位蓬莱儿女应该肩负起的神圣使命。近年来，中共蓬莱区委、蓬莱区政府围绕蓬莱阁整体保护与开发，高瞻远瞩，不断推出新举措，取得新成效：通过小海清淤、民居搬迁、城墙复建、旧观恢复，改造田横山，修建跨海索道，通过有效整合多方资源，使蓬莱阁景区成为全国首批5A级旅游风景区；重视水城小海内出土古船的保护与研究，主动对接“海上丝绸之路”文化研究课题，投资建成以古船研究为主题的蓬莱古船博物馆；围绕一代名将戚继光在蓬莱水城练兵备倭历史事迹，打造以弘扬民族英雄戚继光精神为主题的戚继光纪念馆；加快智慧旅游平台功能升级，推进全域旅游信息化、智能化、便捷化，丰富延展系统功能；深挖景区文化旅游资源，改造升级灯光亮化，大胆尝试夜间经济新业态，破题冬季旅游项目，搞活冬季旅游市场；充分发挥蓬莱阁景区在蓬莱旅游产业中的龙头作用，突出“仙、阁、海”特色，诠释古港、古船文化和戚继光爱国文化，加快融入区委区政府制定的全区域、全要素、全产业链的全域旅游整体发展战略，不断拓宽蓬莱阁多元文化品牌内涵，厚植蓬莱历史文化名城优势。每每眺望蓬莱阁，我们时刻谨记：深挖蓬莱阁历史文化内涵，保护好这座千年古阁，就是在延续我们的古城文脉，留住我们的城市记忆。对于我们这代人来说，这既是一份荣耀，更是一种责任，唯有恪尽职守、干事创业、为民谋福，方可不负党和国家重托，不负千年古阁，更不负四十万蓬城百姓。

不忘历史才能开辟未来，善于继承才能善于创新。蓬莱阁作为蓬莱的城市地标，从北宋时期建阁至今已走过960个春秋，它是蓬莱历史的见证者。在今年蓬莱阁喜迎建阁960周年之际，系统挖掘和整理蓬莱阁多元化的历史文化资源，厘清蓬莱阁人文历史发展脉络，编纂《蓬莱阁文化研究》愈显意义重大。相关研究领域专家学者鼎力支持，或踊跃投稿，或积极建言献策；《蓬莱阁文化研究》编委会更是以传承蓬莱阁文化为己任，以求实忘我的精神投入到书稿的编纂工作中，钩稽文献，几易其稿，一年有余，终成此书。《蓬莱阁文化研究》以蓬莱阁为历史基点，内容涵盖古建筑文化、金石碑刻文化、仙道文化、海上丝绸之路文化、戚继光文化等，对于系统研究和整体把握蓬莱阁多元化的历史文化发展脉络颇为有益。

知古鉴今，继往开来。《蓬莱阁文化研究》犹如蓬莱历史长河中的一艘即将扬帆启航的邮轮，它承载着我们这代人对于文化自信的孜孜追求！相信《蓬莱阁文化研究》的付梓，必将释放出其资政育人、涵养精神的强大文化动能，激发出新时代蓬城儿女热爱祖国、热爱家乡、奋发有为、挺起文化自觉脊梁的磅礴伟力！

是为序。

中共烟台市蓬莱区委书记

目 录

序 …………………………………………………………………… 韩耀东（1）

蓬莱阁文化

论蓬莱阁文化的海洋意蕴 ………………………………………… 王赛时（3）
国家图书馆藏蓬莱金石述要 ……………………………………… 徐自强（20）
蓬莱阁诗词刍议……………………………………………………… 贺宗仪（33）
蓬莱阁楹联艺术浅析………………………………………………… 位仁田（42）
蓬莱阁碑刻的历史和艺术价值……………………………………… 张永强（55）
蓬莱阁建筑探究……………………………………………………… 于建华（63）
从蓬莱阁看海神信仰的演变………………………………………… 陈 煜（69）
浅析蓬莱阁庙会的文化内涵………………………………………… 宋耀武（77）
蓬莱阁与道教福寿文化………………………………… 蒋惠民 王 颖（82）
蓬莱阁的兴建对宋代蓬莱旅游的影响……………………………… 朱 龙（87）
苏公祠考……………………………………………………………… 臧伟腾（95）
苏轼与蓬莱阁 ……………………………………………………… 张爱敏（100）
蓬莱阁珍藏的苏轼《海市诗》碑刻 ……………………………… 范惠泉（109）
宋庆与蓬莱阁 ………………………………………… 张翼飞 苏建阁（116）
潍县令招子庸《蓬莱阁壁上写竹题诗》跋 ……………………… 孙敬明（126）
王懿荣与蓬莱阁炮台碑文考 ………………………… 吕伟达 吕静波（131）
女真文蓬莱刻石与奥屯良弼饯饮题名 …………………………… 张永强（138）
蓬莱阁弹子涡石及其诗文探析 …………………………………… 陈立强（143）

有关孔有德与登莱兵变的碑刻与文献 …………………… 吴梦麟（154）
美国普鲁伊特家族存留的蓬莱阁旧照片 …………………… 程　麻（164）
蓬莱阁石榴石 …………………… 陈立强（168）
蓬莱阁与登州博物馆藏金石锲刻题记辑考 …………………… 张永强（172）
浅析蓬莱阁建筑文化与建筑美 …………………… 逄建斌（180）
试析蓬莱仙海文化特色 …………………… 王作言（184）
蓬莱——八仙过海传说的发源地 …………………… 周　霞（189）
蓬莱阁道教文化探微 …………………… 寇润平（196）
齐地八神与蓬莱神话 …………………… 林仙庭（203）
碑铭所见早期全真教在蓬莱的活动 …………………… 张永强（207）
蓬莱民间信仰的旅游文化价值及其开发方向 …………………… 曹艳英（214）
蓬莱阁赋 …………………… 宋耀武（228）
山东蓬莱阁建筑群西北角滑坡现状及治理对策 …………… 姜福明　孔庆生（230）
蓬莱水城城墙修复设计 …………………… 杨新寿（248）

海上丝绸之路文化

蓬莱古船的科学与文化内涵 …………………… 席龙飞（263）
从登州古港出土的陶瓷看宋元时代的陶瓷贸易 …………………… 王安安（274）
蓬莱两艘古战船与其他出土古船船型特征之比较 …………………… 顿　贺（279）
对蓬莱古船博物馆等中外海事博物馆的观察与思考 …………………… 尤飞君（284）
浅谈蓬莱水城的历史变迁 …………………… 郑亮亮（292）
略论蓬莱阁下登州文会馆对中国近代高等教育的影响 …………………… 辛俊玲（296）
蓬莱舟船文化 …………………… 何国卫（302）
蓬莱出土的四号古船初探 …………………… 顿　贺（309）
再探蓬莱高丽（朝鲜）古船 …………………… 袁晓春（314）
明代山东海防三营述论 …………… 朱亚非　赵树国（323）
明代山东备倭都司考论 …………… 赵树国　朱亚非（333）

戚继光文化

俞龙戚虎之优长 …………………………………………………… 范中义（345）
戚继光的“适成中国之大”思想初探 …………… 张凤林　张津铭（373）
戚继光在蓬莱的青少年岁月 ………………………………… 袁晓春（378）
从“登州事变”看“戚家军”与“辽东兵”的差异………… 宋耀武（383）
戚继光与托浑布登州海防政策比较研究 ………………… 张景龙（391）
蓬莱发现戚继光及其家族史料探究 …………… 王　伟　袁晓春（400）
戚继光书法浅析 …………………………………………………… 马德成（409）
戚继光与蓬莱阁 …………………………………………………… 叶玉杰（415）
戚继光诗《放舟蓬莱阁下》赏析 ………………………… 张凤林（420）

后　记 …………………………………………………………………………（424）

蓬莱阁文化

论蓬莱阁文化的海洋意蕴

王赛时

蓬莱阁自北宋嘉祐六年（1061）兴建以来，临海而立，一直作为古登州的标志性建筑，风采递传，延续如今。在960年的历史长河中，蓬莱阁以其特有的人文内涵和历史积淀，刻写了蓬莱文化的漫长印记，其中所展示的海洋文化意蕴，显得是那样浓重和强烈。如今，我们深度探讨蓬莱阁文化，一定要研究它的海洋背景。

一、蓬莱阁文化与海上仙境的畅想

蓬莱阁定址于蓬莱，首先体现的是一种海洋情结，倾诉着古代人民对海上仙境的向往和追求。

大海不但能够孕育万物生灵，也给人类带来无穷无尽的猜测和遐想。而这种猜测和遐想，最早便以神话传说的畅想形式，活跃在人们的思维之中。于是，最早居住在山东沿海的先民们，面对陆海之间的广阔空间，充分发挥想象能力，创造出以海上仙境为中心的神话传说。这种虚构的大海中的仙境，在中国历史上通称为“蓬莱仙境”。《山海经·海内北经》记载：“蓬莱山在海中。大人之市在海中。”郭璞注：“上有仙人宫室，皆以金玉为之，鸟兽尽白，望之如云，在渤海中也。”蓬莱仙境的传说最早构于渤海之滨，一直在引发着沿海居民对海洋的幻觉。

在我国古代，蓬莱仙境永远是一处模糊绰约、可近可远的虚幻世界，为此有人曾亲临海滨去寻找，但更多的人只是在心灵中默默向往。然而，不知有多少人总是对虚无缥缈的蓬莱仙境抱有幻想的心态，始终希望找到一个能够沟通仙境的场所。正是出于这种愿望，宋朝人率先在登州蓬莱建起了这座蓬莱阁。

蓬莱古城建置已久，据《元和郡县志》卷十一记载：“昔汉武帝于此望蓬莱山，因筑城，以蓬莱为名，在黄县东北五十里。贞观八年，于此置蓬莱镇。”蓬莱的起名本身就得益于蓬莱仙话的传说，那种虚无缥缈的神仙境界被浓缩到海滨城邑，使得这一方宝地更增添了灵光仙气。武则天时代，诗人骆宾王游历海疆，便写下了著名的《蓬莱镇》一诗，其中多少透露出蓬莱古镇的海洋风貌。《全唐诗》卷七十九载其诗云："旅客春心断，边城夜望高。野楼疑海气，白鹭似江涛。"神龙三年（707），唐朝正式设置了蓬莱县。

北宋嘉祐年间，朱处约出任登州知州时，著名学士梅尧臣曾写诗相送，其诗中就充满了对蓬莱仙境的向往。《宛陵集》卷二十三载其诗《送朱司封知登州》云："驾言发夷门，东方守牟城。城临沧海上，不厌风涛声。海市有时望，闾屋空虚生。车马或隐见，人物亦纵横。变怪其若此，安知无蓬瀛。"这首诗说明，蓬莱历史上的仙道文化早已深入人心。

朱处约来到登州履任，看到蓬莱海山相映，意境深邃，首先也联想到古老的仙话传说。他在所撰《蓬莱阁记》中倾诉了这样的看法："世传蓬莱、方丈、瀛洲，在海之中，皆神仙所居，人莫能及其处……而登州所居之邑曰'蓬莱'，岂非秦汉之君东游以追其迹，意神仙果可求也。"面对登州蓬莱的特殊地理位置和海洋特色，朱处约身临渤海而感叹现实，他描述了自己所看到的一切："层崖千仞，重溟万里。浮波涌金，扶桑日出。霁河横银，阴灵生月。烟浮雾横，碧山远列。汐浑潮落，白鹭交舞。游鱼浮上，钓歌和应。仰而望之，身企鹏翔。俯而瞰之，足蹑鳌背。听览之间，恍不知神仙之蓬莱也，乃人世之蓬莱也。"于是，身为知州的朱处约萌发了建造仙阁的念头，他在丹崖山海神庙庙地上，构筑了有史以来的第一座蓬莱阁。对于当时建阁的用意，朱处约特别强调了"将为州人游览之所"的实用态度，并宣称此阁乃"治世之蓬莱也"。[1] 此后，蓬莱阁的建筑就和古老的"蓬莱仙境"有机地结合在一起了。

最初慕名游览蓬莱阁的人，大都把这里当作想象中的仙境、感悟仙话的最佳地点。北宋熙宁年间，韦骧来到登州，就曾写诗说："行尽东州到此州，登临更尽北山头。孤城突兀连沧海，三岛参差耸暮秋。广座下疑鳌负石，危檐远学蜃为楼。蓬莱方丈虽冥邈，高阁今朝亦胜游。"[2] 韦骧以蓬莱仙境作为自己的理想寄托，在蓬莱阁上去想象那些仙山缥缈、人灵可通的奇奥世界。与之类似的人往往把自己投入仙境之中，去体会那里的朦胧景象。

海上仙山的古老传说把人工建造的蓬莱阁引入一种神话境界，不但当地居民为此而谈笑风生，就是游历而来的人们，来到蓬莱阁，同样感慨万千。如崇祯时陈钟盛来到登州，所写《蓬莱阁记》就由衷强调："世外蓬莱有与无不必论，而解脱缰锁、涤除烦苛，以自心蓬莱，造斯世蓬莱，其得失可还商也。"他由此深悟出"登

① 引自《蓬莱阁诗文选注》，山东人民出版社 1983 年版。

② 韦骧《钱塘韦先生文集》卷六《登蓬莱阁》，清丁丙嘉惠堂刊瓶花斋吴氏影写宋乾道本。

此阁者悟蓬莱亦如此阁，不必更从阁外觅蓬莱耶”① 的一番道理。古人登临蓬莱阁，都难免触景生情，悟想天外。人们在蓬莱阁上所感受到的人生世界，还远远不止于眼前的那一片现实天地。

清人邵长蘅来到蓬莱阁，眺望海天，浮想联翩，为此而写诗志意，吟咏神秘仙境。《晚晴簃诗汇》卷三十三载其《蓬莱阁望海》诗云：“我来一蹋蓬莱阁，溟涨高寒岛屿秋。元气苍茫日月浴，青天出没蛟螭游。田横五百余荒寨，徐市三千隔祖洲。缥缈神山不可见，天风万里声飕飕。”清人曹贞吉用一首《金明池》词来歌咏蓬莱阁的仙境韵味：“大海涵青，丹楼耸翠，森森鸿蒙奥府。蜃气荡，云车风马，贝阙拥鲛姝龙女。望扶桑，几点烟螺，便打叠、鳌背匆匆归去。”②

当人们咏颂蓬莱阁的时候，都会联想到缥缈神山和贝阙仙宫，甚至还会重温那徐福出海与不死之药的古老传说。明人王世懋来到蓬莱阁，言之于诗，深受海上三山的诱惑。（雍正）《山东通志》卷三十五之一载其《寄讯蓬莱阁》诗云：“遥闻高阁俯蓬壶，为问三山定有无。云暖蜃楼朝结市，月寒鲛室夜沉珠。惊湍槛外星河覆，异域尊前岛屿孤。若遇安期应乞枣，莫令秦帝石空驱。”明人王世贞也有类似的吟唱，《弇州四部稿》卷三十五《袁将军邀饮蓬莱阁和汝思作》有他这样的咏唱：“悬梯阁道倚蓬莱，地尽天空鸿雁回。日似海人珠捧出，山疑秦帝策驱来。千秋未假徐生药，六月长留袁绍杯。为问异时陵陆改，始知尘世有仙才。”可见，来到蓬莱阁，古人很难避免仙事传说的影响。这种蓬莱仙境的独特反映，已经弥染到临海之人的每一寸心田，这里面既包含着对上古传说的文化继承，又寄托着当代人的现场感受。

掖县赵氏世为书香门第，其家族成员大多游览过蓬莱阁，子弟们络绎赋诗，系列吟唱，也都离不开仙境的诱惑和神仙的传说。如赵玉藻《蓬莱阁诗》云：“波撼高楼敞夕晖，参差岛屿望中微。晴山翠滴连云动，雪浪惊翻带雨飞。采药应怜千载事，求仙谁遣一航归。蓬瀛只在沧洲外，空说凭虚愿不违。”赵继范《登蓬莱阁诗》云：“高阁架飞虹，三山接碧空。云连千尺岫，浪卷万涛风。海屋筹何在，安期信不通。从来多幻景，且莫羡苏公。”③ 经过诸多诗人的文笔锤炼，海上仙山的神话传说通过蓬莱阁的传递，最终步入一种更为超脱的艺术境界之中。

中国古代出现过很多神话，但能把一种仙境传说永久地扎根在现实世界，并且通过一座蓬莱阁的呼唤而千古流传，则绝无仅有。当海上仙山在虚无缥缈中若隐若现的时候，只有蓬莱阁能用它绘声绘色的倾诉，把传说故事播撒给所有的受众。

---

① 引自《蓬莱阁诗文选注》，山东人民出版社 1983 年版。

② 《珂雪词》卷下《蓬莱阁》，康熙十五年刻本。

③ 赵氏诸诗载《东莱赵氏楹书丛刊》，分见于其中《柏园诗集》《自得斋诗稿》。

二、蓬莱阁的海洋景观与诗赋文化

蓬莱阁构建之后，登州人士纷纷来到这里，登高望海，观日赏潮，拥簇起一方名胜。蓬莱阁的海洋胜境，很快传名于四方，引来大量外地游客。苏轼于宋元丰八年（1085）出任登州知州，就职只有五日，就迫不及待地来到蓬莱阁游赏海景，并在此写诗纪游。《苏东坡全集·前集》卷十八载其诗题云："文登蓬莱阁下，石壁千丈，为海浪所战，时有碎裂，淘洒岁久，皆圆熟可爱，土人谓此弹子涡也。取数百枚以养石菖蒲，且作诗遗垂慈堂老人。"可见苏轼在蓬莱阁玩得很开心。熙宁年间，孔平仲任密州教授，友人因事前往登州，他马上写诗说："北望登州匹马驰，驼裘孤扇任风吹。……烦君一上蓬莱阁，归说扶桑日出时。"① 孔平仲写这首诗的时候，蓬莱阁构建才刚刚十年，但其名胜效应已经深深影响到附近州县。

由于古登州临海而设，蓬莱阁恰在海滨制高点，风景优美，视觉旷达，因而这里又成为古代文人学士的雅集之地。文人墨客在此写诗作赋，创作出内容丰富的作品，打造出绚丽多彩的名胜文化。元人于钦《齐乘》卷五就记载蓬莱阁"实为山海登临胜概"，阁上古今题咏甚多。现今蓬莱阁留存下的题刻就有二百余石，其内容大部分为观海述景，处处体现着蓬莱阁的海洋意蕴。如今，散布在古人文集以及民间传诵的蓬莱阁诗词文章，那更是不计其数。《齐乘》卷五还援引宋人《秦楼月》一词："烟漠漠，水天摇荡蓬莱阁。蓬莱阁，朱甍碧瓦，半浸寥廓。　三山谩有长生药，茫茫云海风涛恶。风涛恶，仙槎不见，暮沙潮落。"书中说，这首词，历代登者"皆歌之"。用今天的话说，这就是一首围绕蓬莱阁的海洋主题曲。

从宋朝开始，海滨人士就掀起了讴咏蓬莱阁的诗风浪潮，众人用诗歌特有的韵律，把蓬莱阁的海洋名胜姿态描述得熠熠生辉。光绪八年《蓬莱县续志》卷十四《艺文》收录了宋人《登蓬莱阁》两首诗，其中许遵留有"一望山川连海阔，数声歌笑入云回"的情景展示，赵抃则发出"天地涵容百川入，晨昏浮动两潮来"的形胜吟唱。他们都曾从蓬莱阁上寻找一望无际的海洋感受。

金元之间，诗家咏唱，仍然围绕着蓬莱阁名胜，并且一度将视线引伸到浩渺远洋。金代全真道掌门人丘处机来蓬莱阁游视，曾写下《登蓬莱阁》一诗，其诗有云："一上蓬莱阁，虚心瞪目遥。云依山自长，水到海还消。俯视蛟龙窟，傍观乌鹊桥。何忧远轻举，咫尺近丹霄。"② 随后，元初人张观光又写诗云："杰阁翚飞翠

① 《清江三孔集》卷二十四孔平仲《陈宗圣县丞往登州，问有所干，以此托之》，文渊阁《四库全书》影印本。

② 《栖霞长春子丘神仙磻溪集》卷二，国家图书馆藏金刻本。

霭间，蓬莱元不在人寰。绿围城廓千村水，青遍帘栊四面山。华表鹤归辽海远，高台凤去夕阳间。我来倚遍阑干月，云锁重门夜不关。”① 其诗感情炽烈，寄意高远，表达了对蓬莱阁的一片迷恋之情。

有明以后，蓬莱阁屡经扩修，一修于洪熙，二修于成化，三修于万历，规模逐渐增大。万历年间，山东巡抚宋应昌为蓬莱阁撰写题记，就声称：“阁首踞丹崖，俯瞰沧溟，千折之槛，三至之阶，恍然出人间世，固域内一奇胜也。”他认为蓬莱阁可以与各地名胜媲美争雄，“记超然台，则起物外之想；登岳阳楼，则勤先忧之思”，而登此蓬莱阁，则能够使“文学之臣，藻其鞶帨；将帅之臣，振其武略”②，尤能给人以兴奋之感。

明朝人在蓬莱阁上寻找到更多的游赏乐趣，游人或倚亭观海，或夜阑观日，充分领略蓬莱阁的海洋趣味。

赵鹤是江都人，曾官山东提学副使，他在登州游玩时，就曾远望渤海，诗咏蓬莱。《明诗综》卷三十二载其《蓬莱阁观海》诗云：“蓬莱高阁晚凉开，倦客乘凉坐未回。不住鸟声冲雨过，有时龙起带潮来。愁云尚识田横岛，仙月还虚汉武台。回首夕阳瀛海上，一樽怀古独徘徊。”王世贞在登州时，写下了很多吟咏蓬莱阁的诗篇，比如他的《和吴峻伯蓬莱阁六绝》《蓬莱阁后六绝》，一共十二首诗，写得都很精妙。其中一首云：“不尽沧波返照红，千寻霞锦蹙回风。中流忽迸真珠起，知是垂天饮白虹。”意境所至，很是壮观。而上文那首《袁将军邀饮蓬莱阁和汝思作》写得就更为出彩。③

海上有日出，海上生明月。这样的景观，要是在蓬莱阁上观看，景色格外壮丽。明人谢榛和郑汝璧都曾在阁上观看海上日出，其中谢榛写诗说：“蓬莱阁上坐终宵，光罗星宿垂无际。直气相扶动万里，凌空不假神明卫。海日闪破苍茫天，岛云恍开太古世。风息浩波生籀文，长鲸自缩广穴闭。”④ 郑汝璧写诗云：“飞阁冥冥海峤孤，忽看残夜起阳乌。晨光积气时开阖，绛节金支乍有无。”⑤ 他们借名胜之区而观自然之景，获得了充分的精神享受。孙继皋写有《遥和吴止庵侍御登登州蓬莱阁看海上月出》两首，《宗伯集》卷十载其诗云：“君上蓬莱阁，何如蹑五城。霜威消蜃气，月彩傍窗明。贝阙层波隐，琅璈半夜迎。将无生羽翰，汗漫友卢生。”“仙人不可望，君到即蓬莱。月出巨鱼避，天寒青鸟来。波纹迎槛入，斗柄拂檐回。

① 《屏岩小稿·和毛宣慰蓬莱阁韵》，文渊阁《四库全书》影印本。

② 《重修蓬莱阁记》，见道光十九年《重修蓬莱县志》卷十二《艺文》。

③ 王世贞诗分见《弇州四部稿》卷四十九、卷三十五，文渊阁《四库全书》影印本。

④ 《四溟山人全集》卷二《梁中丞乾吉、刘大参子仁同登蓬莱阁，夜观日出，赋此以纪胜事》，万历三十二年重修本。

⑤ 《由庚堂集》卷十一《蓬莱阁夜观海上日出》，万历刻本。

海晏登临见，澄清赖上才。”站在蓬莱阁上，不仅可以观看大海的水色波面和潮汐涨落，还能欣赏月出日落、云飞霞散的海天物象，那种天象变化真正是妙趣无穷。

（雍正）《山东通志》卷三十五之一下所载明人潘滋撰写的《蓬莱阁赋》，除了描绘亭台楼阁与海天风光，还特别关注名胜场地中包纳的人文活动，其中提到了“揖客而下，洗盏更酌，杂坐岩楹，踦屦盘髆，握取石子，射覆纵谑”的消遣场面。可见，明朝人在蓬莱阁上逍遥休闲，融游观与玩乐于一体，把这里当作综合性的娱乐场所。戏水玩石，也算是享受大自然的物华天宝。

蓬莱阁上最奇妙的景观，莫过于海市蜃楼了。明末清初的周亮工写诗描述蓬莱阁，着重揭示海面上的蜃楼风光：“蓬莱高阁俯神州，阁外平看大海流。望里仙门真可接，空中龙势未全收。东南风缓楼台幻，日月光悬岛屿浮……”① 在诸人诗作中，明天启年间曾任登州知府的徐应元所写的一首诗，就把蓬莱阁的名胜内涵与海市蜃楼融汇在一起，他的诗这样描绘：“有美蓬莱阁，屹然丹山头。高出五云端，俯瞰大海流。坐对三神山，下藏蛟与虬。云气时出没，忽然结为楼。”② 那种时隐时现的蜃景，会让人们产生无边的遐想。

明人张吉《古城集》卷五《李都阃同登蓬莱阁观海》诗，其中也有海市蜃楼的影像：“海市流传不记秋，古今胜事信无俦。南多鲛室北蜃室，变幻起灭难推求。蜃为楼阁鲛为绡，往往真与尘世侔。虽侔尘世终莫有，吁嗟入目不入手。是时我与李将军，注目晴空颇良久。渺然一碧何所见，恍恍徒闻鳌抃蛟龙吼。人言海烟映日海市乃露呈，孰是神物无依凭。空明万象惊瞶褒，伸手谁探波底星。”

海市蜃楼的奇异景观，时常飘忽于庙岛海域，牵动着人们好奇的视线，因而世人又把庙岛群岛比作蜃楼世界。《齐乘》卷一就说：“海市现灭，常在五岛之上……慕之为仙，亦不为过。”清人黄钺为此有诗：“我闻方丈东海陲，龙宫万顷堆琉璃。……疏林茅屋映竹篱，凭依五岛曾不离。”③ 庙岛群岛就在海市蜃楼的笼罩之下，让现实与虚幻一起散发灵气。

施闰章《学余堂诗集》卷十六《蓬莱看海市歌》，把蓬莱阁观海市蜃楼的情景描绘得绘声绘色：“蓬莱海市光有无，玄冬物色夸大苏。我亦再拜乞海若，愿假灵异看须臾。是时苦旱海水竭，神龙困懒枯珊瑚。鼍鼓忽鸣津吏呼，天吴出舞鲛人趋。大竹盈盈横匹练，小竹湛湛浮明珠。方员断续忽易位，明灭低昂顷刻殊。列屏复帐闪宫阙，桃源茅屋成村墟。沙门小岛更奇绝，浮图倒影凌空虚。有时离立为两人，上者为笠下者车。砉然双扉开白板，中有奇树何扶疏。三山十洲一步地，群仙

①《赖古堂集》卷九《蓬莱阁和吴冠五韵，海上春夏之交东南风缓则海市见》，康熙十四年金陵刻本。

② 道光十九年《重修蓬莱县志》卷十四《艺文》之《甲子仲夏登署中楼观海市》。

③《壹斋集·诗集》卷二十五《登州不见海市，诗以解嘲》，光绪七年许氏重刊本。

冉冉来蓬壶。神摇目眩看不定，惜哉风伯为驱除。人间快意亦如此，浮云长据胡为乎。噫嘻！浮云长据胡为乎。”

清代诗人往往采用不同的吟咏情调来烘托蓬莱阁的名胜文化，如丁蕙的《登蓬莱阁》诗写得凝重深挚：“画栏朱栋俯鸿蒙，四顾茫茫万象空。吐纳江河连碧落，荡摩日月沐青铜。方壶路接蛟波外，楼阁嘘成蜃气中。到此尘嚣都不染，欲乘黄鹄御天风。”[①] 李树德《登蓬莱阁》诗则写得更加气势恢宏，字句之间翻腾出一股海疆名胜的豪气，诗云：“海东雄镇属蓬莱，飞阁何年画槛开。万里鲸波浮日月，半空蜃气结楼台。传烽故垒风吹荻，勒字高厓雨渍苔。坐镇忻逢清晏日，遥看重译驾航来。”[②] 阮元亦写过一首《登蓬莱阁》，诗作中把海天世界的壮阔景象层层收揽，写得是那样震撼心扉，诗云：“下见沧溟上绛霄，城头一阁独超超。天能包括鲸波静，日有光华蜃气销。岛外帆移千里目，坐中人壮午时潮。曾游山海东经内，郦注江河总寂寥。”[③] 赵鈊原《蓬莱阁观日出》诗云：“今宵天气好，乘兴上蓬莱。积水连天起，罡风泼眼来。扶桑云气晓，旸谷宝光开。普射鲸波赤，昭融万象回。”[④] 如此诗咏，连珠叠玉，不及缕表。诗人们似乎都喜欢通过自己的才华来反射蓬莱阁的万千气象。

在蓬莱阁上观海，会有一种特殊的感受，所以这里留下的咏海杰作格外精彩。其中清人王初桐的《登蓬莱阁观海，风浪大作》诗，写得极有韵味，《乡园忆旧录》卷五载其诗云：“蓬莱之山不可到，蓬莱阁中好登眺。阁前海阔天茫茫，万里长空来远峤。大海小海浮杯中，珠宫贝阙吟鱼龙。新罗朝鲜只咫尺，豆帆一霎成艨艟。我思钓鳌榑桑渚，白浪连天迷去所。白气蒸为骇岸云，浪花洒作晴天雨。须臾风止烟霏霏，青铜一镜磨斜晖。划然长啸惊鸥鹭，群向田横岛上飞。”

庙岛群岛散布海中，正与蓬莱阁相视。山左文人站立在蓬莱阁上，还曾以庙岛群岛为题材而进行诗歌创作，用以展现海岛与陆岸那种一衣带水的关系，如清人赵执信《蓬莱阁望诸岛歌》就描写出一种很深的意境。《因园集》卷四载其诗云：“君不见，不周崩摧地维裂，东南海溅共工血。千山万山皆平沉，鳌撑无力海水深。女娲拣石炼天色，余块累累向空掷。落处蓬莱浅且清，看当霜雪寒逾碧。长山西接沙门长，鼍矶北去凌苍苍。牵牛灭没见尻臂，大竹小竹争颉颃。或如星槎堕河汉，或如古鼎腾光芒。鱼鼋戢戢尽昂首，云霞历历森成行。余者琐细不足数，鸥浮鹭立参微茫。”

蓬莱阁的附属建筑也都蕴涵着非常深厚的文化底蕴，如阁侧苏公祠，乃后人为

---

① （雍正）《山东通志》卷三十五之一下《艺文》。

② （雍正）《山东通志》卷三十五之一下《艺文》。

③ 《晚晴簃诗汇》卷一百七，退耕堂1929年刊本。

④ 赵鈊原《余闲草诗集》，《东莱赵氏楹书丛刊》本。

纪念苏轼而建造，祠中嵌刻东坡诗篇与后人唱和之作，游览蓬莱阁的文人都要在此一沾前贤文泽。益都赵执信在祠中瞻仰时写过一首《坡仙祠》：“五日登州守，千秋海市诗。蛟龙留胜迹，雨雪满荒祠。才觉乾坤尽，名将日月垂。……酒酹沧波远，吟耽夕照迟。”① 芜湖人黄钺奉旨补山东学政，曾专门访问苏公祠，并写诗志意：“晓日曈昽岛屿开，先生端合住蓬莱。能陈利病还朝后，不负边州五日来。鸿爪无心留胜迹，文章有用乃奇才。到今意气倾山海，谁说龙钟造物哀。”② 同治元年（1862），豫山重修蓬莱阁时，将苏公祠移于三清殿后，扩其规模，这便是今人所见的祠宇。可以说，苏公祠的陪衬为蓬莱阁增添了重量级的名人气息。

沿蓬莱阁左折而下，便是海潮庵。海潮庵原为佛室精庐，其中梵灯禅语，给蓬莱阁景区带来另一种超脱气格。赵执信曾在此写下《海潮庵》一诗：“万里青莲色，虚空拥化城。人随海鸟至，僧带磬声迎。梵呗潮相应，楼台蜃不争。登临悟无住，浑欲厌浮生。”③ 许多游客在登阁之后，还要到海潮庵寻觅别样情调。《蓬莱阁诗文选注》汇集了数首吟咏海潮庵的诗篇，其中蔡永庄《题海潮庵壁》诗这样描述：“华阁空明四望闲，朝霞日射五云斑。天低若有衢堪步，地绝疑无磴可攀。槛外泬寥通八极，座中缥缈识三山。……”史逸允《中元日潮海庵次韵》诗云：“……佛灯散彩横秋汉，洁雨飞花滴玉壶。一望明波缥缈处，蜃楼气接暮光无。”丁蕙《潮海庵》（其一）诗云：“兰若藏山麓，平临大海澜。窗虚云岛入，砌撼雪涛寒。鱼为听经出，龙因护钵蟠。潮音成妙谛，晏坐喜蒲团。”潮海庵即海潮庵，以禅境清幽而显名于昔时。

海潮庵左侧有海镜亭，原为清初检阅水师之所，其轩楹四敞，直视海面。顺治年间，徐可先在此写有《奉陪直指程公阅操海镜亭》一诗，其中表露了“骢马临流阅水犀”的场面，后来施闰章将其改为把酒凭栏的观景场所，认为此亭消遣，“上可以冯虚御风，与三山十洲相往来，而下可以接鲛宫蜃市于几席间”④，最具消遣意味。一些游客也往往依亭写诗，抒发情怀。如任璿《题海镜亭壁》诗就渲染了这里的开旷景致，其诗云：“危亭临彼岸，对镜欲开颜。瀚海凭栏外，沧洲引领间。天空连积水，地尽接神山。顿使予怀渺，长吟且未还。”⑤ 福山才子鹿林松所写的《海镜亭》诗则展现出一种远近呼应的磅礴气势，其诗有云：“万里无边际，空明独此亭。地天浮一碧，齐鲁荡余青。旁射蛟龙气，中盘岛屿形。何人正垂钓，烟雨

① 《因园集》卷四，文渊阁《四库全书》影印本。

② 《壹斋集·诗集》卷二十五《蓬莱阁谒东坡先生祠》，光绪七年许氏重刻本。

③ 《因园集》卷四，文渊阁《四库全书》影印本。

④ 《学余堂文集》卷十二《海镜亭记》，文渊阁《四库全书》影印本。

⑤ 《蓬莱阁诗文选注》，山东人民出版社 1983 年版。

满沧溟。”[1] 施闰章《学余堂诗集》卷二十六《重至海镜寺》描写出更深的情感：“借问蓬莱阁，何如此地看。三山平对酒，万里入凭栏。日落回潮碧，风疏清磬寒。旧曾观海市，徙倚思漫漫。”

总之，蓬莱阁以其特有的仙境情趣和人文游赏，向世人展示着山东海疆的名胜风貌。信步丹崖高阁，不仅可以欣赏亭阁庵祠之类的古色建筑，还能够远眺碧波，接受海日霞光的映照沐浴，并偶尔追寻蜃楼幻景的奇异画图。尤其是历代人士的歌咏文赋，更使得蓬莱阁景区弥漫着浓厚的文化色彩，让人深深感受碧海高阁所蕴含的文墨情调。

三、蓬莱阁的海市蜃楼文化

海市蜃楼是一种大气光学现象，通常发生在海滨地区。当海边空气各层的密度出现较大的差距时，远处的光线通过密度不同的空气层就会发生折射或全反射，这时，海面上会出现远处景物的影像。自古以来，蓬莱沿海就经常出现这种海市蜃楼的奇妙景观，引起了人们的极大兴趣。对于这种复杂的大气光学现象，现代科学已能做出完备的解释，然而在遥远的过去，人们受科学水平的限制，还无法恰当地去认识这一自然现象，因此导致了许多荒诞无稽的臆想，同时把海市蜃楼涂抹上一些神化迷信的色彩。自古以来，蓬莱阁就是观看海市蜃楼的最佳场所，那些对海市蜃楼特别关注的人士，还曾揣摩蓬莱阁的蜃楼景象，试图冲开眼前的幻觉，采取较为客观的态度来对海市蜃楼现象进行科学探索。由此而来，蓬莱阁便生发出其他名胜场地所没有的海市蜃楼文化。

应该说，我国沿海许多地区都发生过海市蜃楼现象，但是能够经常看到这种奇幻景象的地段则只有登州蓬莱，也就是说，登州出现海市蜃楼的频率最高。这是因为，蓬莱陆岸与海面形成较为理想的光射角度，当地的空气随季节变化而出现湿度和温度的差异，使阳光照射得以发生不同程度的折变，因而在蓬莱陆岸上可以观看到海面上映射的蜃景风光。附近海面上还散布着长山岛、庙岛（沙门岛）、砣矶岛、牵牛岛、大竹山岛、小竹山岛等大小岛屿，这些岛屿与陆岸、大海结合成一个光射变异区域，使得海市蜃楼时隐时现。而蓬莱阁恰好处在观看海市蜃楼的最佳地点。

由于海市蜃楼经常呈现出光怪陆离的奇异景色，而且随着光线和水汽的变化而飘忽变幻，所以倍受观者注目。我国古籍很早就开始记录这种现象。《史记·天官书》已有“海旁蜃气象楼台”的描述，《唐国史补》卷下亦有“海上居人时见飞楼如缔构之状”的记载。有关登州海市的记录则从北宋开始，历代皆有观测报告和现

① 《晚晴簃诗汇》卷一百二十四，退耕堂1929年刊本。

场记录。从这些历史资料中，我们可以看到昔日大气光学现象所展示的种种风貌，以及古代的各种观测结果。

宋元时代对登州海市的记载主要展现其外在形态，如沈括《梦溪笔谈》卷二十一有云："登州海中，时有云气如宫室、台观、城堞、人物、车马、冠盖，历历可见，谓之海市。"《江邻幾杂志》和《续墨客挥犀》中均有类似记述。于钦《齐乘》卷一亦云："沙门岛……登州北海中九十里……其相联属，则有鼍矶岛、牵牛岛、大竹岛、小竹岛，历历海中，苍秀如画，海市现灭，常在五岛之上。"于钦还对登州海市景象予以简略的描绘："现则山林、城阙、楼观、旌幢、毡车、驼马、衣冠人物，凡世间所有，象类万殊。"他还着重记述了海市蜃楼的持续时间和变化情况："或小或大，或暂或久，或变现终日，或际海皆满。"可以说，海市蜃楼的基本面貌已经被人们捕捉到了。

宋元时代，目睹海市蜃楼的人开始进行现场记录，其中苏轼以诗咏的形式，于钦以笔记的形式，再现了当时的情景。如苏轼于元丰八年（1085）十月出任登州太守，在任五日，就在蓬莱阁上幸运地看到了海市蜃楼，他为此兴奋地写下了《登州海市》一诗，《苏东坡全集·前集》卷十五载其诗云：

东方云海空复空，群仙出没空明中。荡摇浮世生万象，岂有贝阙藏珠宫。心知所见皆幻影，敢以耳目烦神工。岁寒水冷天地闭，为我起蛰鞭鱼龙。重楼翠阜出霜晓，异事惊倒百岁翁。人间所得容力取，世外无物谁为雄。……

在《齐乘》卷一中，于钦这样记录他看到的登州海市：

钦以中秋后至海滨，天已微寒，知州事李述之，诗人也，亦相与祷于广德王之祠。越二日，忽报云："今晨风色云气，海市当现。"同登宾日楼候之。日初出，大竹岛上横一巨艘，长余百寻，述之指以示余。余曰："此海舟耳。"述之曰："谛观之，何故不动？"须臾，前后曳数旗，剑戟纷纭，忽不见，惟有空舟，渐变如长廊而灭。述之曰："风稍急而寒，不然现未已也。"呜呼，神哉！

到了明朝，有关登州海市的记载越来越多，人们或用文字来记录这种自然奇观，或口头向他人宣讲，大家都津津有味地评论着难得常见的海市蜃楼。方以智《物理小识》卷二记载：

海市或以为蜃气，非也。张瑶星曰：登州镇城署后太平楼，其下即海也。楼前对数岛，海市之起，必由于此。每春秋之际，天色微阴则见，顷刻变幻。

鹿征亲见之：岛下先涌白气，状如奔潮，河亭水榭，应目而具，可百余间。文窗雕阑，无相类者。又一次则中岛化为莲座，左岛立杆悬幡，右岛化为平台，稍焉三岛连为城堞，而幡为赤帜。睢阳袁可立为抚军，时饮楼上，忽艨艟数十扬帆来，各立介士，甲光耀目，朱旆蔽天，相顾错愕，急罢酒，料理城守，而船将抵岸，忽然不见，乃知是海市。

徐应秋《玉芝堂谈荟》卷二十三记载：

《闲览》载：登州海中，遇晴霁，忽见台观城市人物往还者，谓之海市。……《猃园》载：副将谢廷芝，建牙东省，亲见登莱海市。初堂屋三间，甚轩敞，罘罳掩映，中悬大珠帘，见一曲几上安鹊尾香炉，篆烟袅袅，有丱角童子，拥彗而至，次第扫地毕，乃取香添入炉中。历历分明，移时乃灭。

上书还载有一篇《观海市记》，为明代吴兴人慎蒙所写，记中详细讲述了蓬莱人观察海市蜃楼的经验和体会，同时把自己在蓬莱阁看到的海市过程原原本本记录下来，其观测时间、发生地点、光色变化和景象动态，无不备收笔下，可以说是一篇有关蓬莱阁观海市最完整的现场速描。其记有云：

丁亥孟夏二十二日，余至蓬莱，越二日，登蓬莱阁，召守阁者问之。曰：“海市，春夏见，秋冬少见；大雾之后天晴见，天阴不见；微风与无风见，大风不见。风微急其见也速而巧，风微缓其见也迟而拙。”余谓市既有时，难以必见，将行矣。俄从者报曰：“山抬头张口，海将市矣！”翘首视之，牵牛岛见楼台，前低后昂，大竹山见一大城，其色则青白相间，雄伟壮丽，殆若王都。顾盼之间，惊愕交并，又自以为眩而妄也。凭栏视之，倏然俱灭。俄有报者曰：“珠玑山更见一城，其色则青黄相间，其形则或高或下，其城上之诸楼则隐显无常，其城角之大楼则离合不定。”回视夫牵牛岛二峰，或开而离，或合而联，或大者自然而小，或尖者忽然而平。俄又有报者曰：“半洋离咫尺，忽复合为一大楼，中留一门，复塞。其东则起三圆亭，皆重檐三叠，透彻玲珑。其西则起假山者三，皆孤峰特耸，突兀嵯峨。其大楼之东，则复起一小楼，与大楼相等。其大者默移于前，小者默移于后。既而升者沉，起者伏，遂隐而不见。”……

自慎蒙之后，很多人都采用长篇记述的方式来描绘自己所观看到的登州海市。由于海市蜃楼每次形成的光学折射或反射角度不一，不同密度的空气也处于活跃状态，使呈现出的景物时大时小，时断时连，忽隐忽现，千姿百态，变幻莫测，而且每次海市画面也不尽相像，所以，不同时间在蓬莱阁观看海市，记录下的便会是异景改换的影像。《乡园忆旧录》卷五载有清代四川丹陵人彭仲尹写的一篇海市记，其所记蜃楼景象尤为诡异奇丽，记文有云：

五月十一日，余至登州。僧言："观海市者，先明诸岛状。天薄云，东北微风，雾气敷于岛脚，正其时也。无甚奇异。本地方官民，或数年不遇，尚有至老未见者，亦似有缘焉。"余惘然久之。

次日，登蓬莱阁，僧历指诸岛名。就晚洁斋。十三日晨起，效东坡祷海神；巳刻，泛舟弹子窝，探仙人洞。甫登岸，舟子云："沙门岛市矣！"岛后高前低，低处现一塔，一杆从顶出，杆头斜挂一幡，随风舞曳；高处化为墩，上平下方，四棱如削。俄而塔变为葫芦象，杆化而为人，东张西顾，往复数次。倏又非塔非人，顶上横出一梁，直接墩。忽一落，梁在中；又一落，在下。顷之，墩、塔融成一片，中开一门，门正中一柱，左右二绮窗，旋方旋圆，玲珑透彻，如初日照耀。随又化为莲花座，一尊者趺坐其上，高触半空，头戴棕笠，耳肩项膝，俨然寺中庄严。

小竹岛之市也，初见一城，一衣白人奔走垛上，疾若飘风。顾盼间，化为八角亭子，周遭擢柱约数十，水光中澈，直达外洋。一帘垂西北，二柱中，扁额、对联隐隐。旋又化为玉尺岸，岸后张一口，类狮子，口中连吐三球；岸前化为屏，高可七八丈，阔二三丈许，就中涌出大殿一座，静穆雄浑，极似皇家宫阙。殿前竖二桅，屏后突架一棚，若陈席，三人周旋其间。而大殿脊上忽叠起小殿一重，一如大殿式。架又化而为门，门又化而为窗，方圆闪倏，如沙门岛。

高山岛极远，遥见大旗烂漫，悬绕碧空。一楼台，雄峙其后，三面开敞，有人于中作歌舞状。

回顾长山岛以西诸小岛，各拥一帽如覆盆。俄顷，连为一气，中闪一洞，渐开渐阔。上化为长桥，可数里，横跨海面。大竹岛化为城，尾拖一吻如象鼻，忽从岛脊划然中开，水天一色。奇幻不及诸岛。

自巳中起，历午、未二刻方散。种种变态，真绝世奇观！

从慎蒙和彭仲尹所写两篇海市记中可以看出，外地人对登州海市抱有更多的好奇心，一旦来到登州，总想在蓬莱阁上亲眼看见海市奇观。然而蜃楼隐现，并非人意所能操纵，终究是抱憾而去的人多，有幸目睹者少。蓬莱居民长期观察海市蜃楼，已经积累了丰富的经验，他们掌握了海市经常发生的季节特征和气象因素，并能够从海风缓急、云雾浓薄等细微方面预测蜃楼的出现，其中“山抬头张口”“雾气敷于岛脚”，都是海市将现的地貌征兆。为慎蒙、彭仲尹解答海市疑问、预报海市和指明将发地点者有守阁者、仆从、僧人、舟子等各类人物。这充分说明，蓬莱居民不论职业如何，对当地海市蜃楼的自然现象都甚为关注，祖祖辈辈积累的观测知识被一代又一代传承下来。先民们虽然不是科学的先驱，但知识的丰富积累必将产生科学成分。蓬莱人对海市蜃楼的了解就阐释了这种道理。

蓬莱居民对自然界的奇特事物始终充满浓厚的兴趣，瞬息即灭的蜃景被人们绘声绘色地记录下来，成为蓬莱阁的文化遗产。我们今天如果要研究海市蜃楼这一复杂的大气光学现象，仍须借助于来自蓬莱阁的原始记录，并从中找出海市蜃楼千年隐现的规律。其中，古人从地貌、季节、风向、气象等基点观察海市蜃楼的经验之谈，更是我们从事这项研究的可靠依据。

先民们并没有把目光仅仅盯在海市蜃楼的表面景观之间，他们曾多次努力，试图揭开蜃楼奥秘，了解它的内在成因。有些人还能够冲破神话迷信的束缚，通过细致的观察和客观的分析，得出一些接近科学的解释。

首先，蓬莱居民对海市蜃楼的季节性有清楚的认识。大家都知道，海市一般出现在春夏之际，以夏季为多，秋冬时节很少发生。苏轼曾记述：“予闻登州海市旧矣。父老云：常见于春夏，今岁晚，不复出也。”① 苏轼于元丰八年（1085）十月来到登州，见到海市，只能算是幸运者。《玉芝堂谈荟》卷二十三慎蒙《观海市记》中守阁人所说海市“春夏见，秋冬少见”，便是对海市规律的准确把握。黄县人戚纶祖坚持认为春夏时节常见海市，有人曾用苏轼“岁暮祷海而市”的例子来反驳他的说法，戚纶祖回答说：“此偶然之事，不可以常理测。”② 另外，新城（今桓台）人王士禛曾比较全国各海区的蜃景呈现时间，得出“登见以四、五月，广见以正月”③ 的结论。

其次，人们观察到风向对海市蜃楼生成的作用，并通过风向变化和风力强弱来预测海市隐现。如明人叶盛《水东日记》卷三十一就记述：“登州蓬莱县纳布老人言，海市惟春三月微微吹东南风时为盛，多见者。”慎蒙《观海市记》引用守阁者的见解：“微风与无风见，大风不见。风微急其见也速而巧，风微缓其见也迟而拙。”从现代科学的解释来看，涌动的海流底层海水连同低温带出水面，海面低温和陆岸的高温形成差异，才会为海市的出现创造条件，而风向和风力起着生成作用。古人受时代科技水平的制约，无法察觉海流变动和陆海温差，却注意到了风向

① 《苏东坡全集·前集》卷十五《登州海市》诗序，世界书局 1936 年版。

② 同治十年《黄县志》卷十四《杂事》之戚纶祖《海市说》。

③ 《香祖笔记》卷八，上海古籍出版社 1982 年标点本。

和风力，这已经是了不起的事情。

再次，先民们能够通过气象因素的综合分析，找出海市蜃楼的发生先兆，并对此形成一种理论见识。青州人于钦在所著《齐乘》卷一中记述："钦尝至登州海上访之，盖海市常以春夏晴和之时，杲日初升，东风微作，云脚齐敷于海岛之上，海市必现。"于钦在中秋节后到达登州，天已微寒，通常难见海市，忽有当地人通报："今晨风色云气，海市当现。"于钦马上登楼等待，果然看到了蜃楼景象，他为此深表叹服。明人慎蒙《观海市记》中载有守阁者的精辟论说，讲到天气因素，有所谓"大雾之后天晴见，天阴不见"的重要启示。清人戚纶祖著有《海市说》，其中强调："每逢春夏之交，微风徐动，淡日掩映，非阴非晴，似霞似烟，此海市时也。非时则否。"[①]《物理小识》卷二谈到登州海市时，引用张瑶星的理论："每春秋之际，天色微阴则见，顷刻变幻。"海洋气象变化较多，原因复杂，山东先民能够在各类气象中找出海市蜃楼的呈现规律，的确下了很大功夫。人们在探索蜃楼奥秘的进程中，一步比一步走得更远。

海市蜃楼只是一种大气光学现象，现代科学很容易解释，然而在科学尚不发达的古代，人们要想真正了解它的成因，难之又难。纵使如此，先民们仍然没有放弃科学的努力，他们启思运智，勇于探索，得出过多种结论，从而把人们认识客观事物的能力提到一个较高的层次。概括说，古代对于蓬莱海市蜃楼的形成原因的解释，共产生过四种说法。

最早出现的是蛟蜃吐气说。上古时期，神化色彩浓厚，人们解释自然现象，常会带有一层迷信的面纱。司马迁在《史记·天官书》中所说的"海旁蜃气"就属于传统认识。蜃，指海中之大蛤。《事类捷录》卷一引《博物志》云："海中有蜃，能吐气成楼台。蜃，蚌属。"人们误以为海中有蛤类或蛟类神物，吐出奇幻景象。早期的"海市蜃楼"这一称呼就是根据"蛟蜃吐气"之说而命名的。就是到了明清时期，仍有人坚持这一说法，如黄淳耀《山左笔谈》就云："登州三面负海，止西南接莱阳，出海西北五六十里为沙门岛，与鼍矶、牵牛、大竹、小竹五岛相为联。……春夏间，蛟蜃吐气，幻为海市，常在五岛之上，现则皆楼台城郭，亦有人马往来。"

然而，有识之士开始怀疑并否定这种"蛟蜃吐气"的说法，宋人沈括首先表示疑问，他在著名的《梦溪笔谈》卷二十一写道："或曰蛟蜃之气所为，疑不然也。"元代青州人于钦在《齐乘》卷一发表了自己的看法："海市之名，始见《江邻幾杂志》、东坡诗序，或谓类南海蜃楼，蛟蜃嘘气所成，殆不然。……其为灵怪赫奕，岂蜃楼可拟哉?"虽然于钦否定了"蜃吐气"之说，但又偏向"龙吐气"的说法。

---

① 同治十年《黄县志》卷十四《杂事》之戚纶祖《海市说》。

他又说："盖沧溟与元气呼吸，神龙变化，浩不可测。如佛经所谓龙王，能与种种雷电云雨，居于本宫，不动不摇。山海幽深，容有此理。"黄县人戚纶祖同时反驳了蜃、蛟吐气的两种观念，同治十年《黄县志》卷十四载其《海市说》说："海市称天下奇观尚矣。……或曰蜃气，近乎似矣，顾蜃气奚独向登郡吐也？譬如龙之嘘气成云，岂云兴岩岫尽属龙耶？"清朝人赵子辕写诗吟咏海市景观，亦曾发出"海中老蚌为怪变，小儒啧啧到今疑"① 的言辞。凡是具有朴素唯物主义哲理的山东先民，谁都不相信蛟蜃能够吐出海市美景。

既然要否定蛟蜃吐气说，就必须提出一种新的学说，为此，"风气凝结"的说法开始被很多人所接受。人们认为海有气，地有气，风与气合成，便可呈现蜃楼景观。这种学说摆脱了传统神话的圈囿，向科学的边缘靠近了一步。《玉芝堂谈荟》卷二十三曾提出海市乃"海气所结，非蜃气"的观点，（嘉靖）《山东通志》卷一《图说》则完全以"海气"的理论来解释蜃楼成因，其中有云："登莱海市……成于瞬息，千态万像而不可摹写，则海中灵郁之气，泄而为奇怪瑰玮之物，固亦理之所宜有也。"同书卷六《山川》亦云："每春夏之交，海气幻怪为城郭人物舟楫旌旗，飙回倏变，谓之海市。"《水东日记》卷三十一认为登州蓬莱县纳布老人的话有道理，即海市"其色类水，惟青绿色，大率风水气旋而成，西风北风无之，故冬月则罕见也。"明朝人揭暄亦赞成这种说法，他认为海市蜃楼形成的原因是："气映而物见，雾气白涌，即水气上升也。水能照物，故其气清明上升者，亦能照物。气变幻则所照之形亦变幻。"② 清人戚纶祖力倡"地气"之说，虽然出发点与海气不同，但道理相近，他认为："海市之观，地气所氤氲者耳。……且其市也，不在汪洋水面无际平流，皆倚山傍岛而成，其为地气升而阳和聚无疑矣。当斯之会，或结而为楼阁，或错而为村庐，或若人物游行之状，或若木石森列之形。"③ 福山人王范写诗咏海市，其中涉及蜃楼成因，有"山气应从水气胎，人工何如天工巧"④ 的揭示，说明他也赞成"地气"之说。明清两代，山东沿海贤明人士大都同意海市"风气凝结"而成的说法。

还有人采用桑田变海的理论，提出了沉物再现说，认为蓬莱的海市蜃楼是某地旧时风物的再现，也就是说，某些城池或物体沉沦于地下或海中，过了很长时间，还会在原地或附近显示旧时的影像。郎瑛《七修类稿》卷四十一《海市》有云："登州海市，世以为怪，不知有可格之理，第人碍于闻见之不广，故于理有难穷，观其所见之地有常，而所见之物亦有常，又独见于春夏之时，是可知也。古云：桑

---

① （民国）《牟平县志》卷九《艺文·山市歌》。

② 《物理小识》卷二，文渊阁《四库全书》影印本。

③ 同治十年《黄县志》卷十四《杂志》之戚纶祖《海市说》。

④ （民国）《福山县志稿》卷六《文翰·海市》。

田变海。安知海市之地，原非城郭山林之所？春夏之时，地气发生，则于水下积久之物而不散者，薰蒸以呈其象也。故秋冬寂然，无烟无雾之时，又不然矣。观今所图海市之形，不过城郭山林而已，岂有怪异也耶?”钱泳《履园丛话》卷三《海市蜃楼》曾比较海上蜃景与内湖蜃景，也大胆地提出类似的设想：“因悟蓬莱之海市，又安知非上古之楼台城郭乎？则所现者，盖其精气云。”这种论点，用于解释蓬莱的海市蜃楼现象，并不恰当，然而，否认神物的作用，从物质覆灭重现的角度来探索客观事物，还是有一定的积极意义。

现代人已知海市蜃楼是大气光射的结果，过去也有人向这方面思索，因而推出了光气映射学说。明人陆容解释海市成因，就率先提出了大气与日光相映射的科学观点，他在《菽园杂记》卷九强调说：“登莱海市，谓之神物幻化，岂亦山川灵淑之气致然邪？观此，则所谓楼台，所谓海市，大抵皆山川之气，掩映日光而成，固非蜃气，亦非神物。”陆容的解释，虽然还是以气为主，但强调了“掩映日光而成”的道理，可以说他已经注意到了光射的作用。陆容虽是江苏太仓人，但他关注登州海市，用心研究，所以才能得出接近现代科学的结论。还有一些人看到海市蜃楼，便深入实地去调查，结果走近蜃景发生地，只会感到光线已经改变。明代黄淳耀在《山左笔谈》中谈到了他的亲身感受：“近看则无，止是霞光，远看乃有，真成市肆。此宇宙最幻境界。”清人戚纶祖见过登州海岛的蜃景，“他日执岛中人而询之，彼殊不自觉也。且曰，居此岛之中，望他岛之市亦犹是耳”①。这些实地调查者，对蓬莱海市探究更为执着。

古人观察海市蜃楼，最早可能是出于好奇心，但总有喜爱寻根究底的人，非要追索其始发原因，一步步走近科学的境界。围绕着蓬莱出现的海市蜃楼，历史上竟出现了四种成因学说，其中既有神化和迷信的成分，也有近似物理的意味。这充分说明，先民们以及关注蓬莱海市现象的人都在科学探索的道路上付出过努力，他们最终取得了一些有价值的科学成果。

值得注意的是，古人观测海市蜃楼，还产生过许多奇妙的联想，并由此臆测前代的历史问题。比如说，早期的蓬莱仙话可能来源于偶然出现的海市景象，齐燕方士夸大这种幻境，使本来属于客观事物的海市蜃楼与虚无缥缈的三神山混为一谈。元人于钦就持这种看法，他在《齐乘》卷一中说：“《史》《汉》所称三神山，蓬莱、方丈、瀛洲，望之如云，未能至者，殆此类耳。且秦汉入海方士，仅能往来于矶岛之间，偶见此异，慕之为仙，亦不为过。”他认为，从海市蜃楼的角度来理解蓬莱仙话和齐燕方士的神山之说，“足破千古之惑矣”。就连秦皇汉武入海求仙之事，也有人把它归为海市蜃楼的诱惑。（嘉靖）《山东通志》卷一《图说》这样阐

① 同治十年《黄县志》卷十四《杂志》之戚纶祖《海市说》。

论："《十洲记》谓东海中五百里有不死草、返魂树，此固秦皇汉武所以纵其侈心求之而不得也。顾其说虽荒唐不经，然观登莱海市，楼台城郭人物旌旗之状，成于瞬息，千态万像而不可摹写……固亦理之所宜有也。"《履园丛话》卷三引用王仲瞿的见解说："始皇使徐福入海求神仙，终无有验。而汉武亦蹈前辙，真不可解。此二君者，皆聪明绝世之人，胡乃为此捕风捉影、疑鬼疑神之事耶？后游山东莱州，见海市，始恍然曰：秦皇、汉武俱为所惑者，乃此耳！"由此看来，海市蜃楼不仅仅是一种自然现象，穿越时空隧道后，它还能留下很多的历史文化痕迹，让前人受蒙惑，让后人去猜想。如果说，宇宙中曾经有一种客观影像能够在科学领域和人文环境中共同受到关注，那只有蓬莱的海市蜃楼。

（作者单位：山东社会科学院历史研究所）

国家图书馆藏蓬莱金石述要

徐自强

中国国家图书馆（前身是北京图书馆，下面统称“国图”）是我国收集储藏历代文献信息、资料的主要场所。它自清末宣统元年（1909）创办以来，已有100多年的历史，是我国最大的资料信息库。于今国图已藏有包括古籍特藏在内的文献资料300多万件，是世界三大图书馆之一。

国图对金石资料的搜集，是与本馆的成立同步进行的。① 对传统文献资料的收藏、整理、研究更是国图的主要特色。100多年来，国图通过“金石部”和“金石组”征集入藏金石资料，其中最多者为各种石刻拓片（20多万件），次多者为甲骨文（3.5万余片）。

这些拓片和拓本的一个最主要特色，就是汇聚了国内公私各家集藏的珍品，如清朝乾嘉时期著名校雠学家顾广圻的“顾氏石墨”（1100多种）。“顾氏石墨”是顾广圻珍藏石刻拓片的简称，集藏于清乾隆、嘉庆、道光时期，后转入江苏常熟大收藏家“铁琴铜剑楼”的第三代主人瞿启甲收藏时，又有所增补；其后归无锡丁福保家。1950年，由丁氏后人丁惠康捐赠国家。“顾氏石墨”的特点是多为整张拓片，史料、文物价值均高。其次如清长洲章钰“四当斋”藏品，国图入藏其中1879种2200多件；天津缪继珊“铁如意斋”藏品，江苏元和叶昌炽（字鞠裳）“五百经幢馆”、广东新会梁启超“饮冰室”藏品，以及陆和九、田伯英、周绍良等多家金石藏品，也都一一入藏国图。其他如新中国成立后中国佛协和国图金石组等组织传拓的“房山石经”3万余件拓片，都是极具价值的珍品。

这些拓片在内容上不仅涵盖了我国金石资料的多个方面，涉及的地区也十分广

① 最初是由国图的下属机构“金石部”负责。1949年新中国成立后，经历机构的重组，在20世纪后期由善本特藏部的“金石组”负责。自21世纪开始，“金石组”又归由善本特藏部和古籍部改组而成的国图古籍馆管理。

泛，全国各省市区均有涉及。以国图金石组编辑出版的《北京图书馆藏中国历代石刻拓本汇编》[1] 为例，该书收录各地各代整张拓片 1.7 万余种，其中山东省占 600 余种，遍及全省 59 个市县区。蓬莱地区收录了 3 种。实际上国图金石组到 1990 年为止入藏的经编目整理的蓬莱石刻，至少在 5 种以上。其中又有 2 种是现今蓬莱已缺佚的。简介如下：

李夫人墓门画像题刻（编号轴 140）（图 1、图 2、图 3）

东汉刻石，国图藏有清末善拓二种，皆整纸。一为朱拓，梁启超“饮冰室”旧藏，无跋。一为墨拓，清同治十二年（1873）拓，潘祖荫旧藏，有清代王懿荣、王鹄题跋二则，钤“镏宠郡辕固里”等印。著录见：汪鋆《十二砚斋金石过眼录》卷一，杨铎《函青阁金石记》卷四，范寿铭《循园古冢遗文跋尾》卷一，陆增祥《八琼室金石文字补正·祛伪》，周悦让《重修登州府志》卷七十五《金石志》，叶昌炽《语石》卷五“私家藏画像石”条，施蛰存《北山集古录》碑刻题跋上“全福庄汉画像石”条等。

这是一方较为著名的画像石刻，端方、王懿荣、叶昌炽、马衡、张伯英等金石家皆以为真，陆增祥则列为“祛伪”。陈介祺在肯定了画像石为真之后，又对张氏的收藏品提出了疑问。他说：

> 李夫人墓门字出后，竟有作伪为建武刻石者，以绐蓬莱张氏。伪金既多，又有伪石。混鱼目，宝燕石，固天地间必有之事也。[2]

图 1

近年来，蓬莱文物工作者对李夫人墓门刻石出土地进行了考古调查，发现了汉代墓群。该处位于蓬莱小门家镇沈余村、大迟家村一带，分布面积约 3500 平方米，原有封土墓 3 座，1958 年封土被整平，已发现的一座砖石混砌墓

---

① 中州古籍出版社 1991 年版。

② 见陈介祺《致鲍康书》，载陈介祺著《簠斋鉴古与传古》，文物出版社 2004 年版，第 51 页。

室，长方形，券顶，墓砖模印菱形花纹。石墓门上雕刻有人物、鱼等画像，出土有泥质灰陶罐、鼎、甑、灯及铜灯、玉环等。① 直到近年此地还有汉墓刻石出土。

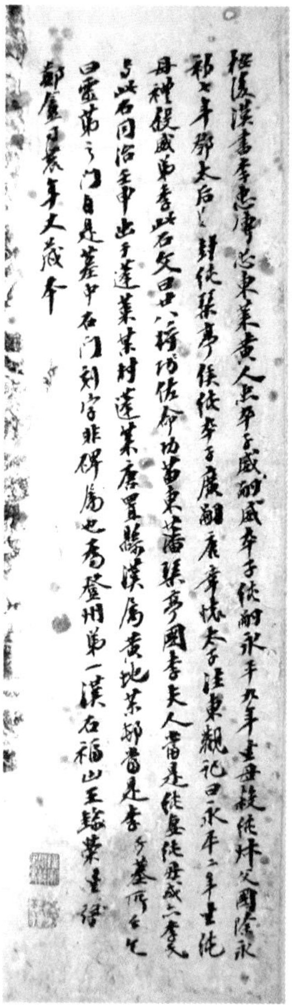

图 2

图 3

关于此石的出土时间，叶昌炽《语石》卷五认为是“同治中”②。光绪重修《登州府志·金石志》亦云：“同治壬申（1872），村人甃古井得此石，蓬莱张氏得之，因摹以传。”此云张氏，为清末蓬莱金石收藏家张允勷，据“李氏墓门画像”（编号轴 140）王鹄跋，时在同治癸酉（1873），为此石出土后次年所拓而赠潘祖荫

① 见《中国文物地图集·山东分册下》，文物出版社 2007 年版，第 251 页。

② 《语石》卷五私家藏画像石条：“同治中，蓬莱张允勷处士，笃贤好古之士也。以事之东乡饮马于井，见井阑之石甚古，以手拊石下，觉有字迹，因经乡人购归。辨其字画，中间一鹿隐起，左方题字为汉琴亭国李夫人灵第之门，远近传为异品。陶斋曾以五千金相易，张君坚拒之，益自珍秘此石。以翻刻一本，以应索拓者。陶斋之力犹且不能致，名遂大著，今尚在张氏也。”叶昌炽、柯昌泗：《语石　语石异同评》卷五，中华书局 1994 年版，第 339 页。

者，则是目前所见的此石最早拓片，又经名家递藏、跋识，弥足珍贵。

王鹄跋：

登郡城内张君允勷家新得出土之碑，其文云“汉廿八将佐命功苗东藩琴亭国李夫人灵第之门”。佐命功李忠，黄县人；琴亭国李忠孙名纯，见《史记》。郑庵主人青正，王鹄寄赠。时同治癸酉谷雨雨窗，志于小辋川。

钤印“子梅”。

按：王鹄，清代诗人，原名鸿，字子梅，天津籍长洲人。官聊城县丞。著有《喝月楼诗录》《天全诗录》。然王鹄此题多马虎，以此石为碑，“清正”作“青正”。李忠乃光武时人，亦不见于《史记》。题写时间比王懿荣题跋为早。

王懿荣跋：

按《后汉书·李忠传》，忠，东莱黄人。忠卒，子威嗣。威卒，子纯嗣。永平九年，坐母杀纯叔父，国除。永初七年，邓太后复封纯琴亭侯。纯卒，子广嗣。唐章怀太子注《东观记》曰：“永平二年，坐纯母礼杀威弟季。”此石文曰“廿八将佐命功苗东藩琴亭国李夫人”，当是纯妻、纯母，或亦李氏与？此石同治壬申出于蓬莱某村。蓬莱唐置县，汉属黄地，某邨当是李氏墓所在。文曰“灵第之门”，自是墓中石门刻字，非碑属也。为登州第一汉石。福山王懿荣谨识。

郑盦司农年丈藏本。

钤印“镏宠郡辕固里”，下一印模糊莫辨。

按：“郑盦”指晚清大收藏家、金石家潘祖荫（1830—1890），吴县（今江苏苏州）人，字东镛，小字凤笙，号伯寅，亦号少棠、郑盦。咸丰二年（1852）探花，授编修。数掌文衡殿试，光绪间官至工部尚书。家藏金石甚富，著名的西周重器大盂鼎即其斋中的珍藏。著有《攀古楼彝器款识》《滂喜斋丛书》等。

清代乾嘉以后，碑学兴起，文人学士莫不家藏贞石，置列鼎彝，摹写考证，追攀风雅，山东半岛更出现了潍县陈介祺（簠斋）这样的金石大收藏家和福山王懿荣这样的大学者。蓬莱地区风气所沾，登州城内也出现了张允勷、丛兰西等金石收藏家。

张允勷不仅慧眼识得东汉名刻琴亭侯李夫人画像石，还收有数方六朝贞石，如张景晖造像，北齐天保五年（554）七月十五日；明空等七人造像，北齐河清三年（564）三月十八日等，皆清末出土于山东益都县（北齐时属青州）。此二石，国图皆藏有初出土时拓片，编号分别为顾 182、善拓 552-8。

张允勤，清代晚期登州绅士，其人乡居不仕，“笃贤好古”（《语石》），嗜金石，收藏极富。他与清咸同时期大收藏家陈介祺是累世旧交，过从密切。现在可以看到的一些金石拓本上，有两人互赠拓片、研究考证的题词，如国图藏“金沙泉”榜题，刻于金章宗承安二年（1197）（编号轴125），有陈介祺同治庚午（1870年）、邵章二跋。陈介祺在跋中称张允勤为“余年家故人之孙”。

另，黄苗子先生旧藏簠斋金石拓片两种，实皆簠斋庚午岁（1870年）拓赠张允勤者，内中题赠数则，与国图“金沙泉”轴当为同一年所拓。① （图4、图5、图6）

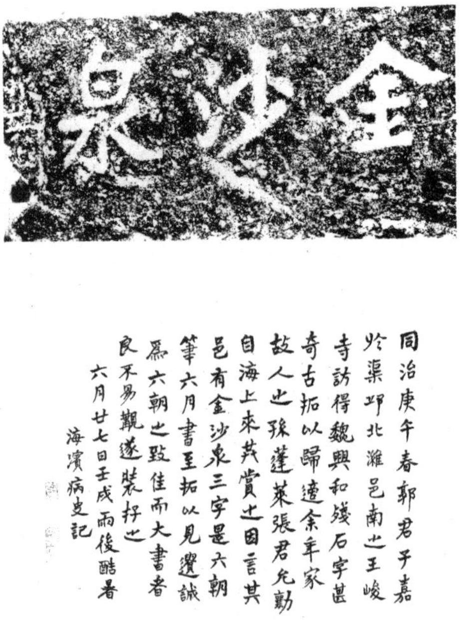

图4

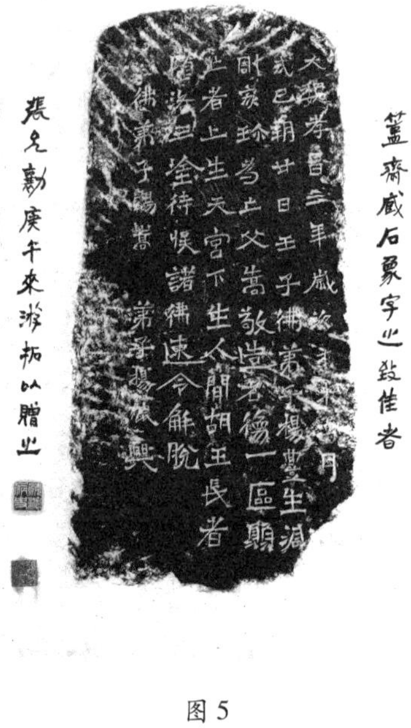

图5

图6

① 参见《簠斋藏金石拓片三种》，荣宝斋出版社2008年版。按陈介祺以“金沙泉”刻石为六朝人笔，同幅拓片上邵章跋语已提出不同看法。笔者以为当是金章宗承安二年（1197）。今原石下落不明。

清末登州的另一位金石收藏家丛澍五，字兰西，又号耕石斋等，今国图金石组所藏中为丛氏旧藏善本的有 20 余种，且多是经顾千里、梁启超、王孝禹、铁保等名家递藏的佳刻。如东魏兴和二年（540）《刘懿墓志》，“史”字不损之初出土拓，裱本，钤印“蓬莱丛澍五珍藏旧拓精本”；北齐天保四年（553）《崔頠墓志》，为顾千里旧藏初出土最佳整拓本，钤印“曾在丛氏耕石斋”；隋开皇十一年（591）《张景略墓志》，隶书，初出土拓，裱本，王孝禹、梁启超递藏，钤印“蓬莱丛氏藏金石刻辞”；唐贞观二十二年（648）《段俨妻文安县主墓志》，初出土拓，裱本，铁保、梁启超递藏。丛氏又藏咸同间整拓本，钤印“明德楼珍藏”“蓬莱丛三珍藏”“耕石斋所藏金石文字”。

国图又藏丛兰西《集古墓志》裱本 50 余册，皆初出土时精拓，行间多有丛氏小楷题识，清新隽永，朱印累累，令人赏玩不置。如跋《隋董美人墓志》云：

> 此志毪蜡甚旧，精彩扑人眉宇，与国光社洋照本纤毫毕肖，即泐处痕迹宛然若合符。再以覆刻二本校之，不惟画多异，字亦嫩弱无神，初拓奚疑，洵可宝也。甲寅秋日以三本费两日心为校正毕记之。兰西。

“甲寅”为清咸丰四年（1854）。钤印“澍五珍赏”“丛澍五珍藏旧拓精本”“灵渤鉴藏金石文字”。此页又有罗振玉“叔言”朱印一枚。

灵山寺塔下铭（编号轴 518）

北魏太和元年（477）十二月八日刻，铭额均高 35 厘米，宽 34 厘米，额阳文“魏光州灵山寺塔下铭”，梁启超饮冰室旧藏，钤印“任公”。杨守敬《寰宇贞石图》收录图版。蓬莱张允勷藏石，原石已佚。

按：《魏书·地形志中》，光州，治掖城，下辖东莱、长广、东牟三郡；东牟郡领牟平、黄、惤、观阳四县。蓬莱属黄县辖境。

佛家以造塔为功德。刻石虽自曰“铭”，实刻王春茂等二百人造塔发愿文，都邑主（民间结社负责人）梁英才，唯那（佛教活动知事）牟文雍，塔主（主要捐资者）华智。此刻书法浑厚朴拙，结体茂密，反映了北魏全盛时期的宏大气象，与龙门造像廿品、云峰山刻石同是我国南北朝时期的石刻书法精品。

张景晖造像（编号顾 182）

北齐天保五年（554）七月十五日刻。山东益都出土，蓬莱张允勷藏石。国图藏顾千里嘉道间旧拓本。

顾广圻，字千里，号涧薲（亦作涧苹），又号“思适居士”“无闷子”“一云散人”，清江苏元和（今苏州）人。乾隆三十一年（1766）生，道光十五年（1835）卒。他一生致力于校雠之学，成就卓著，据不完全统计，经他校雠后刊刻之书达30余种，校后未刻者尚多，是乾嘉时期的著名校勘家。他亦酷爱金石，每遇善拓本则尽力收之，并予以详细鉴定，题跋其始末，考释其源流，为我国金石学积累了一大批资料，仅国图入藏者就达1100多种，其藏品往往钤盖“顾氏所收石墨”印，国图在编目时将其略称为“顾氏石墨”。

关于张景晖造像，柯昌泗《语石异同评》卷五云：

> 光绪中，山东益都所出东魏张景晖造象，画象男女各三人，夹侍于博山炉左右。六朝画侍佛人多立象，此为跪侍。他造象只画造象人夫妻，此则先列其父母，后乃列已身及妻子女象，例亦较少。石初为潍县郭槐堂（荫之）所得，后归蓬莱张允勷。潘文勤、盛司成俱为叹赏，言与曹望憘造象可以相埒也。

按此造像原石已不知所在。潘文勤指潘祖荫，盛司成指盛昱，均为晚清著名书法家、金石家。

明空等七人造像（编号善拓552-8、顾193）（图7）

北齐河清三年（564）三月十八日刻，石在山东益都，曾归登州张氏。拓片高22厘米，宽57厘米，正书。尾部有翁方纲题记。著录见：阮元《山左金石志》（十）五上；洪颐煊《平津读碑记》（一）十四上，附丁培基语；陆增祥《八琼室金石补正》（二十一）二十八上等。

图7

“造像”是石刻中的重要门类之一，从汉代出现江苏连云港新浦孔望山的摩崖造像起算，已有约2000年的历史。国图收藏的造像石刻拓片已达5000多种。此“明空等七人造像”镌刻时间为北齐河清三年三月十八日（564年4月14日），距今已近1500年。当时属地为山东青州益都县，毗邻登州。其造像题记分为16行，每行5字，正书，每字周有界格，尾刻清代大学者、大书法家翁方纲的题记，文云：“此刻可证刘仲宝书法。翁方纲记。”

所谓“善拓”，即国图入藏的最有价值的拓本，简言之，即珍、稀、古、罕之本。国图收藏此种拓片（或拓本）共6件。

1. 整拓本，一张，高22厘米，宽57厘米，为顾广圻和瞿氏旧藏，钤“顾氏所收石墨”“瞿氏鉴定金石记”等印。

所谓“瞿氏”，即清后期“南瞿”“北杨”的江苏常熟“铁琴铜剑楼”主人瞿镛、瞿秉清、瞿启甲等收藏家。由于此件拓片经过他们的收藏和鉴赏，至迟也属于清嘉庆、道光时期的拓本。

2. 裱本，经沈树镛、吴伯宛等递藏，钤有“树镛之印”“均初所得金石之印”“伯宛校订金石文字印”“㧑叔壬戌以后所见”等印。

沈树镛，字均初，为清后期收藏家。赵之谦（1829—1884），字益甫，号“㧑叔”，又别称“铁三”等，浙江会稽（今浙江绍兴）人，咸丰九年（1859）举人，晚清著名书画家。“壬戌以后所见”即为清同治元年（1862）后所见。此裱本为嘉道时期拓本。

3. 裱本，高22.5厘米，宽66厘米，有华夏、王宗诚等观款。明拓。钤“叶志诜”“范禾金石”“复庵所藏”“鲁燮光印”“卜渔阅过”“渊如所藏石墨”等印。

华夏，字中甫，江苏无锡人，明代古器物鉴赏家，与文徵明、祝允明等友善。

王宗诚，字廉甫，安徽青阳人，乾隆五十五年（1790）一甲三名进士，历典乡试、学政、会试，历官数部尚书，卒于道光十七年（1837）。

叶志诜，字东卿，湖北汉阳人，乾嘉时金石学家，于金石之学剖晰毫厘，所藏器物甚多，南海吴荣光编《筠清馆金石录》多采录之。此本钤“叶志诜”印说明曾经他收藏或审定。

孙星衍，字伯渊，号渊如，清阳湖（今江苏常州武进区）人，生于乾隆十八年（1753），卒于嘉庆二十三年（1818），享年66岁。乾隆进士，历官山东督粮道。孙星衍是当时著名的文字学家，精碑版校勘之学，著有《寰宇访碑录》等。此本钤“渊如所藏石墨”，说明曾为他所有。

上述拓本与拓片，经与张永强著《蓬莱金石录》等比较，可补其阙。

海市诗刻（编号顾 822）（图 8、图 9、图 10）

金熙宗皇统年间（1141—1149）刻石，在山东蓬莱，两面刻，横石。拓片高 88 厘米，宽 182 厘米。一面刻《海市诗》，一面刻《书吴道子画后》，宋元丰八年（1085），苏轼撰并行书。著录：李光暎《观妙斋藏金石文考略》卷十四：1. 苍润轩帖跋，2. 墨林快事，3. 柳道传集；阮元《山左金石志》卷十七；翁方纲《复初斋文集》卷二十五。

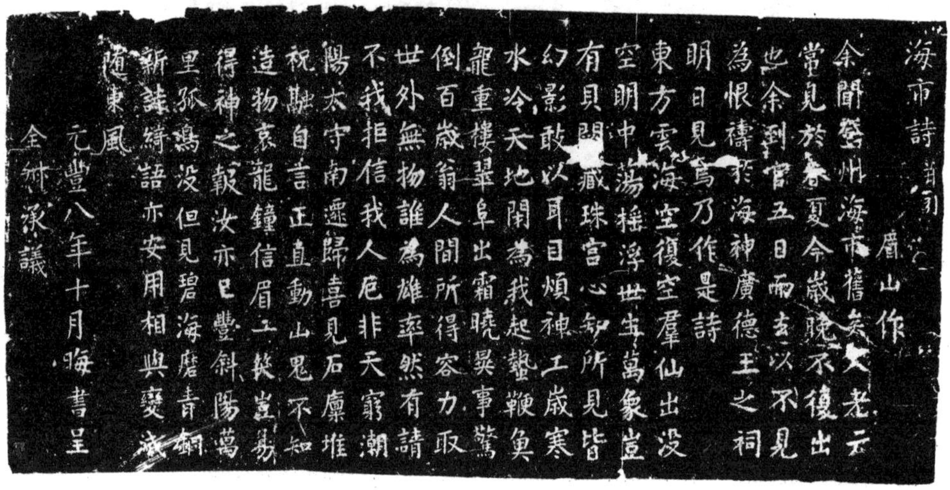

图 8

蓬莱《海市诗》刻石右下端有清翁方纲隶书题刻小字二行，曰：“此皇统间重勒。”此本为尚无翁氏题刻的嘉道时期拓本。顾千里旧藏，钤印“铁琴铜剑楼”。

按此诗刻石现存两块，都是翻刻。经张永强先生在《蓬莱金石录》一书有关论文的梳理后认为：其石最早刻成后，遭元祐党籍之变被毁，此后又被翻刻多次。早期刻石被冷落一旁无人问津，一些附充风雅的人争着捶拓后来较清晰的翻刻本。康熙三十一年（1692），登州知府任璿看到东坡祠前“卧碑”（即《海市诗》刻石）在风雨中任其剥蚀，遂筹建小亭加以保护，并赋诗一首寄托感慨。[①] 诗中所说“竟将赝鼎收”是指现镶存东坡祠中的翻刻石，两相比较，位处两重天，时人不察优劣好坏而随意处之可见一斑。对此，清乾嘉时人于令滂也曾有记述（《方石书话》）。又据清人翁方纲《复初斋诗集》卷六十六，此书为苏轼任职登州时所作，并认为苏祠后剔出者为真石，还对其做了详细的考证。

---

① 任璿《建卧碑亭》，《蓬莱阁志》，山东友谊出版社 1998 年版，第 50 页。

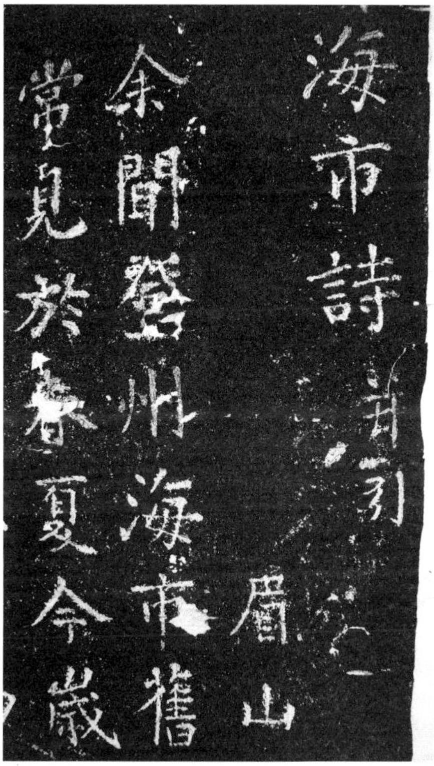

图 9

图 10

清初诗人查慎行，字悔余（一作侮余），浙江海宁人，生于顺治七年（1650），卒于雍正五年（1727），康熙时以举人特赐进士出身，官编修，著有《苏诗补注》等。翁方纲在跋苏《海市诗》时，就引用查氏文，曰：

……末题“元丰八年十月晦，书呈全叔承议”。又“父老”下有“云”字；“神功”，“功”字作“工”；“岂知造物”，“岂”字作“不”。至于“庙”字作“祠”；“此诗”，“此”作“是”；“龙鍾”，“鍾”作“鐘”，则查所未及也。施氏原刻本“神工”“龙鍾”并与石刻同。“孤鸟”本小杜，则亦胜“孤岛”也。“眉山”下二字盖公名，以党禁磨去耳。……此刻笔法淳古，虽泐甚而神理具存，可宝也。①

张永强先生在其《蓬莱金石录》中称：“我收藏了一本旧拓，共八开半，每页长 26.5 厘米，宽 13 厘米。前无小字。书法纵横恣肆，越往后写得越精彩。”又说：

① 《跋东坡海市诗石刻》，见翁方纲《复初斋文集》卷二十五，清刻本。

"流传至今的几种苏轼《海市诗》碑帖中，或是重刻，或是伪托，只有一种单帖行书的底本比较可靠，但也经过辗转摹刻。而从书法艺术上说，金刻'卧碑'《书吴道子画后》气势恢宏，纵横争斥，真气弥漫，在苏轼书法中别具一格，保存也基本完好。"① 这些论述，笔者认为是可信的。其中张先生所藏的单行帖本，其特点正好与查慎行在《苏诗补注》中、翁方纲在《跋东坡海市诗石刻》中指出的完全一致，这种一致与国图所藏的善拓，即经过顾千里等校审收藏过的《海市诗》也一致。

因此，只有这一种较早的翻刻本，比较接近苏轼《海市诗》真迹。国图藏本又是清中期乾嘉时期拓本，则更宝也。

吴道子画跋尾（编号章261）（图11、图12）

此为清代收藏家章钰"四当斋"的旧藏善拓。《书吴道子画后》为苏轼书于元丰八年（1085），行书。此石则为金代皇统间（1141—1149）刻。石在山东蓬莱。拓片高91厘米，宽200厘米，尾有跋文三行。

图11

此跋见《苏东坡全集》卷九十三，题作《书吴道子画后》。又见清人辑录《东坡题跋》第一百七十五，文有小异。石刻后五行别见元丰六年（1083）七月十日苏轼书《跋吴道子地狱变相》。据章钰藏拓，录吴道子画跋刻石左侧跋语三行云：

① 《蓬莱金石录》，黄河出版社2007年版，第161、164页。

东坡海市诗、吴生画跋尾，亦已于元丰末中遭毁于（下泐）□□余每嗟惜。使臣杨子□以元丰拓本来献，而从（下泐）□□深刻之，与故壁并传。览者当自明之。皇统（下泐）

按此可知题吴道子画跋为金皇统间登州地方官根据南宋使臣赠送的元丰年间的旧拓本重新勒石者。重刻之时，遭到毁坏的苏轼原石可能尚在。惜主刻者姓名残缺，不得而明之也。

今金皇统刻石仍存，在蓬莱阁卧碑亭内。两面刻，一面刻《海市诗》楷书，漫漶严重，右下角有“此金皇统间刻”小字隶书一行；另一面刻《书吴道子画后》及跋语，行书，经多次剔挖，现在字口转而清晰，然原石左侧的三行小字跋语已模糊难辨。

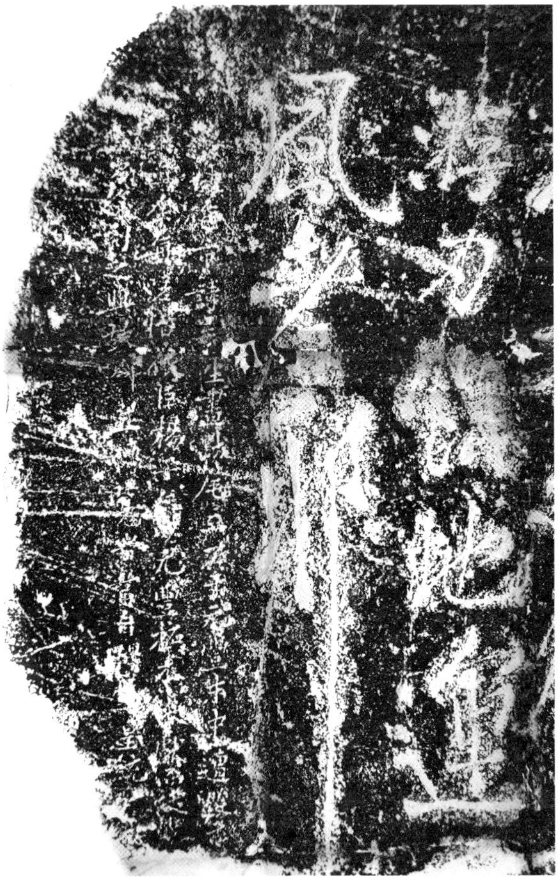

图 12

海市诗并跋（编号各地 775）

吕岩撰，李承勋跋，文正书，明神宗万历二十四年（1596）闰八月刻石。石在山东蓬莱。据拓片，碑身高 230 厘米，宽 86 厘米；额高 44 厘米，宽 28 厘米。

在明代与倭寇的战争中，登州发挥了海防前线的重要作用。明万历二十一年（1593），即日本侵朝战争全面爆发的第二年，根据《山东通志》的记载，因倭寇朝鲜，明朝调集南北水陆官兵防海，登州遂为重镇。万历二十四年（1596），登州总兵李承勋还整修水城，改土墙为石砌，以备倭患，并且“增敌台”，计修敌台 3 座。万历二十七年（1599），李承勋率军 3600 余人援朝抗倭。是年八月，明军于釜山立《釜山平倭碑》，碑文有云：

廓清倭氛，保定藩属。乘秋南弥，放于东海，遂偕大将军李公承勋率文武将吏登釜山之巅而铭焉。[1]

其时李承勋已年逾花甲，在朝驻军累年，万历二十八年（1600）五月颁揭帖曰："……兵将思归之念，勃然而不可遏矣。岂唯兵将，即不佞先母长逝今几十月矣，寄榇旅邸，尚不得儿俯棺一哭，扶之归里。……第念钦奉简命……报效职尔，安敢言劳，又安敢顾私情乎？"[2]

此石现存蓬莱阁吕洞宾祠后，甲午战争时遭日军炮击，而石未断裂，今炮痕犹存。

行祠残碑（编号各地1497）

正书，明刻。在山东蓬莱。拓片一张，高117厘米，宽70厘米。

据文中有"天子制曰可"，命下之文曰"壬戌孟夏也"等考证，其立石年当为"丙寅"，即明世宗嘉靖四十五年（1566）。清人陆和九旧藏，题签并跋。

今原石已佚。

（作者单位：中国国家图书馆）

---

① 《吴晗辑稿》（上）卷四十三，《宣祖实录》十九。转引自《登州古港史》，人民交通出版社1994年版，第186页。

② 《吴晗辑稿》（上）卷四十四，《宣祖实录》二十。转引自《登州古港史》，人民交通出版社1994年版，第186~187页。

蓬莱阁诗词刍议

贺宗仪

蓬莱阁素以“仙山琼阁”美景、“海市蜃楼”奇观和“八仙过海”传说享誉海内外，与黄鹤楼、岳阳楼、滕王阁并称为中国古代四大名楼。正如黄鹤楼、岳阳楼、滕王阁以诗文传世，蓬莱阁也因诗文而增色蜚声。就诗词而言，古往今来吟咏蓬莱阁的作品不计其数，且不乏脍炙人口的名篇佳作。本文谨对蓬莱阁诗词加以审视，并略陈己见。

一、蓬莱阁诗词是蓬莱阁文化的重要组成部分

蓬莱阁始建于北宋嘉祐年间，明代扩建，清代重修，享有“人间仙境”之美誉，有着厚重的历史文化积淀。蓬莱阁文化，在形态上包括山海文化、建筑文化、民俗文化、文学艺术等。诗词作为文学艺术形式之一，是蓬莱阁文化的重要组成部分。就内涵而言，蓬莱阁文化主要包括神仙文化、精武文化、海洋文化、亲民文化、景观文化等。凡此种种，无不与诗词有着密切的关系。

一是神仙文化。海市蜃楼是蓬莱自古以来特有的天象奇观，因海市蜃楼而衍生了许多神话传说，形成了独特的神仙文化。蓬莱神仙文化，对胶东乃至齐鲁大地有着巨大的辐射力，是中国神仙文化的重要组成部分。蓬莱阁作为观赏海市蜃楼的绝佳地，是蓬莱神仙文化的集大成者。在卧碑亭内，有宋代大文豪苏轼的海市诗碑刻。在避风亭内墙，镶嵌着由明代兵部尚书袁可立撰写、董其昌书丹、温如玉刻石的被称为“三绝”的海市诗石刻。在苏公祠内墙镶嵌有多幅历代刻石作品，包括清代书法家翁方纲临写的《海市诗》等。清代山东学政施闰章等许多名家也留下了有关神仙文化的诗作。

二是精武文化。蓬莱阁下的蓬莱水城是中国迄今为止保存最完整的古代海军基地，浓缩了我国古代优秀的军事文化，具有极高的历史价值、文化价值和军事价

值。蓬莱水城连同民族英雄戚继光故里是精武文化的载体，是难得的爱国主义教育及国防教育基地。蓬莱阁体现精武文化的诗作也不少。如：清朝慕维德《水城》诗云："别有孤城在，当年用备倭。……从知沧海量，至大不扬波。"当代赵朴初《无题》诗云："不羡群仙浮海日，却思戚帅筑城时。"柳倩《戚继光水城》云："志在防倭建水城，依山傍海练新军。门通战舰连千浪，船泊辽东锁万程。鱼寨宋兴边外患，炮台明立梦无痕。将军立马丹崖看，海市蜃楼属旧闻。"刘征《看"海不扬波"炮痕》："碧血如潮百战多，赢来沧海不扬波。炮痕试剥苍苔看，忍放承平入醉歌。"

三是海洋文化。蓬莱阁景区濒临黄渤二海，海洋文化内涵丰富，在诗词中得到了充分表现。其代表性诗作，如苏轼的《望海》、薛殖的《观海》等。苏轼歌行体长诗《鳆鱼行》对登州特产鳆鱼（俗称鲍鱼）加以咏赞，描述了当地渔民捕获鳆鱼的惊险情景，并讲述了诸多有关鳆鱼的历史故事。清初著名诗人宋琬七绝《青鱼》《带鱼》《海鲋》《蛎黄》等，写登州海特产诗意盎然。

四是亲民文化。据清代盐政碑记记载："有宋时，苏文忠公莅任五日即上榷盐书，为民图休息。土人至今祀之，盖非以文章祀，实以治绩也。"苏轼知登州虽五日，却成就了一件利民千年的大好事。人们为纪念他而建苏公祠。清朝赵执信《坡仙祠》借对苏公祠的描述，表达了对苏东坡的仰慕之情。清朝张弓《苏公祠》其一云："清空蜃气像楼台，四海传闻几费猜。赖有公来官五日，三山万古重蓬莱。"其二云："诗卷从来已折衷，古祠今又拜遗风。果然日与山海对，公爱此间我爱公。"当代刘征《访苏祠》诗云："论盐五日苏民困，岂止狂歌海市空。眉宇高寒遗像在，登山第一礼髯公。"

五是景观文化。蓬莱阁自古就有"仙阁凌空""狮洞烟云""渔梁歌钓""日出扶桑""晚潮新月""神山现市""万里澄波""万斛珠玑""八景"之说。这八景与蓬莱城东的"铜井金波""漏天滴润"两景合称"蓬莱十景"。清朝徐人凤《蓬莱十大景诗》，每景一首七绝，写得各具特色。其一《仙阁凌空》云："嵯峨丹阁倚丹崖，俯瞰瀛洲仙子家。万里夜看旸谷日，一帘晴卷海天霞。"当代欧阳中石《题蓬莱阁》云："高阁建础立丹崖，半在尘寰半入霞。天后常邀云外客，神凡同酤泛仙槎。"清朝施闰章七古《望日楼观日出》，则以细致入微的笔触，对"日出扶桑"作了淋漓尽致的描写。"八景"之外，元朝张国卿《冷然泉》云："万派朝宗日夜添，随波上下尽如盐。谁知一掬冷然水，不混长流独自甜。"旧传丹崖山阴有泉，去海仅数十步而水味甘洌，因名冷然。尽管此泉今已不存，这首《冷然泉》诗却以其独特的价值流传了下来。

二、蓬莱阁诗词以苏轼《海市诗》为扛鼎之作

蓬莱阁建成后，自宋而今，文人墨客们登阁凭栏，望海御风，心神飞越，即兴挥毫泼墨，留下了大量丽辞华章。在历代蓬莱阁诗词中，哪首诗词写得最精彩，最有影响，最负盛名，最具代表性？毫无疑问，非北宋苏轼的《海市诗》莫属。苏轼的《海市诗》堪称蓬莱阁诗词的扛鼎之作。何以见得？

（一）苏轼《海市诗》笔力纵横，艺术精湛，是当之无愧的蓬莱阁诗词绝唱

我国有关海市蜃楼的记载，最早见于晋人伏琛的《三齐略记》："海上蜃气，时结楼台，名海市。"有关登州海市的记载，首推宋人沈括的《梦溪笔谈》："登州海中，时有云气如宫室、台观、城堞、人物、车马、冠盖，历历可见，谓之海市。""或曰蛟蜃之气所为，疑不然也。"而有关登州海市的诗篇，最经典的当推苏轼的七言古诗《海市诗》。

苏轼《海市诗》写东海烟云的奇幻，展开了登州海市无比瑰奇的艺术画卷。诗前有序，交代了写作背景："余闻登州海市旧矣。父老云：'常见于春夏，今岁晚，不复出也。'余到官五日而去，以不见为恨，祷于海神广德王之祠，明日见焉，乃作是诗。"其诗为七言古诗，共二十四句。诗云：

东方云海空复空，群仙出没空明中。
荡摇浮世生万象，岂有贝阙藏珠宫。
心知所见皆幻影，敢以耳目烦神工。
岁寒水冷天地闭，为我起蛰鞭鱼龙。
重楼翠阜出霜晓，异事惊倒百岁翁。
人间所得容力取，世外无物谁为雄。
率然有请不我拒，信我人厄非天穷。
潮阳太守南迁归，喜见石廪堆祝融。
自言正直动山鬼，不知造物哀龙钟。
信眉一笑岂易得，神之报汝亦已丰。
斜阳万里孤鸟没，但见碧海磨青铜。
新诗绮语亦安用，相与变灭随东风。

让我们来分析一下这首诗。起首四句，写想象中的海市和对海市的认识。在东方空明的云海中，有群仙或现或隐。这不过是云海摇荡浮世生出幻象而已，哪有什

么贝阙珠宫？接下来六句，写诗人的祈祷和海市的出现。大意是：我明知海市虚无缥缈，为一饱眼福还是烦劳神灵的力量。天寒水冷时节，东海龙王把本已蛰伏的蛇虫唤起并鞭打鱼龙，使之现出海市，当重楼翠阜于霜晨呈现时，连百岁老翁都惊倒了。紧接着四句，写由海市引发的议论：人世间所能得到的，可凭努力去争取。世外一切皆空，又有谁能主宰呢？我冒昧地向东海龙王发出请求，它竟然慷慨地满足了我的愿望，这使我确信自己遭受厄运，并不是老天爷要惩罚我，完全是人为所致。这里的“人厄”，使人联想到元丰二年（1079）诗人被陷害入狱的“乌台诗案”和元丰三年（1080）“谪贬黄州”之事。随后六句，以韩愈作陪衬，进一步抒发诗人的感受：我认为自己求东海龙王而看到海市，如韩愈求神看到众峰，是天在哀怜自己，可以说神的报答够丰厚的了。最后四句是结语，重新回归海市，写海市的消失和对人事的感悟。云散日出，孤鸟没于远天，海面澄澈平静，犹如新磨的青铜镜。我的诗写得再美妙又有何用，让它跟海市一起随风消失吧！窃以为，苏轼这首《海市诗》，写海市是手段，话人事才是目的，字里行间抒发了自己对遭受人间厄运的愤愤不平。

《海市诗》在艺术上出神入化，具有两大鲜明特点。其最大特点是议论风生，诗化议论。此诗仅“重楼翠阜出霜晓”一句写海市，其余全用议论。作者以议论入诗，滔滔汩汩，酣畅淋漓，笔力纵横驰骋。但其议论不同于抽象议论，而是植根于形象的写景和真实的叙事基础之上，是诗化的议论，生动真切，富有感染力。其另一特点是结构严谨，层次分明。从未见海市之前，到既见海市之后，以至海市消失之时，中间由岁晚得见海市之“异事”浮想联翩，通过仙与凡、生与灭、虚与实的对比，抒发自己的情感。“相与变灭”，除了指海市的消失，还指自己的“人厄”也跟着消失了。如此结语，既呼应了开头，又紧扣了主题。苏轼娴熟古今各体，尤精于古体，七古最优。清人施补华说：“东坡最长于七古，沉雄不如杜，而奔放过之；秀逸不如李，而超旷似之。又有文学以济其才。有宋三百年无敌手也。”（《岘佣说诗》）苏诗想象飞驰，奇趣横生，才思横溢，别开生面，成一代之大观，在诗史上是李杜而后的又一艺术高峰。此诗可以为证。

（二）苏轼《海市诗》影响广大，意义深远，在历代蓬莱阁诗词中独领风骚

首先，蓬莱阁碑记对苏轼《海市诗》“为海山增色”和受官员“珍重”早有记载。据清朝登州知府豫山《重修登州蓬莱阁记》云：“自朱太守建阁，为州人游览之所。而苏公以一代名贤，为之提唱《海市》一诗及《海上抒怀》诸作，翰墨流传，更为海山增色。一时缙绅先生咸惜爱而珍重之。”朱太守，名处约，北宋嘉祐六年（1061）首建蓬莱阁。北宋元丰八年（1085），被流放黄州达六年之久的苏轼得以起用，被安排知登州军州事，也就是担任登州军事和行政长官。当时的蓬莱阁

尚默默无闻，因苏轼写了《海市诗》，蓬莱阁才名声大振。苏轼《海市诗》也受到官员们的推崇。

其次，蓬莱阁建筑为保护苏轼《海市诗》碑而设卧碑亭亦可佐证。清朝登州知府任璿在《建卧碑亭诗》序中云：“谒苏东坡先生祠，祠横一石，勒《海市诗》，乃真迹也。其为风雨剥蚀久矣，爰建亭其上而赋之。”卧碑亭，轩亭建筑，位于苏公祠之侧，内有苏东坡《海市诗》《书吴道子画后》横幅碑刻（卧碑）。卧碑背面刻楷书《海市诗》，正面刻行草《书吴道子画后》。原碑毁于宋代党人之祸，今碑为后人据拓本重刻。此外，苏公祠壁间有清代大书法家翁方纲临苏东坡《海市诗》楷书刻石。另有行书残石三方，刻苏东坡《海市诗》《望海》。以上举措表明，《海市诗》及其石刻的价值非同寻常。

再次，古往今来的海市诗唱和更能说明苏轼《海市诗》的影响之大。苏轼《海市诗》一出，为后世诗家文人所推崇。后人每赋与蓬莱海市有关的诗文，往往都要提到它。明朝秦金《海市》云：“异哉海市何人传，岁寒健笔惊坡仙。……海市之名今更显，柱史文章光琬琰。”此诗用“琬琰”（美玉）来比喻苏轼的《海市诗》，称赞苏轼《海市诗》是旷世之作，比起前代的传奇、志怪的作品都要高明得多，因之登州海市也赖东坡之笔得以名重天下。诸如此类的诗作有很多，仅举数例。明朝袁可立《观海市》诗云：“行矣感神异，赋诗愧长公。”清朝施闰章《观海市》云：“蓬莱海市光有无，仲冬物色夸大苏。”清朝赵执信《雪晴过海上适海市见之罘下自亭午至晡快睹有述时十月十日》云：“当年苏夫子，雄姿自炫惊海王。”当代赵朴初《无题》诗云：“真临仙阁凌虚地，来读苏公海市诗。”由于苏轼《海市诗》影响颇大，后代诗人写海市诗或咏蓬莱阁，多有步苏诗韵者，如：明朝陈鼎《观海市》、清朝王士俊《读东坡先生海市诗追和原韵》，等等。清朝张鸣钧《登蓬莱阁醉歌用东坡先生韵》，由标题即可看出是苏轼《海市诗》的和作。清朝何凌汉《登蓬莱阁》写登州太守祈雨灵验之后，在蓬莱阁上举行庆祝宴会的盛况，以及同时有幸得见海市的喜悦心情，亦步《海市诗》韵。清朝登州知府任璿，熟知苏轼《海市诗》的故事，但他“典郡数载，未获畅观，仅从烟雾波涛中仿佛形似而已。乃怅然于怀，而即其韵”，到任数年从未见过海市，无奈用苏轼《海市诗》原韵赋七言古诗一首：“海天万里浮远空，双丸出没波涛中。……四时频上蓬莱望，春深潮汐何融融。但觉移情波浩邈，安得伯牙操递钟。重楼翠阜未曾有，我缘独啬尔独丰。”历经多年期待，任璿终于看到了海市，于是喜出望外写下了《夏五之望海市见焉畅观永日载用东坡韵赋之》。这首七言古诗，再次步苏轼《海市诗》韵。

此外，苏轼《海市诗》还被收入多种诗词选本，甚至被选入中学课本，产生了广泛的社会影响。

总之，苏轼《海市诗》的确不同凡响，古今蓬莱阁诗词尚无出其右者，称其为蓬莱阁诗词的扛鼎之作是理所当然的。

三、蓬莱阁诗词佳作迭出异彩纷呈

纵览宋元明清及近现代蓬莱阁诗词，可谓佳作迭出，异彩纷呈。这些佳作，或描述海市，或描绘海潮，或抒怀言志，或怀古讽世，或彰显技巧，或体现爱国，为蓬莱阁增添了丰富而永恒的艺术魅力。

（一）描述海市之作

苏轼《海市诗》之后，明登莱巡抚袁可立笔下的《观海市》诗最为生动精彩。袁可立来登州任职三年，未见过海市，天启四年（1624）五月，偶登丹崖仙阁，却发现海中景象与平时迥异，原来是与海市蜃楼不期而遇，于是诗兴大发，写下了五古名篇《甲子仲夏登署中楼观海市》。诗前有长序，诗云："登楼披绮疏，天水色相溶。云霭洚无际，豁达来长风。须臾蜃气吐，岛屿失恒踪。茫茫浩波里，突忽起崇墉。垣隅迥如削，瑞彩郁葱隆。阿阁叠飞槛，烟霄直荡胸。遥岑相映带，变幻纷不同。峭壁成广阜，平峦秀奇峰。高下时翻覆，分合瞬息中。云林荫琦坷，阳麓焕丹丛。浮屠相对峙，峥嵘信鬼工。村落敷洲渚，断岸驾长虹。人物出没间，罔辨色与空。倏显还倏隐，造化有玄功。秉钺来渤海，三载始一逢。纵观历己（巳）申，渴肠此日充。行矣感神异，赋诗愧长公。"此诗描绘明代天启年间发生在蓬莱阁海边一次长达七个多小时的海市蜃楼，惟妙惟肖，读之犹如身临其境。清朝施闰章也目睹了海市奇观，所作七古《观海市》对海市的描写亦可谓淋漓尽致。诗中有这样的句子："大竹盈盈横匹练，小竹湛湛浮明珠。方员断续忽易位，明灭低昂顷刻殊。列屏复帐闪宫阙，桃源茅屋成村墟。"诗的结尾云："神摇目眩看不定，惜哉风伯为驱除。人间快意亦如此，浮云长据胡为乎。噫嘻！浮云长据胡为乎。"这两首观海市诗虽不及苏轼《海市诗》影响大，但也属于海市诗中的佼佼者。在蓬莱阁众多海市诗中，值得一提的还有清朝王鑨七言诗《蓬莱阁观海市》："蓬莱阁对蓬莱山，遥望蓬莱山之间。水面作楼忽作树，城头为台复为关。烟波渺渺换今古，人物悠悠似往还。欲从海上觅仙迹，令人可望不可攀。"显而易见，这是一首近似七律、摹学唐人崔颢《黄鹤楼》的诗作，读后给人留下深刻印象。

（二）观海听潮之作

此类诗作，最具代表性的当推苏公祠内东壁所嵌石刻《观海》，诗作者为明代薛瑄（谥文清）。诗云："骢马晓辞莱子国，北上高岗俯辽碣。辽碣万里天风寒，山溪二月凌澌结。空蒙极目春无边，春涛涌涌含春烟。还从绝顶下长坂，高城忽起沧溟前。沧溟倒浸红楼影，通衢四达尘埃静。已应持节是明时，况复观风得佳境。

天空海阔霜台高，霜台逸思何飘飘。巨鳌负山真浪语，大方见笑非虚谣。乾坤俯仰高歌起，有物有名大莫比。瀛海茫茫未足夸，真是人间一泓水。”这首七言古诗写作者到丹崖山望海时所见所想，洋洋洒洒，引人入胜。明代知府蔡叔逵将薛瑄与苏轼相提并论：“昔文忠苏公，文清薛公，先后游此，皆得以咏之。夫二公文章无赖于蓬莱之景，而蓬莱之景实藉二公以增重于天下，故抚景诵诗，足称二绝。”明朝谷继宗七律《蓬莱阁望海》亦为佳作，诗云：“蓬莱阁上海云平，一望扶桑万里晴。神女弄珠朝捧日，仙人骑鹤夜吹笙。天连浪起浑天地，月逆潮来暗入城。此处只疑逢罔象，何须尘外觅登瀛。”此诗写登阁望海的浪漫奇想。全诗构思精巧，用典自然，造句凝练，寄意遥深，通过对仙境的拟写，表达了对祖国大好河山的热爱。与上述诗作从视觉上着笔不同，清朝阮元巡视登州考务时所写七古《按试登州听海潮》，则独辟蹊径，主要从听觉上展开笔墨。此诗长达三十句，在简单交代听潮季节和天气之后，先是连续用多个比喻模拟潮声：“初疑驱车来远道，轮雷欲动迟而轻。后如闭阁伏虚枕，檐前冻雨千条倾。或是汝南马旋磨，不则试院茶煎枪。”继而着重刻画听的神态：“相视不语共欹耳，出户仰首巡南荣。天空昼静日将落，颇有卤气来山城。城头雉列屋鳞次，其中直作波浪鸣。”再从视觉上写潮：“丹崖田戍近三里，长流回洑闻纵横。日行北陆海底暖，潜阳蒸起蛟龙鲸。欢声沸腾岛屿振，夕汐淘汰沙石清。”最后写听潮的感受，其中“洋洋一洗耳底净，心体虚豁无凡情。人生不俗即仙骨，岂有大药真长生”堪称警句。此诗刻画了海的博大雄浑，写出了海对于人生的深刻启迪。

（三）抒怀言志之作

宋朝苏轼七律《次韵陈海州书怀》云：“郁郁苍梧海上山，蓬莱方丈有无间。旧闻草木皆仙药，欲弃妻孥守市阛。雅志未成空自叹，故人相对若为颜。酒醒却忆儿童事，长恨双凫去莫攀。”描写求仙不成的苦恼，抒发了作者怀才不遇、报国之志未得实现的感慨。宋朝赵抃七律《次韵孔宪蓬莱阁》颔、颈联：“天地涵容百川入，晨昏浮动两潮来。遥思座上游观远，愈觉胸中度量开。”描绘登阁看到的壮阔景象，使人联想翩翩，心胸大为开阔。明朝黄克缵七律《东牟观兵夜宴蓬莱阁》云：“城列千灯锦幛开，东风吹客上蓬莱。天光海色春相映，叠鼓鸣笳夜急催。鳌首三山含雾动，潮头万马拍空来。观兵幸值妖氛息，徒倚危栏一举杯。”描写春日傍晚登上蓬莱阁，观看军事演习的情景，表现出珍爱和平生活的思想。明朝徐应元五律《登蓬莱阁》：“高阁悬天际，危栏枕水滨。云霞如有约，鸥鹭若相亲。山影当窗乱，涛声入座频。心知潦倒处，身境总非真。”写登阁观感，颇有意境，惜乎尾联渲染失意之情，格调不高。

（四）怀古讽世之作

明朝袁可立五古《蓬莱阁怀古》诗云：“夙慕蓬莱仙，今到蓬阁上。神仙杳难求，海水空漭漾。秦皇踪已沉，汉武终觖望。田横五百人，至今堪惆怅。义城鲁仲连，功成甘退让。千载有同心，感时怀高尚。”评说了与蓬莱有关的几个历史人物，表明了作者追慕先贤的襟抱。赵执信七律《田横寨咏古》颈联云：“客舍三千两鸡狗，岛人五百一头颅。”这两句诗，讽刺孟尝君空养三千门客，急难时只有两人可用，不如田横五百士坚贞如一，用田横的事迹回顾了历史上的英雄豪杰，赞扬了他们宁死不屈的志气，含蓄地讽刺了封建统治阶级不能任用贤才的弊端。明朝赵鹤七律《蓬莱阁观海》诗云：“蓬莱阁下晚凉开，倦客乘凉坐未回。不住鸟声冲雨过，有时龙起带潮来。愁云尚识田横岛，仙月还虚汉武台。回首夕阳瀛海上，一樽怀古独徘徊。”在对历史人物的褒贬中，蕴含了深刻的哲理。诗中的“田横岛”指田横山，“愁云尚识”表达后人对壮士田横的怀念；“汉武台”指丹崖山，“仙月还虚”表明对妄求长生不老的汉武帝的哂笑。清朝赵仑七律《蓬莱阁观海》：“孤城高阁倚崔嵬，俯槛平临实壮哉。岛屿参差看远近，鲲溟变化任徘徊。扶桑浴日云中出，碣石惊涛天际来。极目三山何处是？秦皇空自问蓬莱。”此诗描写作者在蓬莱阁所见的景象，讽刺秦始皇寻求仙境、企图长生的愚妄。

（五）彰显技巧之作

见于旧修《蓬莱阁志》的明马贞一七律《迎仙桥》：“桥边院对柳塘湾，夜月明时户半关。遥驾鹤来归洞晚，净心禅坐片云闲。烧丹觅火无空灶，采药寻仙有好山。瓢挂树高人隐久，晓晨绿水响潺潺。”这是一首正读、倒读皆合乎格律的回文诗，写月夜桥畔景色，一派恬淡神秘色彩，给人以美的艺术享受。现存避风亭内的明代李元龙七律《登蓬莱阁观海集唐诗》云：“披襟眺沧海，巍峨百尺楼。苔痕苍晓露，爽气集高秋。远近山河净，乾坤日夜浮。坐临思不已，谁与共东流。”这是一首集句诗，写秋日登阁，俯仰海阔天高时的激动心情。其诗句依次集自李世民《春日望海》、不详、李颀《觉公院施鸟石台》、马戴《浙江夜宿》、李颀《望秦川》、杜甫《登岳阳楼》、于良史《冬日野望》、不详。

（六）体现爱国之作

谈论蓬莱阁诗词，不能不提及明代抗倭英雄戚继光和近代名将吴佩孚。这两位都是蓬莱籍人，都留下了与蓬莱阁相关的爱国诗篇。戚继光（1528—1588），字元敬，号南塘，晚号孟诸，明朝杰出的军事家、民族英雄。其代表作五律《韬钤深处》云：“小筑惭高枕，忧时旧有盟。呼樽来揖客，挥麈坐谈兵。云护牙签满，星含宝剑横。封侯非我意，但愿海波平。”结句“封侯非我意，但愿海波平”表明，作者胸怀大志，不求功名，一心只为抵御外侮，赢得国家太平。其七律《放舟蓬莱阁下》云：“三十年来续旧游，山川无语自悠悠。沧波浩荡浮轻舸，紫石崚嶒出画楼。日月不知双鬓改，乾坤尚许此身留。从今复起乡关梦，一片云飞天际头。”这是作者晚年遭排挤赴闽任职，途经家乡所作咏怀诗。政治上的失意，强化了作者对家乡的留恋之情。吴佩孚（1874—1939），字子玉，清末秀才，北洋军阀将领。1925年5月，吴率三师两万官兵从湖南衡阳撤防北返，沿途官兵高唱吴佩孚所作军歌《满江红·登蓬莱阁》："北望满洲，渤海中，风浪大作。想当年，吉江辽沈，人民安乐。长白山前设藩篱，黑龙江畔列城郭。到而今，外寇任纵横，风尘恶。　甲午役，土地削；甲辰役，主权堕。叹江山如故，异族错落。何日奉命提锐旅，一战恢复旧山河。却归来，永作蓬莱游，念弥陀。"作者身处丹崖高阁北望，看到的是"风浪大作"，愤慨的是祖国的大好河山竟被"外寇任纵横"。面对甲午战争和日俄战争给中国带来的"土地削""主权堕"的深重灾难，作者慨叹"江山如故，异族错落"，进而发出"何日奉命提锐旅，一战恢复旧山河"的呐喊。只是词的结句气势顿敛，袒露了解甲归田、退隐"蓬山"、面壁念佛的心灵归宿。但总体看，这首词表达了一位儒将的民族气节和爱国情怀。

综上所述，以苏轼《海市诗》为代表的精彩纷呈的蓬莱阁诗词，是蓬莱阁文化的重要组成部分，为蓬莱阁增添了丰富而永恒的艺术魅力。但是，蓬莱阁诗词乃至诗文与蓬莱阁"四大名楼"之一的地位还不十分相称。蓬莱阁诗词中最负盛名的苏轼《海市诗》，与崔颢的《黄鹤楼》诗、范仲淹的《岳阳楼记》、王勃的《滕王阁序》相比，不仅在思想艺术性上略逊一筹，而且在影响力上更弱一些。当今比较权威、流传较广的宋诗选本，如金性尧选注的《宋诗三百首》（上海古籍版）、钱仲联选的《宋诗三百首》（浙江古籍版）、钱锺书选注的《宋诗选注》（人民文学版）、程千帆编选的《宋诗精选》（凤凰出版社版）、张鸣选注的《宋诗选》（人民文学版）等，均未选入苏轼《海市诗》。这不能不说是蓬莱阁的一大遗憾。20世纪60年代，国家副主席董必武曾为蓬莱阁题诗云："没有仙人有仙境，蓬莱阁上好题诗。"蓬莱阁诗词宝库呼唤着新时代的诗词杰作，期待着比《海市诗》更高一筹的千古绝唱。

（作者单位：烟台楹联艺术家协会）

蓬莱阁楹联艺术浅析

位仁田

闻名遐迩的蓬莱阁，矗立于丹崖山巅，迄今已有约960年的历史。近千年来，蓬莱阁见证了中国历史的风云变幻，经受了六个朝代的政治、经济、军事、文化的浸染。因而，她积淀的文化凝重深沉，斑斓多彩。

反映蓬莱阁文化的形式，那是多姿多样的，如小说、戏剧（电视剧）、散文、诗词、楹联。在这里，我仅取蓬莱阁楹联这个角度，浅议蓬莱阁历史文化的积淀与发展。

楹联这种文学形式，在世界文学之林中，是独一无二的，属于名副其实的国粹。如果从蜀后主孟昶的“新年纳余庆，嘉节号长春”算起，已有千余年的历史。古老的楹联艺术，自20世纪80年代以来，在特定的人文环境中复兴，已构成当今社会大潮中别具风骚的文化景观，以其独特的艺术性、深邃的哲理性、隽永的趣味性、广泛的实用性为国人所喜闻乐见。

蓬莱阁楹联，按照楹联的题材分类，当属风景名胜联。

中华民族历史源远，文化流长，镌刻于名山大川殿堂楼阁、园林台榭、寺观庙宇、碑塔陵寝、城垣桥堡之上的风景名胜联，如璀璨的明珠，将胜迹装点得瑰丽典雅，古风盎然，为我们研究历史、文化、哲学、美学、地理，提供了丰富的资料和借鉴。

蓬莱阁属中国“四大名楼”之一，这里珍存的楹联，是华夏名胜联的一个组成部分。尽管蓬莱阁的管理者悉心收藏、保护这些珍贵文物，但近千年来尚缺乏系统的梳理和评析。今天我们要梳理和简议这些楹联，有纵横两条脉络可供我们沿袭，为清晰简便，我们采取了纵向理顺的方法，就是按年代时间来评介这些作品。

蓬莱阁现存楹联近万副。这些楹联的产生，大体可分为三个阶段。下面分别作些简议。

一、绵绵河流——陈年积联

蓬莱阁第一部分楹联，从时间上计算，应是从蓬莱阁建阁，即宋嘉祐六年（1061），至公元2008年，计947年的历史。这期间镌刻、悬挂、收藏楹联200余副。虽然数量不大，但质量和文物价值极高。

蓬莱阁是东方仙道文化的符号，是文人墨客雅集之地，达官贵人览胜之境，高人方士修道之界，庶民百姓“求仙”之所，游览之余，感慨系之，不题诗联难以释怀。他们留下的楹联融文学、书法、雕刻于一炉，与古建筑艺术浑然一体，实为难得的艺术瑰宝。

应该说明的是，我们今天评价古人的对联，不应该拿今天的联律通则去苛求古人，因为联律问题千余年来一直是有争议的。古代名家名联不完全等同于严联佳联。但是，我们也应有一个基本标准，那就是在基本合律的前提下，体现出鲜明的针对性、时代性、思想性和艺术性。

名胜联的针对性，是说应该“量体打造”，而不是放之四海皆适用的广用楹联。

神皋奥区，斗绝入海；
扪参历井，峻极于天。

这是一副颇具针对性的盛赞蓬莱阁的楹联，原悬于清铁保书“蓬莱阁”匾额两侧楹柱上，朱铭盘撰，张裕钊书。朱铭盘，江苏泰兴人，清光绪八年举人，工诗文，长于骈文、楹联；张裕钊，湖北武昌人，晚清官员，散文家，是被康有为誉为“千年以来无与比”的自成“张体”的书法家。该联两大特点，一是紧扣蓬莱阁特点，“神皋奥区，斗绝入海”，神奇的海岸高地，奥妙的景区，斗（通陡）悬于沧海之上。二是极尽夸张手法，“扪参历井，峻极于天”，“参”“井”，星宿名，高耸的蓬莱阁，似乎可以触到天上的星辰。刘勰的《文心雕龙》要求，状物要“喻其真”，夸张要“追其极”。该联摸天入海，是极好的例子。

九万青天，登梯得路；
三千碧海，破浪乘风。

古联当中，清代作品比较多，清朝乃楹联鼎盛时期。“汉文、唐诗、宋词、明小说、清楹联”，这是南怀瑾先生的意见。明代留下的蓬莱阁楹联实为罕见，蓬莱阁上这副楹联是明代倪鸿宝所撰书。倪鸿宝，浙江上虞人，名元璐，号鸿宝，仕途大起大落，崇祯朝曾任国子监祭酒、兵部侍郎、礼部尚书，长于书画，与黄道周并称“倪黄”。崇祯十七年“闯王进京”，崇祯帝自缢殉国，倪鸿宝自缢殉君。这副楹联夸张大气得体，工稳流畅，自然天成，堪称比较完美的佳联。从感情色彩上分析，它应是倪鸿宝仕途畅达、春风得意时的作品。

人间已三度桑田，乘万里长风来观沧海；
天上有五云楼阁，笑十年小谪得住蓬莱。

这副原在蓬莱阁上的楹联，乃清代龚易图撰书。龚易图与蓬莱渊源颇深，清同治八年（1869）“擢登莱青东海关监督”，后至1877年，任登莱青兵备道。龚是清代有名的书家、画家、诗家、联家、收藏家、园艺家、美食家。烟台毓璜顶“小蓬莱”及楹联“天下文章莫大于是，一时名士皆从其游”，就出自龚易图的手笔。此联应该也是他在登莱青为官时留下的墨迹。联系当时的社会背景和作者的心理背景欣赏这副楹联，时代特点比较突出，可谓言之有物，有感而发。上联“桑田沧海”句，是说鸦片战争后，外族入侵，中国满目疮痍，几经沧桑，流露出作者忧国忧民的思想情绪。下联笔调一转，自嘲自慰因被贬官而得到仙居蓬莱的意外待遇。想一想，在风雨如磐的晚清，能不为命运所困，纵情山海，优游“仙境”，这种淡泊名利、超然物外的气度，非高人莫能为也。

澄碧轩上有两副名联，时代烙印鲜明，爱国情绪激烈：

即以蓬莱作舟楫；
不怕沧海起风波。

作者为乐亭人阴庆恩，清光绪三十四年（1908）任蓬莱知县，重修澄碧轩，题此联代志，并题小跋云：“登阁东望，海阔天空，胸襟为之一畅。阁后旧有‘海不扬波’四字，甲午‘不’字被炮所击，今重整澄碧轩，故集十四字以志之。”该联强烈表达了以蓬莱作战舰，随时迎击列强入侵的雄心壮志，笔墨酣畅，读来令人振奋。

学海几能窥道岸；
望洋谁与障狂澜。

作者为清代贵州平远人丁宝桢，字稚璜，咸丰进士，1867年任山东巡抚，因诛安德海有名于时。推断该联应是作者在山东任上的作品。1862年，登州港、芝罘港已通过不平等条约被逼向列强开放。作者连用两个反问句式，上联作铺垫，“学海几能窥道岸”，导出作者书此联的真正用心“望洋谁与障狂澜”。赋比兴手法，恰到好处，赋，写望洋兴叹，比，把帝国主义的入侵比作狂澜恶浪，兴，蕴含着作者对中华民族前途命运无限惆怅迷惘的情绪，真乃对仗工整、声律和谐、情真意切、发人深思的佳联。

天后宫戏台联，是数百年来保存最好的楹联之一：

乐奏钧天，潮汐声中喧岛屿；
宫开碣石，笙歌队里彻蓬瀛。

这是蓬莱仙道文化的代表作，也是天后宫戏台专用联。作者鲁展臣，蓬莱籍，是与王启曾、赵汝勇齐名的书法家。“乐奏钧天”，即弹奏天籁之声。“宫开碣石”，指耸峙于岩石上的宫殿。“岛屿”“蓬瀛”，指传说中的神山蓬莱、方丈、瀛洲。该联“潮汐”“笙歌”意将天上人间浑然一体，给人以“此曲只应天上有，人间能得几回闻”之感，是难得的联律严谨、文辞精当、韵致高雅的正统联。

卧碑亭墙壁上，镌刻着一副七言工联，人们过目成诵：

海市蜃楼皆幻影；
忠臣孝子即神仙。

该联为福州人龚葆琛所撰书。龚葆琛是清光绪年间的知名学者，通经史，善诗联，长书法，曾游学四海，七十八岁还在济南题写了趵突泉“鸢飞鱼跃”匾额。作者的这副楹联出手不凡，一反传统仙道联的格调，境界的升华令人耳目一新，茅塞顿开。上联一言以蔽之，“海市蜃楼皆幻影”，否定了海市的真实性之后，下联笔锋一转，给出了“真实”的答案——“忠臣孝子即神仙”。思想清新，文句自然、流畅、畅快，发人深省，实属传世的格言联。“忠臣孝子”是封建士大夫的思想局限，在封建社会“忠君”与“爱国”本是一回事，无可厚非。

这里有一副七言短联，值得一提：

眼前沧海难为水；
身到蓬莱即是仙。

这是文山李启垣留下的脍炙人口、传诵遐迩的对联。“难为水”句，典出多处，《孟子·尽心》有“观于海者难为水，游于圣人之门者难为言”的句子。后来唐元稹《离思》有“曾经沧海难为水，除却巫山不是云”的诗句。本联的意思是，沧海常见不足为奇，蓬莱仙境难得，“身到蓬莱即是仙”。这是现成的蓬莱阁景区广告语，至今仍在沿用。

民国年间，内忧外患，战争频仍，但楹联长河川流不息，留下了几副有血有肉的好对联。感人肺腑的当数著名的“冯李之作”。

“九一八”事变后，爱国将领冯玉祥大义凛然，力主抗日，反对蒋介石的不抵抗政策，因而受到压制和排斥。1934 年 5 月，冯玉祥和曾任北伐军二军司令的国民党元老李烈钧抵达蓬莱，在蓬莱阁，李烈钧撰写一联：

攻错若石，同具丹心扶社稷；
江山如画，全凭赤手挽乾坤。

“攻错若石”典出《诗经·小雅·鹤鸣》，错为磨玉的粗石。攻错，本义为琢磨，后引申为借鉴他人之长，改正自己之短。这里是希望蒋介石改正不抵抗政策。书毕，李先生请冯将军题横额，冯将军奋笔疾书“碧海丹心”四个苍劲有力的大字。此四字刻石，至今完好无损。李联冯额，至今传为楹联美谈。

5 月 20 日，冯玉祥拜谒了明代爱国名将戚继光祠堂，百感交集，欣然命笔，作了一联：

先哲捍宗邦，民族光荣垂万世；
后生驱劲敌，愚忱惨淡继前贤。

上联以赞颂戚帅捍卫邦国的伟绩丰功为基础，下联抒发作者继承先贤传统、驱逐劲敌、力挽乾坤的雄心壮志。本联对仗精当，平仄铿锵，为后人传诵，后来于 20 世纪末，经中国当代书法家沈鹏重新书写，分别悬挂于水师府和戚继光故里大门楹柱，供游人瞻仰。

古代和近代，骚人文士为仙境蓬莱委实题联颇多，但历经战乱沧桑，所剩无几。新中国成立后经修葺，增补和修复了一些楹联。

值得称道的是，1960 年 8 月 13 日，叶剑英元帅视察蓬莱阁，他看到蓬莱人民表现出来的生产热忱，同时受龚葆琛联的启发，乘兴为蓬莱阁题写了联语：

蓬莱士女勤劳动；
繁荣生活即神仙。

叶帅作为国家领导人，这副宽联，是对蓬莱人民进取精神的赞扬和激励，也表达了劳动人民向往幸福、繁荣的精神诉求。

具有讽刺意味的是，在董必武同志“没有仙人有仙境，蓬莱阁上好题诗”的题词刚过两年，“文革”开始，蓬莱阁被“造反派”列为重点“四旧”。顷刻，神像一尊不留，楹联面目全非。随后，蓬莱阁成了解放军两个工兵连的营房，为“深挖洞”的官兵提供食堂、宿舍和库房。这期间，失缺了“仙气”，没有了游人，蓬莱阁一片萧条。

十一届三中全会之后，改革开放的春风使蓬莱阁重获新生。中共蓬莱县委、蓬莱县政府组织能工巧匠，修复古建筑，组织雕塑家重塑神像。当时由蓬莱县政协副主席、蓬莱师范工会主席、书法家、文化名人高英先生组织了部分楹联名人、书法名人，修复和补充蓬莱阁楹联。高英先生为蓬莱阁文化的挖掘和整理做出卓越的贡献，主编过《蓬莱阁志》，还撰书过不少楹联。如龙王宫的两副楹联：

龙酬丹崖所期和风甘雨；
王应东坡之祷翠阜重楼。

赠大圣定底神针千年魔尽；
还八仙渡海宝物万里波平。

高英先生这两副楹联道出了“文革”后人们的欢欣和期盼，气韵不让古联。面对新建的古船博物馆，高先生撰书了一副鹤顶格嵌名联，以歌颂登州古港的丰功伟绩：

古船曾捍海疆，犹存雄风壮华夏；
博物常留仙境，更有巧思昭蓬莱。

1982年，中国著名书法家费新我来蓬莱，泼墨挥毫，留下佳联：

碧海仙槎，心神飞越；
丹崖琼阁，步履逍遥。

这副八言工联不但抓住了山、海、仙阁的特色，而且抒发了愉悦从容的心理感受。该联现镌刻悬挂于蓬莱阁南大门——人间蓬莱坊。牌坊上悬两副蓝地金联。另一副是1983年艺术大师刘海粟先生留下的名联：

神奇壮观蓬莱阁；
气势雄峻丹崖山。

大师级的书画家，七言联简短而不简单，这就像一幅清淡的水墨画，虽不施重彩，却使一山一阁浑然一体，留给读者无穷的遐思畅想。虽有失律，但不失大家风范。

凌空欲化仙，高阁白云千里目；
出世如临幻，长涛碧海万斛珠。

这是中国当代诗人、书画家、楹联泰斗、中国楹联学会创始人马萧萧先生生前游学蓬莱时留下的联墨。马老化用“蓬莱十景”撰写的蓬莱阁联，突出了“仙阁凌空”和“万斛珠玑”，气韵空灵脱俗，遣词精到鲜活，是无懈可击的专业联、示范联、经典联，非高手不可得。

这里还有一副来历特殊的楹联，值得称道欣赏：

八仙过海，传闻如此多奇；
万事由人，风景这边独好。

1984年，越南黄文欢访问蓬莱阁，经导游介绍，临风登阁，兴犹未尽，乘兴用汉文作了这副楹联，“传闻”句显得联句“得体”，合乎外国友人身份。全联从八仙到人间强调“万事由人”，用毛泽东词句收尾，哲思起伏，收放有度。一个外国人有如此联语功夫，实在难能可贵。

之所以把这947年的楹联作为一段，是因为这么多年没有集中的联事，但这是一条川流不息的绵绵河流，流传下来的虽是陈年积联，却都是文物珍宝，值得珍藏和玩味。

二、汩汩江涛——新春征联

1984年，随着改革开放的纵横发展，在马萧萧、常江等楹联界元老的努力下，中国楹联学会诞生了。此后20多年中，中华楹联这棵千年老树，很快就枝繁叶茂，盛景空前。各省市楹联团体纷纷成立，楹联报刊相继问世，楹联专著争相出版，楹联赛事连续不断。

2008年12月，为了弘扬蓬莱阁历史文化，讴歌改革开放的巨大成果，丰富2009年春节文化生活，蓬莱阁管理处、《今日蓬莱》报社、烟台市楹联家协会联合举办了“千年仙阁杯”春联大赛活动。历时月余，千副春联从二十多个省市自治区雪片般飞来。烟台联协组织评委会，根据思想正、立意深、构思奇、联律严的标准，经初评、复评、终评，评出一等奖1名，二等奖3名，三等奖6名，优秀奖20名，入围作品300件。

这次春联大赛，不乏力作佳构，给蓬莱阁文化带来了清新的时代气息。

登阁寄高怀，国运昌隆文运盛；
倚天穷远目，心潮浩荡海潮平。

这件来自北京孟广祥的作品，傲立榜首。作品立意高远，大气磅礴，点出了“国运昌隆”与“文运盛”的因果关系。没有国昌，哪得联赛？“运”和“潮”两个规则重字的对应出现，渲染了两个逻辑重音，为作品增彩不少。“心潮浩荡海潮平”，让人联想到戚继光“封侯非我意，但愿海波平”的诗句。

溢彩流光，若诗若画蓬莱阁；
依山傍海，宜室宜家生态园。

辽宁义县周绍辉这件二等奖作品，别具匠心，之所以极写蓬莱阁“溢彩流光”“依山傍海”“若诗若画”，是因为要告诉世人，这里有“宜室宜家”的绝好生态环境，读来怎不令人心驰神往？

史钓春秋观远近；
阁凌风雨记沉浮。

广东电白李伟立这副“阁映千秋”七言短联，文字洗练，意韵凝重，像一首深邃的咏史诗让人抚今追昔，从蓬莱阁的沧桑变迁，联想到旧中国苦雨凄风和百年的荣辱沉浮，从而激发人们热爱新中国、创造新生活的改革热情，真是冷凝于笔端，热炽于肺腑。

登阁悟神仙，笑览苍茫，一瓢海洗蓬莱日；
振衣驱雾霭，惊呼奇幻，万象天开阆苑春。

淄博周村苏振学，虽家居乡里、出身布衣，却是卓尔不群的联界摘星手。他在全国联赛中拿等级奖百余次，300副佳联集于《百家联稿》。此联大开大合，潇洒豪放，清新脱俗，纵横驰骋，自题横额“逸兴遄飞”。“一瓢海洗蓬莱日”，夸张手法轻妙娴熟，深得“追其极”之真传。

黎庶乐新城，盛世长兴商旅业；
蓬莱开画境，高阁一览海天春。

在北京《对联》杂志社工作的陈亮先生的这副今声联，有两大特点：一是切题，书蓬莱、歌盛世、迎春天，是最典型的春联；二是写民生、颂黎庶，极赞蓬莱的商品经济和旅游事业。本联写“商旅”“长兴”，使人联想到《岳阳楼记》中“山岳潜形，商旅不行”的句子。两种时代，两种心境，情绪天壤之别。

谁把蓬莱作酒酣，偕春醉阁；
我迎贾岛敲诗至，览胜成仙。

品味河北曲阳邢伟川这副对联，我们仿佛又遇上一位苦吟诗人，敲字炼句的功夫很深，一改“仙境”“仙气”之俗套，“谁把蓬莱作酒酣”，顿觉醇气扑面，新奇袭人。全联一问一答，明嵌暗对（明嵌：仙阁；暗对：蓬莱岛对贾岛），精妙无比。

海市归真，八仙俯首惊不识；
登州换貌，苏老回眸喜重吟。

此联乃烟台栖霞老楹联家张荣起所撰，旨在赞颂蓬莱巨变，但并不直书，而是侧面描写，以“八仙”“苏老”的视角去说事。八仙“惊不识”，“当惊世界殊”。“苏老回眸喜重吟”，东坡先生在蓬莱影响极大，曾任知州五日，写下著名的《海市诗》，后人步其韵写海市者无数。苏老回访，惊喜不已，重新吟唱，读来饶有情趣。

到访仙阁，忘却红尘俗世，揽得明月清风，与春共醉；
周游胜地，抛开苦恼悲愁，融入蓝天碧海，伴鹤齐飞。
沧海当前，看槛外云生云灭，潮长潮消，抽身了却名和利；
蓬山在即，笑世间人是人非，功成功败，回首知夫月与风。

以上两联，分别为广东普宁张文涛和山东淄博李强所作。两联异曲同工，在俗世繁忙之余，仙游胜境，放下名利，笑对悲愁，超然物外。读者受其感染，顿觉超世脱俗，立生几许仙风道骨。

这里有副66字的长联，值得一提：

苏轼诗，处约记，葆琛联，其昌字，总督坊，铁保匾，
田横山，戚公炮，纪效新书，集武文绝艺；
蜃楼景，渔梁歌，朝海日，晚潮霞，铜井水，珠玑石，
漏天雨，狮洞云，仙阁胜迹，汇蓬岛异观。

这副别具一格的长联，由蓬莱市书法家、楹联家周茂玄老先生撰写。上联由蓬莱阁主要文物组成，苏东坡的《海市诗》，宋代主持建阁的朱处约的《蓬莱阁记》，龚葆琛的楹联，董其昌的墨迹，戚继光的父子总督坊，铁保的匾额，齐国义士田横山寨，戚帅的铁炮和兵书《纪效新书》。下联是“蓬莱十景”的主要景致。这样，将蓬莱阁文物及蓬莱美景尽收一联之中，古今楹联，无与伦比。

这次征联活动，使仙阁楹联由绵绵河流变成汩汩江涛。当年元宵节，丹崖山径，红联映笑脸，说明这次征联的成功。

三、滚滚海潮——综合征联

第一次征联的成功尝试，大大地提高了中共蓬莱市委、蓬莱市政府、蓬莱阁管理者对楹联文化的认识。于是，2009年7月，由中国楹联学会、山东省楹联艺术家协会、中共蓬莱市委、蓬莱市政府主办，烟台市楹联家协会、蓬莱旅游区管委会、蓬莱阁管理处承办的“蓬莱阁杯”海内外征联大赛活动拉开帷幕，旨在举全国联界之力，继承和发扬蓬莱阁历史文化传统，深其内涵，展其外延，增其魅力，扩其张力，以楹联的文学形式，创建蓬莱阁历史文化的一项大工程。

这次征联是综合的、全面的，按蓬莱阁管理系列的11个景点分别征集，包括蓬莱阁、天后宫、龙王宫、三清殿、吕祖殿、弥陀寺、蓬莱水城、戚继光故里、登州古船博物馆、备倭都司府、黄渤海分界坐标。

数月内，7000余副联稿从海内外汇集于烟台联协和蓬莱阁。

由中楹会、省联协、市联协组织全国联界权威联家评出一等奖2名，二等奖5名，三等奖8名，优秀奖15名，入围作品300件。

这次联赛，无论是楹联的数量和质量，还是组委评委的权威，在中国皆属一流。

下面鉴赏几副得奖联。

下翻银浪，上仰碧落，神话越千年，八仙醉酒腾身去；
梦绕蜃楼，魂牵海市，奇观唯一瞬，七彩化虹照眼来。

河南胡吉祥这副题蓬莱阁的榜首联，起句运用当句自对和夸张的修辞手法，把仙阁推向顶天立海的位置，直奔主题，气势不凡。然后转入“越千年”的八仙过海故事，由实而虚。下联写海市蜃楼，亮点在“奇观唯一瞬”，由虚而实。收句留给读者自由憧憬。

两海共千秋，分得开名，分不开水；
二龙盘一岬，同不了界，同得了天。

甘肃刘志刚题黄海、渤海分界坐标联，以其构思奇特而力拔头筹。黄海、渤海分界坐标，因“二龙戏珠”的奇妙现象又称神龙分海。这是个高难度命题。作者以朴实无华的语言，在“分”与“不分”、“同”与“不同”之间立意，信手拈来多个规则重字，既成功重塑分海坐标形象，又完成了一个伟大的哲思。

刀上留痕，血书一部抗倭史；
炮端铭恨，铁铸千秋卫国魂。

这是山东烟台楹联作家和理论家李村人题戚继光故里兵器馆联。明代蓬莱人戚继光的抗倭史，奠定了蓬莱的爱国精武文化。上下联第一分句落笔入题，摆出了两般兵器“刀”与“炮”，由“痕”和“恨”引出第二分句。“痕”引人缅怀戚帅的丰功伟绩，“恨”教人铸造“卫国”之“魂”。全联洗练明快，不加雕饰，感情充沛，启人发愤。

宫殿巍峨，着我中华龙气象；
风情殊异，昭其上善水精神。

该联乃湖北方六军为龙王宫所题，最大成功在于立意高远，生发自然得体，上下联分别从“龙”与“水”说开去。经千年创造、升华，龙已成中华民族的广义图腾、精神象征、文化标志和感情纽带。龙主管水，人们自然联想到水。水，儒道释皆褒奖过，以《老子》为甚，“上善若水……几于道”。刚柔相济，随物成形，利万物而不争的水精神，不就是中华民族精神的写照吗？

七仙皆去但留我；
千载以来唯度人。

此联是山东温家才题吕祖殿联。七言短联，通俗流畅，且以第一人称道来，更觉亲切、真实。吕祖乃八仙传说中影响最深远的仙人。联语昂然自信，本身就有“度人”向上、向善之感。

稽古鉴沧桑，掀开航海千年史；
扬帆追日月，驶出登州一片天。

山东苏振学的这副楹联是为登州古船博物馆所题。该馆位于蓬莱阁东侧，有元明两代古战船、宋元以来的航海遗物和陶瓷文物。上联“掀开”句，让人联想到我国千年的造船和航海历史；下联视觉转换，“驶出登州”政治、经济、文化全面发展新的海洋、新的天地。联语稽古抚今，如天上云卷云舒。

福寿同添，两岸同蒙天后佑；
和谐共建，千秋共愿海波平。

天后宫，四海皆有，但蓬莱阁天后宫乃中国北方最大的天后庙宇之一。安徽陈自如的题联，突破了惯常的为天后歌功颂德之语，巧妙地以天后福佑覆盖海峡两岸为由，导出了两岸一家的真谛，读来别有新意。

春在禅林，流水青山相与静；
香依宝座，明霞孤日一般闲。

这副弥陀寺联，为安徽苏自宽所撰。联语清淡如水，悠闲如云，如一幅“春山古刹”水墨画，不述佛理禅宗，只追清静恬淡，在滚滚红尘中拼搏的人们，到这里放慢脚步，“等等灵魂”吧。

天边古港，海上名城，兴起隋唐开水运；
梦里蓬莱，诗中岛屿，惹来仙客览风流。

广西周继勇这副题蓬莱水城联，沉稳丰满，上联写中国“四大古港”之一水城，人们会忆起这个东方海上丝绸之路的发轫之地，及其在中国古代“水运”和外交上发挥的巨大作用。下联是仙客览胜场面。联中方位词“边”“里”“上”“中”对得稳妥；“水运”“风流”对得精妙；“惹”字用得俏皮，庄重之中不乏风趣。

佳联如潮，难以罗列，只能简单枚举，略展风采。征联、评联、颁奖已毕，但联事并未终结。

征联组织者再次磋商谋划，认为联事空前，千载难逢，决定趁热打铁，编辑一部蓬莱阁楹联集成之书，书名叫《仙阁神韵：“蓬莱阁杯”海内外征联大赛作品荟萃》。为了纪念2009年大征联活动，主办者从征稿中选出2009件优秀联作，编辑成书，历代楹联附录其后，内容更显丰厚恢弘。

《仙阁神韵》于2010年9月出版，至年底传遍全国。

为联书操劳者的一组名字，我们必须铭记——中楹会会长孟繁锦题写书名，山东联协主席高宝庆书写获奖联，中共蓬莱市委书记张代令撰写序言，烟台联协主席贺宗仪、副主席位仁田任主编，烟台联协副主席（兼秘书长）王成仁组织选编联稿，蓬莱阁管理处主任寇润平总调度，登州博物馆馆长袁晓春负责联络。蓬莱阁不会忘记他们的艰辛劳动。

在蓬莱，最古典优美的景致在蓬莱阁。在蓬莱阁，最集中凝练地体现历史文化的是楹联：因为它短小精悍，画龙点睛；因为它已从一支文化细流，腾起为滚滚的文化海潮，形成了一个完整而系统的历史文化工程。

文稿写完，喜不自胜，遂撰一短联，以作结语：

楹联万副昭天地；
仙阁千秋鉴古今。

（作者单位：烟台楹联艺术家协会）

蓬莱阁碑刻的历史和艺术价值

张永强

北宋嘉祐六年（1061），登州知州朱处约在丹崖山顶广德王庙处建蓬莱阁，其初衷即为州人开辟一处游览之所。此后，宋金元明清各朝代，蓬莱阁也迎来了无数文人雅士，宦游学子，他们登临歌咏，留下了大量诗文和刻石，900余年来形成了独特的蓬莱阁碑刻群，堪称“蓬莱碑林”。

据不完全统计，目前蓬莱阁上的历代碑刻有150余方。加上原石已佚、碑文尚存的，总数应在200种以上。这两方面的内容构成了蓬莱阁碑刻的整体。这些珍贵的历代石刻文字，从不同的角度勾勒出一幅幅绚丽多姿的蓬莱阁历史沿革——军事史、经济史、诗歌史和书法史，还涉及了宗教、海运、对外交流等方面的重要史实。近年来，随着研究的深入，其中蕴含的巨大学术和艺术价值越来越引起人们的关注。

蓬莱阁现存碑刻以明清时期的为主。其主要特点，笔者以为有以下三点：

一、内容丰富的“石刻档案”

由于古代登州所处的重要地理位置，蓬莱阁也历经兵燹，屡毁屡建。在史籍寥落散佚的情况下，保存在丹崖山上的碑刻，与地方史志中收录的佚碑一起，成了历史最好的见证。

蓬莱阁上集中保存了明清以来登州特别是蓬莱地区的记事碑刻，据统计约有40通。这些记事碑具有鲜明的地方特色，涵盖了历史沿革、军事、经济、宗教、教育以及民间信仰、对外交往等方方面面，内容翔实，信息丰富，堪称研究蓬莱地区历史文化的“石刻档案”。其中反映蓬莱阁和明清军事沿革的碑刻，如明闫士选撰书《松石亭记》，明毕懋康撰《阅海操记》，清徐绩撰、孔继涑书《阅水操记》，清汪承镛撰书《重修军储仓记》，清《重修登莱海防道布政碑》等，都是我国明清以来重要的军事类碑刻资料，目前未闻有人进行过专项研究。

蓬莱阁上的经济类碑刻也不容忽视。重要的有明万历三年（1575）《蓬莱县均徭记》、明《新定条鞭记》、明崇祯十一年（1638）《建预济仓记》、清康熙三十六年（1697）《黄知府（宪）判盐案记》、清道光十八年（1838）《英知府（文）判盐案记》、清咸丰七年（1857）《汪承镛厘定盐事碑》等。

又如丹崖山上矗立至今的明清以来的十几通重修蓬莱阁及附属建筑碑记，无疑是反映蓬莱阁历史沿革的第一手资料，为蓬莱阁的重修和保护提供了宝贵的参考。

这方面涉及的内容十分丰富，有待于深入探讨、列为若干专项、分类进行研究，此不赘述。

二、登临题咏，词翰双绝

目前蓬莱阁历代登临题咏类的碑刻，据统计达 85 种 100 方以上。这些登临题咏类刻石，绝大部分不仅在内容上歌颂了蓬莱阁的美丽自然景观，而且书法优美，真、草、隶、篆俱全，与千年名胜丹崖山上的蓬莱阁已经组合成不可分割的整体，其作者中有一代文豪苏东坡，有薛瑄、左懋第、施闰章等著名文学家、诗人，还有戚继光、袁可立、李承勋等武将，其文学价值、艺术价值是不容忽视的。

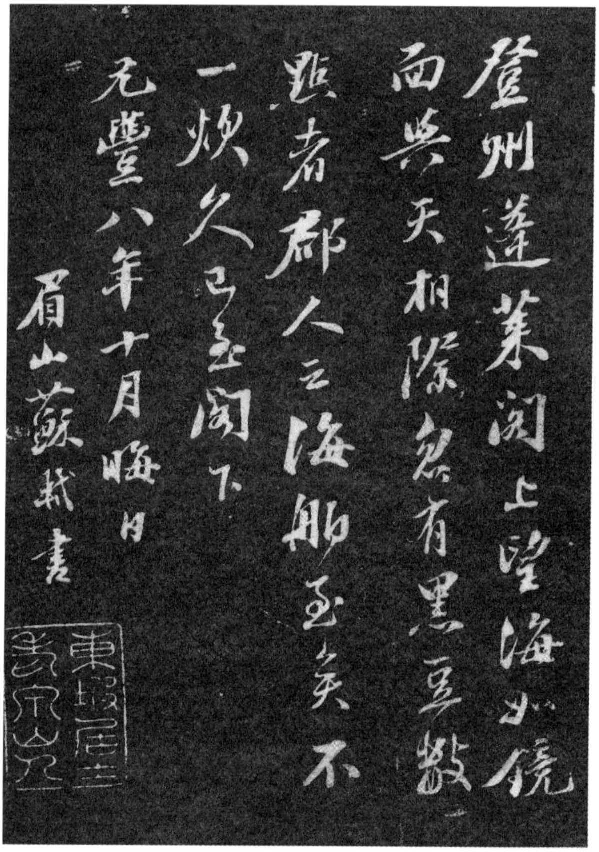

苏轼书《蓬莱阁记所见》（旧拓本　晚香堂苏帖）

1. 苏轼《海市诗》及《书吴道子画后》刻石，金熙宗皇统年间（1141—1149）刻，两面刻，横石。一面刻《海市诗》，一面刻《书吴道子画后》，宋元丰八年（1085），苏轼撰并行书。这是蓬莱阁上最著名的石刻，可谓词翰双绝。另有清乾隆间翁方纲摹刻苏轼《海市诗》一石。

苏轼此书章法疏朗，撇捺厚实，沉稳安定，丰润绰约。其时南方苏禁未解，诚如叶昌炽所云："绍圣以后，中国禁苏书甚严，而金人皆喜效其体。……乌台之案，不能行于邻国，可为眉山吐气。"（《语石》卷一）

金代崇尚苏轼的气节、学说，故搜购、临摹苏书在士大夫之间成为风气。金元好问《跋苏黄帖》曰："苏黄帖，片言只字皆未名之宝。"清卞永誉《式古堂书画汇考》卷十载明张弼跋苏书李太白诗卷云："……松年而下，用笔皆稍似苏者，当时程学行于南，苏学行于北，金之尊苏与孔子并，故习其余风，皆有类耳。"自宋入金的著名文人蔡松年（1107—1159），累迁户部尚书、尚书右丞，进拜右丞相，加仪同三司，封卫国公，曾藏有苏轼行书杰作《李太白游仙诗卷》，北宋元祐八年（1093）七月书，现藏日本大阪市立美术馆。卷后有金代蔡松年、施宜生、刘沂、高衎、蔡珪五人跋语，其书体也多模仿苏轼，可见金代士大夫对苏书的宝爱程度，以及金人对古迹名作的鉴藏品题之风。

苏书《海市诗》及《书吴道子画后》就是在这样一种文化背景下被重新翻刻的，历经900余年，即使有兵燹灾难，仍坚贞不磨，真堪与山川名胜、亭阁楼宇不朽。

2. 董其昌书袁可立《甲子仲夏登署中楼观海市》刻石，大理石质，每石高0.76~0.80米，宽0.46~0.50米，明天启四年（1624）刻，现存蓬莱阁避风亭内，计刻石9方。

董其昌（1555—1636），字玄宰，号思白，别号香光居士，上海松江人，明代杰出的书画家，著有《画禅室随笔》。康熙皇帝称赞其书法说："每于若不经意处，丰神独绝，如微云卷舒，清风飘拂，尤得天然之趣。"

董其昌书袁可立《观海市》诗是他的精心之作，在其后的信札中颇为自诩。第九石末有"天启甲子冬吴郡温如玉摹勒上石"隶书题记一行，并录一札，据其内容，当为董其昌致袁可立者。其中谈到温如玉，尊为"老年丈"，且誉其"勒石得法，可以敌长公（苏轼）之笔，为东海不朽事"。

温如玉，吴郡人，号姑苏山人，明万历间曾摹刻肃府本《淳化阁帖》，为世所重。肃府本《淳化阁帖》中也保存了温如玉的隶书题记，知此人夙擅书法，精心研究摹刻碑版技术，遂成一代名手。题记云："玉自言自髫年肆情濡毫，奔走吴越燕楚之间，积有岁年，较（校）雠不遗余力，始有悟于斯道……互相印证，模拟逼真，纸凡数易，石必再更，心血几呕尽。"现蓬莱阁上保存的温如玉摹刻的诗刻，是目前除肃府本《阁帖》之外少见的温氏摹刻石刻，作为明代刻帖名家的实物遗存，尤为珍贵。

从镌刻风格与石质来看，袁可立撰书的《蓬莱阁怀古》二首诗刻（今嵌于蓬莱阁苏公祠东壁），也当是温如玉所刻。则这两组刻石可谓诗、书、刻三者合璧的珍贵石刻。

其他书刻俱精的作品，如卧碑亭内清宫梦仁、宫鸿历《演武场校士观海市记并引》刻石5方，选石莹润，刻制极精。苏公祠内明尹嘉宾撰书《游蓬莱阁观海》，行书空灵潇洒。苏公祠外东山墙壁间嵌明崇祯十二年（1639）登州府推官阴启光“自家肚子自家知”小诗一首，书法天真烂漫，别有趣味。蓬莱阁阶下西墙边有残碑若干，其中明弘治三年（1490）赵鹤龄撰书《次陈侍御韵》一方，是蓬莱阁上目前能见到的唯一一方章草书诗碑，书法古雅，有钟（繇）、索（靖）神韵，十分难得。

另外，现存避风亭内清初著名诗人施闰章行书《观海市歌》《望日楼日出》等刻石4方，苏公祠内明薛瑄行草书《观海》刻石，清吴定、张克家撰书《登蓬莱阁短述诗》，也都是书迹佳善的石刻精品。

三、寰宇贞石，兼收并蓄

蓬莱阁上集中保存了不少重要的区域性碑刻，其中一部分现在移藏于登州博物馆。其中最著名的有东汉琴亭国李夫人墓门刻石，以及隋开皇五年（585）王俱造像、北宋熙宁八年（1075）解宾王墓志等。另，原嵌于蓬莱阁避风亭内的董其昌书袁可立《观海市》诗刻石9方，出于妥善保护的考虑，也于近年移置登州博物馆，陈列展出。

琴亭国李夫人墓门刻石拓片（旧拓本）

琴亭国李夫人墓门刻石自清末在蓬莱出土以来，见于多家著录，其拓本为人们所争相购求，是一方有名的东汉画像石。它历经劫难，其原石至今仍留在出土地蓬莱，现收藏于登州博物馆。

王俱造像，隋开皇五年（585）刻，上端为造像，下端刻发愿文及供养人题名，书法古雅严谨，造像镌刻精美，是隋代造像中的精品。此造像清末民初出土于洛阳，辗转归至蓬莱地区，后由登州博物馆征集，长期被作为“经幢”展出。在造像雕造的开皇五年（585），《佛顶尊胜陀罗尼经》尚未传入中国，并无经幢可言；王俱造像上也无刻经文字，故应予以正名，不应再以“经幢”目之。

解宾王墓志，北宋熙宁八年（1075）七月立，篆书，高120厘米，宽80厘米，白色花岗岩质，篆盖俱存。龙图阁直学士蔡延庆撰，登州知州舒昭亮篆。蓬莱解宋营龙化原出土。这样通篇都用严谨的小篆来书写的宋代墓志，洋洋千余言，且保存完好，镌刻精美，在全国出土的同类墓志中都是罕见的，具有较高的书法价值。其书丹者登州知州舒昭亮的题衔反映的关于“提举金银坑冶”的信息，为研究宋代登莱地区采金活动提供了资料。

四、保护建议

蓬莱阁历代碑刻的损毁比较严重，其中一部分原因是天灾，更多的是人祸。蓬莱阁上现存的碑刻以明清时期的为主，金代刻石只有苏轼《海市诗》及《书吴道子画后》一通，宋碑则无，遑论隋唐。明末崇祯四年（1631）爆发的“登莱兵变”，叛军盘踞蓬莱阁一年半之久，不少碑刻被摧毁制成炮石，建成防御工事。甲午战争期间，日军炮击蓬莱阁，炸毁建筑严重，不少碑石自此毁断。清代山东巡抚托浑布手书的“海不扬波”刻石，其“不”字被毁；明代抗倭将领、登州总兵李承勋所立《吕祖咏海市诗》碑，其上炮痕至今仍清晰可辨。

“文革”期间，蓬莱阁上的碑刻进一步遭到人为破坏，避风亭内的石刻珍品、明代大书法家董其昌手书袁可立《观海市》诗刻石遭铲损。

自20世纪80年代以来，蓬莱市政府不断加大文保力度，对蓬莱阁碑石进行了较好的保护，先后进行了捶拓、编目工作，并将全市范围内新出土石刻资料征集到蓬莱阁集中保存。关于进一步加强蓬莱阁碑刻的保护与研究，我提出管见如下：

1. 沿海空气中所含的强酸、强碱对蓬莱阁碑石具有强烈的腐蚀性，许多露天存放的碑石在海风的剥蚀下风化严重，有些十几年前还可以辨识的碑刻目前已经漫漶不清。在技术上如何加强对沿海碑刻的妥善保护，为蓬莱文物部门提出了刻不容缓的课题。在这方面，可以邀请国家文物局文保科技方面的专家进行现场考察，提出具体解决方案。

2. 组织力量汇编《蓬莱阁碑刻全集》，全面传拓阁上碑刻，分门别类进行考证，对蓬莱阁碑刻加以系统的专项研究。这方面，可以将登州博物馆及其他部门所藏蓬莱阁相关碑石也纳入范畴。

3. 对蓬莱阁书法价值较高的代表性碑刻，如苏轼《海市诗》及《书吴道子画后》、董其昌书袁可立《观海市》诗等，可以选择善拓，作为法帖单独出版。

4. 进一步加强宣传和文保力度。地方政府可以组织新闻媒体，联系文物部门，以蓬莱阁碑刻为选题，制作一系列灵活多样、通俗易懂的新闻节目，让更多的民众了解蓬莱阁碑刻的重要价值，从而提高人们保护碑刻的社会责任感。

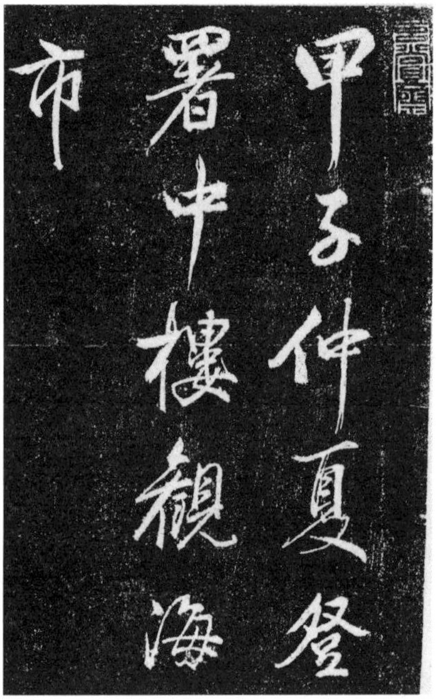

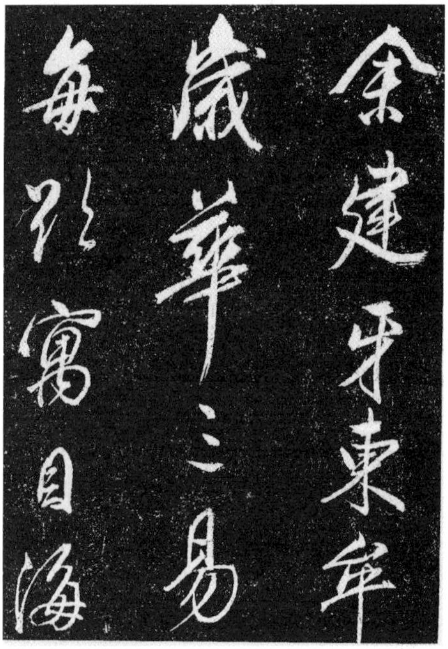

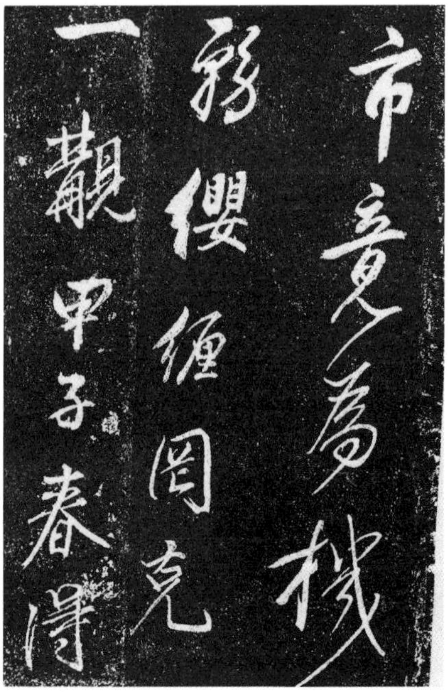

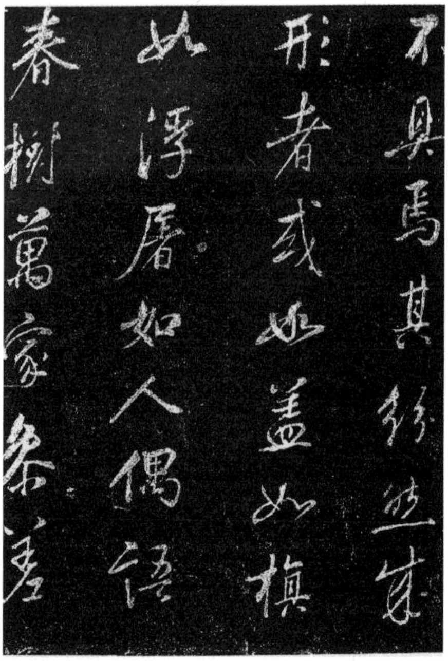

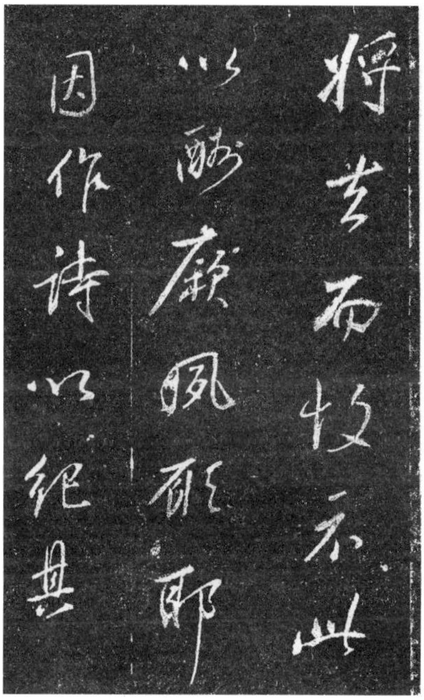

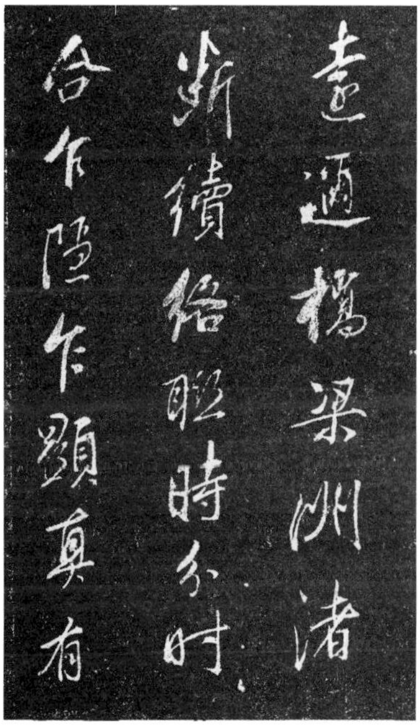

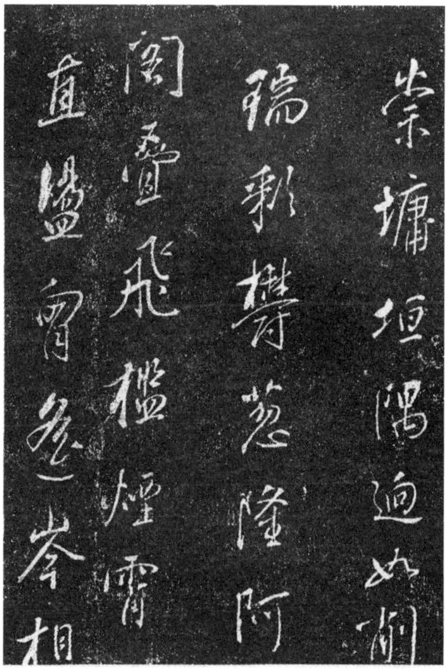

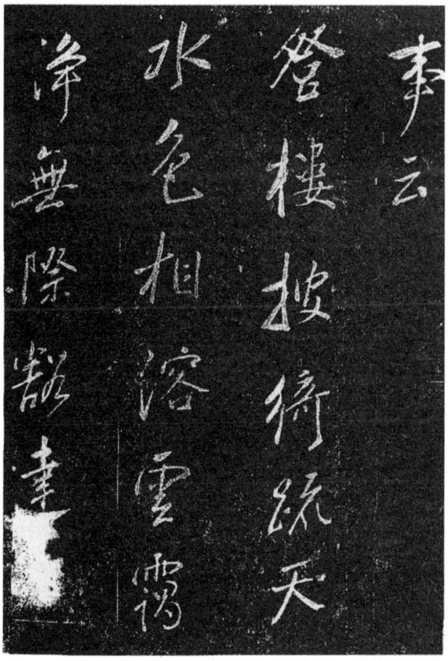

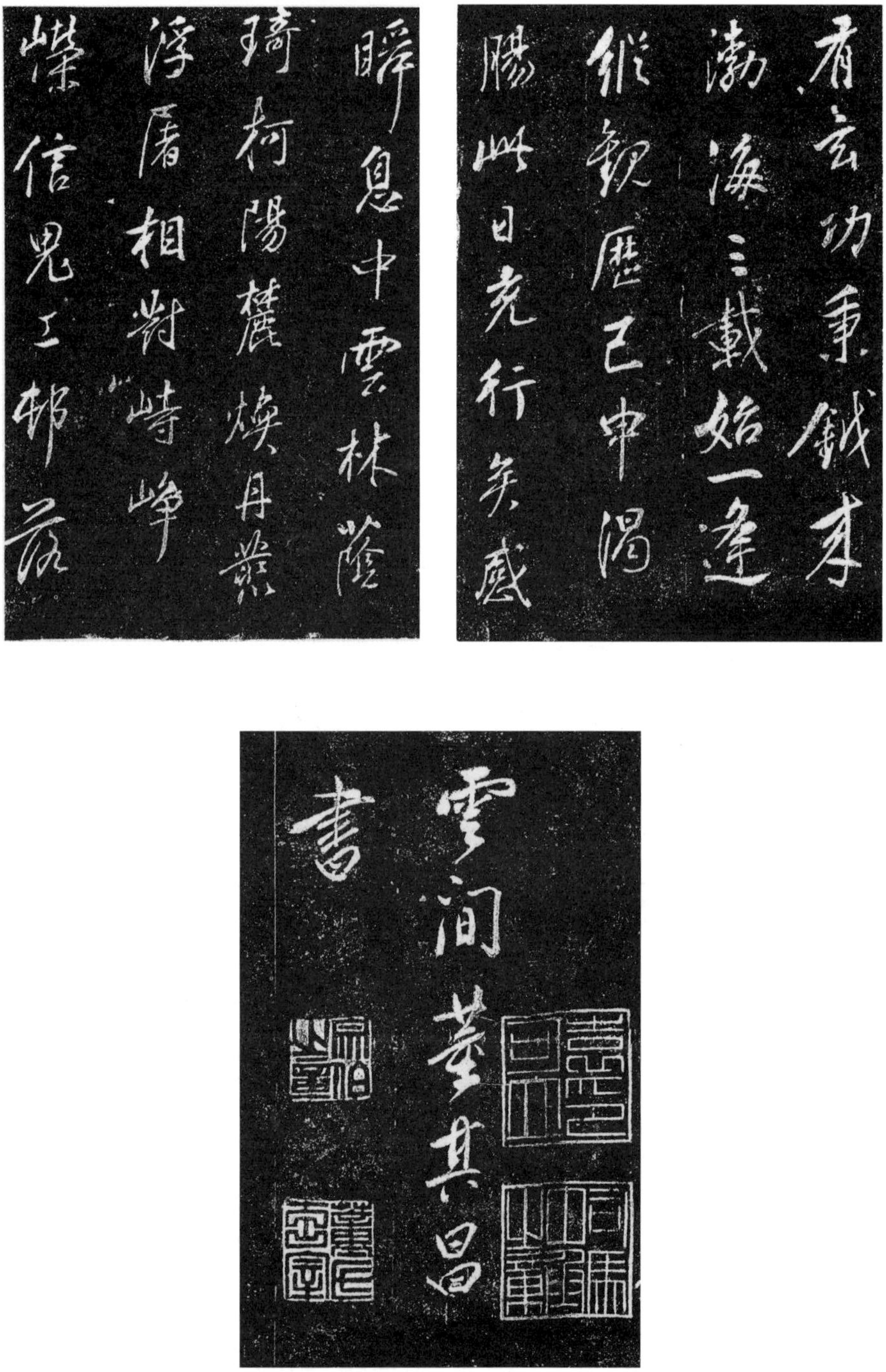

董其昌书袁可立《甲子仲夏登署中楼观海市》（旧拓本）

（作者单位：中国书法家协会）

蓬莱阁建筑探究

于建华

在蓬莱北面的丹崖山上，聚集了一群庙宇，千百年来，它们以中国特有的文化内涵驻守在山巅，静静地面对前来拜谒的百姓……

一、蓬莱阁建筑由来

研究蓬莱阁，需从蓬莱和水城说起。自有“蓬莱”一词之后，这里便是寻仙和祈求长生不老“神药”之“圣地”。由于地理位置特殊，每当春夏、夏秋之交，这里便时常发生奇怪的大气光学现象，人们从这儿可以看到沧溟无垠大海中幻影般的空中楼阁、人马喧嚣的城市等海市奇景，由此，历代帝王、名宦和文人墨客纷至沓来，企望一睹仙山美景，并留下许多赞美诗文，为丹崖山披上了神话色彩。据《登州府志》记载，自唐朝起，丹崖山由麓及巅，兴建起弥陀寺、海神广德王庙、蓬莱阁、三清殿等建筑。自宋代建置“刀鱼寨”，到明代水城的建成，戍守海防的官兵和民众来自不同地方，承袭着不同信仰和传统文化，使得丹崖山上宗教建筑陆续建立，并不断增多。人们将宫、庙、阁、祠等观景和祭祀建筑聚于一处，形成了此处共聚一山的古建筑群。

蓬莱水城建于明代，是以军事防御为目的的军事城堡，遵循传统的建城规制，如“凡邑有宗庙”①，“三里之城，七里之廓”②。初建的水城，是在宋代所建刀鱼寨位置上，拦海筑墙而成，水城周三里，城墙高三丈五尺（约 11 米），城墙厚一丈五尺（约 4.65 米）。水城南宽北窄，呈不规则长方形，西北跨山，东南濒河，北面临海，城内由军事防御区和蓬莱阁寺庙群两部分组成。军事防御区是水城的主体，由城门、城墙、护城河、泊船的小海、平浪台、炮台、防波堤、水师营等建筑构成。

---

① 《左传》。

② 《战国策》。

蓬莱阁建筑群则由龙王宫、显灵宫、白云宫三大组庙宇组成，占地面积约 1.7 万平方米，不足水城的十分之一，位于水城西北角的丹崖山上，与水城唯一的陆路门形成对景，瞭望大海，俯瞰着蓬莱水城（见图 1 蓬莱水城平面图）。

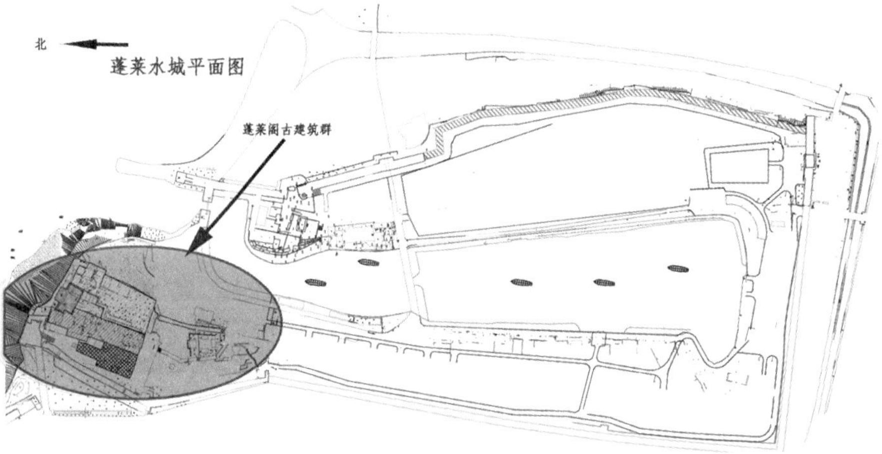

图 1　蓬莱水城平面图

进入水城，沿着小海东岸前行，过现代改建的“登瀛桥”，再顺小海西岸北趋，便可来到蓬莱阁寺庙区，其中心最高点即蓬莱阁。远远望去，绿琉璃剪边黑瓦屋顶，在一色青瓦的亭台殿堂群中格外耀眼。沿登山道前行，可至阁前。登阁凭栏远眺，“嵯峨丹阁倚丹崖，俯瞰瀛洲仙子家。万里夜看旸谷日，一帘晴卷海天霞”的胜景跃然眼前。可享誉海内外的蓬莱阁，最早并不是在丹崖山顶建造的建筑，而是 960 年前，登州的地方长官朱处约为观览大海美景而建造。

据《登州府志》载，蓬莱阁始建于北宋嘉祐六年（1061），是当时登州地方长官朱处约创建。他将“世传蓬莱、方丈、瀛洲三神山为仙人所居”之说，“以形破影，以迹蹈空”，在丹崖山上建造此阁。因为唐代所建造的广德王庙最先占据了丹崖山的最佳位置，朱处约巧妙地将广德王庙向西迁移建新庙，在庙原址建阁并撰《蓬莱阁记》记之。文中写道：“因思海德润泽为大，而神之有祠俾，遂新其庙，即其旧以构此阁，将为州人游览之所。”重观览而轻广德王的地方长官，巧妙地移海神广德王庙于西偏，而在庙旧址上建起了一座巍峨的“仰而望之，身企鹏翔，俯而瞰之，足蹑鳌背，听览之间，恍不知神仙之蓬莱”的蓬莱阁。

二、蓬莱阁建筑特色

1. 选址

蓬莱阁位于丹崖山巅中间位置，海拔 31 米，可瞭望四周，南面可俯瞰登州府城，北面不足 5 米就是 30 米高的直壁断崖，断崖下面是礁石，远处是渤海海峡口。从海上回望，丹崖山地势突兀，峻峭巍峨，是天然的观景之地。

2. 地势狭小设计巧妙（图 2、图 3、图 4）

尽管丹崖山顶面积不大，自唐朝以来庙宇不断增多，最佳位置早已经被广德王庙占据，广德王庙西迁后的空地，东西宽不足 20 米，南北长不足 20 米，占地只有 300 多平方米，我们的先辈还是在这里设计建造了面阔五间、进深四间、四周带回廊的二层楼阁。柱网面阔 14. 8 米，进深 9. 65 米；二层檐柱柱子收进 0. 5 米，柱网面阔 13. 75 米，进深 8. 55 米，台明通面阔为 16 米，通进深 11 米，长宽比基本为 3 ∶ 2。

图 2

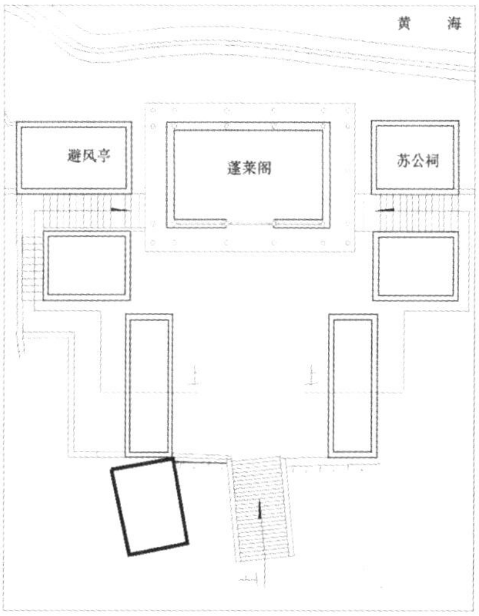

图 3

平面柱网布置为两圈柱子，结构稳定，突出了宋代建筑布置特征。该建筑最巧妙的设计是根据场地空间，把登阁楼梯设在建筑两侧，露天梯道分别通往两边的配殿小院。东为刘公祠，西为长生殿。蓬莱阁的两侧东西厢房，又与刘公祠和长生殿联系贯通。几个建筑组合，烘托了蓬莱阁的宏伟，平面布局丰

图 4

富合理，出入方便。

3. 造型独具匠心

阁，是两层以上带平坐栏杆的建筑物，是古建筑中最富有观赏性的建筑物，可高耸起楼，可点景观景，成为古代达官贵人、文人雅士最钟爱的建筑物。

蓬莱阁的设计突出“阁”式建筑特点，建筑保留基座、墙身、栏杆、斗拱层、屋面建筑要素。立面上，底层南立面设立隔扇门和窗，北面面向被城墙遮挡，东西两侧紧邻其他建筑，所以为封闭实心墙，当心间做四扇格扇门，次间为格扇窗。二层檐柱稍有收进，外观更加稳定，没有复杂的平坐，只设简单的栏杆。为了突出观景功能，四周内檐四面均做格扇门窗。梁架并没有严格按照官式做法，形成五檩四步架、前后带廊步、收山、抬梁木结构形式，梁的断面接近 5∶4，檩条下只有随檩枋。屋面歇山，歇山保留宋代建筑做法，如博风、悬鱼，一层外檐柱头施有额枋和普柏枋，普柏枋上做“一斗二升交麻叶”斗拱，二层檐部和翼角处理简洁，突出地方建筑手法，采用转角替木抬升翼角，起到飞檐的效果。（图 5）阁内梁枋上施暖色彩画，彩画既保留清代彩绘布置特点，又点缀地方民间工匠的随意画法，还有“八仙过海”等故事图案，内容丰富。一层室内北墙原有壁画，后毁于甲午中日战火。

图 5

4. 蓬莱阁保护修缮

蓬莱阁建成后，明代洪熙元年（1425）有过修缮，明万历十七年（1589）由山东巡抚李戴发起集资并进行了重建，还请山东巡抚、兵部右侍郎宋应昌作《重修蓬莱阁记》，有“谓材美制巨，地胜名远”，“力靡民劳，规画宏敞”之句。崇祯五年（1632），登州参将孔有德兵变叛明，战败退守蓬莱水城内，战火累及蓬莱阁建筑群，使阁垣颓瓦断。崇祯九年（1636），登州地方长官陈钟盛倡议重修。清嘉庆二十四年（1819），再次修葺，并有《重修登州蓬莱阁记》存世，其描述与今之大阁相同。据史料记载，1895 年 1 月 18 日，甲午中日海战，日军炮弹击中蓬莱阁后檐墙壁“海不扬波”石刻上的“不”字，并震落了阁内墙壁上南海才子招子庸所作“竹石图”壁画，至今“不”字上伤痕犹存。1985 年进行大修，并改青筒瓦屋面为黄琉璃瓦。2004 年对蓬莱阁进行修缮，恢复了绿琉璃剪边屋面。经历代的修缮，今日的蓬莱阁已看不到宋代的构件，但其位置未变，而构件则是一百多年前重修时的物件。

三、蓬莱阁建筑文化

建成后的蓬莱阁，吸引着无数达官、百姓，衍生出许多经久流传的故事和佳话。不论春夏秋冬，这里永远是“没有仙人有仙境”之地。此阁历来是文人墨客观胜迹、吟诗文之所。“八仙过海”的故事家喻户晓，源于蓬莱阁：八位仙人聚集在阁上喝醉酒后，各执自己的宝器，各显神通，漂洋过海。现室内正中悬挂着清朝嘉庆九年（1804）大书法家铁保所题“蓬莱阁”匾额，引来无数观赏者。匾额下面是20世纪90年代后雕塑的“八仙醉酒”塑像。(图6)

图 6

蓬莱阁体量不大，但其位置极佳，置身其上，临海登高，海天一色，海上波涛浩荡千里，或有海雾涌来，云裹山腰，时若空中楼阁，时若飘摇云中。世称蓬莱阁为人间仙境，绝非夸大之词。宋代的朱处约冒着得罪“海神”之险，选中此地建成览胜之高阁，才使后来登阁者感悟蓬莱仙境之美。苏东坡任五日登州知州，眷恋山海佳境，来蓬莱登阁后幸见海市美景，于是写下了脍炙人口的《海市诗》，留下手迹石刻，使蓬莱阁文脉绵延。

苏公吟唱在前，后来者不绝如缕，至今蓬莱阁上碑碣比比皆是，为山海披锦，为游人助兴。有以海市、观海为题的，如“重楼翠阜出霜晓，异事惊倒百岁翁”“珠宫贝阙宝藏兴，恍惚阛阓移山城”。有赞美景色的，如“高阁悬天际，危栏枕水滨”。有写历史的，如“朱颜大药求难得，碧海青山境即仙。阆苑不须烦鹤驭，蜃楼空自没苍烟”。亦有写实的，如“海市蜃楼皆幻影，忠臣孝子即神仙”。岁月无情，有些诗文碑刻散落，现阁后的避风亭、苏公祠、卧碑亭中还保存了一些碑刻诗文。这些建筑小且简单，多为三开间卷棚顶，用途各异，但错落有致，共同丰富了蓬莱阁建筑文化。

蓬莱阁西侧面北而立的避风亭，为明正德八年（1513）建。由于亭前有十余丈陡崖，崖上有1.5米高的堞墙，海风顺绝壁上升，风大却吹不进亭内，故名“避风亭”。现亭内墙上嵌有诗文石刻数十方，最著名者为明朝兵部尚书袁可立的《观海市》诗，由书法大家董其昌手书，温如玉刻石，被世人称为“三绝”。阁东为卧碑亭，亭专为苏轼手书石刻而建。亭内西间有卧碑一通，正面为苏轼《书吴道子画后》手迹，背面为《海市诗》，其正面碑文为金皇统年间重勒，字、文若行云流水，游刃有余。文中称赞吴道子的画作“出新意于法度之中，寄妙理于豪放之外”，给予极高的评价。

卧碑亭东为苏公祠，祠内墙壁上嵌有苏公人像石刻拓本及诗文石刻，较著名的是西壁的清代翁方纲书《海市诗》楷书石刻和东壁明代薛瑄所作《观海》诗文石刻，诗中“空蒙极目春无边，春涛涌涌含春烟”“还从绝顶下长坂，高城忽起沧溟前”，是为观海之绝唱。正如明代蔡叔逵言：“昔文忠苏公，文清薛公，先后游此，皆得以咏之。夫二公文章无赖于蓬莱之景，而蓬莱之景实藉二公以增重于天下，故抚景诵诗，足称二绝。”

蓬莱阁经过精心管理与修缮，虽容颜苍老，但风采依旧。尤其在绿枝葱茏、薄雾缭绕的季节，那梦幻般的美景更加令人心醉，诱人神往。蓬莱阁每天都要迎送上万游客。海市蜃楼仙景也不负众望，于20世纪80年代后，又多次向游人显示“贝阙珠宫”的美景。愿这构筑的历史，愿这人间的仙境，能让后人分享；愿这瑰丽的文化遗产，永远造福人间。

（作者单位：山东省文物科技保护中心）

从蓬莱阁看海神信仰的演变

陈　煜

我国作为海洋大国，海神信仰源远流长。早期由于国家的政权中心总是在内陆，加上交通不便，统治者和民众对海洋的认知基本上只是方位、边界和巨大水体这三个方面，缺乏足够的了解，因此与海神相关的神祇地位比较低，而且往往属于地方性的民间信仰。在官方祭祀活动中，只有“四海”作为陪衬，没有独立的“海神”存在。隋唐以后，随着海上交通的迅速发展，海洋在国家和社会生活中的影响越来越大，“海神”的地位也相应日益提高，逐渐形成神灵系统，而且出现了被全国共同接受的“海神”。在这个过程中，既有官方通过正式册封在民间推广的情况，也有民间造神然后被官方承认的案例。

历史上，蓬莱阁的兴建及其建筑群的形成与海神信仰有着非常密切的关系，甚至可以说是建筑在海神信仰的基础上。于蓬莱阁西侧比邻而居的龙王宫和天后宫都是供奉海神的庙宇，前者的历史不但可以追溯到唐初，而且据现存最早的山东方志《齐乘》中记载蓬莱阁“本海神庙基”①，可知其原址就在后来蓬莱阁的位置。后者的初建时间至迟在北宋末年，与蓬莱阁的兴建基本上属于同时代，关于这一点争论很多，后面会做详细论述。

龙王宫和天后宫所供奉的主神不同，但都是唐以后最高级别的海神，恰好分别代表古代神灵的两大系统：龙王及其前任广德王代表的是统治神，妈祖及其前任神妃代表的是佑护神，前者对应世俗的统治者，拥有对海洋的控制权和管理权，后者则拥有扶危救难的力量，向大众提供保护和帮助。两者也有相似之处：第一，两者在不同时期先后被称作海神庙。按照前面所引《齐乘》的记载，龙王宫（当时叫广德王庙）至少在宋代时被称为海神庙。（道光）《重修蓬莱县志》中，关于天后宫的条目名称直接就是海神庙。② 第二，两者都曾出现新旧海神的交替，庙名也因而改变。

① 于钦《齐乘》卷五，《宋元方志丛刊》第一册，中华书局1990年版，第599页。
② （道光）《重修蓬莱县志》卷三《文治志·祀典》，清道光十九年（1839）刻本。

一、从广德王庙到龙王宫

龙王宫原名广德王庙，关于庙史的资料非常少，比较详细的是（道光）《重修蓬莱县志》，其中记载："唐贞观年建。元中统三十八年修。明洪武十八年指挥谢规监修，学士谢溥记。万历中参政李本纬、知府徐应元重修。即今龙王宫。"① 这段史料有三个问题：首先，遗漏了庙址曾经搬迁的历史。据前面所引《齐乘》文字，可知广德王庙原址在今蓬莱阁的位置。北宋嘉祐六年（1061），当时主政登州的朱处约"因思海德润泽为大，而神之有祠俾，遂新其庙"②，"以其地太高峻，移庙西，置平地"③。其次，中统是元世祖忽必烈的第一个年号，时间为公元1260年至1264年，不可能有"三十八年"，因此在其他一些材料里，对此笼统地写为"中统间"。还有，从中无法得知广德王庙究竟在何时演变为龙王宫。

广德王是四海神之一的东海神。四海神是官方最早正式册封的海神。在四海神出现之前，中国的海神都更接近民间信仰。中国最早的"海神"出自《山海经》："东海之渚中，有神，人面鸟身，珥两黄蛇，践两黄蛇，名曰禺虢。黄帝生禺虢，禺虢生禺京，禺京处北海，禺虢处东海，是为海神"④；"南海渚中，有神，人面，珥两青蛇，践两赤蛇，曰不廷胡余"⑤；"西海陼中，有神，人面鸟身，珥两青蛇，践两赤蛇，名曰弇兹"⑥；"北海之渚中，有神，人面鸟身，珥两青蛇，践两赤蛇，名曰禺彊"⑦。海神与四海的关系从那时就开始建立起来。

汉宣帝"制诏太常：'夫江海，百川之大者也，今阙焉无祠。其令祠官以礼为岁事，以四时祠江海雒水，祈为天下丰年焉。'"⑧ 虽然将海提到了国家祭祀的高度，但是这里祭的仍然是作为自然存在的海，并非海神。而且后文"自是五岳、四渎皆有常礼。东岳泰山于博，中岳泰室于嵩高，南岳灊山于灊，西岳华山于华阴，北岳常山于上曲阳，河于临晋，江于江都，淮于平氏，济于临邑界中，皆使者持节侍祠。唯泰山与河岁五祠，江水四，余皆一祷而三祠云"，谈的都是如何祭祀五岳四渎，海甚至都没有被提到，可见在当时海的地位之低。直到唐初，"武德、贞观

---

① （道光）《重修蓬莱县志》卷二《地理志·庙宇》，清道光十九年（1839）刻本。

② 朱处约《蓬莱阁记》，（道光）《重修蓬莱县志》卷十二《艺文志·上·记》，清道光十九年（1839）刻本。

③ 于钦《齐乘》卷五，《宋元方志丛刊》第一册，中华书局1990年版，第599页。

④ 袁珂《山海经校注·海经新释卷九》，上海古籍出版社1980年版，第350页。

⑤ 袁珂《山海经校注·海经新释卷十》，上海古籍出版社1980年版，第370页。

⑥ 袁珂《山海经校注·海经新释卷十一》，上海古籍出版社1980年版，第401页。

⑦ 袁珂《山海经校注·海经新释卷十二》，上海古籍出版社1980年版，第425页。

⑧ 《汉书》卷二十五《郊祀志下》，中华书局1964年版，第4册，第1249页。

之制，五岳、四镇、四海、四渎，年别一祭，各以五郊迎气日祭之。……东海，于莱州……南海，于广州……西海及西渎大河，于同州……北海及北渎大济，于洛州”①，仍然还是祭海，但是海的地位有所提高，可以与五岳四渎相提并论了。

唐天宝十载（751）正月是中国海神信仰的转折点，四海被并封为王，“以东海为广德王，南海为广利王，西海为广润王，北海为广泽王”②。在此之前，“先天二年，封华岳神为金天王。开元十三年，封泰山神为天齐王。天宝五载，封中岳神为中天王，南岳神为司天王，北岳神为安天王。六载，河渎封为灵源公，济渎封为清源公，江渎封为广源公，淮渎封为长源公”③。这首先意味着在国家祭祀中，四海的地位超过了四渎，与五岳平等。其次，官方开始承认并树立了海神。方志中所载蓬莱阁的广德王庙“唐贞观年建”，在天宝十载前应该是作为祭海的场所，四海封王后正式得名，成为海神庙，供奉东海神广德王。

入宋以后，海神得到官方的进一步重视，仁宗康定元年（1040），“诏封……东海为渊圣广德王，南海为洪圣广利王，西海为通圣广润王，北海为冲圣广泽王”④，同时受封的四渎除了河渎为四字王，其他三个都是二字王。徽宗大观四年（1110），东海“加号助顺广德王”，在四海神中仅次于南海。此后的元明清三代，四海神一直作为官方承认的“海洋管理者”接受官方的供奉，但是除了元世祖至元二十八年（1291）改封为“东海广德灵会王，南海广利灵孚王，西海广润灵通王，北海广泽灵佑王”⑤，未再得到更高的封赠。这一方面和国家政策的改变有关，如洪武三年（1370），诏定岳镇海渎神号，“今依古定制，并去前代所封名号。……四海称东海之神，南海之神，西海之神，北海之神”⑥。另一方面可能是因为其地位受到逐渐兴起的四海龙王和妈祖的挑战，未能扩大影响。最终在清雍正年间，四海神无论是在民间还是在国家祭祀中完全被四海龙王所替代。

四海龙王成为海神经历了漫长的过程。中国虽然在远古时期已经有了龙的雏形，但是龙王的概念来自佛教。在各种佛教经典中，经常有各种名目的龙王出现。如《妙法莲华经》中讲到八位龙王：难陀龙王、跋难陀龙王、娑伽罗龙王、和修吉龙王、五德义迦龙王、阿那婆达多龙王、摩那斯龙王和优钵罗龙王。而《华严经》中则说：“复有无量诸大龙王，所谓毗楼博叉龙王、娑竭罗龙王、云音妙幢龙王、

① 《通典》卷四十六《礼六·沿革六·吉礼五》，中华书局1988年版，第2册，第1282页。

② 《通典》卷四十六《礼六·沿革六·吉礼五》，中华书局1988年版，第2册，第1283页。

③ 《通典》卷四十六《礼六·沿革六·吉礼五》，中华书局1988年版，第2册，第1282~1283页。

④ 《宋史》卷一百二《志第五十五·礼五》，中华书局1977年版，第8册，第2488页。

⑤ 《新元史》卷八十七《志第五十四·礼志七》，开明书店1935年版，第203页。

⑥ 《明史》卷四十九《志二十五·礼三（吉礼三）》，中华书局1974年版，第5册，第1284页。

焰口海光龙王、普高云幢龙王、德叉迦龙王、无边步龙王、清净色龙王、普运大声龙王、无热恼龙王……如是等而为上首，其数无量。”其他佛经中另有许多龙王名号，此处不再一一列举。然而佛教中的龙王，与中国的龙有很大的区别。中国的龙是一种传说中的神兽，佛经中的龙其实是蛇，之所以称为龙王，完全是出于译经者的演绎①，很有可能是为了让中国信众更容易理解。

龙王在佛教中的地位并不高，一般说来，主要职能有三：护法、行雨和藏宝。其中行雨实际上行的是法雨，其目的是“令诸众生热恼消灭”。这一点在字面上恰好与中国龙行云布雨的形象相吻合，可能是推动龙王概念中国化的一个重要原因。佛经中虽然有海龙王的说法，如《佛说海龙王经》，并且将海神和龙王联系在一起，如《佛说罗摩伽经》中“或作……海神龙王形”，而且很多龙王都居于海中，但是总的说来，看不出佛教的龙王具有海洋统治者的身份和权力。

在东晋末年之前成书的《太上洞渊神咒经》卷十三之三《龙王品》中出现了中国最早的“四海龙王”之称，分别是“东方东海龙王、南方南海龙王、西方西海龙王、北方北海龙王”。但此时四海龙王仍然并非海神，其功能是水神或者雨神：“如有国土城邑村乡，频遭天火烧失者，但家家先书四海龙王名字，安著住宅四角，然后焚香受持，水龙来护。”此时四海龙王“各各浮空而来，神通变现，须臾之间，吐水万石，火精见之，入地千尺”。② 不仅如此，《龙王品》中出现的有具体名目的龙王有六十二个，而且有“八万四千龙王”的说法，仍然有着很重的佛教色彩，四海龙王在其中并不突出。

入唐以后，官方祭祀中出现了五龙神。宋朝延续了这一制度，“春秋常行其祀”，徽宗大观二年（1108）十月，“诏天下五龙庙皆封王爵。青龙神封广仁王，赤龙神封嘉泽王，黄龙神封孚应王，白龙神封义济王，黑龙神封灵泽王”③。这是官方首次册封龙王，与以往佛教、道教中的龙王意义大为不同。同时，在中国传统社会中，青、赤、黄、白、黑五色对应着东、南、中、西、北五方，四海也与方位有关，因此五龙王与后世的四海龙王之间应该存在着渊源关系。然而，五龙王之所以被册封，与“祷雨有应”有关，龙王仍然不是海神。而且元顺帝至正十四年（1354），官方改封五龙王，“第一位龙王东灵侯、第二位龙王西定侯、第三位龙王中静侯、第四位龙王南平侯、第五位龙王北宁侯”，地位比前朝似有下降。颇有意味的是，在同一年，妈祖加号为辅国护圣庇民广济福惠明著天妃。

此后至明代，官方认可的“海洋管理者”仍然是四海神。然而在这几百年间，

① 季羡林《〈西游记〉里面的印度成分》，《中印文学关系源流》，湖南文艺出版社 1987 年版。

② 《道藏》，文物出版社、上海书店、天津古籍出版社 1988 年版，第 6 册，第 48 页。

③ 《宋会要辑稿》第 11 册《礼四之一九》，大东书局 1935 年版。

四海龙王的观念在民间逐渐孕育成形。以往“四海龙王”是个统称，不见独立个体，所谓四海，只是虚指。在这期间，龙王逐渐有了个体形象，并且对海洋有“管理权”，划分了明确的管辖区域。如宋人小说《朱蛇记》中出现了“南海鳞长”，这是南海龙王的雏形，后在明拟话本小说《清平山堂话本·李元吴江救朱蛇》中被改写为西海龙王。元杂剧《沙门岛张生煮海》中不但有东海龙王，还有他的眷属。

形象成熟后的四海龙王首次亮相是在明人杂剧《争玉板八仙过沧海》[①] 中，不但龙王们集体亮相，他们的儿子也登上了舞台。在此剧的“穿关”中有对四海龙王舞台形象的描述：“东海龙王：弁冠、青发……南海龙王：枕头冠、红发……西海龙王：卷云冠、白发……北海龙王乳冠、黑发。”从龙王的发色可以看出他们各自与方位的对应，以及与五龙王之间的关联。《西游记》面世以后，四海龙王最终定型，形象更加深入人心，成为民间认可的海神。最晚在明朝中叶，人们已经开始将四海龙王与四海神混合在一起，“水莫大于海，物莫神于龙，而王则爵之最尊者也。按水神之尊者，唯四海龙王。然各有所居所理焉。广利居南海，而所理庙在莱州。广德居南海，而所理庙在广州。广润居西海，而所理庙在河中府。广泽居北海，而所理庙在孟州”[②]。

虽然如此，四海龙王仍然没有很快得到官方的正式承认。直到雍正二年（1724），“敕封东海显仁龙王之神，南海昭明龙王之神，西海正恒龙王之神，北海崇礼龙王之神”[③]，四海龙王才获得了官方认可的身份，正式成为海洋的“管理者”。（雍正）《山东通志》的《秩祀志》提到的仍然是广德王庙，“在府城西北，祀东海神”，可见由于政令传达需要一定时间，当时尊奉的仍然是广德王。龙王代替广德王，进而庙宇更名为龙王宫，是编纂（雍正）《山东通志》之后发生的。

二、从灵祥庙到天后宫

蓬莱阁天后宫是妈祖文化在北方的重镇，其始建年代不仅关系到天后宫自身的历史，更是研究妈祖何时传入北方的关键问题之一，所以深受学界关注，也因此始终存在争论。目前可见有宋徽宗崇宁年间（1102—1106）、宣和四年（1122）、南宋、元代等多种说法。要解决这个问题，首先必须弄明白数百年来天后宫的主神是否发生变化。换句话说，天后宫是否在创建之初就开始供奉妈祖？

---

① 《孤本元明杂剧》第4册，中国戏剧出版社1957年版。

② 程兰《偃师县重修黑龙庙记》，（弘治）《偃师县志》卷之三《记》，明弘治抄本。按：似应为“广德居东海，而所理庙在莱州。广利居南海，而所理庙在广州”。原文如此，疑传抄有误。

③ （乾隆）《夏津县志》卷之五《典礼志》，清乾隆六年（1741）刻本。

这里先将几个不同版本的方志中关于天后宫的条目按时间顺序录出，以便对比：

1. “天妃庙，一在府城北丹崖山之阳，一在北海中沙门岛上。按：天妃，福建莆田人，宋都巡检林源之女，殁为神，于海上屡著灵验，濒海郡县建祠祀之。宋崇宁间赐额灵祥。元天历中改额灵应，加封辅国护圣庇民广济福惠明著天妃。皇清康熙十九年淮江闽广各府镇奏请，诏封为护国庇民妙灵昭应宏仁普济天妃。”［（雍正）《山东通志》卷二十一《秩祀志》］

2. “海神庙，即灵祥庙，在丹崖山。宋崇宁间赐额。元至正间加感应神妃碑额。顺帝元统十三年（?）加号为辅国护圣庇民广济福惠明著天妃。国朝康熙十九年，封护国庇民妙灵昭应宏仁普济天妃，二十三年，封天后。乾隆三年，封护国庇民妙灵昭应宏仁普济福佑群生天后，二十二年，封护国庇民妙灵昭应宏仁普济福佑群生诚感咸孚天后，五十三年，加封显神赞顺慈惠碧霞元君。嘉庆五年加封垂慈笃佑天后圣母元君。道光六年，加封安澜利运匾额。颁降祭文，春秋致祭。十六年毁。十七年英公文重修，有记。”［（道光）《重修蓬莱县志》卷三《文治志·祀典》］此条虽然以海神庙为名，从其内容可知叙述的就是天后宫。

3. “天后宫，在水城丹崖山上，本名灵祥庙，道光十六年毁，十七年知府英文重修。又一在沙门岛，曰灵显宫。一在栾家海口。一在长山岛。按：神为宋初福建莆田人，都巡检林源之女，殁为海神。始封灵惠夫人。崇宁间赐庙额曰灵祥。元天历间改额灵应。至正间加封感应神妃。元统十三年（?）加封辅国护圣庇民广济福惠明著天妃。国朝康熙十九年，敕封护国庇民妙灵昭应宏仁普济天妃，二十三年，加封天后。雍正十一年定制，直省地方官春秋致祭。乾隆二年，加‘福佑群生’四字，二十二年加‘诚感咸孚’四字，五十三年，加‘显神赞顺’四字。嘉庆五年，加‘垂慈笃佑’四字，六年，敕封后父为积庆公，母为积庆公夫人，春秋致祭于后殿。道光六年，颁安澜利运匾额及祭文。”［（光绪）《增修登州府志》卷十一《庙坛》］

以上条目随着编纂时间的推移，时间越靠后，字数越多，但增加的都是对妈祖的封赠记录，关于庙史的内容并未增加。尽管如此，从中还是能够找到天后宫早期情况的线索。2、3中都提到了天后宫本名“灵祥庙”，在（嘉靖）《山东通志》卷十八《祠祀·登州府》中有“灵祥庙”条目，说“在府北海中沙门岛上。一在丹崖山之阳，其神为水灵之最。宋崇宁间赐庙额曰灵祥”。2、3的说法当来源于此。由此可以确认天后宫最初名为灵祥庙。

（嘉靖）《山东通志》和1、3中都提到宋徽宗崇宁年间赐额“灵祥”，这应该是灵祥庙庙名的出处。所谓赐额，是宋代官方对民间信仰神祇的一种封赠方式，以其是否灵验为标准，“诸神祠无爵号者赐庙额，已赐额者加封爵，初封侯，再封公，次封王，生有爵位者从其本封。妇人之神封夫人，再封妃。其封号者初二字，再加四字。如此，则锡命驭神，恩礼有序”①。后代也沿用这种方式，一些民间神祇就是从赐额开始，一步步升格成为国家“正神”。妈祖就是如此。

“灵祥”庙额赐予的是哪位神灵呢？（嘉靖）《山东通志》只说“其神为水灵之最”，1、2、3 都认为是妈祖。然而根据现有研究，妈祖首次获得封赠是在宋宣和五年（1123），被赐庙额“顺济”，“赐额灵祥”是在崇宁年间（1102—1106），那么“赐额灵祥”的对象应该另有其人了。

刘遵鲁所作的《漠岛记》中说：“登州，青之鱼盐地也。县治蓬莱，民濒海者奉海神尤切。海之半有山曰漠岛，庙曰灵祥，神曰显应神妃，耆民相传为东海广德王第七女。”② 刘遵鲁生卒年不详，元至正十年（1350）山东乡试通榜进士汉族人第七名。③ 顾炎武认为他是元朝人，但现在一些学者和地方志认为他是明朝人。从“元得江南几二十载”，可见此文写作时间距元统一中国约有二十年，大致在元成宗铁穆耳元贞（1295—1297）后期到大德（1297—1307）初期之间。因此，《漠岛记》是研究灵祥庙的最原始资料，也是研究蓬莱阁天后宫早期情况最原始的间接资料。

（嘉靖）《山东通志》中说灵祥庙“在府北海中沙门岛上。一在丹崖山之阳”。在很多古代史料中，漠岛和沙门岛混淆不清④，此处所说沙门岛指的应该就是漠岛。因此，综合《漠岛记》得知，早期的蓬莱阁天后宫，也就是丹崖山灵祥庙所供奉的并非妈祖，而是“显应神妃，耆民相传为东海广德王第七女”。神妃显然是一位地方海神，她的出身来历、在宋朝因何受到封赠无从可考。古时封赠自然神，往往会为之制造出相应的家人、属下，所以从“相传为东海广德王第七女”来看，神妃有可能是广德王的眷属。或者她像妈祖一样由民间女子升格为神，甚至是胶东人民受到了妈祖故事的影响和启发塑造而成也未可知。

神妃的名号和受封时间记载不一，《漠岛记》为“显应神妃”，（嘉靖）《山东通志》说“元至元间又加‘感应神妃’碑额四字”，1 和 3 为元天历“改额灵应”，2 则是“元至正间加感应神妃碑额”。名号的差异，可能是在流传过程中出现的问题，无须细究。神妃获封的时间显然在《漠岛记》撰写之前，晋位的原因应该与护佑海运有关：“元得江南几二十载，粮运所过，无风涛之险，岂非神明有以助之耶？今太仓所蓄，露积陈陈，富国裕民，为古今冠，则吾神妃预有力焉。”因此可以确认（嘉靖）《山东通志》的元至元间（1264—1294）说法。1、3 的“天历”和 2

① 《宋史》卷一百五《志第五十八・礼八》，中华书局 1977 年版，第八册，第 2561 页。
② （嘉靖）《山东通志》卷六《山川下》，明嘉靖刻本。
③ 《济南金石录》卷二《历城石》，清道光二十年（1840）版。
④ 闫化川《妈祖信仰的起源及其在山东地区传播史研究》，山东大学博士学位论文，2006 年。

的“至正”显然是错的。由赐额到封神妃，中间应该有多次“加字”“封夫人”和“封妃”的过程，可知至少在元至元年间之前，神妃在胶东海域的地位相当重要。（嘉靖）《山东通志》“灵祥庙”条目记载“历代祀典不缺”。

既然灵祥庙的主神能够确定，建庙时间问题自然迎刃而解，至迟也是在“赐额灵祥”的时候，即宋朝崇宁年间。这也是从建筑角度讲蓬莱阁天后宫至今可考的最早兴建时间。以往关于这一问题的不同论点的出现，主要是因为史料造成的混乱。从前面所引的 1、2、3 可以看出清人在修志时先入为主，以为神妃即天妃，不加考据，一味地补充妈祖的信息，将二者混淆，造成错误。不仅如此，在 2 中，修志者甚至将妈祖与碧霞元君混为一谈，令人哭笑不得。

灵祥庙的主神由显应神妃变为妈祖自然也有一个过程，由于史料的缺失，这个过程非常模糊。妈祖因为护漕有功，被元朝官方升号为天妃的时间也是在至元年间。神妃和妈祖同为女神；同以护佑受到崇信；同样因为护佑海运有功受封；受封时间相近；名号类似，一为神妃，一为天妃；神妃是海神之女，妈祖也有龙女的称呼。两者相似处很多，有可能在元朝初年就开始了融合。此后神妃踪影难觅，而妈祖声势日隆，此消彼长，灵祥庙主神易位也是很自然的事。

明代关于灵祥庙（天后宫）的情况只有两条史料，但是恰好可以勾勒出妈祖入主灵祥庙的时间范围。（嘉靖）《山东通志》的“灵祥庙”中有“国朝颁降祭文，春秋致祭。正德二年，武皇梦感，遣官祀之。御赐袍服存焉”的记载。在其他关于妈祖的史料里，并未发现有与明武宗相关的材料。由此看来，至少到了明正德二年（1507），灵祥庙还没有易主。崇祯九年（1636）秋，陈钟盛担任“山东副使”，在登州“葺治城垣，修建海神、天妃诸庙”[①]，意味着当时灵祥庙已经更名，妈祖成为主神。也就是说，妈祖入主是在 1507 年至 1636 年之间发生的。由蓬莱阁龙王宫和天后宫的历史可以看到自唐代以降中国海神信仰的演变。在不同时代，人们崇拜的海神身份也有不同。在不同阶段的海神之间，不仅有新陈交替，也有相互交融。海神或者来自自然，由官方直接划定势力区域，加以册封，或者来自民间，通过民众的不断塑造获得官方认可，同时不断扩大影响范围。由民间诞生的海神更具活力，更具扩张性。从唐至清，海神的地位越来越高，意味着海洋概念无论在国家层面还是在社会大众心目中都越来越重要。

（作者单位：中国国家博物馆）

① 陈钟盛《蓬莱阁记》，（道光）《重修蓬莱县志》卷十二《艺文志·上·记》，清道光十九年（1839）刻本。

浅析蓬莱阁庙会的文化内涵

宋耀武

蓬莱阁庙会是蓬莱民俗文化的内容之一，是蓬莱阁文化不可分割的重要组成部分。蓬莱阁庙会的兴起、发展和演变有着深刻的文化内涵，对于蓬莱经济、社会、文化发展起到了重要的推动作用。即使在科技进步、经济发展、社会繁荣的今天，深入挖掘蓬莱阁庙会的文化内涵，对促进当地经济、社会发展仍然有着积极的现实意义。

一、蓬莱阁庙会兴起的社会背景

古代，科技欠发达，生产力水平低下，人们征服大自然的能力较弱，在自然灾害面前往往无能为力，不得不乞求于“神灵”，以求精神上的安慰和解脱。

唐代中叶，玄宗以钦定形式册封“四海龙王”，因传说其能施风布雨，兴涛作浪，故龙王被航海人崇奉为抵御自然灾害的神物。但东海龙王敖广的形象并不完美，在百姓印象中又被视为凶神，加上当时“五行五阴”之说盛行，认为天属阳，地属阴，水在地上亦属阴；男属阳，女属阴，因而水神应为女性。正因为如此，宋初莆田湄洲湾年轻貌美、勇于在海上冒险救人的林默，死后便被人们奉为地位最高的海神。

古代登州是中国南方至京津海漕运输和朝廷与东方诸国交流的中枢，是承担北方贸易、外交、文化交流活动的重要港口，其地位一度高于后来的广州、泉州、明州、扬州“四大名港”。妈祖是海上航行的保护神，妈祖文化沿广东、福建至京津及东北的海上运输线传到渤海湾沿岸，并与地方文化相融合，与城市发展形成良性互动，妈祖文化得以迅速传播，逐渐成为当地的民众信仰，以至“航海者祀之极为虔诚，一般人民亦渐信仰……天后遂成为掌司各事之神”。有学者在考察妈祖文化流行于天津时发现其沿革轨迹是“先人后庙，以庙聚人”；接着“以庙兴城，以庙兴市”，形成庙旺城兴的良性互动态势。而登州则是“以城兴庙”。登州是当时连接中国南北尤其是出入津京的海上交通枢纽，为北方第一大港。航海与妈祖又密不可分，故此，妈祖文化由南传入后迅速被当地文化和民众所接受，继而借港口特殊的地理和海上交通优势得以消化、容纳，逐渐成为当时北方海洋文化的主导。妈祖文化的传入也为登州聚集了人气，促进了城市的繁荣和发展，形成了庙与城良性互动、相得益彰的势态。

蓬莱阁天后宫建于宋徽宗第一次对妈祖褒封的宣和四年（1122），比“世界三大妈祖庙”之台湾北港朝天宫和天津天后宫及台湾最早的澎湖天后宫早200多年，比中国第一个列入全国重点文物保护单位的泉州天后宫（建于1196年）亦早数十年。史料记载，宋徽宗时，敕立天后圣母庙，乃于阁之西营建焉。时在宣和四年（1122），计建庙四十八间。作为妈祖庙之“鼻祖”的湄洲妈祖庙，建庙时仅“落落数椽”，直至清乾隆年间才逐步形成九十九间斋房。登州建庙之早，规模之大，即使在妈祖文化的滥觞地福建沿海地区也是罕有匹敌的，无疑为北方建造最早、当时规模最大的妈祖庙，加之登州港无以替代的区位条件，说登州及其天后宫是中国古代北方妈祖文化的渊薮亦不为过。同时，由于登州水道为中国南北水路交通枢纽，地理位置特殊，在“起航先拜妈祖，有船必有妈祖祈像”这种古代传统的、普遍的信仰下，蓬莱天后宫所肩负的使命是可想而知的。

古代登州是东方海上丝绸之路的始发港。《新唐书·地理志七下》载“登州海行入高丽渤海道”，以登州港为起点，分为两条，一条是从登州港出发，渡渤海海峡到辽宁旅顺口，再沿辽东半岛到鸭绿江口，然后沿朝鲜半岛南下，过对马海峡到日本；另一条从登州港出发，经八角、芝罘，再渡黄海，到朝鲜仁川，然后沿朝鲜半岛南下，过对马海峡到日本。隋唐时期是我国古代海上贸易和对外交流的鼎盛时期，尤其唐中期以后，登州以其特殊区位优势成为中国北方第一大港，在唐朝与朝鲜半岛及周围诸国的外交与贸易上发挥着重要的作用。虽然宋时辽政权屡屡南犯，但由于内地通往辽东半岛和朝鲜半岛的陆路交通被阻隔，宋辽间的交流势必靠海上船队来完成，加之宋朝的造船水平和航海技术的提高及指南针的发明与使用，使航海更加安全，航线距离明显缩短，宋与辽的使臣和贸易来往频繁，锐势不减。北宋灭亡，南宋与金争战于山东半岛，海上航线南移。元朝主要发展陆上交通和漕运，中国北方的对外贸易受到束缚。元末明初，由于从松都附近港口横穿黄海至中国的航线太长且十分危险，曾多次遭遇海难，定都南京的明廷接受高丽国王的请求，答应其可改道经辽南渡海至登州，并于明洪武九年（1376）升登州为府。《明实录》中提到建立登州府原因时载：“以登、莱二州皆濒大海，为高丽、日本往来要道，非建府治、增兵卫不足以镇之。”故此，明初登州古港仍然是高丽使者登陆和起航的主要海港。哪里有船，哪里就有妈祖，哪里有华人，哪里就有妈祖庙。“海上女神”由蓬莱随船沿登州海道漂洋东渡，寓意为海上远行者送上一方平安、一份祥和。

妈祖文化的传入，妈祖信仰的树立，必然促成天后宫祈福活动的频繁，这就为蓬莱阁庙会的产生和兴起奠定了社会基础。

二、蓬莱阁庙会的历史与现状

民俗的由来和起源有很多因素，很难有一个确切的记载，所以通常都用一句“约定俗成”来解释、来概括。蓬莱阁庙会也是如此。蓬莱阁庙会的兴起究竟是由谁提出，是百姓的要求还是名人的动议，是庙中住持的推动还是官府的倡导，没有资料记述，人们不得而知，似乎也没有必要去刻意求证。

蓬莱阁庙会也叫天后宫庙会。当地相传正月十六是海神娘娘的生日，于是蓬莱沿海每年正月十六（开春时节）就有请海神娘娘巡游的习俗，蓬莱俗称“走百病”。有人说，这只是借了地方上“要十五、闹十六”的习惯，把元宵节延长一天，再造一个高潮罢了，“生日”之说不过是附会的“借口”而已。其实，蓬莱民间习俗，过了正月十六，“年”就真正结束了，渔民们也该准备出海作业了。按照渔民的行业习俗，出海以前要向海神娘娘许愿，也就是祭拜海神娘娘，祈求海神娘娘保佑平安。平安归来以后还要向海神娘娘还愿。但沿海渔民又不能每一次出海或归来都到天后宫去祭拜海神娘娘，那么在一年之始，正月十六日到蓬莱阁天后宫祭拜海神娘娘，许愿还愿，祈求海神娘娘保佑一年捕捞丰收、健康平安是再好不过的事了。

所以，蓬莱百姓从宋代开始把这一天当作节日庆祝。蓬莱阁庙会在早期仅是一种隆重的祈福活动，广大渔民来此给海神娘娘祝寿，祈保自身平安，节日气氛十分浓郁。在900多年的演变中，随着经济的发展和社会的需求，后来的蓬莱阁庙会就不仅仅是渔民来朝拜海神娘娘了，大量农民也来龙王宫朝拜龙王爷，祈求风调雨顺，五谷丰登；老人们来吕祖殿、三清殿求八仙和道教祖师保佑全家消灾免祸、亲朋好友健康长寿。

蓬莱阁庙会有着悠久的历史，是以神灵信仰为基础形成的民俗文化。它借助“天后宫”海神娘娘的名气和蓬莱阁内八仙、龙王等各个“神灵”的影响，在每年正月十六举办。庙会风俗一直传承至今。蓬莱阁庙会游客遍及胶东地区，为胶东地区最为重要的庙会之一。

正月十六一大早，蓬莱阁内游人如织，热闹非凡，处处洋溢着浓浓的喜庆气氛。各地农村纷纷组织戏班、秧歌队到天后宫对面的戏楼、广场上献演俚俗戏剧和大秧歌。蓬莱周边地区的百姓也来蓬莱阁赶庙会。广场内锣鼓喧天，鞭炮长鸣。蓬莱大杆号排于队伍之首，作为“开路先锋”拉开整个仪式的序幕。悠长、威武的大杆号乐曲表达了人们对新一年的美好祝福和祈盼。舞龙、耍狮、跑旱船、赶毛驴、腰鼓队、自由滑稽秧歌等民间艺术隆重登场。惟妙惟肖的表演可谓千姿百态、各具特色。蓬莱水城戚家军“鸳鸯阵”“戚家拳”现场演练。表演队伍中，有年逾古稀的老年秧歌爱好者，有天真活泼的少年儿童；民间各类文艺表演夹杂其中，非常热闹。庙会成为活跃群众文化生活的场所，也使广大百姓领略到了原汁原味的地方民俗文化的魅力。

与此同时，天后宫、龙王宫等祠庙也按照传统礼仪进行祭拜、祈福。庙堂里钟鼓齐鸣，求吉利者虔诚许愿。蓬莱阁游客驻足，天后宫戏楼前人潮涌动。吕剧演出、民乐演奏、歌舞表演等更是吸引人们驻足欣赏。

每年的蓬莱阁庙会，活动内容丰富多彩。庙会当天，八乡百姓，外埠商贾，云集一处，熙熙攘攘，人山人海，百货奇物，应有尽有。蓬莱的著名地方风味和特色小吃齐聚此处，有蓬莱小面、芝麻糖、面鱼、卤驴肉、鲅鱼水饺等传统名吃当场表演，现做现卖；各种特色工艺美术品、商品，如烙画宝葫芦、彩绘球石、根雕等琳琅满目；儿童玩具，如风车、贝壳制品等比比皆是。蓬莱阁庙会已经成为科技交流、商品贸易和休闲娱乐汇集的民俗文化盛会。

如今除了传统节目上演，蓬莱阁庙会还增添了各种摄影展、春联作品展等展览。庙会许多节目还与当地的民间传说相联系，一些生动的故事代代相传，为庙会增加了迷人的色彩和韵味。庙会作为千百年历史中形成的一种民俗文化，已深深地积淀在人们心中，在保持祈福活动的同时，逐渐融入了集市交易活动和娱乐性活动，其规模、品味、档次年胜一年，影响愈来愈大，被人们誉为“雅俗相济、商娱相融”，成为蓬莱人民不可或缺的满足生活需要和精神生活的一项民俗活动。

每年的蓬莱阁庙会可谓盛况空前，热闹非凡。但是冷静、认真地进行分析就可以看到，人们参加蓬莱阁庙会更多的是追求物质享受和感观体验。具体说来，一是品尝美食，吃喝享受；二是休闲娱乐，观赏游玩；三是凝聚亲情，联谊交友；四是虔诚祈福，吉祥如意。当然，这些都是蓬莱阁庙会所不可或缺的内容，但是蓬莱阁庙会更深层次的文化内涵、道德伦理价值和社会功能就很少有人触及了。

三、蓬莱阁庙会的文化内涵及其现实意义

起初，蓬莱阁庙会就叫天后宫庙会，这是因为，蓬莱阁庙会是由人们对海神娘娘的崇拜引起的。蓬莱阁庙会的核心内容是对海神娘娘的祭拜。蓬莱阁庙会发起的初衷和主旨是传播妈祖信仰，弘扬妈祖文化。蓬莱阁庙会的社会功能在于用妈祖精神教化民众。

实际上，任何一种民俗除了物质生活层面、感受社会文化的认知层面，还有精神指向层面。庙会民俗也是如此。充分挖掘庙会民俗的文化内涵，认知和践行传统庙会民俗弘扬的民族精神、确认的人文内涵、倡导的道德规范、推崇的家国理念，可以提升蓬莱阁庙会的质量，推动蓬莱经济社会文化的发展。

妈祖信仰的文化内涵主要体现在其神话传说中，大致可以分为两大类。一类是关于妈祖成神的传说，如妈祖诞降、莱屿长青、祷雨济民、挂席泛槎、化草救商、解除水患、救父寻兄、恳请治病、收伏二怪、窥井得符、驱除怪风、收伏晏公、收高里鬼、铁马渡江、湄屿飞升。另一类是关于妈祖显灵的传说，如甘泉济师、佑助收艇、澎湖助战、神女救船、保护使节、天妃神助、庇佑漕运、官员脱险、庇佑致胜、神助擒寇、神助宋师、护助剿寇。

对于依靠海洋生活的民众来说，她是宽厚慈祥的母亲，象征着海洋的保护神；对于面临海难的人来说，她是救苦救难的英雄；对于其他很多人来说，她又是扬善去恶的榜样。

这两类神话传说反映出妈祖的正直、善良、仁慈。可以说，妈祖的追求简单而直接，就是帮助别人、救助别人，而且不惜牺牲自己。妈祖精神就是立德、行善、大爱。妈祖文化的深层次内涵，归结起来，就是助人为乐、扶危济困、伸张正义、见义勇为、不畏艰险、舍身救难、广施仁爱、造福他人、同舟共济、忘我无私。总而言之，妈祖文化的精髓就是仁爱、无私。这体现了中华民族的传统美德和价值观念。

可是今天的蓬莱阁庙会，大多数人只停留在物质享受、感观体验、情感交流的低层次，即便是许愿祈福，也只是追求个人的心理满足，与妈祖文化深层次内涵所体现出来的妈祖精神相差甚远。

所以，我们应该充分发挥蓬莱阁庙会的教化功能，深入挖掘妈祖文化的深层次内涵，采取多种形式、多种手段，大力弘扬妈祖精神，让妈祖精神在构建美丽、富强、文明、民主、和谐的新蓬莱中发挥更大的作用。

（作者单位：烟台市蓬莱区人大常委会）

蓬莱阁与道教福寿文化

蒋惠民　王　颖

蓬莱阁是我国传统文化的“圣地”，自古为文人墨客向往雅集的地方，历来又是道教人士修真之境，故建筑群体和传说以道教养生内容为主体。世传蓬莱、方丈、瀛洲在海之中，皆神仙所居。史载秦始皇、汉武帝都曾为寻求仙药先后来此，传说秦代方士徐福受秦始皇派遣，由此乘船入海求取仙丹——长生不老之药。笔者曾多次游览这片古建筑群，我们认为整个建筑群在弘扬我国道教倡导的福寿文化方面，体现得较为详尽，于当今人们追求幸福生活、健康长寿，更有着特殊意义。

一、道教的起源及发展

道教属于中华民族的本土文化，是中国传统文化的重要组成部分。道教起源于四千七百多年前的黄帝思想，祖述于老子，成教于张道陵，形成至今已有近两千年的历史。道教文化倡导“上善若水”，修道积德，安乐幸福，以“得道成仙、长生久视”为修炼的最终目标。道教植根中国大地，传播四方，是中华文化的一枝奇葩，也是人类共同的思想财富。它不但为古代帝王将相所推崇，也是平民百姓精神之寄托，不只在国内流传，还远及韩、日、越南及欧美等地。道教经典浩如烟海，道教文化理推万物。它广泛影响着我国的各行各业，还深刻作用于社会各个领域，并日益启迪着现代养生学、心理学、生态学等多门学科。

（一）道教的创立和含义

自然崇拜早在原始社会时期便已存在。先民们将日月星辰、风雨雷电、山川河岳皆视为有神主宰，因而生发敬畏感，对之顶礼膜拜；到殷商时代已发展到信仰上帝和天命；到了周代已形成天神、人鬼、地祇三个系统；到了战国时期，神仙信仰已经相当广泛，寻求仙境、仙人，传布成仙之方的方士便出现了；两汉时期，黄老道兴起，以太平道和五斗米道的出现为标志，道教正式形成和创立。

老子（约前571—前471），姓李名耳，字伯阳，又称老聃，楚国人。他是我国古代伟大的哲学家和思想家之一，被道家尊为始祖。后人称其为“老子”，唐皇武后封其为太上老君。老子哲学的核心思想是“道生万物”的宇宙生成说，把宇宙看成是自然产生、自然演变的，天地万物是依照自然规律发展变化的，而“道”是世界的本原。老子哲学的精髓是他的朴素辩证法思想，认为天地万物、矛盾双方相互依存，互为条件。他还提出对立双方可以互相转化，事物总要走向它的反面。在政治思想上，老子主张“无为”，认为只有无为才能无不为。他西出函谷关留下《道德经》五千言。

道教是一种信仰黄老之道，以神仙家的述说及道家学说为中心，融合传统宗教习俗以告谕、教化世人，追求宇宙和谐、国家太平及相信人们修道积德定能安乐幸福、长生久视的宗教。

（二）道教的特点和影响

道教的内容蓄积了中华民族历史形成的感情、信仰和思辨的传统成果，具有明显的东方宗教文化色彩。道教思想的主要内容大致包括三个部分：一是对于宇宙的看法。道教认为“道”是“万物之元首”，道创造万物，这成为道教宇宙观的基础和基本教义。二是对于神的看法。对神仙和神仙统治的世界——仙境的信仰和崇拜，是道教信仰的基础。三是对社会的看法。在生死观方面，道教主张以生为乐，重生恶死，追求长生不老。在人性善恶方面，道教认为是天道循环，善恶承负。其目的是用神仙信仰与宗教道德来约束、规范教徒的行为，并教化世人。八仙是道教人物形象的典型代表，“八仙过海”的传说，更把“得道成仙、长生久视”的道教学说推向顶峰。栖霞人亦作为道教全真派掌门人的丘处机西去拜见成吉思汗，阐述了治理方略，成吉思汗采纳并授权其掌管全国的道教。

二、关于福寿文化

福寿文化，一直是我国传统文化的组成部分，表现为人们借由信仰、仪式或是文字、图案等方式，祈求上天赐予健康长寿的幸福人生，而“福寿”也从抽象的人生愿望转化为神格化的福寿神崇拜，并以永恒的自然物来象征福寿，从而创造福寿的艺术。蓬莱阁文化正是这种文化的代表。我国的福寿文化源远流长，《尚书·洪范》记载：“五福，一曰寿，二曰富，三曰康宁，四曰攸好德，五曰考终命。”五福之中以寿为首，毕竟没有健康长寿的生命，纵使有再多富贵名利，也无福消受，因此“福禄寿喜”“福寿安康”等成了人们追求向往的目标，并逐渐演化出丰富而多元的福寿文化。自古以来，人们就追求福寿，常用“百”来形容多数、长久或整数、圆满之意，因此逢百必庆。“百岁”就个人而言，是健康长寿的幸福象征，故而用“福寿安康”“长命百岁”来作为祝颂之辞。

（一）福寿观念与象征

追求福寿是个人的愿望。秦始皇寻求长生不老药就是一个例证。人们总祈求上天或祖先护佑自己及家人能够长寿，也倡导养老敬老，并利用语言、文字、图案及联想，创造出许多象征物。福寿的象征物，包含象征福寿的动物，如蝙蝠、龟、鹤、猫、蝶、绶带鸟、白头翁等；象征福寿的植物，如松、柏、椿、萱、桃、灵芝、万年青、常春藤等；象征福寿的器物、纹样，如寿石、盘长纹、卷草纹、绶带等；象征福寿的神祇，如寿星、八仙、麻姑、彭祖等。

（二）福寿礼仪

中国是礼仪之邦，有“五礼”之说，历来主张以礼待人，反对使用武力。传统的社会是礼仪的社会。庆寿是人生中的一种荣典和人生乐趣，是为表彰被祝贺者的既成业绩，树立典范，供他人效法，同时产生了完整的福寿礼仪和风俗。一般从 60 岁开始称花甲之年，此后 70 岁称古稀、80 岁称耋、90 岁称耄、100 岁称期颐之年。贺礼有以下几种：1. 食品寿礼，如寿桃、寿面和寿糕；2. 文人雅礼，如寿幛、寿屏与寿联；3. 神礼，如寿香、寿烛；4. 钱礼，如寿金等。

人们无论承认与不承认有“来世”，总是留恋于今生，常说“人身难得”“生命只有一次”等，这都是现世观的反映。道教就主张以修现世为主，提出要达到“万古长春”的境地，从而成功塑造出八仙人物形象，经久不衰。从现世观出发，人们共同创造并传承下来的上述福寿礼仪和风俗，是对被庆贺者一种莫大的尊敬、慰藉和鼓励。因此可以说，福寿礼仪是中华民族互相礼敬的产物，是尊老敬贤美德在家族、社会的体现，也体现了人类的自身尊严与价值。在蓬莱阁的殿堂里，无处不展现着福寿礼仪的内容。

三、蓬莱阁文化演绎下的福寿文化

建于北宋嘉祐年间的蓬莱阁，远远望去，楼亭殿阁掩映在绿树丛中，高踞山崖之上，恍如神话中的仙宫。景区内，著名的八仙过海神话传说，是蓬莱阁文化中最亮丽的一笔，它与秦始皇访仙求药的历史故事，共同构成蓬莱阁福寿文化的主体内容。

蓬莱阁文化，从诞生时起，就与福寿文化结下不解之缘。蓬莱阁有“福”字和“寿”字石刻各一块，均为五代道士陈抟所写。“福”字是由田、给、于三字组成，寓意种好田地、给人以幸福。“寿”字为草书，由“富”“弗”“林”三个字组成，寓意植好林木、富足长寿。蓬莱阁文化的魅力，不仅在于它有厚重的传统历史文化和壮丽的山海风光，而且在于它有着美丽动人的福寿神话传说。在我国古代流传下来的神话中，蓬莱神话是与大海相结合而形成的独特神话。蓬莱阁可以说是我国东方海洋福寿文化的发源地之一。《山海经》等书中，把蓬莱、方丈、瀛洲三座神山描绘得活灵活现，引得齐威王、燕昭王派出探险者到海中寻求神仙，秦始皇东巡求药、汉武帝御驾访仙，均是蓬莱阁文化的深刻体现。据史籍记载，蓬莱海面经常出现海市，散而成气，聚而成形，虚无缥缈，变幻莫测。那些好事的方士便以海市的虚幻神奇演绎出海上三神山的传说，惟妙惟肖地描绘出一个令人向往的神仙世界，更为蓬莱阁福寿文化平添了几分神采。后来加入八仙过海的故事，蓬莱阁福寿文化就更加生动迷人了。

长生不老的神仙传说，在我国由来已久。在生产力落后、生活水平低下的古代社会，人们一方面崇拜自然、敬信“神灵”，一方面试图战胜自然，提高人类自身的求生能力。他们认为依靠人体自身一定方式的修为，可以长生不老，具有神通，这种认识逐渐发展成为神仙之说。其中，民间流传最广的当属八仙及其相关传说。由于当时社会文化落后，人们对现实生活中的许多现象不理解，但又不愿放弃对美好幸福生活的向往，于是在生产生活中逐渐创造了八仙的形象。蓬莱阁上的八仙故事便应运而生，八仙即汉钟离、张果老、韩湘子、铁拐李、曹国舅、吕洞宾、蓝采和及何仙姑。这八位神仙分别代表了当时社会的多个阶层，他们的行为代表了广大民众的美好愿望，他们是民众的“守护神”。由于人们对八仙的无比喜爱，旧时民间庙会及节庆表演中，八仙是不可缺少的形象。民间有关他们的传说也甚为丰富，如八仙过海、狗咬吕洞宾、苏东坡访八仙、唐槐等众多故事传说。这些神话传说大都源于生活，人们期待的超现实的美好愿望在神仙的手下变成现实。神话的诞生反映了大众丰富的想象力。由此，各种神仙传说纷纷附着于蓬莱的同时，经民间通俗文化大肆渲染、传播，成为蓬莱阁福寿文化的源泉。时至今日，蓬莱民间还一直保持着浓厚的神仙文化传统，有“东方神话之都”的俗称。

八仙人物各不相同，却能作为福寿文化象征而结合在一起，其相关传说成为福寿文化载体，至今影响不衰，从社会历史角度加以分析，主要有以下两个方面原因：

一是道教大力宣传得道成仙的福寿文化。道教的代表人物丘处机，宣扬真行，宣扬武术养生，符合人们追求福寿的欲望，这些都直接或间接与八仙群体有关系。

二是八仙作为道教人物，是得道成仙、长生久视的代表。道教的求仙、寻仙和修仙，从一开始就与海中的神山联系着。方士们很早就从事去三神山——蓬莱、方丈、瀛洲觅取不死之药的活动，并且怂恿帝王也去从事这类活动。三神山传说的扩展，又引出了十洲三岛的仙境。在凡界人间，被称为道教圣地的主要有三山、五岳、洞天、福地。蓬莱就是道教圣地中的三山之一。秦皇汉武都认为海中三神山上有长生不老药。在文化较落后的年代，人们必然来此祈福纳寿，让“神灵”保佑。

综上所述，笔者认为蓬莱阁是弘扬我国传统文化的重镇，是集中体现福寿文化的场所，是自古以来人们向往的地方。只要你游览了蓬莱阁，聆听了那些美妙的传说，就会更加激发起对美好幸福生活的殷切期望。

（作者单位：龙口市博物馆）

蓬莱阁的兴建对宋代蓬莱旅游的影响

朱　龙

蓬莱地处北纬 37°25′～37°49′56″，东经 120°34′44″～121°09′，山东半岛北端，因汉武帝划地筑城命名蓬莱，素以“海市蜃楼”“人间仙境”著称于世。蓬莱因其特殊的地理位置，而成为沟通京津、辽东、朝鲜半岛的海上交通枢纽，历来是海防要塞、军事重镇，曾是东方海上丝绸之路的起点。

蓬莱城北丹崖山上的蓬莱阁，是我国古代四大名楼之一，因其依山傍海特殊的地理位置及变幻莫测的奇观逸景而享誉海内外，曾被选为 1987 年发行的“中国历代名楼”特种邮票之首。其历经千年，依旧矗立在丹崖山巅。

一、蓬莱旅游的渊源

蓬莱有先民居住当在新石器时代，多处考古遗址发现大量的磨制石器和捕捞工具，证明先民们依海而居，捕捞为食。谈及蓬莱的旅游，追溯起来较久远。有史可考的，当属秦皇汉武，当时政治相对进步，局势相对稳定。秦始皇曾三次环游山东半岛，汉武帝曾八次到山东半岛巡幸，并到此寻仙访药，规模也相当可观，史谓“舳舻千里”。① “蓬莱”作为城市的名字，源于汉武帝刘彻。杜佑《通典》记载，公元前 104 年，汉武帝第五次东巡，于此望海中蓬莱山，“因筑城以为名”。当时汉武帝寻仙望海的地方，大致在今天戚继光故里东北端鼓楼的位置，唐代叫“望仙门”，后留有“望仙旧迹”的匾额。这些海上求仙巡幸活动，实际是封建帝王这一特权阶层特有的一种旅游方式。

隋唐时期，蓬莱所辖的登州港是日本、新罗遣唐使臣的主要登陆地点，由此通往长安。第十八批遣唐使中圆仁和尚的《入唐求法巡礼行记》中记有途经安香寺，

① 《登州古港史》，人民交通出版社 1994 年版。

夜宿开元寺，集市繁华贸易的情景。登州港的作用显得尤为重要，一时成为全国最重要的港口之一。唐神龙三年（707），登州治所移至蓬莱，蓬莱升镇为县，州县并存，遂成为古代胶东地区的政治、经济、文化和军事中心。因此，从旅游的角度看，从游客来源讲，此时不但有来自海外的朝拜使臣，而且有来自海内外从事贸易的商人，如新罗商人等，还有从事防御的将士。隋唐两朝对高丽的战争十余次，多是水陆并进，动用了舟师，充分利用“登州海行入高丽渤海道”，通过造船、运兵、运粮，使登州港成为中国北方主要的水师基地。

二、宋代旅游业的时代背景

宋代是我国传统旅游发展中的一个重要时期，旅游者人数大量增加，旅游业表现出强劲活力是这个时期的重要特征。韩颖认为宋代旅游者的主体包括士大夫阶层、商人阶层、农民阶层、僧人和道士、军人等。[①]

宋代官员对旅游认识较高，积极开发旅游资源，热衷于建楼筑亭、修建游息之物，认为兴建苑囿是为“与民同乐”。宋朝对旅游资源的开发以疏浚湖泊、修建园林、建筑亭台楼阁为主要内容。[②]

亭台楼阁作为一种旅游资源在宋代旅游事业中占有重要地位。楼作为一种旅游资源，在宋代旅游事业中发挥了重要作用，是旅游者选择频率较高的旅游目的地之一。[③] 宋代楼阁数量相当可观，较有名气的有曹州的披云楼、秀州的月波楼、邓州的春风楼、泸州的南定楼、苏州的齐云楼、绍兴的曲水阁、处州的烟雨楼、江陵的曲江楼等。楼阁的存在，为旅游者提供了数量充足、景色优美的旅游对象物，对于推动宋代旅游事业的发展具有重要意义。

三、宋代蓬莱阁的兴建

（泰昌）《登州府志》卷之五《建置》：蓬莱阁，在城北丹崖山巅，旧为海神庙。宋嘉祐间，朱处约移于西偏，即其故基建阁，为游览之所。万历己丑年（1589），巡抚李戴改建，规模壮丽，视旧有加。

1. 蓬莱阁兴建起因

在宋代建筑楼阁风气盛行的年月，宋嘉祐六年（1061），登州地方官朱处约于

---

① 韩颖《宋代旅游休闲初探》，《科教导刊》2010 年第 11 期。

② 王福鑫《宋代旅游研究》，河北大学出版社 2007 年版。

③ 王福鑫《宋代旅游研究》，河北大学出版社 2007 年版。

城北滨海的丹崖山巅首构高阁，名“蓬莱阁”。朱处约在他撰的《蓬莱阁记》中明确指出，立足阁上，“听览之间，恍不知神仙之蓬莱也，乃人世之蓬莱也”，说明蓬莱高阁之建，是缘于世人欲求神山之蓬莱不得，乃建此阁以为人间仙境。①

蓬莱阁建于丹崖山巅，缘于丹崖山通体赭红，拔海而起，气势雄伟，景色独具。其时，丹崖山并非光秃秃的小山，丹崖山上已有建筑，有据可查的始建于唐代，即贞观年间（627—649）建于山巅的广德王庙、山南麓的弥陀寺和开元年间（713—741）建于广德王庙东南侧的三清殿。朱处约移广德王庙于西偏（重建，现为龙王宫），腾出丹崖绝顶一方宝地，构筑蓬莱阁。②

2. 蓬莱阁的基本结构特点

在丹崖山的山体上建筑楼阁，建筑物是不需要过于高大的，因为山体本身已经有了高度，建筑物过于高大，反而显得不协调。作为建阁者的朱处约，是想到了这一层的。所以，与重檐翼舒、气宇轩昂的黄鹤楼、岳阳楼、滕王阁江南三名楼对比，蓬莱阁在单体建筑规模上，显得逊色许多。也正因为如此，用巍峨、恢宏等字眼形容蓬莱阁都是不够恰当的。它所强调的不是高大雄峻，而是庄重古朴；不是富丽堂皇，而是自然本真。面对如此一座占山楼台，观者不能不赞叹造阁者的构思巧妙——沿着山势造景，既考虑到它的外形要悦目，又考虑到它的内涵要诱人。在秦皇汉武访仙求药的地方，高山大海都是外形，只有神国仙乡的文化积淀才是灵魂。如何能使自己的作品形神兼具，朱处约的构思有着示范性的意义。③

据《蓬莱县志》④ 记载，蓬莱阁之底层长 14. 80 米，进深 9. 65 米，四面回廊，明柱 16 支，内有金柱 12 支。阁之上层长 13. 75 米，进深 8. 55 米，四面回廊，明柱 16 支，扶手栏，东、北、西三面屏风，供游人凭栏远眺，40 个一斗二升麻叶拱，内有金柱 4 支。

3. 蓬莱阁园林造景艺术特点

朱处约曾撰《蓬莱阁记》，言明建阁目的，“将为州人游览之所”，并勒碑于阁前，奠定了庙宇与园林的基础。

从丹崖山下拾级而上，仰视前方，到处是松柏、槐树，其间夹杂着低矮灌木，毫无奇特之处。但，当你绕过山后，从其北部乘船南望，刹那间会发现另一番境界：矗立水中的丹崖山巅，几座小楼阁亭榭，掩映在绿树翠柏之中，俨然一座山体园林。丹崖山自然山体，就是园林的骨架。浩瀚辽阔的大海是基底。若把西边的田横山连在一起，俨然就是“一池三山”的园林造景原型。

---

① 《蓬莱阁志》，山东友谊出版社 1998 年版。

② 《蓬莱阁志》，山东友谊出版社 1998 年版。

③ 蔡玉臻、郭丛军《丹崖仙阁》，天津大学出版社 2004 年版。

④ 《蓬莱县志》，齐鲁书社 1995 年版。

蓬莱阁及其周边建筑均为三进院落，庙宇式建筑楼、亭、殿、阁分布得宜，寺庙园林交相辉映，古朴典雅，各因地势，协调壮观。其因特殊的地理位置和神奇的仙境色彩，而成为诗人墨客在此挥毫舞墨、吟诗放歌的理想之地，建筑群内留下历代无数文人墨客的诗词和珍贵的墨宝。古树、碑刻点缀其间，更增加了古建筑群的厚重文化底蕴。各具特色的古建筑依山面海，成为我国传统的蓬莱造园模式——一池三山的代表。

四、蓬莱阁旅游目的地的崛起

蓬莱阁位于丹崖山之巅，北临大海，山清水秀，环境更显幽邃宁谧、优美宜人，再加上其北部海面常现海市蜃楼，使蓬莱阁蒙上一层神秘面纱，也使这方水土更具吸引力。由于受万众瞩目，蓬莱阁及周边一带也就自然发展成为很有特色的旅游目的地，吸引着不同身份、不同职业的游客。

1. 文人墨客和士大夫对蓬莱阁的传播

宋代旅游者尤其士大夫是以山和水作为主要的旅游目标的。同时，寺庙宫观也是旅游者尤其士大夫们所钟爱的优秀旅游目标。[①] 蓬莱阁是我国唯一建于临海悬崖之巅的楼阁，依山傍海，占尽山海之胜，更是文人墨客和士大夫向往的地方。

（1）朱处约对蓬莱阁的情怀

朱处约，生卒年不详。《登州府志·职官》[②] 载其原为司封员外郎，嘉祐五年（1060）知登州，嘉祐七年（1062）离去。其不但建起蓬莱阁，而且特作记纪念。

朱处约《蓬莱阁记》载：世传蓬莱、方丈、瀛洲，在海之中，皆神仙所居，人莫能及其处。其言恍惚诡异，多出方士之说，难于取信。而登州所居之邑曰“蓬莱”，岂非秦汉之君东游以追其迹，意神仙果可求也。蓬莱不得见，而空名其邑曰“蓬莱”，使后传以为惑。

据方士三山之说，大抵草木鸟兽神怪之名，又言仙者宫室伟大，气序和平之状，餐其草木，则可以长生不死。长往之士，莫不欲到其境而脱于无何有之乡。际海而望，翕然注想物外，不惑其说者有矣。

嘉祐辛丑，治邦逾年，而岁事不愆，风雨时若，春蓝秋获，五谷登成，民皆安堵。因思海德润泽为大，而神之有祠俾，遂新其庙，即其旧以构此阁，将为州人游览之所。层崖千仞，重溟万里。浮波涌金，扶桑日出。霁河横银，阴灵生月。烟浮雾横，碧山远列。汐浑潮落，白鹭交舞。游鱼浮上，钓歌和应。仰而望之，身企鹏

① 王福鑫《宋代旅游研究》，河北大学出版社 2007 年版。

② 徐应元《登州府志》（泰昌版）。

翔。俯而瞰之，足蹑鳌背。听览之间，恍不知神仙之蓬莱也，乃人世之蓬莱也。

上德远被，恩涵如春，恍若致俗于仁寿之域，此治世之蓬莱也。后因名其阁曰蓬莱，盖志一时之事，意不知神仙之蓬莱也。

这位知州颇有勇气和见地，传说中，人们把“蓬莱、方丈、瀛洲”称为三“神山”，而他在文中宣称三“神山”之说难于取信，接下去委婉地说自己“治邦逾年”而“五谷登成”，都赖于海神的恩赐，因此他要为海神重修庙宇。粗看起来，这位知州似乎“是神”而“非仙”，细读下去却不难发现他只是耍了一点心机：不触犯他治下的渔民的信仰，极其巧妙地将龙王宫迁于西偏，在丹崖极顶建起了一座高阁，目的则是“将为州人游览之所”。最后他公然申明，“此治世之蓬莱也”，“不知神仙之蓬莱”。看来朱处约是重观览而轻神仙的。①

（2）苏轼对蓬莱阁的诗咏

苏轼（1037—1101）在宋元丰八年（1085）得以“复朝奉郎知登州军州事”，虽就任五天，却以他非凡的诗人天才与登州山水吟唱，留下了千古传颂的佳作。

苏轼以“登州海市”这一自然奇异现象为题作《海市诗》，刻石至今保存在蓬莱阁旁的苏公祠内。蓬莱阁下，其见到海边卵石晶莹剔透，遂诗“我持此石归，袖中有东海”。苏轼离开蓬莱后，以所得蓬莱卵石作诗《遗垂慈堂老人》赠送他的朋友僧人了性时，盛赞蓬莱阁十大景之一“万斛珠玑”，描写了山风海涛，阐明了卵石的成因，指出把它置在座旁观赏，可以给人以无限的趣味。诗题曰：“蓬莱阁下，石壁千丈，为海浪所战，时有碎裂，淘洒岁久，皆圆熟可爱，土人谓此弹子涡也。”苏轼在登州匆匆五日，在讴歌民风山海之外，也未能忘怀登州特产著名的海珍鲍鱼，著有《鳆鱼行》，不仅写了鲍鱼的产地、捕捞的季节及方法，而且文思如潮地写出了一连串关于鲍鱼的历史故事，读来妙趣横生。②

苏轼几次登游蓬莱阁，眷恋山海之胜，与同僚饮酒楼上，尽情欣赏蓬莱阁上的风光，兴之所至，挥笔作文，写下了别有情味的《蓬莱阁记所见》：登州蓬莱阁上，望海如镜面，与天相际。忽有如黑豆数点者，郡人云：“海舶至矣。”不一炊久，已至阁下。③

苏轼的诗和文多涉及旅游休闲，说明旅游休闲在其生命中是极其重要的。有据可查，“导游”一词在苏轼的《记刘梦得有诗记罗浮山》等资料中最早使用。④

（3）其他名人对蓬莱阁的赞赏

宋代许遵曾担任登州知州，其《登蓬莱阁》写的是他在蓬莱阁上宴请客人时的

---

① 蔡华先《朱处约修建蓬莱阁》，《烟台晚报》2007 年 12 月 31 日。

② 高英《蓬莱阁诗文选粹》，山东省出版总社烟台分社 1985 年版。

③ 臧伟腾、周恩惠《苏轼与登州》，天津大学出版社 2004 年版。

④ 王福鑫《宋代旅游研究》，河北大学出版社 2007 年版。

盛况和所见所感。[①] 从其诗句“乘闲接客上蓬莱”，可见其来蓬莱阁是休闲放松来了。

宋词《忆秦娥》歌咏道：“烟漠漠，水天摇荡蓬莱阁。蓬莱阁，朱甍碧瓦，半浸寥廓。　　三山谩有长生药，茫茫云海风涛恶。风涛恶，仙槎不见，暮沙潮落。”[②]

明（泰昌）《登州府志》[③] 卷之五《建置 · 宫室》记载，宋赵抃（1008—1084）诗“山巅危构傍蓬莱，水阁风长此快哉。天地涵容百川入，晨昏浮动两潮来。遥思座上游观远，愈觉胸中度量开。忆我去年曾望海，杭州东向亦楼台。”这首诗写了蓬莱阁海阔天空的景色，以及诗人心旷神怡的感受。最后通过回忆，以会稽（绍兴）蓬莱阁（《会稽续志》：蓬莱阁在卧龙山下）与登州蓬莱阁比美，表达了诗人对祖国河山的热爱之情。

2. 使节僧侣对蓬莱阁的传播

宋代国际旅游者中，多数来自朝鲜半岛和日本。宋朝对高丽贡使是给予优待的，同时我们注意到，高丽贡使到宋代中国来不仅是朝贡，而且有学习和游览观光之举，他们每到一地，基本上都游览当地名胜。在日本游客中，使臣远比高丽要少，而僧人旅游者要多得多。高丽、日本之外，来自其他国家和地区的游客也多以朝贡、取经者的身份来到中国。他们在朝贡途中，又游览沿途风景名胜，成为地道的旅游者，所以，使者的朝贡实际上又带有公务旅游色彩。[④]

自“登州海行入高丽渤海道”开通后，中朝使节多在山东半岛的登州往来，唐朝为接待新罗使节，在登州城内建“新罗馆”。北宋时期，日本锁国，和登州港保持密切联系的主要政权只有高丽，和中国的交往可与唐朝时期并驾齐驱。真宗大中祥符八年（1015），曾诏“登州置馆于海次以待使者”，设有高丽馆、高丽亭，以接纳高丽等外使外商。天圣九年（1031）高丽使从登州经海道回国，熙宁三年（1070）、熙宁七年（1074）均有外使至登州港，1074 年，高丽王“欲远契丹，乞改途由明州诣阙”。因契丹的关系，高丽与登州间的航道，不再循“登州海行入高丽渤海道”，登州的国外游客也随之大减。

有史记载，宋淳化四年（993）高丽使船遇海难，诏登州给之文据遣还，并赐高丽王衣缎 200 匹、银 200 两、羊 50 只。宋天禧三年（1019）九月，据登州报，高丽使船遭海难，贡物漂失，诏遣内臣抚慰。宋天圣八年（1030）二月，高丽使团

① 袁晓春、董韶军《蓬莱风物》，天津大学出版社 2004 年版。

② 高英《蓬莱阁诗文选粹》，山东省出版总社烟台分社 1985 年版。

③ 徐应元《登州府志》（泰昌版）。

④ 王福鑫《宋代旅游研究》，河北大学出版社 2007 年版。

御事民官侍郎元颖等293人经登州港赴汴京。这是当时最大代表团之一。宋天圣九年（1031）二月，元颖使团辞归，宋遣使护送至登州，使团登船回国。宋熙宁七年（1074）高丽使经登州港抵京师，欲远契丹，乞改由明州进出口岸，此后高丽使极少经由登州。宋元丰六年（1083），宋朝廷为恢复和高丽的交通往来，“募商人赍牒，试探海道以闻”。八月，高丽王病逝，宋遣使吊祭，宋使杨景略在密州遇风，从陆道到登州，由登州渡海去高丽。冬，杨景略从高丽渡海回登州港，奏请在登州港小海建了天桥。根据中外使节来往登州港的情况，可见当时国外游客的情况。①

3. 士兵对蓬莱阁的传播

仁宗庆历二年（1042）五月，契丹集兵幽州，声言来侵河北，京东皆为备边。知州郭志高在登州画河入海处，“置刀鱼寨巡检，水兵三百，戍沙门岛，备御契丹”。刀鱼寨因其特殊的地理位置，成为古代难得的军事要塞。这里长期驻兵把守，平时士兵轮岗轮哨，交流频繁。战时，大量士兵屯集港湾，出兵辽东半岛和朝鲜半岛，蓬莱阁也就成为士兵的必游之地。用现代的客源成分分析，士兵占有一席之地。

4. 平民百姓对蓬莱阁的传播

亭台楼阁是中国传统社会的旅游目的地之一，而且是大部分旅游者乐意前往的旅游目的地。本来蓬莱阁就是州人游览之所，宋宣和四年（1122），沿海渔民出于对海神的信仰，又于蓬莱阁西南建灵祥庙（天后宫），祀海神灵惠夫人。传其生日是正月十六，当地百姓遂把这天当作节日庆祝，届时，四邻八乡的乡民们云集过来，进香膜拜，求签许愿，捐香火钱。人们自发组织杂耍，鼓吹乐器，同时百货聚集，物物交换，各寻所需，热闹非凡，形成传统的庙会。人们乘兴游览蓬莱阁及其附近名胜楼阁，直至尽兴而返。② 可以说，庙会既是乡村的商品交易之会，也是乡村游乐的节日，是乡村所特有的旅游形式。“正月十六庙会”实际上就是乡村百姓的旅游节，一直传承至今，每年正月十六都会有近十万市民前往蓬莱阁参加庙会活动。

五、结语

1. 蓬莱阁作为州人游览之所，900多年前为州府所兴建，不但给百姓以愉悦，而且形成了规模宏大的庙会，影响深远，传播至今，依旧是当代人乃至子孙的旅游胜地。

---

① 《登州古港史》，人民交通出版社1994年版。

② 《蓬莱阁志》，山东友谊出版社1998年版。

2. 在宋代，及至元、明、清代，来自海内外的游客络绎不绝。目前尚未发现直接的证据证明是否收取游客的门票，但弥陀寺和天后宫烧香礼拜需要纳钱则是无疑的。或许当时就是以此种方式来收取费用吧。

3. 从历代修缮的记录里，不难发现，无外乎乡绅捐助和官府修缮而已。宋代，蓬莱阁损坏修缮记录难以查寻，但可以肯定，百姓出于对旅游的向往，不可能让其毁掉，所以蓬莱阁历经千年依旧矗立在丹崖山之巅。

4. 在宋代，登州百姓生活富足安逸，衣食无忧，有足够多钱财和闲暇时间来游玩，能够享受休闲生活。再加上官府出资大量修建供旅游用的亭台楼阁，推动了当时旅游业的发展。蓬莱阁的兴建进一步促进了当地旅游的兴盛，带动了当地经济的发展。

（作者单位：蓬莱阁景区管理服务中心）

苏公祠考

臧伟腾

众所周知，位于蓬莱阁东侧三清殿后的苏公祠是为纪念北宋名臣、一代文豪苏轼治登而建的一幢古祠。在景区的诸多景物中，它独树一帜，以其特有的精神和文化魅力面对世人。凡登阁游览之人，必访苏公祠，人们在此或争相拍照留念，或屏神凝思，流连忘返，成为景区内一道靓丽的风景线。

但是，许多人并不了解，眼前的这座苏公祠历史并不长，它是清代同治年间登州府知府豫山重修蓬莱阁时从阁前旧址上移建过来的，距今才一百四十多年。在此之前，蓬莱阁景区已有一座苏公祠（苏文忠祠），位置在大阁前面偏西处，“以苏公旧祠狭隘也，北移到三清殿后”[①]。那么此次重修前就早已存在的苏公祠，始建于何年？又是何人所建呢？长期以来一直是个谜团。由蓬莱市史志编纂委员会编著的1995年版《蓬莱县志》特意在苏公祠条下注明：“祠原在蓬莱阁前，始建时间不详。”

为解开这个历史之谜，笔者从1994年起在参与《蓬莱县志》后期编纂工作及其后几年时间里，对前人的研究史料重新进行梳理，查阅了现存全部版本的《登州府志》和《蓬莱县志》并与有关方面专家反复论证，断定苏公祠建于明崇祯十一年（1638），距今已有三百八十多年。本文非敢自专，意在抛砖引玉，贡献一家之言，求诸方家教正。

一、一篇《东坡苏公像记》的启示

《东坡苏公像记》是一篇专门记叙建造苏公祠有关内容的文章，作者张万宪。文章见于清（道光）《蓬莱县志·艺文志》卷中。但是令人遗憾的是，查找所有资

① （清）豫山《重修蓬莱阁记》。

料，作者情况还是一片空白，这是其一；其二，文章主要内容是叙述苏公祠建成后为供人瞻仰，如何为苏轼绘图造像，其余内容则只是点到为止，使人读后只知其表，难寻其源。但正是这篇唯一见到的文章使我们豁然开朗，找到了解决问题的钥匙。

首先，文中点明，此前蓬莱阁上没有苏公祠，人们"凭吊之余，止付一欣慕而已，曾未有议创祠像而祀之者"。其次，"兵道周公"是建苏公祠的首倡者，并且是他捐俸建之，而受命负责筹划管理并组织施工者，正是作者本人。再次，建祠时间为"戊寅"秋，而工程"两月告竣"。

这里，"兵道"和"戊寅"两个词语至为关键。

先说"兵道"，查史料得知，这是一个只在明清两代才有的官称。明弘治年间（1488—1505）始于各省军事要冲遍置整饬兵备之"道员"，称为兵备道，掌监督军事，并可直接参与作战行动。此官由按察副使或按察佥事充任，是分巡道的一种，清代沿置。[①] 又（光绪）《登州府志》记，登莱本分巡道，弘治十二年（1499）改为兵备道驻莱州，明嘉靖三十四年（1555）兼海防副使陶大年始在登州南门内丰仓旧址建公署以备巡历，四十一年（1562）专设海防道于登州（见卷二十五《文秩》），据此可知张万宪文中的兵道实即为海防道。

再说"戊寅"。这是古代干支纪年的一种表示形式。张文记，苏公祠建于戊寅年，查明清两朝共有戊寅年九个之多，除了光绪四年即 1878 年为戊寅年（此系豫山重修之后），尚有八个戊寅。这其中明代五个，清代三个。此时刻于 1660 年的清（顺治）《登州府志》帮了大忙，这部志书中的《备倭城图》清清楚楚标明了苏公祠在蓬莱阁的建筑位置。由此可以断定，苏公祠建筑年代只能在此之前的某个"戊寅"而不是此后，从而使清代的三个"戊寅"都被排除在外。1660 年前的最近一个戊寅年为 1638 年，即明崇祯十一年，于是问题渐渐明晰起来。

这样由"兵道"使我们把时间首先断定在明、清两代，而依据这幅《备倭城图》，我们又把清代完全排除掉，从而锁定在明代，而且时间不会晚于 1638 年。剩下的事情是如何用新的材料最终确定到底是明代的哪一个"戊寅"年。

二、两幅《备倭城图》对照解谜团

两幅《备倭城图》，一是指上面谈到的清（顺治）《登州府志》中的《备倭城图》，一是指明（泰昌）《登州府志》中的《备倭城图》。

这里先简要谈一下明泰昌版《登州府志》，这是登州府现存最早的一部志书，

① 赵德义、汪兴明主编《中国历代官称辞典》，团结出版社 1999 年版。

明泰昌年间登州府知府徐应元纂修，刻于泰昌元年（1621），全书十册十八卷，约三十五万字，现仅见于河南省图书馆有藏残本（缺七、八卷），极其珍贵。今年夏天，为进一步收集和论证古登州有关史料，我专程赶赴郑州方才见到这套志书的影印资料片（此书已为孤本，原本从不轻示于人）。是志体例完备，资料翔实，突出地方特色，尤以蓬莱阁记述甚详。另外，该志书图经极其详备，几乎一应俱全，计有《府总图》《府城图》《府境图》《备倭城图》《海运图》等二十二幅之多，另有《海山景图》十三幅，确实使人大开眼界。正是这部志书中的《备倭城图》让我意外发现，蓬莱阁前建筑物没有苏公祠（蓬莱阁旧在备倭城内，历代志书的《备倭城图》都将蓬莱阁内景物标注得一清二楚），而更深入下去，在全书中查找也没有发现有关苏公祠的任何文字记载。但苏轼祀于名宦祠、三贤祠的史实都记录甚详。这与清代的所有版本《登州府志》完全不同，清代的《登州府志》中都有苏公祠的文字记载。

上面谈到，苏公祠建于明代已成定论，但建于明代何年我们尚需要用新的史料来证明，而不能仅仅靠主观臆想来下结论。现在情况变得进一步明朗了，把这幅《备倭城图》和清（顺治）《登州府志》的《备倭城图》一对照，答案不言自明：苏公祠的建造时间应在1621年之后、1660年之前。如果建于1621年之前，那么知府徐应元编纂的志书中不会疏漏到从图到文字都了无痕迹；如果是在1660年之后，清（顺治）《登州府志》不会无中生有提前写上。而在1621年到1660年，只有一个“戊寅”年，这就是明崇祯十一年（1638）。苏公祠只能是建于这一年，而不是其他任何一年。

或曰：此说是否过于武断了一些，还应有其他材料来支持这一结论。这一说法，不无道理。事实上我从一开始就注意到这一点，力求从更多方面寻找新的资料和事实给以佐证，避免稍有不慎而造成违背史实的错误结论出现。这一努力并没有白费，张万宪文中的“兵道周公”可以从一个侧面来支持这一结论的成立。兵道者，官也，周公者，人也。只要我们注意一下张的文章就会发现，他告诉我们这位姓周的兵道大人，在苏公祠建成后，不日即升迁而去，尽管没说清周公之名，也没说明升任何职，但以兵道官职言，这个周公在志书职官卷中应有名可查。果然功夫不负有心人，“周之训，黄岗人，进士，海防道。……选将练兵，严毅有法，精理学，尤善地舆”[①]；“周之训，黄岗人，进士，副使，（崇祯）九年任，升参政”[②]。遍查登州府自设海防道以来，除了周之训，再无一个周姓之人任过此职，而其任职时间恰恰从崇祯九年到十一年，其接任者为任栋，任职时间始于崇祯十二年。如此

① （顺治）《登州府志》卷十一《宦迹》。
② （顺治）《登州府志》卷十二《职官》。

看来，张文中的周公与这个周之训当属一人，这绝不是偶然的巧合，它更加证明了我们的结论是正确的。

三、结语

论证苏公祠建于何年，对于今天的人们来讲似乎已并不重要，但事情的意义往往超出事情本身。回顾唐宋以来直至于清，蓬莱久为州府治所和海防重镇，在此任职的州郡长官和其他军政大员林林总总，至少当以千数计。这其中不乏多有建树、佼佼于世人者，不少人物也因卓有政绩，被历代供奉于当地名宦祠，生前或身后配享祭祀之礼，但是随着历史风雨的剥蚀，加之兵祸战乱，改朝换代，政息人亡，人去物非，许多人已渐渐从历史的视野中消失。而苏轼则不然，他是中国历史上千百年方得一遇的天才，一生忧国忧民，历尽磨难不改其志，道德文章更是一代宗师，独领风骚，普天之下谁人不敬。登州任上，他“在郡未一月即内召，士民感化，深惜其去之速也，后立祠（即三贤祠）祀之，并祀名宦祠”①。而苏公一首登州《海市诗》，更留下千古之绝唱，使蓬莱山海增色，仙境誉满九州。蓬莱阁一方胜迹，本为“神仙”聚居之地，独苏公祠赫然其中，千年以下人世间至今享此殊荣的只有苏轼一人。大千世界，何为永恒？这正是今天的人们应该思考和回答的问题。

古祠无言著青史，丹崖有幸留苏公。祠庙自古以来就是中华文明创造和传承的重要载体。愿蓬莱阁永存，愿苏公祠永存。

附：

东坡苏公像记

张万宪

自苏公于岁晚获见海市也，人称奇观，其啸咏韵和镌石于斯者，脍炙绣口，不知凡几千百。

然凭吊之余，止付一欣慕而已，曾未有议创祠像而祀之者。迄戊寅秋八月既望，兵道周公以祀海登临，余亦从事左右，慨然捐俸，命余董建厥祠，一若苏公之灵，有以默启之者。故庀材鸠工，两月告竣，而独难其像，繇是玩其诗，绎其文，尚论其世，而遐想其形，凝思郁结者浃旬。忽假寐中一人，峨冠博带，拱余而言曰：“人之形骸尚属浮寄，况寄外之寄，何求逼真？吾之像仿佛可也，周公且不日有佳兆矣。”余既觉悟，告于周公，犹未之信。迨余绘梦

① （光绪）《登州府志·职官》。

所见状，授之匠斫，工人之巧酷肖所梦，真耶？似耶？固不遑辨，而周公果已乔迁矣。余于是信畴昔之梦为苏公也。

由此观之，擅艺精者灵不昧，树业不朽者神必传。公生百世之上，百世之下首倡盛举，慨然捐俸者，周公也；奉命董役恍然亲炙者，余也。孰知非周公也，亦非余也，总皆苏公灵爽有以默相而启之者也。余故摭述其终始，以俟后之同志崇祀不替云。

（作者单位：蓬莱高级职业技术学校）

苏轼与蓬莱阁

张爱敏

蓬莱阁坐落于丹崖山上，依山傍海，占尽山海之秀色，千古流传，名载史册，却也因中华文化史上才情兼备的文学宗师苏轼的匆匆五日登州任上行，而更具魅力与神韵。本文试就苏轼的两篇奏状与两篇诗文分析苏轼与蓬莱阁的关系，并探究其对蓬莱阁文化所产生的影响。

一、《乞罢登莱榷盐状》与蓬莱阁苏公祠

蓬莱阁东侧有苏公祠，这无疑是登州绅民为纪念苏轼而建，铭刻着苏轼在登州的历史印记。它的修建，表达了登州百姓对苏轼的敬仰之情。这份感情形成的原因有许多，其中有一个原因不得不提，那就是苏轼写下《乞罢登莱榷盐状》，向宋廷倡议在登州推行盐业制度改革，造福登州百姓。

1. 苏轼奏《乞罢登莱榷盐状》的起因

北宋后期，登州下辖蓬莱、文登、黄县、牟平四县，虽然在军事上依然是海防重镇，但在经济上已不复唐时繁华，原因之一就是登州港与辽、金隔海相望，为海防需要，宋廷宣布停止海上贸易往来。这就导致商旅几乎不达此地，登州百姓因之困苦不堪。在这样的经济背景下，登莱沿海一带，有一部分人靠设灶煎盐艰难度日，他们被称作“灶户”。当时宋朝廷在沿海一带实行的盐业政策，史称“榷盐”，即：灶户所产之盐只准卖给官方，官方再转卖给百姓，低买高卖，结果是百姓负担加重，灶户纷纷远走他乡，朝廷收不上税，只有某些官员牟取暴利。缘于此，苏轼写下《乞罢登莱榷盐状》，原文如下：

> 元丰八年十二月□日，朝奉郎前知登州军州事苏轼状奏：右臣窃闻议者谓近岁京东榷盐既获厚利，而无甚害，以谓可行。以臣观之，盖比之河北淮浙，

用盐稀少，因以为便。不知旧日京东贩盐小客，无以为生，大半去为盗贼。然非臣职事所当言者，故不敢以闻。独臣所领登州，计入海中三百里，地瘠民贫，商贾不至，所在盐货，只是居民吃用。今来既榷入官，官买价贱，比之灶户卖与百姓，三不及一，灶户失业，渐以逃亡，其害一也。居民咫尺大海，而令顿食贵盐，深山穷谷，遂至食淡，其害二也。商贾不来，盐积不散，有入无出，所在官舍皆满，至于露积。若行配卖，即与福建、江西之患无异；若不配卖，即一二年间举为粪土，坐弃官本，官吏被责，专副破家，其害三也。官无一毫之利而民受三害，决可废罢。窃闻莱州亦是元无客旅兴贩，事体与此同。

欲乞朝廷相度，不用行臣所言，只乞出自圣意，乞罢登莱两州榷盐，依旧令灶户卖与百姓，官收盐税。其余州军，更委有司详讲利害施行。谨录奏闻，伏候敕旨。

2. 苏轼《乞罢登莱榷盐状》的意义

（1）从盐入手，抓住基本

中国历朝历代，无不高度重视盐业政策，将盐业视作民生根本所系。盐业之所以成为民生之根本，原因有三：其一，消费需求大。“十口之家，十人食盐，百口之家，百人食盐”，食盐是人们日常生活的必需品，百姓对盐的消费需求量大。其二，需求弹性小。盐属于需求缺乏弹性的商品。这种商品需求变动受价格影响较小，较高的垄断价格对商品的需求不会产生明显不利影响，有明显的预期利润。其三，易形成垄断。盐主要用于日常饮食调味和工业原料，人们对盐的选择也就无偏好，有利于对盐实行垄断经营。而苏轼在短短的五日登州任上，就上奏朝廷建议对榷盐制度进行改革，让人们领略到其在豪放诗情之外的敏锐政治触角。

（2）考虑全面，以民为重

在《乞罢登莱榷盐状》中，苏轼开门见山地指出，登莱一带不同别地，榷盐政策在本就经济萧条的此地实施之后，造成盐商“无以为生，大半去为盗贼”。紧接着，他又指出该政策所造成的三害：“今来既榷入官，官买价贱，比之灶户卖与百姓，三不及一，灶户失业，渐以逃亡，其害一也”；“居民咫尺大海，而令顿食贵盐，深山穷谷，遂至食淡，其害二也”；“商贾不来，盐积不散，有入无出，所在官舍皆满，至于露积。若行配卖，即与福建、江西之患无异；若不配卖，即一二年间举为粪土，坐弃官本，官吏被责，专副破家，其害三也”。以上所述，显而易见，苏轼考虑到了比较全面的利益，考虑最多的还是民众以及当地的地方经济，如奏状所言“官无一毫之利而民受三害，决可废罢”，行文字里行间透露出忧国忧民之情。

（3）提出建议，有始有终

苏轼在《乞罢登莱榷盐状》的结尾，根据登莱地区的实际情况，提出了改进对策，即“乞罢登莱两州榷盐，依旧令灶户卖与百姓，官收盐税”。整篇奏状实事求是，问题鲜明，建议得当。而且，据史料记载，苏轼于元丰八年（1085）十月十五日到达登州任上，五日后接到朝廷诏书，十一月回京任职，而此状的开头写“元丰八年十二月□日，朝奉郎前知登州军州事苏轼状奏”，说明此状是在苏轼离开登州，还京升迁后写成并上奏朝廷的。由此可见苏轼为官善始善终，为政一任，造福一方。

3. 苏轼《乞罢登莱榷盐状》对蓬莱阁的影响

最终，该奏状得到了朝廷的认可。宋廷根据苏轼的建议，对登莱地区的榷盐政策进行了利民调整，新的盐业政策一直持续到清代。“蓬邑不食官盐，自宋代苏长公已条陈得免其累，洵所谓仁人之言，其利溥哉！”也正是因为此，登州百姓于本用以供奉神仙的丹崖山蓬莱阁下建祠纪念。因苏轼之功在宋代，利在千秋，所以得以被传诵、敬仰，并留下“五日登州府，千载苏公祠”的蓬莱民谚，虽然此处府的概念与实际行政级别有所偏差，但依然口耳相传，在蓬莱阁流传至今，影响深远。正如诗人刘征《访苏祠》所云：“论盐五日苏民困，岂止狂歌海市空。眉宇高寒遗像在，登山第一礼髯公。”

二、《登州召还议水军状》与蓬莱水城

1. 蓬莱阁与蓬莱水城的关系

蓬莱阁坐落在丹崖山上，而丹崖山下的登州港（后称蓬莱水城）亦随着朝代更迭、政策变更与蓬莱阁山水相依，共同组成蓬莱阁文化不可分割的一部分，体现名楼与古港交相辉映的历史文化价值。甚至在明代《登州府志》的《备倭城图》中，除了勾勒出蓬莱水城的城防部署，亦将蓬莱阁各个建筑单体一一详细标明。迄今言及蓬莱阁不得不提及登州港（蓬莱水城）。1982 年 2 月 24 日国务院公布第二批全国重点文物保护单位，“蓬莱水城及蓬莱阁”被列为全国重点文物保护单位。

2. 苏轼《登州召还议水军状》的内容及意义

唐时，登州港被誉为中国古代四大通商口岸之一，与泉州、扬州、明州（今宁波）齐名。宋代之后，因与辽、金隔海对峙，为海防需要，港口承担的经济职能逐渐被军事职能所取代，这一点在苏轼登州任后留下的另一篇奏折中也有体现。今人谈起苏轼，多以“文豪”赞之。然而，其在登州任上短短五日，据实地考察写下的军事奏状《登州召还议水军状》，则展示了苏轼是颇具军事战略思维的文官。奏状原文如下：

> 元丰八年十二月□日，朝奉郎前知登州军州事苏轼状奏：右臣窃见登州地近北虏，号为极边，虏中山川，隐约可见，便风一帆，奄至城下。自国朝以

来，常屯重兵，教习水战，旦暮传烽，以通警急。每岁四月，遣兵戍驼基岛，至八月方还，以备不虞。自景德以后，屯兵常不下四五千人。除本州诸军外，更于京师、南京、济、郓、兖、单等州，差拨兵马屯驻。至庆历二年，知州郭志高为诸处差来兵马头项不一，军政不肃，擘画奏乞创置澄海水军弩手两指挥，并旧有平海两指挥，并用教习水军，以备北虏，为京东一路捍屏。虏知有备，故未尝有警。议者见其久安，便谓无事。近岁始差平海六十人分屯密州信阳、板桥、涛洛三处，去年本路安抚司又更差澄海二百人往莱州，一百人往密州屯驻。检会景德三年五月十二日圣旨指挥，今后宣使抽差本城兵士往诸处，只于威边等指挥内差拨，即不得抽差平海兵士。其澄海兵士，虽无不许差出指挥，盖缘元初创置，本为抵替诸州差来兵马，岂有却许差往诸处之理？显是不合差拨。不惟兵势分弱，以启戎心，而此四指挥更番差出，无处学习水战，武艺惰废，有误缓急。伏乞朝廷详酌，明降指挥。今后登州平海、澄海四指挥兵士，并不得差往别州屯驻。谨录奏闻，伏候敕旨。

苏轼在这篇奏状中指出登州所处地理位置的重要性，进而肯定了景德以后朝廷重视登州地区海防建设的决策，以及在此地投设兵力的部署，并特意列举时任知州郭志高加强登州水军战斗力的创置，经过多方努力，登州水军一度成为“京东一路捍屏”。然而，时间一长，“见其久安，便谓无事”，朝廷开始实行各地换防的做法，而且经常是将登州水军分派别处驻防，使得士兵们“无处学习水战，武艺惰废，有误缓急”。借此，苏轼提出这是兵家大忌：为兵者对地形不熟、对军务不熟。一个专业兵种，最重要的是坚守自己的特长。对于登州水军来说，就应该烂熟地形、精通水战，只有这样才能真正起到海防屏障的作用。历史上曾经有一段时期，北宋的水军大部分部署在南方，作用是维持各地治安，而真正用于海防的，主要是京东登州的水军。原因就是那一时期，登州地区的水军人数多且训练有素。基于对以往的分析，富有军事战略思维的苏轼强烈建议朝廷不要将登州水军调往别处。

3. 苏轼《登州召还议水军状》对蓬莱水城的影响

苏轼的奏状，客观揭示出了宋神宗军事改革背后的隐患。年轻的宋神宗即位后，对宋朝积贫积弱状态非常愤慨，锐意于富国强兵。他起用王安石为相，实行变法。然而，王安石是政治家，非军事家，故在他执政期间，变法的重点是改变国家积贫的局面。后来，宋神宗亲政，变法的重点遂转移到改善国家积弱的局面。然而，在改革的实际操作过程中出现问题，朝中有人提出军事改革出现了“民苦于转饷，而关陕虚竭；兵疲于征讨，而亡逸自如。倾天下之财，委于一路，如填沟壑”等问题。苏轼在《登州召还议水军状》中实际提出了类似问题：水军被四处差遣，身心疲惫，水军的军务几乎荒废，这样的恶性循环，会给敌人以可乘之机。由此他上奏朝廷“今后登州平海、澄海四指挥兵士，并不得差往别州屯驻”，一针见血地指出宋朝廷的置兵弊病。基于此状，笔者以为，苏轼绝不仅仅是一位卓越的文学家，还是一位有着深远军事战略思维的政治家。他的倡导与建议，使后朝的决策者能注意前车之鉴，奠定了后来登州海防建设、屯兵建制的理论基础，并为明朝时期以宋朝军港为基础所建蓬莱水城的增修与完善留下珍贵蓝本。

三、《海市诗》与蓬莱阁刻石

1. 苏轼《海市诗》对蓬莱阁的重要性

蓬莱以海市蜃楼名扬天下，自古代帝王的执着东巡，至当代游人的慕名探寻，孜孜不倦而意犹未尽。蓬莱籍的现代散文名家杨朔先生，在他的散文中写道：“只见海天相连处，原先的岛屿一时不知都藏到哪儿去了，海上劈面立起一片从来没见过的山峦，黑苍苍的，像水墨画一样……”他的散文影响了几代人。很多来蓬莱阁参观的游客每当走到阁后长廊，都会不自禁地喊出散文中的原话：“出海市了!”当年苏轼对于海市的了解来自何处已不可考，盼望见到之心，却能从其诗文中窥见一斑。蓬莱阁下卧碑亭和苏公祠内分别保存有苏轼《海市诗》刻石一方，现保留在苏公祠内的为清代四大书法家之一翁方纲临摹的苏轼《海市诗》并序刻石，碑文如下：

余闻登州海市旧矣。父老云：“常见于春夏，今岁晚，不复出也。”余到官五日而去，以不见为恨，祷于海神广德王之祠，明日见焉，乃作是诗。

东方云海空复空，群仙出没空明中。
荡摇浮世生万象，岂有贝阙藏珠宫。
心知所见皆幻影，敢以耳目烦神工。
岁寒水冷天地闭，为我起蛰鞭鱼龙。
重楼翠阜出霜晓，异事惊倒百岁翁。
人间所得容力取，世外无物谁为雄。
率然有请不我拒，信我人厄非天穷。
潮阳太守南迁归，喜见石廪堆祝融。
自言正直动山鬼，不知造物哀龙钟。
信眉一笑岂易得，神之报汝亦已丰。
斜阳万里孤鸟没，但见碧海磨青铜。
新诗绮语亦安用，相与变灭随东风。

元丰八年十月晦书呈全叔承议

清人豫山《重修登州蓬莱阁记》载："自朱太守建阁，为州人游览之所。而苏公以一代名贤，为之提唱《海市》一诗及《海上抒怀》诸作，翰墨流传，更为海山增色。一时缙绅先生咸惜爱而珍重之。"苏轼的这篇《海市诗》，在苏轼之后的历朝历代文人墨客的诗风中，产生深远影响，以至于后人皆以苏公《海市诗》之韵律书写海市奇观，且世人皆认为蓬莱阁之盛名与苏轼有关，与苏轼《海市诗》有关。杨朔的散文便是明显的例证，深深地吸引了当代人的好奇心。

2. 苏轼《海市诗》的内容

现普遍认同苏轼的诗风在"乌台诗案"前后有着明显的变化，之前的诗文作品整体风格是倾向于大漠长天挥洒自如，内容上则多指向仕宦人生以抒写政治豪情，而诗案之后的作品则少些豪放超逸，却越来越转向大自然，转向人生体会与感悟。这一风格恰好在《海市诗》中有着完美的结合与体现。诗文前半部分使用大量笔墨来描述海市奇观，用笔空灵隽永，一句"东方云海空复空，群仙出没空明中"道尽海市的万般风情。另有"荡摇浮世生万象，岂有贝阙藏珠宫"道出海市的千奇百怪。"心知所见皆幻影"则从一个侧面反映了直至宋代经济、科技、文化全面发展，人们对于海市的了解已超越前人囿于寻仙访药之旧俗，已经意识到这是一种非"蛟蜃之气所为"的自然现象，这在与苏轼生活于同一时代的沈括所著《梦溪笔谈》中也有提及，其文曰："登州海中，时有云气如宫室、台观、城堞、人物、车马、冠盖，历历可见，谓之海市。""或曰蛟蜃之气所为，疑不然也"。而"重楼翠阜出霜晓，异事惊倒百岁翁"则娓娓道出苏轼对神奇的大自然的敬仰之意。诗文的后半部分则是借景抒情，结尾"新诗绮语亦安用，相与变灭随东风"道出他置身当时宋朝廷朝令夕改的复杂政治背景中的出世之心态。

3. 苏轼《海市诗》对蓬莱阁文化的影响

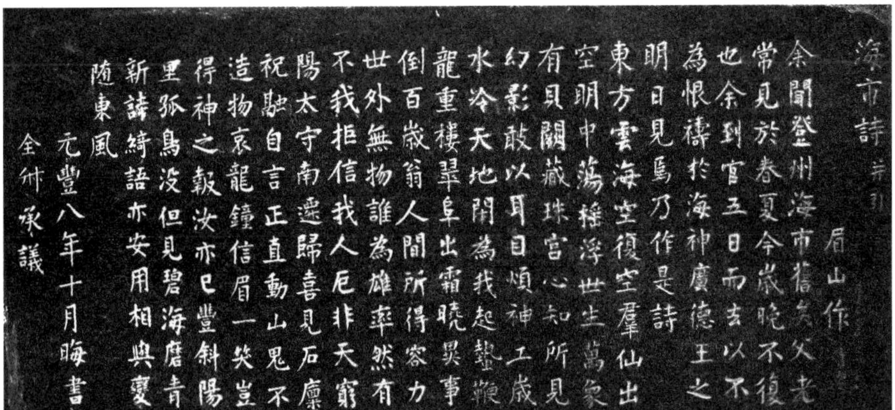

清代翁方纲临苏轼《海市诗》碑刻

苏轼在诗文方面已取得了登峰造极的高度，令后人难望其项背。蓬莱阁得其佳作是仙阁之幸事。且借由苏轼诗文的影响，后世之文人墨客皆来蓬莱阁观海赏景、借物抒怀、挥毫泼墨，其中部分作品被摹勒上石，经风雨，历兵燹，依然较好地保存在蓬莱阁各个建筑单体内，共同构成了蓬莱阁文化的重要精神体系。目前已知最早的苏轼《海市诗》碑刻现保存在卧碑亭内的卧碑背面。《海市诗》卧碑碑文因世人的捶拓和海风的侵蚀，字迹漫漶、模糊，由清代翁方纲临摹而时人重新勒石存于苏公祠内。现如今保存在苏公祠西墙壁上的翁方纲临苏轼《海市诗》刻石，亦使古阁于仙风绝俗中平添几分韵彩，故有赵朴初题留："真临仙阁凌虚地，来读苏公海市诗。"

四、《游珠玑崖》与蓬莱阁弹子涡石

蓬莱阁东侧有一组古建筑群名曰"白云宫"，自宫门而入，迎面会看到一条由晶莹、圆滑的鹅卵石铺就的林荫小路。近年来大多数的游客都会问这些圆润小石子是否来自长岛，原因是很多人都读过苏轼书写的《北海十二石记》。史载苏轼除了在诗、词、赋、散文、书法、绘画方面表现出过人的天赋，还有一种喜好，就是酷爱赏石。熙宁二年（1069），苏轼曾经在广东潮阳任皇宫教授的吴子野隐居的"岁寒堂"，观赏到从登州经海上运回的奇石，留下深刻印象，并于元祐八年（1093）写下《北海十二石记》以纪之。诗文如下：

> 登州下临大海。目力所及，沙门、鼍矶、车牛、大竹、小竹凡五岛。惟沙门最近，兀然焦枯。其余皆紫翠巉绝，出没涛中，真神仙所宅也。上生石芝，草木皆奇玮，多不识名者。又多美石，五采斑斓，或作金文。熙宁己酉岁，李天章为登守，吴子野往从之游。时解贰卿致政，退居于登，使人入诸岛取石，得十二株，皆秀色粲然。适有舶在岸下，将转海至潮。子野请于解公，尽得十二石以归，置所居岁寒堂下。近世好事能致石者多矣，未有取北海而置南海者也。元祐八年八月十五日，东坡居士苏轼记。

诗文中提到沙门、鼍矶、车牛、大竹、小竹凡五岛，宋时属于登州管辖，现皆属于长岛。正是源于此大家都认为长岛是以鹅卵石而扬名，蓬莱阁下并无鹅卵石。其实，这属于误读。

蓬莱阁于北宋嘉祐六年（1061）在丹崖山上拔地而起时，苏轼也正处于人生仕途得意时，应制科考试，由福昌县主簿升为大理评事、佥署凤翔府判官，彼时仙阁与苏公并无交集。然基于民生考虑的苏轼因反对王安石变法而被贬黄州。后神宗病逝，年幼的哲宗继位，祖母高太后听政，以王安石为首的新党受到打压，朝廷重新起用司马光等一班旧臣，反对新法的苏轼也得以复朝奉郎知登州。勤政爱民的苏轼，在躬身于田野间体恤民情之外，登丹崖，访仙阁，于蓬莱阁下发现了由海浪日复一日冲刷而成的圆熟可爱的鹅卵石，时当地人称之为“弹子涡石”。苏公顿觉偏爱与钟情，并于日后写下直接或间接赞美蓬莱阁下弹子涡石的诗篇共计七首，其中直接吟咏的五言诗题为《文登蓬莱阁下石壁千丈为海浪所战时有碎裂淘洒岁久皆圆熟可爱土人谓此弹子涡也取数百枚以养石菖蒲且作诗遗垂慈堂老人》。清代知府张�喜“苏体”，欲将此诗摹刻于石碑上，但因为题目过长多达五十四字，便将其更名为《游珠玑崖》，并将题目稍做修改去掉“文登”二字，以诗文并序形式摹刻于石碑上，该诗文碑刻现保存于蓬莱阁下苏公祠西侧墙壁上，亦属于蓬莱阁文化的重要内容。碑文如下：

蓬莱阁下，石壁千丈，为海浪所战，时有碎裂，淘洒岁久，皆圆熟可爱，土人谓此弹子涡也。取数百枚以养石菖蒲，且作诗遗垂慈堂老人。

蓬莱海上峰，玉立色不改。
孤根捍滔天，云骨有破碎。
阳侯杀廉角，阴火发光彩。
累累弹丸间，琐细成珠琲。
阎浮一沤耳，真妄果安在。
我持此石归，袖中有东海。
垂慈老人眼，俯仰了大块。
置之盆盎中，日与山海对。
明年菖蒲根，连络不可解。
倘有蟠桃生，旦暮犹可待。

苏轼十分喜爱蓬莱阁的弹子涡石，文曰“我持此石归，袖中有东海”，且以石数枚赠友人，充枕以散热宁神，并留下诗篇《轼始于文登海上得白石数升如芡实可作枕闻梅丈嗜石故以遗其子子明学士子明有诗次其韵》。因为苏轼的偏爱与诗文推介，世人方知蓬莱阁弹子涡石，知石而赏石，赏石而拾石，进而导致现在蓬莱阁下圆润可爱、色彩斑斓的鹅卵石已不多见，现在仅存的多为不规则形状的大鹅卵石，色彩亦不纯净、灿然。苏轼诗文中提到的“累累弹丸间，琐细成珠琲”，成为曾经的蓬莱阁弹子涡石最完美的诠释。曾经的蓬莱阁“万斛珠玑”胜景今虽已难觅踪迹，但苏公的《游珠玑崖》足以让人憧憬极具观赏价值的蓬莱阁文化景观。

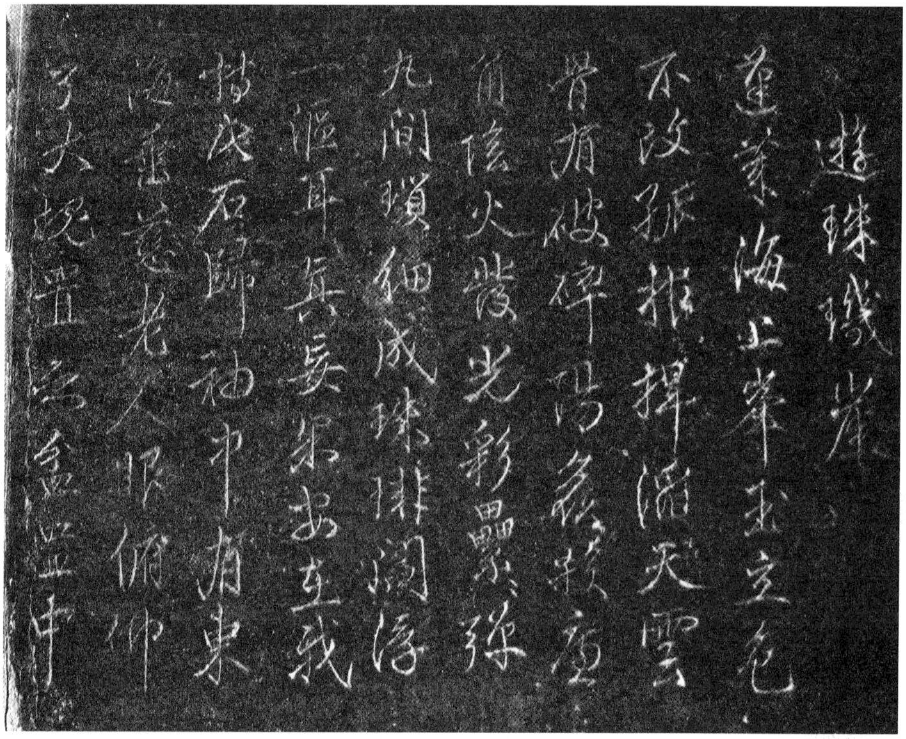

清代张輶临苏轼《游珠玑崖》碑刻

五、结语

登州任上，于苏轼跌宕起伏、色彩斑斓的才子生涯中，似其言“渺苍海之一粟”，在浩如烟海的众多古籍、文献中仅是一带而过。苏轼的短短五日登州任，却让登州百姓于本用以奉神祭仙的丹崖山蓬莱阁下建起苏公祠，供人瞻仰，以祠扬阁。苏轼的多篇诗文皆提及登州的事、景、物、人，依托他的文坛领袖的影响力，登州蓬莱阁也由此进入文人骚客的视野，使仙阁以文脉相传，于文人雅士间相诵，成为蓬莱阁文化不可或缺的有益裨补，丰富史实，纪事醒世。

（作者单位：蓬莱阁景区管理服务中心）

蓬莱阁珍藏的苏轼《海市诗》碑刻

范惠泉

蓬莱阁位于蓬莱北部丹崖山巅，自然风光秀丽，文化底蕴浓厚。阁内收藏历代碑刻一百三十余方，其中苏轼的《海市诗》诗文韵采飞扬，寓意深邃，为蓬莱阁上最久远的歌咏海市的七言古诗。蓬莱阁和蓬莱海市从而名闻天下。《海市诗》碑刻具有重要的历史与艺术价值。几经沧桑，几度兴废，苏轼《海市诗》原碑早已湮灭于历史长河。后来人们出于对苏轼诗文书法的喜爱和重视，先后三次对《海市诗》进行镌刻。如今，三方古代碑刻静静地藏在蓬莱阁卧碑亭与苏公祠内，为人们所欣赏和传诵。

一、最具影响的苏轼《海市诗》碑刻——卧碑

苏轼被人们公认为“唐宋八大家”之一，在诗词、书画等方面独树一帜，享有盛誉。宋朝元丰八年（1085），因“乌台诗案”被贬黄州五年的苏轼，被朝廷重新起用，得以“复朝奉郎知登州军州事”来到登州。十月十五日到任，二十日又接到朝廷诏书，召其回京任礼部郎中。苏轼于十一月上旬离开登州时，有幸在蓬莱阁上看到令人神往的海市奇观，欣喜之余写下著名的《海市诗》：

余闻登州海市旧矣。父老云：“常见于春夏，今岁晚，不复出也。”余到官五日而去，以不见为恨，祷于海神广德王之祠，明日见焉，乃作是诗。

东方云海空复空，群仙出没空明中。
荡摇浮世生万象，岂有贝阙藏珠宫。
心知所见皆幻影，敢以耳目烦神工。
岁寒水冷天地闭，为我起蛰鞭鱼龙。

重楼翠阜出霜晓，异事惊倒百岁翁。
人间所得容力取，世外无物谁为雄。
率然有请不我拒，信我人厄非天穷。
潮阳太守南迁归，喜见石廪堆祝融。
自言正直动山鬼，不知造物哀龙钟。
信眉一笑岂易得，神之报汝亦已丰。
斜阳万里孤鸟没，但见碧海磨青铜。
新诗绮语亦安用，相与变灭随东风。
元丰八年十月晦书呈全叔承议

诗中提及的“全叔”，全名“史全叔”。据《东坡志林》（稗海本）卷六记载：“东坡居士，移守文登，五日而去官，眷恋山水之胜，与同僚饮酒日宾楼上，酒酣作此木石一纸，投笔而叹，自谓此来之绝。河内全叔取而藏之。”由此可知，史全叔当时正在登州任职，在苏轼至登州后，他知苏轼精通书画，拿出家中珍藏的吴道子人物画请苏轼鉴赏。苏轼认为此画为稀世珍品，提笔写下了《书吴道子画后》。其间，史全叔还得到苏轼绘制的《枯木竹石图》及亲书的《海市诗》。苏轼离开登州后，登州士人将《海市诗》摹勒上石，以垂久远。

苏轼逝世后的第二年，即宋朝崇宁元年（1102），宋徽宗上台，宰相蔡京与宦官童贯得势，发动“元祐党禁”运动，在全国各处设立“元祐奸党碑”。崇宁二年朝廷下诏：“应天下碑碣榜额，系苏轼书撰者，并一例除毁。”苏轼的第一方《海市诗》碑刻遭到毁损。后南宋解除元祐党禁，恢复苏轼名誉。

蓬莱阁卧碑亭珍藏的卧碑，为汉白玉质地，长 2.17 米，高 0.92 米，厚 0.23 米，正面为行书《书吴道子画后》，背面为楷书《海市诗》。《海市诗》落款旁还镌刻有清朝学者翁方纲“此皇统间重勒原迹翁方纲记”的小字。至于该碑出自何人之手，刻碑者并未署名。2011 年 8 月召开的“蓬莱阁文化学术研讨会”上，国家图书馆徐自强老师的《国家图书馆藏蓬莱阁金石述要》一文中收录有清朝收藏家章钰的吴道子画跋拓片，尾有跋文三行：

东坡海市诗、吴生画跋尾，亦已于元丰末中遭毁于（下泐）
□□余每嗟惜。使臣杨子□以元丰拓本来献，而从（下泐）
□□深刻之，与故壁并传。览者当自明之。皇统（下泐）

由此可知，卧碑为金皇统年间登州地方官根据南宋使臣赠送的元丰年间的旧拓本重新勒石。后来人们争相捶拓卧碑上的《海市诗》，以至于刻石字口下陷，剥泐严重。清朝康熙三十一年（1692），登州府知府任璿别具慧眼，他看到东坡祠前“卧碑”在风雨中受到剥蚀，感慨系之，遂筹建卧碑亭加以保护，并赋诗以记其事：

谒苏东坡先生祠，祠横一石，勒《海市诗》，乃真迹也。其为风雨剥蚀久矣，爰建亭其上而赋之。

东海神仙窟，昔贤迹尚留。
公来仅五日，此地已千秋。
海市应祷出，神工信所求。
丹崖一片石，纵横舞蛟虬。
刻画半磨灭，想象腕力遒。
如何好事者，竞将赝鼎收。
我生甘大隐，一麾到东牟。
游踪逐公后，扪石忆风流。
岁月怜侵蚀，一厦聊为谋。

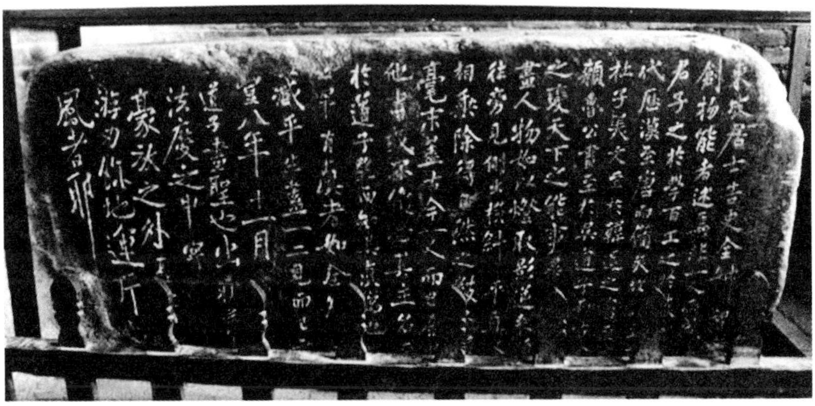

卧碑亭内《书吴道子画后》石刻

二、翁方纲临摹的苏轼《海市诗》碑刻

苏公祠内西墙下的《海市诗》碑刻，高 0.95 米，宽 1.84 米，楷书字体，为乾隆五十七年（1792）翁方纲任山东学政时镌刻。

清朝康熙、乾隆两位皇帝，均十分喜爱苏轼书法。乾隆皇帝更是给予苏轼书法“东坡书豪宕秀逸，为颜杨以后一人”的高度评价。在乾隆皇帝的大力推崇下，碑学与帖学在当时盛行，出现了一大批书法家，其中搜集苏轼诗文书法最多、临摹苏轼书法最好的书法家当为翁方纲。

翁方纲（1733—1818），字正三，号覃溪，顺天大兴（今北京）人。少有才思，十四岁乡试中举，二十岁中进士，任职于翰林院。乾隆三十八年（1773）纂修《四库全书》时，翁方纲以见多识广，奉命充当编修，为各书撰作提要，后任江西乡试副考官、湖北乡试正考官、广东提督学政、山东提督学政等职。翁方纲精于金石学，不怕烦劳，残幢断碣必多方物色，著有《两汉金石记》《粤东金石略》等书。其诗宗江西诗派，提倡“肌理说”，存诗达六千余首。书法上与刘墉、铁保、永瑆并称清“四大书家”。

翁方纲一生钟爱苏轼，常以苏轼化身自喻。十九岁时，翁方纲便将自己的书房称为“苏斋”。据《复初斋文集》记载：“予年十九，日诵《汉书》一千字，明海盐陈文学辑本也。文学号苏庵，则愿以‘苏斋’名书室，窃附私淑前贤之意。”三十六岁时，翁方纲用六十金购买苏轼《天际乌云帖》。四十一岁时，翁方纲又得到宋代施元之、顾禧同注的《东坡先生诗》残本三十一册，益觉自己与苏轼有缘，并以“宝苏室”自题屋匾。此后，翁方纲便会在每年的十二月十九日这天，邀集一群文人来为苏轼庆贺生日，并且摆出宋刊施顾注坡诗为苏轼祭奠。四十七岁时，翁方纲为“宝苏室”砚台作《宝苏室研铭记》，他在记中说：“癸巳冬，得苏诗施顾注宋椠残本，益发奋自勉于苏学。”翁方纲一生刻意收藏苏轼的碑帖、书画、诗文集、东坡的图像等，在翁方纲的诗文集《复初斋文集》中，收载与苏东坡有关的《梦苏草堂坡像赞》《东坡居士像赞为周载轩题》《坡公笠屐像赞》《跋东坡隶书石刻》《跋苏书别功甫帖》等诗文，而且对其逐一鉴别，反复考辨，潜心钻研。由翁方纲诸多做法，可知苏轼在他心中的地位是无可取代的。

据《翁方纲年谱》记载：“乾隆五十七年四月二十六日，按临登州府。闰四月十四日，起马，登州府至青州府。”翁方纲在蓬莱期间，游览了蓬莱阁、天后宫等建筑，写下《蓬莱阁观日出》七言古诗一首，并为天后宫题匾撰联。据《复初斋文集》记载：“为登州蓬莱阁天后宫作匾，匾云：神功普照。又有联云：水汇大东，万国千帆朝列宿；天临碣石，十洲三岛静回澜。”翁方纲还对原石做了详细考证，在临摹的《海市诗》碑上刻有“原迹今尚在非作字也翁方纲记”的文字，并且用苏轼的《海市诗》韵律，撰写了诗文《东坡海市诗石本》：

先生一吸大海空，海市原在空光中。
淋漓万象写胸臆，轩辕九奏黄钟宫。
银潢倒泻落苍石，斧凿无物侔神工。

正书结构不草草，更余怪特掀蛟龙。
直疑琅邪访秦篆，谁以偃笔疑坡翁。
想见凭栏瞰万里，极天翠扫长虹雄。
沙门五岛忽无际，齐州九点谁能穷。
至今公犹此阁上，香烟骈驭来冲融。
偶惊空山诵前语，遥对大海酹一钟。
市出何区以十月，石痕又浅于元丰。
拓本经秋带积藓，画文古瘦如镌铜。
窃忝蓬莱小阁号，笠屐图侧来松风。

苏公祠内翁方纲临摹的《海市诗》碑刻

三、张辅《海市诗》行书碑刻

苏公祠内西墙上部的《海市诗》碑刻，高 0.43 米，宽 0.98 米，行书字体。据清朝光绪版《登州府志》记载："苏公祠《海市诗》刻石、《坤爻石》碑记，国朝道光七年张辅撰。"可知这方《海市诗》碑刻为张辅四十三岁时所书。

清朝嘉庆皇帝自小在老师刘墉的教导下，十分喜爱苏轼书法，尤其是苏轼行书。在嘉庆皇帝的大力推崇下，苏轼行书在当时广泛流行。

张辅，本名张玉麒，字幼轩，乾隆五十年（1785）出生于河南孟津，十三岁时参加洛阳乡试，轻松考中秀才；两年后，他又在会试中顺利中举；十六岁那年，张玉麒赴京赶考，嘉庆皇帝对张玉麒的文章《孟子见梁惠王》欣赏有加，殿试时特意让他解苏东坡的诗《纵笔》——寂寂东坡一病翁，白须萧散满霜风。小儿误喜朱颜在，一笑那知是酒红。张玉麒侃侃而谈，道出苏轼晚年被贬时身体欠安、生活困窘的处境。开榜后，张玉麒名列二甲第五十一名，赐进士出身，选入翰林院，开始了他的从政生涯。嘉庆皇帝爱其才，赐名“张輶”。张輶先后任翰林院编修、吏部考功司主事等职，嘉庆十八年（1813），他出任湖北乡试大主考，奉敕提督贵州学政，钦差户部坐粮厅监督。道光年间任过沂州、登州、曹州、宣化等地知府。后见清廷腐败、屈膝洋人，遂挂印辞官。

张輶在蓬莱期间广泛收集苏轼诗词，挑选其中与蓬莱有关的四首重要诗词镌勒在苏公祠内西墙上部的《海市诗》《观海》《游珠玑崖》三方碑上。他对苏轼诗词不是原封不动地照搬上石，而是将苏轼的《过莱州雪后望三山》与《再和曾子开从驾二首》中的最后一首组合成一首《望海》诗词。因苏轼《文登蓬莱阁下石壁千丈为海浪所战时有碎裂淘洒岁久皆圆熟可爱土人谓此弹子涡也取数百枚以养石菖蒲且作诗遗垂慈堂老人》，原诗题目过长，张輶将其改为《游珠玑崖》。张輶对苏轼原诗中的个别文字也进行了改动，使之更符合时代特点。

张輶对天后宫前院内的六方巨石进行了考证，撰写了《坤爻石记》一文。他在文中记叙了自己到登州任职，三天后拜谒天后宫海神，并将阮元命名的“三台石”改为“坤爻石”的整个过程。通读全文，不难看出张輶与登州百姓的深厚感情，他之所以将“三台石”改名为“坤爻石”，更希望海神保佑登州五谷丰登，百姓丰衣足食。

张輶还效仿苏轼加强登州沿海一带海防，来抵御倭寇侵扰。据清朝光绪版《山东通志》记载：“张輶，河南洛阳人，由庶常授沂州府，道光七年调任登州，八年以忧去，二十三年复任，抑强扶弱，听断明敏，培植孤寒，周恤茕独，皆有实政。以紫荆山建炮台议不合去官，舆论惜之。”

张輶处处为登州百姓着想，得到了百姓们的爱戴。道光八年张輶母亲去世，他离职回家守丧，二十三年当他再次来到登州时，沿途百姓一片欢腾。为此他写下了《再莅登州诗》：

春风吹快雪，初拂衣上埃。
捧檄出历下，再向东牟来。
三宿尚恋恋，旧治尤萦怀。
驱车入郡境，悠然襟抱开。
柳青渐垂眼，桃红欲放腮。
山川亦识我，左右相追陪。
仿佛倦游子，他乡久客回。
望望城郭近，杰阁郁崔嵬。
惭愧香案吏，两度到蓬莱。

苏公祠内张輶《海市诗》行书碑刻

四、结语

时至今日，苏轼诗文及书法得到人们越来越多的关注和研究。蓬莱阁珍藏的三方苏轼《海市诗》碑刻，展现了苏轼晚年诗词风格的转变与书法艺术的沉稳。《海市诗》所透露出苏轼对人生运物自闲、恬淡豁达的思想境界，随缘适情、心安恬淡的处世哲学，需要我们在细读基础上详加揣摩。

（作者单位：蓬莱阁景区管理服务中心）

宋庆与蓬莱阁

张翼飞　苏建阁

在蓬莱阁，存放着几件珍贵的文物，这几件文物与清朝末期蓬莱籍太子少保四川提督宋庆有关，分别是蓬莱阁东厢房的《宋宫保建桥修路运沙填沟阖邑感德碑》（下称《感德碑》），蓬莱阁景区登州博物馆的《皇清诰封光禄大夫建威将军晋封三等男爵……赏戴双眼花翎太子少保尚书衔四川提督格洪额巴图鲁宋公之墓志铭》（下称《墓志铭》）和“草桥”的桥头券石，以及蓬莱阁工作人员校对的《煆婴赋》。这些文物，对于研究宋庆，弥足珍贵。

一、从蓬莱阁《感德碑》看宋庆的贡献

在蓬莱阁主阁东厢房内，竖立着一块高268厘米、宽75厘米的《感德碑》。石碑保存完好，楷书碑文清晰可见，碑文如下：

登郡山川磅礴，代有伟人。戚少保当明之中叶，南督浙闽，北镇蓟门，功业巍然，昭人耳目。我朝龙兴辽沈，登州首隶版图。咸同之间，东南巨憝倡乱，捻匪又北犯京师。祝三宫保起行间，提义旅肃清畿甸。及大乱削平，迭膺简命，驻军奉省。旋以钦差大臣帮办北洋海防军务，统归节制。任何其重，遇何其隆也。夫公与戚少保生不同时，然综其事实，考其功烈，后先辉映，区区一乡之惠爱，何足为公传哉。特以吾郡人士之利，知无不为哀然称首。修学官不以军旅忘俎豆，修试院不以兵戎废弦歌，捐义仓，施粥厂，助宾兴刊，邑乘隐寓，务农重粟，兴养立

教之思。即今道路坦平，桥梁利涉，独力倡修者，则百废之具举也；挑拨河沙，填阏沟涧，挹彼注兹者，则两美之兼修也。吾邑人民饫于公德者深，每饮食辄颂祷之，安肯令公之行谊湮没不彰。虽在公非以此见德，未可概其生平，而善推所为，始家邦，终四海，行见诩。我国家钟虡无惊，苞桑永固，垂竹帛而铭鼎彝，可与戚少保并传不朽也。是为记。光绪二十二年岁次丙申，阖邑绅民勒石。

这篇碑文，约四百字，作于光绪二十二年（1896）。其中，除了简要介绍宋庆的军旅事迹，主要记述了宋庆对家乡蓬莱的贡献，“修学宫不以军旅忘俎豆，修试院不以兵戎废弦歌，捐义仓，施粥厂，助宾兴刊，邑乘隐寓，务农重粟，兴养立教之思。即今道路坦平，桥梁利涉，独力倡修者，则百废之具举也；挑拨河沙，填阏沟涧，挹彼注兹者，则两美之兼修也”。宋庆对家乡的贡献，概括起来有以下两个特点：

（一）军务繁重，不忘反哺

从碑文所述，可以知道，宋庆对家乡的贡献，发生在1854年宋庆离家从军到1896年之间。这段时间，宋庆军务非常繁重，败捻军，战太平，肃清诸省战患，后来，其本人及所率毅军奉调统一归北洋大臣节制，开始抗击日军。其间，宋庆辗转征战于安徽、河南、山东、河北、山西、四川、湖北、辽宁等省，甲午战争爆发后，又奉命赴援朝鲜。正是在如此大范围作战期间，宋庆对家乡蓬莱做出贡献，而且并非一两项，据碑文记载，宋庆的重要贡献是修学宫、修试院、捐义仓、施粥厂、挑拨河沙、填阏沟涧，实属不易。

（二）着眼基础，力求务实

上文所述，宋庆在军务非常繁重的时期，为家乡做了多项贡献。宋庆为蓬莱修学宫、修试院、捐义仓、施粥厂、挑拨河沙、填阏沟涧，很具体地反映出宋庆所作所为是着眼基础，力求务实，与当地百姓生活是息息相关的，而且有着长远的效用。绅民对宋庆的贡献给出了这样的评价：“不以军旅忘俎豆”，“不以兵戎废弦歌”，“兴养立教之思”，“即今道路坦平，桥梁利涉，独力倡修者，则百废之具举也；挑拨河沙，填阏沟涧，挹彼注兹者，则两美之兼修也”。这些评价足以表明宋庆对家乡的贡献是非常受百姓欢迎的，也进一步证明了宋庆的务实。

二、从蓬莱阁《墓志铭》看宋庆事迹及评价

在蓬莱阁管理处登州博物馆内，珍藏着一方石刻，长82厘米，宽81厘米，上

面的楷书碑文非常清晰。这方石刻是《墓志铭》，铭文记载宋庆的世系、生卒葬日以及主要事迹。这方石刻的出土，对于研究宋庆很有价值。《墓志铭》全文如下：

公讳庆，字祝三，山东蓬莱人也。曾祖国佐、祖玢、父兆铎，皆以公贵，赠光禄大夫、建威将军；曾祖母刘、祖母刘、母刘，皆赠一品太夫人。公祖玢有胞弟玶，无嗣。公父兼祧，娶两姓，各生三子，半以嗣玶，而公母刘太夫人，生公为玢后。

公少有志略，咸丰初，赭寇执张，公慨然曰："此丈夫报国时矣。"四年，乡人官君国勋官安徽亳州，召公率练团勇，以后遂破贼亳城下。是时袁端敏公甲三、英抚军桂，皆知公能，争相檄调。而皖臬张公学醇尤重公，以所部得胜营属焉。亳州围解，授蓝翎千总，旋为英抚军奏调赴豫，积功至花翎游击。十年，端敏督师临淮，复调公来皖，与陈镇军国瑞并力破贼十余万于凤阳，晋总兵，赐号"毅勇巴图鲁"。同治元年，端敏移疾归，裁临淮军，以公尝得毅勇号也，留三营隶之，称为"毅军"，是为毅军之始也。三年，张文达公之万抚豫，檄公与张勤果公曜剿贼，齐豫之间连战皆捷。遂斩巨寇苗沛霖于蒙城，破悍捻张总愚于齐东，歼积匪任柱、赖文光于胶莱，转战于大河南北，与勤果并驱争先，世号"张宋"。四年，擢南阳镇总兵。六年，赏穿黄马褂，换"格洪额巴图鲁"。

寻，张总愚北窜，公奉诏援畿辅。七年，与贼大战饶阳，歼魁解肋，捻匪肃清。合肥李文忠公上其功，诏授公湖南提督兼二等轻车都尉，世职。八年，奉命剿回匪于晋，七战七捷。十一年，肃州告急，诏公会办哈密剿匪事宜，并赏戴双眼花翎。关内平，改四川提督。未几，抚回叛，楚军连失利湘阴，左公飞檄请援，公闻警即发，两日驰五百余里，回惊为“飞队”，望风迎降。光绪元年，帅师还豫，平胡豹子乱。六年，诏公会办奉天防。八年，移防旅顺口。十二年，醇贤亲王简师北洋，叹为诸军之冠，亲解袍服予之。十六年，亲政礼成，授公太子少保。入觐，赐朝马。二十年，皇太后六旬万寿，加公尚书衔。

公每受殊恩，辄感激泣下，以为受恩愈重报称愈难也。军中得人最盛，如马宫保玉崑、宋勇勤公得胜，尤有闻于时。是年，东方有事，玉崑先奉檄援朝鲜，公复奉诏帮办北洋军务，总统前敌，猝与敌遇，帅玉崑等身先士卒，前后七战，敌为之慑。和议成，诏公仍驻旅顺。二十四年，入觐，给扶。次年，公八十生辰，特诏赐“寿”。自来武臣无赐“寿”者，公独被宠遇，朝野荣之。二十六年，中外失和，复命公帮办北洋军务。公虽年逾八十，不以衰老自宽，犹复亲授玉崑方略，督之力战，连得大捷，终以孤军无援而败。京师陷，两宫出狩，公闻愤，欲授命，会飞诏□公率玉崑等扈跸西幸，公乃不敢不忍须臾之□，而悲愤成疾，迄以不愈。二十七年，诏公留守山西、河南。是年冬，两宫回銮，公复随扈还京师，驻军通州，追感前事，疾日以亟，逾年遂薨。

公以忠诚为天下倡，历五十年不懈，晚年愈厉，一时毅军之名，几出湘淮诸军右，即东洋之善战者，亦服公血诚忠勇，虽古名将无以过焉。

公生于嘉庆二十五年十一月十八日，薨于光绪二十八年正月初三日，春秋八十有三。事闻，两宫震悼，照尚书例赐恤，晋封三等男，予谥“忠勤”，入祀贤良祠。原配马，继配滕，又继配孙，皆封一品夫人。马、腾前卒，马夫人生女一，适同县吴宗闵。初，公年五十余，尚未有子，伯兄良砺亦无子，仲兄良砥生子二：天任、天仕，以天任嗣良砺。时土贼窃发，良砥仓猝率乡团御贼，阵亡。公谓：“天任宜重本生之祀。”乃别取从兄良岩之子天儒，使兼祧为己后，生孙三：裕继、裕绶、裕绮。已而孙夫人连生丈夫子二：天俊，蓬莱县学生，议叙花翎郎中衔，早卒；天杰，河南试用道，赏五品京堂。裕继，廪生，直隶州知州，赏知府。裕绶、裕绮，荫生。曾孙思灏、思沣、思濂、思泌、思治。侧室倪、覃，恩封宜人，公薨，护丧还里，葬有日，仰药以殉，有司请旌如律。二十九年三月十八日，葬公于蓬莱东乡之原。铭曰：

桓桓宋公，乘时翊运。
临淮汾阳，后先辉映。
世变愈大，岂由人定。
公逢其艰，磨而不磷。
雪愤刷耻，有志未竟。
受名忠勤，后传令信。
百世闻风，庶几知奋。

（一）宋庆生平事迹

依据《墓志铭》记载，宋庆，字祝三，山东蓬莱人，他的曾祖父名叫宋国佐、祖父名叫宋玢、父亲名叫宋兆铎，都因为宋庆而显贵，朝廷特赠光禄大夫、建威将军。宋庆的曾祖母、祖母、母亲，也都被特赠一品太夫人。

咸丰初年，太平军起义，宋庆认为："此丈夫报国时矣。"咸丰四年，同乡的宫国勋任安徽亳州官员，召宋庆训练乡团，宋庆率军在亳州把太平军打败。亳州之围解，宋庆被授以蓝翎千总。咸丰十年，袁世凯之父袁甲三督师临淮，将宋庆由河南调往安徽，和陈国瑞并力追剿太平军，在凤阳让太平军损兵折将十多万人，宋庆因此得到了"毅勇巴图鲁"称号。同治元年，袁甲三将宋庆的部队命名为毅军。同治三年，河南巡抚张之万把宋庆从安徽调到河南，配合张曜在山东、河南等地追剿太平军，张宋所部先后擒获斩杀苗沛霖，挫败捻军。此后，宋庆声威大振。同治四年，宋庆被擢升为南阳镇总兵。同治六年，领赏黄马褂，"毅勇巴图鲁"换成更高的"格洪额巴图鲁"称号。同治七年至十一年，宋庆分别在湖南、山西等地大败太平军和捻军，得到朝廷嘉奖，升任"四川提督"。光绪六年，宋庆的毅军接受北洋大臣节制。光绪十二年，醇贤亲王巡视北洋，称赞宋庆的毅军为诸军之冠，亲解袍服赠给宋庆。光绪十六年，朝廷举行亲政大礼，授予宋庆"太子少保"，赐紫禁城内骑马。光绪二十年，慈禧太后六十大寿，加封宋庆"尚书"衔。

当年，朝鲜有战事，年过七旬的宋庆奉诏帮办北洋军务，"总统前敌"。宋庆率马玉崑等前后七战，震慑日军。经过多场血战失利，清廷被迫签署《马关条约》，下诏令宋庆部仍驻扎于旅顺。光绪二十五年，宋庆八十寿诞，朝廷特赐"寿"。这项荣誉极其尊贵，因为在此之前清朝武将从来没有被赐予"寿"字，宋庆是第一位获此殊荣的武将。光绪二十六年，宋庆又奉命帮办北洋军务。他虽年逾八十，仍不服老，仍旧向马玉崑传受方略，督促所部力战，连得大胜。最终因孤军无援而败，京城陷落，宋庆闻之悲愤交加，一病不起。光绪二十八年，宋庆去世。

（二）宋庆所受评价

在宋庆的《墓志铭》中，多处对宋庆进行评价，虽然是一家之言，但是对于认识宋庆，有着参考价值。

1. "少有志略"言过其实

《墓志铭》中载"公少有志略"，短短五个字，值得探讨与商榷。这句话的意思是宋庆年少时就有志向和谋略。既然谈及宋庆年少时光，我们不妨将宋庆年少时期的经历加以梳理。宋庆出生于一个农民家庭，排行第六，因家境贫穷，父亲早逝，少年宋庆习染了一些毛病，尤其是赌博。后来母亲也在病困交加中去世，十七岁的宋庆连给母亲买棺材的钱都没有，只好到舅舅家去借。宋庆拿着借到的钱往家走，路上碰到几个赌友约去赌钱，不料借来的几个铜板也输给人家。无奈之下，宋庆只得趁天黑没人知道，用一张苇席把母亲下葬。父母双亡，年纪尚小，缺乏教养，年少的宋庆只得浪荡度日。此后，他被人推荐到宫家做了十五年小厮，直到跟随宫国勋才有了辉煌的后半生，宋庆真正开始戎马生涯是在三十四岁。据此分析，宋庆年少阶段并未显现出“有志略”，他的志与略是在而立之年后才逐渐显现出来的。所以，“少有志略”这句评价言过其实。

2. 老当益壮，忠勤为朝

在《墓志铭》中，还有两处对宋庆的评价：“公每受殊恩，辄感激泣下，以为受恩愈重报称愈难也。”以及“公以忠诚为天下倡，历五十年不懈，晚年愈厉，一时毅军之名，几出湘淮诸军右，即东洋之善战者，亦服公血诚忠勇，虽古名将无以过焉”。宋庆以忠诚享誉天下，五十年从不懈怠，老当益壮。一时间，“毅军”的名声几乎超过了湘军、淮军，即便是日本军队，也都佩服宋庆的忠诚和勇武，认为即便是古代名将也不过如此。前文所述，宋庆自三十四岁之后，历史的机遇总是垂青于他，而宋庆每战必忠心耿耿，率领毅军破太平军等、战日军，一时毅军之名威满华夏。更为可贵的是，宋庆越是年老，越是骁勇。一位日本随军记者写的报道中记载了宋庆率领毅军战斗的情况：“若干敌军大胆地出现于炮兵的左前方。他们甚至不再凭借清军善于使用的障碍，而挺着身子前进，向我猛烈射击，这真是清军从来未有过的勇敢行为!”“两军交战正酣，彼我炮声如轰雷，天地为之震撼。敌军据缸瓦寨和香水泡子的民家墙壁，向我狙击。我兵没有可据之地物，只是在茫茫的原野上纵横奔驰，加以积雪达两尺余，军队的动作极不自在……我军的确站在苦战的地位。例如以 120 名袭击香水泡子的一支部队，仅仅有 40 名生还。各队的死伤可想而知。”无论从中方的记载，还是日方的记载中，都能看出一点，那就是宋庆在为清朝征战时表现得忠心可嘉，每遇到艰难时总是愈挫愈奋，正如《墓志铭》中总结的那样：“公逢其艰，磨而不磷。”种种事迹表明，宋庆死后，朝廷封“忠勤”谥号，恰如其分。

三、从蓬莱阁藏“草桥”看宋庆的捐修

在蓬莱阁管理处登州博物馆里，还珍藏着一件珍贵文物，它是一座桥的桥头券石，上面刻有这样几个字：“光绪丙申　草桥　宋宫保捐修。”在蓬莱阁管理处专业人员的支持、帮助下，笔者找到了桥头券石出土时蓬莱媒体的新闻报道，报道如下：

（2007 年）7 月 10 日，蓬莱市历史文化研究会有关人士向蓬莱市文物局报告，在原驻军木器厂十字路口，正在施工的天然气管道工地地下，突然发现蓬莱城内的著名古桥——草桥。

据蓬莱市文物考古人员现场勘查，发现古桥位于地下1米处，单拱横跨密汾河故道，古桥呈南北走向，长6.4米，宽4.6米，高2.1米，发现时古桥保存完好。古桥东部中间券石上刻有“草桥”二字。草桥是蓬莱市内的著名古桥，蓬莱俗语说城内有“三山不显，七桥不露”，蓬莱城内七座不显露的桥中就有草桥。另外，在桥头券石上还刻有“光绪丙申　草桥　宋宫保捐修”文字。宋庆是清朝后期著名将领，官至提督、太子少保，简称“宫保”。甲午战争中，宋庆在辽东半岛抵抗日军入侵，生前对家乡蓬莱修桥筑路、修学堂、捐义仓、续修史志等公益事业多有资助。蓬莱市文物局对草桥进行清理，将草桥刻有文字的桥石征集收藏。

蓬莱城中著名的草桥被发现，对于印证宋庆“修桥筑路”的真实性，以及证明宋庆的捐修的确是行善之举，起到了巨大作用。宋庆捐修草桥是行善之举具体体现在：

（一）草桥位置十分重要

根据蓬莱市文物、市政等相关部门的统计，截止到新中国成立前，蓬莱城内共有主要桥梁8座：

画桥位于钟楼西路，跨画河，明永乐年间（1403—1424）建，为三孔石拱桥，青石板桥面，上筑石栏；

浦注桥位于水城西南角，为三孔石拱桥；

迎仙桥亦称赛画桥、罗锅桥，位于水城东南角，为三孔石拱桥；

登瀛桥又名朱泗桥，位于钟楼北街，跨密汾河，为单孔石拱桥，桥上筑石栏；

草桥位于油坊弄，跨密汾河，为单孔石拱桥；

密汾桥位于县城内东南区域密汾河上，为单孔石拱桥；

龟背桥位置和结构同密汾桥；

宏济桥同上。

由此可见，一直到新中国成立前期，宋庆当年捐修的草桥都还是城内重要的交通设施，对当地的交通起着重大作用，正如《感德碑》中所言“道路坦平，桥梁利涉”。看得出，宋庆当年捐修桥梁经过了精心思考，并非敷衍了事，显示出宋庆对家乡建设的高度关注。

（二）草桥桥身相对坚固

在这则新闻报道中，有这样一段记载：“发现时古桥保存完好……在桥头券石上还刻有‘光绪丙申　草桥　宋宫保捐修’文字。”这段记载足以说明，宋庆当年捐修的这座桥梁建造得非常坚固，历经百余年，深埋地下，依旧保存完好。

所在位置的重要，相对坚固的桥身，足以向后人展示宋庆当年捐修草桥的确是行善之举。他不是在“作秀”，而是在“做事”。这些实实在在的作为，被绅民们记录下来，昭示给后人。

四、从《煅婴赋》看宋庆的另一面

在蓬莱，流传着一个与宋庆有关的“煅婴事件”。这件事情最直接而有力的证据是一篇文章，名叫《煅婴赋》。蓬莱阁管理处的专业人员经过翻阅史籍、校对审核，使今天的人们可以一睹《煅婴赋》的原文：

有官焉，北京城东宫臣子，东牟郡北宋家门。出身下贱，依势妄尊。私陈公座，傲视同村。渺世间之法律，定室内之乾坤。孌委悍妻，应自卑躬节节；狐群狗党，也来叩首源源。惊色庄之孝廉，挡水躬身先报捷；有吉服之医生，重疯腿竟会忙奔。敬烹茶洗砚之军门，三生有幸；建乐善好施之坊第，四字埋冤。矮其帽梁红顶珠，问谁高起；出人头地黄马褂，惟我独存。斯时也，宜修礼仪，和厚乡园，兴仁志广，保持赤诚。敦将相从来，未尝有种；诗书贻后，渐可生根。独奈何暴而且虐，厉而不温。论害物与杀生，先得我欲；讲立功与作德，反曰吾惛。一品诰，只在目前，盖不住无耻脸面；双眼翎，长垂背后，看不见不肖子孙。何怪乎，有主事侄，为淫福昆，居心狼毒，恃欲鲸吞，专玩雀鸟，直等猴猿，采生有术，嗜杀不烦。为乃叔一身，炼百灵长生之药；用童男百个，送十月短命之魂。忍看骨肉成灰，反夸炮烙；谁说鬼神其盛，抱恨泉原。这小子钱多，买稳婆巧言华语，诈赤儿气绝……产妇坐草临盆。扬言则明抛野外，其实则窃出城垣。如烧鹿脯，如炙熊膰，立成焦类，一阵啼喧。瓦用阴阳两片，火架文武连番。血一腔而渐热，肠九转而频燔。献老帅俨同喂狗，馈婴儿即若蒸豚。倘谓以人治人，活人于他人不利；徒思杀子求子，生子必此子回元。嗟乎！身为将帅，功在屏藩，竟干王法，空受国恩，纵劣侄绝人骨肉，食幼子供我盆飧。人参果同等玉箸，孩儿茶用佐金樽。远报则在转生为猪，近报则必得子有兔爰爰。闻者疾呼，布传奇事；观者趋避，袖掩啼痕。从来大功之人心，此尊公论；岂知关天之人命，敢代天言。

这篇《赋》读来让人不禁毛骨悚然，因为它记录了一件骇人听闻的事情，郎中为求子心切之人开出的方子竟然是用一百名头胎男婴做药引子，经过煅烧，炼制成药。文中提到的“侄”买通接生婆，骗走男婴。这篇《赋》的作者名叫孙乐嘉，此人祖籍蓬莱，时任吏部主事，恰逢当时休假在家听说了这件事，就写《赋》加以控诉。一时间，《煅婴赋》以及这件事在蓬莱乃至京城广泛流传，人们议论纷纷。

到此，有一个令人生疑的问题就是：这位求子之人且同意实施“煅婴”者到底是谁呢？是宋庆本人？还是与宋庆有关的其他人呢？

要回答这个问题，还是要来细读原文，从中寻找线索。《赋》的开头告诉我们，这件事发生在宋庆家中，这一点，并无争议。接下来，《煅婴赋》的作者用了一句颇有讽刺意味的话：“一品诰，只在目前，盖不住无耻脸面；双眼翎，长垂背后，看不见不肖子孙。”引出宋庆的一位不肖侄子的劣迹。《赋》中说侄子“为乃叔一身”而买通接生婆，骗出男婴，在野外煅烧，后又“献老帅俨同喂狗，馈婴儿即若蒸豚”，进而说宋庆“纵劣侄……”，并没有对劣侄的行为进行制止。从这三点来看，笔者更倾向于求子心切、听信妖言的人是宋庆。当然，无论如何，宋庆在这件事情上都难辞其咎，因为如果没有宋庆的位高权重，也就没有“煅婴事件”了，由此，《煅婴赋》把宋庆的另一面展示得淋漓尽致。

结语

宋庆在家乡蓬莱生活了三十多年，此后步入军旅，客死他乡。今天的人们无法考证宋庆生前登过几次蓬莱阁，但是，今人有必要登阁寻访有关宋庆的历史遗存。从《感德碑》到《墓志铭》，从“草桥”到《煅婴赋》，这些历史遗存静静地躺在那里。人们不去接触它们，文物默默无声。但是，至今清晰如昨的文字，仍然为我们讲述着一个或客观、或臆断、或冷静、或热情的宋庆。

（作者单位：蓬莱广播电视台）

潍县令招子庸《蓬莱阁壁上写竹题诗》跋[①]

孙敬明

清代中后期南海名士招子庸，任侠好酒，胆识膂力过人，精技击绘事，先后曾任临朐、潍县令，多善政。潍县任上曾因公至蓬莱，登高阁，望沧海，把酒临风，逸兴奋发，运笔酣畅，挥洒翰墨于蓬莱阁壁上，立就巨幅墨竹奇石图，并次坡公原韵，题诗一首。当其时，登州太守英文得观厥成，感佩之至，遂一并题诗赞咏，珠联璧合，相得益彰，诚乃大观。然存世未久，惜乎同毁于甲午日寇炮火，天壤失存，不复再觏；幸赖（光绪）《蓬莱县续志》载录诗文，聊补其阙。此乃历史盛事亦憾事，借此蓬莱阁创建960年纪念，翻检旧志，对此翰墨鸿篇与往事稍作稽考，忝为跋名，以志历史绵延警钟长鸣之思。

一、临朐潍县多翰墨

光绪十年（1884）《临朐县志》卷十一《秩官表》载，知县“招子庸［道光］十六年（1836）二月任，有传。未到任之先有王一心代理，在官九日”。该志卷之十三《宦迹》称：“知县招子庸，字铭山，广东南海人，举人，道光十六年（1836）三月署任。时值岁饥，子庸以银四千两至，稽审贫乏，计口赈济。复请发仓谷二千五百石，减价平粜，以惠中户饥民。聚党劫夺之患，为之顿息。秋大熟，买谷六千石实仓，悉准市价，属绅耆分董其事，猾胥悍吏不得因以为奸。法良意美，众尤称之。明年（1837），潍县民马刚作乱，抚院檄子庸往侦，子庸有膂力，精技击，单骑入潍城，蹈危履险，尽得其虚实而还。抚院嘉其能，即调知潍县。子庸官临朐一年，甚洽民心，虽以干练著称，而笃意风雅，喜画兰竹，画蟹尤精妙，

---

① 该诗文初见载光绪八年（1882）《蓬莱县续志》卷十五《艺文志·下》，名称本为招子庸：《因公至蓬莱阁，信宿阁下，得观海市，酒后兴酣，拂壁作大墨竹，缀以奇石，并次坡公醉画竹石壁上诗韵》。此省简后作文章题目。

每至酒酣兴作，泼墨淋漓。人士求索罔不应者。零缣断幅竞相夸炫。至今数十年，家无招侯画，犹为不荣也。其致人爱慕如此。”

民国三十年（1941）《潍县志稿》卷二十《职官列传》称：“招子庸，字铭山，广东南海横沙人。少多能，不修边幅，既不得志，乃为人写兰竹，霜筠翠筱，签条弱植，俱有生意。又工画蟹，平沙浅水，苇荻萧疏，见者有濠濮间想，一时争贵重之。嘉庆丙子（1816）举于乡，大挑知县，分发山东。道光十六年（1836）署任临朐，岁饥积谷，朐民便之。明年（1837）潍县马刚乱，抚院檄子庸入潍侦察，单骑而来，尽得虚实。上官嘉其能，即调知潍县事。民间目为赵子龙，以其音近而有胆也。乱后以修养为务，人或讥其不事事，亦不顾。”又《潍县志稿》卷四十二《杂稽》记载：“招子庸，字铭山，广东南海县举人，道光十八年（1838）令潍，和平爱民，喜画兰竹，尝留石刻于邑北玉清宫。诗有数卷。《夜泊某峡》云‘四围只有天高矮，上下都无帆往来。独立船头发长啸，照人寒月小于杯’（《榆园杂录》）。”有关资料还记载，招氏除了擅绘竹兰苇荻、平沙青蟹，并能山水人物，尤其佛陀释容，栩栩如生，非凡俗所能及。而招氏之子名汝济，字少鄂，颇能传承衣钵，墨竹最能世其家法。《潍县志稿》卷十九《职官·清潍县职官表》记载，道光十七年（1837）潍县令招子庸，十九年（1839）由石成勋代理，以此推算招子庸在职三载。但是，今潍坊市博物馆存招子庸所画竹石刻碑数块。其中一为竖碑，右画竹石巨制，左题诗文：

写竹当师竹，何须法古人。了然心眼手，下笔自通神。辛丑（1841）又三月，南海招子庸写于潍阳官署。

二为方碑，亦是竹石巨制，题跋曰：

落箨始知真有节，凌云自问本无心。任他风雨消磨久，还向空中作凤吟。道光辛丑（1841）又三月，南海招子庸写于潍阳官署。

如此可证，招子庸在潍县任职至迟至道光辛丑（道光二十一年），《潍县志稿》所记有误。潍坊市博物馆并存招子庸朱墨竹两巨幅，其中朱竹题绘制时间地点：“道光辛丑（1841）小阳月写于燕翼堂。”墨竹则题“道光七年（1827）铭山招子庸”。可见其作朱竹时仍于潍县任上，《潍县志稿》所记有误；墨竹则绘于早在来潍县之前。

众所周知，竹为中国绘画之永恒题材，考古发现南北朝时期已经出现墨竹。而今潍坊地区绘竹则久有传统，上启宋代密州太守苏轼、明代益都冯起震、清代益都杨涵，中有乾隆年间潍县令郑板桥最擅画竹，招子庸秉承前代之遗风，亦精于画竹兰奇石，且喜作巨幅。观其所画竹，与郑板桥自是别有异趣，不是求得简省，而是取其笔意丰茂密匝，满幅竹林，枝叶婆娑有声。其巨幅朱竹最见气势，三五竿老竹，一二株新篁，或立地顶天，势出画外；或嫩笋初绽，长在竹荫；且书法题跋并所作诗文均称高妙。如其墨竹石刻，跋诗曰："写竹当师竹，何须法古人。了然心眼手，下笔自通神。"由此亦可看出其创作态度和艺术主张。

光绪年间潍县令吴兆鏁亦善绘竹，下笔精简，势如狂草，铁杆云外，自成一格。潍坊市博物馆存其画竹石刻一通，画面茂竹奇石惠兰，有机穿插，参差高下，磊落删繁，饶有风致，并题曰：

潍阳秀气毓芝兰，亦有琳琅数万竿。珍重栽培花满县，风晨月夕报平安。光绪乙巳（1905）之春吴兆鏁得装题。

凡此三位县令，对潍县绘事之竹韵悠远，可谓绵延承传，厥功至伟。潍坊现代之郭味蕖与赵笃珍舅甥，亦是宗法古人，丹青竹风。

二、蓬莱阁上青琅玕

如开篇所言，最能代表招子庸诗兴丹青与豪迈之致的，莫过于光绪八年（1882）《蓬莱县续志》卷十五《艺文志·下》所载其《因公至蓬莱阁，信宿阁下，得观海市，酒后兴酣，拂壁作大墨竹，缀以奇石，并次坡公醉画竹石壁上诗韵》：

奇观得酒奇气出，奇气纵横生竹石。
濡染十指何淋漓，洒向蓬莱雪色壁。
生平游兴寄诗画，坡老文章皆笑骂。
写竹何须问主人，此壁不挥谁挥者。
欲界仙都竹有光，随风叶叶生剑铓。
大风披拂龙蛇走，人海定作老蛟吼。

今读其诗文，如见其人，如观其画竹矣。而招氏所谓"次坡公醉画竹石壁上诗韵"，苏轼坡公诗文名称为《郭祥正家，醉画竹石壁上，郭作诗为谢，并遗二古剑》，全诗谓：

空肠得酒芒角出，肝肺槎牙生竹石。
森然欲作不可回，吐向君家雪色壁。
平生好诗仍好画，书墙涴壁长遭骂。
不嗔不骂喜有余，世间谁复如君者。
一双铜剑秋水光，两首新诗争剑铓。
剑在床头诗在手，不知谁作蛟龙吼。[①]

征读苏公诗文，更是酒得畅酣，画出豪情，诗意磅礴。而此招子庸自是仰慕苏轼，效法苏公故事，前贤后序，佳话良妙，殊可珍念。然岁时沧桑，迄今苏氏所作亦是不得见竹石，但是诗文依旧传颂。而招子庸之竹石巨制，罹甲午之役遭日寇炮火而毁失！对于招氏原作，痛不复读，每念至此，使人怅怅而感触无限。

当年招子庸因公之蓬莱，同当时登州知府英文宴饮，极有可能是设于蓬莱阁，遂有酒酣作画题诗之举。英文亦极尽地主之谊，得观招子庸现场创作，亦是心潮澎湃，感触良深，而挥笔作有《题招大令蓬莱画竹》诗：

昔闻坡公善画竹，胸中自具无声诗。
千寻鹄落陡发笔，洒洒现出檀栾姿。
世间俗手不解此，一枝一节徒尔为。
洋川遗迹今已矣，眼见突兀逢招子。
自从黔楚到幽燕，秃却千毫□万纸。
生平奇意写不足，东来瀛洲观海水。
顿开眼界大放狂，尽道奔澜收腕底。
龙蛇直立气盘盘，但听乾声响笔端。
急挥迅扫不停手，满壁飒飒生秋寒。
须臾墨汁数升尽，化作十万青琅玕。
沧溟四面接此阵，横风骤雨连惊湍。
蓬莱仙人踏云去，鸾尾缤纷照水看。
不知谁试钓鳌技，斫取如椽苍玉竿。
嗟君画债屡迫促，纸里积成春笋束。
官家炊珠未救贫，相到管城非肉食。
何如渭川千亩敌封侯，不衫不履日作潇湘游。

① 参见高英《蓬莱阁诗文选粹》，山东省出版总社烟台分社 1985 年出版。

由此长篇大气磅礴的诗文，足见这位登州知府也是极推崇苏东坡所画竹的，而其对招子庸所画壁上竹颂赞更是无以复加。或可推想这位知府不仅擅诗，而且当有丹青之才和笔下琅玕之妙致。(光绪)《登州府志》卷四《艺文》载：“英文，满正黄旗，荫生，由沂州对调，十年（按：此为道光十年，1830）正月任。谨持严肃，洁己爱民。郡城盐滩淤塞，仰给邻境商贩装运，有司或加苛察，往往病民，文请于上游，准行关东大盐，民甚赖之。十五年饥，伐树以赈，全活甚众。升四川川北道。”今蓬莱阁下存其道光十七年（1837）所立《重修天后宫记》碑。并承登州博物馆馆长袁晓春先生电告，今蓬莱识者谓英文在登州知府任九年。此正可与招子庸在潍县任职间至蓬莱而酒后画壁竹题诗的时间相合证，据此可知，招子庸作此画的时间是在潍县县令任上，故英文称其为“大令”，时间在道光十七年（1837）至二十一年（1841）之间。如果按照习惯推算英文在登州知府任上九年之时间，其道光十年（1830）到任，为官九年，而离任的时间或在道光十八年（1838），那么，招子庸作此画的时间或在道光十七年（1837）到十八年（1838）之间。再进一步，招子庸于道光十六年（1836）莅临朐任，翌年离去赴任潍县，仅此一年之期，赈灾济困，防猾杜奸，或不得暇东涉蓬莱。而道光十七年（1837）又平潍县马刚之乱，或亦不得东顾，读其诗文，揣忖意蕴，多有风发义气之概，故推考之此作时在道光十八年（1838）欤？

（作者单位：潍坊市博物馆）

王懿荣与蓬莱阁炮台碑文考

吕伟达　吕静波

今年是蓬莱阁建阁960周年，甲午战争日舰炮击蓬莱阁126周年，几年前中共蓬莱市委、蓬莱市政府、蓬莱阁管委会召开一次关于蓬莱阁历史文化的学术研讨会。笔者认为会开得很有必要，借会议之机，撰文以示祝贺与纪念，今略修订，祝贺我国四大名阁之一960年生日；今之视古，亦犹后之视今；居安思危，勿忘国耻！

蓬莱阁，中外驰名，建于蓬莱水域丹崖山上，面城背海，峭壁千仞，波涛万顷，远眺海天青碧成一色，襟怀顿旷。阁始建于宋，在未建阁之前，原址系海神庙，迨宋嘉祐间。朱处约以其地高峻，风景优美，因将庙西移，而于此建阁，以为游览之所。明万历十七年（1589），巡抚李戴改建之，规模始臻壮丽，及后屡经修建，始具今日之壮观。

清末，金石文字巨匠、甲骨文发现者、南书房行走、国子监祭酒王懿荣就出生于此地东南百余十里外的登州府福山县古现村。虽然福山古现与登州蓬莱相隔不过百里，可王懿荣一生只有两次走进蓬莱，这两次之中，只有一次以钦差身份登上了蓬莱阁。要知他为什么只有一次登阁，这事还要从甲午中日战争日舰炮击蓬莱阁事件说起……

甲午中日战争是日本侵略朝鲜和中国的战争，因战争爆发于农历甲午年，史称甲午战争。日本明治维新后，迅速走上对外扩张的军国主义道路，制定了以掠夺朝鲜和中国为首要目标的“大陆政策”，加紧扩充军备。日军觊觎中、朝，蓄谋已久，中国出兵朝鲜，日本即以保护侨民为借口，亦出兵朝鲜。光绪二十年（1894）七月二十三日，侵朝日军占领朝王宫，发动政变，并攻占清政府驻朝总理公署，继而又在牙山口外丰岛海面突袭了中国运兵船，发动了中日黄海海战。八月一日，中日双方正式宣战。中日黄海大战之后，双方互有损伤，日军略占优势。日军为消灭北洋水师，采取了海陆联合作战战略。为了保证运送日本陆军安全登陆，日本联合舰队玩弄一个牵制清军、转移清军注意力的“声西击东”的把戏，其计划是：在联合舰队把陆军护送到登陆地点以前，第一游击队在登州方向巡航，如有机会，则实行炮击；在联合舰队到达山东岬角（成山头）时，第一游击队与联合舰队本队会合。这样做的目的是牵制清陆军。第一游击队一定要做出日陆军在该地登陆的姿态；二要不使清陆军将兵力集中于威海卫形成对日陆军的优势。在日陆军登陆期间，抓住时机，再派第三游击队去登州方向巡航，如有机会，则实施炮击。

依照这个计划，为了给清军造成日军要在登州登陆的假象，以掩护日本第二军在荣成湾安全登陆，联合舰队命令第一游击队驰向登州，实行牵制性炮击。

日本陆军运输船在海军舰只的护送下从大连湾出发，驶向荣成湾，时间是1895年1月19日（光绪二十年十二月二十四日）中午，第一游击队的“吉野”“秋津洲”“浪速”三舰于18日拂晓从大连湾起锚，向山东半岛北岸登州驶来。日“高千穗”舰19日凌晨侦察威海卫港，如果清北洋舰队在港内一切正常，便在登州附近与第一游击队三舰会合；如果发现北洋舰队有特殊情况，就立即返航，向日旗舰“松岛”报告。

第一游击队三舰经过3小时航行，于午后1时40分到达登州海面，即蓬莱阁北海面，减速行驶。下午2时20分，日舰自东向西通过登州府城的前面，观察岸上情况，发现府城的东门外有兵营数十栋，山顶上有清军的炮台，有两门火炮。清军发现日军后，山顶的信号台上立即高悬红旗，发出警戒信号。这时，日军三舰突然向山顶炮台及城内发炮轰击，“炮弹轰然爆炸，击毁了城楼”。山顶上清军炮台及山外水域中驻军也发炮还击，但因不在有效射程内，炮弹全落入水中，没有击中敌舰。日舰炮击达半小时之久。此次炮击，将登州城墙轰裂约200码（1码=0.914米），随后击人之弹共25颗，毁房屋9间，死者1人。死者为当时登州驻军游击唐廷威，广东新会人，“此人生性干练，勤于训练，光绪甲午，日人犯登州，严守沿海炮台，卒却日舰，历官20余载，殁后仅存银数百，衣数袭而已”。午后3时6分，日舰停止炮击，向北驶去，停泊在庙岛列岛的最要湾。第二天12时，日三舰又来到登州海面，12时40分，又开始炮击登州。清军在山顶上增设了德国克虏伯大炮进行还击，但都没有击中日舰。日舰此次炮击，登州城内共中40余炮。今天，在蓬莱阁后墙石刻“海不扬波”碑刻上，仍留有日舰穿甲弹炮击侵略的铁证。午后1时30分，日舰停止炮击，下午2时，驶向成山角……日军这一招果然奏效，由于炮击登州，牵制了大量清军，因而日本第二军在联合舰队的护送下，于1月20日在荣成湾顺利登陆，从而拉开了山东半岛战役的序幕。

有关此次炮击情况有如下记载：

一、美国传教士狄考文回忆说，此次炮击（指第一次，笔者注），登州“城墙轰裂，随后击人之弹，毁房屋9间，死者1人”。对于第二次炮击，狄考文非常愤慨地说：“今去而复来，城中人更惊惶无措，手携什物，狼狈逃生，小民何辜？乃罹此祸。”最后狄考文气愤地说：“然照万国战例，岂有不先知照，且舍炮台而打城墙之理?”“日人之肉，其足食乎！”

二、关于两次炮击登州详情，日本舰员回忆：“我舰在大约半小时的时间里不断炮击，硝烟在城内升起。市民们在雪中东奔西跑，许多人沿海岸向芝罘方向逃去。有的中国船升起船帆，拼命向附近岛屿后面驶去。”

> 舰队自东向西通过登州府城的前面观察情况。府城东门外有兵营数十栋。登州山顶上有敌军的炮台，设有两门火炮。敌军见我舰队通过海峡，先在东门外兵营树起红地白圈旗两面，接着在登州山顶也树起红旗。此时，见登州府城东门外海岸上人马来往频繁，又时时听到发射小口径火炮声音。午后三时四十五分，我舰队又折回向东行驶，发出战斗信号，命令攻击敌军炮垒。我舰发射空炮和榴弹，约二十分钟。四时零五分停止炮击。此间，登州山上的炮台一直没有发炮，敌军只以八门野炮自府城东门外海岸向我舰队发炮……

> 1月19日晨，雪云依然笼罩着登州一带，因此暂不起锚。至午前十时，雪稍晴，出航，驶向登州海面。午后一时，来到登州府的前面。登州府城外的情况已不像昨日，各处树立红旗，人马来往更加频繁。午后一时十五分，我军发出战斗信号，命令炮击敌军炮垒，发射空炮和榴弹。此时，一名西洋人乘一只中国小船，悬美国国旗和白旗，自府城水门驶出，向我舰驶来。后来又只悬美国国旗靠近我军舰队，旁观炮击情况。敌人自登州山上炮台和府城东门外炮台发炮。自登州山上炮台发射的炮弹全部落在我舰附近，见东门外海岸上约有二十门野炮。午后一时五十分，我舰队向右转弯，然后向东行驶。二时零五分折回，攻击登州山上炮台……

三、王懿荣《黄县团练札记》的相关内容：

三月朔日（3月26日），王懿荣到达登州北山蓬莱阁炮台视察时，听到“黑山岛炮声隐隐”。在炮台视察结束时，他为表彰总兵夏辛酉亲自率守军向三艘日舰发炮轰击，使“吉野”舰受此一惊，急旋舰身躲避事迹，题写了《郓城夏公印辛酉字庚堂德公碑》立在蓬莱阁炮台上，以示勉励。残碑文字如下：

……二十三、四连日……横行海岛，东侵……岁元旦及念七日先后来攻，提督郓城夏公督……镇昌邑傅公等往来海上，悉力防御，迎机开炮，击……退，府城克全，百姓安堵，侦谍既勤，周知敌势，坚壁……无扰，使民无惊，威福所庇，万家感戴，勒此上……

官国子监祭酒郡人王□荣撰文

申□邑绅庶公立

该碑现已遗失。甚憾。（碑资料提供者：蓬莱历史文化研究会副会长蔡玉臻先生）

还有王懿荣在写给翁同龢的信札中写道："……现在登州二十八营，惟夏辛酉一人最得民心，所统十营八营……冬春之交，府城被炮数次，尚屹然不动。亦闻老北山一炮破一倭船，此炮乃明制，多年即在此山顶，可见前人之事不谬，却未与陆路接伏。此人坚确诚朴……"

四、据民国《蓬莱县志》之武官传记载：夏辛酉，清登莱青总兵官，曹州郓城人，军功保提督。光绪甲午，东抚李秉衡委带东字及水师练兵等十三营，防守登州，约束兵丁，秋毫无犯。甲午冬季，日舰犯登，辛酉率骁骑十余，驰驱海岸，开设巨炮于田横寨，击伤日舰，旋授登莱青总兵，山东左翼翼长。钦差登州团练大臣、郡人王懿荣祭酒立碑记功于蓬莱阁。

五、据山曼先生采访蓬莱阁最后一个道士回忆，甲午腊月二十三、二十四连日，日本倭寇来往登州海上。炮台守军在提督夏辛酉指挥下，连发大炮，一炮击中日舰"吉野"，敌舰腾起一股黑烟。敌舰急升白旗诈降。后敌舰扑灭火，由一舰拖着，一舰做掩护，向深海逃遁……

蓬莱阁周围有如下几座炮台：

（一）水城炮台

水城位于蓬莱阁东，沿丹崖山向南筑起。宋庆历二年（1042），登州知州郭志高奉命沿丹崖山筑起一道沙堤，构成一座城寨，以泊战船。因当时水军使用战船俗称"刀鱼舡"，水城便被称为"刀鱼寨"。明洪武九年，以刀鱼寨为基础，将画河入海口由小海改道城东，成为水城的护城河，修建了码头和土城墙。明万历二十四年（1596），城墙改为砖石结构，并增设了炮台。

整个水城由小海、码头、城垣、水门、炮台、空心台、平浪台、防浪堤等部分组成。炮台在水门东西各一座，上置重炮，用以封锁海面、远距离杀伤海上之敌。

（二）沙城炮台

沙城是清道光年间山东巡抚托浑布指挥修筑的军事防御设施，在蓬莱阁及水城以东海滨。道光二十年（1840），正值第一次鸦片战争之际，托浑布到登州督办海防。次年，蓬莱知县王文涛主持修建，以拱卫登州府城。沙城长里余，距海 50 米。沙城上有方形青砖砌成台 10 余座，置旧式大炮 10 余门。主要是沙城的阻隔，挡住了海上来犯之敌的视线，使敌无法掌握沙城以南目标。沙城的修筑对防御外寇侵袭起了一定作用。

（三）田横寨炮台

田横寨在蓬莱阁西，即老北山上，民间称为登州土岬之端。岬为渤黄二海分界处，东与丹崖山相接，石壁高峻，东、西、北三面，半突海中，形势险要。汉朝韩信破齐，田横率五百人东走即墨，曾筑寨在此，故得名。明万历二十一年（1593），因巩固海防，调浙兵戍守，立有城垣，今圮。光绪二十年（1894），甲午战起，清兵统领夏辛酉于寨上筑炮台，防守海口，兼为旅顺之声援，安暖姆斯郎炮（前膛炮，开花弹）数门，为海防要塞，归水师营驻防。

（四）紫荆山炮台

位于县城西北紫荆山上，密迩城垣，地势较城墙高，可以俯瞰城中，为近城之要害。道光二十四年（1844）巡抚梁宝常筑海防炮台于其上，占地十三亩，四周筑围墙，开炮眼二十五处，中有瞭望台，指挥炮台封锁海面，拱卫蓬莱阁。

就在日舰二次轰击蓬莱阁之时，王懿荣看到战火蔓延到自己的家乡登州，心急如焚，寝食俱废。他上疏请求回籍兴办团练，以御倭寇。疏中讲道：

> 臣籍隶山东福山县，地处滨海，烟台即其所属，东距威海百八十里，为渤海南路紧要关键。此地一失，大局瓦裂。抚臣李秉衡，公忠廉介，中外交推。惟履任未久，兵力又单，淮军水师倚恃李鸿章，不遵该抚约束。故致有荣城失陷之事。臣家有老母，年已七十有三，闻此信，神魂飞越。登莱商贾，旅食京师者约有三十余万人之多，人人有身家之念。海隅有警，兵团不给，众情惶惑。若市面一空，转滋摇动，亦必须先有以镇定其心……①

在王懿荣向朝廷申请回籍办团练的同时，两江总督张之洞也向朝廷发出建议：威海戴、孙两军以少击众，力挫凶锋，洵为难得。惟孤军恐难持久，援军缓不济

---

① 《光绪朝东华录》，光绪二十一年正月。

急……由东抚李电饬该军，晓谕荣成、文登一带居民，各集团练义勇，协助官军击倭。光绪皇帝采纳了这些建议，一面电谕李鸿章："集团练一策，著李秉衡即饬地方文武赶紧办理。"旨王懿荣即刻起程，命兵部"刊刻关防，并请发给勘合"，著户部借支银两，以作筹办所需费用。

王懿荣奉旨后，火速束装上路，于光绪二十一年正月十九（1895年2月13日）直赴登州。

王懿荣经过20多天的长途跋涉，于二月二十三（3月9日）在莱州府会见了山东巡抚李秉衡，至此才知道威海卫已经失陷，北洋水师提督丁汝昌、总兵刘步蟾、参将杨用霖、北洋护军统领张文宣、陆军统领戴宗骞等，全都以身殉职了。王懿荣心情十分沉重。他不顾沿途的劳顿，立即与李秉衡商谈布防及巡视组织团练事宜，随后以二品顶戴、钦差登州团练大臣身份赶赴登州，登上蓬莱阁，视察炮台及登州所属十县：蓬莱、黄县、福山、牟平、栖霞、莱阳、海阳、荣成、文登、乳山的团练组建情况……

王懿荣与蓬莱还有深一层的关系，即他的元配夫人黄兰是蓬莱城里上马台街人。

黄兰出生于诗书世家，曾祖父黄岩，乾隆五十二年（1787）进士，官广西平南县知县。祖父黄璿光，官江西南城县知县。父亲黄宗敬，字熙庭，直隶任丘、邢台县知县。

同治元年（1862）黄兰在保定父亲寓所与王懿荣完婚。次年，王懿荣携妻回到北京。黄夫人到京后，尤能左右奉养，全力支撑。每日晨昏，她定时向公婆请安，并与奴婢一起操持家务。

王懿荣公务之余酷爱旧椠本书、古彝器、碑版、图画等类文物，常到市场寻求，时有所见，归来就与黄夫人谈及。黄夫人总是支持他去购买，她说："明珠、白璧，异日有力时，皆可立致之。惟此种物事，往往如昙花一现，撒手便去，移时不可复得。后来纵或有奇遇，未免即此类中之此种也。"有时家中无钱，黄夫人则将自己的裘葛、钗钏拿出典质，犹如厨笥易物，毫不吝惜。

黄夫人信奉佛教，闲暇总持《观音经咒》诵读不止。王懿荣为她搜集了南北朝时古石佛像大大小小20余尊。黄夫人把佛像供奉于卧室里的佛龛上。亲友们见了都很惊奇，敛手而去。有人劝她别置他室，切勿亵渎佛祖。黄夫人却笑着说："（他们）是未知佛法也，吾以朝夕瞻拜为礼。"

黄夫人又擅刺绣，并擅书法，对篆书及八分书学皆能知其笔趣所在。

黄夫人还擅长用"毡蜡法"拓片。王懿荣所购得古彝器、泉、印、镜、剑、砖瓦等物，每得一种，黄夫人必亲手捶拓，而且每拓一件必使纸白如玉，墨光如漆，无丝毫磨痕沁入字口才罢手，然后在纸尾盖上一方朱色小印，并记其物名，文字灿然。如拓一佛像，一定要再拜，祝祷曰："心心相印，此便作亿万化身。"然后在纸尾缀一横方小印，文曰"王懿荣妇黄氏一心供养"。

光绪三年（1877），黄夫人因患乳疾病逝，时年 37 岁。朝廷诰封她为五品宜人。

光绪二十六年（1900），王懿荣殉清后，朝廷又追封黄兰为一品夫人，准其建牌坊旌表。

（作者单位：中国殷商文化学会王懿荣研究会）

女真文蓬莱刻石与奥屯良弼饯饮题名

张永强

奥屯良弼女真文诗碑是我国第一次发现的行书体女真文石刻，未见于历代金石学书籍著录。原石在山东蓬莱城里画河南的佑德观（后改称万寿宫），后移至蓬莱阁天后宫。20 世纪 50 年代，山东农学院曲培谟先生将此碑拓片寄赠《文物》编辑部，此后始为学界所知。[①] 因其发现地故名“山东蓬莱刻石”。[②] 2004 年秋，笔者向蓬莱市文物部门询问，得知此碑已佚，拓片无存。

女真文奥屯良弼诗碑拓片

① 罗福颐、金启孮、贾敬颜、黄振华《女真字奥屯良弼诗刻石初释》，见《民族语文》1982 年第 2 期。

② 徐自强、吴梦麟《古代石刻通论》，紫禁城出版社 2003 年版。

根据有关记录，奥屯良弼诗碑拓片长 60 厘米、宽 70 厘米。诗题及正文是女真文行书七律一首，诗题 3 行、诗 8 行，行书，全碑共计 190 字左右。前后各有女真字楷书一行，系刻碑者所加，上题“侍御史奥屯舜卿所作”，下题“蓬莱主簿……牙古太立石”。

金代蓬莱属于山东东路济南府登州管辖。主簿职掌等于县丞，每县设一员。诗刻立石人蓬莱主簿牙古太与奥屯良弼是什么关系现在已经不知道了，可能是崇拜奥屯良弼才华的文人，以职务之便立石推崇。

全诗通释如下：

侍御史奥屯舜卿所作

敬赠子明太尉……荣转，未敢……言……谨呈子明座前。阿术。
在朝劳苦笑谈求，雉……一依蓬瀛洲。
鞍车五马非久贵，孑孑一旗满春都。
秉笔聊欲叙明德，琴瑟……能谕……心月。
小城隈京隔世远，戎机大授秋非夏。
蓬莱主簿　阿典口　牙古太立石。[1]

诗是押韵的，用韵的方法和汉文诗相同，从对仗来看，是律诗的格式。而诗中所用典故，都是出自儒家的经典。奥屯良弼的诗碑刻石能流传后世，大概是因为诗作者的书法很好。不过现存的专谈书法的著作中，找不到他的名字。

奥屯良弼诗碑的背面刻一“要祖”像，据明泰昌年间修的《登州府志》仙释条，说此人幼从师修炼于万寿宫，遇异人，授以点铁成金之术，后来死而复活等等。“要祖”的传说起源于明代以后，与女真字诗文无关，大概是后人利用金代女真字诗碑的碑阴为“要祖”造像。

罗福颐先生等人认为，此诗是奥屯良弼赠给张炜的，可能作于金章宗承安五年（1200）。奥屯良弼字舜卿，张炜字子明，这两个人在金代都很有名。按《金史》本传，张炜，洺州永年人，大定二十五年（1185）进士，承安五年（1200）为张万公所参，降职为同知镇西军节度使。贞祐四年（1216）卒。[2] 奥屯良弼做过彰德府的官，彰德与洺州邻近。

---

① 罗福颐、金启孮、贾敬颜、黄振华《女真字奥屯良弼诗刻石初释》，见《民族语文》1982 年第 2 期。

② 《金史》卷一〇〇《张炜传》、卷九五《张万公传》。

奥屯良弼又有手书“饯饮碑”，金泰和六年（1206）二月廿一日刻，亦称“泰和题名残石”，拓片高61厘米、宽49厘米，奥屯良弼书，行书，罗振玉旧藏，原立于何地不详。原石现藏中国国家博物馆，中国国家图书馆藏清末民初拓本，编号轴301。

碑刻正中刻汉文楷书大字四行：“奥屯良弼自泗上还都，心友饯饮是溪。泰和六年二月十有一日也。”①系女真族诗人奥屯良弼的手迹。从书法风格上来看，显然是受到苏东坡的影响，这与金代当时书坛流行“苏体”的风气有关。

奥屯良弼“饯饮碑”拓片

此碑左下方有洺水（洺州属县之一）主簿卜修洪女真文跋语三行六十余字，刻于卫绍王大安二年（1210）七月二十日。卜修洪对奥屯良弼的书法极为推崇。大意为：“从□□战胜，见旧友彰德治中奥屯舜卿所写之字精巧，仿照移摹于石。大安二年七月廿日文林郎洺水主簿卜修洪。”②

奥屯良弼诗碑镌刻时奥屯良弼的官职是侍御史，属从五品。书写“饯饮碑”时，他已升任彰德治中。彰德在金朝属于“散府”，治中是府同知的古称，官阶是正四品。如果按照官阶高低来判断刻石年代，“饯饮碑”的时代比较晚，必然在泰和六年（1206）之前。

泰和饯饮题名跋文文字简练，用词贴切，笔力雄健。可以推测，作者卜修洪具有较好的女真语文修养。

奥屯良弼和奥屯舜卿之名均见于《金史·哀宗纪》，据此碑方知为一人。奥屯为女真音译复姓，《金史》卷一〇六列传有奥屯忠孝，大定二十二年（1182）四月擢策论进士第一，未知此人与奥屯良弼的关系。而“良弼”的名

① 图版见《北京图书馆藏中国历代石刻拓本汇编》第47册，第98页。

② 金光平、金启孮《女真语言文字研究》附录二，文物出版社1980年版；罗福成《金泰和题名残石》《金源国书石刻题名跋》，见《东北丛刊》第17期，1931年版。

字，也是出自《尚书·说命》“赉予良弼”。这表明女真文化深受汉族文化的影响，在女真族的官僚士大夫阶层尤其如此。①

《金史》中提到奥屯良弼的地方有两处。一是《金史·哀宗纪上》正大二年（1225）十月，奥屯良弼曾作为礼部尚书出使西夏；元好问所作《赵秉文墓志铭》也说道：“今宣徽舜卿使河湟，夏人都问公（指赵秉文）及王子端（即王庭筠）起居状。”② 金章宗泰和五年（1205），金宋关系紧张，为了防备宋兵北上，泰和六年（1206），金宋双方调兵遣将，武装冲突日益频繁，这年四月，终于爆发了大规模的战争。奥屯良弼在大战前夕前往泗州（今江苏泗县），无非是为备战或交涉事宜。泗水是当时宋金使臣往还必经之路，可见奥屯良弼在出使西夏之前，还曾出使宋朝，也许是一位办理交涉事务的能手。二是《哀宗纪》卷下天兴二年（1233）正月“崔立之乱”后，宣徽使奥屯舜卿擢升为尚书左丞。

奥屯良弼饯饮题名女真文题记部分

奥屯良弼另有草书《过草堂值雪诗》刻石传世，刻于金正大二年（1225）十月三十日，在陕西户县（今西安市鄠邑区）草堂寺，前有楷书“［宣］尉副使奥屯公留题”一行，正文为七绝一首。此书结体修长，笔意凝练，章法娴熟，可见书者从容不迫的心情。自署“前北幽守燕山良弼”，当作于奥屯良弼出使西夏之时。

奥屯良弼的诗词作品在当时应该比较有名。陕西临潼华清池旧藏《风流子词并跋》刻石，正书，仆散汝弼、良弼撰，后有金正大三年（1226）九月九日慕蔺刻跋，称“近侍副使仆散公博学能文，尤工于诗，昔过华清，尝作《风流子》长短句，题之于壁，其清新婉丽，不减秦晏，四方衣冠，争诵传之，称为今之绝唱。恐

① 参见薛瑞兆《金代科举》，中国社会科学出版社 2004 年版。
② 元好问《遗山先生文集》卷 17，首都图书馆藏清刻本。

久而湮灭，命刻于石，以传不朽”[①]。

“汝弼”无考。奥屯良弼的题壁墨迹早已不存。此词与《过草堂值雪诗》大约作于同时。

（作者单位：中国书法家协会）

① 该词的内容：“三郎年少客，风流梦，绣岭盘瑶环。看浴酒发春，海棠睡暖，笑波生媚，荔子浆寒。况此际，曲江人不见，偃月事无端。羯鼓数声，打开蜀道；《霓裳》一曲，舞破潼关。
马嵬西去路，愁来无会处，但泪满关山。赖有紫囊来进，锦袜传看。叹玉笛声沉，楼头月下；金钗信杳，天上人间。几度秋风渭水，落叶长安。”拓片见《北京图书馆藏中国历代石刻拓本汇编》第47册，第150页。

蓬莱阁弹子涡石及其诗文探析

陈立强

山东蓬莱的蓬莱阁上有一座苏公祠。进入苏公祠，首先映入眼帘的是苏轼绣像拓片和两侧曾经配挂的“游客到此须饮酒，先生在上莫吟诗”对联，再就是两侧墙壁上的残碑石刻。其中一块似乎不起眼的残碑，却在中国赏石史上留下了千古绝唱。这方残碑长 43 厘米、宽 84 厘米，碑文记载的是 900 多年前蓬莱阁下海滩的弹子涡石，让一代大文豪苏东坡爱不释手并吟诗赋词的代表之作。

据史料记载，熙宁二年（1069），苏轼应挚友之邀，到广东潮阳曾任皇宫教授的吴子野隐居的“岁寒堂”观赏从登州（今蓬莱）经海上运回的奇石。当这些“五采斑斓”“秀色粲然”的“美石”出现在眼前时，苏轼立刻被吸引。又因《史记》称蓬莱、方丈和瀛洲为“三神山”，苏轼便对古登州蓬莱产生热切向往之情。在后来苏轼追忆这段历史写下的《北海十二石记》（又称《岁寒堂十二石记》）中，透露出这种心情：

> 登州下临大海。目力所及，沙门、鼍矶、车牛、大竹、小竹凡五岛。惟沙门最近，兀然焦枯。其余皆紫翠巉绝，出没涛中，真神仙所宅也。上生石芝，草木皆奇玮，多不识名者。又多美石，五采斑斓，或作金文。熙宁己酉岁，李天章为登守，吴子野往从之游。时解贰卿致政，退居于登，使人入诸岛取石，得十二株，皆秀色粲然。适有舶在岸下，将转海至潮。子野请于解公，尽得十二石以归，置所居岁寒堂下。近世好事能致石者多矣，未有取北海而置南海者也。元祐八年八月十五日，东坡居士苏轼记。

巧合的是，元丰八年（1085），宋神宗病逝，宋哲宗继位，苏轼再度被起用，调登州任知登州军州事。苏轼十月十五日到任，二十日又接到朝廷命令，召还回京（今开封），任礼部郎中。登州的卸任，给苏轼一点空闲欣赏古登州蓬莱的山光海色。耸峙丹崖的蓬莱阁、阁下与天相际的大海、蓬莱仙境海市蜃楼、海边的万斛珠玑以及岛上的海珍鳆鱼，都激起苏轼昂扬的热情和非凡的想象力。

蓬莱阁坐落的丹崖山北麓，下临大海，石壁巉绝，时有碎裂。碎石落入海中，受海浪冲淘，年深岁久，成弹丸之状，美丽可爱。因海岸宽广，积蓄丰厚，被誉为“万斛珠玑”，为蓬莱十大景观之一。当苏轼游览到这里并发现那些珠圆玉润、光洁璀璨的弹子涡石（俗称卵石、球石）时，喜出望外，遂同从者采得具红、黄、白等不同色彩的丸石数百枚。赴京前，他长途跋涉携此石带回四川眉山老家，将此石中的一部分放入盆盎中浴水欣赏，一些用来植养庭院内水边生长的菖蒲。苏轼离家赴京前，还写下了长达20句的《文登弹子涡石》（另有版本为《取弹子石·养石》）的五言诗，赠予垂慈堂老人——僧人了性：

序云：

蓬莱阁下，石壁千丈，为海浪所战，时有碎裂，淘洒岁久，皆圆熟可爱，土人谓此弹子涡也。取数百枚以养石菖蒲，且作诗遗垂慈堂老人。

诗曰：

蓬莱海上峰，玉立色不改。
孤根捍滔天，云骨有破碎。
阳侯杀廉角，阴火发光彩。
累累弹丸间，琐细成珠琲。
阎浮一沤耳，真妄果安在。
我持此石归，袖中有东海。
垂慈老人眼，俯仰了大块。
置之盆盎中，日与山海对。
明年菖蒲根，连络不可解。
倘有蟠桃生，旦暮犹可待。

蓬莱阁苏公祠描述弹子涡石的石刻诗文就是这首，原诗有序无题。

序中“遗”在这里读wèi，四声，意思是馈赠。“垂慈堂老人”指僧人了性，因其精于医，时人称他的居所为“垂慈堂”。诗中以“孤根”“云骨”形容山崖之陡峭，以水神“阳侯”砍杀巨石棱角形容海浪的威力，以波涛的阴冷闪光“阴火”形容球石在水中的光彩，写得奇警动人。诗的前半部分着重写蓬莱阁下珠琲般的弹子涡石的形成过程，后半部分用想象笔法，抒写对球石的爱悦和由它的产地来源而生的对登州山海的眷恋。

苏轼在这首古诗里描述蓬莱阁海滩上弹子涡石的意境，大概是这样：

蓬莱阁丹崖山海岸的石峰崖壁直立挺拔，而且颜色绚丽照旧不变。石峰崖壁高矗云天，有的石壁被海浪击打破裂，石块碎落海岸。碎落彩石的凸处棱角已被水神阳侯砍杀磨掉，凹处还映着太阳和波涛闪烁出阴冷晶莹的光彩。在数不清弹丸似的彩石中，有的已变成了圆润的珠玑。在这人世间，当这些彩石被海水浸没刚露出水面时，想不到真如鲜美的硕果一样摆在海滩。我携带着所采的弹子涡石回眉山老家，如同把浩瀚而壮美的东海装进衣袖内也带了回来。尊敬的老人开开眼界吧，低头见到绚丽的丸石，仰首可想到东海那雄伟的石峰山崖。把丸石放进盛水的盆器中观赏，丸石还会呈现出太阳与山海相辉映的壮丽景象。用丸石植养菖蒲，第二年淡红色的菖蒲根会与石合抱在一起，很难分出哪是石，哪是菖蒲根。如果所采的丸石中有状若象征长寿的蟠桃显出来让老人观赏，那就如同我待在家里每天早晚留守在老人身旁啊！

如何评价和鉴赏苏轼吟咏蓬莱阁弹子涡石的诗文呢？

我与蓬莱电视台《史迹探释》栏目组在采访时了解到，烟台王世志着重从赏石的标准和赏石的方法方面，指出苏轼的《取弹子石·养石》诗，是华夏石坛不可多得的文化遗产。他说苏轼既是赏石家诗人，又是诗人赏石家。王世志在《研读苏轼"取弹子石·养石"》一文里指出，苏轼《取弹子石·养石》诗，集叙事、写景、状物、抒情于一体，以"取""持""置""养"弹子涡石为线索，不但用文学巨匠的手笔把弹子涡石的产地、成因、色泽、形态、名称来历糅于诗中，而且以赏石家特有的禅能、悟性，凭着异乎寻常的想象，从质、形、色、意等诸多方面，淋漓尽致地讴歌了蓬莱阁弹子涡石，为今人提出的质、形、纹、色、意的赏石标准提供了实践依据。《取弹子石·养石》诗还告诉后人，苏轼独创了把卵石置于盆中养石的观赏法。林有麟《素园石谱》在展示的赏石墨图里撰文说："国产五色石，以玻璃盆贮之，斓然可爱……苏子瞻（即苏轼）常以之供。"尽管此玻璃盆中所置之石非弹子涡石，但可证明把石置于盆中养石观赏确是苏轼的"专利"，说他"独创"并不为过。当然，苏轼绝不会也并不主张把所有石种皆置于盆中观赏，只不过他为充分展示弹子涡石自身美的观赏价值，针对其体小且有群体观赏性的特点，借鉴在东海采石时发现"阎浮一沤耳，真妄果安在"的自然现象，方把弹子涡石"置之盆盎中"。苏轼这种善于从实践中提炼，因石制宜的赏石创新精神，也应该给今人以深刻启示。

四川大学周裕锴在《苏轼的嗜石兴味与宋代文人的审美观念》一文中，着重从审美观念方面，例举苏轼吟咏蓬莱阁弹子涡石的诗文，分析探讨苏轼嗜石现象、嗜石心理和嗜石的意义。文中说苏轼一生酷爱怪石，包括形状圆滑、色泽温润、纹理精巧的“美石”和形状古怪、色泽苍老、皴纹槎枒的“丑石”。无论美石与丑石，其吸引苏轼者，主要是“坚姿聊自儆，秀色亦堪餐”。“秀色”是指形状、色泽、纹理、质地等纯粹感性的形式美内容，“坚姿”则是指其感性形式中所包蕴的坚刚不屈等精神性的人格美内容。美石固然给人以温润晶莹的美感，丑石亦可在古拙的线条中见出奇趣。还说苏轼从在广东任职的表弟程德孺那里得到一绿一白的两件英德石，浸置在一只高丽铜盆中，石根用“弹子涡石”围簇着，名之曰“壶中九华”。当初苏轼用盆水比喻梦中的“仇池”，命名“仇池石”，有时也称为“盆山”，后因“弹子涡石”以盆水比喻大海，于是又称“海石”。苏轼少时喜爱美石，乃基于人类对形式美的天然敏感；中青年时期多着眼于怪石所象征的风骨之美；晚年嗜石更多倾向于怪石所引发的山林之念。比如“弹子涡”，状如珠玑，有玉之色，本堪“比德”，苏轼却声称“置之盆盎中，日与山海对”，在意于盆中之石激发人对自然山水进行联想的作用。苏轼对天然怪石的爱好，完全是超功利、非实用性的，诚如他在《咏怪石》诗中所言，这种怪石根本不具备实用的材质，“砧础则甲斫，砥砚乃枯顽。于缴不可碆，以碑不可镌”，既不能作捣衣之砧、奠基之础，又不能作磨刀之砥、盛墨之砚，更不能作弋鸟之碆、勒铭之碑，所谓“六用无一取”。苏轼所取者，乃在于怪石所蕴藏的审美价值和人文精神。因此，苏轼耽玩怪石，就不仅具有满足感官愉悦的“娱目”作用，而且包含着陶冶人格情操的“娱心”的意义，这体现了苏轼孤高忌俗的精神追求、寓意于物的审美态度、尚健好古的审美趣味和心存目想的观照方式。

上海何小颜在《花之语·九华今在一壶中——宋·苏轼》中，着重从盆景艺术的角度，分析苏轼诗中对蓬莱阁弹子涡石制作盆景的艺术追求。何小颜指出，在宋代，一班士子文人因仕途失意，或厌居豪华，渴慕山林田园之胜，对那缩微的自然盆景，兴趣便愈发浓厚了。“盆景”一词亦首次出现，见于苏轼《格物粗谈》：“芭蕉初发，分种，以油簪横穿其根二眼，则不长大，可作盆景。”苏轼本人是个盆景迷，他曾于山东蓬莱丹崖山旁取弹子涡石数百枚，用以养菖蒲，作诗遗垂慈堂老人，句有“置之盆盎中，日与山海对”云云。又于杭州喜得二石，一为绿色，一为玉白色，呈山峦起伏状，作《双石》一首赞颂。他模仿山水，取法自然，把这一双山石制为盆景，内有池潭、草木及其他景观，可谓方寸能瞻万里、壶中自有洞天了。

四川大学周裕锴在《佛禅观照方式对北宋后期艺术观念的影响》一文中，则以法眼看世界，评论苏轼的这首咏弹子涡石诗。作者说苏轼站在佛教观照世界的立场，把“阎浮”（梵语，洲之意，后泛指人间世界）提视为一小小的“浮沤”，所以设想衣袖中装上碎石，就相当于衣袖中藏有滔滔大海；所以设想僧人面对盆盎中的碎石，就相当于日日站在山海面前。“垂慈老人眼”颇值得注意，这是佛教徒

“俯仰”之间便能了知“大块”（大自然、大地之意）的特殊法眼，即从碎石中能想象出海山的法眼。用德洪《枣柏大士画像赞》中的两句话来说，就是“如以花说无边春，如以滴说大海味”，即所谓“以小见大”，从个别看出一般，从特殊看出普遍，以具象喻示抽象。另一方面为“大寓于小”，“如浩荡春，寄于纤枝”，“遍大海味，具于一滴”，即所谓一般寄于个别，普遍寓于特殊，抽象依托具象。这种观念移植到艺术创作，便形成“袖中沧海烦倾出，要看毫端浪拍天”的观念。

烟台作家山曼在他的《大海石趣》一文中对弹子涡石则作了这样的描述：“宋朝的大诗人苏东坡，在登州只作过五天太守，临行之时就带走了当地的卵石，送给朋友，还专为此写了一篇精美的散文《北海十二石记》，说那卵石‘五彩斑斓，秀色粲然’……蓬莱丹崖山蓬莱阁下多卵石，苏东坡当年记过它的成因，‘石壁千丈，为海浪所战，时有碎裂，淘洒岁久，皆圆熟可爱’。后人更觉其宝气珠光，万斛难量，定为‘蓬莱十大景’之一，名为‘万斛珠玑’。如今当地民间艺人拾取来，在上面作书绘画，成了旅游者注目的工艺品。”

蓬莱历史文化研究会蔡玉臻在接受蓬莱电视台《史迹探释》栏目组采访时说，苏轼吟咏蓬莱阁下的弹子涡石这首诗给人很多启发，其中重要一点就是这首诗传承了中华民族的赏石理念，在具有民族特色赏石文化理念形成过程中，既是里程碑式的标志，又把民族赏石文化理念推向完美的新高度。诗中的“我持此石归，袖中有东海”，“置之盆盎中，日与山海对”两句可称“诗魂”，突出地体现了民族赏石文化理念。苏轼既淋漓尽致地吟咏弹子涡石的形式美，又赋予弹子涡石人格化的感情色彩，从而使其形、神、意达到了高度的统一。

笔者认为，上述各专家评价和鉴赏苏轼吟咏蓬莱阁弹子涡石诗文的视角不同，似乎有明显的“仁者见仁、智者见智”的情形，但是，无论怎么讲，都是以崇拜的心态、赞叹的口吻和学者的风格，从诗词、赏石、盆景、美学、哲学等不同的领域和角度，阐述和鉴赏这位中国数千年历史上罕见的政治家、文学家和艺术家非凡的艺术造诣和高远的人生哲学。

苏轼还有一首游登州蓬莱珠玑崖（岩）吟咏蓬莱阁弹子涡石的诗。

据梁自洁、曲树程在《匆匆五日　风韵长存——论苏轼的登州之任和对登州风物的歌咏》里介绍，苏轼嗜爱美石，在黄州时，经常到江边拾取，曾挑选“红黄白色，其纹如人指上螺，光明可爱”者二百九十八枚，赠送给好友佛印禅师。黄州江边的美石，以形状之奇、色泽纹理之美取胜，但不如登州球石（弹子涡石就属此类）天工磨制之圆润规则，这自然要引起苏轼特殊的喜爱。苏轼诗中直接咏赞登州蓬莱阁弹子涡石的诗有两首，一是上述的《文登蓬莱阁下……且作诗遗垂慈堂老人》，二为《轼始于文登海上得白石数升如芡实可作枕闻梅丈嗜石故以遗其子子明学士子明有诗次其韵》：

海隅荒怪有谁珍，零落珊瑚泣季伦。
法供坐令微物重，色难归致孝心纯。
只疑薏苡来交趾，未信玭珠出泗滨。
愿子聚为江夏枕，不劳挥扇自宁亲。

对这首诗，臧伟腾、周恩惠编《苏轼与登州》有这样的注释：“芡实”是一种水生植物，可食用亦可入药；“梅丈”指梅子明的父亲；“季伦”指下等、小辈，此喻被轻视；“法供”谓对佛、法、僧三宝的供养；“坐令”犹言致使、空使；“薏苡”是一种植物；“交趾”原为古地名，此泛指五岭以南；“泗滨”指用泗水之滨的石头所作之磬。诗序说初来登州，发现球石洁白可爱，且有充枕之用，于是拾取数升，赠送给梅子明的父亲。诗中将球石喻为零落的珊瑚、玭珠（珍珠），诗末“愿子聚为江夏枕，不劳挥扇自宁亲”，用江夏孝童黄香夏扇枕冬温席的故事，赞美珠玑石枕的散热宁人之效。

上述二诗写于苏轼还朝后又出任杭州知州时，诗题长达数十字，均以题代序。王明长编《蓬莱县志》等多个史料版本对此二诗也有记载，个别文字有出入。

据清代王文诰的《苏轼诗集》又知，苏轼写赏石的诗约有十三首，而直接和间接吟咏蓬莱阁弹子涡石和与蓬莱阁弹子涡石有关的诗竟达七首之多。这里撷其上述二例，其他就不一一赘述了。

蓬莱阁弹子涡石不仅得到苏轼的青睐，还被后来许多文人雅士赞赏。南宋赏石家杜绾读苏轼的诗后，将弹子涡石以“登州石”为名，首载所撰《云林石谱》：

登州石：登州海岸沙土中，出石洁白，或莹彻者，质如芡实，粒粒圆熟，间有大者，或如樱桃，土人谓之“弹子窝”，久因风涛别激而生。

对蓬莱阁弹子涡石，明代的文学家王世贞也有《睹弹子涡石》诗作。王世贞撰《弇州四部稿》卷十一《诗部》和民国王明长编纂的《蓬莱县志》有载：

余游蓬莱阁，睹弹子涡石，因记苏长公一章歌之，与参政姜公共拾取数十枚为玩，遂戏效其体作数语。书付道士，并呈姜公。公前身为白玉蟾高弟，解服食法，其有以教我。

昔闻蓬莱顶，神仙好围棋。
争道不相娱，散掷东海湄。
海若鼓锋涛，为汝作玉师。
历落涵天星，皎镜支汉机。
数惊骊龙顾，或起陵阳悲。
我无菖蒲根，杯水浴置之。
岂必真壶峤，方圆亦参差。
宇宙在一掬，芥子为须弥。
姜侯蟾翁裔，服食夙所宜。
他日访三神，煮以疗吾饥。

王世贞（1526—1590），字元美，号凤洲，又号弇州山人，明代文学家、史学家，“后七子”之一，好为古诗文。他的这首“余游蓬莱阁，睹弹子涡石”五言诗，是仿效苏轼的“取弹子涡石”诗体，来描述蓬莱阁下弹子涡石的，为同体诗篇，具有异曲同工之妙。

在这首“睹弹子涡石”诗中，王世贞先用记实的手法介绍他与政界的姜公游览蓬莱阁，看到了弹子涡石，还捡了几十个把玩，于是想起苏轼的那首“取弹子涡石”诗，便模仿苏轼的诗体，作几句诗来吟咏，还把诗呈奉道士和姜公并请教服丹之法。然后，五言开篇，诗意浪漫，他把这些弹子涡卵石看成神仙在蓬莱阁下棋不高兴时抛在海边上的棋子。又说是制作玉器的海神大师，鼓动浪涛把这些石块磨成卵石。还说卵石如从深沉的夜空一颗颗坠落下来的星星，如明亮的镜子支在汉机之上，如深水的龙珠，因而惹得骊龙惊奇回头看，更让陵阳仙人曾因丢失珍珠而见到这些卵石如珠而感到惋惜。他没有苏轼老家那些养植的菖蒲可放卵石于根部点缀，所以只好把卵石放在杯中浴水欣赏。不必真的在乎神山，卵石捧在手中也就如宇宙在握了。微小之园可容巨大山峰，正如卵石可窥宇宙一样。诗的结尾说姜公是白玉蟾的传人，本来就懂服食丹药。传说仙人可以煮石充饥，煮这些拾取的卵石可以让我不再饥。

清代名士沈心又把苏轼、王世贞二公采藏蓬莱阁下弹子涡石的趣事及诗作，分别载于所著《怪石录》。沈心在《怪石录》中，又根据苏公《北海十二石记》，将“美石”直释为“北海石”。文如下：

北海石产蓬莱县海中诸岛，波涛汹涌，人迹罕到。读东坡一记，恍如灵秀接目……

对蓬莱阁弹子涡石，其他的一些文人虽然没有如苏轼和王世贞那样“直呼其名”且作近距离“特写”式的具体详尽的记述，但也从游览蓬莱阁下“珠玑岩”“万斛珠玑”的角度，间接进行了概括式的描写。有诗为证：

芒鞋飞下珠玑岩，遥望扶桑指顾间。
风啮石头成碎颗，潮加山脚露新斑。
鲸波夹镜环三面，沙岛排空屹两关。
何用楼船凌不测，分明仙家在人寰。
——明顾应祥《游珠玑岩》

潮生汐落漱渔玑，贝阙珠宫此处稀。
几许鲛人泣得出，但凭仙吏袖将归。
……
——清陈梦璧《寻幽珠玑岩饮甘泉》

晴晖映壁霞千尺，碧水涵沙玉一湾。
……
——明李荫澄《观珠玑岩》

千尺寒云锁翠微，一湾碧浪漾明玑。
似从汉渚逢游女，携得双珠满袖归。
——清徐人凤《万斛珠玑》，另有版本称《千斛碎玉》

900 多年过去了，现在蓬莱阁下的海滩上还有没有弹子涡石呢？

2006 年 9 月，一种小巧玲珑、色彩鲜艳、图案清晰、玉质感强的卵石在第五届烟台黄海城市花园杯赏石展会上靓丽亮相，立即引起了关注。中国收藏协会会长闫振堂，中国风景园林学会常务副理事长兼花卉盆景赏石分会理事长甘伟林，副理事长贾祥云等赏石专家，一致确认这种小巧的卵石，就是当年苏轼所钟爱的蓬莱阁弹子涡石。

中国风景园林学会花卉盆景赏石分会理事、烟台市盆景艺术学会副会长王世志还在他编著的《中国长岛球石》一书中，特地将此“蓬莱阁弹子涡石”作为《名著篇》等重要章节进行了介绍。

持石者是蓬莱供水总公司退休干部沈周田。沈周田酷好奇石，他从事多年水文地质工作，走遍大半个中国的奇山秀水，特别注意收藏各种各样的矿石标本，是蓬莱奇石行当的领军人物。据沈周田介绍，他收藏的这种蓬莱阁弹子涡石，已有 40 多年的历史。他说，蓬莱阁以西的田横山北坡，有一处内凹的弧形山体，那里悬崖万丈，陡峭险峻，上摩云天，下临大海。在那山体底部与海浪撞击处，有一弧形的半月湾，湾内碎石被海浪无数次地冲击旋磨，失去了原来的棱角，形成了类似于圆弹形的卵石。沈周田讲，他早年听说过苏轼在古登州任职时很钟爱这种弹子涡石，于是他常到这里，按照苏轼诗中的描述，拣此类石收藏。

关于蓬莱阁弹子涡石的产地，毫无疑问，是古登州（今蓬莱）的“蓬莱阁下”海滩上。因为苏轼和王世贞在诗序中明确指出了它的产地。资料记载和蓬莱沈周田 40 年前的现场考证，也可以证实这一点。

南京周德麟、赵启斌在《略议雨花石从实用到鉴赏的历史演变》一文中说，大秦国出九色石，山东蓬莱阁出弹子涡石，文登县出文石，戈壁沙漠中产五色石。《中国观赏石》介绍，弹子涡石产于山东蓬莱丹崖山旁，该石经海浪长期磨荡而形成，状如珠玑、弹丸，圆洁光莹，俗称弹子涡。宋代苏轼在山东时曾于丹崖山旁取弹子涡石数百枚，用以养菖蒲，并作《文登弹子涡石》诗。

《齐乘》卷五云：“（蓬莱）阁下碎石为海浪淘激，岁久圆滑，土人谓之弹子涡，黑白者可以奕。”当然，说“弹子涡石”产于“蓬莱阁下”是实指，细讲也是虚指，因为蓬莱阁下的海滩很长。据考证，“弹子涡石”的准确产地，具体应在蓬莱阁下西邻田横寨的珠玑岩“弹子涡”处，这里历史上被称为“万斛珠玑”。

打开山东省情网，也有一段关于苏轼与蓬莱弹子涡石产地的介绍，说苏轼曾数次游览蓬莱城西北三里许的田横山，尤其是对其山阴下滩头之卵石情有独钟……田横山俗名“老北山”，因山后多卵石，又称“珠玑岩”或“登州岬”，是渤、黄二海的分界处。田横山与丹崖山相接，山之西、北两面，悬崖陡峭，海拔千仞，半浸海中，形势险要。田横山山阴，因受浪涛淘洗，碎破裂穿，形成一片奇石，形态各异，赏心悦目。其滩头，卵石累累，珠光宝气，深受苏轼喜爱。

民国王明长编《蓬莱县志》在介绍蓬莱阁下的“万斛珠玑”景点时说，田横寨山属火成岩，山后峭壁如屏，下尽碎石，为海浪冲激，久而圆滑且有色泽，光润可爱，形如珠玑，称珠玑石，可供清玩，数量极多，故以万斛形容之。迤东海中丹石矗立，状若珊瑚，中空若井，内有碧色石二，其形椭圆，海浪冲荡辄有声，名弹子窝（涡），夏季游人甚多。迤西有老虎洞，浸在水中，可划舟游玩，极为凉快。这与蓬莱导游词介绍的很相似：蓬莱阁西田横山的八仙礁东北角有一个天然石洞，海潮退落后，洞口半露水面。石洞口很狭窄，里面却是宽阔的。洞中有两枚巨大的鹅卵石相依相伴，随着潮起潮落相互摩擦碰撞，发出“咯咯”响声，优美动听，被当地渔民津津乐道称为“弹子涡”。

至此，人们兴许还会有这样的疑问：既然苏轼在诗中明确指出这“弹子涡石”

是“蓬莱阁下”的，为什么诗的题目（序）却写“文登弹子涡石”“文登海上”和“文登蓬莱阁”呢？据梁自洁、曲树程的《匆匆五日　风韵长存——论苏轼的登州之任和对登州风物的歌咏》一文研究，文登作为县名，始于北齐，唐初于文登县地建置登州，治所在牟平县，唐神龙年间移迁蓬莱，此后文登作为登州的属县，其名称却较登州为古。由于具有这种地理沿革关系，苏轼诗文中有时求其古雅，或灵活变换称呼，故将登州称作文登。事实上文登县无蓬莱阁，苏轼在登州仅二十几日，也未去过文登。

由此可见，苏轼描述的“弹子涡石”，就是蓬莱阁下被称为“珠玑岩”“万斛珠玑”“千斛碎玉”的“弹子涡”处一种小型的卵石（或叫球石）。据山东省蓬莱市史志编纂委员会编的《蓬莱县志》记载，“万斛珠玑”为蓬莱十大景之一。“蓬莱阁下，石壁千丈，为海浪所战，时有碎裂，淘洒岁久，皆圆熟可爱”。每当潮落，珠玑铺岸，璀璨照人，迤逦东西，不见尽头。还引用徐人凤《万斛珠玑》诗为证。臧伟腾、周恩惠编《苏轼与登州》在解释苏轼吟咏蓬莱阁弹子涡石的诗时，就直接明确指出：“弹子涡，指卵石集汇处，为蓬莱十大景之一，又称万斛珠玑。”

关于蓬莱阁弹子涡石的质料成分，据现代赏石专家考察认为，蓬莱阁弹子涡石的主要成分是石英，含有多种金属矿物质和玛瑙、水晶、玉髓的二氧化硅，经热液交替作用成岩于沉积岩中。此石随沉积岩倾于海岸经潮汐打磨而生成，体形似丸，大如蜜橘，小似李核，采时需放入斛桶之内，观时需置浅盘之中，润湿指钳逐一赏之；石质坚硬，耐磨耐蚀，表面光润，半透明，有玻璃质感；色具白、黄、红、赭、绿、紫，单色者少，复色者多，十分艳丽；石形多不规则，呈凹呈凸，凹凸过渡自然，形成无数象形体；丸石可谓石小吞万象，抽象之美，引人入胜，人型兽姿，瓜果器皿，韵味无穷。此石虽观赏历史悠久，但因体小且产于区区之地，长期被人忽视，把玩者无几。从赏石的角度讲，比起其他奇石宝玉，弹子涡石虽然没有翡翠的价值，没有玛瑙的温润，没有水晶的晶莹，更没有雨花石的清澈，但是，蓬莱阁弹子涡石以体小、质坚、色艳、纹晰、形奇、肤洁、意邃的特点，更有名人的诗词咏之，便更加出类拔萃、卓然超群了。

20 世纪末，王世志反复研读苏轼的《取弹子石・养石》诗，并经实地考察，用现代赏石理念撰稿，将蓬莱阁弹子涡石介绍给赏石家贾祥云先生主编的现代大型赏石专著《中国赏石大典》，从此蓬莱阁弹子涡石又被推进当代石坛。

关于蓬莱阁弹子涡石及其他卵石的采拾，长岛吴忠波在《苏东坡与北海石》一文中说得非常详细：落潮后，海潮间带的石子裸露出来，海水浸过的石子色泽、纹理、图案尽现，只要沿潮印绕海湾拣拾，就能发现海中深藏的瑰宝。雨水过后，石滩上难以潮浸的石子，被雨冲刷出本来的花颜丽貌，也有让人收获不完的乐趣。而对于熟练的采石者，即使没有落潮和雨洗，也能在看似模糊的滩面上，辨别出石子的真面目。当然，手持一洗过的海绵，或戴一副湿手套，在干海石滩侦察“战利品”，也是一种好办法。

今天，蓬莱阁海滩的球石已濒于绝迹。当年蓬莱阁下十大景之一的“万斛珠玑”的壮观场面已不复存在，产于蓬莱阁下海滩上比一般球石还小巧艳丽、圆熟可爱的“弹子涡石”，也很难找到踪影。可是，正由于历史上苏轼以及其他文人墨客吟咏弹子涡石的诗篇魅力，让后来许多赏石者常常不厌其烦奔赴蓬莱阁下，去追寻那久远的梦。

（作者单位：蓬莱广播电视台）

有关孔有德与登莱兵变的碑刻与文献

吴梦麟

明崇祯四年（后金天聪五年，1631），皇太极率军围攻大凌河城，孙元化遣孔有德以八百骑自登州驰援明军。行军数日，兵疲乏食，肆掠村镇，至吴桥，孔有德被部下裹胁兵变。明末社会矛盾激化，反抗斗争经常发生，为了争取生存和改善自己的处境，孔有德“所部陈继功、李尚友、曹得功等五十余人，纠众数千，掠临邑，凌商河，残齐东，围德平，破新城，恣焚杀甚酷”①。孙元化力主招抚，致书登州督抚余大成“此军激变，无他心”。明崇祯五年（后金天聪六年，1632）正月，孔有德率众占领登州城，明朝派军围剿。孔有德从登州城西北角的水城遁海出逃，明军步步截击。孔有德的人马死伤惨重。明崇祯六年（后金天聪七年，1633）六月，孔有德、耿仲明率部投降后金，此即著名的“登莱兵变”。

孔有德，辽东（今辽宁辽阳）人。明天启元年（后金天命六年，1621）努尔哈赤率军攻克辽东，孔有德与乡人耿仲明奔皮岛（今朝鲜椵岛），投于明总兵毛文龙麾下。后毛文龙被袁崇焕所杀，孔有德与耿仲明又奔登州投孙元化，任步兵左营参将。

孔有德、耿仲明来降，皇太极出大营十里设宴迎接，授孔有德都元帅、耿仲明总兵官。孔有德降后金后，很快攻下旅顺，继而随后金攻明，从大同入关，击败代州守军。清崇德元年（明崇祯九年，1636）夏四月，孔有德被封为恭顺王。十二月攻打朝鲜。经过此后的八年征战，孔有德率部扫平了驻守辽宁境内的明朝军队，为清军入关铺平了道路。在此同时孔有德也广结善缘，于崇德六年（1641）与耿仲明、尚可喜等出资兴建东京弥陀寺。

清顺治元年（1644），孔有德随睿亲王多尔衮入山海关，追击李自成至庆都（《清史列传》作望都），又随豫亲王多铎歼灭李自成主力部队，使其余部向南方败

① 《清史稿》卷234，中华书局1977年版，第9395~9396页。

退。二年（1645），孔有德移师江南，攻克扬州、江阴。三年（1646），清廷授孔有德平南大将军，率耿仲明、尚可喜及续顺公沈志祥、右翼固山额真金砺、左翼梅勒额真屯泰各部南下，计划从湖广直插江西赣南，进而进入广东。四年（1647）春，孔有德兵至湖南，节节胜利。仅一年的时间，湖南诸县全部归入清朝版图。六年（1649）五月，清廷封孔有德为定南王，授金册金印，领二万人全线进军广西。十二月，清兵攻克桂林，明桂王逃往南宁，清兵擒获靖江王以下473人，一个月后占领南宁。顺治九年（1652），孔有德被明军将领李定国率部包围于桂林，清兵救援不及而城破。见大势已去，孔有德纵火焚烧府邸，令其妻妾自缢后拔剑自刎。其独子孔廷训被李定国掠走，六年后被杀死于军营。

孔有德是最早降清的明朝下级军官之一，受到清太宗皇太极的极力推崇，皇太极亲自率队出城十里迎接，以满人最隆重的抱见礼迎接，并赐其貂裘鞍马。在孔有德、耿仲明朝谒之日，皇太极命其与八位和硕贝勒同列第一班，分别加封孔有德、耿仲明以及随后而降的尚可喜为恭顺王、怀顺王、智顺王“三顺王”，加上以后的吴三桂，是清史上有名的四王。清朝定鼎中原后，基本上沿袭了明朝的旧制，在封王制度上始终不再封异姓为王，更不可能再封汉人为王了。可巧的是孔有德后继无人，耿、尚、吴“三藩”因反叛被削王爵，清朝汉姓封王，也只有这“清初四王”为始终了。

孔有德是为清朝定鼎中原起到关键作用的人物之一。他的降清，为清朝军队壮大增强了不少实力。孔有德降清时，不仅献上了大量的金银珠宝、彩缎，还献上了先进的新式武器——红衣大炮（又作红尼大炮、红夷大炮）。皇太极欣喜万分，传上谕给孔有德：“卿等携来红衣大小炮，已运至通远堡矣，到时即以付卿……令军士时时教演。”[①] 红衣大炮是明朝中西文化交流和科技发展的一个历史明证。明朝初年，开始制造土制枪炮配给边关。嘉靖年间，得到葡萄牙制造的“佛郎机”炮并进行改良和仿造。崇祯年间，大学士徐光启建议建立一支用西方火器装备的精锐部队，并于天启二年（1622）仿制西洋大炮成功。徐光启主张的“主建炮台教练法”曾帮助孙承宗、袁崇焕所守边关筑台制炮，抵抗清军，取得宁远、宁锦两次战役的胜利。努尔哈赤正是毙命于明军的大炮之下。孙元化的部下，还有科技人员王徵、张焘等。王徵曾向耶稣会士邓玉函学习力学、机械学，译有《奇器图说》。张焘是李之藻的学生，对西式火器也有研究，曾受徐、李的委托到澳门购买西方大炮。孙的部队里还有一批西洋铳手和西洋大小铳炮。这是一支符合徐光启用先进武器装备起来的理想的部队。但徐光启上疏提出这一建议未及两个月，孔有德攻陷登州并投降清朝，使得孙元化所部精良枪炮弹药皆为清军所得。在之后的多条战线上，它们

① 《东华录》天聪八年。

发挥了推波助澜的作用，在清军与明军作战的过程中是具有决定性的主要因素之一。“崇德元年（1636）十二月，携大炮及缁重征朝鲜，败其援兵。”[①] 崇德三年（1638），孔有德率耿仲明、尚可喜，都统马光远等，以神威将军炮攻克锦州城所属西台、大台、五里河台等各台。次年，炮击摧毁松山城堞。清军入关后，在与李自成的大顺军作战时，先以红衣大炮攻克太原城，分兵二路追击大顺军。顺治元年（1644）十二月东路清军进逼潼关，大顺军列阵迎战，清军因主力及红衣大炮未到而固守不战。次年正月，清军以红衣大炮破潼关。在著名的扬州之战和占领江阴的战斗中，双方都动用了火炮。南明军以巨型火炮守城，轰杀清军千人。清军也用红衣大炮回击，轰塌城墙，继而江阴失守，南明福王政权灭亡。总之，在清军占领北京后快速南下的作战中，得自明朝的先进武器起到了推进作用。

清朝最终摧毁了明永历王朝在南方的残存统治。明朝官员纷纷降清。明遗民屈大均在《皇明四朝成仁录》中记录并赞扬了明清对抗作战中各个战场上死难的明臣的同时，痛斥孔有德的不仁不义：“崇祯间有三叛臣，其首恶为孔有德，以先降而得禅王。国变后道经曲阜，欲入谒圣庙林，孔氏宗人阖门弗纳，且叱其冒称圣裔。”[②] 任江西布政司的施闰章以刑部主事的身份被派往广西，在他的《使广西记》中记载了他在桂林拜谒孔有德时，见到的孔有德目中无人的骄横之状，“具言其生平及粤西用兵曲折”，“王顾盼叱咤，言出皆诺，无能后”。[③] 孔有德初投奔孙元化时，得到了信任和厚遇。攻占登州俘获孙元化后，对这位昔日的长官，他没有加害，用船送其到明军阵营。孔有德入关后，得知毛文龙灵柩仍停留在登州北寺，便亲自从海路护送欲至辽阳安葬。途遇风浪，孔有德跪拜毛文龙灵柩：“公不欲东?”于是掉头回到登州。对毛文龙之子毛承禄也以礼相待。毛承禄不愿事清，但终因谗言被明朝杀害。桂林失陷，孔有德临死之前谓其夫人：“归命本朝，历被两朝知遇，爵以亲王，锡以藩社，荣宠至矣。我受国厚恩，誓以身殉。”[④] 可见，孔有德虽然是一介武夫，跋扈骄横，但是对于对他有恩的人，却以义为重，可谓“不以盛衰改节，不以亲故易志”。这与那些降清的明遗臣标榜自己“忠君”形成了强烈的对比。年代越久远，对历史人物的评价往往也越客观、越真实。生逢乱世，不遇其时，只得任由后人评说罢了。清人彭而述的一首《闻定南战死》诗，可以作为孔有德的墓志铭了：

三韩毓瑰玮，长白产奇英。姿具天人表，功成带砺盟。蹶张有殊才，学敌

---

① 《清史列传》卷七十八，中华书局 1987 年版，第 7418 页。

② 屈大均《皇明四朝成仁录》卷四《西宁死事传》，商务印书馆 1948 年版，第 84 页。

③ 《施愚山先生全集》卷十四，清康乾间（1662—1795）刻本。

④ 《明末十三家集》第四册，佚名撰《定南王孔有德传》，1644 年刻本。

万人惊。

早从毛将军，海外蜚声腾。拊髀烈皇日，知王俪韩彭。王不事权贵，薏苡谤相乘。

黥布终弃楚，王猛来咸京。托王如心膂，眷王乃股肱。按图上方略，出奇斩长鲸。

威名田横岛，始事莱阳城。弯弓三百石，十万可横行。一钱程不识，人奴真卫青。

维时戊子岁，六师自南征。渡泸还五月，饮马过洞庭。三苗无固垒，京观筑朱陵。

王来潇湘浊，王至潇湘清。军食鹧鸪鲊，再勒武冈铭。槃瓠安遗种，鬼方不用兵。

玺书曰钦哉，百粤连南溟。维王镇抚之，草昧以经营。王也安反侧，巢穴一时平。

昆仑失其险，尉佗撤櫜迎。磐山茉莉发，荔枝烁眼明。驿贡丹砂细，人披白葛轻。

不须张博望，无用马长卿。行看昆明辟，重译皆来庭。蜂虿流其毒，魁宿欻然兴。

鸷伏看乘隙，虎视久已萌。象兵千万队，喷火如雷霆。人马失枝梧，列缺相砰訇。

王也厉其勇，猛气愈凌兢。熊罴五千士，搏击如苍鹰。众寡既不敌，重围复数层。

昆阳瓦屋飞，淝水风鹤声。王曰天亡我，饮血不欲生。身被十余创，拔帜犹先登。

所杀亦过当，严关阵云崩。王乃入城内，焚烧其朱甍。手自刃嫔嫱，宫中闻血腥。

佩刀寻自决，山河气峥嵘。炎州失半壁，猿鹤沙虫鸣。壬辰之七月，军营堕大星。

时在襄阳日，闻之赵中丞。忆昔住芝山，篝火遍镵枪。王旅开全楚，秣马到湘蒸。

相遇成国士，文锦五侯鲭。夜郎方多事，黔抚当前旌。自此荥阳破，战骨如山撑。

虽然罢官归，实王再生成。击马桂林日，南游岁在庚。每赴名王宴，醴酒琥珀盛。

阶前百虎士，皆为太真擎。夜半侧前席，密语达五更。为之疏前事，中山谤莫盈。

别来已三载，白发种种生。蹉跎成衰谢，半世空飘零。未死惭知己，涕泗泪纵横。[1]

虽然历史对孔有德已有评说，但有关的文物遗存仍然很少见。所幸在北京石刻艺术博物馆还保存了一通碑石，定名《孔有德赐谥碑》。此碑现陈列于北京石刻艺术博物馆东侧。著录见北京石刻艺术博物馆《馆藏石刻目》（今日中国出版社1996年版）。以下将与孔有德和登莱兵变有关的一些碑石文献资料，予以辑录介绍。

一、碑刻

（一）孔有德赐谥碑

按清顺治九年（1652），孔有德兵败桂林，全家殉难。顺治十一年（1654）六月，孔有德女四贞扶柩归京，敕葬阜成门外，墓园直到清末尚保存完好。"有牌楼高丈余，峙立田庙间，石阶数阶，中建丰碑，北有享殿七楹。"[2] 进入民国后，孔

清定南王孔有德碑（北京石刻艺术博物馆藏）

① （清）彭而述《读史亭诗集》卷四，清康熙间刻本。

② 马芷庠《北平旅行指南》，1936年版，第189页。

有德墓园废弃成菜圃。1936年春，张学良的部下、辽东人高纪毅在垦地种葡萄时，偶然发现了孔有德的墓碑，感慨系之，因请友人吴瓯撰记，刻于碑阴。《孔有德赐谥碑》即高氏所记之碑，发现于阜成门外北营房原孔王坟。清顺治十二年（1655）三月立，碑螭首，趺座，汉白玉质，通高505厘米，宽122厘米，厚32厘米。碑阳首题“定南王孔有德碑”，篆额“敕建”。碑阳满汉合璧，汉文8行244字。碑阴为“孔有德墓碑后记”，吴瓯撰文，崔麟书丹，高纪毅重立，中华民国二十五年（1936）仲春刻，隶书18行548字，分上下两段镌刻。

碑阳

国家报功，阙有巨典。生建大勋，殁勤王事者，尤宜表章，俾声称于后世尔。定南王孔有德，愤时崛起，举众破山东登莱诸州郡，航海来归。我太宗文皇帝嘉其慕义，敕为元帅，继而册封为恭顺王，世世不替。朕定鼎中原，王身当屡战，多获捷功。百粤未附，特命挂定南王印，率师往征，首定湖南，旋下两广，只因桂林之役兵分势寡，征调不及，力竭捐生，虽古之烈丈夫，无以逾此。念王二十年来，从征旅顺、朝鲜、皮岛、锦州、松山、杏山、中后所、前屯卫，继入山海关，从击李自成，直抵潼关，大破其众。克扬州，定江南，平全楚，功绩懋著，恩恤优加，特赐谥曰“武壮”。树丰碑于墓道，扬伟绩于千秋云。

碑阴

清定南王孔有德墓碑后记

孔有德在《清史》列《贰臣传》，此苛论，非定评也。有德初隶毛文龙部，一小校耳，无专阃之寄，守土之责也。文龙被杀，部下愤懑，或至激而投敌。有德独陈兵东海，以都元帅自擅，固分非明臣，义亦不附于清，强项独行，有逐鹿之志，抑亦人杰哉！其后势乏归清，不同于叛明；既非明臣，宁得以贰臣论乎？登州之役，有德释孙元化，以报初恩；桂林被围，笃城亡与亡之义，举室自焚，盖庶乎矢死靡他，见危以授命者。且贰臣唯畏死耳，有德殉节报恩，岂贪生之流？极其事，不过亏夷夏种族之防，讵可拘拘责以君臣之分哉！

有德既率家死难，宗斩嗣绝。事平，女四贞以榇归京，朝廷在阜成门外西郊为之营葬，树丰碑旌其功烈，而年远事湮，墓荒碑没，寖为废园，二百年间，不知几易主矣。改元以来，编入荒迷旗地。廿三年春，都人李兰亭者市为菜圃，领得部局单照，砌墙掘井，杂莳花木，园中积土高峙如山，为丘为墓，父老罕能言者。廿四年冬，地归阜丰农园，辟畦起土，将大举种葡萄，忽于丘南现碑角，主者以为异，督工深治，而全石毕呈，质地完好，摩挲读之，赫然孔王敕碑也。孔有德固辽东人，值事者高君纪毅与有乡谊，慨其刚风大节，不直于史官，因斥金百余为之重树丘前，以彰其迹，盖自是而人知彼累累者，果为孔王墓矣。呜呼！沧桑湮没，岁纪已深，而卒发露于爱护者之手，精灵不爽，此其中亦有数焉。高君以慕古幽情，阐扬潜光，抑所谓成人之美，昭人之覆者也。夏七月，高君嘱其友辽阳吴瓯为之记，爰约述之如此。

中华民国二十五年仲春谷旦辽阳高纪毅重立，辽阳吴瓯撰记，崔麟书丹。

（二）东京新建弥陀禅寺碑记

崇德六年（1641）立，此碑今在辽阳市弥陀寺原址，现寺已废，碑身完好。据碑拓本录文：

粤自佛教流入东土，不知阅几帝几王，经几圣几贤，尊崇则有之，绝灭则未也。人有善念，对如来则翻然动，所谓有种之良，一触即惺；有恶念，对如来则赧然愧，所谓未泯之真，一剥即复。盖含灵者，孰无佛性？况今上仁恩惠政，乃大慈大悲之主，而孔王又菩提其身，明镜其心哉。按孔王讳有德，恭顺其封号也。昔王为知苦海无边，回头是岸。叨宠荣于北阙，作藩翰于东京。东京乃太祖定鼎之区，人臣何幸，获守兹土！伊谁之恩，九重之赐也；伊谁之佑，三宝之力也。是以孔王同侪官人等，奋然发心，先捐己资，次募十方。贵官檀越，士庶英贤，善信男女百工，暨此共建弥陀禅寺。中起雄殿，设供如来圣像，竹苞松茂，鸟革翚飞，极一时之工力焉。前有天王殿，后有华严堂，其中菩萨、地藏罗汉、伽蓝祖师，各有殿宇。又设禅室僧舍，以集云堂，听经偈之朗朗，闻钟鼓之锵锵。蒲团能生贝叶，木鱼可坠天花。喜太平之有象，乐圣德之无私。孔王之善根亦夙具矣哉。出迷入悟在此举，昨非今是在此举。如菩提之树，昔摇动而今栽培；如明镜之台，昔尘埃而今拂拭。一归正果，万孽全消。总之□□□□远也。叙王之时势，叙王之知遇，叙王建寺之由，碑记以示不朽。铭曰：

神祖创基，于辽之阳。千峰岩岩，岱水汤汤。岩岩之峰，堪对灵山。
卷之一掬，放之弥天。汤汤之水，可比法海。逝者如斯，慈航未改。
佛法无疆，忻动孔王。莲台灿烂，金碧辉煌。□□□□，共建梵宫。
禅关不锁，自有云封。助我哲后，大业早就。千万斯年，而臧而寿。

庇我烝民，游象饮醇。大和在宇，皇度维新。佛力君恩，并自难酬。
天高地厚，怀抱悠悠。永享茅土，永守藩职。奉扬王休，请观斯石。
时
大清崇德陆年岁在辛巳仲秋吉旦
功德主信恭顺王　孔有德
怀顺王　耿仲明
智顺王　尚可喜
秘书院大学士乐郊范文程
（碑阴题名略）

二、文献

（一）孔有德耿仲明降金书（天聪七年四月十一日）

天聪七年，即崇祯六年，公元1633年。据1935年《国立北平故宫博物院十周年纪念文献特刊》发表的满文原件影印本译。满文原题为《天聪七年元帅孔有德、总兵耿仲明遣官乞降疏》。今此疏原件存北京故宫博物院第一档案馆。

按《清太宗实录》卷十四天聪七年癸酉条："孔有德、耿仲明等，自镇江遣副将曹绍宗、刘承祖等，奏报起程日期。上命督修岫岩、揽盘、通远堡三城。济尔哈朗、阿济格、杜度三贝勒率兵迎之。"所录与《乞降疏》相合。然孔有德此疏措辞慷慨，意态豪迈，并没有"乞降"的意思。

总提兵大元帅孔有德、总督粮饷总兵官耿仲明，为直陈衷曲，以图大业事：照得朱朝至今，主幼臣奸，边事日坏，非一日矣！兵士鼓噪，触处皆然，非但本帅如此也。前奉部调西援，钱粮缺乏，兼沿途闭门罢市，日不得食，夜不得宿，忍气吞声，行至吴桥。又因恶官把持，以致众兵奋激起义，遂破新城，破登州，随收服各州县。去年已有三次书札，全未见复，始知俱被黄龙在旅顺所截夺。继因援兵四集，围困半载，彼但深沟高垒，不与我交战。彼兵日多，我兵粮少，只得弃登州而驾舟师，原欲首取旅顺为根本，与汗连合一处，谁知飓风大作，飘至广鹿岛。本帅即乘机收服广鹿、长山、石城诸岛，若论大海，何往不利？要之终非结局。久仰明汗网罗海内英豪，有尧、舜、汤、武之胸襟，无片甲只矢者，尚欲投汗以展胸中之伟抱；何况本帅现有甲兵数万，轻舟百余，大炮火器俱全。有此武备，更与明汗同心协力，水陆并进，势如破竹，天下又谁敢与汗为敌乎？此出于一片真热心肠，确实如此。汗若听从，大事立就，朱朝之天下，转瞬即汗之天下。是时明汗授我何职，封我何地，乃本帅之愿也。特差副将刘承祖、曹绍宗为先客，汗速乘此机会，成其大事，即天赐汗之福，亦本帅之幸也。若汗不信，可差人前看其虚实如何。本帅不往别地，独向汗者，以汗之高明，他日为成大事，故效古人弃暗投明也。希详察之！为此合用手本，前投明汗驾前，烦为查照来文事理，速赐裁夺施行。须至手本者。

（二）明都督佥事黄（龙）咨

明崇祯六年（1633）正月廿七日发，为明末将领黄龙就围剿叛将孔有德事宜致朝鲜国王的一通咨文。此咨为旅顺博物馆原藏，咨长126厘米、高64.2厘米，白绵纸书，正文及年款共计22竖行，前钤“征虏前将军印”，后有墨印大“咨”字，约9厘米见方。另有一龙形墨书押字，应为明末黄龙手迹。下钤“臣罗振玉王城所得内阁秘籍”印一方，乃罗振玉抢救之大库明清档案中一件。

按：黄龙，《明史》卷二百七十一有传。在孔有德兵变时期，他曾多次率军征剿，并冤杀毛承禄。孔有德投清后的第一件事就是对黄龙实施报复性攻击，致黄龙兵败自杀。见《明末十三家集》第四册，佚名撰《定南王孔有德传》，1644年刻本。

钦差镇守登镇东江沿海等处地方挂征虏前将军印，专理扑剿事务总兵官，后军都督府都督佥事黄，为会报急切军情并乞速允前咨亟借船铳以资扑剿事。照得登叛孔有德等逃匮奔登，负隅固守。大兵环困者已数月矣。于年前拾贰月初三日，各贼出城困斗，被我大兵掩击，杀其渠魁李九成而贼惕息气沮。本年正月贰拾柒日，据登州提辖赵贤佐报称：正月拾玖日，有从登州城里逃出一人名朱有才说：拾捌日，众贼家眷、财物俱已上船，只待风顺潮长开洋。预先计议，先放船伍陆拾号在小平岛，又发船伍陆拾号在双岛，绝住水陆咽喉，然后将陆柒拾号船截杀旅顺一路，召集各岛将家眷行李卸下皮岛，竟往朝鲜要粮接应，如有不从，先行洗戮，再要他贰叁百号辽船抢掠淮安等处，各等情到镇。据此看得，登贼以釜底游魂竟思脱命奔海，则弃长用短，正自速其毙也。然查其中尽携男妇行李，挟重赀而浮海则不能南走江淮，西走津蓟，势必掠岛以为安全计。而岛中无粮，更必谅鲜以为活命计。则前项报内情状虽未必然，亦未必不然。所当刻刻毖防，万万不容少懈者也。再，照本镇于上年拾壹月拾壹日具咨贵国，请借辽船伍拾号，鸟枪叁百门，原拟资以截剿，而东望悬□，尚无一耗。缅维《春秋》之义，邻国有事，已国之忧。何况贵国之于国朝犹为君父之国哉。封豕奔突，事在同仇，惟乞查照原咨速赐查发，俾得藉手以底荡平之绩，于贵国实有厚望也。除将报内军情分布周密并中饬各岛备御外，为此合咨前去贵国，请烦查照，仍希文回示施行。须至咨者。

右咨

朝鲜国王

崇祯六年正月二十七日

（作者单位：北京石刻艺术博物馆）

美国普鲁伊特家族存留的蓬莱阁旧照片

程　麻

自清朝末年至抗日战争期间，来自基督教美国南部浸信会（Baptist Church from South U. S. A）的传教士普鲁伊特（Pruitt）夫妇，曾在胶东生活与传教半个多世纪。男主人西赛罗·华盛顿·普鲁伊特（Cicero Washington Pruitt，1857—1948），中文名浦其维，1882年到达中国。1888年，他与1887年来中国、中文名浦安讷的安娜·西沃德·普鲁伊特（Anna Seward Pruitt，1862—1945）女士结婚并在黄县（现称龙口）定居下来，从事传教、办学与行医等活动。普鲁伊特夫妇在黄县生育了六个子女，除了两个孩子夭折，其他子女都在中国长大。大女儿艾达（Ida Pruitt，1888—1985）曾在烟台办学，后去北京协和医院开创医务社会福利部，并与美国记者爱德加·斯诺（Edgar Snow，1905—1972）、新西兰人路易·艾黎（Rewi Alley，1897—1987）等一起热心支援中国抗日战争，参加了后者发起的中国工业合作社（The Chinese Cooperative）运动，积极支援延安等革命根据地生产自救与发展。她还与宋庆龄、周恩来等人有密切交往。艾达回美国后，作为中国工业合作社代表，继续为中国筹集资金，直到1949年。中华人民共和国成立以后，艾达曾接受中国政府的邀请，三次来华访问。

普鲁伊特家族在抗日战争爆发而陆续回美国后，安娜出版过《往日琐事》《中国船童》《从零开始》和《中国旋转木马：少儿故事》等书。艾达除了发表关于中国与中美关系的文章，先后出版了《中国工业合作社的呼吁》《汉家女：一个中国劳动妇女的传记》《殷老太太：北京生活的回忆》和《在中国的童年》等著作。其中，《汉家女：一个中国劳动妇女的传记》一书记述了艾达在北京期间结识的一位蓬莱籍老夫人的生平故事。此书在台湾已有中译本，但因译者非蓬莱人，译文不很准确。笔者同几位龙口籍译者合作翻译了安娜《往日琐事》和艾达《在中国的童年》两书，合印为《美国母女中国情——一个传教士家族的山东记忆》，与《美国镜头里的中国风情——一个传教士家族存留的山东旧影》两书，配成姊妹卷由中国文史出版社出版面世。其中《美国镜头里的中国风情——一个传教士家族存留的山东旧影》一书是选印普鲁伊特家族在胶东拍摄、存留的老照片集，共收照片二百多幅。

普鲁伊特家族至今收藏着众多老照片，大都是家族成员在胶东生活、传教期间拍摄的当地风土人情。艾达去世后，家族后人将照片捐赠给了位于美国波士顿的哈佛大学拉德克利夫高级研究所阿瑟与伊丽莎白·施莱辛格美国妇女历史图书馆，供研究艾达生平、普鲁伊特家族和美国妇女历史的学者查阅与利用。现住美国马里兰州的普鲁伊特家族后代在授权本人翻译安娜和艾达两本著作时，还同意本人去该图书馆复制照片并编印成影集出版。本人在照片集中将挑选、复制的胶东题材老照片分为四部分，第二部分名为《登州古韵》，共收录蓬莱古迹和建筑照片二十八幅，其中有蓬莱阁影像六幅：远望蓬莱阁二幅、蓬莱阁三幅、水城一幅。（见下页图）这些照片均拍摄于20世纪初。

据安娜《往日琐事》一书回忆，在普鲁伊特家族来胶东时的清朝末年，蓬莱港是此地最大港口，也是外国传教士最先登陆山东之地。传教士在蓬莱建教堂、医院和学校等早于周围各县。书中写道，在19世纪60年代，最早在中国北方传教的基督教美国南部浸信会传教士海雅西（J. B. Hartwell）起初的落脚点便是靠近大海的登州（今蓬莱），其地“虽然比较小些且缺少活力，但更富于贵族色彩……在登州，设有下辖十个县的州府衙门，而且每隔十八个月就要聚集数百名学者与教师进行科举考试。于是，登州而非黄县便成了我们中国北方浸信会最早的基地。不久以后，北方长老会也到了那里”。后来，普鲁伊特夫妇在黄县定居、传教、办学和兴医，因当地没有医院，他们的几个孩子都是在蓬莱教会医院出生，在蓬莱住到婴孩满月后再回到黄县，有病时问医求药最近处也只有蓬莱。烟潍公路直到20世纪20年代才开建，此前从他们居住的黄县城北宋家疃去蓬莱，只能骑牲口或乘輀（shān）子，过黄水河后经栾家口，走海边的“大道”。由于交通不便，后来一男一女两个小孩因患病来不及治疗而夭折，都埋葬在蓬莱城外的一处高地。可惜至今笔者尚未核实，两个孩子坟墓所在的英文“Hope”一地究竟是哪里。可见，普鲁伊特家族虽长住黄县，对蓬莱也相当熟悉，印象深刻，他们拍摄与存留不少蓬莱照片正在情理之中。

照片集中两幅远望蓬莱阁照片，一幅是自今三仙山公司附近向西看蓬莱阁。当时海滩上空荡荡的，近海水中似有人在撒网捕鱼，远远田横山最高处插有为航船预报风向的长形风球。另一幅则是乘船驶出水城后向西南方拍摄蓬莱阁远景。

向西远眺蓬莱阁

向西南方看蓬莱阁

三幅蓬莱阁近照中的一幅是正面拍摄蓬莱阁总体建筑，中间显灵门两侧树有旗杆，门前已建有牌楼，但各建筑已现破败之相，如前墙残缺不全，阁楼前后透亮；眼前登高坡道东侧一院墙内可见房屋。

正面拍摄蓬莱阁总体建筑

在蓬莱阁上向东看宾日楼

其他两幅拍摄于阁上的照片视线均朝东，一幅主体为宾日楼，另一幅除了宾日楼还能看到普照楼，海上风波浩淼。

拍摄于水城的照片则立足于小海东侧远望蓬莱阁，小海四周停泊着不少落下帆

宾日楼和普照楼

水城

布的小型渔船。

艾达最后一次通过宋庆龄联系来华访问是在1972年“文革”期间，当时她已年过八旬，仍深情怀念青少年时代生活过的胶东大地。在中外朋友陪同下，艾达曾来胶东旧地重游，并和朋友将自己的最后身影定格在蓬莱阁上。

22. Ida and Talitha Gerlach in Penglai, 1972.

1972年艾达和耿丽淑合影于蓬莱阁

合影中另一位女性是中文名耿丽淑（Talitha Gerlach，1896—1995）的美国人。她在1926年受全美基督教女青年会委派到上海做青年工作二十多年。1947年为办理养老金回美国，因宣传中国革命而被教会解雇。1952年，她应宋庆龄之邀重回上海，担任中国福利基金会顾问、《中国建设》杂志编稿人，并兼任复旦大学、上海外国语学院教授，后兼任过上海宋庆龄基金会顾问。1987年，耿丽淑获上海市公安局对外国人颁发的第一号中国永久居留资格证书。1991年中国人民对外友好协会授予她“人民友好使者”称号和奖章。1995年2月12日，她病逝于上海。

（作者单位：中国社会科学院文学研究所）

蓬莱阁石榴石

陈立强

闻名遐迩的“人间仙境”蓬莱阁，引天下无数游客纷至沓来。而蓬莱阁三清殿台阶上一个闪光的颗粒，也曾在蓬莱引起了一股不小的寻宝热，翻开了蓬莱奇石宝玉史上新的一页。

1992年，时任蓬莱市侨办主任的于秋中在一次陪同华侨游览蓬莱阁时，无意间发现三清殿门前的台阶上有一个发光的东西，嵌在台阶的一块黑石头上。他觉得奇怪。因当时外事任务在身，他未能仔细探究。外事活动结束后，他特地带着一些采凿工具，返回蓬莱阁，在征得相关人员的同意后，将这块发光体抠了下来。

这块发光体约有一粒大花生米大小，呈黑色，对着太阳逆光看，便显示出鲜艳的红色。有着从事高校物理教学20年经验的于秋中马上意识到，这可能就是一颗红宝石。为了给蓬莱红宝石一个合理和合法的名分，他开始有意找专家，查资料，研究这个发光体到底是什么玉石。

1994年清明节期间，曲阜师范大学物理系的李呈祥教授回老家蓬莱北沟镇下朱潘村。他曾在1986年蓬莱附近海上出现海市蜃楼奇观时，作为专家，接受过山东电视台以及央视等媒体的采访，知名度很高。他与于秋中是好友。当得知李呈祥教授回乡的消息时，于秋中立即找到了他并让他鉴定。李呈祥教授看了于秋中递交的标本，并查看了蓬莱城区以及老家的山坡、河套和海滩，也捡到一些类似的发光颗粒，也初步断定是宝石。为准确无误，他将一些标本带了回去，找地质专家进一步鉴定。一个多月后，李呈祥教授来电话了，确认那些发光的颗粒就是红宝石，准确讲是红色宝石石榴石。

消息传来，于秋中欣喜若狂，奔走相告。一时间，蓬莱北沟镇下朱潘村首先掀起了一股寻宝热。据当时任下朱潘村党支部书记的杨喜润讲，那时正赶上扒麦的农忙季节，可许多农民听说他们村出宝石了，便把自己家的麦地都撂下不顾而去捡宝石。后来，不光下朱潘村，周围许多村的农民和企业职工也趋之若鹜，纷纷加入

“寻宝”的行列。尤其到了星期天，漫山遍野，全是捡宝的人群。当时北沟的一位村委副主任，开始还不知道他们村出宝石，当得知宝石是什么样、到什么地方捡时，他没费多大劲，一下子就在脚下捡到一块特大的石榴石，像小鸡蛋那么大，直径约有30mm，重量可达250克拉，是于秋中在蓬莱见到的最大一颗宝石。为进一步了解红色宝石蓬莱石榴石的相关知识，于秋中听说中国地质大学设在武汉，便让当时恰巧在武汉工业大学就读的女儿于海群利用课后冒着40℃的高温天气，骑着自行车去找地质专家。

于秋中奔波辗转，终于得到了专家的正式鉴定：蓬莱阁三清殿玄武岩台阶上嵌有的一颗暗红色发光体及蓬莱北沟镇下朱潘村一带出现的类似发光颗粒，系红色宝石石榴石。蓬莱石榴石属铝系石榴石，大体又可分成两种：呈深红、玫瑰红的为镁铝石榴石，呈暗红或褐黑色的为铁铝石榴石。石榴石在工艺美术上称“紫牙乌”，中国珠宝界习惯上也把石榴石称作“紫牙乌”。蓬莱石榴石红色宝石多数为暗红色，映日方显特有的星彩光泽，十分美观。蓬莱石榴石红色宝石的硬度为摩氏6.5-7.5度（也有的专家鉴定另一些为摩氏8度），比重为3.4-4.2克/立方厘米，属优质石榴石红色宝石。

据于秋中整理的有关资料，石榴石类红色宝石的英文名称为Granet，来自拉丁文“Granatum”，意思是“像种子一样”。因石榴石晶体与石榴籽的形状、颜色十分相似，故名“石榴石”。

于秋中还把采拾蓬莱石榴石的方法整理成文字，介绍给周围那些跃跃欲试、摩拳擦掌的寻宝者。他说，在蓬莱火山带，如城区周围的山地和沿海，东至南王、刘家沟、马格庄（即现在的新港街道）等镇，西至北沟镇的大片山地和海滩，裸露的山坡、河套、海滩，尤其是刚耕的土地并且是雨后可以进人的时候，上午9点和下午3点在有阳光的天气里，是寻找石榴石的最佳时机，往往几步远也能见到宝石的光芒……

于秋中还不辞劳苦，先后多次到烟台城乡各地探寻石榴石的打磨加工和饰品制作技术。与此同时，蓬莱另一位奇石收藏家沈周田也在为蓬莱石榴石红色宝石的发掘而奔忙。沈周田是蓬莱供水总公司退休干部，曾在地质勘探队从事水文地质专业工作，跑遍大半个中国。在蓬莱出现石榴石寻宝热后，他也不顾年迈带病的身体和野外作业的辛劳，戴上老花镜，背起他盛有铁锤、罗盘和放大镜的背包，餐风沐雨，徒步跋涉在蓬莱有可能产生石榴石的地带。他和于秋中一样，探求蓬莱石榴石不是以捡宝发财为目的，而是从地质专业的角度和个人的志趣爱好，来发掘蓬莱的奇石宝玉文化。

作为媒体记者和奇石爱好者且又是于秋中、沈周田的好友，我近水楼台，对他俩探求蓬莱石榴石有关情况有所了解。有时我也参与他们的探宝行列。为了探明蓬莱石榴石的成因、品位和成色，我也曾和沈周田一起，先后到被称为“中国蓝宝石之乡”的昌乐县北岩镇的二姑山，以及被称为“可与美国魔鬼之塔相媲美”的即墨马山考察，走访过当地的百姓。那产生宝石且壮观的柱状节理石林，让我们惊叹不已。

为什么蓬莱阁上能有石榴石出现？沈周田对蓬莱石榴石红色宝石有很深的研究。据他讲，石榴石原生矿是玄武岩，如央视 10 套《探索·发现》栏目报道过，中国刘嘉麒院士和科考队的刘欣等人在大兴安岭火山地貌中发现的石榴石绿色宝石、红色宝石等，都附在玄武岩上。在蓬莱的古火山带出现的那些黑褐色石头，就是玄武岩，属基性喷发岩覆盖在第四系地层之上、在火山碎屑物形成的火山口地形区域内的玄武岩矿石，而蓬莱阁三清殿门前的台阶，正是用这种黑褐色的玄武岩砌成的，所以，蓬莱阁出现石榴石就不足为怪了。同时，由蓬莱阁三清殿门前台阶的玄武岩发现的石榴石红色宝石，推断出有古火山喷发所形成玄武岩的地方均有产生石榴石的可能，进而把蓬莱石榴石的出产地，由蓬莱阁延伸到蓬莱几个古火山口及周边地带。有的火山喷发形成的玄武岩经多年风雨剥蚀已经风化，曾附在上面的石榴石便脱落下来四处流落，掩埋于泥沙之中，有的仍附在至今还坚硬的玄武岩石上。在地面上能见到的石榴石属于前一种情形，蓬莱阁三清殿玄武岩台阶上的石榴石红色宝石便属于后一种情形。后来于秋中和沈周田的野外调查报告，也证明了这一点。

从沈周田撰写的调查手稿和整理的考察报告里，我们得知，在蓬莱火山发生的这些区域内，均能捡到石榴石（砂矿）。其品质西部高于东部，颗粒也是西部大于东部，直径一般在 3-10mm，而大于 20mm 的少见。当时，蓬莱查明的就有五六个村庄几百人在收藏蓬莱石榴石红色宝石，有的存有几十颗，有的存有几百颗，个别藏家有几公斤。其中有的人去市场交易，更多的人是送珠宝店加工成戒面、耳坠、耳钉、吊坠、手链等饰品。

据于秋中、沈周田调查的结果，我们还得知，蓬莱石榴石很早就被人发现，但很少人知道是石榴石宝石。旧社会蓬莱当地许多人只是把它当火石，抽烟取火时用。蓬莱城区周围有许多火山口，石榴石宝石便是随着火山爆发，在特定的高温高压下形成，经多年风化、雨水冲刷等作用，才出现于世以至于被人们发现的。

据山东宝石协会秘书长李通一等专家讲，石榴石属高中档宝石（也有的资料介绍说是中低档宝石），是十二生辰宝石之一，在世界各国生辰石中位列一月生辰石。它象征忠诚、友爱、真实。对于许多旅行者来说，喜欢佩戴石榴石可以顺利走远，特别是可以保佑旅行中平安无事。石榴石最光辉的一页，是它被许多王室选作收藏的宝物，如许多波斯人常将石榴石作为君主的偶像而崇拜。蓬莱石榴石红色宝石尽管目前看分布范围与产量不大，可有一定的潜力。宝石最显著的特点就是稀有。据悉，全国宝石级的大矿、富矿也不多见。

宝石级石榴石的标准要求是：透明度好，颜色鲜艳，粒径大于5mm。翠绿色的钙铁石榴石在国际宝石市场上非常受欢迎，红色、橙红色石榴石也很珍贵，橙色的石榴石（也叫锰铝榴石）最近几年价格上涨较快。中国地质博物馆中，藏有一颗橙红色的锰铝榴石大晶体，重达 1397 克拉，产于新疆。美国国家自然历史博物馆中珍藏着世界上最好的一颗褐黄色透明的肉桂石（铁钙铝榴石），是一个雕刻精巧的基督头像，重 61.5 克拉，堪称无价之宝。

于秋中、沈周田现在蓬莱退休多年，他们有更多的时间研究蓬莱宝石。蓬莱城区及北沟、南王、新港、刘家沟，还有昌乐古河流经的 7 个乡镇，都曾留下他们的足迹。对那些初涉石坛的奇石珍宝收藏者，于秋中和沈周田都毫不吝啬把他们探宝的一些“秘方”予以传授，让大家一起分享赏石所带来的乐趣。

蓬莱不愧是人间仙境，风水宝地。这里不仅风光秀丽，而且物产丰富。据有关资料显示，蓬莱境内除了有开采量居全国县级政区前列的黄金资源，一些重要的非金属矿，尤其是奇石宝玉类也有繁多的品种。如山上除了有泰山石、太湖石、灵璧石、卷纹石、木化石（硅化木）、干勾石、上水石、彩云石、模树石，还有特有的蓬莱玛瑙石以及多种与萤石（氟石）伴生的石种，各种各样的矿物水晶石也常常惊撼问世；海上，除了有光洁圆润的登州石（也称长岛球石、卵石）、凝脂纯净的黄蜡石、璀璨晶莹的丹崖石、令人称奇的蜂窝石，还有享誉古今，曾被宋代大文豪苏东坡爱不释手的“弹子涡石”。蓬莱石榴石的发现，无疑为蓬莱奇石宝玉史增添了新的记录。蓬莱石榴石广泛分布于山坡、河流、海滩等地，但由于过于零散而不便大规模机械集中开采，这反倒为民间喜好奇石宝玉者业余捡宝寻梦提供了非常好的机会。在蓬莱，我们可以经常看到当地的一些中青年妇女佩戴由石榴石加工的饰品，徜徉于人间仙境。这既为主人增添了美感和尊贵气息，又为人间仙境平添了靓丽风景。

蓬莱石榴石红色宝石的出现，是蓬莱奇石宝玉史上的一个重要里程碑。后来在探求石榴石的同时，在紫荆山街道三里桥村南发现了柱状节理玄武岩石林，在蓬莱阁三清殿门前台阶发现类似青岛鹤山观和央视《走遍中国》播放的南方某寺庙石阶上“脚踏石阶如闻咚咚水声”的奇观，这无疑为最初被发现石榴石红色宝石的蓬莱阁以及发现柱状节理玄武岩石林的蓬莱大地，增添了神秘色彩和魅力。

（作者单位：蓬莱广播电视台）

蓬莱阁与登州博物馆藏金石锲刻题记辑考

张永强

2007年秋，应蓬莱市历史文化研究会的约稿，我对蓬莱市的历代金石碑刻遗存进行了初步的整理和编排，分为上下两编，由黄河出版社出版。上编对商周至当代的代表性碑刻进行了考释，下编辑录、点校了蓬莱历代碑文51篇，析为历代重修蓬莱阁及附近建筑、游记随笔、军事、行政司法经济、登州府城修建、文化教育6类。卷末附录了《蓬莱市现存碑刻简表》（统计截止到2004年10月）。其写作初衷是，以金石碑刻贯穿蓬莱地区3000年来的历史文化，兼及名人轶事、书法丹青、诗歌题咏，聊备故乡一方文献，为人间仙境增色。岁华四易，检视旧篇，疏漏屡见。比如将洛阳地区出土的隋开皇五年（585）王俱造像误为唐会昌灭佛时（845）登州的实物遗存，一些拓片图版只截取了局部而失文物全貌，征引碑文断章取义、出处注解不明等，有的考释也流于肤浅和附会。另外，述石者多，谈“金”者少。又因此书文稿的写作和校雠，多是利用在全国各地采访的旅次中完成的，故错别字较多。

王俱造像

近年来，蓬莱地区时有新的石刻资料发现，如蓬莱紫荆山出土的戚继光篆额的“明故寿官卢公配秦氏墓志铭”墓志盖等，堪称精品；游历四方，所遇留心；读书之暇，每有所得，辄条疏箧笥，以为补正，不觉辑录三十余则。现择取与蓬莱阁及登州博物馆有关的部分内容，抒以管见，求教于专家、读者。

隋开皇五年（585）“王俱造像”，全称应为“隋都邑主王俱□卌人等造像记”，清末出土于洛阳地区，晚清金石学名著《语石》以及其他地方史志中多次提及，大村西崖《中国美术史雕塑篇》收入图版[①]，是一方著录有绪的隋代著名造像。

现在可以确定，这通柱式造像并非蓬莱当地出土，更不是蓬莱安香寺（遗址在蓬莱北沟一带）唐武宗会昌灭佛的遗留物。

“王俱造像”，隋开皇五年（585）刻，上端为造像，下端刻发愿文及供养人题名，书法古雅严谨，镌刻精美，是隋代造像中的精品。造像分像、铭上下二部分，上端帷幔，造像为高浮雕。整通造像大小分为十面四组，造像形象皆为“一佛二菩萨二胁侍”式样。第一组主尊弥勒佛交脚而坐，右手抚膝，左手结说法印，左右立侍观世音菩萨、大势至菩萨。第二组主尊释迦牟尼佛结跏趺坐，手印残损，或为说法印、无畏印，左右立侍阿难、迦叶。第三组造像主尊半坐，为药师琉璃光佛，左胁侍日光菩萨，右胁侍月光菩萨。第四组主尊呈立姿，为释迦牟尼佛，右手结说法印，左手结无畏印，左右胁分别侍文殊菩萨、普贤菩萨，皆宽衣博带，衣袂轻拂；造像的手印也各不相同，婀娜多姿，洗练灵动。四面造像之下各以双狮对坐承托。

下端刻发愿文及题名：

夫灵真虚玄，绝相无名。至深至重，灵威远播。若存有敬，以状而求者，拔沉浮于苦海。是以圣人寘鉴慈灯，周晖法界。归崇者随感，摄之以近，趣之以远。童子造塔，发由此起。是以都邑主王俱□□□卌人等，可谓久殖妙因，深达幽旨。发悟在今，共崇灵像。采质求功，刊之金石，漏出圣容。韦华争新，百花之开春树；赫羲竞照，似万日之聚高天。师子怒形，含瞋举目。泥识分明，众相俱备。藉此微因，仰资皇帝陛下，金龄永御，圣钦明君。并为七世先亡所生父母，遍及含识有无，同沾此福，俱登正觉。

开皇五年十一月廿三日建。

大斋主成柳生妻王娥

比丘邑师法渊

都邑主王俱　比丘尼善胜　邑子张由

维那柏进庆　比丘尼法和　邑子雷黑

邑子□胡　比丘尼普惠　邑子苟将磨

邑子刘雅振　邑子车金姿　邑子雷道女

都化田□□生　邑子刘伏□　□□□□□

邑子□□　邑子焦宜妃　邑□□□□

---

① 东京佛书刊行会图像部，1915 年版，第 396 页。

邑子□□□　邑子贾晖　邑子王妃
邑子马虎藻　邑子□明月　邑子□□□
邑子张霍德　邑子刘□女　邑子魏匡仁
邑子鱼元高　邑子张正　邑子杨映仁
邑子魏承佰　邑子段男姿　邑子□□□
善佰仁施金有　邑子□僧妙　邑子柏阿买
尊主为亡父母　邑子霍阿□　　邑子柏阿充
邑子安王子　邑子□要妃　　邑子柏洪儿
邑中正焦勗　邑子上官丝妃　　邑子张□儿
邑子王先晖
邑子卢清风
邑子柏荣宗
邑子□□□
邑子柏延智　邑子□□□
邑子□□□　邑子□□
邑子董洪遵　邑子雷韩仕
中正□□□　邑子李绍先
中正马文佰　□□□□□　邑子张黯中
维那杜承仁　邑子寻外兴　邑子柏士昴
□□□□□　邑子张□贵　邑子□□贵
都邑中正柏洪贵　邑子柏士达　邑子高僧生
都邑主成子高　邑子□贵□　邑子□□□
都化□主□□□　邑子赵罗侯　邑子雷仕恭

其次，“王俱造像”虽然呈多面柱式，但并非经幢。关于经幢与造像，按叶昌炽《语石》卷四：

一曰经幢，陕人通称为石柱，俗亦曰八楞碑，以其八面有楞也。幢顶每面或有造象，故又呼为八佛头，如怀仁《圣教序》之称为七佛头也。……其制类皆八面刻，间有六面或少至四面者。惟开皇五年王俱造象，至逾十面，盖是时《陀罗尼经》尚未入中国，亦未有经幢造象。本有四面刻者，此犹转轮经藏，面面皆呈圆相耳。

幢首每面造象一龛，唐幢类如此……或造象在上截，而经文即从象下起。或于下截题名记岁月，或于提行无字处镌梵相，皆只一龛。如魏之张敬谨，隋之王俱，唐之怀州河内县王三娘。（原注：每面造象二躯，有药师琉璃光佛、释迦牟尼佛、大势至菩萨、文殊师利菩萨，各题佛号于侧）永清有无年月四方佛象幢，皆无经咒，但有题识，此则专为造象而设，虽八面或六面，与经幢固不同。[①]

叶氏的精辟论述较好地解析了造像与经幢的特点与区别。造像雕造的开皇五年（585）时，《佛顶尊胜陀罗尼经》尚未传入中国，隋代并无经幢可言；“王俱造像”上也无刻经文字，故应予以正名，不应再以“经幢”目之。则“王俱造像”其非经幢也明矣。

另外，“王俱造像”的发愿文中包涵了比较丰富的内容，其中反映的隋代相对完备的邑社组织机构，是研究当时佛教信仰在民间传播的实物资料，值得重视。

解宾王墓志

北宋熙宁八年（1075）七月立，篆书。龙图阁直学士蔡延庆撰，舒昭亮篆，高120厘米，宽80厘米，白色花岗岩质，篆盖俱存，蓬莱解宋营龙化原出土。

此志文为小（篆书）写，洋洋千余言，颇为罕见。书丹者：登州知州舒昭亮（光绪重修《登州府志》讹为舒昭），题衔：“朝奉郎，守尚书职方郎中，知登州军州，兼管内劝农，提举金银坑冶，管句本州驻泊军马公事，柱国，赐紫金鱼袋。”

宋仁宗明道二年（1033）十月，“禁登州民采金”[②]。景祐（1034—1038）中，

① 叶昌炽《语石》卷四，中华书局1994年版，第269~272页。

② 《宋史》卷十《仁宗本纪》。

“登、莱饥，诏弛金禁，听民采取，俟岁丰复故”①。

按《宋史》卷一八五《食货下·七》，登莱二州为宋初金银铅铁的重要产地，特别是黄金，“天圣中，登、莱采金，岁益数千两”。据华山先生统计，元丰元年（1078），全国金课共计10700余两，而登州收4700两，约占全国的43.92%。②

蓬莱境内出土明清火炮铭刻（2则）

1. 营子里铜炮

明洪武八年（1375）铸造，1988年4月1日蓬莱新港营子里村出土。青铜质。出土时为两件，尺寸相同，身长63厘米，外口径27厘米，重73.5公斤。

其一阴刻“莱州卫莱字七号大砲筒重一百二十斤洪武八年二月日宝源局造”。

其二阴刻“莱州卫莱字二十九号大砲筒重一百二十斤洪武八年二月日宝源局造”。

营子里原为明代莱州卫刘家旺寨（今属蓬莱），设有海防兵营，这对铜炮应为护寨武器。③

这两尊青铜火器是我国现存的早期火炮实物，外形与中国国家博物馆所藏元文宗至顺三年（1332）所造铜炮近似，均属于碗口筒形，而口径更大。（至顺铜炮长35.4厘米，口径10.5厘米，重6.94公斤，炮筒镌刻铭文“至顺三年二月十四日绥边讨寇军第三百号马山”）

2. 托浑布铁炮

清道光二十一年（1841）铸。铁质。现发现有二尊。一尊长期露天陈列于北京中国人民军事博物馆大楼西侧，设花岗岩炮座，嵌大理石说明标牌：“此炮于公元1841年（道光二十一年）制造。清光绪年间曾设置于山东蓬莱县老北山上。在甲午战争和抗日战争期间，曾用此炮打击过日本帝国主义的军舰。”

此炮炮身浇铸阳文铭文6行，曰“大清道光二十一年季夏山东巡抚托登州总镇玉督制大炮一位重六千斤登州知府豫山监造福建匠人□□□”。

道光二十一年（1841）山东巡抚为蒙古人托浑

---

① 《宋史》卷一八五《食货下·七》。

② 华山《宋史论集》，齐鲁书社1982年版，第113页。另参见《宋会要辑稿·食货三十三》。

③ 袁晓春《山东蓬莱出土明代碗口炮》，《文物》1991年第1期。

布，登州总兵为玉明。托浑布（1799—1843），字安敦，号爱山，孛儿只斤氏，蒙古正蓝旗人，清代著名的蒙古族诗人，著有《瑞榴堂诗集》。道光十九年（1839），托浑布升任山东巡抚。他全力支持林则徐的禁烟运动，制定了严格的禁烟措施，并整饬海防武备，购买生铁，延请有经验的工匠加紧制造重量级大炮和便于移动的炮车、战舰，大大提高了清兵的装备和素质。1842 年，托浑布因病去职。次年病逝，年仅 45 岁。离任前，托浑布还同登州总兵玉明会奏《山东登州善后章程折》，提出了抗击外辱、积极备战的八项建议。今蓬莱阁大殿外壁嵌有托浑布于道光庚子（1840）三月隶书刻石“海不扬波”，其“不”字在甲午战争中遭炮击残损。

托浑布、玉明铸造的大炮，蓬莱古船博物馆也藏有一尊，规模小得多，铭文曰“大清道光二十一年季夏山东巡抚托登州总镇玉督制大炮一位重二千斤登州知府□□监造”。

明代木料题记

永乐十年（1412）木料一根，经简单加工。质地为紫檀木。20 世纪 80 年代蓬莱水城发现，现存登州博物馆，陈列说明“古船舵杆”。

中下部铭文阴刻三行，行书，曰：

> 黄字三百十五号一根长二丈八尺厚一尺二寸舵头破心
> 闪脚破开一尺五寸巴节三个
> 永乐十年六月日进四百料

笔者以为，这段木料可能是明初营建北京宫殿时，由水路运送的建筑构材（“皇木”），因事故而留存蓬莱，未能达到目的地。永乐十年（1412）正是北京宫殿大规模营建的关键时期。铭刻详细记述了这根木料的尺寸和特征，并加以编号（“黄字”可能是《千字文》编号），是勘验的需要。木料下端挖掘的孔洞，当是为了编筏水运以及拖曳运输的方便。

朱棣靖难夺嫡后不久即谋划迁都北京，永乐四年（1406）诏建北京行殿备巡幸，分派大臣赴各地采木。史载：永乐四年闰七月壬戌，“文武群臣淇国公丘福等请建北京宫殿以备巡幸，遂遣工部尚书宋礼诣四川、吏部右侍郎师逵诣湖广、户部左侍郎古朴诣江西、右副都御史刘观诣浙江、右佥都御史仲成诣山西，督军民采木，人月给米五斗，钞三锭”①。

永乐十五年（1417）四月“西宫”成，采伐之大木仍源源不断运往北京。及至永乐十八年（1420）十二月“北京宫殿成”，寻于十九年（1421）四月三殿毁于火，基本上终永乐一朝皇木采办活动未懈。

明代“皇木”采办地区多是湖广、川黔等深山僻谷和人迹罕至之地，自然环境险恶。对其采办、运输的艰难和惨烈过程，明人文献中多有述及。当时采办之木植绝大多数通过水道运抵京师。永乐九年（1411）之前，皇木运输在会通河段曾由陆挽。其中东南采办之竹木，多由新安江—富春江，经浙漕，渡江由瓜洲溯湖漕北上入京；由青弋江者，入长江经江漕达于京；福建采办之木植，一部分经闽江达于海口，经海运至定海、宁波等地，再由水运经浙漕达于京。②

为了解决南粮北运问题，元代不仅凿通大运河，而且开辟了海道。由刘家港入海，至崇明三沙放洋东行，入黑水洋，至成山转西，经刘家岛、登州（蓬莱）沙门岛，于莱州大洋入界河口，至直沽（沿胶莱运河、京杭大运河运抵大都）。直至元末，张士诚还沿着这条线路自江南浮海向大都运送粮食。海运一度成了元朝的生命线。③

此登州博物馆所见永乐木材，可证明初“皇木”的海运，也许亦曾沿元代海道，途经蓬莱。

蓬莱水城清淤碑记

1984 年 7 月立于蓬莱阁下小海西侧。大理石质。尺寸不详。蓬莱高英撰，泰安欧阳中石书。

1984 年 3 月至 6 月，蓬莱县政府投资 188 万元，清除水城小海淤泥 18.7 万立方米，重砌小海沿岸护墙 1380.90 米。清淤后的小海深度达到 3 米以上，载重 300 吨的船只可以航行。小海清淤时最大的发现，是出土了残长 28 米的元代古战船，

---

① 《明太宗实录》卷五十七，永乐四年闰七月壬戌条，第 835~836 页。

② 王毓蔺《明北京营建物料采办研究——以采木和烧造为中心》，北京大学博士论文，2008 年。

③ 章巽《元“海运”航路考》，载《地理学报》1957 年第 1 期。

宋元时期的石碇8件、木碇1件、铁锚5件，以及铁炮、铜炮、铁炮弹、石弹、铁剑、铁标等。出土瓷器多达200余件，年代涵盖宋元明清，其中以元代、明代为最多；其窑址涵盖磁州、龙泉、金华、景德镇、德化、耀州等地。①

按此碑撰文者为蓬莱师范高英先生，书丹者为书法家、首都师范大学教授欧阳中石。由于当时的客观条件，撰、书、镌刻皆未署名。笔者志学之年，与高先生有数面之缘，亲蒙聆教，又在先生病中获赠碑帖、翰墨、篆章，此情铭感难忘。

高英（1932.8—1994.4），蓬莱北沟镇人，在蓬莱执教30余年，奖掖后学，诲人不倦，诚为乡梓一代师表。先生曾任蓬莱市政协副主席，书法各体兼通，尤擅篆隶，对蓬莱阁的诗文、碑刻和文物古迹进行过系统的整理研究，著有《蓬莱阁诗文选粹》②，主编《人间仙境蓬莱》③、《蓬莱阁志》④，书法文章《〈魏光州灵山寺塔下铭〉简介》等。

（作者单位：中国书法家协会）

① 烟台市文物管理委员会、蓬莱县文化局《山东蓬莱水城清淤与古船发掘》，载《登州古船与登州古港》，大连海运学院出版社1989年版，第1~48页。

② 山东省出版总社烟台分社1985年出版。

③ 山东省出版总社烟台分社1987年出版。

④ 1992年出版。

浅析蓬莱阁建筑文化与建筑美

逄建斌

我国著名的建筑学家梁思成曾说："建筑绝不是某一民族的，而是全人类文明智慧的结晶。"在历史的长河中，时间是无情的浪花，它淘尽了无数英雄人物，众多建筑却能历经风雨依然坚固，它们是中国传统建筑文化最好的教科书。

在齐鲁这片文明的土地上，有一座著名的古城蓬莱。蓬莱是古代登州府署所在地，管辖九县一州，是当时中国的东方门户。久负盛名的登州古港，是古代中国北方重要的对外贸易口岸和军港，曾与我国东南沿海的泉州、明州和扬州，并称为四大通商口岸，并且是我国目前保存最完好的古代海军基地。蓬莱依山傍海，所以又以"山海名邦"著称于世。蓬莱阁古建筑群就屹立在这历史文化积淀厚重的苍山碧海之间，山光水色交相辉映，堪称世外桃源。

一、历史文化是蓬莱阁建筑群的生命线

在我们中国古代流传至今的神话中，有两个很重要的体系：一个是昆仑神话体系，一个是蓬莱神话体系。昆仑神话体系发源于西部高原地区，它那传奇的故事传到东方以后，与浩瀚的大海这一自然条件结合起来，形成了蓬莱神话体系。蓬莱也就自然成为中国东方神话的策源地。《山海经》把蓬莱、方丈、瀛洲三座神山描绘得活灵活现，引得秦始皇东巡求药、汉武帝御驾访仙。海上三神山的传说，惟妙惟肖地描绘出一个令世人向往的神仙世界，更为蓬莱平添了虚幻的神秘色彩。后来八仙过海的故事也起源于这里，使这方水土更加生动迷人，透出深厚、虚幻、宁静的历史文化底蕴。

蓬莱，一个美好而又古老的名字，一处充满着神话传说、千百年来令人为之神往的胜地。其建筑蓬莱阁自古为名人学士雅聚之地，阁内各亭、殿、廊、墙之间，楹联、碑文、石表、断碣琳琅满目，比比皆是，翰墨流芳，为仙阁添香增色。蓬莱

阁前常出现“海市蜃楼”奇观，苏东坡的“东方云海空复空，群仙出没空明中。荡摇浮世生万象，岂有贝阙藏珠宫”，正是“海市蜃楼”奇景的生动描写，真可谓复道行空，不霁何虹？高低冥迷，不知西东。慕名而至的文人墨客络绎不绝，虽然大饱眼福的人不过十之一二，却留存了观海述景的题刻二百余石。近代著名爱国将领冯玉祥也在此题写了“碧海丹心”四个遒劲有力的鲜红大字。

二、蓬莱阁建筑群具有整体规划的建筑美

蓬莱阁是享誉已久的古建筑，以蓬莱阁为主体的古建筑群楼台殿阁分布得宜，与寺庙园林搭配得错落有致，各因地势谐调壮观。庙宇楼阁建筑一般分为正殿三楹，木门棂窗，左右后墙为青砖砌筑，结合屋架木结构，单层飞檐，两端硬山，双层瓦屋面，上层为琉璃筒瓦，中间大脊，四角垂脊，脊背下端置脊兽，木质外露部分室外多为朱红油漆平涂，室内多为彩绘，绘有人物花卉、虫豸鸟兽。轩亭均系小型建筑，屋面多为卷棚式，内壁多嵌有刻石。

蓬莱阁古建筑群包括三清殿、吕祖殿、苏公祠、天后宫、龙王宫、蓬莱阁、弥陀寺等几组不同的祠庙殿堂、阁楼、亭坊组成的建筑群。这一建筑群统称为蓬莱阁。自宋嘉祐年间起，历代都进行了扩建重修。秦始皇访仙求仙药的历史故事和八仙过海的神话传说，都给蓬莱阁抹上了一层神秘的色彩。蓬莱阁主体建筑坐落于丹崖极顶，面积约为 32800 平方米。阁楼高 15 米，坐北面南，系双层木结构建筑，阁上四周环以明廊，可供游人登临远眺，是观赏“海市蜃楼”奇异景观的最佳处所。阁中高悬一块金字模匾，上有清代书法家铁保手书的“蓬莱阁”三个苍劲大字，东西两壁挂有名人学者的题诗。位于蓬莱阁下的仙人桥，结构精美，造型奇特，传说为“八仙”过海的地方。登临阁廊，举目远望，长山列岛时隐时显，东北海疆碧波连天，波涛万顷，使人心旷神怡。阁南有三清殿、吕祖殿、天后宫、龙王宫等宫观建筑，均依丹崖山势而筑，层层而上，与阁浑然一体。阁东有苏公祠。东南建观澜亭，为观赏东海日出之所。西侧有海市亭，因为观望海市蜃楼而名，又因其三面无窗，亭北临海处筑有短垣遮护，亭外海风狂啸，亭内却燃烛不灭，故又名避风亭。亭内墙壁上嵌有袁可立《观海市》石刻 9 方。整个建筑群规划巧妙，陡峭险峻。古阁的高耸，青砖瓦的黛色，惊涛拍岸的雄伟气势，碧波万顷的触目极天舒，尽显蓬莱阁建筑群的无限壮丽风光。

三、蓬莱阁建筑群符合建筑美的特征

建筑群作为建造艺术的一种表现形态，是建筑美的重要显现载体，属于历史留

下的不可再生的文化遗产。历经千年的蓬莱阁与黄鹤楼、岳阳楼、滕王阁并称为中国四大名楼，因而古来即有“蓬莱仙境”之称。

蓬莱阁建筑美是观者对建筑体的感悟，一切表现为审美的情和态，都是美。从这种意义来讲，建筑美就是我们所强调建构的美学观，在纯艺术领域里如此，在设计领域里如此，在建筑环境空间领域里同样如此。建筑具有技术的特性，也有审美的要求。建筑美要求表达形体的和谐精致，二者可以统一，有时也会分离。知道了建筑艺术与美的关系，我们又怎样来体会建筑美的表达呢？意大利文艺复兴时期的著名建筑理论家阿尔伯蒂在他的著作《论建筑》中写道：我认为美就是各部分的和谐，不论什么主题，这些部分都应该按这样的比例和关系协调起来，以致既不能再增加什么，也不能减少或更动什么，除非有意破坏它。实际上，建筑的美就是由恰当、匀称、表达、优美的概念来反映的。蓬莱阁建筑群所表现的建筑美就是以和谐美为审美元素，建筑体、沧海、丹崖山，体现出古人“天人合一”的朴素主义审美观。这也正是它所展示的传统建筑美学的基础。

建筑美由建筑的美“因”（物质的功能“因”和科学技术“因”）、美“形”（审美形式和艺术形式）、美“意”（精神和意蕴）、美“境”（自然环境和艺术环境）、美“感”（审美主体和审美客体）等要素构成。路易斯·康说过：“建筑自己要成为什么，建筑师就应该设计成什么。”这其中关系到具体建筑的功能、材料、环境、时代和民族文化等因素。性格不同，表现的结果就不同。除了这些客观决定因素，还有建筑师的主观因素，也就是在很大程度上又取决于建筑师们在遵循“美”的客观规律的基础上，对建筑艺术及其审美尺度的主观把握。建筑美的原则是人们探索建筑美，并努力地创造美。研究建筑美的形态，有造型美、空间美、环境美等衡量因素；如果研究建筑美的机制，可以从美感心理、审美情趣等因素来探讨；如果研究建筑美的客观规律，甚至可以追溯到自然界最基本的存在法则。这些多方位的阐述无非是在寻求一种美的普遍规律。为什么巴底农神庙、泰姬陵、天坛祈年殿、蓬莱阁等这些不朽的建筑随着斗转星移已失去了原有的功能，但仍然能够作为建筑史上的艺术瑰宝，被推崇为美的象征呢？这是因为它们在符合建筑美的客观规律的基础上，根据所处的地域环境，又显示出建筑自身的艺术感染力，演绎成为群体中的一种思维方式，在人的内心深处沉淀成为衡量建筑美的原型标准。符合这种标准的建筑能激发出观者的潜在心理本能，得到社会群体的共鸣。同理，蓬莱阁建筑群被公认为是真正美的建筑。

四、蓬莱阁建筑群是地域历史与文化的载体

建筑是历史与文化的直观表现形式。建筑是一种实用对象，又是一种艺术对象。这两个基本要求，可以归结为物质要求和精神要求。建筑形象就是把艺术作为

一种手段来看待。优秀的建筑形式是以建筑的美为其目的的。建筑艺术本体的建筑语言就是变化与统一的建筑形式。建筑作为一种文化现象，也是具有社会性和政治性的，它是各种背景、组织和机构的综合体，又使它们成为有机融合而升华的形式。一座建筑不仅仅是建筑，而是特定地域和文化传统、社会风俗等融合而成的建筑，其适用性都是不可否认的。当我们被整座建筑周围那流传千年的传统建筑历史和文化所感动时，我们有关建筑的目的和我们对建筑审美的认知便相辅相成了。

蓬莱阁建筑群受到本土历史文化的熏陶，传承了本土文化的精髓，使得建筑这种从单纯注重功能和结构客体转向建筑审美主体本身所传承的历史文化的过程，也为建筑艺术思潮的活跃与多元化提供了理论基础。通观建筑审美的种种理念，人们能深刻地认识到，建筑不仅仅是视觉的艺术，还是建筑历史和建筑文化的真实载体，它融合了技术、理念、环境、审美的主动者与被动者等诸多方面于一体，把历史、文化、传说、自然、生态和社会整合为一个完整的系统，成为具体的、有形的、有质感的建筑体，传承着地域历史与文化。

结语

建筑，是建筑物和构筑物的统称，工程技术和建筑艺术的综合体现。建筑本质上是人类为自己创造的一种物质生活环境，即人类生活所必需的居住和活动的场所，也是为满足人们生活、生产或从事其他活动而创造的空间环境。建筑艺术，本质上是一种立体艺术形式，是通过建构群体组织、建筑物的形体、平面布置、内外空间组织、结构造型，亦即建筑的构图、比例、尺度、色彩、质感和空间感，以及建筑的装饰、绘画、雕刻、庭园、家具陈设等多方面的考虑和处理所形成的一种综合性艺术。建筑是城市的雕塑，是凝固的艺术。我们每一个人都有机会欣赏。但是，在欣赏的时候就会发现，建筑是富有地域与时代特性的。蓬莱阁建筑群由于历代多对其进行修扩，所以它具有了建筑样式和结构样式的文化多样性，加上由此所能联想到的传统历史，无时无刻不让我们惊叹于它的建筑美。这些地域性建筑与自然环境、植被、公共设施的关系是相当复杂而又多变的。在众多的因素中，建筑文化与建筑美无疑是城市建筑形象最重要的元素，起着主导作用。

蓬莱的魅力源于悠久的历史文化和丰富的人文景观，源于神奇变幻的海市奇观和美丽动人的神话传说，源于巍峨壮丽、鳞次栉比的建筑群。虚幻的琼楼玉宇为古老的“仙境蓬莱”增添了神奇色彩。如今，历经千年修葺一新的蓬莱古阁焕发出更加炫目的光彩，以崭新的姿态迎接着各方游人，承载着人们对美好未来的追求和希望。

（作者单位：烟台科技学院）

试析蓬莱仙海文化特色

王作言

蓬莱是一座有着浓厚海洋文化色彩的城市，“蓬莱仙阁”的美誉、“海市蜃楼”的奇观和“八仙过海”的世传，使蓬莱的海洋文化充满仙风仙韵的无穷魅力，历来为人们所神往。充分认识并大力彰显这一文化特色，千方百计开发仙海合一的文化资源，不仅对打造蓬莱阁旅游品牌，而且对全市整体经济发展与社会进步，都将发挥重要作用。

众所周知，当今世界无论从经济发展、资源开发的需要来看，还是从人类生存、环境保护角度来看，人们都把眼光更多地投向了蓝色的海洋。于是，“21 世纪是海洋经济世纪”便成了国际性的共识，而海洋文化则毫无疑问地承担起支撑海洋经济的强大力量。

海洋文化作为人类文化的重要组成部分，具有广泛的世界性，它包含了千百年来人类在认识、开发和利用海洋的伟大实践中所积累的全部精神成果与物质成果。不管是哪个国家、哪个时代，海洋文化都代表着一种先进的文化发展方向，也为海洋经济乃至整个经济与社会的发展起到保驾护航作用。

中华民族的发展历史也不例外。这个富有五千年文化积淀的伟大民族，曾以自己灿烂的古代文明领先于世界，与古埃及、古巴比伦、古印度一起，是世界上为数很少的原生文明国家之一。然而，20 世纪中叶以前的约二百年里，我国这样一个显赫一时的文明古国，却逐渐落在了现代文明的后面，饱尝了贫困、苦难与屈辱。这里的一个重要原因就在于海洋文化的落失。20 世纪末，经过长期沉寂后的中华儿女，之所以能够凭着整个民族自强不息的精神，勇敢地踏上伟大的改革复兴之路，一个重要的原因则是海洋文化的重新唤醒。实际上，所谓的海洋意识，就是打开国门对外开放的意识，是放开眼光走向世界的意识。如果不是海洋文化的唤醒与回归，如果没有强烈的面向海外、走向世界的意识，我们脚下这块近千万平方公里的大地上，就不可能拉开改革开放的大幕，中华民族就不可能演绎威武雄壮的民族振兴、国家富强的史诗。

文化是城市竞争力的核心内容，是城市的灵魂所在。对蓬莱市来说，海洋文化更是这个城市的根。它的历史轨迹，它的发展脚印，以至于它生命的每一天，都与海洋文化息息相关。可以说，海洋文化培育了蓬莱人民所特有的生活方式、精神风貌和人格境界；蓬莱人民又用自己勤劳的双手，进一步发展了特色鲜明的海洋文化。这种特色鲜明的海洋文化，应该是城市的品牌、城市的旗帜、城市的标志。从某种意义上说，开发蓬莱海洋资源的真正价值，并非只在海洋物质上，更多的则是在海洋文化上。所以，蓬莱在发展进程中，应当坚持抓住海洋不放，以海洋文化作为最主要的、必须长期坚持实施的战略，充分彰显富有特色的海洋文化，使之成为经济与社会发展的强大引导力和支撑力。而享誉海内外的蓬莱阁，正是这座城市海洋文化的一盏耀眼明灯。

一些资料显示，蓬莱海洋文化的主要特征有以下几点：一是海洋历史文化深厚。不仅登州古港海道久闻于世，齐国曾在此大兴鱼盐贸易，秦皇汉武在此寻仙求药，而且蓬莱人杰地灵，人文荟萃。诸如明代民族英雄戚继光、甲午抗日将领宋庆、晚清名医张伯龙、一代枭雄吴佩孚等，举不胜举。二是海洋军事文化独领风骚。早在北宋中期，“刀鱼寨”就成为北方最著名的海防要塞，登州水师成为京东地区唯一的水师，国内最著名的古代水军基地“备倭城”至今依然保存完整。三是海洋旅游文化独具魅力。蓬莱不仅拥有良好的海洋生态环境，而且有国家5A级风景名胜蓬莱阁和蓬莱水城、亚洲最大的极地海洋世界，加上国内最长的海上长廊八仙过海景区以及隔海相望的长山列岛等，具备了得天独厚的海洋旅游资源。四是海洋民俗文化丰富多彩。既有当地颇具代表性的祈求出海平安和渔业丰收的“渔灯节”，也有各式各样的渔民号子、大秧歌和剪纸艺术，就连“蓬莱小面”等地方饮食也都极富海洋文化特色。

应该说，以上几方面的概括都表现了蓬莱海洋文化的某些特征，但这些仅仅是蓬莱海洋文化的一般特征。透过这些一般性特征，最能代表蓬莱文化本质特色的，则是仙海合一。一个“仙”字既给予蓬莱的大海以鲜活的生命，也给予这里的海洋文化以神奇的灵魂，可以称得上是蓬莱海洋文化的真谛。

与内陆地区相比，蓬莱坐拥长达数十公里的海岸线，这是所有内陆城市都望尘莫及的；而与众多的沿海城市相比，蓬莱又拥有“海市蜃楼”奇观和“八仙过海”的美丽传说，这又是任何其他沿海城市都望而生叹的。

自古以来蓬莱就与仙境连在一起，正是由此才吸引了历代无数人到蓬莱望海祈仙。秦始皇于此挥鞭兴叹仙踪难觅，徐福从这里登船东渡求仙问药。同样渴求长生不老的汉武帝，曾站在这里遥望海上仙踪茫茫，情难自禁地呼蓬莱山为“仙岛”。再有中国古代滕王阁、岳阳楼、黄鹤楼、蓬莱阁虽齐名被尊为四大名楼，但身披

“仙阁”光环的唯有蓬莱阁。更何况“八仙过海”的传说使蓬莱这块土地神秘莫测，“海市蜃楼”的多次出现更加幻化了仙岛蓬莱。这一切都表明蓬莱厚重的仙海文化得天独享。

至于“海市蜃楼”奇观，虽然是一种大气物理现象，其他地方不见发生，却偏偏多出现在蓬莱。因为蓬莱是“神”居之地，充满着仙风仙韵。从白居易笔下的“忽闻海上有仙山，山在虚无缥缈间”到苏东坡的“东方云海空复空，群仙出没空明中”，从沈括的《梦溪笔谈》到杨朔的《海市》散文，无不如此。若干年前，我在游览蓬莱阁时，站在丹崖山上，瞭望大海，突发灵感，便依律填制了一首《望海潮·登蓬莱阁》词，全文是：“丹崖形胜，壁削云横，托起琼阁飞亭。蜃气楼台，烟霓幽洞，一帘天地丹青。碧海送长风。更扶桑日上，月挂沧溟。翠螺疏摇，满帆潮汐浪涛声。神山无愧东蓬。　　叹秦皇汉武，未见长生。五日太守，徒留恨墨，引来多少诗情。尘外堪迷蒙。任鸥歌鹭语，万点渔灯。社稷中兴，神仙原是在苍生。”当时置身于东方人神往的蓬莱仙阁之上，确有飘忽欲仙之感，所以，词的最后自然也就收在了一个“仙”字上。

仔细分析起来，无论是“八仙过海”神话的流传，还是“海市蜃楼”奇观的幻化，也无论是秦皇汉武求仙问药故事的演绎，还是丹崖仙阁雄姿的描绘，都离不开仙海的有机合一。作为一种文化现象，仙海合一所反映的实际上是人们对美好世界的向往与渴望，对美好生活的憧憬与追求。所以，仙海合一文化的本质是唯美的。这种美是超凡脱俗的，是没有瑕疵的，是不被污染的。它推崇世界是美的，社会是美的，环境是美的，生活是美的，人们的心灵更是美的。这是一种理想境界。如果达到了这种境界，世间也就变成了“仙境”，生活在世上的人们也都成了“神仙”。从某种角度看，仙海合一的这种文化实质，与我们今天倡导建设和谐社会的思想是完全可以统一的。当然，无论是仙海合一文化追求的美好境界，还是当前我们倡导的和谐社会，都不会出现在梦幻中，只能依靠人们的双手去建设、去创造。有着勤劳朴实悠久传统的蓬莱人民，正是在仙海合一文化的熏陶下，用自己的双手与血汗，正在把传说中的仙境蓬莱变成现实中的美好社会。

作为人类文明源头之一的海洋文化可谓博大精深，包含着拼搏精神、奋斗精神、包容精神和合作精神等。而理想精神更多地体现在蓬莱所特有的仙海合一文化中。发展蓬莱的国民经济尤其是蓬莱阁旅游经济，不仅要瞄准海洋，开发和利用好海洋资源，而且要紧紧抓住“仙”字不放，做足做好“仙”字文章，充分彰显“人间仙境”的无穷魅力。对此，提出以下几点建议：

一、加大舆论宣传和动员，在全区范围内营造建设仙海合一的海洋文化城市浓厚氛围

突出仙海合一的海洋文化在全区发展的战略地位和作用。首先是组织区内外有关方面对包括蓬莱阁文化在内的蓬莱文化进行研讨和定位，开展海洋文化创新活动，深度挖掘仙海合一的海洋文化内涵，不仅赋予蓬莱阁建筑群以文化灵魂，而且赋予海洋文化以新的时代特征。在此基础上大力营造和渲染海洋文化气氛。同时，搭建蓬莱阁海洋文化交流中心，建立蓬莱阁海洋文化网站，通过挖掘海洋文化、展示海洋文化、宣传海洋文化，使蓬莱阁以海洋文化光亮的载体重新展现在世人面前，把蓬莱建设成以海洋文化为鲜明特色的现代文化名城。

二、加强与长岛的合作，充分利用长岛的海岛景观，打造蓬莱阁—长岛整体旅游链，丰富蓬莱阁海洋旅游资源

经验告诉我们，旅游贵在尽兴，未能尽兴，会降低旅游的价值。而要使游者尽其兴，关键是旅游资源的充分利用。一般来说，广大游客到蓬莱旅游，最主要的项目是登临蓬莱阁。一旦登上蓬莱阁，几乎所有的游客都会遥望大海，搜寻海上仙岛，体验身在仙境的感受。但是，遗憾的是，人们往往只能遥望大海而生叹，却很少有人如传说中的八仙一样，从这里漂过海洋。一个重要原因在于蓬莱阁的旅游还没有与长岛连接成为一条完整的旅游资源链。近些年来，蓬莱以蓬莱阁为中心不断丰富海洋旅游项目，相继开发了蓬莱水城、极地海洋世界、八仙过海口等景区，以及部分海上观光和沙滩休闲娱乐等项目，丰富了蓬莱海洋文化内涵，促进了旅游业的发展。但这些大都是海岸景观的开发，而海岛景观和海上景观尚未充分开发和利用，尤其是对长岛旅游资源的开发利用有待于加强。长岛丰富的海岛景观是蓬莱仙海文化的一部分，可以补充蓬莱阁旅游资源的不足。由于地缘关系，长岛与蓬莱在社会经济发展中密不可分。在旅游经济中，长岛对蓬莱既有很高的依存度，也是蓬莱的延伸。两地携起手来，大力打造蓬莱阁—长岛旅游链，可以使蓬莱在借助长岛的岛屿资源丰富自身仙海文化的同时，也使长岛借助蓬莱得天独厚的旅游资源培育和发展自身的旅游市场，形成旅游经济的双赢局面。

三、借鉴漓江女十二乐坊经验，推出“印象蓬莱”仙境文化创意案例

漓江女十二乐坊由10多位国内顶尖民乐舞蹈演员组成，凭借自身典型的东方

传统美女面容和苗条飘逸的身段，以其舞蹈、民乐和各类造型、舞台背景，通过LED立体大屏幕播放漓江梦幻般的仙境画面，与中国经典民乐巧妙结合，把最能代表中国印象的几个文化符号，如民乐、舞蹈、茶道、棋道、武侠、特技绝活以及经典神话传说等，通过桂林山水与漓江女和谐展示在舞台上，给观众身临其境的感觉，满足那些对桂林山水文化欣赏水平比较高的人的需求。

漓江女音画把山美、水美、人美、舞姿美、音乐美、画面美融入中华传统文化中；在如梦如幻、如诗如画的舞台上，演奏出天籁般的声音，追寻华夏五千年传奇动人的故事，伴以几曲桂林味十足的歌曲，无形中增强了几分桂林的诱惑力与吸引力。

漓江女音画独特之处不仅在于独家把高清立体桂林山水搬到舞台上，与中国经典文化元素融合一体表演，充分展示漓江梦幻仙境般的风光，而且把这一形式推广到世界各地巡回演出，使桂林山水文化走出了桂林，传播到世界各地。应该说，这是世界舞台表演史上的一个创举。目前，漓江女十二乐坊音画创意作品已得到国家版权部门保护登记，联合国国际生态安全合作组织与中国国际文化传播中心等机构将其评估为最具投资价值项目之一。

根据仙海文化的资源与特点，蓬莱完全可以借鉴漓江女十二乐坊的创意，或者借鉴漓江女十二乐坊的成功经验，打造一台具有蓬莱仙海文化特色的演出——“印象蓬莱”。这个创意旨在把蓬莱阁的神姿、望海求仙的传说、海市蜃楼的奇观，与美妙绝伦的音乐有机结合起来，营造一种此景只应蓬莱有、天下它处不可寻的梦幻般的海上仙境，使人们通过观看演出而飘忽欲仙，满足视觉与听觉独特的“仙人”享受。

这个创意的价值不在于推出一场表演，而是选择一个唱响蓬莱的音符，竖起仙海文化的一个标志。长远来看，其作用不可低估。

（作者单位：中国商业文化研究会）

蓬莱——八仙过海传说的发源地

周　霞

八仙过海传说产生以后，故事是那么地深入人心。许多地方都希望仙人们过海的地点就发生在自己的身边，因此，凡是有山近海的地方，差不多都有被指为“八仙过海处”的名胜。浙江一带就传说八仙过海是从舟山出发，要去蓬莱仙岛；山东崂山一带传闻八仙过海是从崂山出发，目的地才是蓬莱。流传比较广、影响比较大、民众比较公认的八仙过海处是在山东蓬莱。蓬莱当地的传闻也分两派，一派说八仙是从蓬莱过海到天宫给王母娘娘拜寿，一派说八仙是给王母娘娘拜完寿后过海到了蓬莱。既然登州作为全真道的发源地与八仙传说有着深厚渊源，登州蓬莱独特的地理位置也就使其成为“八仙过海”的最大可能之地。

一、蓬莱——仙境的象征

蓬莱北部分布着许多岛屿，有着较大的岛群，现在称为庙岛群岛，每当雨季就会笼罩在茫茫雨雾之中，仿佛荡漾在海上的仙山，亦真亦幻。这里还是海市蜃楼多发的地区，春夏、夏秋之间，当连日降雨，雨后天开，天气比较凉爽时，海域上空会出现大团变幻莫测的云彩，似启航的大船，从大海深处徐徐飘来，就形成了海市，最后在海风中慢慢飘然逝去，给这一地区笼罩上一层神秘色彩。宋代沈括在《梦溪笔谈》卷二十一中详细描写了海市的情景：“登州海中，时有云气如宫室、台观、城堞、人物、车马、冠盖，历历可见，谓之海市。”① 元丰八年（1085），大文学家苏东坡就任登州，主事五日，留居半月有余，曾写有《登州海市》一诗：

余闻登州海市旧矣。父老云：“常见于春夏，今岁晚，不复出也。”余到官

① 沈括《梦溪笔谈》，齐鲁书社2007年版，第136页。

五日而去，以不见为恨，祷于海神广德王之祠，明日见焉，乃作是诗。

东方云海空复空，群仙出没空明中。
荡摇浮世生万象，岂有贝阙藏珠宫。
心知所见皆幻影，敢以耳目烦神工。
岁寒水冷天地闭，为我起蛰鞭鱼龙。
重楼翠阜出霜晓，异事惊倒百岁翁。
人间所得容力取，世外无物谁为雄。
率然有请不我拒，信我人厄非天穷。
潮阳太守南迁归，喜见石廪堆祝融。
自言正直动山鬼，不知造物哀龙钟。
伸眉一笑岂易得，神之报汝亦已丰。
斜阳万里孤鸟没，但见碧海磨青铜。
新诗绮语亦安用，相与变灭随东风。①

因苏轼盛名，登州的海市名气越来越大。后世吟咏登州海市的诗也很多，明代兵部尚书袁可立，清代山东学台、诗人施闰章都有关于登州海市的诗文留世。

在科学解释尚未建立的古代，海市蜃楼这一自然现象很容易激活登莱先民无限的想象力和好奇心，幻想海上有仙山，仙山上有神仙，神仙长生不死，随之产生了浪漫、富有想象力的各种神仙传说。登莱滨海地区成为中国神仙信仰的起源地之一。秦皇汉武一度到这里来寻找蓬莱仙山，掀起了一浪高过一浪大规模的求仙活动，寻仙的时间是如此之长，参与的人数是如此之多，在中国封建帝王之中，可算前无古人，后无来者。他们的求仙活动推动了长生不老神仙信仰的流布，使登莱滨海地区的神仙文化氛围更加浓厚。“蓬莱”渐渐演化为文学描写、表现游仙景象和境界的经典意象之一。汉唐时期，游仙成为诗歌的常见题材，当诗人们吟咏海洋或是梦中游仙时，都会自然地联想到海上仙山。汉乐府《赤雁歌》有“神所见，施祉福。登蓬莱，结无极”之句。郭璞的《游仙诗》其一有“朱门何足荣，未若托蓬莱”之句。曹操《秋胡行》有“经历昆仑山，到蓬莱，飘飖八极，与神人俱”之句。曹植《平陵东行》有“东上蓬莱采灵芝”之句。李白《杂诗》有“传闻海水上，乃有蓬莱山”之句。杜甫《送孔巢父谢病归洲江东兼呈李白》有“蓬莱织女回云车，指点虚无是征路”之句。汉唐游仙诗所表现的神仙内容，大部分是属于有关蓬莱仙境的传说。“蓬莱”一词是美好的象征，它既代表一座海上仙山——仙人的居住集散之所在，又成为众多神山仙洲的总称，还是世俗人们心驰神往的仙

---

① 王水照《苏轼选集》，上海古籍出版社 1984 年版，第 174 页。

境。金代王重阳第二次醴泉遇仙，受异人“秘语五篇”。第二篇云：“一朝九转神丹就，同伴蓬莱去一遭。”第五篇云：“九转成，入南京，得知友，赴蓬瀛。”[①] 他意识到必须去登莱沿海，才能开创新的局面。他在烧掉刘蒋村茅庵时对乡亲们唱道：“奉劝诸公，莫生悒怏，我咱别有深深况，唯留煨土不重游，蓬莱云路通来往。”可见，在全真典籍中，“蓬莱云路”既是指仙境，也有指登莱滨海地区意。唐人杜佑的《通典·九门》记载，元光二年（前 133），“（汉）武帝于此望海中蓬莱山，因筑城以为名”。汉武帝没看到传说中的蓬莱仙岛，就在望仙岛的地方筑了一座城，命名为“蓬莱”。这是有文字可考的最早记录。后来的一些文献典籍如《元和郡县图志》《太平寰宇记》《登州府志》等，对《通典》的记载或原文抄录，或文字上稍加调整，但意思没有改变。当初的蓬莱城是个什么样子史料没有记载，后来连城址也不能确定，但总算把虚无缥缈的蓬莱仙境从海中实实在在地落实到了人世间。唐贞观八年（634）在这一带设立了蓬莱镇，归黄县管辖。唐初的大诗人骆宾王到过此镇，并且留下了一首咏蓬莱镇的五言诗：“旅客春心断，边城夜望高。野楼疑海气，白鹭似江涛。结绶疲三入，承冠泣二毛。将飞怜弱羽，欲济乏轻舠。赖有阳春曲，穷愁且代劳。”地上的蓬莱从此有了知名度。唐神龙三年（707）升蓬莱镇为蓬莱县，蓬莱县城作为登州府治的所在地，并一直延续至宋、金、元、明、清各代。

宋嘉祐六年（1061），登州知州朱处约在蓬莱丹崖山上建起一座巍峨的蓬莱阁，为州人提供游览的场所。朱处约在《蓬莱阁记》中提到了古来求仙诸事，但是他自己“不知神仙之蓬莱”，只信“人世之蓬莱”“治世之蓬莱”，无论怎么说，到底舍不得“蓬莱”的仙气，阁仍以“蓬莱”为名。苏东坡任职登州前后，登览蓬莱阁，放歌赞美山海，留下的诗篇和文章实在为蓬莱和蓬莱阁增光不少。从此，翰墨流传，和者渐众，积得诗文千百，楹联、题刻无数，蓬莱阁的美名扬播天下，成为一处名胜，历代多有重修之举。这样，一座自古便以仙人出没相传的蓬莱城，因蓬莱阁的建立、苏文忠公的一番吟咏而名扬四海，成为人们心目中的“人间仙境”。古来名宦政要，凡足迹涉及胶东，必至蓬莱登临蓬莱阁。金末元初，八仙传说随全真道盛行而流行，自然会有许多八仙的故事附会而来。甚至后来民间传说八仙过海的地点正是在蓬莱阁。

二、蓬莱与几位全真宗师的渊源

八仙过海传说与全真道密切相关，而全真道早期传教地区重点在胶东三州，即

① 《金莲正宗记》卷二，《道藏》第三册，第 384 页。

登州、莱州、宁海州。蓬莱不仅是全真道的发祥地之一，而且与全真道几位宗师颇有渊源。八仙的核心人物、全真道五祖之一吕洞宾与蓬莱关系密切。南宋洪迈《夷坚志》乙卷七《岳阳吕翁》中提及吕洞宾作的《金丹秘诀》一书，其中有“千日功成，骖鹤驾先游蓬岛”的句子。《全唐诗》中辑录了吕洞宾的诗词近300首，多处提到“蓬莱”，如“蓬莱要去如今去，架上黄衣化作云”，“他时若赴蓬莱洞，知我仙家有姓名”，“三千功行百旬见，万里蓬莱一日程”，“惯餐玉帝宫中饭，曾著蓬莱洞里衣”，“欲陪仙侣得身轻，飞过蓬莱彻上清”，“曾于锦水为蝉蜕，又向蓬莱别姓名”，“蓬莱不是凡人处，只怕愚人泄世机”等。明代小说《飞剑记》中，有吕洞宾诗：“仙籍班班有姓名，蓬莱倦客吕先生。凡夫肉眼知多少，不及城南老树精。”吕洞宾在这里自称是“蓬莱倦客”。清代末年以八仙故事为题材的长篇小说《三戏白牡丹》主要演绎吕洞宾的故事。其中，吕洞宾指点白牡丹一家到白云洞修行后，自己回到蓬莱；黄龙的徒弟黄发道人与悟尘禅师、杨思文等联合四海龙王向吕洞宾寻仇的地点也是在蓬莱。另外，《白云观志》卷三载，白云观迎宾梁至祥在民国丙寅年抄出《诸真宗派总簿》《宗派源流目录》中，把吕洞宾列为“蓬莱派”。如此种种，都将吕洞宾与“蓬莱”放在一块儿。既然吕洞宾是八仙的核心、全真道五祖之一，又跟蓬莱关系那么密切，那么八仙到蓬莱也是顺理成章的了。《东游记》有诗云：“八仙踪迹居岛蓬。”

全真道创始人王重阳往返于登州传教期间，要离开的时候，常常留诗为别。王重阳有《赠登州奉道》一诗：“一轮明月吐光辉，桂树香传十九枝。正到中更当子午，放开灵耀射瑶池。”其词《永遇乐》二首是赠与登州安闲散人的。王重阳在登州创会期间，曾与丘处机、谭处端、马钰三弟子游览蓬莱阁，写有《蓬莱阁》一词：“溟漠，令忘了登飞阁。登飞阁，人自省，身居银廓。　　能俱养灵丹药，槎稳驾销诸恶。销诸恶，头一点，肯教牢落。”他在蓬莱阁上还显示了神异。《终南山神仙重阳真人全真教祖碑》记载了这个故事：王重阳和三位弟子在蓬莱阁观海的时候，海面上忽然起了一阵飓风。大家见王重阳被风吹入海中，非常惊讶，过了不久，只见王重阳从海中跃出，仅仅遗失簪冠而已。不多时，王重阳的簪冠就随着水波，缓缓出来了。王重阳随风吹入海中却能毫发无伤地跃出，簪冠也能够自动浮出水面，确实神奇。这固然是道教徒对祖师的神化渲染，却也为附会八仙过海埋了伏笔。

王重阳大弟子马钰写有《继登州仓使韵》《继登州祝同监韵》《赴登州请道过王迟店蒙秦亭于解元见惠佳什勉继高韵》《借坡公韵赠蓬莱道众》等诗，说明他在登州的活动是很频繁的。而且，马钰的诗歌中还提到了登州的海市蜃楼，他在《腊日海上见海市用东坡韵》《宁海军判官乌延乌出次韵》《次韵》《复用前韵》中对海市蜃楼都有所描绘，尤其是在《复用前韵》中还有“四皓嬉游纵狂舞，八仙宴饮倒提钟”之句，把八仙与蓬莱的海市蜃楼联系起来。他在《借坡公海市诗韵赠福山诸道友》中云：“钦崇教主唐才吕，遵奉讲师汉将钟。……谁继重阳师父踵，丘刘谭马阐家风。”[①] 借助海市蜃楼弘扬全真教义时还提到了全真道的宗教传承谱系，把吕洞宾奉为“教主”，把汉钟离奉为“讲师”。可以说，全真宗师马钰的这些诗歌为钟吕八仙的形成和八仙过海传说在蓬莱的发源提供了暗示和线索。

三、蓬莱盛传八仙过海传说

从蓬莱入海向西北约五十里，就是宋元两朝流放犯人的沙门岛。流放到沙门岛的犯人很少有活着回去的。北宋时岛上罪犯数有定额，超过了就处理一批投到海里去。朝廷年年往这里流放罪犯，这里就年年往海里抛人，而守官们为了给将要到来的犯人腾地方，就百般折磨岛上的罪囚，好让他们尽快死去。这样，岛上罪犯们的暴动和逃亡就不断发生。逃走则要游过五十里的大海，谈何容易。但也有逃亡成功的。现在蓬莱一带还流传着这样一个传说，说是有八名囚犯居然抱着木头、坐着木盆渡过了大海，逃到丹崖山下的狮子洞里躲了起来。此洞后人称为“仙人洞”。这八个囚犯皆蓬头垢面、衣衫褴褛，其中有男有女，有老有少，有平民百姓，有皇亲国戚。次日清晨他们被一个起早赶海的渔人发现了，当听说是从对面云雾茫茫的沙门岛飘渡来时，渔人以为他们都是神仙，于是赶快跑到县衙告知官府。可是当他带着人们再回到山洞时，那八个“神仙”早就不知去向，人们更信他们是真仙了。这件事极有可能就是八仙渡海故事的起因。《宋史》卷三百四十四《马默传》载：“（马默）除知登州。沙门岛囚众，官给粮者才三百人，每益数，则投诸海。砦主李庆以二年杀七百人，默责之曰：‘人命至重，恩既贷其生，又从而杀之，不若即时死乡里也。汝胡不以乏粮告，而颛杀之如此?’欲按其罪。庆惧，自缢死。默为奏请，更定《配岛法》凡二十条，溢数而年深无过者移登州，自是多全活者。”[②] 看来这个传说还是有一定史实依据的。如果这个传说是从宋朝开始流传的，那么全真七子包括三州五会的教众一定非常熟悉这个故事，把这个故事和佛教罗汉渡江联系起来，杜撰个道教系统里的神仙钟吕八人渡海来进行宗教宣传也就再自然不过了。蓬莱的八仙过海传说后来流传了好几个版本，有一说吕洞宾早年是一名武官，因为触犯军律而被发配到沙门岛受苦役。一天夜里，他率领七名囚犯渡海逃到了蓬莱山岩下的洞里躲起来，被渔人发现，视为神仙。这种说法显然是后来附会的，是为解释“八仙过海”并且参照已有的八仙传说而集体创作的。

---

① 《马钰集》，齐鲁书社 2005 年版，第 74 页。

② 《宋史》，中华书局 2000 年版，第 8738 页。

四、蓬莱与东海神庙毗邻

八仙过海传说里的闹龙宫，闹的是东海龙王的龙宫。而东海龙王的主祀之地——东海神庙，是在离蓬莱不远的莱州。

汉武帝之后，汉朝有了东海神祭祀的场所和完整礼制。《汉书·地理志》记载，在东莱郡临朐县（今山东莱州市西北）有海水祠。这里正处于山东半岛莱州湾东岸，是祭祀海水的较佳位置，附近曲成县（今山东莱州市东北）有参山万里沙祠、参山阴主祠等，距海上蓬莱、瀛洲、方丈三神山的方位也比较近。从汉代开始，祭海活动就纳入了国家祀典之中，由官方主办。唐代《元和郡县志》载，“海神祠，在（掖县）西北十七里”，当和西汉时祭祀的位置相近。唐朝为四海设神庙，南海神庙设在广州，东海神庙设在莱州，这两座海神庙都供奉香火达千年以上。唐天宝十载（751），东海神有了第一个封号——“东海广德王”。从唐朝开始，朝廷定期派出官员，前往海神所在的祭地，举行隆重的祭祀仪式。北宋时期，朝廷仍然以莱州东海庙为重。到了元丰年间，由于定海处在宋朝与朝鲜往来的交通要道上，同时也由于定海地理位置险要，自然灾害频繁，所以在定海建祠祭祀东海神。从此，祭祀东海神的正庙从山东半岛的莱州迁到了钱塘江口的定海。后来，定海东海庙不幸毁于两宋之交的兵火，而莱州的东海广德王庙，在金朝后期不仅重新成为祭祀东海神的场所，而且是遥祭南海神之地。宋廷于康定二年（1041）加封四渎、四海王号，升“公”为“王”，诏封东海之神为渊圣广德王，南海之神为洪圣广利王，西海之神为通圣广润王，北海之神为冲圣广泽王。此后海神的封号愈加愈多，就东海之神而言，皇祐时加号“威济”，大观时加号“助顺”，宣和时加号“显灵”。山东海疆的海神庙原本很多，上古流传的北海之神，这时也纳入东海龙王的辖区。宋朝以后，因东海神不断得到加封，所以人们一般供奉东海龙王，东海龙王就成为山东沿海共同祭祀的“最高海神”。

因历朝历代统治者的重视，东海神庙经过多次重修。宋开宝六年（973），宋廷在前代基础上大修海庙，东海神庙祠宇焕然一新，初具规模。元仁宗延祐元年（1314）三月，增修了东海广德灵会王庙。明洪武八年（1375），重修莱州府东海神庙。明宣德十年（1435），又修莱州府东海神庙。明宪宗成化年间亦大加修拓莱州府东海神庙。万历年间，明神宗重修莱州府东海神庙。清道光二十二年（1842），登莱青道王镇请求从海防经费中拨款6600两，重修东海神庙，得到朝廷批准，东海神庙由此修葺一新。道光二十四年（1844），立重修东海神庙碑，由登莱青道王镇撰写碑文，著名书法家、掖县进士翟云升书丹。

莱州的东海神庙被历朝历代统治者奉为主祀东海龙王的固定场所，这里供奉着东海龙王的“正宗容颜”，由历代王朝指定官员来主持祭祀仪式，原来民间的海神祭祀形式已纳入国家政治文化活动之中，并从宋代开始形成传统。东海神庙在存世的千余年间，知名度甚高，蜚声海内。各界人士远道前来，只为瞻仰东海龙王“尊容”，欣赏一方名胜。在八仙过海传说盛行的同时，蓬莱之名日甚一日地响亮起来，东海龙王的主祀之地又在离蓬莱不远的莱州，将八仙过海闹龙宫的地点与“蓬莱”放在一块儿，这大概就是民间把八仙过海的传说附会到蓬莱的文化心理。因为东海龙王是权贵的化身，八仙过海的故事也包含了民间百姓对当局者的不满情绪，希望借助群仙的力量来纠正当权者的一些过失。

（作者单位：鲁东大学胶东文化研究院）

蓬莱阁道教文化探微

寇润平

蓬莱是国家历史文化名城，也是中国优秀旅游城市，自汉代建城以来，拥有2100多年的建城史，历史文化源远流长。神秘莫测的海市蜃楼自然奇观和美丽动人的八仙过海传说，更让蓬莱成为东方神话的发源地之一，被历代誉为“人间仙境”。蓬莱因此也成为中国“东方神仙文化之都”。而这种积淀深厚的“神仙文化”与中国本土宗教道教文化之间有着密不可分的关系。蓬莱阁作为蓬莱历代道教文化的集大成之地，虽然其同时折射了佛、道、儒三种传统文化的影子，体现了多文化的融通与和谐，但细究起来，在蓬莱阁的神仙文化体系中，道教文化仍然占据不可动摇的主导地位，可以说蓬莱阁古建筑群仍然是以道教建筑和道教文化为主的景区。下面笔者就单对蓬莱阁的道教文化进行简单梳理，对蓬莱阁道教文化显现的一些特点及文化应用做一简单论述。

一、蓬莱阁道教文化的主要遗存

龙王宫　蓬莱阁古建筑群中最西端的一个建筑单体，位于丹崖山半腰西侧，为三进院落，占地面积为2117平方米，唐贞观年间建，元中统年间修，明洪武十八年（1385）指挥谢观监修，万历中参政李本纬、知府徐应元重修。分前殿、正殿和后殿。前殿供奉的是龙王的两位守门大将：东为定海将军，西为靖海将军。正殿中间端坐的是四海龙王之首东海龙王敖广，两侧是八位站官：巡海夜叉、千里眼、雷公、电母、赶渔郎、顺风耳、风神婆、雨神。龙王宫后殿供奉着龙王和他的两位夫人，他们身边站立的是八名侍女。龙王宫在蓬莱阁古建筑群中虽然体量不大，但从建筑学的角度来看，等级较高。龙王宫正殿的屋顶属于中国古建筑传统屋顶的单檐庑殿顶。这源于中华民族对龙的几千年来的图腾崇拜，以及淳朴的胶东民众对龙的偏爱，也折射出古人对龙王那种淳朴的信仰与崇拜、对这方“圣地”的敬畏与神往。古时候，每当遇上酷暑天旱，官吏们便带着百姓到这里顶礼膜拜向其求雨。蓬莱沿海渔民至今仍保留着每年正月十三的渔灯节，届时民众到海边为龙王送灯。

天后宫 位于蓬莱阁西侧，占地面积3000多平方米，沿中轴依次布局，有山门、钟鼓二楼、戏楼、前殿、垂花门、正殿、寝室及耳房。天后宫里供奉的是海峡两岸人民虔诚信奉的海神——妈祖。蓬莱阁的天后宫是我国北方最大的天后宫庙宇之一，也是蓬莱阁建筑群中规模最大的建筑单体。蓬莱阁的天后宫是北宋崇宁年间（1102—1106）由皇帝颁旨所建，并亲赐额书“灵祥”，宣和四年（1122）落成，距今已有近千年的历史了。清道光十六年（1836），曾不慎被香火烧毁，道光十七年重建，并改额书为“显灵”，至今仍有山门——显灵门。进入山门后，便是戏楼，每年正月十六天后宫庙会时，人们都要在这里上演山东的地方戏剧——吕剧。戏楼两侧各有红褐色巨石三尊，两两相对，排列的形式像天上的三台星座，为此清代大学者阮元命名此石为三台石，刻石嵌于天后宫前殿外壁上。后来知府张輶因六石排列形式像《易经》中的八卦之一坤卦，所以称它为“坤爻石”。天后宫的前殿有两位门神：嘉应、嘉祐，是保护天后的神将，传说他们都是天后在莆田湄洲降伏的妖怪。进入前殿后便是垂花门，由门上两个倒垂的贴金花蕾而得名，是古时皇族或达官显贵内眷居室才有的专用装饰，可见天后地位极高。正殿供奉的是天后。在我国天后神像主要有黑色、红色、金色三种不同面色。民间通常认为红面妈祖显示她的亲切慈祥，黑面妈祖显示她的正直刚烈，而金面妈祖则代表了其得道之身。蓬莱阁自古以来道教盛行，道教崇黄色，因而将妈祖塑为金身。正殿门上的匾额是“道德神仙”。天后身边站有四名侍女，东西两侧有八名站官，其中有四位海龙王。后殿是天后的卧室，东西两间设有天后床铺，并且在东西隔扇上分别透雕“玉兰青竹”“苍松牡丹”和“梅花石榴”“桃子幽兰”等图案。

三清殿 供奉的是道教三位始祖，位于蓬莱阁东侧，由前殿、正殿组成，正殿为五开间重檐歇山屋面，面积约250平方米，建于唐开元年间，明代隆庆年间重修。前殿供奉的是两位守门将军，左为哼将陈奇，右为哈将郑伦。正殿供奉的分别为玉清原始天尊、上清灵宝道君、太清太上老君。中间是玉清元始天尊，手拿红珠，象征洪元世纪；东边是上清灵宝道君，又被称为通天教主，手拿太极图，象征混元世纪；西为太清太上老君，手持扇子，象征太初世纪。道家认为，经过了洪元、混元、太初这三个世纪的演变才产生了生灵万物。道教宣扬道是万物的本源，是宇宙万物中最核心的东西，由此生成元气、阴阳两仪、四时乃至万物。如老子《道德经》中说的：“道生一，一生二，二生三，三生万物。”

吕祖殿 位于蓬莱阁东侧，由重门、正殿、宾日楼、东西厢、观澜亭组成，占地面积约350平方米。正殿为三开间硬山结构，殿中供奉的是八仙之首吕洞宾，西侧是药童，东侧是柳树精。正殿门西侧一寿字由“九转丹成”四个字组成。相传吕洞宾曾在此修炼成仙。吕祖殿是清朝光绪三年（1877）知府贾瑚、总兵王正起所建。吕洞宾本姓李，名琼，字伯玉，山西人，生于唐德宗贞元十四年（798）。吕祖当年因父辈受官府迫害，遭到株连，便携其妻入终南山，跟钟离权学道，遂埋名更姓为双口吕。在官府闻讯追至终南山后，吕祖又到泰山后石坞岩石洞中修道。夫妻二人久居岩洞，相敬如宾，故名“吕洞宾”，亦称吕岩，又称“回道人”。后来夫人去世，吕洞宾大哭一场，即迁到岱阳王母池畔炼丹，故号“纯阳子”。

子孙殿 古时候求子求孙的地方，门上有匾额“熊罴赐梦”，取之《诗经·小雅·斯干》篇，“吉梦维何，维熊维罴”，“维熊维罴，男子之祥”。熊罴是凶猛的野兽，象征着勇敢的武士，因此，“熊梦”或“熊罴入梦”为祝人生子的吉祥语。这里主要供奉的是送子娘娘。相传送子娘娘是周文王的夫人，他们一共生养了99个孩子，后来又收养了一名义子取名雷震子，所以民间就有《文王百子图》广为流传。如今这里成为“无子求子”“有子保平安”的地方。送子娘娘身边还供奉着眼光娘娘和疹子娘娘，她们是保佑孩子心明眼亮、身体健康的。

胡仙堂 建于明代，主要供奉的是明代一胡姓名医“胡仙”，有三尊塑像，中间为胡仙，身边是他的两位药童，一位手拿灵芝，一位手拿葫芦。相传明朝登州府有一姓胡的人家，家中有三位公子，他们三人自幼无心读书，淡泊名利，到处寻求民间药方，进深山采药为百姓治病。兄弟三人中数胡三医术最高，不管什么样的疑难杂症，他都能药到病除，妙手回春，因此被人尊称为“胡仙”。后来他潜修仙道，得道成仙，人们即建“胡仙堂”纪念他的功德。

二、蓬莱阁道教文化的突出特点

蓬莱阁景区拥有丰富的道教文化遗存，集中展示了道教文化的众多内容，表现了不同时代人们对道教文化的认知、对道教哲学的反思与利用，也反映了古代百姓对现实与理想的情感调和。由于历史的不断演进，朝代的不断变迁，加上胶东沿海等特殊地域民俗的影响，蓬莱阁景区的道教文化呈现出很多特点，简单归结如下：

（一）道教宫观较多，但突破常规性宫观体系建设

蓬莱阁古建筑群中道教建筑占了很大比重，供奉的道教神仙很多，但不像其他地方常规性道教宫观一样成体系。整个蓬莱阁古建筑群中只有蓬莱阁的白云宫属常规性道教体系宫观，吕祖殿和三清殿规模却都不大，殿堂也不完整，没有常规宫殿的灵官殿、玉皇殿、四御殿、三官殿、斗姆殿、老子殿、救苦殿、文昌殿、财神殿等。

（二）所供奉神仙很多，但打破道教神仙等级限制

蓬莱阁道教文化的一个突出特点就是所供奉的神祇选择充分显示了民本性、民

间性。蓬莱阁中供奉的各路“神仙”，大都与当地民众（渔民、船工、海商）诉求有关，所选择的都是与其利益密切相关的神祇，如因为当地渔民、海商较多，百姓生活与大海有很大关系，所以蓬莱阁建有规模宏大的龙王宫和天后宫（海上守护神妈祖），而且龙王宫不供奉四海龙王，只供奉东海龙王敖广。其实在道教神团体系中龙王的地位很低，一般宫观是不供奉的，蓬莱阁却打破了这些传统。子孙殿里面主要供奉的是送子娘娘、疹子娘娘和眼光娘娘，而没有更高级别的碧霞元君，完全不顾道教神仙体系等级，充分显示了地域特色和朴素的实用主义特点。

（三）所供奉的多为俗神，具有很强的亲民性

蓬莱阁供奉的道教“神仙”虽然也有三清、龙王等，但更多的是天后宫妈祖、蓬莱阁上的八仙、吕祖殿里的吕洞宾、胡仙堂里的胡仙等。这些“神仙”都是来源于民间，具有朴素的民间原型，他们大多因为突出的功德成为民间信仰的神祇，后为道教所吸收，列为道教神祇，也被称为俗神。而且这些“神仙”都以扶危济困、惩恶扬善、除暴安良的形象和姿态游历人间，表现了百姓对理想社会和理想生活最直接的心理诉求。

（四）蓬莱阁道教宫观的建筑布局暗含王者风范

蓬莱道教的龙王宫和天后宫在建筑上都按帝王的王宫前朝后寝来布局。天后宫的前厅即正殿是妈祖接见群僚的场所，模仿了“垂帘听政”的格局（其他地方的天后宫还没有发现有这样的形式）。也说因为天后终生未嫁，所以古时称没有出阁，而用阁子将其隐藏。天后宫的后寝设东西两个卧室，也是帝王寝宫格局（东卧室系皇帝与皇后使用的卧室，西卧室系皇帝与嫔妃使用的卧室）。虽然妈祖是未婚女子，帝王宫寝的布局却非常明显。

（五）蓬莱阁道教神祇排列体现民间道教的特点

蓬莱阁天后宫的前厅，将四海龙王列为妈祖的下属，成为妈祖的站班，这是其他地方很少见的，体现了民间道教的特点。究其原因，据说是因为北宋以前海神是龙王，但由于他面目狰狞古怪，喜怒无常，常在海中兴风作浪，使渔家和航海者畏惧反感，从而失去了对他的信仰。元代以后，历代朝廷晋封海神娘娘为天妃、天后、天上圣母，以天上的官职控制茫茫大海中的一切神怪妖气，她的活动范围远远超越了四海龙王所管辖的区域，所以四海龙王也要听她的调遣，为她站班。另外，在妈祖故乡莆田，有《天妃降龙》的剧本，是当地人们为歌颂天妃所演的地方戏剧，说的是天妃降伏东海龙王的故事，这也可能是四海龙王为什么成了天后站官的原因。

（六）蓬莱阁供奉的道教八仙形象更加注重情景化特点

目前蓬莱阁二楼供奉的八仙群仙像，选取的是以八仙过海前仙人们在蓬莱

阁上开怀畅饮、磋商过海法术的情景，以“八仙醉酒”为主题，人物形象处于似醉非醉、醉与大醉之间，突出八仙的逍遥不羁特点。群仙以八仙桌为轴心，以八仙桌面为视平线，采取仙人线上立、线中坐、线下卧的排列形式，通过上、中、下三层次的整体塑造，构成一幅侧 45 度角完整而鲜活的群仙组像，而且更加贴切地突出了八仙中每个人物的性格特点。这与常规宫观里八仙殿多单独展示仙人个体形象的情形不同。蓬莱阁一楼的八仙雕塑作品，也是选取了民间流传已久的六个生动故事（八仙蓬莱阁赏牡丹、八仙为百姓造桥、苏东坡访八仙、八仙过海、八仙战龙王、八仙为王母娘娘祝寿）组成，丰富了八仙在百姓心中的形象，给人无限遐想，延伸了观赏者的思绪，不同于其他常规宫观里单纯讲述和单一展示八仙的呆板表现形式。

三、蓬莱阁道教文化的开发利用

蓬莱阁的道教文化旅游资源十分丰富，拥有大量的历史文化遗存。近年来，蓬莱阁管理部门在中共蓬莱市（区）委、蓬莱市（区）政府和旅游度假区管委及有关部门的大力支持下，对道教文化旅游资源进行了深入开发和利用，已形成了鲜明的特色，使道教文化的展示和弘扬更加集中、更加深入、更加体系化，成为蓬莱阁旅游不可缺少的重要部分。但蓬莱阁道教文化可开发利用的资源和形式仍然有很多，蓬莱阁道教文化的发掘空间仍然非常大。

（一）蓬莱阁道教文化资源利用现状

蓬莱阁管理部门通过邀请清华大学、天津大学等 20 多所院校和科研机构的专家教授对蓬莱阁整体文化资源进行深入研究论证，将蓬莱阁文化资源内涵概括为神仙文化、精武文化、港口文化、民俗文化，并初步形成了用神仙文化拉动其余三种文化，最终形成四种文化并驾齐驱的文化产业发展思路。根据这一思路，蓬莱阁管理部门着力推出了与四种文化相关的文化旅游产品，但整体以神仙文化即道教文化作为线索，进行穿插，主要表现在：一是以核心景点蓬莱阁为线索，相继复原完善了龙王宫、天后宫、胡仙堂、子孙殿等古建筑，开辟妈祖文化展，使景区道教文化渊源更为流长，历史积淀形成的道教文化内涵更为丰满；二是以蓬莱阁景区的神话传说为线索，将与传说相关的庞大群仙体系进行了深入研究和润色，制作了相关的宣传材料予以宣传；三是以蓬莱阁道教附属文化为线索，推出八仙邮票、八仙宝葫芦、八仙宝器特色标识、与道教文化相关的旅游纪念品等；四是以蓬莱当地的道教文化民俗风情为线索，推出了正月十三渔灯节龙王宫拜龙王、正月十六蓬莱阁天后宫庙会等专项文化产品。

（二）蓬莱阁道教文化资源的未来开发

蓬莱阁丰厚的道教文化资源，在市场化条件下，可以转化为旅游资源、经济资源。如何进一步合理开发利用历史积淀的道教文化资源，是一项艰巨而又意义深远的工作。

1. 要进一步深化道教文化资源研究工作

对经历了千百年洗礼的蓬莱阁道教文化资源进行更深入的研究、发掘、整理和开发，使其更有利于以不同的形式传承下去，这是非常具有历史意义和现实意义的工作。蓬莱阁道教文化资源考究、发掘工作，具有专业性、复杂性、长期性，必须有专门一部分人扑下身子，下大力气搞研究、做工作。如果没有条件成立一个专业机构来做，也要招聘、抽调一部分有专业知识、有较强研究能力的同志来做这项工作，必要的时候还要请专家给予指导，对根据研究结果所做的规划或项目进行论证。

2. 要进一步推出一批道教文化精品项目

要在可持续发展原则指导下，立足蓬莱阁道教文化的宝贵资源优势，在充分考察调研、科学论证的基础上，进一步包装推出一批精品项目，以进一步取得社会效益和经济效益的双丰收。比如，进一步丰富完善八仙文化，努力将八仙文化从无形向有形转变。考虑到神仙文化在世界旅游传播中的局限性，尤其在欧美等旅游市场的弱势，可以尝试对八仙旅游资源和传说进行引申、提炼，寻求与当代、与世界旅游相融通、相共鸣的旅游主题，诸如“逍遥”“自由”等类型的主题，全力开发和打造“休闲身心”的仙人文化游。用有形的仙道设施、神仙产品、神仙文化载体，从直观上切实浓化“人间仙境”色彩（无需用语言告诉游客这是仙境，让游客自己切身体会到），营造区别于其他城市和景区的仙道氛围。也可以尝试兴建以八仙文化为挈领的道教文化展示项目，或特色雕塑，或现代体验宫观，以多媒体、文化小品、趣味故事等方式，深层次、多角度、全方位展现中国的仙道文化。还可以尝试开发旅游者参与性强的互动项目。例如，游客可以穿上八仙的衣服，借助“八仙宝器”，利用科技手段，置身波涛汹涌的大海，亲身体验“八仙过海，各显神通”，“劈波斩浪，凌波微步”的感觉；或者根据丰富多彩的八仙传说故事，营造鸟语花香的世外桃源环境，设置温馨的剧情，让游客简短体验神仙之旅……用现代手段生动活泼地将游客拉入仙境，体味道教神仙传奇。

3. 要进一步加快道教文化旅游纪念品开发

特色突出、做工精美、内涵深厚、便于携带的蓬莱阁道教文化旅游商品和纪念品，可以从一个个点折射并传播蓬莱阁的道教文化、历史传说。做得成功的话，可以起到“流动的宣传”的作用，在更好地达到品牌宣传目的的同时，获得良好的经济效益。可以进一步挖掘八仙传说、民间绘画、剪纸、艺术葫芦、八仙卡通、袖珍书籍等，通过旅游工艺品和纪念品开发来进一步丰富蓬莱阁旅游文化内涵，增强旅游吸引力和竞争力。

4. 要进一步完善道教文化旅游配套服务

立足蓬莱阁的道教文化资源和优势，在深入研究、整合的基础上，不断创新完善相关配套服务，构建蓬莱阁道教文化旅游体系。如针对蓬莱神话传说重要渊源的海市蜃楼，可以进一步完善和细化探寻、欣赏、体验这种神奇而神秘自然现象的服务，尽力让可遇不可求变为可遇或可求，满足一些人希望能够亲眼看见海市蜃楼的愿望（这样并不会削弱海市蜃楼的吸引力，反而会增大蓬莱阁海市蜃楼的知名度和美誉度，增强其吸引力。因为海市蜃楼不是一成不变的，只要不断求新求异，就能不断吸引新老客源）。此外，可以着力开发完善道教文化“天人合一”理念的相关配套服务。尤其在人们生活节奏加快的今天，如何更多地关注人本身及内心，为心灵解压，为脚步“减速”，在烦嚣中寻求宁静，达到人与自然的和谐统一，这将成为未来休闲旅游可持续发展的重要探索方向，也将具有持久的生命力，所以如果能先一步提供、完善这种“神游”配套服务，必将取得未来的竞争优势。还可以完善道教文化中“养生”服务产业链，以秦皇汉武等帝王寻仙访药为历史缘起，不断完善道教文化中的药膳养生、健身养生、饮食养生，形成蓬莱阁道教养生服务文化，尽量做到精、细、全，建立国内独一无二的养生文化服务体系，开发八仙酒、八仙茶、八仙宴、八仙健身法等，使其成为蓬莱阁社会效益和经济效益新的增长点和突破点，全面打造要素齐全、理念超前、特色突出、配套完善、服务一流的蓬莱阁中国文化旅游概念，推动蓬莱阁旅游成为中国标志并不断走向世界。

（作者单位：烟台市蓬莱区第一中学）

齐地八神与蓬莱神话

林仙庭

总体而言，最古老的中国神话可概括为两大分支：一是昆仑神话，一是蓬莱神话。昆仑神话描绘的是一个以西王母为中心的神话王国。在这里，这位“女神”至高无上，唯我独尊，其他神兽均为侍从奴仆，无不俯首听命。显然，这是中国王朝政治的翻版，是中原大地发展起来的黄土文化的产物。像政治王朝一样，昆仑神话威势赫赫，影响很大，是古代中国的主流神话。我们从大量汉画像石上的神话资料里，可以看到很多西王母的形象。相形之下，蓬莱神话则是一个与昆仑神话王国完全不同的神话世界。这个世界坐落于中国东方的浩瀚大海中，有一座座飘忽无定的神山仙岛，岛上虽然没有戒备森严的王宫，却也有着琼楼玉宇、仙花瑶草，仙人徜徉其间，长乐未央，长生无极，好不自在逍遥。这是海洋文化的产物，充满了浪漫色彩和人文精神，在等级森严的古代社会里，这样的蓬莱神话显然更有吸引力。蓬莱仙境直到今天还为天下人所向往，原因恐怕也在这里。

中国有辽阔的海洋，海洋文化却不太发达，因此蓬莱神话也并不占主要地位。成书于战国时期的《山海经》是一部古代神话的集成之作。从这部书里，我们可以看到一个绚烂诡奇的神话世界。书中的西王母，还是人头虎尾，半人半兽，这正是原始神话的本来面目。而在汉画像石上的西王母，尽管有时候还拖着一条尾巴，但怎么说也是一个地道的妇人形象，可见比《山海经》时代已经大为进步了。与此同时的日、月之神却依然面貌古朴：日神是一只被叫作“三足乌”的神鸟，月神是一只其貌不扬的蟾蜍，亦即我们今天望而生厌的癞蛤蟆，根本不是后世神话中的那位冷艳美女月宫嫦娥。日神、月神都是蓬莱神话中的重要角色，可见蓬莱神话到汉代还保留着这样原始的状态。

蓬莱神话大约在战国时期便流传开来。在《庄子》《离骚》等充满浪漫色彩的先秦文献中就可以看到海上三神山的影子。这些神话真正达到鼎盛是在秦汉时期。中国历史上最著名的两个帝王——秦始皇、汉武帝都曾多次来到东方沿海，举行声势浩大的东巡，名曰“礼祠名山大川，祭祀齐地八神”。这里说的齐地八神其实就与蓬莱神话大有关联。齐地八神的提法（名字）最早见于《史记》。《史记》中的《封禅书》《秦始皇本纪》都用大量篇幅记载了秦始皇东巡“礼祠”八神的行迹。齐地八神是齐国境内八个神主的总称，具体有天主临淄、地主泰山（梁父）、兵主蚩尤、四时主琅琊、日主成山、月主莱山、阳主之罘、阴主三山。从这些神名及其祭祀地点可以看出，天主代表的是春秋首霸、战国七雄之一的齐国，地主则代表着齐鲁之地的二号大国鲁国。兵主蚩尤，这是一位曾与黄帝争夺天下的炎帝部落联盟的首领，是一位极具悲剧色彩的东方战神。这些神主的定位都不难理解。但其他五神不管在重要程度上还是知名度上，都远逊于前三者，这不免让人产生疑问——为什么秦始皇在天下甫定、百废待兴之际，竟然在短短十几年间接二连三地奔向东方？用秦始皇自己的话说就是“颂秦德，明得意”，也就是通过祭祀东方之神向东方臣民宣告：天下换了主人。这样的政治动机当然存在，在冠冕堂皇之下其实还深藏着一个专制君王的个人动机：寻找海上三神山，求得长生不死之药，希冀寿比南山。海上三神山要到沿海八神的地点去找。这就再明白不过地告诉我们，海上三神山与沿海八神关系极为密切，或者干脆就是一套神话（蓬莱神话）的不同部分而已。沿海八神有四时主（琅琊，今琅琊台）、日主（今荣成成山）、月主（今龙口莱山）、阳主（今烟台芝罘岛）、阴主（莱州三山岛）。这些神话的名号显然都与太阳的运行有关。太阳是哺育万物的生命之源，人类对她的敬畏和崇拜是自然而然的，全世界各民族在历史上几乎都有过对太阳之神的崇拜与祭祀。日出东方是人类的常识。中国的东方是浩瀚无垠的大海，所以在中国的太阳神话便有了“日出扶桑，浴于咸池”等日出东海的传说。齐地八神中天、地、日、月、阳、阴排列如此整齐有序，显然不是这些神主的原始名称，而是经过后人的设计编排。王睿就认为，这个设计编排形成的时间大约在战国晚期齐国完成统一之后，是稷下学宫的学者所为。无论如何，这些神主的名号并非完全凭空杜撰，肯定也保留着一些原始神主的影子。如日主成山，附近就有一些不夜、旸里等与日出有关的地名。再如四时主琅琊，有学者王树明根据莒县凌阳河大汶口文化陶尊上刻画的日月山图像，认为其与四时节气的观测有关。总之，沿海的齐地八神属于名山大川，是自然之神，在蓬莱神话中是古老的阶段。而三神山的故事之所以能够取代齐地八神，后来居上，实在是要归功于秦皇汉武的求仙闹剧。

三神山故事的产生与形成还有一个重要原因，这就是海市。海市又叫“海市蜃楼”，晋人伏琛在《三齐略记》中说：“海上蜃气，时结楼台，名海市。”依现代科学的解释，海市是一种大气光学现象，是由不同密度的空气层对光的折射而生成的影像，不是什么神的力量所为。在古人眼里，这些不期而至的光怪陆离的景观却充满了神异色彩。人们在感到惊奇的同时，也曾在海市发生时勇敢地进行了探索。司马迁在记叙三神山的故事时用方士的口吻这样描绘："及近，三神山反居水下。"这说明已经有人在海市发生时勇敢地亲身前往，希望能一探究竟。虽然始终也没有谁能真正登上三神山，苍茫海空之间漂浮闪现的楼台人烟却为人们亲眼所见。正是这种可望而不可即造成了海市的神秘感。与现代社会不同，笼罩古代社会的是浓重的鬼神氛围，于是，人们把海市现象归之于神的力量是再自然不过的事情。

海市的出现要具备许多条件，如地理形势、海水温度、气候风向等都是制约因素，所以并不是所有海域都能经常看到海市。在我国，黄海、渤海是海市多发海域。在古代，这一带统称为勃（渤）海。据近来资料统计，每年发生在山东沿海的海市大约有10次，这是相当频繁的。其他海域也有海市，如浙江宁波、河北秦皇岛等地也都见过报道。秦汉时，这些地方叫会稽、叫碣石，也是皇帝巡视祭祀的地点，这里的神主或许也与海市的发生和三神山的传说有关系。不过，任何其他海域的海市不管发生频率、壮观程度还是持续时间都不能与蓬莱一带沿海相比。蓬莱海市名闻天下，历朝历代众多达官名士聚首蓬莱，莫不希望亲睹海市奇观，就连那位大文豪苏东坡到登州居官仅仅五日，还求龙王保佑他能看到海市，留下了一首脍炙人口的《海市诗》。今天，蓬莱阁已成为全国著名的旅游景区，蓬莱海市不能不说也是一种诱惑。

在秦始皇、汉武帝寻访海上三神山的活动中，还有一批人起了关键性作用，这就是方士。正是方士们的策划、鼓吹，才有了秦皇汉武频繁光顾东方海上。有人认为方士是摇唇鼓舌的游方术士，司马迁在《史记》中对他们的评价就不高。其实用历史的眼光看，方士并非等闲之辈，而且愈往古代其地位愈加显赫。他们是一批能与人、神沟通的人物，有时甚至职司为神代言，被称作"巫"。方士又能行医用药，治病救人。在古老的医术里，有一种类似后世"跳大神"的方术，所以在古文字里"医""巫""舞"三字同源。随着时代的发展进步，方士的地位渐渐衰微，秦汉时已沦落为诸子百家末流的方仙道。这时的方士，说到底还是知识阶层。他们不但能悬壶行医，能行"神仙"之事，大概也掌握了不少天文地理、航海行船等方面的知识。只要看看方士徐福借口访仙求药而向秦始皇提出的条件：百工、五谷、童男童女，这不活脱脱一个移民海外的计划吗？近年来中日两国在水稻传播、弥生时代人骨比较方面开展的研究表明，徐福东渡不能简单地视为子虚乌有。稷下学宫公孙渊说的"九州之外又有大九州，其外大瀛海环之"这种说法也许有实践依据。秦皇汉武不知道，燕齐方士们却不一定不知道。以三神山为中心内容的蓬莱神话，除了虚幻缥缈的海市蜃楼，难道就不可能再有更真实的海外背景吗？

以三神山为主要内容的蓬莱神话在秦皇汉武的东巡中达到了鼎盛。只要看看《史记》《汉书》中以巨大篇幅对此进行的记载，甚至不乏绘声绘色的细节描绘，便可知祭神、求仙活动如何轰动一时。不唯史书记载如此，在考古中也得到了印证。如渤海湾畔的河北秦皇岛、辽宁绥中，那里是秦汉时祭神的碣石宫遗址，很多建筑都在临海台地上，至今保存仍然较好。齐地八神所属的山东地区沿海，祭神遗址分布更为集中。近年来，国家立项对齐地八神遗址进行考察研究。通过对胶东半岛地区的阳主芝罘、月主莱山、日主成山的考古调查和试掘，我们发现这些与祭祀有关的遗址，时间都很集中，最早的大约在战国晚期，鼎盛时期在秦代和西汉中期，与《史记》等文献记载基本一致。这些遗址以荣成成山遗址规模最大，祭坛、宫观建筑达5处之多。但所有建筑使用时间都很短，在西汉中期的高峰之后，这些祭祀遗址似乎戛然而止。龙口莱山月主祠也有类似情形，尽管那里的祭祀曾由秦汉一直延续到东汉、南北朝到唐朝，规模宏大的宫殿建筑却只存在于秦皇汉武的时代。该遗址发现的直径39厘米、60厘米的大瓦当和长108厘米的大板瓦就是生动证明。这些情况表明，胶东沿海的八神祭祀活动，应该主要与秦始皇、汉武帝有关。显然，这不是单纯的祭神，还有求仙意味。秦皇汉武贵为帝王，不惜倾尽天下人财物力来满足自己的穷奢极欲，但到头来也只能是望洋兴叹，空留历史笑柄。

千古一帝都做不到的事情，芸芸大众就更不用心存寻仙求药的妄想了。从此，海上仙山无论多么美丽，它也只是一个如同天宫地府一样的虚幻世界，不再具有真实的吸引力。对人们来说，蓬莱神话就是一个动人的传说，一种美好的向往。这得益于人类认识论的提升，得益于社会的进步。儒家主张的“敬鬼神而远之”代表的就是这种进步。作为儒家精神的传承，北宋时登州知州朱处约决意把虚幻的海上蓬莱仙山变成“人世”之蓬莱，由此建成了一座让人品味人间仙境的蓬莱阁。从此，虚幻在这里变成了现实。对于蓬莱仙境落户人间，这蓬莱阁也算得是名至实归。也许这正是蓬莱阁历经千年而声名益显的原因吧！

（作者单位：烟台市博物馆）

碑铭所见早期全真教在蓬莱的活动

张永强

全真教创立于金代大定年间（1161—1189），是我国后期道教的重要教派。由于得到了最高统治者的大力支持，全真教在金元时期盛极一时。

金代，全真教的创始人王喆（重阳子），以及他的最早几个主要弟子即后来号称“全真七子”的信徒，是以登州（蓬莱）、莱州和今潍坊一带作为重点地区，开始传教活动的。关于这一时期全真教的活动，在传世石刻资料中也有所体现。

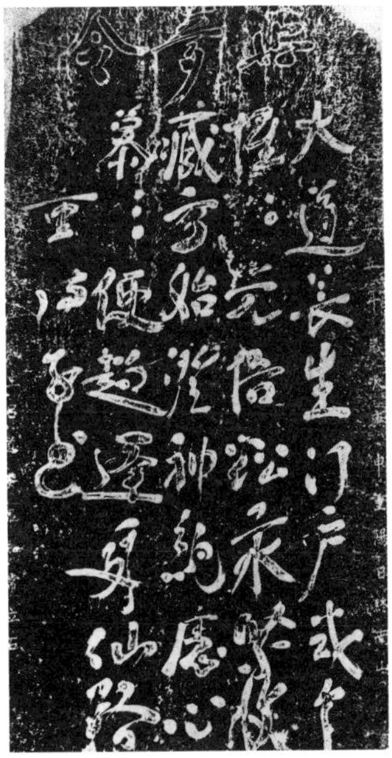

释文：

大道长生门户，
几个惺惺觉悟。
铅汞紧收藏，
方始澄神绝虑。
心慕，心慕，
便趋蓬莱仙路。
重阳子书

“如梦令”刻石（国图，各 2627），金承安五年（1200）九月九日刻。在陕西周至县。高 163 厘米，宽 86 厘米。王喆书。

目前，全真教碑刻资料保存比较集中的地点有三处：一是山东莱州大基山全真教宫观遗址；二是王重阳故乡，陕西西安市鄠邑区城西十公里祖庵镇的重阳宫；三是陕西周至县终南山内全真教遗址。祖庵镇重阳宫中现存元代《全真开教秘语碑》等四十余通丰碑巨碣，且保存完好，内容翔实，是研究全真教创教发展的重要资料。特别值得一提的是，周至县终南山内立有元至元十二年（1275）七月十五日刻《王喆碑》，全称“终南山神仙重阳子王真人全真教祖碑”，拓片高 308 厘米、宽 132 厘米，金代皇叔密国公完颜琇撰，金代诸路道教提举李道谦书丹并篆额（碑文见王昶《金石萃编》卷一五八；《道藏》第 33 册《甘水仙源录》亦收入），是一通金代人撰书而立于元代的全真教丰碑。剔除其中的神话色彩，碑中提到了王重阳“至登州，游蓬莱阁”，以及“在登州建三教玉华会”的经过。略云：

> （金大定）九年己丑四月……至登州，游蓬莱阁下，观海，忽发飓风，人见先生随风吹入海中，惊讶间，有顷，复跃出，唯遗失簪冠而已，移时，却见逐水波泛泛而出。……在登州建三教玉华会，至莱州起三教平等会，凡立会必以三教名之者，厥有旨哉！先生者，盖子思、达摩之徒欤？足见其冲虚明妙，寂静圆融，不独居一教也。莱人信之者众。①

关于王重阳的这段神异经历，又见丘处机《度世吟》诗及自注。诗中有云：“出神入梦人惊骇，掷盖投冠予计较。”自注：“投冠者，初师之登城北观海，头上竹皮冠忽堕水漂去，已而复还。”（《磻溪集》卷三）

今王重阳创立的登州三教玉华会遗迹已不可考。不过，据长春子丘处机《磻溪集》所载，至少在金章宗承安四年（1199）十月，丘处机曾于蓬莱城南的修真观里，举行了一次场面盛大的醮事活动。他为此而作的七言古诗《登州修真观建黄箓醮》中渲染铺陈，极尽辞藻。可见此时的蓬莱修真观已是山东半岛的一座颇具规模的全真道观了。② 丘处机在蓬莱还应邀从事了别的醮事活动。③

“全真七子”中的数人都是王喆初在山东半岛传教时收入门下的。“七子”一般都具有较高的文化水平，能诗歌。从现存碑刻拓本来看，他们也多擅长书

---

① 《终南山神仙重阳子王真人全真教祖碑》，元至元十二年（1275）七月十五日刻，完颜琇撰，李道谦书丹。图版见《北京图书馆藏历代石刻拓本汇编》第 48 册，第 65 页，中州古籍出版社 1990 年版。

② 丘处机《登州修真观建黄箓醮》：“迩来天下教门兴，达士随方化有情。我亦周流三十载，还乡复到海边城。城南磊落修真观，气势清高接河汉。俯视苍茫渤澥深，仰观卓荦星辰焕。城中信士往来多，物外交朋意气和。承安四载冬十月，大兴黄箓演金科。……四夜严陈香火供，九朝时听步虚环。千门万户生欢悦，六街三市齐铺设。金花银烛相辉映，表里光明自通彻。……”（《磻溪集》卷三）

③ 《赴蓬莱狄氏醮踏晓登山》，见《磻溪集》卷一。

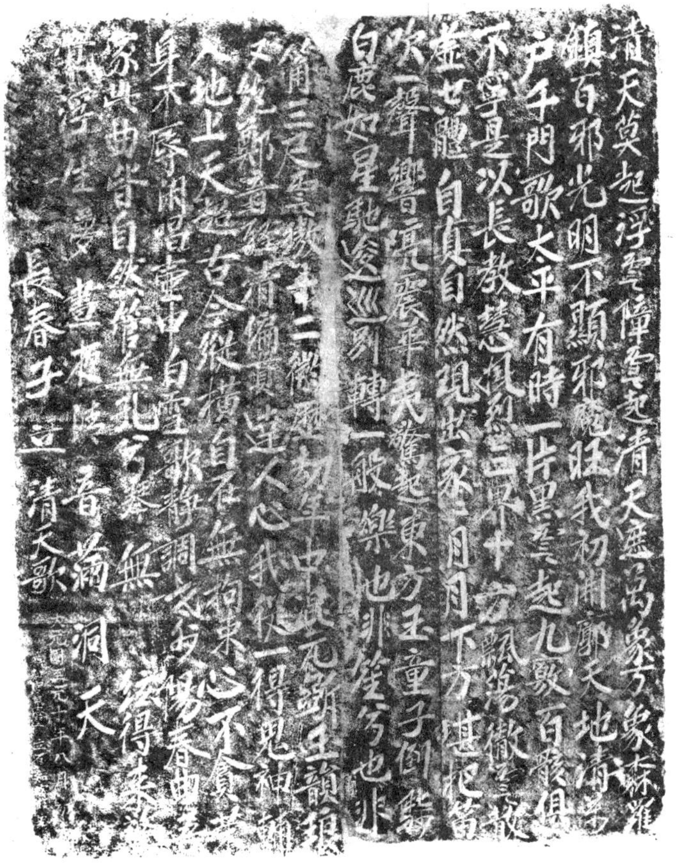

《清天歌》刻石（顾1014）

元至元十年（1273）八月二日刻。在山东莱州。双面刻。拓片高205厘米、宽80厘米。长春子丘处机撰并书丹，武志坚立。

法，其中的四子都留下了书迹。丘处机还以善书知名当世。如元陶宗仪《书史会要》云：“丘处机真人书宗黄山谷。”黄山谷即北宋苏、黄、米、蔡四大家之一的黄庭坚。清钱大昕《跋长春书归山操》云：“此碑后题‘大定戊申，皇女宿国公驸马都尉唐扩元义立石。’戊申，长春年四十一，正当召见阙下之时，故公主亦重其书。”至于他的诗歌，阮元《四库未收书目提要》评价其“清真平淡多可诵”。《元诗选》评其诗“多奇句”。可见丘处机不仅精通道术，文学艺术修养也比较全面。

金明昌三年（1192）五月之后的四年间，丘处机每年都应道友之邀，到登州蓬莱阁度夏，周旋于地方官吏和士绅之间，与儒生们游览山川，赋诗唱和。①

目前，丘处机的诗歌多保存在他的诗文汇编《磻溪集》和记载他西行万里、拜见成吉思汗的杰作《长春真人西游记》中，计存诗40余首，而其中的20多首都是在登州写成的，如《登蓬莱阁》《望海吟》《仙游吟》《秋日艾山》《秋旦与蓬莱道友游西溪》《海上观涛》等。据说他一生所作诗歌在千首以上。② 选录其三如下：

---

① 丘处机《途中作》诗序：“明昌二年（1191）十月，余到栖霞。三年五月，蓬莱道友相邀度夏，自后数年为例，五月相邀耳。”（《磻溪集》卷一）

② 《金莲正宗记》卷四《长春丘真人传》，见《道藏》第三册。

蓬莱阁

蓬莱阙，漫漫巨海深难越。深难越。洪波激吹，怒涛翻雪。

玉霄东畔曾闻说，虚无一境天然别。天然别。鳌山不动，蜃楼长结。（《磻溪集》卷六）

登蓬莱阁

一上蓬莱阁，虚心瞪目遥。云移山自长，水到海还消。

俯视蛟龙窟，傍观乌鹊桥。何忧远轻举，咫尺近丹霄。（《磻溪集》卷四）

望海吟

余观天下，形势壮观，自潼关以东、淮水以北，无出登州，因作《望海吟》，用纪其实。

蓬莱僻东隅，壮观天下绝。地邻仙圣域，山枕鱼龙穴。
凭高望羲和，目极犹未彻。苍苍天水回，泛泛云霞泄。
长风起波涛，万里卷霜雪。凭凌登岛屿，滉漭失丘垤。
有时灵气和，变化非常别。森罗无限景，欲辨难措舌。
大哉百谷王，沉沉洞清彻。随时潮有信，历代旱无竭。
人间顷亩池，是处广开列。比之鲸波大，壮若蛙井劣。
望洋不见端，浵天自严洁。众流莫浑浊，万古超生灭。
（《磻溪集》卷三）

丹阳子马钰、玉阳子王处一也在登州传教多年，信众中有平民，也有地方官吏。二人在登存诗十余首，二人还登蓬莱阁亲眼看见了冬日的海市奇观。马钰有《腊日海上见海市用东坡韵》四首，王处一也有《海市诗并序》二首。马钰还写下了《癸卯四月行化，道过福山，因借坡公海市诗韵以述怀，赠诸道友》《予行化芝阳，特承蓬莱道众见访，相别索诗，为借坡公韵藏头叠字赠焉》等诗。王处一有《登州京王三翁出家赠之》《登州郭下小王仙在病求教》《登州姜权问心地》《登州高左衙索神灵诗》等。丘处机、马钰、王处一的这些诗歌反映了他们与登州信徒的密切关系，以及金代全真教在这一地区传播的情况。

王重阳挂金灯词碑（顾992）

上孛术鲁诗碑（顾991）

金大定二十九年（1189）四月十二日刻。在山东莱州武安村长生殿。拓片高179厘米、宽87厘米。长生子刘处玄撰并行书，孛术鲁忠孝立石，孙震刊。

全真教自创教之始，即走攀附权贵的上层路线。（正统）《道藏》中记录了王重阳与金朝地方官互相唱合的诗歌，如《上登州知府》《赴登州太守会青白堂》等（《重阳教化集》），其中有“栽棠齐召伯，阐化类文翁”这样赤裸裸的吹捧。长生子刘处玄在掖县，一位退休在家的女真官吏家修了一座小园，他也作诗捧场，还亲自书丹奉赠。丘处机更进入金朝和蒙古宫廷，深受崇信，金世宗、金章宗、成吉思汗等对他都礼敬有加，在政治上给予大力扶持。全真教创教之初在登州的活动，为全真教在金元时期的迅速崛起打下了基础。最有代表性的，是丘处机与金朝皇帝的密切关系，以及与蒙古大汗的阿附姿态，从现有文字来看，似乎都是发自肺腑的。如丘处机《世宗挽词并引》云：

臣处机，以大定戊申春二月，自终南召赴阙下，蒙赐以巾冠衫系，待诏于天长观。越十有一日，旨令处机作高功法师，主万春节醮事。夏四月朔，徙居城北官庵，越二日己巳，奉圣旨，塑纯阳、重阳、丹阳三师像于官庵，彩绘供具，靡不精备。后五月十八日，召见于长松岛。秋七月十日，再召见，剖析天人之理，颇惬宸衷，薄暮言归。翌日遣中使赐桃一盘，处机不食茶果十有余年，过荷圣恩，即啖一枚。中秋，以他事得旨，许放还山，仍赐钱十万，表而辞之。逮己酉岁春，途经陕州，遽承哀诏，时也风尘澒洞，天气苍黄，士庶官僚，尽皆素服。处机虽道修方外，身处世间，重念皇恩，宁不有感。谨缀挽词一首，用表诚恳云：

哀诏从天降，悲风到陕来。
黄河卷霜雪，白日翳尘埃。
自念长松晚，天恩再诏回。
金盘赐桃食，厚德实伤哀。
（《磻溪集》卷三）

世宗之后的金章宗，与丘处机也保持了密切的联系。世宗的宠妃李元妃，曾请丘处机到中都宫廷祈嗣，泰和七年（1207），还赏赐给他道经一藏，派车送往登州。

又如丘处机不远万里，从莱州前往中亚朝见成吉思汗的路上，给成吉思汗的《陈情表》中有云：

前者南京及宋国屡召不从，今者龙庭一呼即至，何也？伏闻皇帝天赐勇智，今古绝伦，道协威灵，华夷率服。是故便欲投山窜海，不忍相违。且当冒雪冲霜，图其一见。……龙儿年三月　日奏。[①]

丘处机西行万里，跋涉数载，拜谒成吉思汗，对于全真教来说，是一项非常重要的决策。金末大安三年（1211）、贞祐三年（1215），蒙古军队攻打山东，兵连祸结，丘处机身在登州，天灾瘟疫，饿殍遍地，丘处机一方面竭尽所能赈济灾民，“师令道众，力服耕耘，分己之粮，以济饥馁”；一方面带领信徒到海岛（沙门岛）避难，饱受兵戈瘟疫之苦。这些刻骨铭心的经历，都反映在丘处机的诗歌创作中（《愍物》二首）[②]。《因旱作》：“铄石流金万物焦，镕肠裂背群生苦。有时率众取湫祈，脔肉妆

① 陶宗仪《南村辍耕录》卷十，中华书局 1959 年版。

② 《愍物》二首，比岁饥疫相仍之故也。其一：天苍苍兮临下土，胡为不救万灵苦。万灵日夜相凌迟，饮气吞声死无语。仰天大叫天不应，一物细琐徒劳形。安得大千复混沌，免教造物生精灵。其二：呜呼天地广开辟，化出众生千百亿。暴恶相侵不暂停，循环受苦知何极。皇天后土皆有神，见死不救知何因。下士悲心却无福，徒劳日夜含酸辛！（转引自《丘处机集》，齐鲁书社 2005 年版，第 506 页）

盘自噎饥。”（《磻溪集》卷三）惨痛的事实，也让他看清了金朝的没落已经不可挽回，于是投向新的政治靠山——崛起在万里之外漠北荒原上的蒙古大汗。历史证明，丘处机的这一举措是有政治远见的。

目前，蓬莱有关全真教的碑刻已片石无存。今据中国国家图书馆所藏拓本，择录数种，略加考释，并存全真诸子翰墨妙迹。

（作者单位：中国书法家协会）

蓬莱民间信仰的旅游文化价值及其开发方向

曹艳英

所谓民间信仰，是指在长期的历史发展过程中，在民众中自发产生的一套生灵崇拜观念、行为习惯和相应的议事制度。[①] 民间信仰的核心是超自然观，这大致相当于宗教的教义，但是教义是抽象的宗教观念，民间信仰是具体实在的东西。它的基本内涵是先民把生活中发生的事情与超自然的存在联系起来考虑，尤其是在日常生活中频繁地遭受不幸与灾难时，他们要回归于超自然力量，从中寻求对变故的解释和应对措施。[②] 在生产力水平低，人们的认识能力有限，仅仅依靠经验去战胜自然力，求得生存的过程中，人们常常在强大的自然面前显得软弱无力，对诸如风雨雷电等自然现象及生育死亡等人类自身的生理现象都无法理解，就认为在现实世界之外有种超自然的力量存在。于是，原始的信仰便产生了。原始而朴素的信仰，经过历史的演化，成为现在所谓的民间信仰。[③]

民间信仰是一个民族、一个地区的民众代代传承下来的大众的民间文化，具有旺盛的生命力和诱惑力，而其演化发展与人们所处的环境和平时的生产活动息息相关，这也导致了今天不同地区各种各样、风格迥异的民间信仰。正是由于每种民间信仰都有其形成、发展、演化与传播的过程，而这个过程又与其所在的自然和人文环境密切相关，所以，蓬莱的历史文化孕育了自己独特而丰富的民间信仰，是祖先创造和积累下的文化财富，是蓬莱文化中最基础、最生动、最富于吸引力的组成部分。

一、蓬莱主要的民间信仰类型

蓬莱的民间信仰主要是海神信奉，有龙王、天后（海神娘娘）等，内陆许多民

---

① 钟敬文《民俗学概念》，上海文艺出版社 1998 年版，第 187 页。

② 董晓萍《民间信仰与巫术论纲》，《民俗研究》1995 年第 2 期。

③ 乌丙安《中国民俗学》，辽宁大学出版社 2002 年版，第 56 页。

众信奉的“神灵”在蓬莱渔民中也得到普遍崇信。

（一）妈祖信仰

妈祖文化，起源于我国福建莆田湄洲，明清以来，随着海上航运的开展逐步传到北方，是以天后信仰为中心的一种海洋与民俗文化形态。天后，即南方所称的“妈祖”，山东北部沿海渔民普遍称其为“海神娘娘”或“娘娘”。而山东最东端的部分渔民把渔船归航称为“归山”，因此把天后也称作“归山娘娘”。她始于宋代，发轫至今已逾千载，并以其博大、慈爱之精神，扶危救难之品质，成为中华民族传统美德的集中体现之一，而这种精神和品质，又历久不渝地影响着后世人们的生活。妈祖是中国以及东南亚地区的“海神”，也是“万能之神”。那么，她属于什么宗教？具有什么性质呢？目前学术界有几种观点：一种认为属于佛教，一种认为属于道教，一种认为是佛教、道教和儒家文化的三合一。二种看法都有各自的道理。但是仔细推敲，妈祖并不属于以上任何一种宗教，而是一种民间信仰，只是深受佛教、道教、巫教和儒家思想的影响。[①]

1. 天后传说与天后宫

天后在历史上确有其人，据专家考证，天后姓林，明末僧昭乘《天妃显圣录》称妈祖：“自始生至弥月，不闻啼声，因命名曰默。”按闽南地区的风俗，在女孩子名字后加“娘”字以示尊称，故又称“林默娘”“默娘”。关于妈祖的出生年月，有许多说法，大体有七种，七种记载中，妈祖的出生年月先后相距300多年。多数人认为妈祖生于宋太祖建隆元年（960）。1985年福建湄洲屿举行妈祖诞辰1025年盛祭，也是确认其出生于建隆元年。妈祖具体生日为农历三月二十三日，这是为多数人所认同的。妈祖去世时间也没有定说，因而关于妈祖年龄也说法不一，或二十七，或三十，但无论如何，她是一位年轻的女子。[②]

蓬莱一带渔民对天后的信仰十分虔诚。在渔民中，流传着许多有关天后显灵救遇险渔民于危难之中的传说，其中以娘娘送灯的传说最为典型。这些传说的传播者，或说是亲身经历，或者确指其时间、地点、船只、人员，言之凿凿，传达出他们对天后神异能力的崇信心理。[③]

关于天后的传说在胶东民间广为流传，逐渐加深了民众对天后的崇信程度，并且在民间形成了许多围绕着天后进行的祭祀活动和众多反映民众信仰的民俗事象。信仰活动的场所，必然是人们为其建造的“天后宫”“娘娘庙”等。

天后始封灵惠夫人，崇宁间赐庙，额曰“灵祥”。元代天历年间改为“灵应”，

---

① 李露露《妈祖神韵》，学苑出版社2003年版，第51页。

② 李露露《妈祖神韵》，学苑出版社2003年版，第3页。

③ 叶涛《山东沿海渔民的海神信仰与祭祀仪式》，《海洋文化研究》2000年第2期。

元统二年（1334）加封辅国，至正年间（1341—1368）加封为“感应神妃”。清代康熙二十三年（1684）加封为“天后”。明清以来，她就取代了龙王的地位，独享了航海者的香火。山东沿海凡主要航海码头、重要渔港，甚至较大的渔村都建有天后宫。像长山群岛就有天后宫六座，没有天后宫的岛上，就在村子路边，用三块石板搭个小庙，俗称“三块庙”，以代替天后宫，小庙搭成后人们奉若神明，没人敢去毁坏它。现在仍然保存比较完好的著名天后宫（妈祖庙）有长岛县庙岛的显应宫、蓬莱市蓬莱阁西侧的天后宫等。

（1）长岛县庙岛显应宫

庙岛显应宫位于长岛县庙岛，始建于北宋宣和四年（1122），是我国北方建造最早、影响最大的妈祖庙。庙岛显应宫初为沙门岛（庙岛古称）佛院，仅茅屋三间。至元十六年（1279）由闽浙船民出资增修屋宇殿堂，改佛院为专门奉祀海神妈祖的道场，世称“海神娘娘庙”。随着元朝建都北京，海运日渐繁荣，京都的贡物大多由南方沿海漕运至北京。当时的沙门岛是海上运输的必经之地，往来漕船需在此泊舟候风。因船夫大多是福建人且笃信妈祖，就在岛上立妈祖祠以事供养，后来就成为风俗。这是当时北方沿海地区的第一座妈祖庙，也标志着妈祖信仰北传的开始。明代，随着香火与声名的日益隆盛，庙岛妈祖庙实际上已成为当时我国北方沿海地区妈祖信仰与妈祖文化的传播中心，其影响不仅遍及黄渤海沿岸的海口与内河，而且远播于朝鲜和日本，以至于“沙门岛”的古称也被“海神娘娘庙岛”所取代。明崇祯元年曾下诏立官庙，山东左都督杨国栋奉旨对妈祖庙进行了大规模的扩建，崇祯皇帝御赐匾额“显应宫”。至此，庙岛显应宫（妈祖庙）的声名与规模达到了鼎盛。清代历经康熙、乾隆、道光的累世增修扩建，显应宫的范围日趋庞大，形成了以显应宫主体建筑为中心，以三元宫、关帝庙、龙王庙、玉皇庙等八大庙宇为辅翼的一组古庙群。改革开放以来，长岛县先后三次对庙岛显应宫进行了大规模的维修改造，基本恢复了显应宫的历史面貌。

显应宫外院有一座漂亮的古戏楼，后建的航海博物馆设在显应宫内，陈列了历代的船只模型及实物多达350多只，包括福船、沙船和民族英雄邓世昌供奉的军舰模型。这些船模成为研究我国古代建造艺术的精品。可以说，庙岛妈祖庙在科学技术史上有其独特的地位。古代有一种航海习俗：在新船下水出航时，必须同时制作一只模型供奉在妈祖庙内，这样妈祖就会时刻关心此船的安全，所以庙岛妈祖庙内留下了大量的古代船模。就庙本身来说，从庙宇结构造型到各类雕刻构件，都是极为珍贵的我国古代建筑艺术的精品，成为极为重要的旅游资源。

（2）蓬莱阁天后宫

蓬莱阁天后宫是我国北方最大的天后宫庙宇之一。与丹崖仙景坊相对的山门，刻“显灵”二字，即为“天后宫”山门。蓬莱阁天后宫最初建于宋宣和四年

(1122)，明崇祯九年（1636）重修，道光十六年（1836）毁于火，现存者为道光十七年（1837）知府英文重修。

此天后宫格外富丽。正中端坐的是天后，再塑金身。清道光重建碑记谓，宋徽宗时，敕立天后圣母庙，“乃于阁之西营建焉”。进入山门，宽敞的院落中，两侧先是钟楼、鼓楼，过此正中有两层坐南朝北的建筑，为三面舞台，称“戏楼”，是演戏祭神的地方。戏楼两侧各有赭色巨石三尊，两两对峙，蔚为壮观，清代名为“三台石”“坤爻石”（因为像八卦中的“爻”卦），实际是凿山筑庙后有意留下点缀用的。与戏楼舞台相对的为天后宫前殿，左右塑有守门神像。复前行有天后宫正殿、寝殿，鳞次而北。正殿前有古槐，枝叶婆娑，传为唐槐。正殿塑有天后、侍女及诸海神神像。殿柱中有四根为名贵的铁力木。寝殿中有天后全身座像，左右有卧具、盥洗具。当年渔民都以高贵的实物进献。原有塑像均毁于“文革”中，现存为近年修复者。旧传正月十六为天后诞辰，届时游人纷至，香火甚盛，称为“庙会”，至今沿为习俗。渔村还举办“渔灯节”庆祝。

蓬莱阁的天后宫与全国各地天后宫的陪神相比，极为特殊：由四海龙王为天后当站官。后殿是天后的卧室，门上的匾额“福锡丹崖”四个字是我国著名书法家费新我先生题写的，意为天后把福气赐给每一位来到丹崖山上的人。东西两间设有天后床铺。在这个寝宫的院落里，有一个极特别的地方，那就是在东西厢房的屋檐下藏着四句诗，是清朝乾隆时登州知府陈葆光写的一首诗的前四句：“直上蓬莱阁，人间第一楼。云山千里目，海岛四时秋。”

2. 渔民的天后祭祀

蓬莱周边地区的渔民虔诚信奉天后，对天后的祭祀十分普遍，场面也十分隆重。常见的几种祭祀形式是：

（1）天后宫庙会

于天后宫举行庙会，唱戏酬神，是祭神的最隆重的形式。各地因环境不同，会期并不一致。烟台市旧城区天后宫庙会于每年正月十五日举行，因此又称“元宵灯会”。旧时，节前道士亲自搭灯棚，用苇席做成许多临时屋棚。元宵之夜，海上渔船、船帮和市内各商号都来送灯。庙后临近大海，入夜，海岸一带的渔行和港内停泊的渔船，还要用木板托着蜡烛向海上放灯。由于天后宫的带动，市内各商户、民户也都竞相在门前悬挂彩灯，使烟台的元宵灯会成为一种传统。今天，天后宫庙会已不存在，灯会的传统却还在继续，只是变成了一种群众性娱乐活动，已很少有敬神的色彩了。

蓬莱阁天后宫庙会，会期在每年正月十六日。当地传说，这一天是娘娘的生日，其实只是借了地方上“耍十五、闹十六”的习惯，把元宵节延长一天，再造一个高潮。生日之说，不过是个附会的“借口”。这一处庙会，许愿、还愿、烧香敬神的内容非常明显。庙前演戏酬神也是旧有的传统。近年因蓬莱阁旅游兴旺发达，天后宫庙会亦随之扩大规模，集旅游观光、物资交流、访亲会友、娱乐购物于一体，但敬神还愿仍不乏其人。[①]

长岛县庙岛天后宫庙会与别处差异最大。这里虽与蓬莱只一衣带水相隔，但蓬莱天后宫为正月十六日开庙会，娘娘生日为正月十六，这里自说，娘娘生日为农历三月二十三日，忌日为九月九日，庙会既不在娘娘生日，也不在娘娘忌日，而在农历的七月七日。这原因便是，庙岛作为古登州港的外港，数百年间都是南北漕运船只夏间集结休整的地点，而夏间又正是渔民的渔闲季节，商船、运粮船、渔船汇集一起都作休整，借此演戏敬神，使得当年大庙会少则七八日，多则二十余天，各船轮流出资，大戏连台，看戏的人一半在岸上、一半在水中船上，各船又纷纷杀猪敬神，进庙燃放鞭炮，闹得庙中的爆竹残留物深可没脚。水上庙会奇观，可称北方之最。这样的庙会前后兴盛数百年，到 19 世纪末，烟台港口发展，船舶多在烟台靠岸后，长岛天后宫庙会渐渐衰弱，到抗日战争时期停办。以后，虽大庙仍在，旅游者不少，但失去了船队的支持，再也无力恢复。

（2）送愿船

船主将自己的船制为模型，敬献在天后宫中，许下心愿，求天后保佑。这种风俗，至少始于元代，因为长岛县庙岛天后宫中藏有元代的愿船。庙岛天后宫也是藏历代愿船最多的地方，经“文革”破坏，仍有愿船 300 余只。长岛县文化部门正是依靠这一批珍贵的资料，就天后宫原址筹建了航海博物馆，引起了广泛的注意。

愿船的制作，有的简单，有的复杂。民间传说，愈逼真愈有效，所以多数愿船工艺惊人，要做到真船上有什么、愿船上就有什么，千真万确就是真船的缩样。长岛县砣矶岛至今仍有几位做愿船的巧匠，他们自称“做得了大船，不见得能做愿船”。看过他们的作品，确可以相信口出非妄言。

关于天后宫中所藏愿船，历来传说极多。如每至海上有大风大浪，海神乘船出海救人，所以船多水湿，有的甚至在船体上长出了牡蛎的皮壳，等等，使庙中所陈愿船充满了神秘感。

（3）送灯

多在过年（春节）和正月十五、十六日举行。有的是求保佑平安，保佑渔业丰收；有的是因为遇险脱险来还愿，来表救命之恩。所敬之灯，多悬挂于天后宫大殿中。此俗至今不衰。为了表示诚心，敬灯力求精巧高贵，长岛县庙岛天后宫和蓬莱阁天后宫大殿中，都堪称彩灯展览会，从古典的灯，宫灯，到最新式的各种电灯等灯具，琳琅满目，几乎应有尽有。敬灯者署名，有以个人名义，也不乏以船、村、

① 马咏梅《山东沿海的海神崇拜》，《民俗研究》1993 年第 4 期。

作业组、公司为单位的集体名义。

送灯敬神的习俗，显然与上面说的娘娘送灯的传说有关。这种传说广泛流传，以至许多渔区的群众将娘娘送灯的故事编为舞蹈到处演出，或雕成石像，作为一种吉祥的象征。这些虽然已剔除了迷信的成分，但那传说的主体，还是被强烈表现出来。

（4）送衣物

天后宫中的寝宫都设有床、被褥、桌、椅、脸盆等日用器物，这可能是引起航海者直接敬献衣物的原因。长岛县庙岛天后宫流传数代的一则故事，对这种迷信活动更有助长的力量：庙岛天后宫的道士是娶妻生子的火居道士。相传，先代有一个小道士，有一天听到寝宫中有哗哗的水声，便好奇地凑近窗前，用舌头舔破一点点窗纸，用一只眼向宫中窥视，见娘娘刚从海上归来，正在洗手、洗脸。刚看清了这一切，小道士的这只眼睛便失去了光明，永远瞎掉了。而且，从他这代开始，家族中每一代必有一人是独眼。这传说的创作者是很聪明的，要人信其事之真，却又不敢再去验证。但是，海上较陆地更多的不测灾害，使航者宁信其真，献衣物的崇神风俗也一直沿袭下来。衣物之外，尚有敬绣旗的风俗，旗上大书“天后圣母”，彩绣镶边，有长大至三丈者。庙岛天后宫从前藏这种绣旗多至五百面，每到庙会时悬起，遮天蔽日，甚为壮观。送“楸叶帐子”，多是渔村妇女，她们集合起来，精心绣成床上用的幔帐，刺绣图样外轮廓是两片楸叶，其中绣数十数百种吉祥花卉。俗传费工愈多，刺绣愈精，愈能显示敬献人的精诚。

（5）杀发财猪

渔民称渔业丰收为“发财”，“发财”后敬天后，名为“杀发财猪”。旧时风俗，渔船丰收，返航临近家门，在大桅顶上挂“吊子”（特制的一种旗帜）。特大丰收，则大桅、小桅一齐挂“吊子”，称为“挂双吊”。岸上见船挂“吊子”，船主率人迎接。登岸后，船主用黄表纸蘸猪血焚烧，意为敬给海神一头猪。祭神毕，猪归船老大（船长），猪蹄给“二把头”（大副），猪尾巴连猪腚分给大师傅（炊事员），下货（猪内脏）留作算账（收入分配）时的酒菜。剩下的猪肉做成饭菜，非但全体船上人及其家属来吃，而且村人、路人也都欢迎入席，俗以为来客多即预示下次又必“发财”。若来客稀少，主人不乐。过往庙岛的商船、运输船，有时也往天后宫前杀猪敬神，所以庙前专备一石桌，名为“杀猪台”。这种杀猪祭神的仪式结束后，按俗例，猪头要送给庙中道士，其余猪肉则抬回船上由全船人共享。

（二）龙王信仰

唐代以后，我国兴起了四海龙王之说。四海并不是指东、南、西、北诸海，而是泛指四周的海洋，后来才具有方位性。四海龙王就是周围海洋里“居住”的龙王。

龙本身是一种人们想象的神物，中国新石器时代晚期的仰韶文化、龙山文化、红山文化遗址中均发现了龙的形象，但是各地龙的形态各有不同，有的似蛇，有的像蜥蜴，有的近乎鱼。龙来自图腾，加之人们幻想的成分，是人为创造的动物性神灵。龙可能与中国的农业文化有关。龙主雨水，《集说诠真·水神》引《华严经》："莫不勤力兴云布雨。"龙王最初只活动于江河等水域，后来逐渐取代了河伯的水神地位。赵彦卫《云麓漫钞》："古祭水神曰河伯。自释氏书入，中土有龙王之说，而河伯无闻矣。"正确地说，龙起源于中土，随着佛教的传播、王权的提倡，龙进一步传播开来，无论江河湖泊，还是四海，莫不"驻"有龙王，职司雨旱丰欠，甚至有取代海神之势。四海龙王就是在这种情况下出现的。不过，最初的龙是模仿蛇或蜥蜴外形演变来的。但是到了四海龙王，就变成了人格化的龙王。①

龙王是中国渔民最早崇信的海神，至少在唐代胶东半岛就建有龙王庙。胶东沿海最著名的龙王庙是蓬莱城北丹崖山的一处，此庙始建于唐初，在丹崖山顶。北宋登州（治所在今蓬莱）知州朱处约为了修建蓬莱阁，将龙王庙移至西偏。此庙中本祀海神广德王，俗称"龙王""海神"。宋元丰八年（1085），大诗人苏东坡知登州军州事，到任时在冬日，想看海市却正非其季节，"祷于海神广德王之祠"。苏轼终于得见海市并留下了著名的《海市诗》。朱处约在《蓬莱阁记》中，苏东坡在《海市诗》序中，提到的海神都是"广德王"即龙王。②

蓬莱供奉的龙王一般都是东海龙王敖广（道教的四海龙王分别是：东海龙王沧宁德王敖广，南海龙王赤安洪圣济王敖润，西海龙王素清润王敖钦，北海龙王浣旬泽王敖顺）。因为人们相信龙王"勤力兴云致雨"，所以渔民十分崇拜龙王，把它当作海神。渔民常常在第一次出海前、龙王生日、春节等特别日期进行祭祀龙王仪式，以求平安。在一些偏僻岛屿和渔村，龙王庙更是当地渔民必不可少的举行祭祀仪式的场所。这些龙王庙与上述龙王庙相比规模要小得多，历史也不可考，一般都是用石头搭成，和村里的土地庙相似，但比土地庙要高大，石头都是经过加工的料石，比土地庙堂皇得多。③

旧时蓬莱几乎每个渔村都有龙王庙，龙王庙内大多有龙王石像或泥塑像，可见在当时，龙王是渔民崇拜的主要对象。龙王地位的衰落，是在"天后"由南方传到北方之后，到后来几乎失去了海神的资格。明显的表现是，沿海的天后宫多规模可观，而龙王庙则多与土地庙一样矮小而普通。祭祀也只有年节的惯例，不像"天

① 李露露《妈祖神韵》，学苑出版社 2003 年版，第 41 页。

② 马咏梅《山东沿海的海神崇拜》，《民俗研究》1993 年第 4 期。

③ 叶涛《海神、海神信仰与祭祀仪式——山东沿海渔民的海神信仰与祭祀仪式调查》，《民俗研究》2002 年第 3 期。

后”那样有许多专设而隆重的祭仪。尽管至今有些地方祭海的主神仍是海龙王，如蓬莱“渔灯节”祭祀的便是海龙王。蓬莱“渔灯节”以往主要是在龙王庙或海神庙举行，随着时代的变迁，现在的主要形式有贴对联、祭海、送渔灯、聚餐等，重要的祭海和送渔灯则改在港湾中和渔船上举行。

二、蓬莱民间信仰的旅游文化价值

旅游最本质的特征就是旅游者变换原有的文化环境，探奇求知，改变生活节律，感受其他地方的地域文化。国内一次调查表明，来华美国游客中主要目标是欣赏名胜古迹的占26%，而对中国人的生活方式、风土人情最感兴趣的却达56.7%。在日本游客中，对人民生活感兴趣的高达68%。[①] 民间信仰本身就蕴含着深刻的异质文化内涵。蓬莱民间信仰中蕴含着许多有助于激发民众旅游兴趣和旅游好奇心的成分，对旅游活动的发生有促进作用；同时，这些民间信仰中物质化、物态化产物为后世创造出了许多特色鲜明的旅游资源与旅游景观；而民间信仰中许多行为活动成分（如海神祭祀），对参与的游客具有很强的休闲娱乐功能，这类活动往往可以转化为特色活动（事件）型旅游吸引物。[②] 民间信仰是祖先创造和积累的文化财富，它深刻地影响着民众思想观念和行为方式。同时，它在旅游观念的形成、旅游景观建设、旅游内容讲解等方面有着广泛的影响。胶东各地应进一步规划开发民间信仰文化，发挥其潜在的旅游文化价值。笔者认为蓬莱的民间信仰的旅游文化价值主要体现在如下几个方面：

（一）民间信仰的质朴性与民间性

民间信仰是人类信仰在民间的体现，主要包含着精神的许多因素，在现实生活中总是发挥着潜移默化的作用，成为人们参与社会生活不可或缺的基本手段。胶东的民间信仰，产生于民间，流传于民间，盛行于民间，是伴随百姓生活需要而自然形成的文化形态。蓬莱民间信仰中蕴含着许多体现地方特色人文现象的要素，这些要素是激发旅游者好奇心的成分。虽然，商业化日益浓重，现实主义日趋盛行，但传统的民间信仰依然古朴淳厚，清新自然，体现了沿海渔民和内陆百姓最质朴、淳厚的情愫和信仰，甚至带着乡村泥土的芳香和自然，弥散着渔民身上特有的海洋气息。尤其围绕海洋民俗而开展的各类节庆民俗旅游项目，如蓬莱渔灯节、蓬莱天后宫庙会、长岛妈祖文化节等开发得都很好。蓬莱“渔灯节”被公布为山东省非物质文化遗产，作为一种民间的海洋民俗活动逐步发展成为政府保护的非物质文化遗产

---

① 陶思炎《应用民俗学》，江苏教育出版社2001年版，第96页。

② 沈祖祥《旅游与中国文化》，旅游教育出版社2002年版，第139~142页。

项目，节日规模日趋扩大，参加人数日益增多，具有典型的民间性。这一系列传统而古老的祭海仪式，源远流长，至今古风犹存。现在应在挖掘民间传统习俗的基础上，强调异质文化的吸引力，突出民间信仰的质朴性，结合当代旅游需求，把现代节庆娱乐、传统民间信仰和民俗风情相结合，开发特色民俗旅游项目。

总的来看，蓬莱民间信仰纯朴，尤其是在儒家文化影响下，深深地扎根于人民生活的土壤之中，较好地保持了当地的原汁原味，与全国其他地区相比，具有更突出的质朴性与民间性。

（二）民间信仰的地方特色鲜明

民间信仰是民族精神生活的体现，并因社群的生活空间不同而有地方特色，它的形成和变化与一定时代的政治、文化、经济状况密不可分，因而具有鲜明的地方性。俗话说得好，“一方水土养一方人”，这正体现了民间信仰的特性。蓬莱悠久灿烂的海洋民俗文化和民间信仰传统，也决定了其地方特色。

妈祖原是福建沿海民间信仰的“神灵”，后来，一方面随闽粤特别是闽中渔民与海商的足迹，传向全国沿海各地；另一方面由于朝廷的认可而纳入祭奠和历代王朝的加封神号，使妈祖信仰在全国各地迅速传播。渐渐地，蓬莱也开始信仰妈祖，本土化的龙王与传播而入的妈祖成为蓬莱渔民中共同的信仰对象。

然而，妈祖信仰的传入与吸收并非全盘接纳，而是结合本地具体情况有所演化和发展，形成鲜明的地方特色。比如，南方妈祖传到此摇身一变成为“海神娘娘”，本土韵味更浓。妈祖在福建一代主要庇佑渔民平安捕鱼、多捕鱼、捕好鱼，可传入蓬莱后，其神职又有所扩大，蓬莱一带的民众往往将其视为主宰风调雨顺、生儿育女、战胜困难、去病求吉的万能之神。其地方特色可见一斑。

沿海与内陆的民间信仰相融相通，又各具特色。蓬莱独特的地理环境注定其民间信仰既不同于纯粹的沿海地区，也不类似于完全的内陆地区，而是在继承各自不同民间信仰传统基础上，两者又相互影响、相互传播、相融相通，形成了极具地方特色的民间信仰。

蓬莱渔民虽主要信仰龙王和海神娘娘，但也像内陆农民那样信奉土地、灶王爷、财神（关公、赵公明、比干）、天地、火神、山神、狐仙胡太爷等。因为渔民不仅要在海上作业，也要过像内陆农民那样的日常生活。这就注定渔民也会吸收融汇内陆农民的部分信仰，在自己的日常生活中寻求精神寄托，祈求平安健康和顺利。只不过渔民中的海神信仰处于主要地位，其相关的祭祀活动和节庆更加突出而已。

在蓬莱农民中，虽然信仰天后的不多，信仰龙王却很普遍。农民中信仰的龙王，其象征意义有所调整，由原来渔民中祈求平安捕鱼转变为干旱时祈求降雨。因为农民大都相信龙王有司水的功能，所以每逢久旱，常常由村中长老，多为女性，带领四个十岁左右的小孩（两男两女），各自头顶一个小簸箕，口里念着“龙王快快降雨”，面向南磕头，祈求龙王降雨。倘若三天之内果降大雨，百姓们还会烧香，报答龙王显灵、普降甘霖以解旱情。

十里不同俗，百里不同风。即使同在蓬莱地区，信仰习俗也各有差异。比如，渔民春季祭海时间各不相同。蓬莱“渔灯节”起源于明朝，至今有600多年的历史，是根据我国传统习俗正月十五元宵节吃汤圆、赏花灯、猜灯谜的灯会节庆派生而来，将节庆提前到正月十三、十四两天举行，变成送渔灯、渔家祭海的海洋文化习俗。蓬莱“渔灯节”的举办地主要有新港街道刘旺村、潮水镇衙前村，原蓬莱辖区现烟台开发区大季家街道山后初家村、芦洋村、山后陈家村、山后顾家村、山后李家村、沙窝孙家村等，尤以大季家街道山后初家村（初旺）最具代表性，而各地举办时间、形式都有差异。除了传统习俗，更突出的是受当地生产活动、生活习惯影响。在平时的生产活动中，人们会根据不同的需要，对祖先传承下来的习俗结合时代特点而有所改变和发展。这种差异可以使游客在胶东各地感受到旅游信息的多样化，使本已丰富的民间信仰文化更具旅游开发潜力。

（三）民间信仰的地域文化内涵丰富

旅游文化与经济发展相结合是发展旅游业的必由之路。利用文化来发展旅游业是世界旅游发展的潮流。蓬莱民间信仰属于精神民俗的一种，是旅游文化的主体文化。其民间信仰体现着深刻的胶东文化本质，蕴含了丰富的胶东文化内涵，从心理、思想观念和精神诸多方面指导调节着人们的行为。旅游出游最强的动机是变换惯常的文化环境、生活感觉，在完全陌生的文化环境下，探奇求知，放松休闲。民间信仰正好可以满足旅游者这一需求。因此深刻而丰富的文化内涵在民间信仰文化旅游开发中举足轻重。同时，蓬莱民间信仰独特而奇异的各类神话传说，神秘古奥的气息，民众中的认同度，也是探讨民间信仰旅游文化价值不可忽略的因素。有些信仰听起来似乎很荒诞，但渔民对其信仰如此虔诚，肯定是有原因的。如前所述，在渔民中流传着许多关于天后显灵搭救渔民于危难之中的传说，其中以娘娘送灯最为典型。有许多还是渔民亲身经历的，可以明确指出时间、地点、船只、人员，言之凿凿，更增添神秘色彩。这并不是单纯腐朽的封建迷信，而是从多个角度传达渔民对天后神异能力崇信的心理，是民间信仰的体现。正是基于这份感激和精神寄托，各类文化节庆活动经久不衰。

每年农历三月二十三，传说是妈祖的诞辰，于是，各地渔民纷纷祭祀。长岛妈祖文化节就是利用文化内涵，融民间信仰、民间宗教、民间艺术和民俗传统于一体，又不失扑朔迷离的神秘性，是对民间信仰开发较为成功的典范。长岛妈祖文化节期间会在位于庙岛上的妈祖庙前举办一年一度的妈祖文化节暨渔家民俗旅游活动。活动内容主要是祭拜仪式、文艺演出、渔家乐海上游及长岛渔家民俗文化展示四大部分，艺术地再现了长岛人民对妈祖的虔诚信仰、独具魅力的渔家民俗和绮丽的海岛风光。游客既可以欣赏到舞龙舞狮、民间戏剧、渔家号子等传统民俗表演，又可以参与扭秧歌等文娱活动。①

民间信仰文化旅游是一种高层次的文化旅游，因为它以突出的文化环境、浓厚的文化氛围、丰富的文化内涵、独到的文化特色满足了游客对“新、奇、乐、知”的心理需求，已经成为旅游行为和旅游开发的重点之一。需要指出的是，由于文化的渗透性，民间信仰独立构成旅游产品的可能性很低，所以其开发设计，应多与其他旅游资源相结合共同来吸引游客，使游客从综合角度全方位地感受胶东自然风光和民俗文化特有的魅力。

（四）民间信仰文化中物化的成分形成了特色旅游资源与景观

蓬莱地区保留了民间信仰祭祀活动的场所即庙宇建筑物，各类“神灵”的遗迹、纪念地、“显灵地”、祭品，反映信仰传说故事的壁画、民间年画等。其中庙宇建筑是极具吸引力的旅游资源，它们作为地方旅游业的重要依托，在今天旅游业发展中发挥着重要作用。如天后宫是由南北商人大贾和善男信女捐资修建，集合了众人之力，因此其建筑精美，文化底蕴丰厚，为今天蓬莱地区留下了宝贵的旅游资源。龙王庙尽管没有天后宫那样的建筑规模，但无论在沿海还是内陆地区的村子里历史上几乎都建有龙王庙。基于现存的庙宇建筑等物化的民间信仰文化形态，一些地方对原有的因祭祀形成的庙会进行了改革，推出了新型庙会和节庆活动，其中蕴含了明显的旅游功能。它所具有的丰富多彩、群众性强、参与性强、动态性强等特征备受旅游者的青睐。例如蓬莱的“渔灯节”本是流行于蓬莱境内某些渔村的祭海节，当时，渔民纷纷给龙王庙送灯、上供，祈求出海平安和渔业丰收。新中国成立后龙王庙渐废，改为设供祭船、送渔灯、放鞭炮等活动。近年又同时举行娱乐活动，随着渔民生活水平的提高，传统的渔灯节也融入现代气息。渔灯节场面壮观、热闹，吸引众多游人前往蓬莱，对当地旅游经济发展起了不小的促进作用。

三、蓬莱民间信仰文化的旅游开发方向

随着渔民生活的逐步小康化和城镇化，很多渔村的传统民俗风情正被现代渔村的新潮流所取代，许多被专家们推崇的特有的渔家民俗风情正日益模糊化。拯救传统的民俗风情，已迫在眉睫。将传统的渔家文化、珍贵的民间风情通过民俗旅游再

---

① 何佳梅、王德刚《山东省文化资源旅游开发研究》，齐鲁书社 2004 年版，第 177 页。

现给广大游客，不仅保留了历史文化传统，而且丰富了民俗旅游内涵。渔业旅游项目的开展，使广大渔民认识到传统文化在市场经济中不可估量的价值，使当地渔民更加注重对当地文化的挖掘和保护，使几千年来在这片古老土地上所蕴含的古老文化、民风习俗得以传承和发扬。在长岛蓬莱一带，随处可见按当地渔家习俗建起来的“老渔寨”，寨子有海草房、篱笆墙、碾子磨和大橹把，房檐下挂着咸鱼干、苞米棒和地瓜干，寨子后泊着老帆船。游客还可以参加诸如学渔家劳作、喊渔家号子、扭渔家秧歌、喝渔家老酒、听渔家故事、睡渔家炕头等丰富多彩的活动。民间信仰文化伴随着长期的海上渔业捕捞作业，使该区渔民形成了具有浓郁地方特色的海洋生产与生活习俗。随着旅游业的迅速发展，以展示海洋生产与生活习俗为内容的民俗旅游很快成长起来，为蓬莱旅游经济的发展注入新的生机与活力。

蓬莱民间信仰文化底蕴深厚，但开发力度远远不够，许多珍贵、优秀的民俗风情正逐渐消失。尽早搜集挖掘民间信仰文化，并使这些宝贵的资源转化为旅游资源，不仅有利于保留优秀传统文化，而且可以丰富其民俗旅游内涵。民间信仰文化的开发需要注意以下几点：

（一）以节庆活动为龙头，促进旅游经济可持续发展

祭海活动中的渔灯节是民俗文化的亮点之一，对其适时进行开发对旅游业发展具有引爆力。渔灯节是有鲜明主题的公众庆典活动，具有规模大、人数多、主题鲜明、特色突出的特点，对于提高当地知名度、提升人气具有重要意义。

蓬莱的渔灯节正从传统的祭神活动，逐渐演绎成渔民自己的狂欢节和规模宏大的民俗文化活动。火红的渔灯，喜庆的“秧歌”，丰盛的“全鱼宴”，千帆披彩、鞭炮齐鸣的壮观场面吸引了许多游客。2005 年岁尾，中央电视台“一年又一年”节目组完成了对大季家街道办事处初旺村“渔灯节”的拍摄。大年除夕下午，全国人民在春节文艺晚会前首次欣赏到胶东渔村独特的春节风情：烟台“渔灯节”。中央电视台为推出“一年又一年”春节特别节目，精心挑选了包括烟台市在内的五个城市，目的是表现全国各地不同的春节民俗风情。而有着浓厚胶东渔家风情的“渔灯节”，则代表性地反映了胶东沿海一带的过年风俗。近几年蓬莱“渔灯节”从山东半岛走向全国，极大地提高了“渔灯节”在全国的影响力，蓬莱“渔灯节”也被冠以“烟台渔灯节”，演变成了区域性的海洋节庆活动。山东省非物质文化遗产名录的纳入，更是极大地提升了“渔灯节”的知名度。我们可以进一步包装打造渔灯节旅游品牌，通过举办大型的民间艺术表演、灯展、画展、花展、名优土特产展、商品展和经贸洽谈等活动，吸引来自不同国家和地区的中外游客，创造社会效益和经济效益。这将大大推动蓬莱文化品牌的提升和旅游经济的活跃。此外，蓬莱天后宫庙会也是可以大力开发的节庆民俗。

在上述节庆民俗开发中要尽可能采用多种开发形式，开发多种节庆旅游产品，把渔灯节、天后宫庙会形成一个体系。同时，还要考虑一个关键要素就是脆弱性，即抗破坏影响的能力和自我保持相对不变状态的能力。节庆旅游产品相对而言具有脆弱性，容易受到外界的破坏，如大量游客的进入，会破坏节庆文化的内涵，或者使节庆文化被异文化所同化等。因此，在节庆民俗旅游开发中要充分考虑到其脆弱性，将其损害降低到最小。在开发利用节庆资源时，应强调其可持续发展的目标，加强保护和创造资源优势，并形成持久性趋势。实践证明，保持节庆旅游独特的原生风貌，给人以独特深刻的印象，留住和吸引更多的旅游者，保住蓬莱民俗旅游市场，就能为节庆旅游赢得可持续发展的巨大空间。

（二）以渔民生活为依托，推出自然风光与民俗文化有机结合的旅游产品

蓬莱渔村习俗旅游要赢得市场，仅仅依靠沿海秀美的自然环境、优越的区位条件和便利的交通条件等方面的优势是不够的。游客才是旅游资源开发和旅游景点建设的着眼点和归宿。旅游业的开发要坚持以游客为本的基本原则，深入开发和挖掘渔村独特的生产生活习俗，针对游客的构成情况、消费层次以及兴趣爱好等，着力打造高质量、有特色、适销对路的“渔家乐”旅游产品，并提供优质的服务。旅游项目要具有文化内涵，具有知识性、趣味性、体验性和娱乐性，使游览、娱乐与休闲、学习相结合，同操作、参与相结合，使之更富吸引力。开发参与性强的旅游项目是吸引游人的最有效的手段。民俗风情的最大优势就是旅游者能亲自体验民风民情，参与民间活动，感受浓郁的胶东民间风俗。长岛“渔家乐”的民俗旅游活动让游客观赏到渔家民俗文化的同时还可以参加渔民网箱养鱼和筏式养殖项目，观看和参与渔民舞龙、扭秧歌、吹渔家号子、尝渔家风味小吃等活动。“住渔家屋，吃渔家饭”、垂钓、赶海等渔家生活民俗旅游产品是极具蓬莱特色的旅游产品。

（三）大力挖掘渔村民俗文化，提升旅游产品的规格、档次和品位

追求文化底蕴是当今旅游业发展的必然趋势。蓬莱应深入挖掘其文化内涵，以提高民俗文化的韵味和附加值，将无形的民间信仰文化赋于旅游产品的实体中，创造个性化、专业化、精品化的旅游品牌。通过营造外在的文化氛围，发掘古老的民俗文化所赋予当地人的人文精神，为提高旅游产品的文化品位和附加值创造更有利的环境。为了能使游客玩得更具渔家味儿，各民俗旅游村除了保留一些受游客喜爱的游乐项目，还可以试着开设新游乐项目。例如：让游客学着结渔网，甚至可以结一小块当作纪念品带回家；根据各村的生产情况让游客干适当的渔家活儿；让游客多了解一些渔业知识：如向他们介绍哪种鱼用哪种网捕，一些常见鱼的生活习性等。同时，民俗旅游产品的开发设计还应一步到位，讲究其旅游产品的规格、档次和品位，尽量减少由于低水平的重复开发建设而造成的不必要的浪费。

（四）广泛开展宣传活动，提升民间信仰文化旅游品牌的知名度

任何旅游热点的形成都必须借助于一定的宣传手段和传播媒体，使之具备相当的知名度。这样才能对游客产生足够的吸引力，使之倾慕向往。知名度的高企是旅游业赖以生存的前提。而旅游知名度的提升则有赖于大众传播媒体的宣传及广泛开展的公共关系活动。因此，要发展蓬莱海洋旅游，必须加强这方面的工作。诸如，举办国际渔民节、庙会等民俗活动，举办与旅游、民俗有关的全国性专题研讨会，举办专题新闻发布会，加大媒体宣传，借助现代化多媒体传播手段，采取“上星、上影、上网、上报”等手段，进行有深度、有广度的宣传促销。认真研究市场调查反馈，找准市场的空白点和热点，通过与国内大型旅游企业合作，积极拓宽促销渠道。加强促销宣传的整体感和连续性，突出旅游产品的文化特色，形成文化旅游品牌，培育新的市场经济增长点。

（五）旅游开发的同时，注意民间信仰文化的保护

许多人认为，民间信仰本身属于无形的精神，不需要如其他旅游资源一样加以保护。正是在这种意识支配下，一些民间信仰文化旅游资源往往因为忽略保护而遭到破坏。其实，精神方面的资源具有很深的研究价值，更要重视保护，尤其是那些极具旅游开发价值的民间信仰文化资源。因为民间信仰是传承了古代文明、弥散着地方特色的文化财产，具有不可再生性，所以保护应该成为工作重点。不仅在开发时注意保护，而且应该以保护为前提，以保护促进开发，不能一味地为了追求眼前的蝇头小利而盲目开发。即使那些目前不具备开发条件的民间信仰旅游资源，也要保护好，以便日后开发时更具有真实性和完整性。当然，具体的保护措施有很多，但依法保护是根本，全员保护是核心。我们认为，针对蓬莱民间信仰，更多的是减少商业化冲击，维护其稳定性和传播性，保护本地民俗文化的纯粹性、乡土性、真实性，体现原汁原味和本土特色。尤其是政府部门和服务工作人员，应该首先在思想上予以重视，尽量减少外来文化的冲击、污染和同化，使其保持纯正的地方化和民间性，完整保持民间信仰的文化灵魂。只有这样，才能赋予其旺盛的生命力，最大限度发掘民间信仰在旅游文化中的价值。

（作者单位：鲁东大学商学院旅游管理系）

蓬莱阁赋

宋耀武

人间第一阁，丹崖山上行。挥毫以寄壮志，吟赋以抒豪情。

海上神山，虚无缥缈，人间仙阁，毓秀钟灵。南倚艾崮，容千顷沃野；北临黄渤，怀万里沧溟。登州岬、铁山岬，形同蟹螯，拱京津之门户；田横山、老铁山，状似锁钥，扼黄渤之喉颈。

徐福卢生，寻求仙芝灵药；齐威燕昭，欲觅福地仙境。秦皇数度东巡，企求长生不老；汉武屡次驾临，渴望江山永宁。春秋战国之时，方士演绎海市蜃楼；北宋嘉祐年间，郡守巧建仙阁胜景。

丹崖仙阁，古老璀璨。位列四大名楼，独踞两海之畔。惊涛半壁，绝崖倒悬，凌空欲飞，势接云天。各抱地势，错落有致，画栋雕梁，斗拱啄檐。楹匾荟萃，碑刻琳琅，曲径通幽，悬廊回转。云雾绕楼阁，亭榭忽隐现。聚山水之灵气，得天地之神传。林绿山青，草茵花艳。蓝天碧海，阳光沙滩。如诗如画，天堂人间。来之让人流连忘返，去则令人梦绕魂牵。

南望万家烟雨，北眺一片苍茫。遇风起之际，卷起堆雪，拍石裂岸，惊涛浊浪。若风平之时，穹宇寥廓，碧波漭漾；群鸥翻飞，锦鳞浮上；舸航云际，岛接大荒。心旷神怡，顿觉超尘脱俗；荡心涤肺，令人宠辱皆忘。倘天公作美，海市突现，鬼笔仙工，千形万象。车马船舰倏隐，珠宫贝阙蓦藏；忽起重楼翠阜，又出层峦叠嶂。

文人骚客，争相吟咏。佳境得天之独，美传自古而有。阁上八大奇景，寰宇千秋美名。仙阁凌空太虚里，神山现市空明中。狮洞烟云绕丹崖，万澄碧波映仙境。晚潮新月，万叠晶光摇影碎；万斛珠玑，一湾碧浪漾珠明。日出扶桑，骏乌霄腾羲驭还；渔梁歌钓，虬龙蛰穴浪花平。

“三座神山”由海市蜃楼而化，“八仙过海”因蓬莱福地方成。群仙常临蜃楼蛰窟，诸神时至琼堡华宫。安期开宴巨枣献，鲛人滴泪珍珠成。龙伯钓鳌，力撼水族；精卫填海，情感天庭。

人文景观，情景交融。具“碧海丹心”，方能“海不扬波”；有“碧海清风”，所以“寰海镜清”。坤爻石玄机潜藏，福寿碑寓意显通。龙王治水，行云布雨润大地；妈祖显灵，扶危济困救苍生。文化厚重，历史久远。令人驻足，赏析观瞻。《蓬莱阁记》脍炙人口，《海市诗》篇誉满轩辕。叶帅挥毫，讴歌蓬莱士女；董老题诗，赞美琼阁丹山。五日知府，苏东坡奏疏二状；一生抗倭，戚继光兵论两卷。八仙会聚丹崖，留下千古佳话；三尊端坐宫阙，引来万家香燃。田横古寨，忠烈高节浩气长存；备倭水城，爱国佑民精神永传。

如椽巨笔，描不尽丹崖美景；宏篇华章，写不完仙阁韵涵。天道有常，人生苦短。求长生，虽帝王终黄粱一梦；为民谋，即平民亦流芳百年。

（作者单位：烟台市蓬莱区人大常委会）

山东蓬莱阁建筑群西北角滑坡现状及治理对策

姜福明　孔庆生

一、前言

蓬莱阁建筑群盘踞在丹崖山之巅，拔海而立，气势雄伟。蓬莱阁建筑群有着丰富的历史文化内涵，成为世人瞩目的著名旅游胜地，围绕着蓬莱阁建筑群也产生了许多优美神奇的民俗故事，与“丹崖仙境”有机地结合在一起，交相生辉。1982年蓬莱阁建筑群被国务院公布为全国重点文物保护单位。

丹崖山险峻陡峭，面临大海，在长期的地质营力及海水淘蚀、海风挟盐吹拂、日晒、雨淋、霜冻等外力作用下，沿山体西北部位的卸荷裂隙、构造节理已形成连续的滑裂面。病害的存在和发展已经危及山体和山顶蓬莱阁古建筑群的安全。1994年2月至5月，对蓬莱阁西北角滑坡地段进行了卸荷抢险工程，在一定程度上缓解了滑坡的下滑局面。2003年8月，为根治滑坡的危害，蓬莱市文物局委托山东省文物科技保护中心对滑坡状况进行勘查，并编制相应治理方案。8月20日至28日，我们组织有关专业技术人员赴蓬莱，对蓬莱阁建筑群所立足的丹崖山西北滑坡部位进行了现场勘查和钻探。勘探主要内容包括：勘测山体现状；详勘滑坡范围、滑动面几何要素、丹崖山地质构造、地层岩性及环境条件等。通过室内外的综合研究，查明了丹崖山体西北角部分存在的滑坡病害，分析、计算了滑坡体的稳定性，并按照“保护第一，抢救为主”的原则和全国及行业的有关规范提出了蓬莱阁建筑群西北角滑坡治理方案。现将当年的滑坡病害勘查成果及相关治理对策呈献给各位同行，以期对我省及全国的文物保护事业有所借鉴和帮助。

二、文物概况

（一）地理位置

蓬莱阁建筑群是胶东半岛著名风景名胜区—— 蓬莱水城及蓬莱阁的核心，地处蓬莱城区北部，分布在蓬莱水城西北角的丹崖山南坡至山顶，濒临渤海，拔海而立。

（二）建筑群分布情况

蓬莱阁建筑群由弥陀寺、龙王宫、天后宫、白云宫以及普照楼、苏公祠、卧碑亭、避风亭等组成，占地面积约 22000m^2。

弥陀寺位于丹崖山南坡，现仅存寺舍，坐北面南，为四合院格局，由山门、正殿、东西厢组成，硬山合瓦建筑。沿弥陀寺西侧向北行约 40 米处，有一平面为八角形的“万民感德碑亭”。沿八角亭向北，有座四柱三楼的“丹崖仙境”木构牌坊。龙王宫位于丹崖山半腰偏西处，为一处坐北面南的三进院落，由山门、前殿、正殿、寝殿及子孙殿等建筑组成，均为砖木结构。天后宫位于龙王宫东侧，是丹崖山上保存得最为完好的一组建筑，沿中轴线由南向北分布有山门、钟楼、鼓楼、戏楼、前殿、垂花门、正殿、寝殿等建筑。白云宫位于天后宫东侧，由山门、仲连祠、三清殿、吕祖殿和蓬莱阁等建筑组合构成。仲连祠为一座三开间硬山合瓦建筑，梁架为落地五柱穿斗式结构，具有南北相融的特色。沿仲连祠向北为三清殿，由前殿、正殿组成，正殿为五开间重檐歇山顶屋面，前檐明次间均设悬空垂柱。吕祖殿位于三清殿东侧，由垂花门、正殿、宾日楼、东厢房、西厢房、观澜亭等组成。蓬莱阁为一座五开间青筒瓦绿琉璃剪边歇山屋面的二层楼阁，两层均设回廊，额枋饰彩绘，并设东西配殿和厢房各三间。普照楼，又称灯楼，位于丹崖山顶的东北角，为三层六角攒尖塔楼式建筑。沿普照楼向西，有一组坐南面北的建筑，自东向西有：吕祖小像亭、苏公祠、卧碑亭、避风亭等。此外，与避风亭斜对着的澄碧轩，坐西面东，三开间，硬山青筒瓦屋面。

（三）历史沿革

弥陀寺　蓬莱阁建筑群中较为古老的建筑组合之一，始建于唐代，原建筑早已坍塌，现存正殿为清代嘉庆二十四年（1819）重修。

龙王宫　始建于唐贞观二年（628），原址在丹崖山顶，宋初移建于现址。元代中统年间，明代洪武年间、万历年间及清代同治年间都曾修葺。龙王宫前殿和寝殿于 1937 年被日军飞机投弹炸毁，现已按原建筑基础修复，东西厢房、子孙殿及正殿均于 1985 年做过局部维修。

天后宫 始建于宋宣和四年（1122），清道光十六年毁于火灾，次年重修。天后宫戏楼于1937年遭日军投弹炸毁，1956年修复，并于1991年做过局部维修。

仲连祠 始建于清光绪年间，是淮军将领广东提督吴长庆戍守水城时所修。后又称其为吴公祠。

三清殿 始建于唐开元年间，重修于明隆庆六年（1572）。

蓬莱阁 始建于北宋嘉祐六年（1061）。明代第一次修缮在洪熙元年（1425），第二次在成化七年（1471），第三次扩建在万历十七年（1589）。清代同治四年（1865）因“风雨暴作，阁前山城忽坠十余丈，阁亦岌岌欲坠焉”，知府豫山募诸绅商修之，于同治六年（1867）工毕，阁亦焕然一新。1985年曾进行大修，1999年又进行屋面翻修。

普照楼 始建于清同治七年（1868），原为两层六角攒尖塔楼式建筑，后圮。1958年在原基础上重建成三层六角攒尖塔楼式建筑，砖混结构。

避风亭 始建于明正德八年（1513）。

澄碧轩 始建于清同治七年（1868）。

（四）价值评估

早在唐贞观二年，丹崖山上就兴建了龙王庙、弥陀寺，宋初又建起了天后宫和蓬莱阁建筑群，至清末，万民感德碑亭、牌坊、澄碧轩、避风亭、宾日楼等建筑都已陆续构筑而成，大体形成了龙王宫、显灵宫、白云宫三大建筑群组，建筑布局突出了中国传统的院落式布局规模。各建筑单体的建筑形式多采用硬山、青筒瓦，建筑外形与结构并未严格按官式做法修建，整个建筑群的建筑法式突出了地方民式建筑的特征。从建筑结构上看，由于蓬莱水城属于军事城堡，明清以来，一直驻扎着来自全国南北的官兵，不同的宗教信仰、风俗习惯和文化背景，使丹崖山上出现了北方较为典型的抬梁式大屋架建筑，又有南方穿斗式结构的建筑。因此，蓬莱阁建筑群对研究我国明清时期的海防设施及当地民式建筑风格的演变具有重要价值。1982年蓬莱水城和蓬莱阁被国务院公布为全国重点文物保护单位。

三、自然环境概况

（一）地形地貌

蓬莱阁建筑群所处自然环境的总体特征是海岸陡崖。蓬莱阁建筑群所立足的丹崖山，山体岩壁直立陡峭，基岩裸露，北侧山脚下即为渤海之滨。丹崖山顶与海平面的高差约为36m。丹崖山东侧为小海。

（二）地层岩性

丹崖山山体主要由上元古界蓬莱群辅子夼组上段的石英岩和板岩组成，丹崖山北侧临海陡崖自东向西分布有白色厚层石英岩、紫色薄层硅质板岩、青灰色厚层板岩和紫红色薄层石英岩等不同地层。这套地层为砂泥质构造，经受了轻微区域变质作用。地层产状因受地质构造扰动而不太规则，一般倾向为130°~140°，倾角26°~40°。现将其分布情况及岩性特点分述如下：

1. 白色厚层石英岩

为陡崖的主要组成岩石，风化后呈微红色，主要分布在避风亭以东至小海一带，出露厚度约30m，是丹崖山的盖层。距层底3m左右，有一灰色薄层板岩夹层，厚20~50cm，因构造运动的影响，夹层中有褶皱和尖灭现象。岩层产状大体为倾向130°~140°，倾角26°~40°；石英岩质地坚硬，性脆，受多次构造运动的影响，在岩层中至少发育有四组节理：

（1）北东向（28°）节理组：产状298°∠77°，298°∠77°；剪节理；节理密度为30~137条/m。

（2）北西向（300°）节理组：产状210°∠80°，25°∠61°；先剪后张性；节理密度为40~112条/m。

（3）南北向（2°）节理组：产状92°∠71°；节理密度为23~87条/m。

（4）东西向（90°）节理组：产状180°∠88°，12°∠84°；张性节理。

这些纵横交错的节理将岩石切割得极为破碎，岩石多呈三棱形、菱形块状或碎块状，整个石英岩山崖仅是一堆保留了部分地层结构、堆积得较为规整的碎石堆，无任何完整性可言，稳固性极差，但石英岩的抗风化能力较强。

2. 紫色薄层硅质板岩

主要分布于陡崖下部，东起悬崖凹陷处，西至澄碧轩北侧的突兀山体，构成一顺层斜坡，坡角25°；岩层产状为倾向135°~140°，倾角25°~30°；岩石柔塑性较好，抗风化能力弱，在构造应力和风化作用下呈碎片状，与上覆石英岩层接触处有微型褶皱及层间滑动现象发育，出露地层的表层为强风化带，厚达6~8m。

3. 青灰色厚层板岩

东起澄碧轩北侧临海处的突兀山体，西至水城西北角外侧的冲沟入海口；岩石风化后呈土灰色，斜层理及波痕发育，出露厚度约60m。岩层产状为倾向130°~146°，倾角30°~40°；岩石柔塑性较好，在构造应力作用下，折劈理（滑劈理）及节理甚为发育，抗风化能力低，在水城西北角及其外侧临海处，有一长40m余、宽近30m的强风化带，并见有众多风化裂隙及滑坡现象。

4. 紫红色薄层石英岩

主要分布于水城西侧冲沟入海口以西至小北山一带，岩体产状为：倾向 130°~150°，倾角 35°~45°；岩石质地坚硬，性脆，多呈菱形块状或碎块状，抗风化能力较强，出露岩层表面的强风化带一般在 3~5m。

（三）地质构造

丹崖山为一向东南倾斜的单斜山，位于鲁东断块胶北隆起西北边缘与黄海凹陷的结合带。由于受多次构造运动的影响，山体上的断层和节理极为发育，岩体被切割得支离破碎，断裂走向有北西向、北东向、北北东向、东西向及南北向，倾角一般在 60°~85°。影响本区的主要构造系有蓬莱北部沿海的蓬莱—威海断裂带、蓬莱西边的玲珑断裂带及蓬莱中部的凤仪店断裂带。现将它们的特征分述如下：

1. 蓬莱—威海断裂带

位于蓬莱城北部沿海，是区域性活动大断裂，全长近 240km，走向为 300°~320°，倾向北东。新生代以来，断裂性质表现为张性，断层北盘下陷，南盘翘起抬升。

2. 玲珑断裂带

南起道头，经招远玲珑镇，北至蓬莱北沟镇下朱潘村入海，全长 65km，走向 10°~20°，倾向北西，倾角 70°~80°。中生代末至新生代为张性，断层西盘下陷，东盘抬升。

3. 凤仪店断裂带

位于蓬莱中部，横贯南北，全长 60km 余，宽 20~80m，走向 20°左右，倾向北段北西，南段南东，倾角 70°~80°。中生代为压扭性，新生代北段为张性。

（四）地震

蓬莱市位于蓬莱—威海断裂、玲珑断裂及凤仪店断裂的交汇部位，地震震中主要受北西向的蓬莱—威海断裂带控制。据胶东地区地震资料记载，共发生过五次五到六级地震，其中四次发生在北西向断裂带内，如下表：

地震时间	震中位置	震级（烈度）
495 年 3 月 31 日	蓬莱海滨	5.5（七）
1046 年 4 月 18 日	蓬莱海滨	5（六）
1548 年 9 月 13 日	蓬莱附近	6（八）
1948 年 5 月 23 日	威海海中	6

蓬莱近海现在仍然余震频繁，构造活动较为强烈，存在着发生 6 级地震的地质背景，但本区地震的特点是频率高、振幅小，一般不会发生大的破坏性地震。

本区地震烈度为七度。

（五）海洋水文

丹崖山滨接渤海海峡，其陡崖地貌的形成与水文等要素密切相关。这里主要的海洋水文要素的基本特征有：

1. 潮汐

丹崖山下的潮汐为半日潮，平均潮差约 1m，最大潮差约 2m。

2. 风况

风向季节性变化明显。最多风向为北向和北东向。年平均风速为 6.0m/s，11 月份平均风速最大，为 7m/s；历史上最大风速达 34m/s（12 级）。

3. 海浪

海浪往往对人工建筑造成危害，且与海岸地貌的塑造和沿岸泥砂运动有着巨大关系。丹崖山下的海浪受季节影响，变化比较大，一般是冬季浪大，夏季浪小。年平均波高在 0.3~0.7m 之间。寒潮和台风可造成大浪，有时波高 10m。

4. 风暴潮

一般增水达 1m，最严重的风暴潮增水可达 5m。

四、存在的问题及原因

（一）滑坡地段的分布及特征

丹崖山山体支离破碎，六亿多年来的历次构造运动所遗留下的裂隙网络，随着风雨侵蚀、海水冲击及地震摇撼而不断扩大，东段石英岩崖壁上屡有石块崩落（1996 年已做锚固及喷锚封护处理）；西段板岩岩体风化严重，已出现滑坡，缝宽在 1cm 以上的张性裂隙随处可见，并已引起水城城墙拉张裂缝多处。如不及时对这破碎的山体作加固处理，崖顶上的蓬莱阁古建筑群终将难逃灭顶厄运。

蓬莱阁西北角滑坡为大型中层推移式自然活动滑坡，滑坡体呈箕形，体积约为 $63000m^3$，为大型滑坡。滑坡床东起澄碧轩，西止原冲沟处，前缘宽约 84m；南起龙王宫后殿，北止海滨，长约 63m。滑坡埂、滑坡舌、滑动鼓丘及拉张裂缝等均发育明显。滑动带由岩层系列断裂面组成，距地表 10~12m，与岩层相切，倾向北东。滑坡体斜坡高度 H 约为 30m，斜坡面投影长度 L 约为 63m。滑动轴沿顺时针方向朝北东扭转。

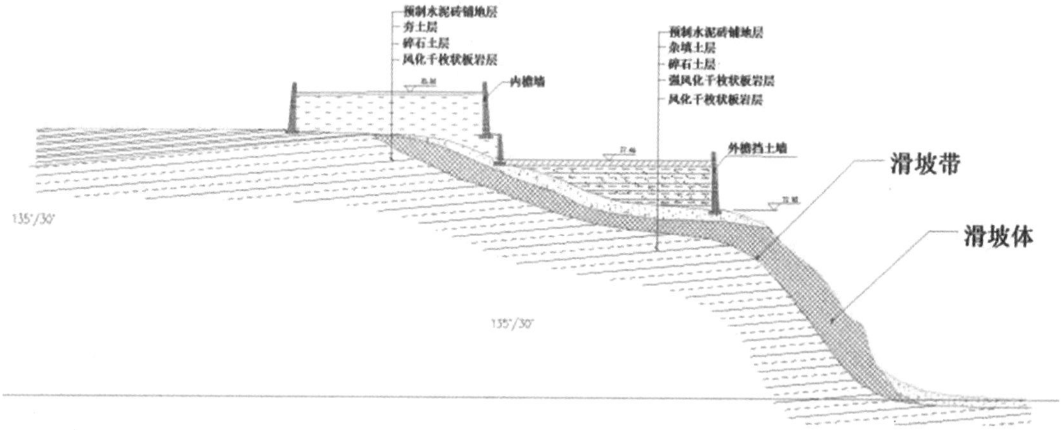

剖面图

滑坡体

滑坡埂

滑坡舌（1）

拉张裂缝

滑动鼓丘

滑坡舌（2）

墙体上的裂缝

板岩体上的交错节理

滑动鼓丘上的张裂缝

（二）滑坡的成因

引起滑坡的因素主要有：1. 组成滑坡体的岩石为风化极为严重的板岩，其自身强度已严重劣化；2. 板岩体的结构构造中存在软弱薄层，易于形成滑动面；3. 陡峭的斜坡外形易使滑坡体在重力作用下下移；4. 雨水入渗使严重风化板岩重度增加，抗剪强度显著降低，从而引起滑坡；5. 岩石中的错综复杂的节理、裂隙以及断层，均对坡体的稳定性产生影响，并共同组成易于滑动的滑坡带；6. 滑坡床为不透水的石英岩层，使下渗的雨水积聚于此，为滑坡提供润滑剂，造成滑坡速度加快。

（三）滑坡体的稳定性验算

根据《建筑边坡工程技术规范》（GB50330-2002）采用平面滑动法，边坡稳定系数可按下式计算：

$$k_S = \frac{\gamma V\cos\theta tg\varphi + Ac}{\gamma V\sin\theta}$$

式中：

γ—岩土体的重度（kN/m^3）；

c—结构面的粘聚力（kPa）；

φ—结构面的内摩擦角（°）；

A—结构面的面积（m^2）；

V—岩体的体积（m^3）；

θ—结构面的倾角（°）。

根据对丹崖山体现状的勘查，其边坡岩体类型为Ⅱ类，确定其边坡工程安全等级为二级，因此边坡稳定安全系数按《建筑边坡工程技术规范》（GB50330-2002）表5.3.1规定 k_S 不小于1.3。

我们按照滑坡体岩体为严重风化板岩的系数指标 $\gamma = 26$，$c = 25kPa$，$\varphi = 37.9°$，经估算丹崖山体滑坡段结构面的面积约为 $3970m^2$，岩体体积约为 $63500m^3$，选择其结构面最大倾角约为60°。经计算丹崖山边坡稳定系数为0.52，远小于规范规定的1.3，可知边坡是不稳定的，故必须对其进行治理。

五、治理原则及主要治理措施

蓬莱阁西北角滑坡已危及丹崖山顶古建筑群的安全，滑坡治理刻不容缓。滑坡治理的最终目的就是使丹崖山顶上古建筑群能够有稳固的立足之基，更为长久地存留于世，并使丹崖山外貌尽量维持原有形态，最大限度地将现存文物主体及其所赋存的历史信息留给后人。根据《中华人民共和国文物保护法》《中华人民共和国文物保护法实施条例》和《文物保护工程管理办法》中对文物维修保护的有关规定，“蓬莱阁建筑群西北角滑坡治理方案”设计应以“有效保护，合理利用”为指导，并遵从下列原则：

1. 有效阻止滑坡体进一步下滑。采用的保护治理措施应能确保滑坡体的稳定，使蓬莱阁古建筑群可牢固立基其上。

2. 保持山体的原有形貌及稳定性。对丹崖山的原有地形地貌应尽量维持，避免大挖大填、破坏场地的平衡。

3. 尽量防止地表水下渗。对地表水的排除应结合丹崖山实际地形情况进行有效处理，防止地表水下渗。

根据前面提及的文物保护目的及保护原则，蓬莱阁建筑群西北角滑坡治理措施主要包括以下几方面内容：（1）滑坡体抗滑加固；（2）滑坡体表面锚喷支护；

（3）滑坡舌前挡墙拦护。下面将分别予以说明。

六、治理方案说明

根据蓬莱阁西北角滑坡的现状，我们在勘明滑坡成因及稳定程度前提下，提出“抗滑排桩+锚喷支护+挡土墙”的治理方案，即在滑坡体上段主动区打抗滑排桩，钉牢滑坡体，提高其稳定系数；在滑坡体表面采用锚喷支护，防止滑坡体表风化、岩体进一步崩塌；并在滑坡舌处设置重力式挡墙，阻止滑坡体下段的滑移。下面就有关工程内容的具体设计进行说明。

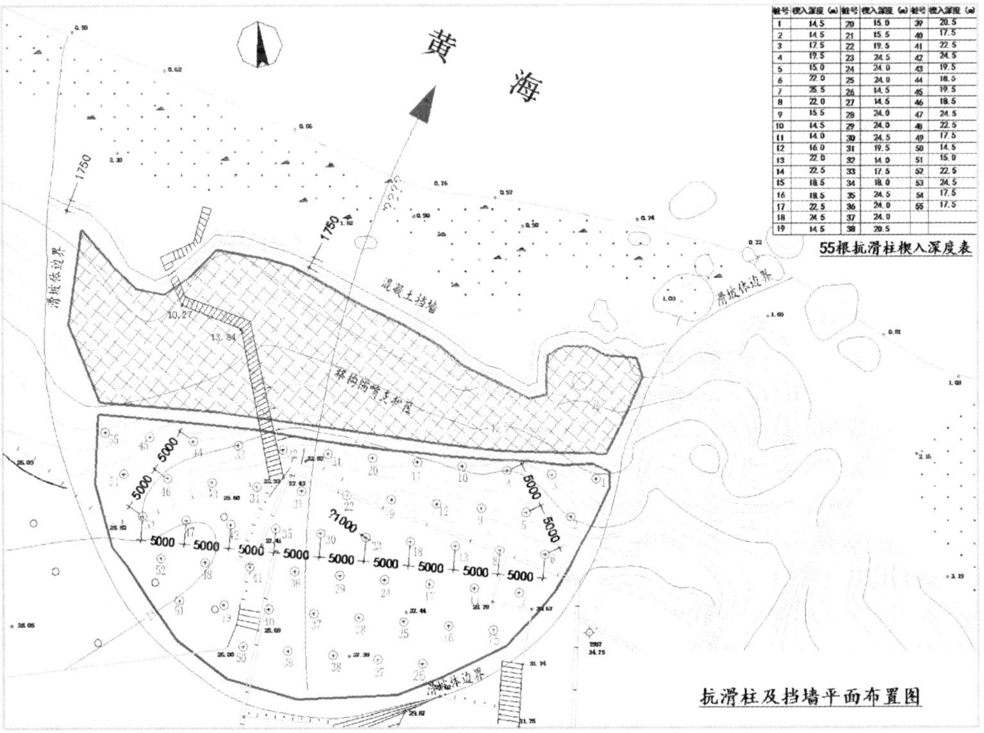

桩号	楔入深度（m）	桩号	楔入深度（m）	桩号	楔入深度（m）
1	14.5	20	15.0	39	20.5
2	14.5	21	15.5	40	17.5
3	17.5	22	19.5	41	22.5
4	19.5	23	24.5	42	24.5
5	15.0	24	24.0	43	19.5
6	22.0	25	24.0	44	18.5
7	25.5	26	14.5	45	19.5
8	22.0	27	14.5	46	18.5
9	15.5	28	24.0	47	24.5
10	14.5	29	24.0	48	22.5
11	14.0	30	24.5	49	17.5
12	16.0	31	19.5	50	14.5
13	22.0	32	14.0	51	15.0
14	22.5	33	17.5	52	22.5
15	18.5	34	18.0	53	24.5
16	18.5	35	24.5	54	17.5
17	22.5	36	24.0	55	17.5
18	24.5	37	24.0		
19	14.5	38	20.5		

55根抗滑桩楔入深度表

抗滑桩及挡墙平面布置图

（一）抗滑桩工程设计

抗滑排桩的位置设在滑坡段的主动区，即滑坡体的上部，共设置五排，并按照滑坡地形排布桩位，桩径设计为1m，间距设为5m，呈梅花状交错布置，共设计55根钢筋混凝土抗滑桩。

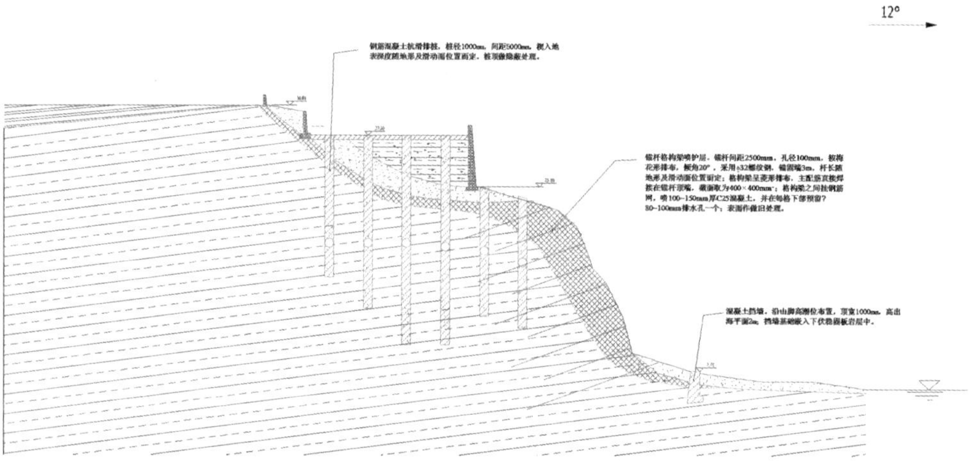

1. 设计验算

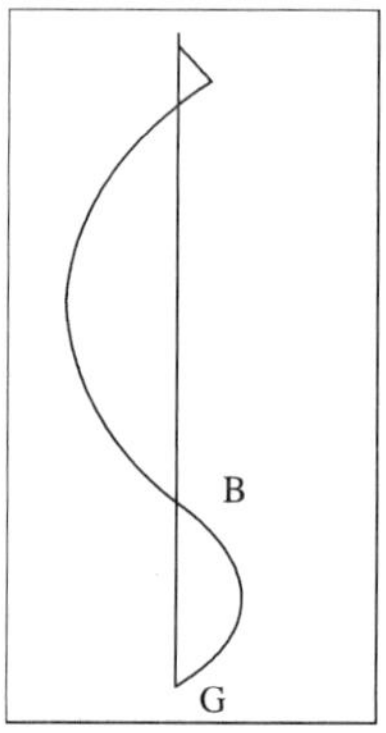

我们选取2号地形剖面图靠近外檐挡土墙即19号桩作为代表，具体计算桩的嵌入深度、支撑反力及最大弯矩点。桩两侧的主要荷载为主动土压力与被动土压力（见右图所示）。单支撑抗滑桩下端为弹性嵌固时，其弯矩图如下图所示。我们采用等值梁法进行计算：

（1）根据滑动面深度及地质勘查资料等，计算主动土压力与被动土压力，并求出土压力为零的B点位置，即按下列公式计算出B点至滑动面的距离 u 值。

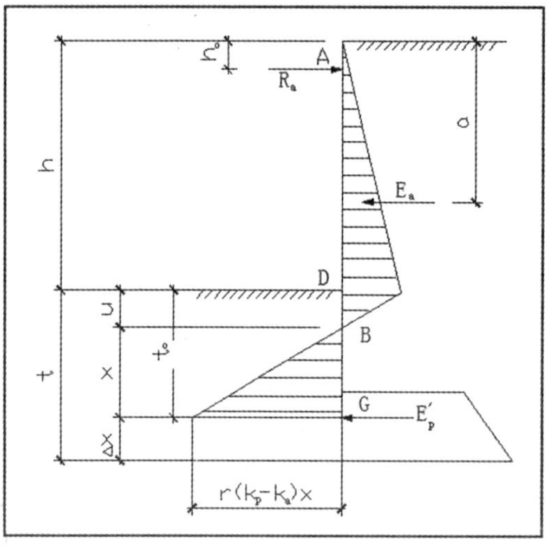

$$u=\frac{K_a h}{K_p-K_a}$$

式中：

K_a—主动土压力系数，$K_a=tg\left(45°-\frac{\varphi}{2}\right)$；

K_p—被动土压力系数，$K_p=tg\left(45°+\frac{\varphi}{2}\right)$。

丹崖山体岩层断面从上而下可分为杂填土层、碎石土层、风化板岩层，因此在求主动土压力时按杂填土层系数指标计算，其中 $\gamma=18.0\text{kN/m}^3$，$c=5.71\text{kPa}$，$\varphi=20°$；而在求被动土压力时则按风化板岩系数指标计算，其中 $\gamma=26\text{kN/m}^3$，$c=$

25kPa，$\varphi=38°$。取 $h=9$m，求得 u 值为 4.4m。

（2）由等值梁 AB 平衡方程计算支撑反力及 B 点的剪力：

$$R_a=\frac{E_a\ (h+u-a)}{h+u-h_0}$$

$$Q_B=\frac{E_a\ (a-h_0)}{h+u-h_0}$$

式中：

R_a—支撑反力；

Q_B—B 点剪力；

E_a—桩侧主动土压力合力；

h_0—支撑反力作用点到地面距离；

a—主动土压力合力作用点到地面距离。

将相关数据代入上式，求得：支撑反力 R_a = 160.89kN；B 点剪力 Q_B = 124.84kN。

（3）求抗滑桩的嵌入稳固岩体深度：

取 $\sum M_G=0$，则有

$$Q_{Bx}=\frac{1}{6}\ [K_p\gamma\ (u+x)\ -K_a\gamma\ (h+u+x)\ ]\ x^2$$

由上式可导出：

$$x=\sqrt{\frac{6Q_B}{\gamma\ (K_p-K_a)}}$$

将有关数据代入，求得 $x=2.7$m。

而抗滑桩的最小嵌入深度由下式求出：

$$t_0=u+x$$

计算得 $t_0=7.1$m。

为确保桩的稳定，一般乘系数 1.1~1.2，即：

$$t=\ (1.1\sim1.2)\ t_0$$

计算得 $t=8.5$m，即抗滑桩嵌入滑动面之下的深度为 8.5m。

（4）求算最大弯矩 M_{max}：

先求出 $Q=0$ 的位置 x_0，根据受力平衡求得 $x_0=7.37$m；再对受力平衡点取矩，求得 $M_{max}=690.09$kN · M。

（5）桩截面配筋验算：

预选桩径 $d=100$cm，钢筋保护层厚度 $a=5$cm，钢筋笼直径 $d_1=d-2a=$［100-

（2×5）］=90cm；选竖向主筋 28 根，沿 d_1 均匀分布，间距为 10 cm。各钢筋至 X—X 轴的距离 y_1 由比例量出，如右图所示：

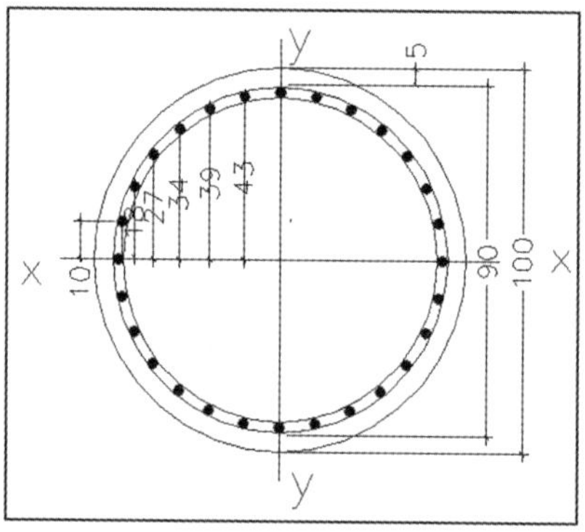

选 Φ28 钢筋，A_g = 6.15cm²，R_g = 34kN/cm²，则钢筋的总抗弯能力为：

$[M] = 4A_gR_g(y_1+y_2+\cdots+y_6+y_7/2)$

$=4\times6.15\times34\,(0.1+0.18+0.27+0.34+0.39+0.43+0.45/2)$

$=1205.31\text{kN}\cdot\text{M}>M_{max}=690.09\text{kN}\cdot\text{M}$

因而能满足设计要求。

2. 构造及材料要求

单桩钢筋笼的主筋采用 Φ28 螺纹钢筋；箍筋采用 Φ8mm 的螺纹箍筋，间距 250mm；加强箍采用 Φ12mm，且应焊接封闭，间距为 2m；架立筋采用 Φ12mm，间距 1.5m；桩身浇铸砼采用 C30，水泥选用#525 耐盐硅酸盐水泥；主筋外保护层设计厚度为 50mm。

3. 设计工程量

根据滑坡体的现状及加固山体的需要，我们共设计了 55 根防滑柱，总计柱深进度 1076m（详见下表及设计图），钢筋混凝土总浇筑量约 846m³。

桩号	楔入深度（m）	桩号	楔入深度（m）	桩号	楔入深度（m）
1	14.5	20	15.0	39	20.5
2	14.5	21	15.5	40	17.5
3	17.5	22	19.5	41	22.5
4	19.5	23	24.5	42	24.5
5	15.0	24	24.0	43	19.5
6	22.0	25	24.0	44	18.5
7	25.0	26	14.5	45	19.5
8	22.0	27	14.5	46	18.5
9	15.5	28	24.0	47	24.5
10	14.5	29	24.0	48	22.5
11	14.0	30	24.5	49	17.5
12	16.0	31	19.5	50	14.5
13	22.0	32	14.0	51	15.0

（续表）

桩号	楔入深度（m）	桩号	楔入深度（m）	桩号	楔入深度（m）
14	22.5	33	17.5	52	22.5
15	18.5	34	18.0	53	24.5
16	18.5	35	24.5	54	17.5
17	22.5	36	24.0	55	17.5
18	24.5	37	24.0		
19	14.5	38	20.5		
总计深度（m）			1076.0		

4. 施工工艺

（1）施工程序：场地平整——放线、定桩位——挖第一节桩孔土方——支模浇灌第一节混凝土护壁——在护壁上第二次投测标高及桩位十字轴线——安装活动井盖、垂直运输架、起重电动葫芦或卷扬机、活底吊土桶、排水、通风、照明设施等——第二节桩身挖土——清理桩孔四壁、校核桩孔垂直度和直径——拆上节模板，支第二节模板，浇灌第二节混凝土护壁——重复第二节挖土、支模、浇灌混凝土护壁工序，循环作业直至设计深度——检查持力层后进行扩底——清理虚土、排除积水、检查尺寸和持力层——吊放钢筋笼就位——灌注桩身混凝土。

（2）为防止坍孔和保证操作安全，每个桩孔均设混凝土支护，每节高 1.0m，厚 10cm，并加配足量直径 6mm 光圆钢筋，混凝土采用 C30。

（3）护壁施工采取组合式钢模板拼装而成，拆上节支下节，循环周转使用。模板用 U 形卡连接，上下设两半圆组成的钢圈顶紧，不另设支撑，混凝土用吊桶运输，人工浇筑，上部留 100mm 高作浇灌口，拆模后用砌砖或混凝土堵塞，混凝土强度高达 1MPa 即可拆模。

（4）挖孔由人工从上到下逐层用镐、锹进行，遇坚硬的岩石风化层，可用锤、钎或破碎机破碎，先挖中间部分，后挖周边，允许尺寸误差 3cm。弃土装入活底吊桶或箩筐内，垂直运输，在孔上口安支架、工字轨道、电葫芦或搭三木塔，用 1～2T 慢速卷扬机提升，调至地面上后，用机动翻斗车或手推车运出。

（5）桩中线控制是在第一节混凝土护壁上设十字控制点，每一节吊大线锤作中心线，用尺杆找圆。

（6）桩钢筋笼制作：在主筋内侧每隔 2.5m 加设一道直径 25～30mm 的加强箍，每隔一箍在箍内设一井字加强支撑，与主筋焊接牢固组成骨架。主筋与箍筋间隔点焊固定，控制平整度误差不大于 5cm；钢筋笼一侧主筋上每隔 5m 设置耳环，控制保护层为 5cm，钢筋笼外形尺寸比孔小 8～10cm，钢筋笼就位用小型吊运机具或吊车进行，上下节主筋采用帮条双面焊接，整个钢筋笼用槽钢悬挂在井壁上，借自重保持垂直度准确。

（7）混凝土用粒径小于50mm石子，水泥用#525耐盐硅酸盐水泥，坍落度8~10cm，用机械拌制。混凝土采用导管垂直灌入桩孔内，并应连续分层灌注、捣实，每层厚不超过1.5m。

（二）锚喷支护工程设计

为了确保滑坡体的整体稳定性，除了在主动区建造防滑柱，还需对未加防滑柱的边坡表面进行锚喷支护，即先在滑坡体表面安插锚杆，然后在锚杆顶端焊接钢筋浇筑混凝土格构梁，再在梁间挂网喷射混凝土保护层。

1. 设计计算

根据《建筑边坡工程技术规范》（GB50330-2002），锚杆的轴向拉力标准值和设计值可按下式计算：

$$N_{ak}=\frac{H_{tk}}{\cos\alpha}$$

$$N_a=\gamma_Q N_{ak}$$

式中：

N_{ak}—锚杆轴向拉力标准值（kN）；

N_a—锚杆轴向拉力设计值（kN）；

H_{tk}—锚杆所受水平拉力标准值（kN）；

α—锚杆倾角（°）；

γ_Q—荷载分项系数，取1.3。

根据滑坡面状况及规范要求，锚杆倾角取值为20°。锚杆所受的水平拉力 H_{tk} 为滑坡体的下滑力减去排桩的抗滑力，经计算为84.64 kN；轴向拉力 N_a 为117.05 kN。

锚杆钢筋截面面积应满足下式要求：

$$A_s\geqslant\frac{\gamma_0 N_a}{\xi_2 f_y}$$

式中：

A_s—锚杆钢筋的截面面积（m^2）；

ξ_2—锚筋抗拉工作条件系数，永久性锚杆取0.69；

γ_0—边坡工程重要性系数；

f_y—锚筋抗拉强度设计值（kPa），取380×10^3kPa。

求得锚筋面积为0.0054m^2，锚筋选取3Φ32钢筋。

锚杆锚固段与地层的锚固长度应满足下式要求：

$$l_a \geqslant \frac{N_{ak}}{\xi_1 \pi D f_{\gamma b}}$$

式中：

l_a—锚固段长度；

D—锚固体直径；

$f_{\gamma b}$—地层与锚固体粘结强度特征值，查表取值700 kPa；

ξ_1—锚固体与地层粘结工作条件系数，永久性锚杆取1.00。

按锚杆设计规范要求，选取锚固体直径为0.1m，锚固段长度为3m。

锚杆钢筋与锚固砂浆间的锚固长度应满足下式要求：

$$l_a \geqslant \frac{\gamma_0 N_a}{\xi_3 n \pi d f_b}$$

式中：

l_a—锚杆钢筋与砂浆间的锚固长度；

d—锚杆钢筋直径；

n—钢筋根数；

γ_0—边坡工程重要性系数；

f_b—钢筋与锚固砂浆间的粘结强度设计值；

ξ_3—钢筋与砂浆粘结强度工作条件系数，永久性锚杆取0.60。

选取水泥砂浆强度等级为M30，查表得$f_b = 2.4\times10^3$kPa，求得$l_a = 0.10$ m。

2. 构造设计

锚杆采用Φ32螺纹钢筋，倾角为20°，锚固端长度为2~3m，菱形排列布置，锚杆间距为2.5 m，入土深度为8~15m；喷射混凝土强度等级为C30，且1d龄期的抗压强度不低于5MPa；格构梁截面尺寸为400mm×400mm，截面配筋底层3Φ18，顶层为5Φ20；箍筋Φ12间距250mm；锚杆自由段做防腐蚀处理，顶端焊接到格构梁顶层中间的配筋上。

（三）挡墙工程设计

在滑坡体的坡脚处设置重力式挡墙，阻挡剩余的下滑力，可使丹崖山滑坡地段更趋于稳固和安全。

1. 挡墙墙体类型选择

重力式挡墙是依靠墙体自重抵抗土压力作用的一种墙体。在同等条件下，挡墙中主动土压力以仰斜最小，直立居中，倾斜最大，因此选用仰斜式挡墙较为合理。

且在挖方边坡时采用仰斜式挡墙，墙背可与边坡坡面紧贴，不存在填方施工不方便、质量受影响的问题。

2. 设计计算

重力式挡墙的截面尺寸一般按试算法确定，可结合丹崖山岩土性质、墙身材料和施工条件等方面初步拟定截面尺寸，然后进行验算。

重力式挡墙的计算内容包括：（1）稳定性验算，即抗倾覆和抗滑移稳定性验算；（2）地基软弱时，地基承载力验算；（3）墙身强度验算。作用于挡土墙上的荷载有主动压力、挡墙自重、墙面埋入土中部分所受的被动土压力，当埋入土中不算很深时，一般可以忽略不计，其结果偏于安全。

a. 抗倾覆稳定性验算。抗倾覆力矩与倾覆力矩之比为抗倾覆安全系数 K_t，如右图所示。为保证挡土墙在自重合主动土压力下不发生绕墙趾 O 点倾覆，抗倾覆安全系数 K_t 应满足下式：

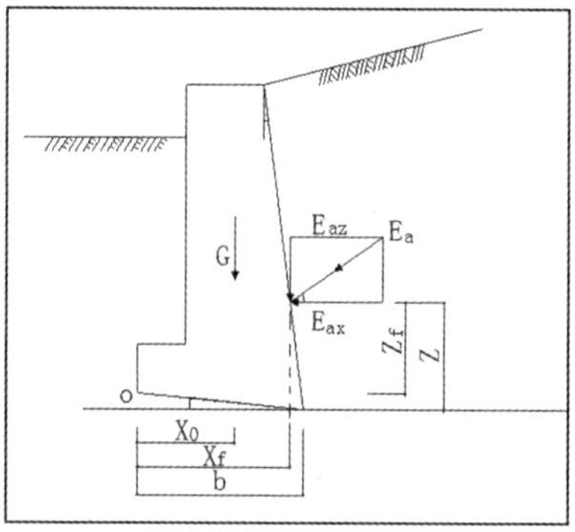

$$K_t=\frac{Gx_0+E_{az}x_f}{E_{ax}Z_f}\geqslant 1.6$$

式中：

G—挡土墙每延米自重；

x_0—挡土墙重心离墙趾的距离；

E_{az}—主动土压力 E_a 的竖向分力，$E_{az}=E_a\sin(\alpha+\delta)$；

E_{ax}—主动土压力 E_a 的水平分力，$E_{ax}=E_a\cos(\alpha+\delta)$；

δ—土对挡土墙背的摩擦角，查表确定；

x_f—$x_f=b-Z\tan\alpha$；

Z_f—$Z_f=Z-b\tan\alpha_0$；

α—挡土墙背与竖线夹角；

α_0—挡土墙基底倾角；

b—基底水平投影宽度；

Z—主动土压力 E_a 作用点距墙踵的高度。

b. 抗滑移稳定性验算。基底抗滑力与滑动力之比为抗滑安全系数 K_s。K_s 应满足下式：

$$K_s=\frac{(G_n+E_{an})\ \mu}{E_{at}-G_t}\geqslant 1.3$$

式中：

G_n—G 垂直于墙底的分力，$G_n=G\cos\alpha_0$；

G_t—G 平行于墙底的分力，$G_t = G\sin\alpha_0$；

E_{an}—E_a 垂直于墙底的分力，$E_{an} = E_a\sin(\alpha+\alpha_0+\delta)$；

E_{at}—E_a 平行于墙底的分力，$E_{at} = E_a\cos(\alpha+\alpha_0+\delta)$；

μ—土对挡土墙基底的摩擦系数，查表确定。

经验算，挡土墙的截面尺寸底宽 $b = 1.75$m，顶宽为 0.8 m，埋深为 3m，出露 0.5m，台阶高宽均为 0.5m，基底坡度为 0.2∶10，墙体材料为素砼，强度等级为 C30，挡墙底面做 150mm 厚的砂石垫层。

3. 构造设计

（1）排水措施

考虑墙体在土压力和温度作用下的胀缩变形问题，挡土墙应每隔 15m 设置一道施工缝。挡土墙因排水不良，雨水在墙后填土中下渗、存积会造成土体的抗剪强度降低，重度变大，水土压力增加使挡土墙破坏。为使墙后积水易排出，挡土墙应设置排水孔，孔眼尺寸为 Φ120mm，孔坡度外斜 5%，孔水平间距为 3m。

（2）填土要求

墙后填土应选择透水性强、性能稳定的非冻胀性材料，可选择粗砂、碎石、炉渣等材料，其抗剪强度稳定，不具有胀缩性和冻胀性，且易于排水。

（作者单位：姜福明，蓬莱阁景区管理服务中心；孔庆生，山东省博物馆）

蓬莱水城城墙修复设计

杨新寿

蓬莱水城又名备倭城，位于蓬莱城北丹崖山海滨，是我国古代胶东半岛重要的海防城堡，负山控海，雄伟壮观。随着历史的变迁，其军事功能逐渐消弭，历史文化价值日益凸显。1982 年，“蓬莱水城及蓬莱阁”（含戚继光牌坊）被国务院公布为第二批全国重点文物保护单位之一。由于年久失修和人为拆除等原因，到 20 世纪末，仅北城墙和西城墙北段保存较好，南城墙仅存振扬门墩台、城楼和部分城墙，东城墙南段残存部分墙体、夯土及 20 世纪 90 年代修复的北段城墙。民居、商铺、道路占压了水城城墙大部，残存城墙存在诸多安全隐患。蓬莱水城曾经的雄伟气势被大打折扣。

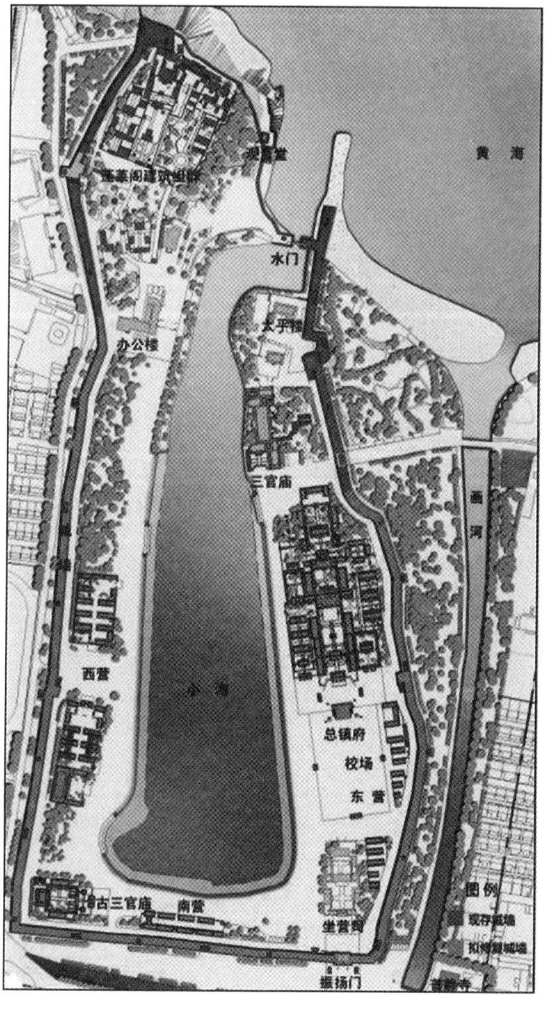

蓬莱水城平面图

为保护利用好这一重要的历史文物遗存，蓬莱市政府及文物局以“保护为主、抢救第一、合理利用、加强管理”的文物工作方针为指导，委托

由东城墙北望（修复后）

具有文物保护专业资质的单位对蓬莱水城制订了科学合理的文物保护规划和保护方案，得到了国家文物主管部门的批准。从2003年至2006年，蓬莱市先后对水城东城墙、西城墙南段和南城墙进行了修复，并相继清淤维护了小海，修复了备倭都司府等建筑。蓬莱水城再现昔日雄姿。工程质量和效果得到文物保护行业专家的肯定，为减缓节假日蓬莱阁建筑群的游客压力提供了重要的文物旅游资源方面的保障。本文就蓬莱水城城墙的修复设计工作介绍如下：

一、蓬莱水城历史沿革

据有关史料记载，北魏天赐元年（404）朝廷始在登州（今蓬莱）驻军以备海防。唐天宝元年（742）设登州守捉，管理海防事务。北宋康定元年（1040）升登州兵为禁军，庆历二年（1042）知州郭志高奏置“刀鱼巡检”，建“刀鱼寨”，屯水兵，驻战舰以备契丹。明洪武九年（1376）朝廷为加强海防，设登州卫，以此为基地向辽东运送军需。指挥谢观以河口水浅狭窄，奏请在宋代“刀鱼寨”基础上建造水城。初为土城，北砌水门，将画河入海口拓宽挖深，引海水入城形成港湾（俗称小海），停泊舰船，操练水军。在城南、城东挖护城河，引画河水入护城河，向北流入大海。永乐六年（1408）为防御倭寇，设备倭都指挥使司府于城内，故水城

明泰昌版《备倭城图》

清顺治版《备倭城图》

又名“备倭城”。明万历二十四年（1596）设总兵署都督佥事于水城，统辖山东沿海防务及海运。总兵李承勋将土城包砌砖石、增设敌台。从此，蓬莱水城成为坚固的海防城堡。从明崇祯十一年（1638）到清光绪元年（1875），对水城的修葺活动至少有五次见诸史志，足见其在沿海防务中的重要地位。明朝著名民族英雄戚继光曾率领水师在此备战抗倭。甲午中日海战，清军凭借水城击退来犯日军，阻止其在蓬莱登陆。

清道光版《水城图》

清光绪版《水城图》

二、水城城墙特征及现状

蓬莱水城平面呈不规则长方形，城墙以砖石包砌夯土而成，周长2400余米，西北跨丹崖山，东南临画河。小海居水城中央，平面呈口袋状，南宽北窄，占据水城面积的三分之一，用以停泊舰船，操练水师。水城设南、北二门，南门通陆路，名“振扬门”。北门是水门，直通大海，名“关门口”。水城设有敌台六座，三座位于西城墙上。东城墙上有两座偏南，第三座位居北端，伸入海中，又称东炮台，与北城墙互为犄角，拱卫水门。城西北部丹崖山上，蓬莱阁古建筑群鳞次栉比，依山势而建，与城墙、敌台和城楼遥相呼应，蔚为壮观，不仅构成了坚固的海防城堡，也成就了蜚声海内外的蓬莱水城及蓬莱阁旅游胜地。

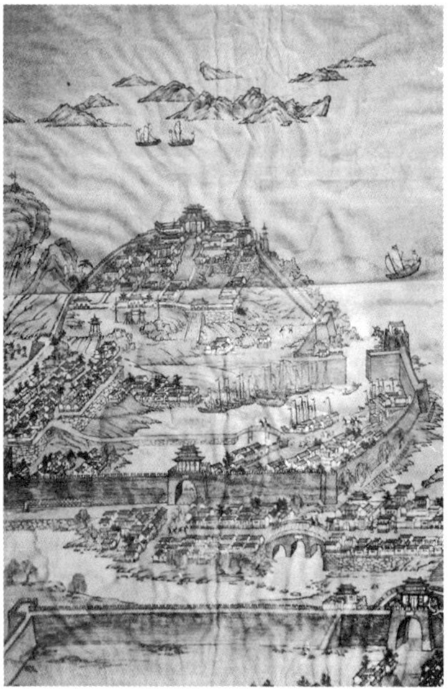

清代蓬莱水城图

蓬莱水城城墙依地势而建，高低、宽窄、走向随地形位置变化而变化。北城墙长约320米，

南城墙遗迹

为单面墙。水门（关门口）居东部，底宽 9.40 米，上口宽 11.40 米，下部用玄武岩砌筑，上部用青砖砌筑。西城墙长约 950 米，北段约 330 米的外檐墙系清末以来遗物。部分内檐墙被改造，城墙内夯土被清空，作为库房使用。南段 620 余米大部分已成为路基，南端残存 20 余米的内檐墙砌筑粗糙。南城墙长约 390 米，振扬门居东部，其墩台底厚 13.75 米，高 5.30 米。东、西两侧各有 40 米左右的城墙，系 20 世纪 80 年代修复，为中空砖混结构，无文物价值。东城墙长约 790 米，北段为 20 世纪 90 年代修复。南段残存外檐墙遗迹 150 余米，可见夯土和玄武岩毛石包砌外墙。

西城墙成为路基

西城墙砌体

从现存遗迹看，水城城墙的断面构造有两种形式：一种是单面墙，在山崖峭壁上直接用青砖砌出垛墙，北城墙大部为这种形式；另一种是由内、外檐墙包砌夯土筑成的城墙，下部用当地黑色玄武岩毛石砌筑，石块大小不一，上部用 390mm×190mm×90mm 青砖砌筑，东、西、南三面城墙及水门城墙皆为此构造。

三、城墙修复设计

城墙修复主要是针对已经不存在的南城墙和东城墙、西城墙南段的修复活动，设计之前先对城墙遗址进行考古勘探，摸清城墙的走向、基底宽度、基础构造和尺度等情况，结合地形，依据考古成果和现行规范进行设计。

（一）确定城墙走向及标高

考古勘探发现，东、西城墙南段走向皆呈南北向外弧状曲线，东城墙弧度较大，西城墙弧度较小。南城墙基本为东西向直线。设计中，城墙走向基本按原城墙走向，局部弯曲部位据遗迹保护需要适当调直。根据遗迹分析，重点确定东、西城墙各有两个敌台。为便于登城，在东城墙南端近振扬门的转弯处内侧设置马道，合理组织交通。

以考古发掘出的外檐墙土衬石上皮为基本标高，结合地形和城墙走向确定外檐墙土衬石的标高。基本原则是：在整体上沿用原土衬石上皮标高，调整近距离高差，使城墙在垂直方向上呈渐升渐降的平滑曲线状，以避免大起大落、生硬呆板。

（二）确定城墙尺度

1. 城墙高度与宽度

考古勘探结果表明，水城城墙的基底厚度宽窄不一，东城墙基底宽 10.10~14 米，南城墙、西城墙南段基底因居民在建造房屋和修路时对其破坏严重，内外檐墙遗迹较少，经过分析并结合现存的西城墙北段数据，推定其宽度应在 8 米左右。

有关资料显示，北京明代八达岭长城高宽比为 1∶0.98，司马台长城高宽比为 1∶0.97，慕田峪长城高宽比为 1∶0.93。20 世纪 90 年代复建的蓬莱水城东城墙北段高宽比为 1∶1.225，水城现存部分老城墙高宽比为 1∶0.8~1.20（关门口和东城墙北段因立于海中，高宽比数据悬殊，不能作为依据）。据清光绪七年（1881）《增修登州府志》记载，蓬莱水城城墙“周三里许，高三丈五尺，厚一丈一尺”，即：高 11.20 米，宽 3.52 米，高宽比为 1∶0.31，这一比例显然不符合明代城墙的实际。权衡各种因素，设计者认为，志书上记载的城墙宽度与实际不符，应以考古发掘得出的数据和现存原城墙遗迹为基本依据，确定高宽比。

水城城墙修复工作先从东城墙南段开始，考古勘探取得的东城墙基底宽度分别为 10.1 米、14 米、12 米，达到 14 米宽的区段较少。经过权衡，修复设计时城墙基底宽取 10~12 米，墙高取 11.20 米（史料记载水城高三丈五尺，合 11.20 米），以此为基本数据得出的城墙高宽比为 1∶0.89~1.07，其中间值 1∶0.98，基本接近前述北京明长城城墙的高宽比。并且，该比值也在蓬莱水城现存城墙遗迹的高宽比值范围内。

2. 城墙收分

北京明长城的收分为7.6%~9.7%。水城现存城墙的收分为9%左右，敌台收分3%左右，已修复的东城墙北段收分为10%。在进行东城墙南段修复设计时，1号敌台以北收分取10%，以便与已修复的北段城墙对接，以南收分取9%。敌台收分取2.63%（此为东城墙残存2号敌台收分数据）。

（三）原墙遗迹的保护与展示

水城东城墙南段虽然残损严重，但尚存部分敌台、夯土和外檐墙砌体。设计中根据现存遗迹的保护需要，结合施工条件制定如下保护措施：

1. 对保存的原外檐墙砌体毛石块进行编号拆砌，重做基础后原位归安。

2. 位于2号敌台和其南端的原城墙夯土就地保护，保护的方式是把夯土所在的城墙架空，城顶安装玻璃罩，对游客展示。

东城墙遗迹

东城墙修复后（原遗迹）

（四）对原城墙遗迹的鉴别处理

1. 东城墙护坡

考古勘探发现，东城墙2号敌台外檐墙有内、外两层基础，分析认为，此段是东城墙基底的最高处，其东为护城河，城墙基底高出墙外地面3米有余，断定内层基础为外檐墙基础，外层基础是外檐墙的护坡墙基础，它对城墙的安全稳定起着非常重要的作用。设计时依据外层基础设计了护坡墙，正确地解决了这一矛

东城墙2号敌台遗迹

盾。西城墙土衬石与外侧地面高差较大，即参照这种做法解决了问题。

东城墙原护坡基础

东城墙及 2 号敌台修复后

2. 东城墙南端转弯处敌台

东城墙南端转弯处残存外檐墙向外凸出约 4 米，在清光绪以前的蓬莱水城图中此处是城墙。但在清末民初的一张水城图上，此处是敌台。清理该处时发现，此凸出部分用较小的毛石块和泥土砌筑，结构松散，少许扰动即坍塌。而在凸出部分内侧掩盖的是用较大毛石块砌成的墙体。现状分析认为，此处原本没有敌台，当原城墙出现向外坍塌险情或被敌攻破后，对此处采取附壁加固措施，使该段城墙向外凸出，外观看似敌台，实际不是敌台（因为向外凸出，可能当时顺势做成了敌台状），清末民初的画家未进行仔细研究就把此处画成了敌台。此次修复设计时根据现象和走向，确定此处为弧状城墙墙体，恢复了原状。

东城墙南端转角外凸墙体

东城墙南端转角修复后

（五）城墙构造及做法

1. 墙基

按设计宽度挖基槽到老土，做 3∶7 灰土垫层，逐层夯实。其上砌毛石基础。

2. 墙体

内、外檐墙厚度参照基本设计图分段现场确定，其厚约 2 米。外檐墙土衬石以上 2/3 高度砌毛石墙，1/3 高度砌青砖墙。垛口宽 0.6 米，垛墙高 1.8 米。内檐墙城顶以下为毛石墙，城顶以上宇墙高 1.3 米。内外檐墙之间设梁拉接。

3. 墙芯

3∶7 灰土，虚铺 22.4 厘米，夯实后 16 厘米，分层夯实到城顶。近城顶三层灰土逐层泼洒糯米汁，使灰土强度增加。

4. 散水、地面及排水

沿内、外檐墙土衬石做 1.2 米宽毛石散水。墙顶墁青砖地面，面层下增加一皮整砖垫层。

内檐墙上每隔 20~30 米设排水口集水，安装石沟嘴子把城顶水排出。

（六）材料

1. 石材，选用当地的玄武岩毛石和料石，毛石砌墙，料石砌筑敌台、踏步和坡道。

2. 青砖，青砖规格为长 39 厘米、宽 19 厘米、厚 9 厘米。被里用标准红机砖。青、红砖标号不小于 MU75。

3. 灰土：选用 3∶7 灰土，生石灰块末比不小于 5∶5，黄土选用优质亚粘土。

4. 灰膏：用优质生石灰块淋制，熟化期不少于 10 天。

（七）设计图（部分）

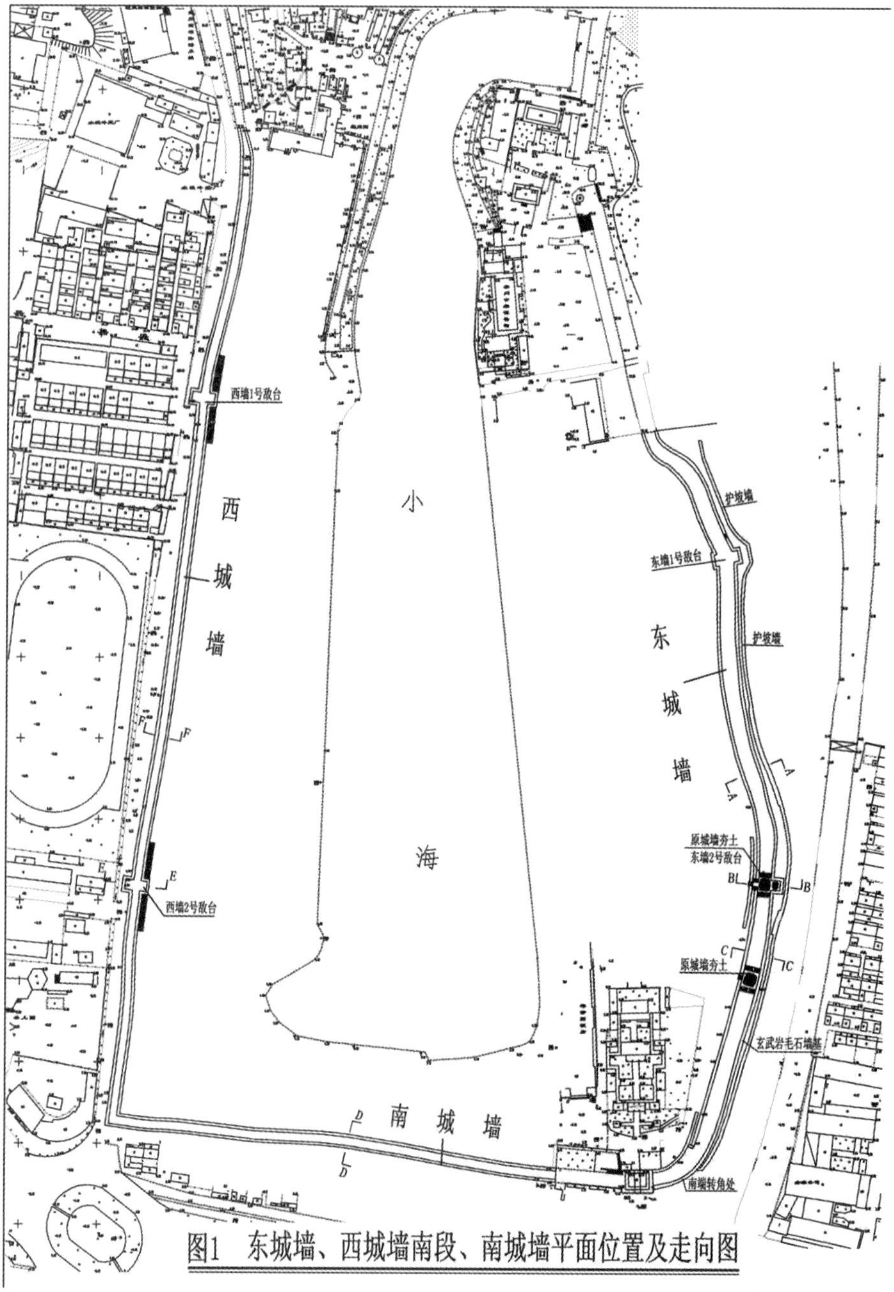

图1 东城墙、西城墙南段、南城墙平面位置及走向图

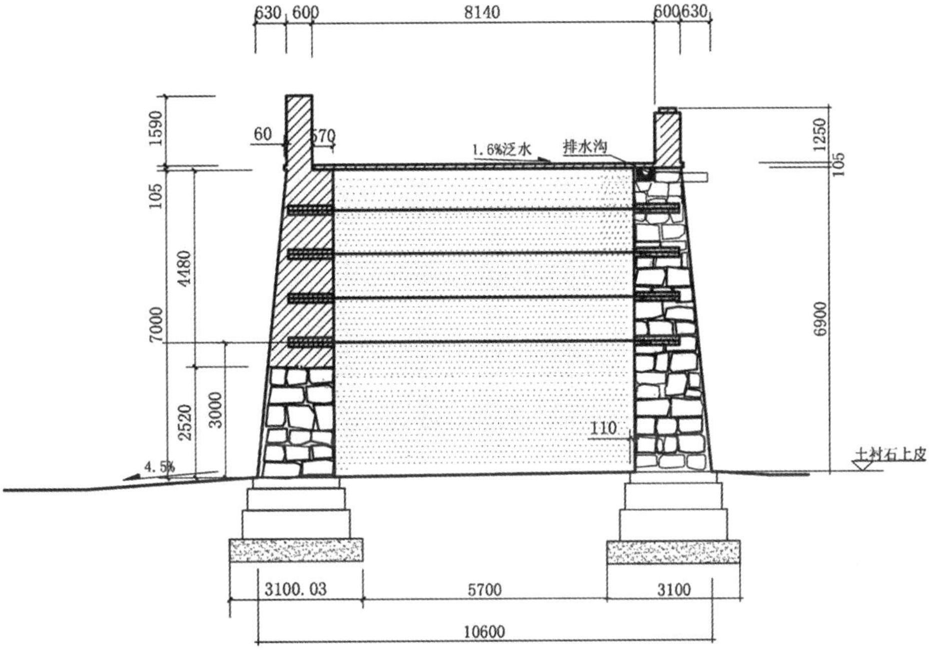

图2 东城墙A-A城墙剖面图

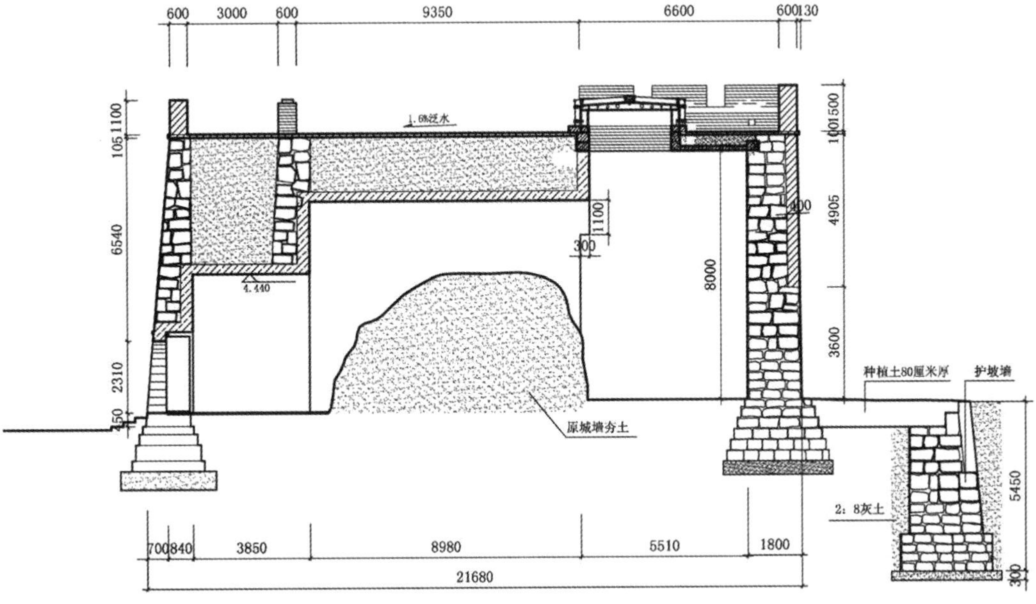

图3 东城墙二号敌台B-B剖面图

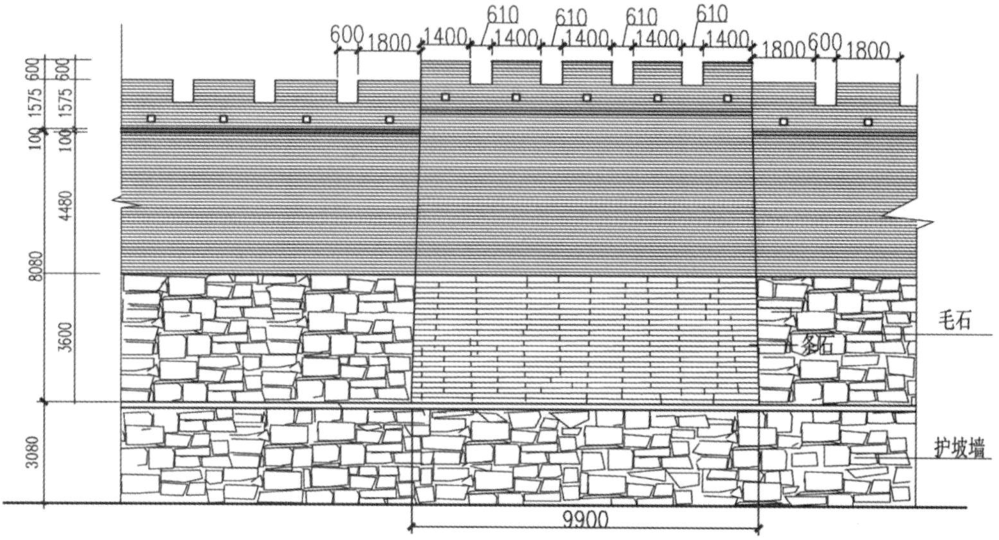

图4　东城墙二号敌台东立面图

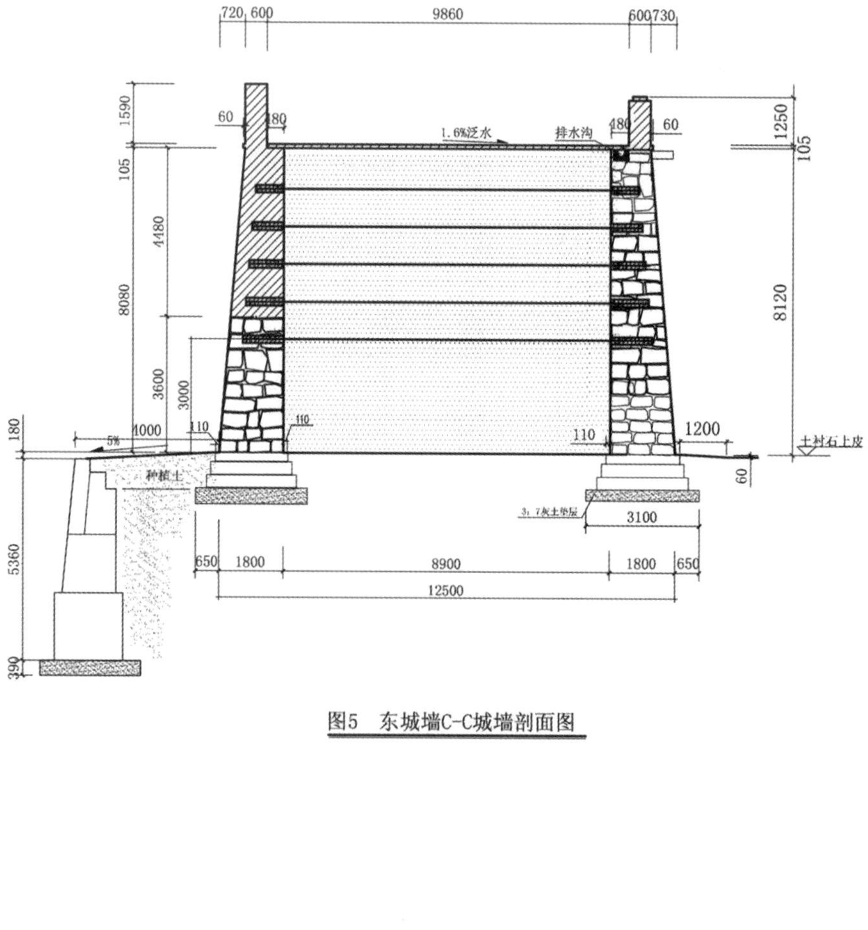

图5　东城墙C-C城墙剖面图

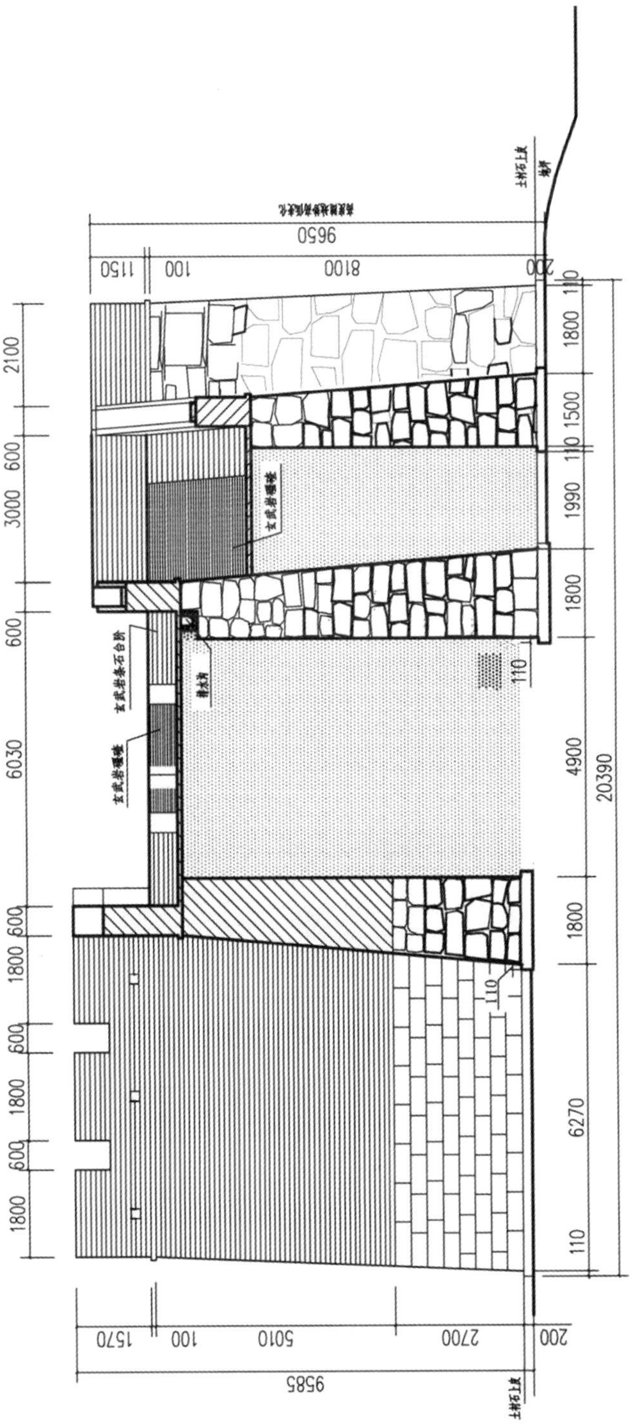

图6 西城墙修复段2号敌台剖面图

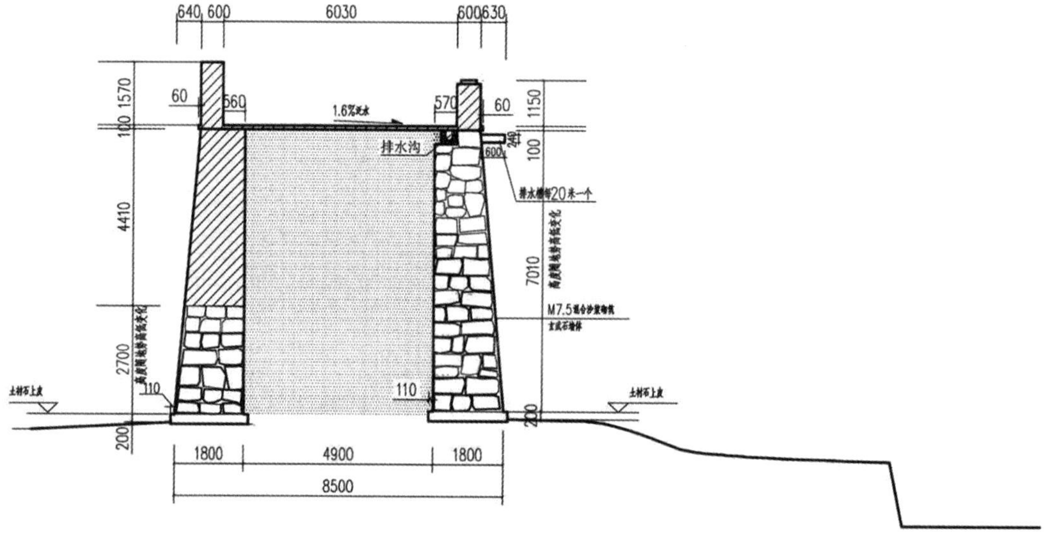

图7 西城墙F-F剖面图

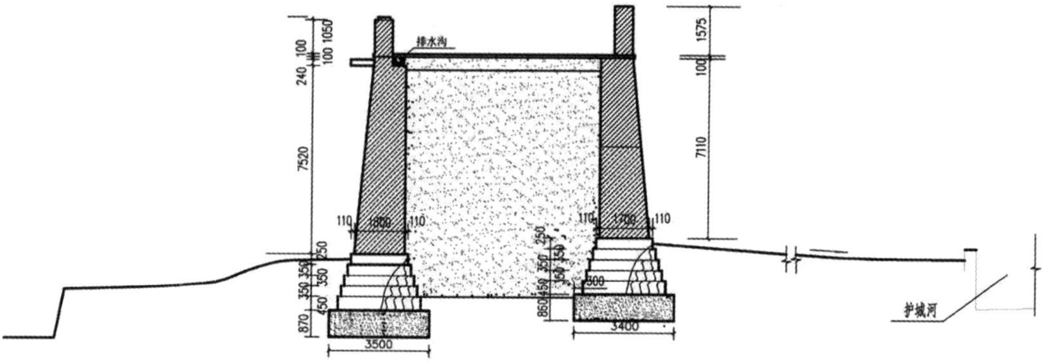

图8 南城墙D-D剖面图

（作者单位：山东省古建筑保护研究院）

海上丝绸之路文化

蓬莱古船的科学与文化内涵

席龙飞

蓬莱是一颗璀璨夺目的渤海明珠，因海市蜃楼的奇异景象和八仙过海的美丽传说早已为国人所熟知，既是我国历史文化名城，也是著名的海滨旅游城市。1984 年 3 月至 6 月，在对蓬莱水城小海进行大规模清淤工程中，烟台市和蓬莱县的文物工作者，在小海内发掘出一艘古船和为数众多的文物。时隔 20 年，2005 年 2 月，蓬莱市文物局再次组织蓬莱水城的清淤工作。2005 年 7 月至 11 月，由山东省文物考古所、烟台市博物馆和蓬莱市文物局考古人员组成的古船考古队，在水城小海的西南隅，又发掘出 3 艘古船。在蓬莱水城一处发掘出 4 艘古船，而且其中 2 艘是来自朝鲜半岛的韩国古船，这在我国是唯一的，在世界范围来说也是罕见的。蓬莱古船的发掘和研究，极大地丰富了航海史、造船史、海防史和经济文化交流史。蓬莱古船的科学与文化内涵必将有力地提升蓬莱的历史荣誉和在国内外的知名度。

一、蓬莱古船享誉中外

1. 蓬莱古船一鸣惊人

1987 年 11 月，中国船史研究会古代船史学组，在武汉水运工程学院召开“中国古代船史研讨会”。蓬莱县文化局的文物工作者，在会上作了“山东蓬莱水城清淤与古船发掘”报告，引起我国船史学术界的极大兴趣。研讨会上，对蓬莱古船应该召开一次专门学术讨论会的建议，得到与会专家们的一致响应和支持。经过一年的筹备，由武汉水运工程学院、烟台市文物管理委员会和蓬莱县文化局联合举办的全国性“蓬莱古船与登州古港学术讨论会”于 1988 年 10 月在蓬莱召开。来自全国各地的专家学者，荟聚古城蓬莱。他们是：中国科学院学部委员、上海交通大学教授杨槱；中国船舶与海洋工程设计研究院技术顾问、高级工程师袁随善；中国科学院自然科学史研究所副研究员周世德；武汉水运工程学院教授席龙飞、副教授文尚光；大连海运学院教授杨熺、副教授孙光圻；故宫博物院研究员耿宝昌；中国船史研究会主任委员、高级工程师辛元欧，委员、高级工程师胡国汉；烟台文管会副研究员李步清、烟台市博物馆副馆长王锡平；其他中青年学者三十多人。会上，专家学者们对蓬莱古船的年代、用途和船型的复原等问题进行了跨学科的多系列、多层次的研讨与交流，取得了较为一致的看法。这是近年来我国学术界对古代造船史进行多学科研究的最新成果。①

在蓬莱古船学术讨论会召开一年以后的 1989 年 10 月，由全国人大常委会副委员长周谷城教授题写书名、由席龙飞教授主编的论文集《蓬莱古船与登州古港》，由大连海运学院出版社出版。论文集共收入论文 15 篇，图版 20 页，发表照片 82 幅。该论文集虽然印数高达一万册，但是早已售罄。

笔者以为，论文集中除了对古船、古港有深入的研究，著名陶瓷专家耿宝昌对"水城出土瓷器"的研究，求新造船厂沈同惠高工对石碇、木碇、铁锚等"蓬莱古船属具"的研究，海军工程大学唐志拔副教授关于"水城出土火炮"的研究等论文，都具有较高的学术价值。

1992 年，蓬莱古船博物馆（当时的馆名为登州古船博物馆）建成。

2. 蓬莱古船走向世界

1991 年 12 月，在中国造船工程学会船史研究学术委员会及其主任委员辛元欧的组织下，"世界帆船史国际学术讨论会"在上海召开，特敦聘杨槱教授为会议主席，英国剑桥的李约瑟教授为名誉主席。会前出版了英文版的论文集。② 除了国内的知名学者以及中青年学者 50 多人与会，还有英、美、德、日、韩等多国学者出席。

会上有关于蓬莱古船的研究论文两篇：袁晓春与吴松高的《略论蓬莱元代战船》③，席龙飞与辛元欧的《蓬莱古船年代考及复原研究》④。与会的海内外学者对蓬莱古船的出土和研究成果给予极大的关注。

过去，在英语世界出版的船舶史著作中，几乎没有关于中国古船的论述。现在

---

① 邹异华《蓬莱古船与登州古港·序言》，刊于席龙飞主编《蓬莱古船与登州古港》，大连海运学院出版社 1989 年版，第 II 页。

② *Proceedings of International Sailing Ships History Conference.*（《世界帆船史国际会议论文集》）Shanghai, Dec. 1991.

③ Yuan Xiaochun, Wu Songgao. On the Construction of the Penglai Fighting Sailship of Yuan Dynasty.（袁晓春、吴松高《略论蓬莱元代战船》）*Proceedings of International Sailing Ships History Conference.* Shanghai, Dec. 1991.

④ Xi Longfei, Xin Yuanou. Preliminary Research on the Historical Period and Restoration Design of the Ancient Ship Unearthed in Penglai.（席龙飞、辛元欧《蓬莱古船年代考及复原研究》）*Proceedings of International Sailing Ships History Conference.* Shanghai, Dec. 1991.

不同了，中国古船的论述占据相当的篇幅。例如在由 Sean McGrail 撰著、由英国牛津大学出版社 2001 年出版的《世界的船舶——从石器时代到中世纪》[①] 一书中，全书 470 页，其第 10 章中国竟占 53 页（不过在这一章里还包括日本船和韩国船），对于蓬莱古船的介绍相当详尽，而且有不少关于蓬莱古船的插图，在行文里多次征引席龙飞、辛元欧（Xi and Xin，1991）以及袁晓春、吴松高（Yuan and Wu，1991）的论文。

1996 年，笔者作为蓬莱古船博物馆的顾问，代表博物馆诚邀韩国船舶史研究的奠基人、首尔大学船舶工学博士金在瑾教授来访。随同来访的还有韩国海事问题研究所朴铉奎理事长。[②] 韩国金在瑾教授一行详细考察了蓬莱古船的船体结构和造船工艺，对蓬莱古船的保护措施极为赞赏，他很欣赏将残骸支撑在蓝色的玻璃上，如在海面上一样。

2005 年 7 月至 11 月，在蓬莱水城出土了 2 号、3 号和 4 号古船。2006 年 8 月，由山东省文化厅主办，烟台市文物局协办，武汉理工大学、中国船史研究会、蓬莱市文物局承办的“蓬莱古船国际学术研讨会”在蓬莱隆重召开。到会的除了中国学者代表，还有韩国、日本、法国、荷兰的学者近 30 人。由于我们已经判定 3 号和 4 号古船是来自朝鲜半岛的韩国古船，韩、日两国的学者十分踊跃，到会的韩国学者 10 人，被邀的日本学者 2 人竟到会 4 人。

会议收到论文 44 篇。会前编印了中英文对照的《蓬莱古船国际学术研讨会文集》。与此同时，由文物出版社于同年 8 月出版了考古报告《蓬莱古船》。[③] 该书既报告了 2005 年出土 2 号、3 号、4 号古船的全部考古成果，也将 1984 年出土 1 号古船的成果综合进去，堪称蓬莱古船考古发掘的集大成者。

限于经费等原因，在国际会议三年之后的 2009 年，中英文对照的《蓬莱古船国际学术研讨会文集》由长江出版社正式出版发行。

二、造船史的重要篇章

1984 年清理出土的元末明初刀鱼战船（2005 年确定为 1 号古船），在技术上有时代的先进性，有多处是前所未见的，已经成为讲述中国造船技术史的重要篇章。

---

① Sean McGrail. *Boats of the World ——From the Stone Age to Medieval Times.* （《世界的船舶——从石器时代到中世纪》）Oxford University Press，2001. pp. 371 ~ 373.

② 袁晓春《中韩在发现古船及海洋文化遗产领域的交流与研究》，刊于席龙飞、蔡薇主编《蓬莱古船国际学术研讨会文集》，长江出版社 2009 年版，第 78 页。

③ 山东省文物考古研究所、烟台市博物馆、蓬莱市文物局《蓬莱古船》，文物出版社 2008 年版。

第一，船舶外板的端接头，采用带凸凹榫头的钩子同口连接，不仅连接紧密，而且在接头处不会损失结构强度。特别是这些外板的端接头，都设计在横舱壁处，堪称完美。

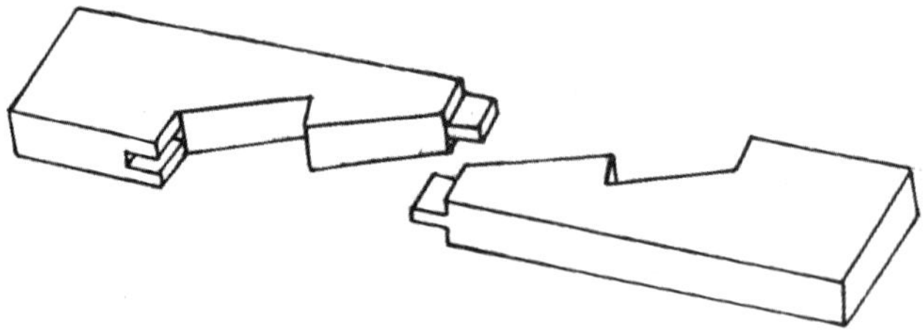

蓬莱古船的外板采用带凸凹榫头的钩子同口连接

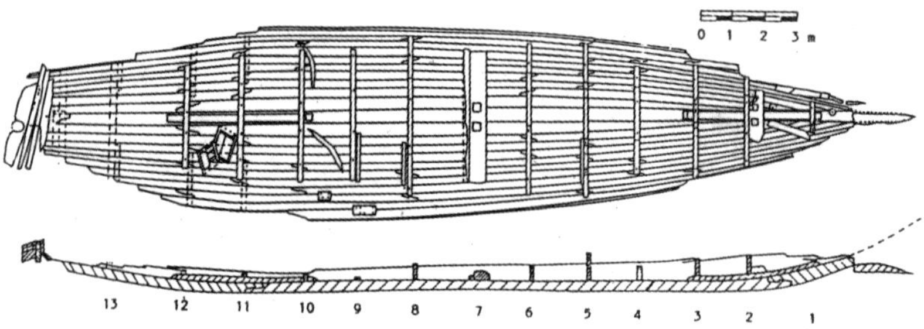

Fig.1 Plan and profile of the remnant of Peng-lai ancient naval boat [1]

蓬莱1号古船的平面及纵剖面图

第二，在横向水密舱壁板处设有金属的定位锔钉，将舱壁牢牢地固定之后，舱壁将不至于在首尾方向位移，这十分有利于船舶的刚度与强度。

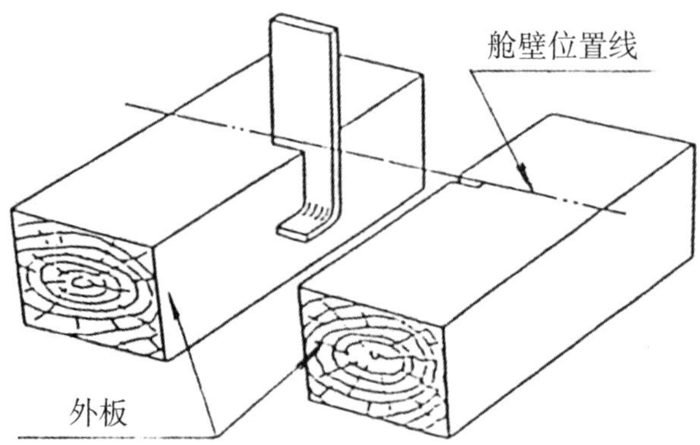

蓬莱古船在舱壁板处的定位锔钉

为了保持舱壁不容易变形，相邻两舱壁板制作成槽形，而且在两舱壁板之间凿成四个相互错列的榫孔，用木质榫头加以固定。

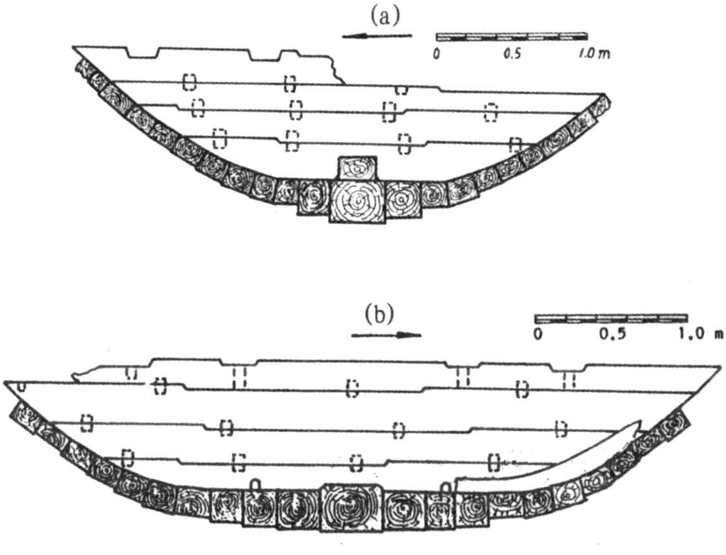

蓬莱1号古船的3号和5号舱壁的测绘图

第三，外板的边接缝采用简易的对接方式，但是两个板列间要用铲钉、穿心钉钉连。如下图所示。铲钉在外板的内表面钉进，钉头处用桐油麻丝构成的填料填塞。这有利于保持铁钉避免海水的锈蚀。

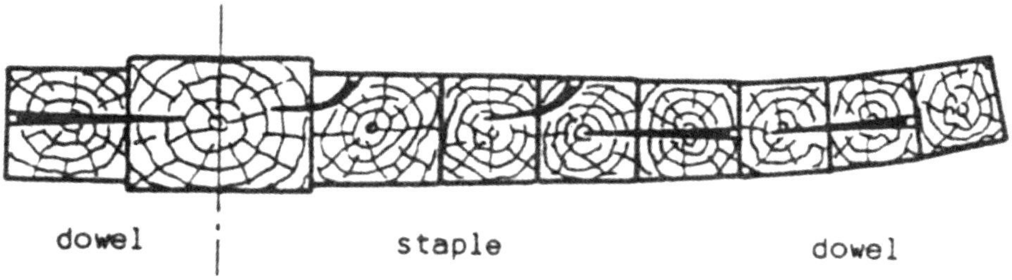

古船采用的铲钉和穿心钉

第四，在上图所示的舱壁测绘图中，在自下而上第4列舱壁板上，左右都有一对相距约为0.7米的凹槽。这一对凹槽究竟是作什么用的呢？1989年撰写论文①时，笔者对这个问题很费了一番思索。

笔者当时认为，这一对凹槽是为设置左右两对纵向绗材而凿成的，在纵向绗材上可铺设木铺板，以为战卒起居之用。李心传撰《建炎以来系年要录》载刀鱼船的

① 席龙飞、顿贺《蓬莱古战船及其复原研究》，《武汉水运工程学院学报》1989年第1期。

船型特点时，曾有“粮储器杖，置之簧板下”。[1] 此“簧板”，也有的写成“艎板”，即木铺板。

《明史·兵志》在述及小苍山船时写道：“其制上下三层，下实土石，上为战场，中寝处。其张帆下碇，皆在上层。”[2] 从在蓬莱古船中所获文物甚少这一点来看，或者就是因为“下实土石”所致。这点可作为蓬莱古船为兵船的旁证。

现在，笔者对舱壁上左右各一对凹槽是用作设置纵向绗材（龙筋），借以铺设木铺板的论断，已经获得实物证据。1994年，在浙江省宁波市象山县涂茨镇后七埠村，平岩头砖瓦厂取土时发现一条古代海船。象山“海船最具特点的是存在纵向从2号隔舱板开始，穿过3至12号各隔壁板的两根‘龙筋’。龙筋系用整根杉木做成圆角方形，宽约18~20厘米、高约14~20厘米。……龙筋距船底的距离也随底部的变化而不同，约0.45~0.75米”。[3] 从下图所示象山船出土时的全景照片，可以看到纵向“龙筋”的存在。这一对“龙筋”正可以用作铺设木铺板。

明代浙江象山船出土时的全景

① 李心传《建炎以来系年要录》卷六十九，《丛书集成初编》本，商务印书馆1936年版。

② 张廷玉《明史·兵志》，上海古籍出版社1986年版，第251页。

③ 宁波市文物考古研究所、象山县文管会《浙江象山县明代海船的清理》，《考古》1998年第3期。

三、海防要塞战船为证

1. 海防要塞战船为证

继1984年发现元末明初战船之后，2005年又在蓬莱水城的小海西南隅发现2号船、3号船和4号船。这2号船与1号船的尺度十分接近，也是一艘战船。[①] 据考古的地层判断，其年代当为明代。

蓬莱1号和2号古战船的尺度如下列：

	蓬莱1号古船		蓬莱2号古船
总长	32.2米		33.85米
垂线间长	28.0米	设计水线长	26.4米
型宽	6.0米		6.0米
型深	2.6米		2.6米
满载排水量	173.5吨		171.0吨

从上述两艘战船的尺度对比可以看出，尺度十分相近。从船型十分瘦长看，各研究论文也都认为是刀鱼战船。

在蓬莱水城的小海里，先后发现两艘刀鱼战船，这当是对在明代初年建立起来的抗倭海防要塞——蓬莱水城的重要实物证据。

2. 战船年代存在争议

《山东蓬莱水城清淤与古船发掘》一文，在论述蓬莱1号古船年代时写道："关于沉船的年代，由于缺乏确切的记年材料，其绝对年代尚无法肯定。船内出土的高足杯，经鉴定为元代龙泉系，这是断代的主要依据。另外，依据船的现存长宽尺度，此船是无法通过在明初所修建水城的水门口的。所以，这只船的年代至迟应不晚于元末明初。"[②]

《山东蓬莱水城清淤与古船发掘》一文，对蓬莱1号古船的断代根据有二：一为在船内出土有元代的龙泉系高足杯，二为以船舶的现存尺度是无法通过明初修建水城的水门的。

烟台市博物馆的王富强对上述论点进行质疑。他认为，明洪武九年以前，蓬莱水城小海的西南部还是一个河水流沙的泻湖湾岸坡，很难形成淤泥堆积。循此，蓬

① 顿贺、席龙飞、龚昌奇、蔡薇《蓬莱二号古船结构特征及其复原研究》，刊于席龙飞、蔡薇主编《蓬莱古船国际学术研讨会文集》，长江出版社2009年版。

② 烟台市文物管理委员会、蓬莱县文化局《山东蓬莱水城清淤与古船发掘》，刊于席龙飞主编《蓬莱古船与登州古港》，大连海运学院出版社1989年版，第9页。

莱小海目前考古发现最早的淤泥堆积只能是明初。因为明初修的是土城，直到万历二十四年，也就是说，此前的水门口要比万历二十四年以后宽出许多，过往大船不成问题，而且经过实地测量，即使是现代的水门口，如此次发现的1、2号大船也能通过。总之，蓬莱小海考古发现的淤泥堆积为明代。至于小海内是否存在元代、宋代、唐代或更早的文化堆积，目前的发现还没有考古学上的科学依据，还需要以后的考古发现加以印证。①

2005年出土的2号船，从考古发掘时的地层看，确认是明代古船。从前述尺度对比看，2号船并不比1号船小，长度还稍大。2号船能进入小海，则1号船就没有进不来的道理。

至于在1号船内出土一件元代的高足杯，也只能证明1号船是在元代或元代以后的船。至于元代以后多少年，就没有可靠的依据了。

对1号船的确切年代存在争议则是不争的事实。

四、中韩交往睦邻友好

1. 3、4号韩国古船

4号古船只剩下少数几块船舶平板龙骨板。三块龙骨板是用许多木栓（韩国称为长槊）洞穿并连接的，中间的龙骨板上还有为树立桅杆而凿的两个桅夹板榫孔。这些都是韩国古船的基本特征。

但是也有的论者认为这是中国船。如王富强等认为：3、4号船是我们这次考古新发现的船型，为平底海船，最近，我们在查阅有关资料时发现，其类别的归属也有了可比照的参考，3、4号船可能是广泛应用于北方沿海浅滩的平底沙船。②

对3号船，目前国内学术界更有不同的学术见解。1984年曾参与1号古船发掘工作的烟台市博物馆王锡平研究员认为，3号船就其横剖面和鱼鳞式外板建造技术来看，与南方的福船较为接近，用三块板组成龙骨的做法又与梁山明代河船相同，因此，3号船的产地不能单从木钉这一技术确定它的类型和产地，而应从其船体总体结构来分析，如龙骨、壳板、隔舱、桅座都具有中国传统船舶的特征。③

---

① 王富强、姜国钧、石锡建《蓬莱水城小海及古船的考古发现与研究》，刊于席龙飞、蔡薇主编《蓬莱古船国际学术研讨会文集》，长江出版社2009年版，第126页。

② 王富强、姜国钧、石锡建《蓬莱水城小海及古船的考古发现与研究》，刊于席龙飞、蔡薇主编《蓬莱古船国际学术研讨会文集》，长江出版社2009年版，第126页。

③ 王锡平、石锡建、于祖亮《蓬莱水城古船略论》，刊于席龙飞、蔡薇主编《蓬莱古船国际学术研讨会文集》，长江出版社2009年版，第121页。

王富强研究员等在文章中提出还有一个更直接的证据，就是山东梁山船，其龙骨板的构造技术与蓬莱3、4号船基本一样，只是梁山船为河船，船体没有蓬莱船大，平底较宽，而蓬莱3、4号船为海船，船体较大，因在波涛汹涌和多暗礁的大海航行，平底稍窄，构造技术更坚固，还增加了补强材等加固技术。这一切都为3号船是中国造的海船提供了证据。[①]

看来烟台市博物馆前后两任馆长的学术观点颇为一致。关键是前述论点是否符合实际？是否有道理？在此不妨略作分析。

第一，与福船相比：3号船尽管外板呈鱼鳞式搭接，与泉州湾宋代海船确有一点相似之处；船型宽而短肥，也与泉州船相似。但是在船舶型制的主要方面，凡南方或福船型的海船，均无例外地具有强大的主龙骨，吃水相对较深。泉州船的主龙骨宽34厘米、高27厘米。虽然龙骨宽34厘米，对于整个船体来说，仍然是尖底船。正如宋代徐兢在《宣和奉使高丽图经》中所说："上平如衡，下侧如刃，贵其可以破浪而行也。"[②] 再看3号船，其三块龙骨板共宽约1.75米，航行时不仅不能破浪，而且会出现船体拍击现象。3号船怎么能"与南方的福船较为接近"呢？

第二，与梁山船相比：看看"山东梁山船，其龙骨板的构造技术与蓬莱3、4号船基本一样"问题。3、4号船的三块龙骨板宽共计约1.75米，厚22厘米，堪称甚大甚重。笔者于2010年对梁山船做过为期5天的测量，其三块龙骨板共计宽60厘米，厚7厘米，只比厚度为6厘米的其他船底板厚了1厘米。中国梁山船龙骨板厚度只有区区的7厘米，只能用铲钉钉连，然后钉到舱壁上，甚至连穿心钉都不用。而3号船厚度达到22厘米的龙骨板和左右两块龙骨翼板，却要用厚度为6.5厘米的大木栓（韩国称为长槊）穿连起来。两者不仅航区不同，船体结构形式、尺寸大小、工艺方法也都不同，也就根本不存在"基本一样"的问题。

第三，与沙船相比：3号船有大约1.75米宽的龙骨板以及龙骨翼板，适合在长江口以北的黄海航行，偶遇沙浅，也是"稍搁无碍"。在这一点上，3号船与沙船有相似之处。然而，中国的沙船实行多桅多帆，船舶相对较长，长宽比（L/B）较大。据周世德考察研究，沙船的长宽比大致在4.1~6.7之间。[③] 然而，3号船的长宽比为2.68。

3号船的长宽比小。所有韩国船的长宽比都小。据韩国元仁古代船舶研究所李

---

① 王富强、姜国钧、石锡建《蓬莱水城小海及古船的考古发现与研究》，刊于席龙飞、蔡薇主编《蓬莱古船国际学术研讨会文集》，长江出版社2009年版，第126页。

② 徐兢《宣和奉使高丽图经》，故宫博物院1931年影印本。

③ 周世德《中国沙船考略》，《中国造船工程学会1962年年会论文集》（第二分册），国防工业出版社1964年版，第38页。

元植所长提供的数据，韩国已出土古船的长宽比（L/B）之值如下：[①]

韩国出土古船的长宽比（L/B）

珍岛船	莞岛船	达里岛船	群山岛船
3.2	3.21	3.18	2.60

中国沙船瘦而长，长宽比之值较大。3号船以及所有韩国古船的长宽比都较小，船型短而肥宽。由之可见，3号船与沙船差别较大，倒是与韩国船有更多的相同之处。

第四，4号船是地地道道的韩国船。4号船的中心龙骨板处，凿有为树立桅杆用的桅夹板卯孔，特别醒目。中国的造船师傅，谁也不会在中心龙骨板上凿大型孔洞的。中国的造船师傅对待龙骨，犹如建筑师傅对待房屋的栋梁。而在龙骨板上凿孔洞，却成了韩国古船的标志性工艺方法。

第五，中国造船业从战国时代起，就将铁箍用于联并船板，铁钉的使用历史悠久，技术老到。印度使用棕绳和韩国使用木钉联并船板，他们的技术可谓炉火纯青。若让中国造船工匠用棕绳或木钉造船，恐怕难以与印度和韩国争锋。以3号船为例，虽然是木钉、铁钉混合使用，也是中国工匠难以驾驭的。笔者以为，3号船，从船型、结构以迄造船工艺，都具有韩国古船的特点，绝无可能是中国工匠建造的，虽然该船设有舱壁、桅座，也间或设有铁钉，而且没有韩国船惯常使用的驾龙木，笔者以为这些只是中韩技术交流的结果。

2. 中韩交往睦邻友好

在中国的港口里发掘出韩国的运输船舶残骸，见证了中国与高丽（朝鲜）两国间的睦邻友好关系。明朝建立初期高丽（朝鲜）船出入蓬莱古港的详情，朴现圭[②]的论述颇详。在宋、元、明各朝，中国都与高丽（朝鲜）有紧密的邦交。明朝建立初期，洪武帝就派使臣与高丽通好。高丽恭愍王也派遣使臣前往南京。两国的交往既有陆路也有海路。海路还可以分为黄海斜断航路和登州航路。两艘韩国古船在蓬莱水城出现，这是两国友好交往的文化见证。既是两国友好往来的历史积淀，也必然会引起两国经济和文化学者的研究兴趣。

两艘韩国古船为什么沉没在蓬莱水城这具有海防要塞性质的港口里？这就非常值得深入研究。或者这是一艘乘载着友好使臣的船舶，或者这是一艘为水城运送必

① 〔韩〕李元植、许逸《韩国发掘的高丽海船与蓬莱三号古船的比较研究》，刊于席龙飞、蔡薇主编《蓬莱古船国际学术研讨会文集》，长江出版社2009年版，第168~170页。

② 〔韩〕朴现圭《蓬莱水城高丽（朝鲜）舱壁的历史背景》，刊于席龙飞、蔡薇主编《蓬莱古船国际学术研讨会文集》，长江出版社2009年版，第216~223页。

需物资的船舶。由于业务领域的限制，笔者对于这样的研究确实无能为力，但是我以为断不可认为这里是军港就不能有外国的船舶进出、凡是进出我军港的船舶必然是中国的，那样岂不是阻碍了继续深入研究的进程！

蓬莱古船的科学文化内涵是深厚的。尽管就“蓬莱古船与登州古港”这一课题已经召开全国性学术会议，甚至国际性学术会议，但是还有许多问题在学者们中间存在着不同见解或者分歧。例如蓬莱1号古船究竟是元代的？还是元末明初的？或者如有的学者所主张，认定是明代的？有不同意见我认为是好事。真理的火花是在不同观点的相互碰撞中发生的。

蓬莱旅游热方兴未艾。蓬莱古船的科学与文化内涵，必定会引起国内外学术界的关注，并且开展更加深入的研究。

（作者单位：武汉理工大学造船史研究中心）

从登州古港出土的陶瓷看宋元时代的陶瓷贸易

王安安

蓬莱水城亦即登州古港，位于山东半岛北端，蓬莱阁东侧，与庙岛群岛构成海上锁链，地理位置非常重要，自春秋战国以来，已有两千年的历史。其凭借优越的地理位置和特有的自然条件，成为我国北方的重要港口。宋元时期的登州不仅是国内的重要港口，而且是商业集散地和重要的对外贸易港口，在中国对外陶瓷贸易中起过重要作用。

蓬莱水城已发现 4 艘古船，出土了大量瓷器，其中除了两件是朝鲜瓷器，其余皆为中国瓷器。学者们对其进行了研究，如耿宝昌先生对古瓷年代和窑口进行分辨，袁晓春先生对高丽瓷进行研究。这些研究为本文的研究提供了基础，使得对于古港和出土瓷器的关系的进一步深入研究成为可能。本文拟就登州古港两次考古发掘中出土的陶瓷资料，对宋元时期登州港陶瓷贸易进行一些初步探讨。

一、蓬莱古港历年发掘情况以及出土宋元瓷器概况

1984 年，山东蓬莱水城清淤工程中发现一条元代沉船，出土瓷器多达 200 多件，其年代涵盖宋、元、明、清，其中以元、明时代的居多。2005 年 3 月，蓬莱水城进行第 2 次清淤工程，7~11 月共发掘出土 3 艘古代沉船。根据地层关系及出土遗物，确定 2 号船的废弃时代为明代，3 号船的废弃时代为元代或元末明初，4 号船的时代还无法确定，其中出土宋、元、明、清各朝瓷器共 46 件，包括青花、青瓷、白瓷、酱釉、茶叶末釉、粉青沙瓷器。

在这两次考古发掘中，1984 年出土宋元时代瓷器 231 件，2005 年采集数件。这些瓷器有耀州窑青瓷、龙泉窑青瓷、景德镇青白瓷、磁州窑系白瓷、金华窑白瓷、福建地区瓷窑产品、北方地区瓷窑产品以及高丽青瓷等。登州港遗址发现如此多的瓷器品种，应该是宋至元代登州港在开展陶瓷贸易时，从各地运来的陶瓷货物

中遗留下来的，它使我们得以考察宋元登州港在瓷器销售领域的数量、品种。以下笔者就其出土的瓷器进行分析，以期考察古港在陶瓷贸易中的地位。

二、出土器物分析

（一）耀州窑青瓷

登州港出土了2件宋代耀州窑瓷器。耀州窑青瓷是北方地区的重要青瓷，其主要窑址位于陕西省铜川市西南20公里的黄堡镇。由于其地处漆河两岸，运销非常方便，特别是宋代以后越窑的衰落，加上北宋耀州窑青瓷制瓷工艺革新以及燃料的充足，为烧造大量优质青瓷提供了生产基础，此时耀州窑器物种类多，造型丰富，装饰工艺独特，流行刻花和印花装饰等多种装饰技法，装饰题材丰富，其独有的刻花和印花装饰风格对周围一大批窑场产生了强烈的影响，形成了著名的耀州窑系。陕西省考古所对耀州窑址多次发掘，近年来古墓葬、遗址等出土了不少宋代耀州窑瓷器，提供了北宋不同时期耀州窑瓷器标本，也为我们分析古港出土的耀州窑瓷器创造了条件。

古港出土的耀州窑瓷碗有两种器型：一种是蛋青色胎、青釉、尖唇、侈口、斜直腹、小圈足。另一种器型为侈口、尖唇、小折沿、斜直腹、壁内压印有菊花纹。这种在碗内的印花纹饰是北宋中晚期耀州窑印花青瓷的典型装饰，在北宋耀州窑大量使用。这种装饰风格，通常在碗内布满纹饰，以缠枝牡丹或菊花纹为题材。出土的二型碗和安徽凤台连城遗址出土的宋代耀州窑小底碗相同，和日本出土的大量印花青瓷相似。

宋代对外贸易有所发展，瓷器作为主要贸易品远销海外。研究发现宋代的瓷器曾经外销的地区主要有今天的朝鲜半岛、日本、印度尼西亚、菲律宾、巴基斯坦、伊朗、伊拉克、阿曼以及埃及等地。登州港是去往朝鲜半岛和日本列岛的交通要道，耀州窑青瓷是北方重要的瓷器产品，在登州港发现耀州窑产品，可见登州港有耀州窑产品集散。

（二）龙泉窑青瓷

龙泉青瓷的主要产地是浙江龙泉境内。其凭借着良好的自然条件，在南方地区占有广大市场。进入元代以后，龙泉窑获得很大发展，品种丰富，产量增加，产品远销海内外。元代龙泉窑产品的特征是胎骨较厚，胎面比较粗糙，多数瓷器形成后未经很好修坯，釉面减薄，釉面青中泛黄，底部通常无釉，有的甚至内底无釉或有涩圈。

登州港遗址中出土了大批元代龙泉窑青瓷，以日常生活用的碗、盘、高足杯为主。发掘物 A 型青瓷碗敞口、圆唇、折沿、腹微鼓、圈足大且较矮，釉色白中泛黄，灰胎，口沿部装饰弦纹，内底有支烧痕迹，外施釉不及底，足部有火石红。元大都遗址和龙泉窑遗址中的很多器物都有这种特征。登州古港出土的高足杯也是龙泉窑中常见的器物，其器物特点是口微撇，近底处丰满，呈以上小下大的竹节样式或无节式。这种高足杯与高安窖藏出土的高足杯相似。

近年来，各地出土了不少宋元时期的龙泉窑瓷器，如元大都出土多种元代中晚期龙泉窑瓷器，河北磁县南开河村发现元代木船中的大批瓷器中就有龙泉窑青瓷，此外，国外日本、韩国、东非等海岸线许多地区都出土有龙泉窑瓷器，可见龙泉窑产品销售区域广泛，不仅内销，而且外销范围也大。登州古港发现大批龙泉瓷说明登州港是南方陶瓷向北方扩散贸易的重要港口。

（三）磁州窑

磁州窑是宋元以来北方的主要瓷窑，中心窑场在河北磁县的观台，窑场分布在河北磁县观台以及邯郸彭城一带。磁州窑烧制时间长，产品多，以生产白底黑花瓷为主。其釉色装饰艺术独特，与影青、青花等瓷器截然不同的风格使其在北方瓷窑中占重要地位。

登州古港出土的磁州窑碗 1 件，斜直腹、圈足、白釉、灰白胎，内心与圈足无釉，外壁施有黄褐花纹，为磁州窑粗瓷器。磁州窑在元代的生产衰落期，生产器类减少，装饰简单，以生产常见日用瓷和粗瓷为主。目前为止，出土的元代磁州窑器物非常多，如在辽宁绥中发现的元代沉船上就有磁州窑瓷器，韩国新安沉船上也出土了磁州窑器物，坦桑尼亚的基尔瓦出土了磁州窑瓷，可见元代磁州窑仍有大量陶瓷外销。登州港是北方重要港口，瓷器是易碎的器物，多通过水路运输，磁州窑瓷器在登州港的出土可以证明登州港是磁州窑陶瓷贸易的港口。

（四）景德镇窑

景德镇窑在宋代指以景德镇湖田为中心的窑场，生产青白瓷。青白瓷地域广泛，产量很大，在江西各地都有生产。登州古港出土景德镇窑碗 1 件，敞口、斜直腹、圈足、圆方唇、腹内曲，足内有窑沙。这种器物是元代景德镇窑的典型器物。元代景德镇窑生产技术上有所改进，产品质量进步，生产率大为提高，使得景德镇窑内外销售有了条件。元代景德镇窑销售区域广泛，新安沉船中出土的大量景德镇窑瓷器就是例证。此外，菲律宾、马来西亚、印度尼西亚等地都出土有景德镇的青白瓷。登州古港出土的景德镇青白瓷虽然只有 1 件，数量不大，却也表明登州古港可能是景德镇窑外销陶瓷的港口。

（五）金华窑

金华窑在浙江金华，是唐代婺州窑所在地，目前为止共发现窑址 10 多处。宋代金华窑以烧造青瓷为主，兼烧黑釉瓷。青釉瓷以烧造碗居多。元代金华铁店窑还烧造钧釉器物，器型有碗、盘、高足碗、罐等。新安海域水下打捞出的中国元代沉船中，有100多件是产自金华铁店窑的乳浊釉瓷器，表明元代金华窑瓷器曾大量出口。登州古港出土了1件金华窑的罐，该器物为白釉灰胎、圆唇、卷沿、束颈、鼓腹、流肩，平底内凹，肩部有字形符号，腹部有双曲形刻划纹，口径15厘米，底径16.2厘米，高32厘米。依据金华窑性质以及其地理位置看，其地处钱塘江上游，位于河流交错地段。由于内河航运发达，而陶瓷器又是易碎的产品，水运比较方便、安全，其产品主要通过水路运往各地。登州古港出土的金华窑瓷器虽然数量不大，但也表明了元代登州港是该类陶瓷贸易的港口。

（六）福建地区瓷器

《蓬莱古船》报告上称闽民窑，主要是指福建省25个县市境内发现的瓷窑遗迹，大部分在西北部建阳地区以及东南沿海宁德、莆田和晋江一带，以晋江地区最为密集，宋元时期主要烧制黑瓷、青瓷以及青白瓷，主要窑口有建阳窑、泉州窑、光泽窑、崇安窑、建瓯窑、邵武窑、松溪水窑、蒲城窑、福清窑、德化窑、南平窑、闽侯窑、同安窑等。各地窑口的主要产品不相同，但大部分窑口都以外销为主。福建地区自宋元以来陶瓷生产比较发达，对外贸易也比较发达。

近几十年来的考古资料显示，世界各地所发现的福建地区的外销瓷非常多，如菲律宾、新加坡、印度尼西亚、马来西亚、日本、伊拉克以及东非沿海岸线的广大地区都出土了福建地区许多瓷窑的产品，可见当时福建陶瓷外销地域非常广泛，对外贸易发达。登州古港出土的福建地区所产陶瓷数量为11件，器类以碗为主，釉色有青黄釉、灰白釉，均是当时外销瓷生产的主要品种，可证当时福建地区所产陶瓷也有通过登州港外销的。

（七）北方其他窑口

登州古港出土的北方一些窑口的瓷器数量较多，共有123件。品种有青釉、酱釉、黄褐釉、褐釉、黑釉等；器类有碗、盏托、罐、四系罐、瓶，以日常生活器物为主。由于登州是北方地区重要的海港，北方一些瓷窑瓷器在登州出海是普遍的，反映了北方地区所产的瓷器在登州港开展集散贸易的事实。

结语——登州港在陶瓷贸易历史上的地位

通过对登州古港出土的宋元瓷器进行研究，特别是在微观分析的基础上，对釉色、窑口、器形等进行分析，并与各地发现的外销瓷对比研究可以发现，宋元时期登州港是上述这些瓷窑的重要贸易海港。

登州位于山东半岛北部居中，也是山东半岛最北端的海港。其优越的自然条件为四面八方的陶瓷产品汇集登州提供了必要的先决条件，而登州港自身发达的经济基础也是一个重要的内部因素。有关宋代登州经济繁荣的情况，史书中不乏记载，如《宋史·地理志》：“登、莱、高密负海之北，楚商兼凑。”随着宋代对外贸易的增长，陶瓷作为商业贸易中的重要产品大规模地外销。宋代登州港作为北方重要的中转港和商贸港，必然是陶瓷贸易的重要港口。只是限于北宋与辽的对峙，由于地理位置的原因，陶瓷贸易的品种尤其是北方窑口的品种有限，这从出土的宋代北方瓷器的品种可知。

元代的登州港，承担北方内外贸易的集散地和交流口岸的作用。元朝继续重视海外贸易，政策上的支持以及航海技术的发展都为陶瓷的外销提供了条件。登州港元代陶瓷贸易情况与当时整个瓷器业发展情况有着密切联系。元代龙泉窑崛起，景德镇窑继续繁荣，磁州窑以及福建地区的瓷窑继续生产，也为陶瓷贸易提供了基础。登州港出土众多瓷窑的瓷器品种，为当时瓷器贸易的繁盛提供了佐证，有力地证明了登州港作为陶瓷贸易重要海港的历史事实。

（作者单位：中国国家博物馆）

蓬莱两艘古战船与其他出土古船船型特征之比较

顿　贺

到目前为止，出土的内河古船有：江苏如皋唐代木船，江苏扬州施桥镇出土的唐代木船，安徽柳孜运河出土的唐代木船，天津静海元蒙口出土的宋代木船，上海嘉定封浜出土的宋代木船，河北磁县元代古船，山东梁山县明代古船，山东菏泽古船。

出土的海船有：福建泉州湾出土的宋代海船，福建泉州法石乡宋代木船，浙江宁波宋代木船，广东阳江海陵岛打捞出水的南宋初期“南海一号”（目前在博物馆水池沉箱内保护），韩国新安郡道德岛打捞的中国元代商船，山东蓬莱出土的元代古战船一号古船，山东蓬莱出土的元末明初或明初的二号古船，浙江象山明代木船，广东南澳港“南澳一号”（原称“南海二号”）明代木船。

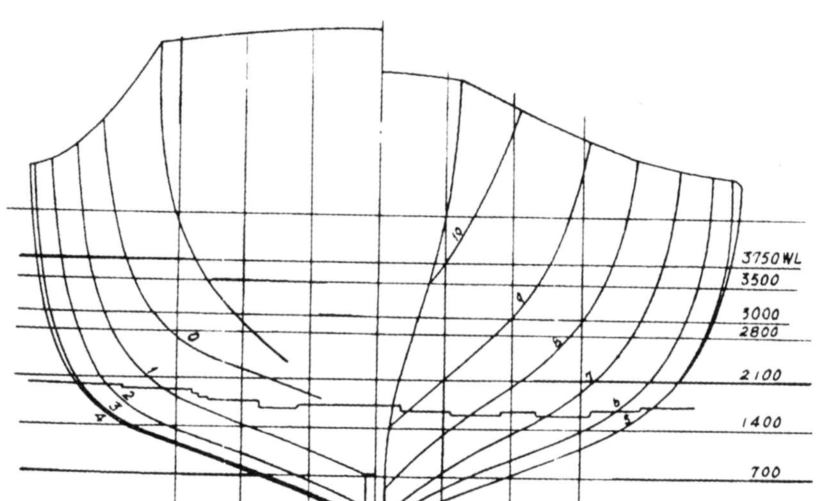

泉州湾出土的宋代海船横剖线图

泉州湾宋代海船、宁波宋代海船、新安郡中国元代商船、浙江象山明代木船，属尖底海船，属福船型。从沉船水域上看，南海一号、南澳一号也必然是尖底海船。

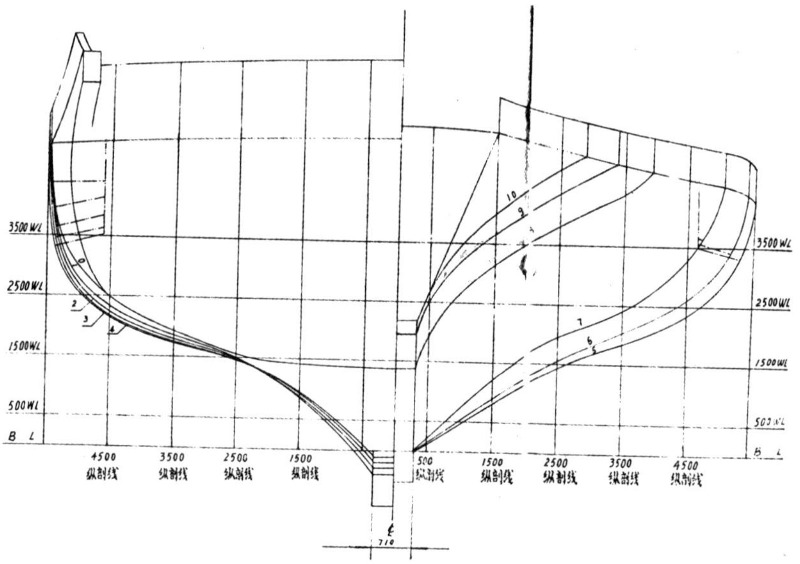

韩国新安郡出土的中国元代商船横剖线图

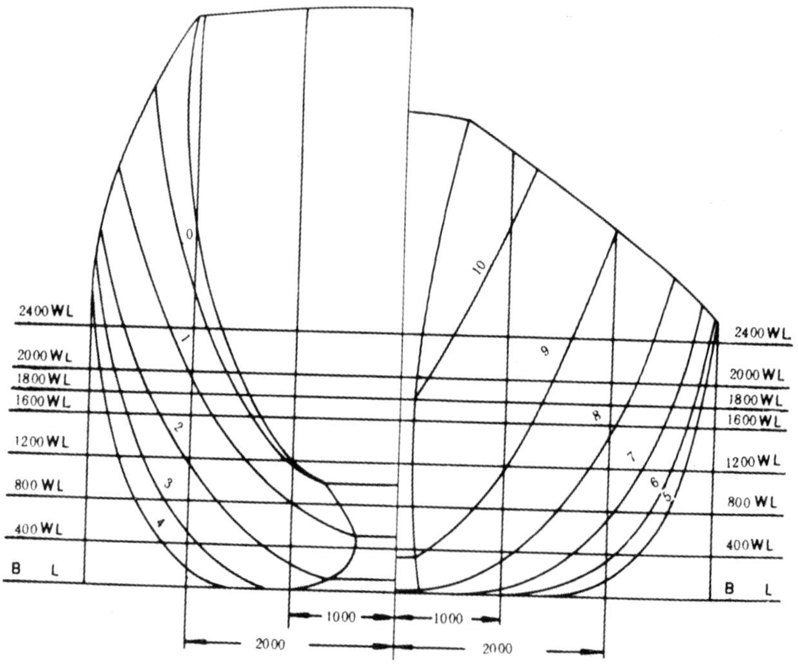

蓬莱出土的一号古船横剖线图

江苏如皋唐船和上海嘉定封浜宋船属平底内河沙船。对于海船中的沙船，我们从日本松蒲史料博物馆所存“唐船之图”的“南京船”及清代王翚绘的《康熙南巡图》上的沙船可知，海船中的沙船为平底，两舷设披水板。

蓬莱一号及二号古船，在型线特征上，船体前部为尖底，后部为平底。当然，两艘古船的主尺度与船形系数有所区别，船体结构、工艺既有共同之处，也各有特点。

对于福船船形特征最早的描述应为戚继光的《纪效新书》十八卷本，该书成书于嘉靖三十九年（1560）。郑若曾编《筹海图编》成书于嘉靖四十年（1561），在《筹海图编》中有多处“戚继光云……”或“参将戚继光云”，该书同时对沙船、广船、福船船形特征的叙述更为详尽。谢杰的《虔台倭纂》，何汝宾的《兵录》，王圻、王思义的《三才图会》，茅元仪的《武备志》，惠麓酒民的《洴澼百金方》，多引用前二种著作。

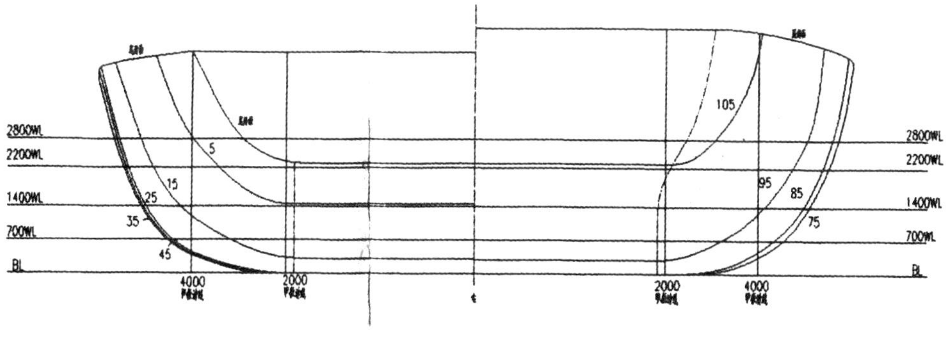

沙船横剖线图

广船、福船都适合南洋水域，大福船“高大如楼，可容百人，其底尖，其上阔，其首昂而口张，其尾高耸”。广船“视福船尤大”，“且其制下窄上宽，状若两翼，在里海则稳，在外海则动摇”。为减少摇摆，广船上后来使用了腰舵。南洋水深浪高，尖底船适合破深水大浪。

《兵录》载，福船中的苍船“首尾皆阔”，“狭于福船而阔于沙船，俗呼苍山铁”，“其后改苍船为艟乔（战船），视苍船稍增，总之皆苍船之遗式，略与渔船相似”。《武备志》说“北洋有滚涂浪，福船苍山船底尖，最畏此浪”，“苍山船……温州人呼为苍山铁”。苍山船在明代指温州一带的尖底海船，且与当地渔船船型有关系，苍船（艟乔船）“比海沧更小”，“比苍山船稍大”。《纪效新书》（十八卷本）：“夫苍船最小，旧时太平县地方捕鱼者多用之。”《虔台倭纂》也说：“苍船名苍山，首尾皆阔，帆橹兼用，温州及太平县捕鱼者尝以取胜号苍山铁。”明代太平县属台州府，今浙江温岭市。明代抗倭时的海沧船（又名冬船）产于福建。草撇船则形制似大福船，只是比大福船略小，是尖底船。

沙船是南直隶（南京）、太仓、崇明、嘉定一带首先发展起来的平底船。北洋水浅，又有沙，平底船万一搁浅，不会造成侧翻，搁浅无大碍。“沙船能调戗使斗风，然惟便于北洋，而不便于南洋，北洋浅，南洋深也。沙船底平，不能破深水之大浪也。北洋有滚涂浪，福船、苍山船底尖最畏此浪，沙船却不畏此”。所说的“滚涂浪”应是指浅水海域形成的涌浪，由于沙船平底，船侧线平直，舭部圆弧不大，中纵剖面的投影也多大于尖底船，因而横向斜向涌浪对船的作用力大，易使船产生漂移，故海船中的沙船必设披水板以抗漂。

总之，在古代船型中，尖底船适合南洋，平底船适合北洋航线。那么，处于南北洋之间的今浙江温岭及其以北舟山地区，应属交汇海域，如何能适应南北一定范围的航线，机动又灵活？古代造船师在长期的实践中，除了尖底船、平底船，创造出了一种船型，即船体前部尖底，适合破浪，船体后部平底，不畏搁浅，也可以说是平底船与尖底船的过渡船型。据了解，在舟山地区，近海小渔船为平底，远海渔船则底部前尖后平，至今还有的舟山“绿眉毛”船也是这种船型。这样的船型在蓬莱水城出现，并不奇怪，它适应性强，机动灵活，便于近海远海巡逻、参战，其实，在福建省也有这种船型，20 世纪 60 年代，福建省的木帆船“丹阳船”“青头船”“白底船”等也接近这种船型。在明代三大船型即沙船、福船、广船分类中，“开浪船即鸟船，以其头尖故名”，“鸟船其制，头小肚膨，身长体直”，划为福船的第五号。蓬莱一、二号古船船型有些特征与鸟船有相似之处，可以看成是福船船型中鸟船的早期形式。

蓬莱一号、二号古船在主龙骨与首、尾龙骨接头处，未发现福建造船的明显标志“七星伴月”，一号船该处曾经放置四枚铜钱（俗称“保寿孔”），二号船则什么也没放，显示出古船建造地的差异。一号、二号古船不是在福建建造的船舶。

从木船龙骨接头处是否放置铜钱及结构形式、外板板缝结构、抱梁肋骨的设置情况、舱壁水平板缝及其结构等细节，可以推测：蓬莱一号古船、蓬莱二号古船与象山古船、宁波古船，四艘古船在建造地上各有不同，但相距不远。蓬莱一号、二号古战船“当为沿袭宋朝的‘刀鱼战棹’”。

参考文献：

①席龙飞《中国造船史》，湖北教育出版社 2000 年版，第 114、119、115、218、158、168、170、194、256、248、162 页。

②顿贺、席龙飞、何国卫、唐志拔《对明代梁山古船的测绘及研究》，《武汉交通科技大学学报》1998 年第 3 期。

③邹异华、袁晓春《蓬莱古船的年代及用途考》，烟台市文物管理委员会、蓬莱县文化局《蓬莱古船与登州古港》，大连海运学院出版社1989年版，第76页。

④王冠倬《中国古船图谱》，生活·读书·新知三联书店2000年版，彩页第28、35页。

⑤（明）戚继光《纪效新书》（十八卷本），高扬文、陶琦主编，中华书局2001年版，第345~347页。

⑥（明）郑若曾《筹海图编》卷十三《经略三·兵船》，嘉靖刊本，北京图书馆藏。

⑦（明）谢杰《虔台倭纂》上卷，万历刊本，北京图书馆藏。

⑧（明）何汝宾《兵录·战船说》，万历刊本，北京图书馆藏。

⑨（明）王圻、王思义《三才图会·器用》四卷，万历刊本，北京图书馆藏。

⑩（明）茅元仪《武备志·军资乘·水·战船一》，天启刊本，北京图书馆藏。

⑪（明）惠麓酒民《洴澼百金方》卷十三《舟制》，道光刊本，北京图书馆藏。

⑫福建省交通厅木帆船船型普查办公室主编《福建省木帆船船型汇编》。

⑬席龙飞、顿贺《蓬莱古战船及其复原研究》，烟台市文物管理委员会、蓬莱县文化局《蓬莱古船与登州古港》，大连海运学院出版社1989年版，第55页。

⑭顿贺、席龙飞、龚昌奇、蔡薇《蓬莱二号古船结构特征及其复原研究》，席龙飞、蔡薇主编《蓬莱古船国际学术研讨会文集》，长江出版社2009年版，第244页。

⑮烟台市文物管理委员会、蓬莱县文化局《蓬莱古船与登州古港》，大连海运学院出版社1989年版，第6页。

⑯山东省文物考古所、烟台市博物馆、蓬莱市文物局《蓬莱古船》，文物出版社2006年版，彩版8。

⑰辛元欧《蓬莱水城出土古船考》，烟台市文物管理委员会、蓬莱县文化局《蓬莱古船与登州古港》，大连海运学院出版社1989年版，第71页。

（作者单位：武汉理工大学造船史研究中心）

对蓬莱古船博物馆等中外海事博物馆的观察与思考

尤飞君

海洋文化是人类文明的重要分支，其发展呈现多元化。海洋通道便于各民族及各国间进行文化交流与传承。随着社会经济的不断发展，海洋文化更受到人们的关注。中国东南两面临海，海岸线总长约 3.2 万公里，其中大陆海岸线约 1.8 万公里，岛屿海岸线约 1.4 万公里，天然湖泊面积约 8 万平方公里。这样的地理环境，孕育了中国悠久的舟船文明。近年来，海事博物馆、航海博物馆、船史博物馆等不断兴起，这些呈多种形式的海洋文化博物馆都在唤起和刷新民众对海洋文化的意识与观念。笔者就海内外若干处海事博物馆、船舶博物馆的观察，对如何建立真正意义上的海事博物馆，谈几点浅薄的意见，愿与大家共享。

一、建造海事博物馆的意义

中华民族是人类海洋文化的主要缔造者之一。在萧山跨湖桥发现的 8000 年前的独木舟，在余姚河姆渡发现的 7000 年前的陶舟、雕花木桨，证明中国在 8000 多年前就已经开启了舟楫文明。水上交通工具，从羊皮筏到独木舟凸显中国海洋文明的辉煌。船尾舵、车轮舟、水密舵壁和指南浮针是中国对世界舟船技术的重大贡献。汉代海上丝绸之路的开辟乃至 600 多年前的郑和七下西洋，都是世界航海史上的伟大创举。然而，由于近几百年来我国处于积贫积弱的地位，战乱频仍，我们的学术研究不深入，我们祖先在海洋文化方面的伟大创造更缺少研究和适当的宣传。新中国成立尤其是改革开放几十年以来，我们对几千年的中国海洋文明和成就才逐步开展研究并取得成果。在今天，就需要一种新的载体、新的方式去传承和发扬我们先祖创造的海洋文化和文明。

海事博物馆作为能够全面展示海洋自然历史和人文历史，并成为集收藏、保护展示、教育研究、交流传播、旅游观光等功能于一体的重要平台之一，逐渐受到社会各界的重视。航海、海洋博物馆的建立在提高一个城市文化品位、构筑文化新结构、提高城市知名度，带动文化、旅游、商贸以及相关服务业加快发展方面将起到强劲的推动作用。

二、国内外海事博物馆的现状

1. 国外海事博物馆

（1）英国国家海事博物馆（National Maritime Museum，简写为 NMM）

英国国家海事博物馆坐落在格林尼治世界海事遗产遗址之上。本初子午线和伦敦唯一的天文台就在这里。博物馆大楼建于 1807 年，当年是海员孩子的学校。国家海事博物馆是依据 1934 年议会法案正式成立的，于 1937 年始向公众开放。博物馆设 16 个展厅，馆藏与航海、天文、时间计量相关的物品超过 200 万件，其中包括海洋艺术、地图绘制、手稿、船舶模型和平面图、科学与航海仪器、计时器与天文仪器（在天文台）。博物馆里还有世界上最大的海事历史参考图书馆（收藏达 10 万册），其中包括 15 世纪的书籍。该博物馆号称全球最大的海事博物馆。

（2）埃及太阳船博物馆（Solar Boats of Cheops）

太阳船博物馆是为考古发掘出的公元前 2650 年左右的古木船而修建的博物馆，位于埃及吉萨胡夫大金字塔南侧的古太阳船挖掘现场，1982 年落成，并对公众开放。太阳船博物馆外形酷似一艘石舫，内部分上中下三层：第一层为坑穴原址；第二层收藏着发掘时的图片、资料以及太阳船的模型和船上的碎席片、棕绳等实物；太阳船放在最上层，它又称胡夫（古埃及第四期法老）金字塔船，是一条用钢架托起的庞大的棕色木船。

太阳船的出土，被认为是 20 世纪中叶埃及考古界最伟大的发现。它是迄今世界上发掘出的最完整、最壮观的船只。这对于研究古埃及的造船、航行、当时的社会经济生活均具有重大价值。

（3）摩纳哥海洋博物馆（The Oceanographic Museum of Monaco）

摩纳哥海洋博物馆建立于 20 世纪，是世界上最早的海洋博物馆。它屹立在摩纳哥海岸上，背山面海，高出海面 85 米。这个从 1910 年开始动工的博物馆花了 11 年时间才建成，整个建筑重 10 万吨。透过正厅的巨型玻璃，可以看见浩瀚的地中海，里面陈列着从古至今的渔船模型，以及各种海兽海鱼的骨骼标本、各种各样的捕鱼工具、各种观赏鱼等。该馆还拥有自己的小舰队，经常外出搜集海洋生物标本。该馆也是一流的科学实验室，把科学性、艺术性有机交融，在国际上享有盛誉，且在这里设立了庞大的科研机构，是国际海洋学会会址，也是召开国际性海洋学研讨会的重要场所。

博物馆大楼巧妙地镶嵌在巨大的岩石之间。二楼正面是一排 8 米高、用整块石头雕成的白色石柱。石柱之间的檐上雕刻着曾为世界海洋学做出过卓越贡献的 12 艘考察船的名字。海洋博物馆的建筑别具一格，馆内一切展品都会使人联想起大海，所有雕塑品及装饰物都以海洋动物的形态展现在人们面前。博物馆大门上面，雕塑着神话中的人鱼公主和海神、海兽及海鱼，电灯的吊架被制成水母形状或其他海洋动物的形状。大门入口处立有阿尔贝一世站在快艇上破浪前进的塑像。

（4）荷兰航海博物馆（Netherlands Maritime Museum）

荷兰航海博物馆建在运河港湾旁，曾经是荷兰海军的军火库。博物馆展出荷兰黄金时代航海和殖民的历史资料。在这座海军旧库房里，珍藏着荷兰和阿姆斯特丹航运历史几乎所有的重要物品。人们在这儿可以全面了解荷兰航海时代的各种知识。外面是荷兰东印度公司“阿姆斯特丹”号帆船的原样复制品。船上布置的场景使参观者可以了解当时航海生活的情景。该馆属于荷兰皇室管理，有强大的研究机构。2009 年该馆投入 3000 万欧元进行改造装修，于 2011 年 10 月重新开放。

（5）西班牙巴塞罗那航海博物馆（Maritime Museum of Barcelona，Spain）

该航海博物馆原为德拉萨内斯皇家造船厂的厂房。这座造船厂建于 14 世纪，是加泰罗尼亚海上贸易和航海工业辉煌历史的见证，也是当时世界上规模最庞大的造船厂。其中最壮观的是 1571 年海战中击败土耳其舰队的皇家号战舰实体模型。

（6）德国汉堡海事博物馆（Maritime Museum in Hamburg，Germany）

该馆位于德国汉堡码头仓库 B 区，修建于 1878 年，总共十层，一万余平方米的面积。每一层展馆都有一个主题，从“探索世界”到“海盗”，各不相同。博物馆力图通过丰富的展品描绘一幅人类航海史的全景画，从希腊帆船到维京战船，从汉萨同盟时期到今天的集装箱海运。年代久远的罗盘和六分仪向参观者展示了人类在几百年前的航海方式。当地政府花费了 3000 万欧元重新改造，于 2008 年 6 月 25 日开馆，馆藏展品多达 40000 件，其中包括英国著名海军将领纳尔逊舰船上的火炮，各个时期的航海图、画作、制服和大量做工精美的船只模型。一件用 100 万块乐高积木搭建的“玛丽女王 2 号”模型更是令人叹为观止。馆藏物品主要来自汉堡出版业大亨彼得—塔姆的私人收藏。

2. 国内海事博物馆

（1）泉州海外交通史博物馆

泉州海外交通史博物馆（简称泉州海交馆），始建于 1959 年，是反映航海交通历史的专题性博物馆，它以丰富而珍贵的海外交通文物，反映了中世纪的东方大港——刺桐港的发展历史，体现了泉州在中外经济、文化交流中的重要作用，讴歌了中国人民千百年来所创造的悠久而辉煌的海洋文明，也是泉州进行中外文化交流的重要窗口及重要的旅游景点之一。

该馆包括新旧两个馆区。旧馆在泉州开元寺内东侧，是古船陈列馆。1991 年 2 月建成的新馆坐落于风景优美的东湖之畔，新馆主楼宛如一艘远航归来停靠港湾的双桅帆船，占地面积 33000 平方米，建筑面积 7300 平方米。该馆辟有“泉州古船陈列馆”“泉州与古代海外交通史陈列馆”“泉州宗教石刻馆”“中国舟船世界”“泉州海交民俗文化陈列馆”等。在这些展厅中，分别陈列着不少举世闻名的文物瑰宝，除了一艘国内发现年代最早、体量最大的宋代海船及其大量伴随出土物，还有数十根木、铁、石古代锚具，数百方宋元时期的伊斯兰教、古基督教、印度教石刻，多个时期的外销陶瓷器，160 多艘中国历代多个水域的代表性船模，以及数量繁多的反映海外交通民俗文化的器物。

（2）澳门海事博物馆

澳门海事博物馆是澳门历史最悠久的一座博物馆，对面是妈阁庙，1987 年建成，展览大楼在 1990 年正式启用。海事博物馆的主题不但反映了澳门历史与大海之间的密切联系，还系统地阐述了中国和葡萄牙在海事方面的历史。

该博物馆就像一艘扬着白帆的三桅船，停泊在妈阁庙前。地下的展厅主要介绍中国南部及澳门渔民的生活情况。展品包括多种中式帆船、内港鱼栏，说明各种捕鱼的方法。它把妈祖保护人们安全到达濠镜海港的美丽传说生动地呈现在观众的眼前。同时，备有葡语、普通话、粤语和英语的旁白供选择。地下和一楼之间的阁楼陈列了十来艘葡国传统船只的模型。在模型上面有一个荧幕，介绍各种船只的来源和用途。此外，有两艘宏伟的船只模型——萨格雷斯号和克雷奥拉号。一楼展览厅，让人仿佛置身于航船的甲板上。而博物馆顶楼的展品与航海技术及海上交通工具有关。还有电子天气指南，提供每日天气及空气质量的资料。

这里还有聚集着色彩斑斓的海洋鱼类和种类繁多的贝壳的水族馆。另外，即使不会游泳，也可以进入深海探秘，只要进入位于露天茶座内之“海底漫游”模拟器，便可体验一种惊险刺激之深海旅程。

（3）嘉兴船文化博物馆

坐落于京杭古运河畔的嘉兴船文化博物馆，具有浓郁水乡特色，建筑面积 1800 余平方米，于 2003 年 10 月建成开馆。该馆由原来的荒废造船厂改建而成，内设四个展厅，在这里可聆听舟船史话，体味水乡船韵，欣赏名船世界，瞻仰船舶科技，尽情领略古今中外舟船的英姿和风采。该馆航海模拟驾驶系统是目前国内唯一向游客开放的航海模拟驾驶系统，采用国际最先进的计算机成像技术和无缝拼接宽视角环幕投影技术，具有极强的科学性和娱乐性，可模拟驾驶游览京杭古运河、南湖、乌镇、西塘和上海黄浦江等景观，充分体验模拟航海的乐趣。

（4）浙东海事民俗博物馆

浙东海事民俗博物馆位于浙江宁波，原为庆安会馆，占地5000平方米，建筑面积5062平方米，平面布局呈纵长方形。庆安会馆于清咸丰三年（1853）建成，为甬埠北洋船商捐资创建，既是祭祀天后妈祖的殿堂，又是行业聚会的场所，系我国八大天后宫和七大会馆之一，又是江南现存唯一融天后宫与会馆于一体的古建筑群。庆安会馆为甬埠行驶北洋的泊商航工娱乐聚会场所，是宁波古代海上交通贸易的历史见证，也是妈祖文化的物证。现改建为全国首家海事民俗博物馆。庆安会馆是我国现存宫馆合一的实例，保存有1000余件朱金木雕、200多件砖雕石雕工艺品，体现了清代浙东地区“三雕”工艺技术的最高水平，为宁波作为港口城市的标志性建筑，是“海上丝绸之路”的重要文化遗存。

2008年，宁波市政府尝试一种新模式：个人提供展品、拥有展品产权，国有博物馆提供场地和管理的合作方式，成立船史博物馆，展出文物、资料、历史图片与船模等，其中古代船模70余个。这种合作也开创了国有博物馆与民营企业家共同参与博物馆建设的先河。

（5）香港海事博物馆

香港海事博物馆位于香港赤柱广场美利楼地下，由香港航运界的热心人士于2003年底开始筹建，2005年9月8日正式开馆。香港海事博物馆旨在展示中国南海沿岸的航运史及香港所扮演的角色。

博物馆展出展品超过500件，包括古代和现代的船舶模型多件，以及一系列早期航运贸易货品、载货单据、乘客名单，还有有关画像等，诉说着人与航运之间的历史故事。全馆包括古代馆及现代馆两个部分，展馆总面积为500平方米（每个展馆仅长23米、宽10.5米）。“古代馆”展示中国历朝海上交通的兴衰起伏，让参观者了解到中国与邻邦以至西方贸易国家共同塑造出的亚洲航运历史，包括海事画作、中国沿岸与邻邦的接触、西方远洋的探索、东南亚海上路线的变迁、中国古代航运发展、船舶模型。“现代馆”则主要介绍香港在历史因素和华人创业精神影响下创造出的骄人海事成就，包括蒸汽年代、驾驶室及电报室、现代船舶锚地、香港船运的演变、货柜码头、未来船舶、专题展览。

（6）中国船政文化博物馆

福建马尾船厂地处中国东南沿海闽江入海处，创办于1866年。马尾船政包括造船厂和船政学堂。造船厂是近代中国创办的第一家专业机器造船厂，主持船政的沈葆桢等人引进西方先进的技术、设备和人才，使它在很短的时间里就达到了相当大的规模，船台、船坞、起吊等设备都很完善，那时候工厂就配有60吨的起重机，可以造3000吨的轮船，还盖了50多座车间。可以说，当时的马尾造船厂在中国及整个亚洲地区都是首屈一指的。

历经一百多年的风雨，马尾造船厂庞大的建筑群有的毁于战乱炮火，有的坍塌于风侵雨蚀，只有部分厂房设施保存到现在，成为中国工业化源头的实物见证。其中最具代表性的是当年生产船用蒸汽机的轮机厂，是中国现存最古老的机械车间。这个船政轮机厂，占地面积有 3000 平方米。蒸汽机引发了西方的工业革命，由我们中国人自己制造的第一台船用蒸汽机就是 1871 年在这个船政轮机厂造出来的。

设在马尾造船厂对面的马尾船政学堂，是近代中国最早的科学技术培训基地，也是中国当时师资力量最雄厚的一所科技造船和航海学校。从马尾船政学堂毕业的学生，很多人成为中国海军的高级将领和光照日月、气壮山河的英烈。他们中有中法马江海战中的吕翰、许寿山、陈英，有中日甲午海战中的邓世昌、林永升等，还有民国初年历任海军总长、总司令的叶祖珪、萨镇冰、程璧光等。

马尾船政学堂不仅是中国海军的摇篮，从学堂毕业的许多学生还活跃在中国近代科技、文化、外交、经济等多个领域，“启蒙思想家”严复、“中国铁路之父”詹天佑、有“匡世良才”美誉的造船专家魏翰、设计中国第一架飞机的巴玉藻和王助、著名外交家陈季同等就是他们的杰出代表。从 1876 年开始，马尾船政学堂陆续派遣学生前往英、法等国学习驾驶及造船，开创了中国派遣留欧学生的先河。1871 年船政学堂组织学生远航实习，巡历我国香港及新加坡、日本等口岸，成了中国海军最早的一次远航。1919 年，马尾船政的学生还制造出了中国第一架飞机。

马尾船政的王助，后来成为美国波音公司的首任总工程师，为该公司设计建造了第一架水上飞机。

（7）江南造船博物馆

江南造船博物馆的前身是江南造船厂厂史博物馆，坐落在上海中山南路、鲁班路交界处的江南造船大厦二、三楼。江南造船博物馆以大量的珍贵实物、历史图片和模型等展示了从 1865 年至今中国近代军事工业和造船工业的发展历程，反映了中国近代科技、工业和国防事业的发展历史。

作为“中国近现代科技史的缩影、中国近现代工业史的缩影、中国近现代造船史的缩影”，江南造船博物馆生动地再现了江南造船（集团）公司自 1865 年建立以来的悠久历史，也从一个侧面形象地展现了中国造船工业以及中国近现代工业、中国近现代海防军事工业的发展过程，具有较高的历史研究价值和良好的科普教育作用。博物馆陈列内容分新中国成立前和新中国成立后两大部分。在 1800 平方米、分为两层的展厅里，陈列了多种图片、实物、船模、机械模型。此外，采用高科技手段的潜艇指挥舱实景操作台、万吨水压机电动模型等展品，则充分发挥了声、光、电和多媒体作用，让观众可听、可看、可触、可动，直观感受科学技术的巨大力量。博物馆内还特别设置了许多互动项目。参观者可以进入虚拟潜艇的指挥舱，转动潜望镜观察“海面”动态；在虚拟的造船厂大屏幕前，观众可以了解到船舶的组装、喷涂并可以亲自“驾驶”轮船等。

（8）蓬莱古船博物馆

蓬莱有久负盛名的登州古港，是中国古代北方主要的对外贸易口岸和军港，近些年陆续出土了四条古船，这是当年中国重要的一项考古发现，对于研究中国古船类别及造船技术、海防史和古代海上交通具有重要文物价值。

凭借早已闻名的蓬莱阁以及当地政府领导的高度重视，打造具有本土特色的古船博物馆，一定会吸引大批国内外学者、游客，使它成为国内一流的古船博物馆。

三、对国内建造海事博物馆的思考

1. 博物馆建筑讲究自然性与生动性

海事博物馆是传承和表现海洋文化的载体，而海洋文化本身就是一种活的文化，富有灵性。博物馆建筑无论从外形还是室内空间和陈列结构都要讲究自然性与生动性。迎着太阳，面向大海，拥抱蓝天，博物馆建筑要深入到自然环境中。建馆的选址自然离不开海洋环境，再赋予其历史形象，发扬其人文积淀，才会具有钟灵毓秀的优势。室内空间和陈列结构则讲究从细节处反映海洋文化各个层面的内容，可以追求精巧的结构却不求恢弘的气势，用微小的“水滴”去衬托浩瀚的海洋。

2. 博物馆功能讲究多样化与多元化

（1）典藏与研究

博物馆一开始的存在是以典藏为目的。典藏是博物馆实力与价值的突出体现，也是开展业务活动的物质基础，是展示、教育与研究的基础和考古论证的依据。藏品的收集与管理要着眼于为人们提供知识，使大众了解藏品背后所隐藏的深层次文化内涵。藏品中不仅包括精美的文物，还包括能够直接反映人类海洋活动及海洋文化内涵的日常生活物品和生产工具。

博物馆事业要取得进一步发展，必须加强理论研究和探讨，结合学术研究的力量来提升生命力，提高业务与学术水平，应该延揽国内外一些专业的研究人才或与科研机构进行合作，开展科研与学术活动。

（2）教育与互动

博物馆是文化多元化的催生物。海事博物馆必须要显示其活力和生命力，才能坚持可持续发展。参与博物馆的活动是文化性的、知识性的、教育性的。海事博物馆承载的海洋文化既有“阳春白雪”又有“下里巴人”。海事博物馆面对的观众层次不同，不同文化背景的人具有不同的审美观念、审美追求和审美认同。建馆者要考虑让博物馆的教育功能老少皆宜，开展一些观众互动项目可谓首选方式，其他如模拟航海，掌帆操舵，亲自操作仿真船模，解剖船模制造工艺，实地参与制作过程，以实物为依托学会一些海洋知识，设计专业主题游戏体现科学原理。要尽力让博物馆的功能“活”起来，展示给参观者活灵活现的艺术场景，使观众在参观博物馆的同时，在休闲娱乐中能达到获取知识和陶冶情操的目的。

（3）休闲与产业

博物馆的维护和运营需要较多的费用，单靠国家补贴是有限的，必须积极拓宽筹资渠道，解决资金问题。由此，文化资源的产业化也随之而来。这样既能满足观众的需求，又能创造利润补贴馆内再发展。

3. 坚持走特色发展道路

博物馆建造的理念创新要跟上时代发展，充分发挥和利用自身优势，突出其资源的稀缺性和特有性，形成自己的主题和风格特色，并成为海洋文化这一领域的收藏、展示和研究中心，发挥更大的社会影响力。要因地制宜发挥本土特色，不盲目追求规模，不生搬硬套现有海事博物馆的模式。管理上讲究自主性与灵活性，决策程序、用人机制、财务管理等方面可以审时度势，根据实际情况创造好自己的品牌形象。

（作者单位：浙江宁波宝德中国古船研究所）

浅谈蓬莱水城的历史变迁

郑亮亮

在东经120°35′-121°09′，北纬37°25′-37°50′之间的我国山东半岛最北部，风景秀丽的古城蓬莱（古登州治所所在地），至今仍完好保存着一处人工修建、年逾千载的古代军港。古军港紧邻人间仙境蓬莱阁，依山傍海，四周环筑高大坚固的城墙。城围水，水环城，布局巧妙，结构独特，1982年它与蓬莱阁同时被国务院公布为全国重点文物保护单位，它就是被军事界和建筑界不断称道的蓬莱水城。

蓬莱水城又称"备倭城"。要了解蓬莱水城的历史，还要从登州古港说起。

登州古港位于蓬莱城北，北距庙岛群岛最近处约15公里，与辽东半岛的老铁山遥遥相望，中间有庙岛群岛作为桥梁。这一航线是沟通山东和辽东两个半岛之间海上航行的最古老路线。考古资料证明，五六千年前，这里与今大连一带就有文化交流。在今蓬莱、庙岛群岛、大连市发现了同时期的古文化遗址。这应是当时通过海路进行交流的结果。它由于所处地理位置的重要，在古代曾是我国的东方门户，是北方"海上丝绸之路"最早的对外开放港口，也是沿海南北航行的要冲和通往日本、朝鲜的启航点。

秦代方士徐福率童男童女，携带五谷种子及百工的远航船队，据说就是由这一带港口出发到达日本的，从而把养蚕和丝织技术以及大陆文明全面带到日本。此后，汉武帝元封二年（前 109），曾遣楼船将军杨仆从这里沿庙岛群岛用兵朝鲜，这是登州港作为军事港口的开始。当汉武帝沟通了朝鲜半岛航线后，日本当时则有 30 多个部落的使者，沿这条航线由登州港登陆西去长安。魏景初二年（238）司马懿伐辽东，曾屯粮于黄县，并造大船由这里渡海至辽东。魏晋南北朝时，日本使节往中国都是由这里登陆，然后西至洛阳。南朝 160 年间日本曾派遣唐使 8 次到建康，都是先到这里后，再沿山东半岛海岸南下。

隋唐时期曾多次用兵高丽，其海上用兵路线都是由这里启航沿庙岛群岛至辽东。这一带海港是造船和后勤运粮基地。蓬、黄、掖三县的旧街道都是用大量直径约 60 厘米的磨石铺起来的，一直保存到 20 世纪 50 年代。登州港（蓬莱水城）当时不但是军事基地，也是隋唐时期我国与朝鲜、日本友好交往的主要出海口。据《新唐书·地理志》记载，唐朝与朝鲜、日本交往的交通线是“登州海行入高丽渤海道”，即以登州为始发港，沿辽东海岸至朝鲜，再由朝鲜抵达日本。在中日文化交流中，日本“遣唐使”也从登州登陆，经山东半岛前往内地至长安。又据日本高僧圆仁所记，838 年，他随第 18 次遣唐使来我国，在我国居住很久。圆仁著有《入唐求法巡礼行记》，其中记载他在登州开元寺住过且曾见到许多日本人在开元寺题壁留名，亦可知日本使节或学问僧、留学生，是由此西经莱州、青州、齐州、曹州、汴梁、洛阳至长安。据不完全统计，在唐代经登州而到长安的新罗遣唐使达 30 余次，日本遣唐使 7 次，大批朝、日留学生和学问僧尚未计算在内。7 世纪中叶，蓬莱还住有不少新罗商人，有的还在登州长期侨居。唐朝廷接待新罗使节的驿馆叫“新罗馆”。

北宋初年，登州仍是对朝、日交通的门户，朝鲜到中国的使节大多仍由登州入境。从宋真宗大中祥符七年（1014）至神宗熙宁年间，先后有二三百位使臣自登州入宋。自北宋庆历二年（1042）为防止北方契丹从海上入侵，这里驻有水军 300 人。当时水军战船形似刀鱼，故名“刀鱼舡”，设水军机构称“刀鱼巡检”，军港则称“刀鱼寨”。从此，登州港由商港而兼为军事要塞了。北宋中叶以后，辽金陆续侵宋，战争频繁，海疆不宁，经济中心因此南移。登州港作为对外经济文化交流口岸的地位逐渐下降，转而为海防重镇。

自宋筑刀鱼寨，明初修土城，万历时改筑砖石城及水门，并将河水改道，绕水城南、东两面而入海。又于振扬门东修建迎仙桥，连通内陆，成为我国唯一的古代独特建筑——海军要塞。水城内设水师府，指挥着北至旅大、东至成山头、西沿渤海南岸的沿海驻军，护卫着山东半岛沿岸，保卫了祖国海疆的安全与海运的畅通，是古代的一处军商两用港口。而在水军基地建设的过程中，在利用自然地貌发挥军事攻守的优势上，充分显示了高超的筑城技术。

明朝建立后，倭寇猖狂出现在蓬莱沿海一带。《登州府志》记载："倭寇沙门岛及大竹、砣矶诸岛，火光彻南岸，倭舟至以千计，郡城戒严。"因此，明朝政府在洪武九年（1376）利用丹崖山下画河入海口刀鱼水寨这个天然港湾——小海，另一方面，沿水城开凿新河道，引画河水东流作护城河，绕城半周，为水城增加了一道防线。明朝的蓬莱水城周长 3 里，城区面积 27 万平方米，在南北开两门，南门叫振扬门，与陆路相连，北门叫水门，是出入水城的海上咽喉。整个水城建筑包括两大部分。一是海港建筑，包括以小海为中心的水门、防波堤、平浪台、码头，二是军事建筑，有城墙、炮台、水闸、护城河等设施，进可以攻，退可以守，形成了一个完整严密的防御体系。海港建筑中平浪台的设计十分巧妙，它迎着水门而立，用挖掘小海的泥沙堆成，外砌方石。当风浪海潮扑门而来，首先被它阻挡，然后减缓势头折西而去，经过这一阻一折，达到消波目的，所以即使港外浊浪滔天，港内小海仍平静安宁。平浪台又是水城屏障，能遮挡住来自水门外的视线，保守港内的秘密。如有战争还可以从平浪台支援水门和东西两座炮台的守军，一举数得。蓬莱水城的军事建筑结构严谨，在港湾入海处修建了一座高大的闸门，就是水门。水门设有巨大的栅闸，平时闸门高悬，大小航船畅行无阻，有事则放下闸门切断海上通道。水门外东西两侧，各设炮台一座，虎踞龙盘，互为犄角，控制着附近海面。明朝著名民族英雄戚继光，在嘉靖年间任登州卫指挥佥事。他在蓬莱水城训练水师数年，终于训练出一支精干的水师部队。

清朝建立后，清政府在蓬莱水城设立水师营，并从广东调来两艘大型战船，编为登州一号、二号，补入水师营，巡防东至荣成成山头、西至武定营大沽河的一千多里的辽阔海面。蓬莱水城在军事上战略地位更为重要。但随着清朝闭关锁国政策的执行、当地经济中心的东移，蓬莱水城在交通和军事上地位不断弱化，当年雄伟壮观的古登州港、蓬莱水城逐渐失去了昔日的辉煌，水城内自清代咸丰年间始，已有民众迁入居住。经过多年的衍生和发展，水城内民居、各种商业店铺、渔船越来越多，水城小海南岸码头逐渐演变成为当地渔民的专用码头。这处在中国海港建筑史上占有极其重要地位的古代水军基地无声无息地湮没在现代文明之中。

为了重现古代港口、水城的雄姿，最大化地挽救和保护重要历史文化遗存，当地政府多次上报修复保护建议。终于1992年国家文物局对蓬莱水城保护修复进行了立项，1993年山东省文物科技保护中心在《蓬莱水城总体保护规划》中，将城墙修复和维修专项列出。2001年蓬莱市旅游局完成了《水城景区旅游发展规划》，同时，多次对水城进行勘测，走访蓬莱水城居民和知情老人，调查了解蓬莱水城城墙、敌台、马道以及水城内古代建筑的情况，查阅了清代《登州府志》等大量史料，形成了蓬莱水城情况的详细资料，2003年3月，聘请天津大学历史建筑研究所的专家组编制了《山东蓬莱水城及蓬莱阁保护规划》，并于2004年10月上报国家文物局得到批复，由天津大学规划院根据修改意见对规划完成了重新调整。规划恢复的建设内容包括：修复城墙、敌台、楼铺，恢复备倭都司府、坐营司、校场，建设古船展示馆等项目，并通过定时表演，展示戚继光操练水师、抗击倭寇、保卫海防的英雄业绩，再现明代古军港原貌。为进一步做好蓬莱水城这一珍贵历史文化遗产的文物保护工作，当地政府将蓬莱水城保护利用项目列入市重点工程，由市政府统一调度，全面推进，截止到2011年，已投入5亿多元，征用土地376亩，分批搬迁水城居民541户，拆迁与规划不符的建筑总面积近10.49万平方米，建设了7万多平方米的回迁楼，恢复修建明代古城墙1389米，恢复明代军事指挥机构1万多平方米，对水城古建筑进行修复、加固，并对淤积的小海港湾进行清淤，项目总占地27公顷。目前，全长519米的蓬莱水城东城墙修复工程已正式完工，城墙上的明代武备展也已经对外开放；全长270米的南城墙和长600米的西城墙修复工程也已完工。另外，修建总建筑面积达1.2万平方米的备倭都司府、三官庙、坐营司、校场、兵营等项目已经完工并逐步开放，新古船馆、数字化景区等项目也在紧张建设施工中。

蓬莱水城以其在港址选择、港湾开辟以及海港建筑技术方面取得的卓越成就，充分显示了我国古代劳动人民高超的智慧和才能，它也作为一件珍贵的建筑艺术品永载我国建筑和海防史册。“封侯非我意，但愿海波平”，一代抗倭名将戚继光用这句传唱久远的诗句记录了一段沧桑的历史，现在山东蓬莱投资5亿多元的蓬莱水城修复工程，也将作为另一种历史意义的存在向世人再现历史，作为过去与当今时代的永久见证，镌刻在历史的时光坐标中，熠熠生辉。

（作者单位：烟台市蓬莱区政府）

略论蓬莱阁下登州文会馆对中国近代高等教育的影响

辛俊玲

蓬莱，古称登州，有着悠久的历史。蓬莱阁素有“仙境”之称，秦皇汉武为寻仙求药曾游此地，八仙过海的神话故事亦源于此。蓬莱阁蜚声海内外，同岳阳楼、滕王阁、黄鹤楼一起被誉为我国古代四大名楼。蓬莱阁上古迹鳞次栉比，名人题刻比比皆是；阁下的蓬莱水城是国内保存最为完整的古代军港。蓬莱阁下还曾有一所闻名中外的学校——登州文会馆，那是我国近代第一所高等学校。

1864 年，美国传教士狄考文在蓬莱创办教会学校，由小学到中学，由中学到大学，从最初的“蒙养学堂”发展为“文会馆”，开中国近代高等教育的先河，对中国近代高等教育产生了重要影响。

一、学校初创

1858 年中英、中法《天津条约》辟登州等 10 地为通商口岸[①]，这是继南方五口通商后的又一批通商口岸。条约规定，传教士可以在各通商口岸任意租地建房、游历传教。此后，传教士接踵而至，足迹遍及中国城乡。建立学校是传教士进行传教活动的主要手段之一。在这些传教士中，来自美国的传教士，缘于美国政教分离的国家体制，其在办学方面更显执着。1863 年，时年 27 岁的美国北长老会传教士狄考文与夫人狄邦就烈抵达登州，在那里先学习汉语，了解中国文化。1864 年，他根据美国教会和教育并重的经验以及中国的实际情况，在登州蓬莱阁下的观音堂创办了教会学校，取名“蒙养学堂”。当时中国还处于封建闭锁状态，人们对外国人办学不仅不了解，更多的还是恐惧，于是狄考文夫妇采取了免收学费的办法，承诺入学学生的衣服、食宿、课本、文具、回家路费等一律由学校承担，课本也采用儒

① 1861 年，英国驻登州领事马礼逊经实地考察后，将通商口岸由登州改为烟台。

学教材。但开学伊始他们只招收了 6 名学生，这些学生年龄最大的 11 岁，都来自贫困的农民家庭，大多不识字。狄考文聘请教他学习汉语的教徒张干臣帮助教学，启蒙教材是《三字经》。每天上课前，学生要先祷告，读《圣经》。一年后，学校又招收了 3 名新生，但是有 2 名学生被家长领回了家，1 名学生因不堪施教而被劝退，这样学生总数仍然是 6 名。

为了扩大招生，狄考文向美国差会写信，取得了经费支持，于是又招收了 6 名学生。这些学生主要来自狄考文常去传教、受基督教影响较大的农村，狄考文与其父母签订契约，学制 6 年。由于当时风气初开，即使免费学习，对百姓的吸引力也不大，所以办学初期颇费周折，其艰辛程度可想而知。从 1864 年到 1872 年，蒙养学堂共招收了 85 名学生，而坚持学完 6 年的只有 4 人。

1873 年，学校在管理和课程设置上做了调整。首先，学校分设正斋和备斋，“正斋视高等学堂之程度，即隐括中学在内；备斋视高等小学之程度，而隐括蒙学于内”①。在招生方面，随着基督教的深入传播，改变了过去只招收贫苦家庭孩子入学的办法，而注重招收年龄较大且有一定文化基础的基督教家庭的孩子入学。1873 年，狄考文鼓励基督徒学生邹立文参加蓬莱县考，结果名列前茅（其后 10 年，学校又推选 17 名学生参加县考有 16 人通过），这使得该校名声大振，申请入学的人数剧增，不仅当地百姓就是外地学生也慕名求学，于是狄考文在录取学生时，除了坚持在契约中与学生家长签订 7 至 12 年的学制，还要求学生家长每年负担部分费用。即便这样，狄考文的大部分办学经费还要依靠美国差会拨款和社会捐款。

其次，在课程设置方面，一是学习儒家经典。这方面的课程占了总课程的三分之一，尤其是 1873 年邹立文参加县考成功，使狄考文更加坚定了对中国传统文化的教授。他认为，要使基督教在儒家思想占统治地位的山东顺利传播，就要顺应民情，以次扩大学校影响。二是进行宗教教育。宗教教育是学校的重要教学内容，学生一方面学习《圣经》、参加礼拜，另一方面要到校外实习，传播基督教教义。三是学习自然科学知识。西方科学教育是学校的又一重要教学内容，“算术是建校以来的基础课程之一，也是从一开始狄考文就教授的课程之一”②。1873 年开设了相当于中学课程的代数，到 1876 年又开设了几何学、三角学、天文学、化学等课程。狄邦就烈则为学生教授地理课和音乐课。学生使用的课本，有上海基督教出版机构发行的教材，狄考文夫妇还自己编写、翻译教材，供学生使用。西式课程的开设，使学生眼界开阔，对学校有了良好的印象，学校的地位得到进一步提升。

---

① 王元德、刘玉峰《文会馆志》，广文学校印刷所 1913 年刊行，第 26 页。

② 〔美〕丹尼尔 · W. 费舍著，关志远等译《狄考文传——一位在中国山东生活了四十五年的传教士》，广西师范大学出版社 2009 年版，第 85 页。

1876年，该校首批3名学生完成全部学业，学校举行了盛大的毕业典礼，邀请了学生及其家长、当地的外国人参加，狄考文亲自给学生颁发毕业文凭，并宣布他们为大学毕业，后来的齐鲁大学学生也以这3名学生为首届校友。毕业典礼的同时，该校改称“文会馆”。

二、近代中国高等教育之先例

1879年5月至1881年1月，狄考文夫妇回国休假。狄考文在美国一边学习科学知识，一边为文会馆募捐，并向美国长老会建议将文会馆扩大升格为大学。回到登州后，狄考文正式向美国长老会差会本部提出申请：一、将登州文会馆扩建为大学，更名为山东书院。二、学校由6名董事组成委员会管理，他们由山东传教团任命并经过美国差会本部批准。三、学校学制为6年，教授国学、科学通论、基督教伦理学，包括“四书”“五经”、中国历史、《圣经》历史、世界通史、数学、物理、心理学、伦理学、基督教教义等课程。四、学校的目的是在基督教影响下，对学生进行中西学教育。五、全部课程用汉语教授，英语只作为补充在特殊情况下使用。六、建立和大学紧密联系的备斋，作为大学预科。七、学校最终要求学生自理学费，同时尽快地培养一批能胜任教学工作的中国籍师资。八、学校校址目前仍设在登州，是否迁往更为中心的地点，有待进一步讨论。①

鉴于登州文会馆在高等教育方面所做的出色工作，1884年，美国长老会差会本部正式批准将文会馆扩建为大学，并答应给予经费和师资方面的支持。文会馆扩建为大学后，在管理和学制上又作了调整。首先，管理更加正规化。学生入学时要进行考试，“由于有大量经过筛选的基础较好的学生，必修课程也随之进一步完善和提高，他们从而能够得以圆满地完成学业，成为被公众认可的正规毕业生”②。1882年，在校学生达到65人。随着学生的增加，狄考文又扩建了校舍。在回美国休假期间，他筹集到一架10英寸的天文望远镜、一套发电设备以及图书仪器等，回登州后，成立了理化实验室，增加了实验设备，建立了天文馆，安装了发电设备和供暖设备，扩充了印刷厂，等等。狄考文认为：“这些仪器设备绝不仅仅是为更好地工作提供了方便，它们本身也不断地向学生们和更多的人，展示了自然科学的规律

---

① 〔美〕丹尼尔·W. 费舍著，关志远等译《狄考文传——一位在中国山东生活了四十五年的传教士》，广西师范大学出版社2009年版，第132~133页。

② 〔美〕丹尼尔·W. 费舍著，关志远等译《狄考文传——一位在中国山东生活了四十五年的传教士》，广西师范大学出版社2009年版，第93页。

以及在实际生活中的价值。”①

其次，课程设置面广。在开设西方科学、中国传统科目和宗教伦理课程的基础上，又增加了一些新课程。具体来说，在西方科学方面，有地理、数学（包括代数、几何学、三角学和微积分）、物理、化学、生理学、天文学、地质学、测量学、航行学、中国史、世界史、心理学、逻辑学、富国策等课程。同时，文会馆还重视学生的动手能力，开设实验课。其中实验室的大部分设备都是狄考文亲自设计制造的，并教导学生与他一起制造仪器，学做实验。这些课程与美国一般大学的课程并无二致，有些课程在当时的中国是开先例的新生事物，代表了较高的学术水平。在中国传统科目方面，注重“四书”“五经”，并按照中国传统的方法进行学习。在宗教伦理方面，主要讲授“天路历程”、救赎哲学、罗马书等课程。学校制定了一些礼拜条规，督促学生的宗教生活。狄考文亲自负责每天的祈祷，并在礼拜三晚上和主日讲道，要求学生参加主日学和晚祷会。1880 年以后，文会馆的学生大多来自信仰基督教的家庭。1883 年学生成立了勉励会，每周聚会一次，学习《圣经》，唱诗，交流经验。后来又成立传扬福音会、青年会等。

第三，教学及学风严格。学校规定每门课都要有提问和测验，每月和期终都有考试，不及格的必须重学。正斋学生要通过 6 年所有课程的考试，才获颁列有所学课程的毕业文凭。每天只有一个半小时的休闲时间，周六则为两个小时。每年只有一个暑假的假期，春节和圣诞节各放几天假。文会馆还制定了许多规章制度，如禁烟、禁鸦片、禁酒、禁说谎欺诈等，学生一旦违反校规，或遭重责，或被开除，以此培养学生良好的行为习惯。

第四，师资力量强大。文会馆在办学上的成就，在当时影响很大，不少人志愿来到登州帮助教学。1881 年狄考文的四弟狄乐播夫妇来到登州，1883 年到潍县开办了格致院和文华馆（后来广文学堂的基础），采用的是文会馆的教学体制和教材。1882 年赫士夫妇来到文会馆任教，赫士后成为继任校长。后来，著名的传教士柏尔根、郭显德、米尔斯、路思义、丁韪良等都曾在这里任教。1895 年时，学校有 4-5 名传教士和 5 名中国教师，其中 4 名是文会馆的毕业生。

文会馆作为中国近代第一所大学，虽然学校规模不是很大，但是其课程设置齐全，教学仪器齐备，师资、教材和设备都是一流的，因此，不仅吸引了更多学生入学，而且造就不少人才。1864—1904 年，共毕业 26 届、170 名学生，加上后来随校到潍县广文学堂毕业的 38 人共为 208 人，另外有近 200 名肄业生。1904 年，登州文会馆与英国浸礼会在青州的广德书院迁到潍县，合并为广文学堂。1917 年，广

① 〔美〕丹尼尔·W. 费舍著，关志远等译《狄考文传——一位在中国山东生活了四十五年的传教士》，广西师范大学出版社 2009 年版，第 156 页。

文学堂迁到济南，与青州神道学堂、济南共和医道学堂合并为齐鲁大学（今山东大学前身）。

三、登州文会馆的影响

教会学校将西方的教育方式传到中国，对中国传统的教育制度形成了挑战。登州文会馆的创办，开启了中国近代高等教育之门，对中国近代高等教育产生了重要影响。

第一，为中国近代高等教育提供了办学模式。登州文会馆作为中国近代最早的教会大学，其学校管理、教学方法等都为中国近代国立大学的成立起到了示范和样板作用。

1890 年，狄考文在基督教传教大会上阐述了办学方针：实施全面教育，用中国语言施教，在宗教影响下施教。不可否认，传教士们在中国办学的目的是进行宗教渗透，但就其“实施全面教育”的办学方针来看，无疑是对几千年来中国封建教育模式的颠覆。这种全面教育，适应社会发展需要，影响了中国教育的现代化进程。在戊戌维新和 20 世纪初废科举、兴学堂的教育改革中，以西式教育为载体的教会学校受到清政府关注，因为没有开办新式学校的经验，因此“中国行政官员决定以许多教会学校为榜样”[①]，而文会馆的成功办学为中国现代化大学的开办起到了借鉴作用。1901 年，袁世凯创办中国第一所省级现代化大学山东大学堂，就是参照文会馆的办学模式。此后，慈禧太后诏令各省照此开办新式学堂。

在教学方法上，文会馆利用开设自然科学课程、成立实验室让学生自己动手做实验等现代教学理念，培养学生的逻辑思维能力，这在中国近代教育史上具有开创意义。狄考文相信，“实验室的科学实验的运用是发展逻辑思维的最佳方法之一”[②]。他组织制造的实验仪器，“精巧坚致不亚泰西之品，除供本堂应用外，各省学堂亦争相购定”[③]。这些教学方法与中国传统的灌输教学法迥然不同，符合时代的发展和现代教育的需求。到 19 世纪末，文会馆拥有的设备和实验仪器无异于美国大学，其实验室、电机房、天文台、印刷厂延续发展为后来齐鲁大学的重要教学设施。

第二，为中国兴办现代化大学提供了教材和课程范本。文会馆的西学教材大部

---

① 〔美〕杰西·格·卢茨著，曾钜生译《中国教会大学史》，浙江教育出版社 1988 年版，第 80 页。

② 〔美〕杰西·格·卢茨著，曾钜生译《中国教会大学史》，浙江教育出版社 1988 年版，第 57 页。

③ 《文史资料选辑》第 91 辑，第 114 页。

分由狄考文夫妇及其学生、继任校长赫士编写，并且公开出版，如狄考文夫妇等编写的《笔算数学》《乐法启蒙》《代数备旨》《形学备旨》《振兴实学记》以及赫士编写的《对数表》《声学揭要》《光学揭要》《天文揭要》等。19世纪末各省兴办教育，上述教材被广泛采用，“各地书院多乐于采用作教科书，各校教员也用来作为教学的参考”①。后来文会馆毕业生张松溪编写的《勾股题镜》《八线备旨》，以及刘光照编写的代数和几何课本，也出版发行，受到好评。

狄考文还在中国首次引进了阿拉伯数字以及加、减、乘、除等国际通用的数学运算符号，搭起了中国数学由中算向西算过渡的桥梁。狄考文夫人狄邦就烈还在中国首开音乐课，她编写课本，制订乐谱、音符，教导学生演唱，甚至收集民间曲调，再编写歌词传唱。

第三，为中国近代兴办高等学校提供了师资力量。清末新政时期，中国教育近代化的脚步加快。1901年，清政府颁布《学堂章程》，各省设立的书院均改设大学堂，各府州设中学堂，增设西学课程，“私立中学和一些新大学都争先聘请教会大学的毕业生担任西学教员”②，文会馆成立早，培养的毕业生质量高，所以很受欢迎。1876—1904年，文会馆培养的208名学生中，有104人担任各地学堂的教习。1898年戊戌维新时期，清政府创办京师大学堂，聘美国传教士丁韪良为西学总教习，他引进了8名登州文会馆毕业生担任西学教习。1901年创办的山东大学堂，不仅参照文会馆的办学模式，而且由当时文会馆校长赫士带领中国和美国教习以及文会馆毕业生前往任教。各省仿照山东开办新式学堂后，极缺相应的师资力量，文会馆毕业生供不应求，甚至肄业生也很受欢迎。文会馆毕业生“踪迹所至，遍十六行省”③，成为向中国学生传授西方先进科学知识的重要师资力量。

（作者单位：烟台市博物馆）

① 《文史资料选辑》第91辑，第112页。

② 〔美〕杰西·格·卢茨著，曾钜生译《中国教会大学史》，浙江教育出版社1988年版，第84页。

③ 王元德、刘玉峰《文会馆志》，广文学校印刷所1913年刊行，第4页。

蓬莱舟船文化

何国卫

一、舟船文化是蓬莱文化的重要组成部分

蓬莱阁建于宋嘉祐六年（1061），与黄鹤楼、滕王阁和岳阳楼齐名为中国古代四大名楼。它的所在地就是与泉州、明州、扬州并称中国古代四大通商口岸的登州古港，是当时久负盛名的中国东方门户。

蓬莱阁坐落在丹崖极顶，濒临大海。在依山傍海的自然地理环境映衬下的蓬莱阁文化透析和散发出浓厚的海洋气息。由大海造就的海洋文化是蓬莱阁文化的精髓所在，是蓬莱文化的主体。

海上撒网渔猎、交通运输的载体是船，船舶是海洋大舞台上最活跃的主角演员，有了它才使海洋变得生气勃勃、精彩无比。海洋文化与舟船文化密不可分，论蓬莱海洋文化必言蓬莱舟船文化。蓬莱舟船文化是蓬莱文化的重要组成部分。

著名的水城与蓬莱阁相邻而建，水城形势险要，负山控海，筑有防波堤、平浪台、码头等海港设施，尤其建有水门一座，门闸的开闭可调节水城里面的水位并控制出入海口通道，做到可进可退、可攻可守。水城自古就是中国古代别具特色的海防要塞，它也是目前我国保存最完好的古代海军基地。就在这水城小海清淤中，分别于 1984 年和 2005 年先后发现四艘元明时期的古船，向世人展现了蓬莱舟船文化的光彩。

二、蓬莱舟船文化底蕴深厚

论蓬莱文化而涉及其舟船文化的丰富内涵，还得从“八仙过海”说起。美丽的神话传说“八仙过海”出自明代吴承恩的《西游记》，其“八仙同过海，独自显神

通”一语被后人引用为“八仙过海，各显神通”“八仙飘海，各显其能”等，不论“过海”也好，“漂海”也好，都是渡海活动，而使用的渡海工具就各显“神通”和“其能”了。八位仙人法力无边：汉钟离率先把大芭蕉扇往海里一扔，袒胸露腹仰躺在扇子上向远处飘去；何仙姑将荷花往水中一抛，顿时红光万道，仙姑伫立荷花之上随波漂流；随后各位仙人也纷纷将各自宝物抛入海中，借助宝物大显神通，游向东海。这些宝物就是能漂浮在水上的器物，当属原始浮渡工具，“过海”动力就靠它的“法力”无边了，这种充满神秘色彩的神话给人以无限的遐想。

蓬莱阁凌空而建，阁下面临大海，海疆碧波连天，四季海雾飘绕，素称“仙境”之地。史称蓬莱、方丈、瀛洲三座神山，引得齐威王、燕昭王都派人到海上寻找；秦始皇、汉武帝都曾分别来到蓬莱东巡求药、御驾访仙；更有秦始皇遣方士徐福，由蓬莱乘船入东海求仙丹去而不回的故事。从时间上推测，徐福东渡所乘海船应该接近于汉代的楼船。

登州港早在战国时期就是北方远海航线的重要港口，是通往日本、朝鲜的起航点之一，它地处沿海南北航行要冲，还是中国古代“海上丝绸之路”的起航港之一。蓬莱水城背山面海，陡壁悬崖自成天险，早在汉唐时期就是水军要地，明代抗倭名将戚继光曾在水城备战抗倭，当时水城“舳舻相接，奴酋胆寒”，“商船战舰之抛泊近岸者，不知其数”。

1984 年在蓬莱水城发现出土一艘古船，编称为“蓬莱一号”，2005 年继而发掘出土三艘古船，其中两艘比较完整，编称为“蓬莱二号”和“蓬莱三号”。“蓬莱一号”和“蓬莱二号”的“制造和使用时代为明代中晚期，废弃时代为明代晚期”①，由蓬莱三号船的技术特征判断它是一艘韩国古船②，它的“制造和使用时代为元代，废弃时代为明代初期”③。蓬莱一号、二号古船所反映出来的造船技术虽然大同小异，但它们生动地展现了中国古代先进的造船技术，例如水密舱壁、舱壁边肋骨、构件连接、龙骨补强材、桅座等。这些先进造船技术正好与泉州宋代沉船、宁波宋代海船、象山明代海船等诸多出土古船互为印证。蓬莱水城沉船是蓬莱舟船文化的亮点。蓬莱一号、二号古船所折射出许多古代造船技术的重要信息，以及蓬莱三号古船所体现的中韩造船技术交融，更是蓬莱舟船文化的精华所在。

---

① 山东省文物考古研究所、烟台市博物馆、蓬莱市文物局《蓬莱古船》，文物出版社 2006 年版，第 4~5 页。

② 何国卫《蓬莱出土的三艘古代海船初探》，席龙飞、蔡薇主编《蓬莱古船国际学术研讨会文集》，长江出版社 2009 年版，第 155~156 页。

③ 山东省文物考古研究所、烟台市博物馆、蓬莱市文物局《蓬莱古船》，文物出版社 2006 年版，第 4~5 页。

三、科学的龙骨连接形式及其补强结构

龙骨的端接强度与端接工艺直接相关。木船构件的端接采用钩子同口连接方式，相对于用直角同口等其它同口形式，它的纵向连接强度好多了。蓬莱一号、二号古船的构件端接也是采用钩子同口连接方式。钩子同口的端接又分带榫的和不带榫的钩子同口两种情况。蓬莱一号古船龙骨及外板的端接都采用了带榫钩子同口方式，即除了采用钩子同口还同时加有凹凸榫。蓬莱二号古船龙骨的端接也是如此，而蓬莱二号古船主龙骨的前端连接有水平方向横通榫。构件端接采用钩子同口加凹凸榫的连接方式，使端接构件在端接处可能产生移动的方向减少了一个，使连接处的整体固定性更佳（见下图），带凹凸榫的钩子同口在技术上比不带凹凸榫的钩子同口更胜一筹，这正是蓬莱古船结构连接的独特之处。不言而喻，带凹凸榫钩子同口的制作工艺要求更高，这正反映了船匠的高超技艺和聪明才智。

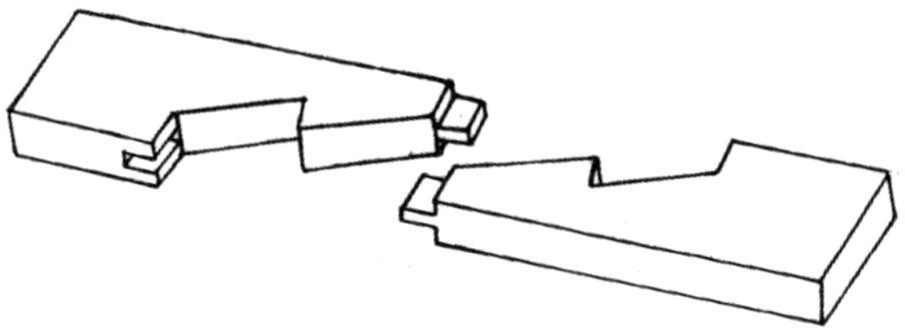

图 1　蓬莱古船的外板采用凸凹榫的钩子同口

龙骨是木船承受总纵强度的强力构件，龙骨接头处的连接强度至关重要。中国古船的龙骨通常由主龙骨、尾龙骨和首柱三段端连而成。主龙骨与首柱、尾龙骨的连接部位通常在首柱、尾龙骨起翘的转折处。龙骨端接部位在交变应力作用下容易发生断裂。为提高连接强度，除了端接工艺，端接部位采取一定的结构补强措施是很有必要的。蓬莱古船龙骨端接处的补强是采用加置龙骨补强材，顾名思义，它的作用就是对龙骨端接的补强。补强效果如何，关键在于补强结构的处理。

从图 2 以及图 3 可发现蓬莱一号、二号古船和象山明船都有龙骨补强材，其龙骨补强结构的形式与特点在于：其一，在龙骨端接处上方加置龙骨补强材，增加了端接断面处的横截面尺度；其二，在龙骨补强材所叠压的龙骨端接处或附近设置舱壁，强有力地支撑端接部位的水压力；其三，龙骨补强材长度，跨搭龙骨端接部位的前、后舱壁，即龙骨补强材共跨了两个舱，跨搭了三个舱壁，舱壁是对龙骨接头的强力支撑，它们不仅使补强材与龙骨牢固结合，还使补强材的受力跨距缩小，形成一个三支点的简跨梁；其四，龙骨补强材与龙骨用铁钉钉连。这种龙骨接头补强技术对增加连接处节点结构强度非常有效，其接头结构的科学性令人称道。采用了

上述的龙骨端接补强结构是否就能达到等效连接或者达到多大程度的连接效果，乃是古代木船结构强度中很有学术价值的研究课题之一。

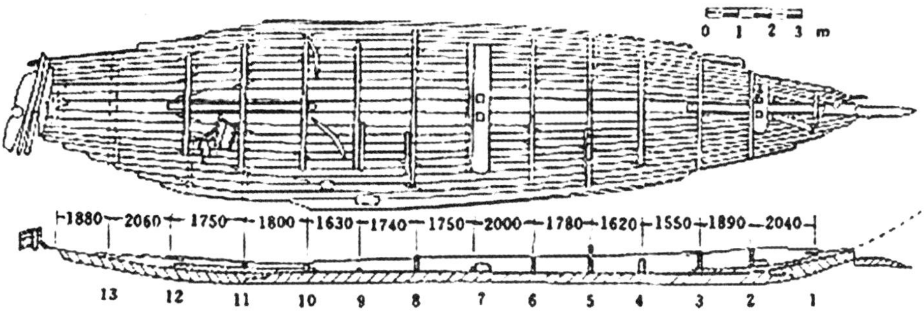

图 2　蓬莱一号船平面及纵剖面图

四、合理的圆舭船型

中国古代的传统船型曾被分为沙船、广船、福船、鸟船四大船型。也有学者认为鸟船仅是福船的一种派生船型，不能树为一帜，因而有沙船、广船、福船三大船型之说。

沙船主要航行于长江口及其以北一带水域，它的长与宽比值较大，是方头方梢平底浅吃水船，其横剖面近于矩形，因而船底稍搁无碍。福船“上平如衡，下侧如刃”，广船“下窄上宽，状若两翼”，可见横剖面形状相近。福船和广船都属尖底船，二者在首尾形状、布置和用料上是有所不同的。福船是福建、浙江沿海一带用途相当广泛的尖底海船，广船是适用于南海一带的尖首高尾深吃水的尖底海船。

船型是因船舶适应航域自然环境而形成的，不同海域的自然条件不同，必然导致船型的不同。中国沿海有渤海、黄海、东海和南海。为适应不同海域的不同自然条件，船型必然有所差异。不同海域各具特点，所以有诸多船型的出现，即使同为福建的福船和广东的广船，还有许多不同种类的船型存在。有人将中国古代海船船型以长江口为分界，简单地划分为航经北方江苏大陆棚浅水沙滩海域的平底船和航行于南方深水海域的尖底船，就是分平底船和尖底船两大类，从大的方面来说也无可非议，但毕竟过于简单化了，就以既不是平底船也不是尖底船的宁波船、象山船和蓬莱一号、二号古船来说如何分属就无所适从了。

从出土的象山明代海船和宁波宋代海船的实测复原型线的横剖面图来看，象山船横剖面在首部呈 V 形，中部略呈 U 形，平底大圆舭，近尾部弧度变小，头尖尾方船首上翘（图 3）。宁波船与象山船相近，它的中部横剖面呈无平底的大圆舭

（图 4），而泉州宋代海船（图 5）和新安元代海船（图 6）是典型的尖底船，横剖面呈极 V 形，且有向里反曲，两船只是反曲程度有所不同，新安船更有甚之。由此可见，将船型介于平底船和尖底船之间的浙江海船另归一类称其为浙船，也是言之有理的。当然，浙船是以宁波（古称明州）地区海船为主。浙江海域地处江苏大陆棚浅水沙滩和浙、闽、广等地的深水海域之间，长江口南北正是浙船频繁活动的海域，它的圆舭船型就兼有尖底船优良的适航性和平底船稍搁无碍的适浅特性。圆舭船型正符合浙船航行海域自然环境的需要。

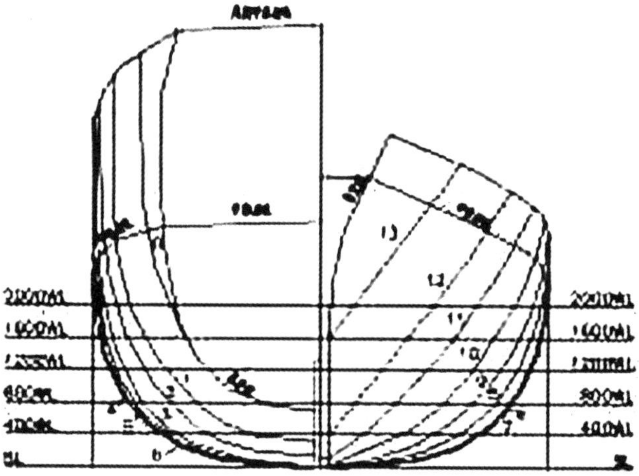

图 3　象山明代海船横剖线图

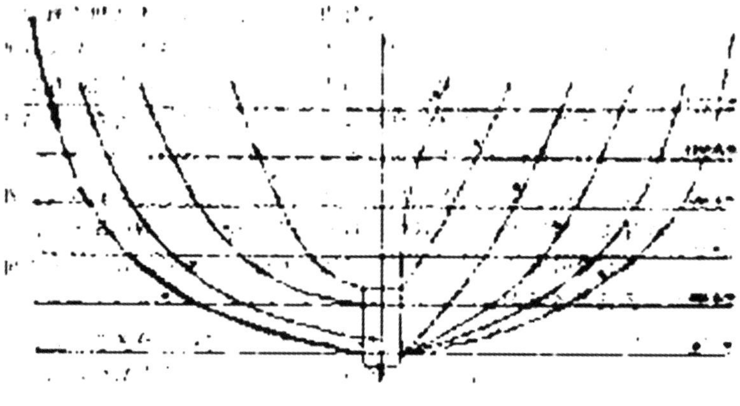

图 4　宁波宋代海船横剖线图

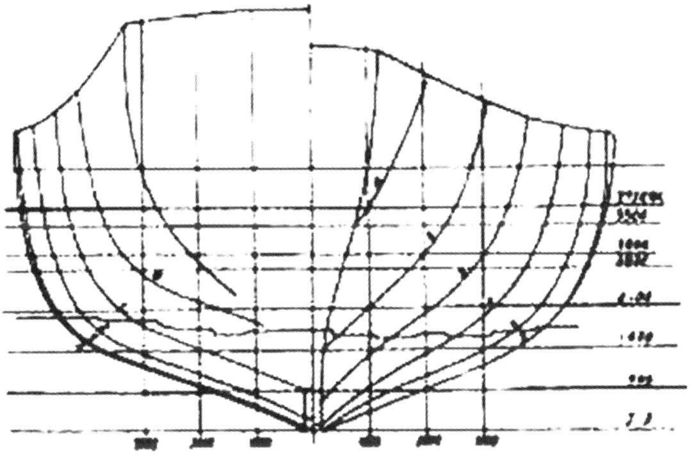

图 5　泉州宋代海船横剖线图

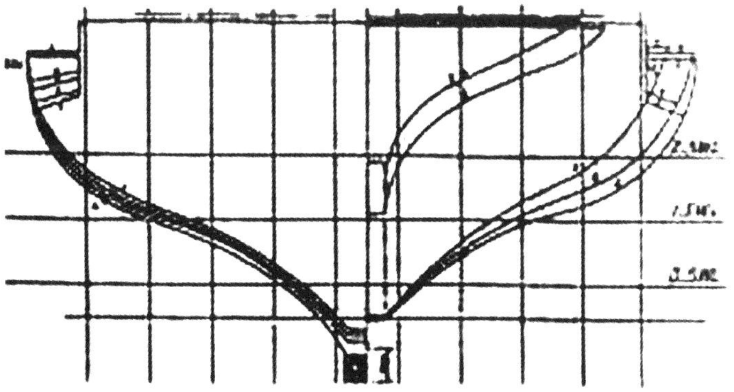

图 6　新安元代海船横剖线图

蓬莱一号、二号古船的实测复原型线显示两船的首部为 V 形、尾部为 U 形，中部为圆舭平底（图 7、图 8），两船与浙江宁波船和象山船一样都是平底圆舭型船，正是独一无偶。登州海船南航黄海，东渡日本海，它有与浙船相类似的航行于两种不同性质海域的情况，因此，蓬莱一号、二号古船与浙船同为圆舭船就不足为奇了。早在北宋庆历二年（1042），就在蓬莱水域建造了用来停泊战船的“刀鱼寨”，明洪武九年（1376）在刀鱼寨的基础上建成了水城，当时水师所驾战船形似刀鱼故称刀鱼战棹。“蓬莱船为元代的海防刀鱼战船，其船型特征，源于浙江沿海的钓槽船”[①]，若此说成立，那么蓬莱一号、二号古船与浙船船型类同现象似乎透

① 席龙飞《中国造船史》，湖北教育出版社 2000 年版，第 215~216 页。

露出两者之间存在某种关联的信息。再联系到蓬莱一号、二号古船与象山船都设有舱底板纵梁，更会令人产生有意思的联想。

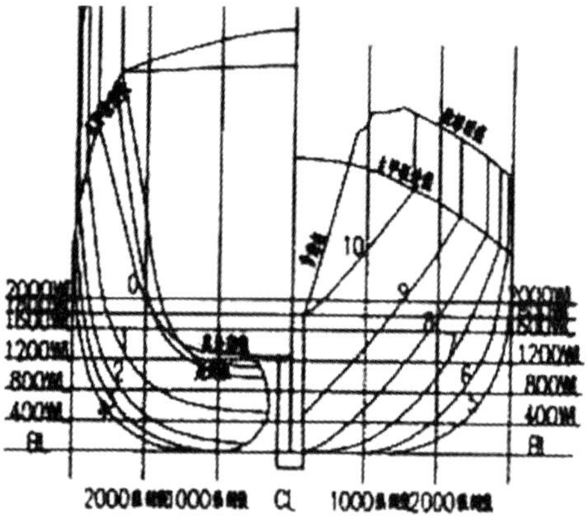

图 7　蓬莱一号船横剖线图

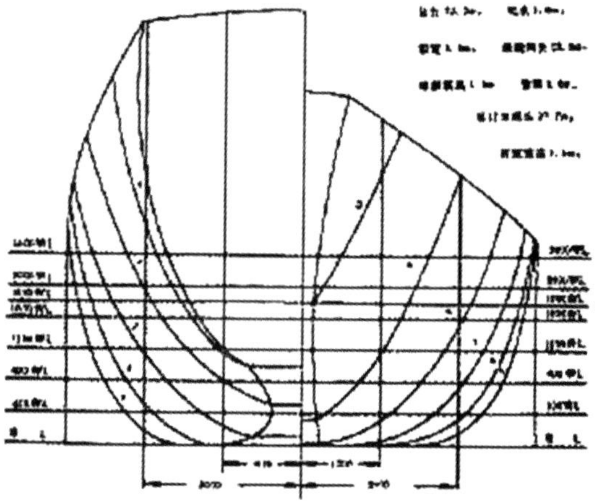

图 8　蓬莱二号船横剖线图

五、中韩造船技术的交融

出土的蓬莱三号古船不论在船舶形制方面还是结构工艺特征方面，都与蓬莱一号、二号沉船大相径庭。笔者曾在《蓬莱出土的三艘古代海船初探》① 一文中指出，蓬莱三号船是一艘既具韩国古船的典型特征又含中国造船技术的船。笔者认为有一种不可排除的可能性存在，那就是蓬莱三号船曾在蓬莱进行过大修改造，保持船舶的主体不动而较多地采用中国造船技术的可能性。

“蓬莱三号是一艘韩国古船，它含有许多中国造船技术，是中韩古代造船技术交流的结果。蓬莱三号韩国古船与蓬莱一号、二号中国古船在同一地点出土本身就反映了中韩的密切交往和造船技术交流的必然”。中韩古代造船技术交流在蓬莱三号船上留下明显的痕迹，得到了充分的展现。蓬莱三号船确实是一艘对研究中韩古代造船技术交流史具有极其重要文物价值的出土古船。这也是到目前为止最能直接体现中外舟船文化交融的实物佐证。

（作者单位：中国船级社武汉规范研究所）

① 何国卫《蓬莱出土的三艘古代海船初探》，席龙飞、蔡薇主编《蓬莱古船国际学术研讨会文集》，长江出版社 2009 年版，第 155～156 页。

蓬莱出土的四号古船初探

顿　贺

在蓬莱水城小海内，1984 年出土了一条元代古战船，称为一号船。2005 年，又出土了二号、三号和四号古船。一号、二号古船是中国船，三号是高丽船，对此，诸多学者专家对前三艘古船从不同角度进行了广泛、深入、细致的研究，取得了丰硕的成果。本文不再重复。

关于四号船，由于仅存四块木板，且残缺不全，给研究带来了很大困难。笔者在此做初步探讨，意在抛砖引玉，希望引起重视，能将四号船复原研究深入下去。

四号船是在朝鲜半岛建造的典型高丽船。

一、从造船材料看四号船的建造地

大家都知道，一般造船，多就地取材。先看中国造船用材。中国盛产楠、樟、松、杉、榆、柳、槐、桦、楸、榉、格等木材，在古代也盛产铁栗木，而紫檀、梢木、巴劳、菠萝格多从南洋进口。中国造船用材广泛，不同部位选用不同木材，据《明史》载，造船“初，船用楠杉，下者乃用松”，各部位用材视具体情况具体分析。据《龙江船厂志》所载的《船纪》《船书》《壹案》《贰案》可以看出：造船材料，楠木为主，杉木次之，其他木更次之。而《南船记》所载有些区别，杉木似乎多于楠木。这两种文献所载船舶为官船，其中大黄船、预备黄船更是档次要求高的船。《南船记》还介绍了一千料海船和四百料钻风海船木材用料情况，一千料海船，“杉木三百二根，杂木一百四十九根，楠木二十根，榆木舵杆二根”；四百料钻风海船，“杉木二百二十八根，桅心木二根，杂木六十七根，铁栗木舵杆二根，橹坯二十根，松木五根”。明《兵录》所载海战用的一些船舶用料：龙骨用松或杉，沙船龙骨板用枫木或杉木，外板、大拉、桅用杉木，梁用樟木，舱壁板下部用樟木，上部用松木等。笔者还查阅了到目前为止出土的所有中国古船，除了龙骨用格木、松木、楠木有所不同，船的外板，除了明代梁山船用松木，其他均为杉木。山东梁山县出土的明代军用运输船属内河船，用了松木。在广东地区，古代用铁栗木造船，现代使用梢木造木船，铁栗木和梢木都是硬木，密度大于或等于1，分析可能与在水中防海蛆钻蚀船板，在陆上防白蚁破坏有关。

蓬莱出土的三号古船，用的是松木，被海蛆腐蚀极严重。这是一艘迄今为止发现的中国与朝鲜半岛造船技术相结合而且是在朝鲜半岛建造的唯一古船实物。在朝鲜半岛“地寒多山，土宜松柏”，用松木造船是朝鲜半岛的传统。韩国出土的群山十二东波岛古沉船属11世纪中后半叶遗物，船底木板均为松木。蓬莱四号船“构造技术和用材与三号船比较接近”，应该也是松木。从用材上分析，这是一艘高丽船的遗物，且属于船底材料遗物。

二、四号船的结构特征

其一，四号船是平底船。在中国，平底船龙骨板与龙骨翼板、船底板以铲钉、枣核钉连接，未出现过用木栓穿连的结构形式。四号船龙骨板“与两侧翼板用宽大的长木栓相穿连”。以木栓穿连，这是朝鲜半岛造的船的特征。

其二，中国早在唐代就出现了钩子同口结构，可见于安徽柳孜运河出土的唐船，用在关键部位，如龙骨的连接，宋元以后被越来越普遍使用，甚至包括外板的端接缝。蓬莱一号船，不但用了钩子同口，有的还有凹凸榫。四号船未见钩子同口痕迹，更未出现蛇头同口。

其三，至少在北宋，中国古船的桅杆出现了可倒式，便于更换与过桥涵。桅杆下方有桅夹，桅夹下方有桅座，桅夹下方凸榫与桅座上的凹槽配合固定，桅夹还与舱壁固定。由于有了桅座，桅帆重量不集中作用在船底板的某一点，有利于防止应

蓬莱三号古船桅座结构

力集中。早期的高丽船，桅杆不能倒，桅杆下方用凸榫与龙骨板上的凹槽配合，桅杆直接固定在龙骨板上，桅杆还与驾龙木固定。根据四号船遗留的四块木板，龙骨板逐渐变窄，龙骨翼板外轮廓线出现向中线收拢，舭板也同时同方向有弯曲趋势，以此分析并参考韩国古代木船图像资料，认为龙骨板上一对长方形槽孔应是前桅杆的下方固定插孔。

韩国群山十二东波岛古船底部的木材

蓬莱四号古船遗物

中国可倒桅技术，在宋代传到了朝鲜半岛。据《梦溪笔谈》载，北宋“嘉祐中（1056—1060），苏州昆山县海上有一船，桅折，风飘抵岸。船中有三十余人，衣冠如唐人，系红鞓角带，短皂布衫，见人皆恸哭，语言不可晓。试令书字，字亦不可读，行则相缀如雁行。久之，自出一书示人，乃唐天祐中告授乇罗岛首领陪戎副尉制。又有一书，乃是《上高丽表》，亦称乇罗岛，皆用汉字，盖东夷之臣属高丽者。船中有诸谷，唯麻子大如莲的。苏人种之，初岁亦如莲的，次年渐小，数年后只如中国麻子。时赞善大夫韩正彦知昆山县事，召其人，犒以酒食”。“正彦使人为其治桅，桅旧植船木上不可动。工人为之造转轴，教其起倒之法，其人又喜”。从此可倒桅技术传到了高丽。我们可从三号船及图片资料证实这一点。自古，中国与朝鲜半岛关系非常密切，技术交流较多，按理说，来蓬莱的高丽船，应该注意将桅较早地改成可倒桅了。从韩国国立海洋遗物展示馆“船舶史馆”提供的资料看，在高丽时代，古船有了桅夹，朝鲜时代已用可倒桅无疑，在本文文献中，有“韩船构造”一章，从其提供的结构图中可知，当使用可倒式桅杆后，韩国也用了桅夹、桅座。

四号船龙骨板上两长方形孔槽间距较小，分析也不是安装桅夹用的槽（因为桅杆木下端位于两桅夹之间，依据船的大小，两桅夹间要保持一定的距离，以满足桅杆下端厚度要求），可以推断出四号船还没使用可倒桅技术，而用的是早期的韩国造船的传统结构形式。

其四，中国在晋代已经发明使用水密横舱壁，出土的唐宋及其后的多艘古船已经证实了这一点。三号船也引进了水密舱壁技术。四号船底部的板上未见安装舱壁痕迹，推断应该还是使用驾龙木和加木，尚无横舱壁。

从上述分析可以看出，四号船是典型的高丽船。中国与朝鲜半岛有几千年的友好交往，进行科学技术、文化等方面的广泛交流，造船技术也不例外，橹、舵、绞车等也较早地传到朝鲜半岛。四号船原汁原味地保留了早期高丽传统的造船特点。四号船应是典型的高丽船，它在工艺、结构上与三号船有共同之处，又有区别（还没有融入水密舱壁、抱梁肋骨、桅座、铁钉连结船板等中国的造船技术），可能在建造时间上比三号船还早。

三、对四号船局部的复原

中国古代有时以船板多少“路”来衡量船舶的大小，“路”是指船板在纵向有多少“列”。例如《南船记》讲，大黄船“正底十一路，长六丈零五寸，阔一尺二寸，厚二寸五分。帮底二路，长六丈一尺，阔一尺，厚二寸。拖泥二路……”；一百料战船“正底七路……帮底二路……拖泥二路……出水栈二路……中栈板二路……”这样的记述还是多而详细的。三号船可以看成船底板三路，四号船也是三路。韩国群山十二东波岛古沉船船底板也是三路，韩国莞岛海底沉船船底板为五路。当然，船的大小与船底板的宽度、厚度也有关，板宽而厚，船大些。根据四号船与三号船龙骨板与龙骨翼板厚度、宽度比较分析，蓬莱出土的四号船可能比三号船略小，比韩国莞岛出土的古船小得较多，四号古船有可能是二桅帆船。

韩国莞岛古船

韩国莞岛古船结构图

四号船舭板连接船底边板和船侧下方板的结构形式还不同于韩国群山十二东波岛（中国北宋时期）古船和韩国莞岛古沉船，这两艘古船舭板开的是近 90 度槽口搭接。四号船舭板结构类似于三号船。

推测：四号船外板应是开启口后用皮槊连接，属搭接；板的端接缝一般用平面同口及直角同口，（甚至开有启口）边接缝为启口板搭接；龙骨板的连接用凹凸榫配合的端接缝；桅杆直接通过凸榫固定在龙骨板上，未设桅座；无横舱壁，横向以驾龙木支撑，甲板下方有驾木（大横梁），桅杆固定于龙骨板和驾木上；甲板也可能是启口搭接结构。据韩国大多数古代木船特征，四号船会有舷伸甲板，可能是二桅帆船，建造时间上应比三号船早。

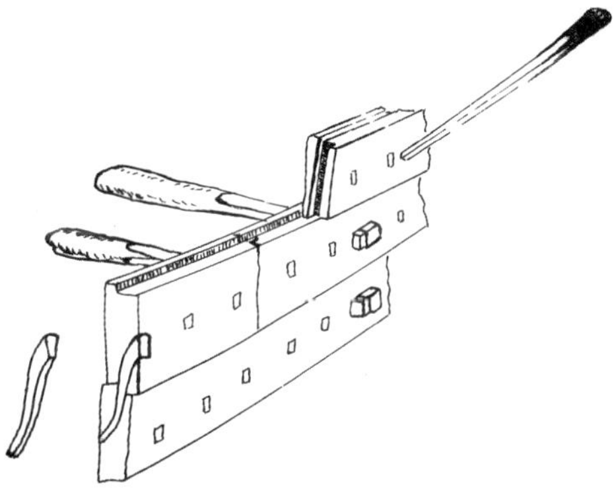

韩国船外板用启口板搭接并用皮槊连接，以驾龙木支撑

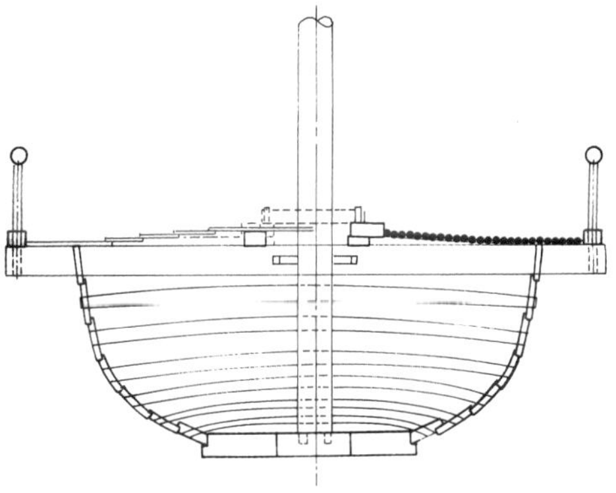

蓬莱四号古船横剖面结构推测图

参考文献：

①山东省文物考古研究所、烟台市博物馆、蓬莱市文物局《蓬莱古船》，文物出版社2006年版。

②《明史》，中国文史出版社2002年版。

③（明）李昭祥《龙江船厂志》，江苏古籍出版社1999年版。

④（明）沈启《南船记》，中国造船工程学会船史研究会内部用书。

⑤（明）何汝宾《兵录》，明万历三十四年（1606）刊本。

⑥《宋史》卷十《高丽》，中国文史出版社2002年版。

⑦韩国国立海洋遗物展示馆《群山十二东波岛海底遗迹》，2005。

⑧韩国国立海洋遗物展示馆展示图录，《莞岛海底发掘调查概要·莞岛船构造》，2005。

⑨（宋）沈括《梦溪笔谈》，时代文艺出版社2001年版。

（作者单位：武汉理工大学造船史研究中心）

再探蓬莱高丽（朝鲜）古船

袁晓春

2005年7月蓬莱发现两艘高丽（朝鲜）古船后，在国际学术界产生影响，韩国、日本、荷兰、葡萄牙、法国等国学者纷纷前往蓬莱实地考察。2006年8月，在蓬莱召开“蓬莱古船国际学术研讨会”，到会中外学者90余人，提交会议论文44篇。[①] 同年11月，韩国召开“14世纪亚洲海上贸易与新安海底遗物国际学术研讨会”，中国学者应邀发表了“中国蓬莱水城古船发掘与成果”[②] 的论文，向国外学者详细介绍了蓬莱两艘高丽（朝鲜）古船的有关情况，使蓬莱高丽（朝鲜）古船的影响愈来愈广，韩国KBS、MBC电视台先后来蓬莱拍摄并播出“复活的韩船”等电视专题片。韩国迄今发现最长的古代远洋帆船在中国蓬莱的出土，重新揭示了中韩古代频繁的政治、经济、文化等海洋交流的历史。2012年，新建的蓬莱古船博物馆建成并展出两艘蓬莱高丽（朝鲜）古船，这是韩国古船首次在国外展出不同类型的远洋帆船。两艘高丽（朝鲜）古船在中国北方古代著名的国际港口出土并进行展示，将填补中韩造船技术交流史的空白，其相关研究尚需进一步深入和拓展。本文试将蓬莱两艘高丽（朝鲜）古船的特征与结构、成因以及高丽（朝鲜）使节出入登州港等进行探究，就教于国内外专家。

一、蓬莱高丽（朝鲜）古船的发现与鉴定

蓬莱高丽（朝鲜）古船的发现地登州港（蓬莱水城）是中国古代北方最著名的港口，早在唐朝（618—907）神龙三年（707）登州在蓬莱设立后，登州港成为古代中国与东亚其他地区进行海上交流的主要口岸。据《新唐书》记载，唐朝与国

---

① 席龙飞、蔡薇主编《蓬莱古船国际学术研讨会文集》，长江出版社2009年版。

② 袁晓春《中国蓬莱水城古船发掘与成果》，《14世纪亚洲海上贸易与新安海底遗物国际学术研讨会论文集》，韩国国立海洋遗物展示馆2006年版，第471~509页。

外往来有两条海道，一是“登州海行入高丽渤海道”，二是“广州通海夷道”。登州港自唐朝以来，成为古代中国北方重要的交通枢纽。

登州港（蓬莱水城）是中国古港中唯一保存下来的古代名港，一千多年来登州港一直作为港口使用，在中国古港中使用至今颇具独特性。迄今中国古代著名港口中，广州港现在演变成城市街区，扬州港已湮没消失，明州港已不见踪迹，唯独登州港经过历朝清淤至今仍在使用。近代100多年来，登州港先后经历了三次大规模清淤，为1957年、1984年和2005年。在1984年登州港港口清淤工程中，蓬莱县文化局和烟台市博物馆考古工作人员，在港湾西南隅2.1米深淤泥中，发现三艘古代沉船，因受工程时间和人员限制，文物工作者只清理出一艘元代古船，在1990年建立起登州古船博物馆进行展示，另外两艘古船仍回埋于港内。

2005年3—11月，登州港又一次进行港口清淤工程。由蓬莱市文物局、烟台市博物馆、山东省文物考古研究所联合组成考古队，对原古船回埋处进行考古发掘。7月24日，在1984年蓬莱元代战船发现地西数十米处，发现一艘长21.5米的明代战船，战船残宽5.2米，舱残深0.56米，保存有龙骨、前桅座、6道舱壁和11列外板。7月26日，在明代战船北部1米多处发现几近并排的蓬莱三号古船。蓬莱三号古船东西走向，头西尾东，左倾斜沉于黑色淤泥中。[①] 从船舱中出土中国古代陶瓷器残片、朝鲜半岛流行的古代镶嵌青瓷碗、瓷瓶、陶茧形壶、陶瓮等韩国风格的文物，后在蓬莱三号古船北部数十米处，又发现另一艘船——蓬莱四号古船底板等残船体。

在蓬莱古船发掘现场，中国古船专家席龙飞、顿贺以及袁晓春等发现这艘古船的奇特之处：船底板用木栓连接，舷板用木钉连接，中央底板未设粗大的龙骨，与以往发现的中国古船从船型到结构都有不同。当时年近八旬的席龙飞教授评价蓬莱三号古船的船型为前所未见。中国古船专家开始推断此船可能有朝鲜半岛的海外背景。当年11月，韩国国立海洋遗物展示馆金圣范馆长、金炳堇博士考察蓬莱新发现的三艘古船，当即提出蓬莱三号、四号古船为韩国高丽时期的古船。中韩古船专家对蓬莱三号、四号古船的判断不谋而合，趋向一致。蓬莱当年发现并鉴定外国古船，中韩古船专家的共同研究为蓬莱高丽（朝鲜）古船鉴定开了一个好头，成为中外古船专家共同研究古船的成功案例，在国际船史界颇具前导性。2006年8月，召开了“蓬莱古船国际学术研讨会”，中国船史学者席龙飞、何国卫、顿贺、李国清、龚昌奇、袁晓春等，韩国学者金圣范、金炳堇、李元植、许逸、崔恒洵等分别撰写

---

① 袁晓春《再析中韩古代海船中期保护技术》，《中国文物科学研究》2009年第1期。

论文，对蓬莱发现的高丽（朝鲜）古船进行多角度的研究。① 至此，蓬莱高丽（朝鲜）古船得到了中韩古船专家的共同认定，其影响越来越广。

二、蓬莱高丽（朝鲜）古船的结构

蓬莱三号、四号古船结构不同，蓬莱三号古船的结构受到了中国造船技术的影响，蓬莱四号古船显示出韩国古船的传统技术。蓬莱三号古船的结构因为采用了舱壁、肋骨、桅座等中国先进造船技术，因此被韩国著名船史学者李元植、许逸评价为“设置了隔舱板和肋骨以取代高丽海船通常采用的驾龙木，这是具有划时代意义的重大发现”。试析如下：

1. 蓬莱三号、四号古船的尺寸

蓬莱三号古船为小方首、方尾，首尾皆起翘，长 19 米（1984 年清淤工程时出土古船长 19 米，因施工折断尾部，残长 17. 1 米），残宽 6. 2 米，舱残深 1. 28 米。左侧船外板保存较完整，为 8 列；右侧船外板保存不全，为 3 列。

蓬莱四号古船残长 8. 53 米，残宽 1. 96 米，分别是龙骨、龙骨翼板、零星外板，其他船材都已不存。

2. 蓬莱三号、四号古船的船型

蓬莱三号古船的船型出现新变化，船型呈现\/型船体。迄今韩国已发现莞岛高丽古船、木浦达里岛高丽古船、群山十二东波岛高丽古船等三艘箱型船体的高丽古船。蓬莱三号古船的船体呈\/型，与新安安佐高丽古船船型相近，说明朝鲜半岛的古船在 14 世纪高丽后期出现\/型船体。经现代科学试验证明，古船箱型肥满的船体阻力最大，\/型船体的阻力较小，与传统韩国古船相比，\/型船体具有先进性。公元 1122 年，中国宋朝使节徐兢出使高丽乘坐的使船，“上平如衡，下侧如刃，贵其可以破浪而行也”，为\/型船体。中国泉州古船建于 13 世纪，其船体呈 V 型。欧洲造船界在 18 世纪 70 年代，瑞典造船师 F. H. A. 查普曼发表关于 V 型船体研究成果后，西方造船界才普遍采用 V 型船体结构。从出土的中韩古船进行观察，引人关注的是，古代东方早在 13、14 世纪已有 V 型船体海船建成，并投入运营，应为世界最早出现的 V 型船体海船。

蓬莱四号古船从发现的平底船底板等船材来看，船型为朝鲜半岛传统的平底船，以此可以复原方头、方尾、平底海船，适合航行于中国北方、朝鲜半岛西海岸等水浅多沙滩的海域。

---

① 袁晓春《山东半岛与朝鲜半岛海洋文化遗产的研究与国际合作》，《中国海洋文化研究》，海洋出版社 2008 年版，第 306~319 页。

3. 蓬莱三号古船特殊的底板结构

蓬莱三号古船的底板结构特殊，地板仅有三列，中央底板尾部短于左右底板，左右底板呈拐尺状进行保护，形成蓬莱三号古船底板的特殊尾部结构。蓬莱三号古船的中央底板结合处，上加宽大补强材，补强材长8.2米、宽0.31米、厚0.15米，补强材用铁钉钉牢，以增强纵向强度，为以往发现的韩国古船所未见。

4. 蓬莱三号古船舱壁、肋骨、桅座、补强材等特殊结构

蓬莱三号古船发现5道隔舱壁及4道隔舱壁遗迹，即9道隔舱壁，分为10个船舱。水密舱壁是中国发明的造船技术，在江苏如皋出土的唐朝古船上就已发现使用水密舱壁技术。韩国古船采用加木和驾龙木来加强横向强度，却没有横向舱壁。在蓬莱三号古船发现舱壁，无疑是中韩造船技术交流的结果。

蓬莱三号古船还发现肋骨，使用肋骨加强横向强度是中国发明的造船技术。发现肋骨有两种，一种锯齿状肋骨，与泉州宋朝古船使用的肋骨相似；另一种肋骨选用曲形或直形自然圆木，使用方法是钉固在锯齿形肋骨外侧。这种利用自然圆木的原型未进行加工制作的肋骨，在中国古船中未发现，倒与韩国莞岛古船使用的圆木驾龙木相似，多少有一些韩国古船驾龙木的影子。

蓬莱三号古船发现前、后桅座，表明该船是利用桅座装桅的两桅海船。韩国发现的古船中未见使用桅座，而是在中央底板上开槽装桅。在中央底板上开槽装桅，无疑将损害其强度。桅座技术的使用，应是蓬莱三号古船技术进步的表现。

蓬莱三号古船使用了补强材。补强材位于中央底板的接头处。补强材长8.2米、宽0.31米，十分宽大。在中国蓬莱元代古船上发现龙骨接头处上方附加补强材，以增加接头部位的结构强度。而韩国发现古船中未见此类补强材，可见蓬莱三号古船补强材的使用，是受到中国造船技术的影响。

三、蓬莱高丽（朝鲜）古船的特征

1. 蓬莱高丽（朝鲜）古船独特的船壳技术

蓬莱三号古船与蓬莱四号古船，其连接技术颇为独特，又有所区别：

蓬莱三号古船底板使用长槊（木栓）连接，左、右舷板是用皮槊（木钉）连接。韩国古船使用长槊（木栓）和皮槊（木钉）连接船壳技术，具有悠久的历史，并保持其独特的造船技术传统。2006年，曾有韩国学者提出蓬莱三号古船是在中国建造的韩国古船的观点。笔者认为其观点是错误的。因为目前在中国大陆发现的众多古船，没有一艘中国古船其船壳连接是采用长槊（木栓）与皮槊（木钉）连接技术，况且皮槊被加工成小S型，显然中国的造船工匠不掌握韩国古船的这些技术和工艺。

韩国高丽时期的船壳技术与改槊技术有关。韩国古船用松木制作的船材，出现

腐朽和损坏后，可以进行改榫，即拔出长榫或皮榫，更换腐朽和损坏的船板，再重新用皮榫或长榫连接，方便而简单的改榫技术为韩国古船的传统技术。

蓬莱四号古船仅发现几块底板，但是采用了长榫（木栓）连接，未发现使用铁钉连接，其船壳技术可确定为地道的韩国古船连接技术。由此可见，蓬莱四号古船如改榫时相对简单，而蓬莱三号古船因采用了铁钉连接，虽然船材连接较为牢固，但其改榫时需再拔出铁钉费工费事，这也是蓬莱三号古船与蓬莱四号古船在船壳连接技术上的区别所在。

2. 蓬莱高丽（朝鲜）古船宽厚的船材

蓬莱三号古船、蓬莱四号古船作为韩国古船，其特征之一是船材宽厚。古代朝鲜半岛森林茂密，大型树木颇为多见，为造船用材提供了充足的木料。因为韩国古船的技术传统以及造船木材的充裕，韩国古船的船材特别宽厚，以至成为韩国古船的船材特征。迄今中国发现100多艘古船，没有一艘古船船材像韩国古船那样宽大和厚重，显然中国与韩国在船材用料和加工工艺上方式不同，区别十分明显。

3. 蓬莱高丽（朝鲜）古船船材选用油松

蓬莱三号古船底板、外板、桅座、舱壁、肋骨等都使用油松，蓬莱四号古船的底板也是使用油松，可见蓬莱两艘高丽（朝鲜）古船选用了同一种木材。据韩国著名船史学者金在瑾《我国船的历史》记载，朝鲜半岛古代造船船材选用松木，用松木造船是朝鲜半岛的造船技术传统。

而中国幅员广阔，造船用材品种较多，如泉州宋代古船、蓬莱元代战船，其龙骨、左右舷材使用马尾松、樟木、杉木、松木等。中国古船的用材技术传统，是根据船的不同部位使用不同的船材，以至于使用紫檀木、黄花梨木、铁梨木等珍贵木材。就目前中国与韩国发现的古船船材方面来看，中国古船船材更为多样化。在中国如蓬莱发现的两艘韩国高丽（朝鲜）古船，船材仅使用油松是一个特例，也再次表明了两艘古船来自古代朝鲜半岛。

4. 蓬莱高丽（朝鲜）古船的铁钉连接技术

蓬莱三号古船连接工艺上，还出现新的情况，即用长榫和皮榫连接船体外，还普遍采用铁钉连接，铁钉间距为23~25厘米。有意思的是，铁钉是从船壳外向里钉进，在舱内几乎看不到铁钉的痕迹。这与蓬莱元代古船等中国古船在舱内钉进船钉，船壳外几乎看不到铁钉的痕迹，以使铁钉不受海水腐蚀的连接工艺有明显区别。显然古代朝鲜半岛的造船工匠使用铁钉工艺还是像韩国古船的皮榫技术一样，从船底或舷外向里钉进，其钉进工艺与皮榫钉进工艺一脉相承。

5. 蓬莱高丽（朝鲜）古船的艌料技术

蓬莱三号古船还采用艌料密封技术，显然是引入中国的造船技术。中国古船使用艌料，作为船材之间的密封填料，用于船舶的制造和维修。中国古船艌料有两种，第一种名叫“麻板”，用麻丝、桐油、石灰调制而成，还有使用贝壳灰、桐油、麻丝调制的，主要用于填塞板缝等较大缝隙，保证了船体的水密性。第二种舱料名叫“腻子”，是用桐油和石灰调制而成，主要用于密封钉孔和较小的缝隙，封堵铁钉，可以防止铁钉生锈腐蚀。在蓬莱三号古船船板间发现的舱料颜色灰白，凝结度不太强，推测原因是朝鲜半岛不生产桐油，其凝结度不好与使用桐油量少及用桐油调制舱料的方法有关。但不可否认，蓬莱三号古船发现使用舱料技术，应该是高丽船舶在船材密封技术上新的突破。

6. 蓬莱高丽（朝鲜）古船的供水设施

中国古船的供水是安设水仓，以满足船上人员的生活用水。而蓬莱高丽（朝鲜）古船供水设施好像有所不同。在蓬莱三号古船第 3 舱出土了陶瓮残片，经复原陶瓮直径达 65 厘米。古船上发现的陶瓮是如何使用的呢？据韩国船史学者李元植《韩国的船》书中照片显示，一艘朝鲜时期的韩船船头部分设有三只大瓮，韩船是用陶瓮盛水，供船上人员使用。此外，宋朝宣和年间（1119—1125）使节徐兢出使朝鲜，撰有《宣和奉使高丽图经》记载：“华人自西绝洋而来，既已累日，丽人料其甘泉必尽，故以大瓮载水，鼓舟来迎，各以茶米酢之。”当时中国使船越洋而来，朝鲜半岛高丽人以为使船载水已尽，因而用大瓮盛水，为中国使船供水，可见朝鲜半岛用陶瓮盛水的习俗，自宋朝时就存在。这种船载陶瓮供水的习俗，从一千多年前的宋朝直到近代尚在沿用。因此可以推测蓬莱三号古船的陶瓮，是船上用来供水的器具，与中国古船水仓供水的设施不同。

四、蓬莱高丽古船特殊结构与特征的成因

蓬莱三号古船，在中国与韩国造船史上是一个特例，迄今中国发现 100 多艘古船中没有相同船型，在韩国及朝鲜半岛发现的古船也没有与此相同的结构，显然蓬莱三号古船是结合中韩古代造船技术的特殊构造船型。究竟是在什么历史条件下出现的这种特殊船型呢？这一问题引起中韩船史专家的关注。

几十年来，笔者先后参加 1984 年和 2005 年两次蓬莱水城古船发掘工程，先后发掘出土 4 艘古船，2003 年后主持参与“中韩古代海洋文化共同研究合作项目”，先后多次赴韩国访学、参会和合作研究，搜集了中国与韩国的众多资料，现提出蓬莱三号古船为高丽后期（元朝时期）高丽造船工匠在朝鲜半岛建造的中国式样海船的设想，试析如下：

据查中韩史料，1274（至元十一年）与 1281 年（至元十八年），元朝先后两次用兵日本，由元军与高丽军组成联军，进攻日本遭到失败。当时元朝廷命令高丽王朝造船 900 余艘，据《高丽史》一百四《列传》第十七卷金方庆传记载：“十五年

（1274）帝欲征日本，诏方庆与茶丘监造战舰。造船若依蛮样，则工费多，将不及期，一国忧之。方庆为东南道都督使，先到全罗，遣人咨受省檄，用本国船样督造。”由此可知，元朝曾在1274年后将中国古船式样发给高丽王朝，要求按照中国古船的样式建造战船。然而高丽造船工匠终归不熟悉中国古船的船型与构造，因此用工很多，却不能按期造出900艘战船，只好依据高丽王朝船型建造了大量的征日海船。据此分析，元朝时期中国造船技术曾系统地传入朝鲜半岛。蓬莱三号古船正是在1274年之后，在高丽王朝的后期，由朝鲜半岛的造船工匠使用松木建造的海船，其船壳连接技术采用高丽时期的长槊与皮槊技术连接，古船内部结构按中国古船样式，增加横舱壁、肋骨、桅座、补强材等中国造船技术，由中韩古代造船技术混合建造的古代海船。在中韩古代造船技术交流史上属昙花一现，其时期短暂，却遗留下韩国造船史上的罕见船型。显然在这之后，朝鲜半岛古船继续按照其平底船型等传统造船技术建造发展，其独特的造船技术一直保持到近代。元代中国造船技术虽短暂传入朝鲜半岛，但未对其传统造船技术产生根本影响。

五、蓬莱高丽（朝鲜）古船与高丽、朝鲜使节

707年，唐朝在蓬莱设立登州，管辖山东半岛的东部地区。登州与明州（宁波）是唐朝以后中国与朝鲜友好交往的两个主要口岸。唐朝时期出入中国的新罗与日本使节、僧人、商人等，在北方地区都需在登州口岸办理出入境手续。日本名僧圆仁在江苏口岸归国时，被要求远行到登州办理出入境手续，才回到了日本。唐朝廷在登州设新罗馆，接待朝鲜半岛新罗遣唐使30余次。宋朝高丽使节仍从登州进入中国，据《宋史·高丽传》记载：“高丽往返，皆自登州。”宋朝廷在登州建“高丽馆”接待高丽使，因接待费用过高，在天禧五年（1021），朝廷“别给登州钱十万，充高丽贡使之费”[①]，以弥补登州接待高丽使节开销的不足。元、明、清三朝，登州仍是高丽使节出入的口岸，据不完全统计，高丽、朝鲜使节郑梦周、李齐贤、郑道传、朴宜中、金九容、李詹、李崇仁、权近、李稷、吴允谦、全湜、李民宬、金尚宪、高用厚、金地粹、崔有海、申悦道、吴翻、李献庆等数十人从登州出入。为此，笔者编辑出版《朝鲜使节咏山东集录》[②] 一书，将保存在上述使节的个人文集以及《宾王录》《朝天录》《燕行录》等有关山东半岛的资料，进行搜集整理和介绍，以期引起中外学者的重视和研究。

近年来，在韩国先后发现众多高丽时期的海船，主要有莞岛高丽古船、木浦达

---

① 《续资治通鉴长编》卷九七“天禧五年”条。

② 袁晓春《朝鲜使节咏山东集录》，《蓬莱文库》，黄河出版社2007年版。

里岛高丽古船、群山十二东波岛高丽古船、新安安佐高丽古船、泰安郡高丽古船等一批高丽时期的海船，被发现并打捞出水。目前，尚没有资料表明与高丽使团的使船有关，而在中国蓬莱登州古港出土的高丽古船，是否与郑梦周等各批使团有关呢？据韩国朴现圭教授考证①，高丽王朝出使中国从登州海路访华的使节主要有郑梦周、李崇仁、权近、朴宜中等人，在为数不多的高丽使节中，其使船因长期使用失修，不能驶回高丽，是否遗留在登州港？

在古船上发现高丽时期风格的镶嵌青瓷碗、瓷罐、茧形壶、陶瓮等文物。其中古船上发现了 2 件高丽时期风格的镶嵌青瓷碗，分别为菊花莲瓣纹碗和水波连珠纹碗。据韩国国立海洋遗物展示馆的金圣范馆长、金炳堇博士考证，2 件镶嵌青瓷器皿具有高丽后期镶嵌青瓷衰变期的特征。镶嵌青瓷是在青釉上镶嵌白色纹饰，具有典型的朝鲜半岛风格。蓬莱三号古船高丽镶嵌青瓷的发现，是首次经过科学发掘，证明高丽海船装载镶嵌青瓷自登州海路输入中国的史实，为朝鲜半岛古代瓷器输入中国提供了海路输入的实物依据。

蓬莱登州港发现的 2 艘朝鲜半岛古船，表明高丽海船吸收了中国的造船技术而出现造船技术进步，主要表现在采用中国的舱壁和肋骨技术，加强横向强度；采用补强材，加强中央底板，以增强中央底板接头部位强度；采用桅座技术安装桅杆、铁钉连接船体等先进造船技术，使蓬莱三号古船与其他地方发现的高丽古船相比，具有航速较高、水密性强、抗沉性高等优点，使高丽船型出现了新变化。②

出入登州港的著名高丽（朝鲜）使节简况表

使节名称	生卒年	访华时间	著作
安轴	1282—1348		《谨斋集》
郑梦周	1337—1392		《圃隐集》
朴宜中	1337—1403		《贞斋逸稿》
金九容	1338—1384		《惕若斋集》
李詹	1345—1405	1400 年	《梅堂集》
李崇仁	1347—1392	1386—1388 年	《陶隐集》
郑道传	1337—1398	1384—1392 年	《三峰集》《经济六集》《锦南杂题》《陈法书》
李齐贤	1287—1367	1314 年	《益斋乱稿》《栎翁稗说》

① 〔韩〕朴现圭《高丽时代妈祖接触考》，《海上交通与伊斯兰教文化学术研讨会论文集》，2008 年版，第 304~315 页。

② 袁晓春《海上丝绸之路蓬莱史迹初探》，《登州与海上丝绸之路国际学术研讨会论文集》，人民出版社 2009 年版，第 89~95 页。

（续表）

使节名称	生卒年	访华时间	著作
权近	1352—1409	1388 年	《五经浅见录》《阳村集》
李稷	1362—1431		《亨斋集》
吴允谦	1559—1636	1623 年	《楸滩集》
李民宬	1570—1629	1623—1624 年	《敬亭集》《敬亭续集》
吴翽	1592—1634	1624—1625 年	《天坡集》
全湜	1563—1642	1625—1626 年	《沙西集》
金尚宪	1570—1652	1626—1627 年	《清阴集》《野人谈录》
金地粹	1581—1639	1624—1627 年	《苔川集》
申悦道	1589—1659	1628—1629 年	《懒斋集》
高用厚	1577—?	1630 年	《晴沙集》《正气录》
崔有海	1587—1641	1629 年	《默守堂先生文集》《东槎录》
李献庆	1719—1791		《艮翁集》

六、结论

1. 蓬莱发现的两艘高丽（朝鲜）古船船型与结构根本不同，属于两种不同类型的韩国古代海船。蓬莱三号古船的船型为\/型船，蓬莱四号古船为箱型体船型。

2. 蓬莱三号古船为韩国造船史上的特例，其长槊与皮槊连接船壳属于韩国古代造船技术，采用舱壁、肋骨、桅座、补强材等属于中国古代造船技术。该船属于中韩古代造船技术混合使用，为中韩古代造船技术交流史的文物实例，较为罕见。

3. 据《高丽史·金方庆传》记载，在 1274 年前后，元朝曾将中国古船式样发给高丽王朝，要求按照中国古船式样建造征日战船。蓬莱三号古船应为这一时期建造的中国式样的高丽海船。

4. 蓬莱三号古船的发现表明，最迟在 14 世纪中国造船技术曾系统地传入朝鲜半岛，被韩国学者称为“具有跨时代意义的重大发现”。但是不知什么原因，韩国古船一直保持着自己独特的技术传统。其\/型船型的出现是否与中国造船技术传入有关，尚待中韩古船专家的深入研讨。

5. 蓬莱四号古船为方头、平底、方尾，属于典型的平底型韩国古船，适合航行于中国北方、朝鲜半岛西海岸多沙滩的海域，其造船技术、改槊技术以及航海范围，值得中外专家关注。

（作者单位：蓬莱阁景区管理服务中心）

明代山东海防三营述论

朱亚非　赵树国

永乐、宣德时期，明朝政府为加强北部沿海兵力的协调调度，以应对倭寇入侵规模增大的形势，集中兵力剿灭倭寇，在山东设立登州、文登、即墨三营，以策应沿海防御。本文主要考察海防三营的设置时间、控御范围以及职官设置、兵员来源等，并对设置海防三营的利弊加以评述。

一、设置概况

（一）登州营

登州营位于登州备倭城内。

1. 设置时间：据（道光）《重修蓬莱县志》记载："七年，建登州营于备倭城内，给符验。"①

又据（光绪）《增修登州府志》记载："七年，建登州营于备倭城内，给符验洪武四年调发卫所兵马造用金宝符及走马符牌，寻改为金符，有诏：调军，省府同覆奏纳，符用宝。"②

据此，则登州营设于永乐七年。

2. 控御范围：关于登州营设立的原因及其辖区，郑若曾在《筹海图编》中有详细介绍。兹录于下：

> 登州营所以控北海之险也，登、莱二卫，并青州左卫俱隶焉。其策应地方，语所则有奇山、福山中前、王徐前诸所；语寨则有黄河口、刘家汪、解宋、芦徐、马停、皂河、马埠诸寨；语巡司则有杨家店、高山、孙夼镇、马亭

---

① （道光）《重修蓬莱县志》卷四《武备·营制》。

② （光绪）《增修登州府志》卷十二《军垒》。

镇、东良海口、柴胡、海仓、鱼儿铺、高家港诸司……其在海外则岛屿环抱，自东北崆峒、半洋，西抵长山、蓬莱、田横、沙门、鼍矶、三山、芙蓉、桑岛，错落盘踞，以为登州北门之护。过此而北，则辽阳矣。此天造地设之险也……故北海之滨既有府治，而设险者复建备倭城于新河海口，以为屏翰，且有本营之建焉。沿海兵防特重其责，非若他省但建水寨于岛屿，良有以也。夫岛屿既不设险，则海口所系匪轻。自营城以东，若抹直、石落湾子、刘家汪、半物、芦洋诸处，自营城以西，若西王庄、西山、栾家、孙家海、洋山、后八角，城后芝罘、莒岛诸处，皆可通番舶。登突严外户以绥堂阃，其本营典守之责乎。①

由上可见，登州营的防御范围主要是山东半岛北部登州府、莱州府、青州府的部分区域，主要有三卫、三所、七寨、九巡检司。

明朝政府设登州营的主要目的是防御来自东北部的敌人，加强北部海岛防御，以扼守山东半岛与辽东半岛之间的狭窄地带，防止敌人穿越此处、长驱直入、侵犯京畿地带。

（二）文登营

1. 设置时间：关于文登营的设立时间，史书记载有些龃龉，主要有以下两种观点：

（1）宣德二年：据《大清一统志》卷一百三十七《登州府》记载：“文登营：在文登县东十里。明宣德二年建，初在县西门内，十年迁此。有土城周三里，东、西、南三门，营当东面之险，今移县城中。”②

（2）宣德四年：据（光绪）《增修登州府志》记载：“宣德四年，建文登营。原在文登县城内，十年，始于县东十里筑城。”③

以上二者各执一词，且均未加详细说明，因此，难以判断其是非，只能笼统地说文登营设于宣德二年或四年。

2. 控御范围：关于文登营设立的原因及其辖区，郑若曾在《筹海图编》中有详细介绍：

登莱乃泰山余络，突入海中，文登县尤其东之尽处也。成山以东，若旱门

① 《筹海图编》卷七。

② 《大清一统志》卷一百三十七《登州府》，《景印文渊阁四库全书》第476册，第695页；（光绪）《文登县志》卷一下《关隘》记载同。

③ （光绪）《增修登州府志》卷十二《军垒》。

滩、九峰、赤山、白蓬头诸岛纵横，沙碛联络，潮势至此，冲击腾沸。议者谓倭船未敢猝达。然考之国初，倭寇成山，掳白峰寨、罗山寨，延大嵩、草岛嘴等处，海侧居民重罹其殃。倭果畏海，奚而有是哉？故文登县东北有文登营之设，所以控东海之险也。宁海、威海、成山、靖海四卫皆隶焉。其策应地方，语所则有宁峰（津）、海阳、金山、百尺崖、寻山诸所，语寨则有清泉、赤山等寨，语巡司则有辛汪、温泉镇、赤山寨诸司。逶而北，则应援乎登州；逶而南，则应援乎即墨。三营鼎建，相为掎角，形胜调度，雄且密矣。有干城之寄者，其思国初成山之变，而儆戒无虞也哉。①

由上可见，文登营的防御范围主要是胶东半岛东部登州府的部分区域，主要有四卫、五所、二寨、三巡检司。而且，郑若曾认为该营之所以设于文登，主要是因为该地可“控东海之险”，于该地设营可以有效地抵御来自东边的敌人。不过，也有人并不同意其说法。据（光绪）《文登县志》记载：“明设三卫以备倭寇，三卫各处一隅，不相统属，宣德间建营，盖以地当三卫之中，南去靖海，东抵成山，北至威海，各相去百里内外。设把总为营官，多以指挥为之，盖以节制三卫，联络声援，非以其地当东面之险也。《一统志》误。”②

笔者认为，上述两种说法均有一定的道理，且二者并非对立。一方面，之所以在此设营，确实是文登地理位置重要，可以应对自东面海域入犯之敌。另一方面，设营于此也可以方便居中协调附近的几个卫所。

（三）即墨营

1. 设置时间：关于即墨营的设立时间，史料记载有所不同，主要有以下两种说法：

（1）永乐二年：据（乾隆）《莱州府志》记载：“即墨营：明永乐二年设，在县南七十里金家岭，宣德八年移县北十里。”③

据（同治）《即墨县志》记载：“永乐二年，设即墨营，在县南七十里金家岭，宣德八年移县北十里。”④

据周如砥撰《驳迁即墨营于胶州议》记载：“至永乐间，又立即墨等三营以分控二十四卫所。”⑤

---

① 《筹海图编》卷七。

② （光绪）《文登县志》卷一《关隘》。

③ （乾隆）《莱州府志》卷五《兵防》。

④ （同治）《即墨县志》卷四《武备·营汛》。

⑤ （同治）《即墨县志》卷十《艺文·文类》，周如砥《驳迁即墨营于胶州议》。

以上史书，均认为即墨营设于永乐年间，前二者确定为永乐二年。

（2）宣德四年：据蓝田撰《城即墨营记》记载："即墨未有营也，有之自宣德己酉始，在县治之北十里。海滨诸卫之兵分番于京师，乃选步、骑之精者千有二百人，将领之才者二人，常屯于营，防御倭夷之出没，而贼盗之窃发者，亦责成之，营未有城也，有之自张文博始。"① 宣德己酉为宣德四年。据此，则该营设于宣德四年。

该营究竟设于何时？宣德八年，登州卫指挥佥事戚珪与备倭都指挥卫青在沿海兵员设置上曾有一番争论，其中卫青曾说："昔奉太宗皇帝制谕，令统领备倭，不得分散势力。"② 据此则在永乐年间，卫青即已综合统领三营兵马于登州训练。同时，由上文蓝田所说"即墨未有营也，有之自宣德己酉始，在县治之北十里"可见，显然他并不知晓该营原设于城南，由此推论，他对即墨营之源流也不甚清楚，其说很可能并不准确。所以，笔者认为，即墨很可能设于永乐二年。

2. 设置原因及控御范围：即墨营位于即墨县境内，原设于城南七十里之金家岭，宣德八年移至县北十里。其设置原因及控御范围，据郑若曾《筹海图编》记载：

> 山东与直隶连壤。即墨县南望淮安、东海，所城左右相错，如咽喉关锁。迩年登、莱海警告宁，然淮扬屡被登劫。自淮达莱，片帆可至。犯淮者，犯莱之渐也。故即墨所系，较二营似尤为要，自大嵩、鳌山、灵山、安东一带南海之险，皆本营控御之责。其策应地方，语所则有雄崖、胶州、大山、浮山、夏河、石洞（石旧）诸所；语巡司，则有乳山、行村、栲栳岛、逄（逢）猛、南龙湾、古镇、信阳、夹仓诸司。其海口，若唐家湾、大任、陈家湾、鹅儿、栲栳、天井湾、颜武、周疃、松林、全家湾、青岛、徐家庄诸处，俱为冲要，堤防尤难。国初，倭寇鳌山，毒痛甚惨，即本营所辖之地也。殷鉴不远，司封守者，其可以弗慎乎？③

由上可见，该营的防御范围主要是位于山东半岛南部的青州府南部和莱州府南部诸州县，主要有四卫、六所、八巡检司。

该营之所以设于即墨，是因为即墨沿海地理位置较为重要，处于登莱与南直隶之间，是南北海上交通的枢纽。同时，即墨营东北至文登营四百里，西南至安东卫

---

① （同治）《即墨县志》卷十《艺文·文类》，蓝田《城即墨营记》。

② 《明宣宗实录》卷一百六，宣德八年九月丙午。

③ 《筹海图编》卷七。

四百里，“建营之地与所控制之卫所远近相均”[①]，在此设营，可以有效实现山东半岛南部区域内军事力量的协调调度。

二、职官设置及兵员状况

（一）职官设置

永、宣时期，三大营守将均为把总。万历中期，援朝御倭战争爆发后，明朝政府将其改为守备。

1. 登州营：据（道光）《重修蓬莱县志》记载：“设把总指挥二员，团练京操军、中军管队官千百户三十一员，旗军一千五百二十四名，马五百二十一匹。……正统间调去京操马一百三十匹，余存营，立为马步三十队。”[②]

又据（光绪）《增修登州府志》卷十二《军垒》记载：“设把总、指挥各一员，中军管队官千百户三十一员，团练京操班军。”[③]

2. 文登营：据（光绪）《文登县志》卷一《关隘》记载：“宣德间设把总一员，中军等官二十三员，旗军一千一百四十名，原额马四百一十四匹。正统间调去京操马一百五匹，余存营，立为马、步二十二队。”[④] 卷五《职官表》记载：“文登营职官：把总，宣德四年设，万历十九年裁，改设守备。考明把总无品级、无定员，文登营把总多以指挥兼领，盖为备倭设也。”[⑤]

又据（光绪）《增修登州府志》卷十二《军垒》记载：“设把总、指挥各一员，中军管队官千百户二十三员。”[⑥]

3. 即墨营：据（乾隆）《莱州府志》记载：“设把总二员，万历二十一年，因倭寇屡警，改设守备一员、中军一员、哨官四员。”[⑦]

又据（同治）《即墨县志》记载：“设把总二员。”[⑧]

（光绪）《文登县志》中记载了明代文登营历任把总的名字及出任该职前的职务。兹以文登营为例，探讨一下把总、守备等职官的来源。

---

① （同治）《即墨县志》卷十《艺文·文类》，周如砥《驳迁即墨营于胶州议》。
② （道光）《重修蓬莱县志》卷四《武备·营制》。
③ （光绪）《增修登州府志》卷十二《军垒》。
④ （光绪）《文登县志》卷一《关隘》。
⑤ （光绪）《文登县志》卷五《职官表一》。
⑥ （光绪）《增修登州府志》卷十二《军垒》。
⑦ （乾隆）《莱州府志》卷五《兵防》。
⑧ （同治）《即墨县志》卷四《武备·营汛》。

文登营职官状况一览表

职衔	姓名	任职时间	原任职衔	备注
把总（宣德四年设）	袁琮	不详	不详	
	王柱	不详	不详	
	王梦	不详	不详	
	李鉴	不详	不详	
	王雄	景泰间		文登营把总、捕倭明威将军、指挥佥事
	王恺	弘治间	威海卫指挥佥事	
	王瀛	正德间	正德间袭宁海卫千户，调福山所，后升本卫指挥	
	许文	正德间		
	刘平	正德间	威海卫指挥使	
	石守忠	嘉靖二十八年	成山卫指挥佥事	
	袁贡	嘉靖间	武举，成山卫指挥佥事	
	刘绍远	嘉靖间		登州卫人
	商之霖	嘉靖间		靖海卫人
	李桢	万历间	宁海卫指挥使	
	侯永沐	万历间	宁海卫指挥使	
	林起庸			
守备（万历十九年设）	罗袍	万历十九年	莱州卫指挥	
	王建极	万历二十年	安东卫指挥同知	
	张楷	万历二十一年	武进士，济宁卫署指挥佥事	
	杨如松	万历二十三年	安东卫指挥佥事	
	裴虞度	万历二十四年	登州卫指挥同知	
	王家将	万历二十五年	安东卫指挥使	
	李茂实	万历三十二年	青州左卫指挥同知	
	戈定远	万历三十六年	临清卫指挥使	
	费惠	万历三十九年	济南卫指挥佥事	
	胡来贡	万历四十年	东昌卫指挥佥事	
	彭云翮	万历四十四年	莘县武进士	
	周鸿谟	万历四十八年	即墨武进士	
	房可宗	天启四年		益都人（以后无考）

（本表据光绪《文登县志》制作而成）

上表为不完全统计，总共收录明代担任文登营把总、守备者 29 人，除了原任职衔不清者 12 人，尚有 17 人可查。这 17 人中，来自山东沿海卫所者有 13 人，其中威海卫 2 人，宁海卫 3 人，成山卫 2 人，安东卫 3 人，登州卫、莱州卫、青州左卫各 1 人。由此可见，文登营的职官把总、守备之来源并无一定之规，多为临近沿海卫所职官，也有少量山东内陆卫所职官。不过，从沿海卫所官员担任把总、守备者较多来看，其海防性特色体现得还是比较明显的。

（二）兵员来源

对于海防三营的兵员来源，史料记载不多。明人蓝田在《城即墨营记》中说："海滨诸卫之兵分番于京师，乃选步骑之精者千有二百人，将领之才者二人，常屯于营，防御倭夷之出没，而贼盗之窃发者，亦责成之。"① 又据（嘉靖）《宁海州志》记载："文登营，在文登县东北十里，宣德间置……马步旗军一千二百人，官取之诸卫所，军取之宁海、威海、成山、靖海四卫。"② 据此，则营兵来源于周边各卫所，且这些兵员需常屯于营。

《明宣宗实录》中记载了登州卫指挥佥事戚珪与都指挥卫青在沿海兵员设置上的不同意见，从中可见海防三营兵力之来源。兹录于下：

> 登州卫指挥佥事戚珪言：初，山东缘海设十卫、五千户所，以备倭寇。其马步军专治城池、器械，水军专治海运。后调赴京操备营造，军士已少，而都指挥卫青复聚各卫马步水军于登州一处操备，遇夏分调以守文登、即墨诸处，及秋复聚。若倭寇登岸，守备空虚，无以御敌，且倭船肆掠无分冬夏，仓卒登岸而官军聚于一处，急难策应。请以原设捕倭马步水军各归卫所如旧守备，且习海运，遇有警急互相应援，则刍粮免于虚费，军民两便。上曰：其言虽可取，亦当审而后行，命山东三司及巡按御史计议以闻。③

戚珪认为，明初在山东沿海地区分设卫所，由各卫所分别辖各种兵员，以备倭寇，这样一旦遇敌，卫所即可迅速反击。永乐年间，班军制度开始实行，此后沿海大量军队需番上京师，可用兵员数额较少。后来，备倭都指挥卫青又将各卫所马步水军集中于登州训练，遇夏则分调文登、即墨等处。据此可以推论：登州、文登、即墨三处所拥有的兵员当为由沿海卫所调拨而来。

---

① 蓝田《城即墨营记》，（同治）《即墨县志》卷十《艺文·文类》。

② （嘉靖）《宁海州志》上《建置三·附》。

③ 《明宣宗实录》卷九十九，宣德八年二月甲辰。

> 巡按山东监察御史及都司、布政司、按察司奏：比者登州卫指挥戚珪言，山东之地缘海，洪武中置十卫、五所分守其地。今都指挥卫青以诸卫所官军三千八百人俱于登州备倭，而倭寇往来之地城寨空虚，乞调还各守其地。诏臣等计议，宜如珪言为便。都指挥卫青奏：昔奉太宗皇帝制谕，令统领备倭，不得分散势力，今其所议有乖前旨，兵部请仍令山东三司及巡按监察御史与青会议。既而都指挥同知王真等奏，青原领捕倭马步官军通三千八百四十余人，除登州诸处往来操备外，每岁至夏分戍即墨等三处，今议官军宜令常于其地操备，更不聚于登州，如有警急互相应援，仍令青总督其事，所用粮草皆于旁近州县应纳官者给之，庶势力不分，军民两便。从之。①

由上可见，卫青认为将沿海卫所兵员集中于登州训练，乃是明成祖的旨意，所以仅同意将军队分于登州、即墨、文登三处操备，而不同意回归各卫。

此外，据《明英宗实录》记载，正统八年二月癸巳：

> 巡按山东监察御史郑观奏：登州营备倭官军八百六十名，俱青州等卫拨来，而登州官军却拨一百余名南去即墨营备倭。此盖总兵官李福贪贿作弊。乞将登州卫官军存留本卫备倭，将青州等卫官军退还，其沿海附近卫所官军拨与文登、即墨二营，带领家小随住备倭，不许更动以为久计。事下山东布、按二司，会巡按御史覆实言：登州、文登、即墨三营，官军三千九百二人，宜令各带家小随营住坐，月粮登州营就本府仓，文登、即墨营就文登、即墨县仓，全关米一石行粮俱住支计算，一年积出行粮二万八千余石，不特粮储省费，亦且军不被害，奸弊可除。李福贪取灵山卫银三十两、大布一百匹，已为按察副使钟禄所劾奏。臣等以山东沿海地方南北二千余里，总兵镇守备倭诚为重任，今李福贪贿作弊，隳废军政，傥遇警急，误事非小。上曰：允换官军。兵部准行。

据此分析，登州营的官军来自青州等卫，登州卫之官军调往即墨营，这是由于总兵官李福贪贿所致，因此，郑观力主“其沿海附近卫所官军拨与文登、即墨二营，带领家小随住备倭，不许更动以为久计”，主张将附近卫所军队划归各营。可见，海防三营之兵员，当来自附近沿海卫所。又如即墨营兵员，据周如砥《驳迁即墨营于胶州议》中曾说：“此鳌、灵七卫所之军，所以驻于即墨营也。”②

---

① 《明宣宗实录》卷一百六，宣德八年九月丙午。

② 周如砥《驳迁即墨营于胶州议》，（同治）《即墨县志》卷十《文类中》。

此外，对于山东三大海防营中兵员的来源，山东沿海一些方志中也有反映。(乾隆)《威海卫志》记载了明代威海卫、百尺崖所的兵员状况：威海卫“京操春戍七百八十四名，秋戍五百八十四名，捕倭军登州营一百二十六名，文登营一百五十九名，守城军七十五名，种屯军二百二十四名，守墩军二十四名，守堡军一十四名”；百尺崖所“守城军三十五名，守墩军一十八名，守堡军六名”。[①]（民国）《牟平县志》记载了明代宁海卫的兵员状况：“宁海卫：京操春戍五百三十八名，秋戍一千一百二十七名，捕倭军登州营六十二名，文登营三百九十二名，守城军余一千二百一十名，种屯军余三百九十一名，守墩军余十八名，守堡军余二十四名；金山备御千户所……属宁海卫左所……守城军余二十八名，守墩军余一十五名，守堡军余二名；清泉寨备御百户所……属宁海卫后所……守城军余一十五名，守墩军余六名，守堡军余二名。”[②]（民国）《莱阳县志》记载了大嵩卫、大山所的兵员状况，大嵩卫“京操军春戍七百四十五名，秋戍七百四十六名，捕倭军即墨营二百四十六名，守城军余二百五十八名，种屯军余四百二十八名，守墩军余二十七名，守堡军余一十四名”；大山所“守城军余六十二名，守墩军余六名”[③]。

由上可知，山东海防三营的兵员，主要是周边沿海卫所的捕倭军。明朝政府设立三大营的目的在于，将沿海卫所战斗力最强的捕倭军，集中于一定的区域加强训练，一旦遇警可以互相策应，对大股倭寇可形成围歼之势。

三、营、卫关系

由上文可见，就山东海防三营而言，其与沿海卫所有着较为密切的联系，沿海卫所是其职官、兵员的主要来源。不过，营、卫毕竟有不同的军事体制，二者关系有些微妙。在营、卫同住的地方，也会出现营官与卫所官发生矛盾的情况。据（光绪）《文登县志》记载，威海卫指挥佥事董遇时之子祚丰掌印，“整饬纪纲，与营将不协，辞避里口山”[④]。

对于山东海防三营与沿海卫所的关系，史书中有一些记载。郑若曾在《筹海图编》中记载：“登州营……登、莱二卫，并青州左卫俱隶焉”，“文登营……宁海、威海、成山、靖海四卫俱隶焉”[⑤]，认为沿海卫所隶属于海防三大营。此外，周如砥

---

① （乾隆）《威海卫志》卷二《建置·武备》。

② （民国）《牟平县志》卷五《政治志·武备》。

③ （民国）《莱阳县志》卷二之一《内务·兵防》。

④ （光绪）《文登县志》卷七下《名宦二》。

⑤ 《筹海图编》卷七。

《驳迁即墨营于胶州议》指出永乐间又建即墨等三营，“以分控二十四所”[①]，亦认为三营对沿海卫所有分控之权。又据（光绪）《文登县志》记载：“设把总为营官，多以指挥为之，盖以节制三卫，联络声援。”[②] 显然，以上史书大致认为营官可以节制、控御相关卫所。

究竟营、卫之间有无统属关系？有学者指出“海防三大营各有具体的防务范围，即墨营管辖大嵩、鳌山、灵山、安东 4 卫，登州营管辖登、莱 2 卫和青州左卫，文登营管辖宁海、威海、成山、靖海 4 卫”[③]，认为三营管辖沿海卫所。笔者认为，由上文可知，登州、文登、即墨三营与山东沿海卫所有着非常紧密的联系，甚至可以说三营的职官、兵员均来源于附近卫所。但是，三大营对于沿海各卫并无行政上的统属关系。[④] 营、卫本是不同的组织体系，营制偏重于作战，严格来讲应属于战时体系，而卫所则偏重军政，属于平时体系，二者属于不同的类型。因此，笔者认为，以上史书所说的“俱隶焉”“分控”“节制”等词语应当理解为沿海卫所为海防三营的辖区与策应范围似乎更确切些。

总体而言，山东海防三营之设，适应了明朝迁都北京后拱卫京畿的需要，也有助于应对永、宣时期倭寇入侵规模较大的海防形势，应当予以肯定。不过，由于海防三营将沿海卫所之防倭兵悉数抽调，而三大营则相对靠近内陆且过于集中，因此在明中后期倭寇突然入侵之时，沿海首当其冲的卫所往往因缺乏作战兵员而遭残破，海防营也很难实现有效策应。尽管如此，从总体海防战略来说，设三大海防营，有助于加强山东半岛的海防策应力量，以应对较大规模的外敌入侵。

（作者单位：山东师范大学历史文化与社会发展学院）

---

① 周如砥《驳迁即墨营于胶州议》，（同治）《即墨县志》卷十《艺文·文类中》。

② （光绪）《文登县志》卷一下《关隘》。

③ 赵红《明清时期的山东海防》，山东大学 2007 届博士学位论文，第 35 页。

④ 对此，王莉《明代营兵制初探》一文有所介绍，见《北京师范大学学报》1991 年第 2 期。

明代山东备倭都司考论

赵树国　朱亚非

明朝初年，朝廷设置山东备倭都司，节制山东沿海海防力量，以抗击倭寇。关于该备倭都司的设置时间，史书记载众说纷纭，笔者对此加以考辩，同时，对于备倭都司长官的来源加以梳理，并对备倭都司前后职掌的变化加以说明，以期能对山东备倭都司的来龙去脉做出合理的认识，以求教于方家。

一、设置时间考

关于山东备倭都司的设立时间，史书记载并不统一，主要有以下三种说法：

（一）洪武说

据（嘉靖）《山东通志》卷十一《兵防》记载：“备倭都司：登州营驻扎，总登莱沿海军马，洪武间设。”

据万历年间《天津新造海船记》记载：“登州新开口，自洪武设备倭都司，额辖战船百艘。”

据（雍正）《山东通志》卷二十《海疆志》记载：“明洪武初，设沿海诸卫，领以备倭都指挥使，兼置巡察海道。”

以上史书均认为山东备倭都司设立于洪武年间，不过记载相对简略，仅为描述一般事实，并没有说明该机构设置的具体时间及原因。

除此之外，还有一些史书也认为山东备倭都司设于洪武时期，并对其设立时间等做出了一定说明。

据王世贞《倭志》记载：“于是遣信国公汤和等沿海规画，自南直隶、山东、浙江、福建、广东西，咸置行都司，以备倭为名，犬羊盘错矣。”

据焦竑《国朝献征录》记载，洪武十七年，“召信国公汤和城海上州县，设备倭行都司。”

此外，《明史纪事本末》亦认为：“十七年春正月，倭频寇浙东，命信国公汤和巡视海上，筑山东、江南北、浙东西海上五十九城，咸置行都司，以备倭为名。”认为洪武十七年汤和巡海，设立沿海诸省备倭都司，山东亦属其中之一。

以上三者均认为，洪武十七年汤和巡海，在建设海上城堡的同时，又设立了沿海诸备倭都司。

总体而言，以上各种史料尽管描述程度详略有别，却均认为山东备倭都司设立于明洪武年间。

（二）永乐说

1. 永乐六年：据顾炎武《肇域志》记载：“备倭都司：在水城内，永乐六年始命都指挥王荣总领之，其后宣城伯卫青……镇之……或以都指挥体统行事。永乐七年给符验，九年加总督。万历二十年后或以游击、或以参将、或以总兵、副总兵统领焉。”

据（顺治）《登州府志》卷五《武备》记载：“备倭都司，在水城内，永乐六年始命都指挥王荣总领之，其后宣城伯卫青……镇之。”

据《山东海疆图记》记载：“沿海之卫凡十有一……所凡十有四，领以备倭都指挥使，驻扎登州。二十三年，从山东都司周彦言，建立宁海卫与莱州卫八总寨，共辖小寨四十八。永乐六年，始命都指挥王荣总领之，七年给符验，九年加总督。”

据（光绪）《增修登州府志》卷十二《军垒》记载：“永乐六年，倭夷寇成山，复袭宁海，而营卫寨堡之设愈严，始置备倭都司以节制沿海诸军。”该书卷三十六《武秩上》记载：“永乐六年，登州始置备倭都司，节制沿海诸军，以都指挥王荣领之，又以宣城伯卫青、永康侯徐安镇之。”

此外，（宣统）《山东通志》卷一一五《兵防志八・海防》亦载：“永乐六年，置备倭都司，节镇沿海诸军。”

以上史书均认为山东备倭都司设立于永乐六年。其中，（顺治）《登州府志》、（光绪）《增修登州府志》还列出了永乐六年后该职历任名单。

2. 永乐十六年：据明人蓝田撰《总督备倭题名记》记载：“永乐戊戌，立帅府于登，新城即宋刀鱼寨，实御倭要冲，命宜（按：当为宣）城伯卫青镇守，而协以都督李凯，赐以玺书、符验，佩以关防，节制三营及诸卫所。”永乐戊戌即永乐十六年。据此，则该都司设于永乐十六年。

以上史书均认为山东备倭都司设于永乐时期，不过有主张设于永乐六年者，有认为设于永乐十六年者。

（三）嘉靖说

据《续文献通考》记载：“自世宗时倭患以来，沿海大都会，各设总督、巡抚、兵备副使及总兵官、参将、游击等员……于山东则登、莱、青三府设巡察海道之副使，管理民兵之参将，总督沿海兵马备倭之都指挥。”此处认为山东备倭都司设立于嘉靖后期，是应对倭患的产物。

以上三种观点各执一词，分歧很大。那么，山东备倭都司究竟设于何时？

据《明太祖实录》记载，洪武十七年春正月壬戌，“命信国公汤和巡视浙江、福建沿海城池，禁民入海捕鱼，以防倭故也”。据此，则当年汤和巡海，主要是在浙江、福建二省，并未至山东。主“洪武说”的《国朝献征录》《明史纪事本末》等却均认为汤和曾巡海至山东，在建筑城池的同时，设置备倭都司。笔者认为，汤和巡海并未至山东，认为洪武十七年汤和巡海至山东、设立备倭都司的说法很难成立。此外，备倭都司主要职责为节制沿海卫所，因此，该机构之设应当是在山东卫所设置大体完成后，山东濒海卫所大多设置于朱元璋临死前的洪武三十一年五月，所以该机构不太可能设于洪武时期。

此外，在永乐时期已经有备倭都司活动的诸多记载，如备倭都指挥卫青曾参与镇压唐赛儿起义，且（光绪）《增修登州府志》列出了永乐六年后该职历任名单。因此，“嘉靖说”不确。

笔者认为，山东备倭都司应当设于永乐年间。由以上持“永乐说”诸书均以永乐六年王荣出任为该机构设置标志来看，该机构设于永乐六年的可能性较大。而且，据李贤所撰《世袭宣城伯卫公神道碑铭》记载：“九年，命镇守山东地方，特授保身敕券……十一年，率沿海军士以剿倭寇……十四年，复敕往剿倭寇”；又据《明太宗实录》记载，永乐十四年六月甲申，“敕捕倭总兵官都督同知蔡福等曰：近登州卫奏有贼舡三十三艘泊靖海卫杨村岛，已敕山东都指挥卫青等帅军往捕，尔即合兵殄灭，勿误事机”。可见，早在永乐十六年前，卫青已经以都指挥使身份活跃于山东沿海，所以“永乐十六年说”不确。

山东备倭都司设立后，前后有所变化。永乐六年，王荣赴任以后，在很长时间内，备倭都司是山东沿海最高军事机构，权力很大。

后来备倭都司的地位不断降低，权力也不断缩小。据嘉靖中期《总督备倭题名记》记载：“成化丙申，命都指挥高通来，使与臬、备协议行事，迄今仍之。”可见，在成化时期，备倭都司已经不能单独决定军事行动，需要与巡察海道副使等商议行事。

嘉靖中后期，东南倭患甚重，明朝政府在南直隶、浙江、福建一带，广设总兵、副总兵、参将等，因山东相对承平，故朝廷并未在山东设立相应武官。这一时期，山东备倭都司仍负责山东海防相关事宜。

万历二十年，援朝御倭战争爆发，山东与朝鲜一衣带水，海防地位重要，于是明朝政府对山东兵防做了一些调整，设立海防总兵（副总兵），专门节制沿海军队。这时，山东备倭都司虽然仍旧存在，其权势已不可同日而语。永乐时期，任该职的卫青、徐安为侯爵，“万历二十年后，或以游击、参将充之，职任益轻”。至此，山东备倭都司的职权已经极度降低，不再似往日那样为山东最高防倭指挥官了。

二、职官设置

关于山东备倭都司的设官状况，（嘉靖）《山东通志》卷十一《兵防》中有所记载：“山东都指挥使司……又领京操军一人，攒运粮储一人，登州备倭一人，德州守备一人，多以署都指挥或以指挥、以都指挥体统行事。”

又据（光绪）《增修登州府志》卷三十六《武秩上》记载：“永乐六年，登州始置备倭都司，节制沿海诸军，以都指挥王荣领之，又以宣城伯卫青、永康侯徐安镇之。嗣后不设都指挥使，或署都指挥或以都指挥体统行事。”

现据（顺治）《登州府志》、（光绪）《增修登州府志》将山东备倭都司历任职官列表如下：

山东备倭都司历任职官表

姓名	任职时间	在任职官	任前职官	备注
王荣	永乐六年	都指挥使		
卫青	永乐十六年	都指挥	济南卫指挥使	宣城伯
蔡福	永乐十三年	都指挥同知		
李凯	永乐十六年	（都督佥事）都指挥佥事		都督佥事
李福	正统元年	（署都督佥事）都指挥佥事		署都督佥事
徐安	正统十三年	都指挥		永康侯
高通	成化十二年	都指挥佥事	济南卫指挥	
马能	成化十八年	（署）都指挥佥事	锦衣卫佥事	
姚昇	成化二十二年	（署）都指挥佥事	永清卫指挥	

（续表）

姓名	任职时间	在任职官	任前职官	备注
陈玺	弘治五年	（署）都指挥佥事		
王宁	弘治十六年	都指挥佥事	旗手卫指挥	
李春	正德元年	（署）都指挥佥事	羽林卫佥事	
时用	正德五年	以都指挥体统行事	徐州卫指挥	
山泰	正德五年	都指挥佥事	锦衣卫佥事	
苗翥	正德六年	都指挥佥事	锦衣卫佥事	
胡俊	正德七年	以都指挥体统行事	金吾右卫同知	
卢英	正德七年	（署）都指挥佥事	义勇右卫指挥	
张钺	正德十年	（署）都指挥佥事	金吾左卫佥事	
张Character	正德十一年	（署）都指挥佥事	莱州卫指挥	
杨鼎	嘉靖元年	都指挥佥事	义勇右卫指挥同知	
袁继勋	嘉靖三年	（署）都指挥佥事	大同中屯卫指挥同知	
戚勋	嘉靖六年	（署）都指挥佥事	定州卫指挥	
戚景通	嘉靖八年	以都指挥体统行事	登州卫指挥佥事	
李仁	嘉靖十年	（署）都指挥佥事	威海卫指挥佥事	
唐儒	嘉靖十一年	以都指挥体统行事	虎贲左卫署都指挥同知	
郭举	嘉靖十五年	都指挥佥事	金吾右卫指挥	
魏一清	嘉靖十八年	（以都指挥体统行事）都指挥佥事	兴州右屯卫指挥	
周承业	嘉靖二十年	（署）都指挥佥事	沈阳卫佥事	
夏忠	嘉靖二十二年	以都指挥体统行事	南京府军右卫指挥佥事	
乔基	嘉靖二十四年	（署）都指挥佥事	扬州卫佥事	
王子承	嘉靖二十四年	（署）都指挥佥事	临清卫指挥	
石守忠	嘉靖二十八年	（署）都指挥佥事	成山卫指挥使	
李登	嘉靖三十年	（署）都指挥佥事	临清卫佥事	

（续表）

姓名	任职时间	在任职官	任前职官	备注
冯时雍	嘉靖三十二年	（署）都指挥佥事	临清卫同知	
戚继光	嘉靖三十二年	（署）都指挥佥事	登州卫指挥佥事	
袁粲	嘉靖三十四年	（署）都指挥佥事	信阳卫佥事	
谢庭相	嘉靖三十六年	（署）都指挥佥事	保定后卫指挥	由武进士升任
王继祖	嘉靖三十七年	（署）都指挥佥事	怀庆卫署指挥佥事	
成大器	嘉靖三十七年	（署）都指挥佥事	绍兴卫佥事	
孙山	嘉靖四十一年	（署）都指挥佥事	金吾右卫佥事	
秦嘉夔	嘉靖四十四年	都指挥佥事	神武右卫佥事	
张可久	隆庆二年	（署）都指挥佥事	太仓卫镇抚	
姚天兴	隆庆六年	都指挥佥事	广宁左卫指挥	
赵康侯	万历三年	都指挥佥事	登州卫指挥使	
陈汝德	万历七年	都指挥佥事	保定前卫指挥	
董承祺	万历九年	都指挥佥事	临清卫佥事	
滕允	万历十二年	都指挥佥事	徐州卫佥事	
卞时雍	万历十五年	都指挥佥事	南京右卫	由武进士升任
王简在	万历十七年	都指挥佥事	泗阳卫指挥使	武进士
张耀文	万历十八年	署都指挥佥事	六安卫指挥使	
万陆年	万历二十年	都指挥佥事	徐州卫	武进士
此后为总兵				

［此表据（顺治）《登州府志》卷五《武备》、（光绪）《增修登州府志》卷三十五《武秩上》制］

由上表可见，在历任山东备倭都司长官中，既有都指挥，又有都指挥同知、佥事和以都指挥体统行事，初期以都指挥或都指挥同知出任者多，且有侯伯出任者，中后期则多以都指挥佥事或以都指挥体统行事出任。对此，《总督备倭题名记》一文也说："稽诸厝牒，以侯伯来者三人，以都督佥事来者二人，以都指挥来者一人，以都指挥佥事来者五人，以署都指挥佥事来者十三人，以都指挥体统行事来者六人。”可见该职多数是以都指挥佥事、署都指挥佥事、以都指挥体统行事出任。因此，仅就出任总督备倭一职者的职衔来看，明中期以后，山东备倭都司地位在下降。

此外，就其来源来看，永乐至正统时期出任该职者，如王荣、卫青、蔡福、徐安等人，多为一时名将，他们或亲身参与战争立有功绩，或曾出海巡捕倭寇。他们的到任，有助于加强沿海海防建设。诚如万历时任天津巡抚的汪应蛟所感慨：“永乐、正统间多用侯、伯镇守登州且久任，各二十余年，盖守门户以卫内地自祖宗创制然矣。”明中后期以后，出任该职者来源于全国各地卫所，其中绝大多数并非沿海卫所，也就意味着很可能这些官员并无海防经验。甚至还有出自传奉、内批者，如弘治十五年十二月辛丑，明孝宗任命王宁总督山东备倭，遭到群臣反对，六科十三道上言指出：“近者山东缺总督备倭官，兵部前后推举四员，不蒙简府，至烦御笔亲批王宁姓名。臣等窃惟兵部铨选，武官凡总军副参守备有缺，照例推举，不敢自用己见，必参以舆论之公上请简用，遵行已久，今岂可以王宁一人坏陛下万世之法程哉？伏乞收回成命，仍于兵部推举数内择用一人，而置宁于法，庶徼缘奔竞者有所惩矣。上以已前旨不允。”当然，其中也有出自该都司下辖沿海卫所者，如戚景通、戚继光等人，后者曾在抗倭战争中立有巨大功绩，但此类情况为数很少。由此可见，随着海疆局势的平静，明中期以后山东备倭都司逐渐成为武官迁转的一个中转站，没有针对性地选官，这也反映了其地位的下降。

三、职掌

由上文可见，山东备倭都司的地位在明代中后期呈下降趋势。与此同时，山东备倭都司的职掌前后也有所变化，前期更多偏重军事战争，中后期则更多偏重军事行政管理。以下分述之：

（一）明前期

山东备倭都司为备倭而设，因之其设立伊始，主要职能是统领沿海军事力量抗击倭寇。当然，由于其手中掌握大量机动兵力，因此当内乱爆发时，也需要率军平叛。

1. 抗倭：永乐时期，山东沿海倭患频仍，故抗倭是备倭都司的主要职责。这从明成祖、明宣宗赐予备倭都指挥卫青的敕书中可以看到。永乐十七年，朱棣赐卫青敕书一道，写道：“敕都指挥卫青率领官军前去沿海地方，剿捕倭寇，指挥千户官军人等，临敌之时，务要听都指挥号令。”宣德九年，明朝政府又赐敕卫青，“今特颁去山东等处备倭关防一颗，付而收掌，领兵捕倭”。由上可见，这一时期，山东备倭都司可以指挥沿海军事力量，剿捕倭寇。揆诸史实，也可发现备倭都司剿倭之功。如永乐十四年，登州卫奏有贼船三十三艘"泊靖海卫杨村岛"，朝廷令卫青率军与捕倭总兵官蔡福合力围剿。永乐十六年，朱棣令山东都司调马步官军八千人，由"都督指挥卫青、李凯统往缘海剿捕倭寇，有功者奏闻升赏，退避者即斩以徇"。

2. 平叛：永乐年间，山东爆发唐赛儿起义，义军围攻安丘、莒州、即墨等地，备倭都指挥卫青，"备倭海上，闻安丘围急，率千骑昼夜兼行，猝到城下，奋击败之。贼收余众再战。城中人亦鼓噪出击，贼大败，宾鸿遁去。杀贼二千余人，生擒四千余人皆斩之而收其孥……山东之贼悉平"，备倭都司因掌握大量机动兵力，在镇压唐赛儿起义中起了重要作用。

3. 筹备军器：洪熙元年十二月，山东备倭都指挥卫青因沿海卫所缺乏弓箭，上言"备倭军士缺弓箭，请给弓一万、弦二万、箭三十万"，得到朝廷同意，如数拨给。

4. 调整沿海军事布局：在永乐时期，山东备倭都指挥卫青曾经"聚各卫马、步水军于登州一处操备，遇夏分调以守文登、即墨诸处，及秋复聚"，可见其有权调整山东沿海兵员部署。

由上可见，明初山东备倭都司的职能主要体现在军事方面。

（二）明中期

永乐、宣德以后，北方倭患逐渐平息。与此同时，朝廷也不再派遣大军出海巡捕倭寇。这一时期，山东备倭都司的职能，在保留原先军事性的同时，也增加了许多新的职能，即介入当地卫所的军政、民政事宜。

1. 备倭、平乱：这一时期，备倭仍是该司的重要职责。正统十四年，总督备倭永康侯徐安，因见"倭寇往来海中，虑其登岸抢掠"，奏请将即墨阴岛社居民迁往陈马庄居住，"验户丁多寡，拨与空间，屯地耕种"。正德五年，登州、宁海等县"盗掠居民"，备倭指挥王璋因"御盗有劳"，赏银五两。这一时期，尽管倭寇较少入侵，但明朝方面仍保持较高警惕性。嘉靖七年，有船漂至白马海口，总督备倭下令，复查"有无人口物件及严加防守，恐有诈谋，一会海道呈报"。嘉靖十年，直隶戴贵、蒋朝等人作乱，危及山东，山东巡抚移咨备倭总督，"转行青州等沿海十七卫所，各遵照拣选防御，差人探袭"。

2. 修城、兴学：备倭都司对于其治下卫所相应民政事宜也有所管辖。景泰二年，山东宁海、登州、莱州、鳌山、胶州等卫所，城垣、墩堡被风雨损坏，总督备倭永康侯徐安，"请发丁夫修理，从之"。

3. 处理辖区军政事务：备倭都司辖沿海诸卫及三大海防营，辖区内军政事宜，均需其参与处理。这在《明代辽东档案汇编》中有详细记载。归纳起来，主要有以下几个方面：

(1) 负责接收、分拨犯人：明代大量犯人充军，其中沿海卫所是充军的一个重要去向，每年要接收不少犯人。其具体程序为：发解犯人州县先给备倭总督发申文，以说明情况，备倭总督收到后，做出批示安排。兹举二例：嘉靖十五年四月，临清州人李梅因犯罪“解登州备倭衙门，转发墩台”，该州知州马麟给备倭总督唐发申文，“乞将解到犯人李梅，查拨缺人墩台，照徒年限瞭哨，满日疏放”，经备倭总督批准后，发往“靖海卫蜂窝墩”。此外，是年五月，东昌府解到犯人孙义祯，备倭总督将其发往古镇巡检司，并牌示该巡检司“该管官兵用心看守，牢固墩锁，听候当职按临押赴查点。若有故纵卖放者，定以受赃枉法，从重参究”。

(2) 查理钱粮、马草：嘉靖九年，备倭都指挥佥事戚景通，发宪牌至文登营，要求“着落把总官员查照原今事理，速将采积过草束数目及委过看守支销官员职名，依限随牌呈来”。

(3) 接洽官员：嘉靖二十九年，山东巡按东巡沿海地区。为此，总督备倭做了积极的准备，令文登营出办巡按所用的“地里画图”，令登州营拨“精锐马官一员，旗军四名”，以备迎接。

(4) 处理案件：对于辖区内的案件，总督备倭有权过问。嘉靖二十八年，有船漂至黄县海境，邻近居民张朝珍等，“将船拆毁，船板锅灶等件抢分”，守墩兵姚东山等人阻拦，结果反被责打。为此，备倭总督发宪牌至黄县，要求“本县当该官吏照牌事理，即将后开犯人张朝珍等逐名行拘到官，□各正身枷锁，差人随牌解司，以凭问理审行”。嘉靖三十三年，登州卫因地方赌博事上报备倭都司，总督批示：“棍伙结党败俗，情极可恶……务要拘获人犯，逐一完足，速招解夺，转会发落。”

(5) 办理班军事宜：明中期以后，实行班军制度。备倭都司需要负责属下沿海卫所的班军事宜。其具体程序为：先由山东都司移咨备倭都司，再由备倭都司统筹安排属下卫所的具体事宜。这在《明代辽东档案总汇》中有诸多记载，兹不赘述。

由上可见，这一时期，随着倭患的逐渐减轻以及舟师巡海行动的停止，很少见到备倭都司指挥大量机动军队剿倭、平乱的事情发生，即使刘六、刘七起义时期也未见。这一时期，备倭都司职能逐渐转向处理当地军政事宜，主要负责行政事务，在一定意义上已经地方官化。

总体而言，明朝初年，朝廷为加强对山东沿海海防力量的协调调度，设置备倭都司，该都司初设时期，其长官多由功勋卓著的勋旧出任，取得了一系列军事胜利。明中期后，随着山东海疆形势的渐趋稳定，山东备倭都司成为武官升迁的一个中转站，虽然也出现过戚继光等名将，但平庸者也不乏其人，甚至有传奉官出任。同时，该机构之职能也逐渐转变为负责军政事宜。这既反映了山东海防形势的变化，也体现了山东海防体制的变迁。

（作者单位：山东师范大学历史文化与社会发展学院）

戚继光文化

俞龙戚虎之优长

范中义

俞龙戚虎是当时人们对民族英雄、军事家俞大猷和戚继光的称呼。“一时海内称俞、戚，以大猷为龙，继光为虎。”① “世言：继光如虎，大猷如龙。”② 孙云鸿《重刊〈正气堂集〉序》中也说：“当时倭患蔓延沿海各省，少保（指戚继光）、都督（指俞大猷）各具韬略，久历行阵，数年间扫平之，天下称为‘俞龙戚虎’，忠勇智谋不亚古之名将。”

俞大猷、戚继光为明朝名将。“明两颇牧：俞大猷、戚继光，他不及。”③ 人们对二人的优长多有论及。《明史·俞大猷传》载：“谭纶尝与书曰：‘节制精明，公不如纶。信赏必罚，公不如戚。精悍驰骋，公不如刘。然此皆小知，而公则堪大受。’戚谓戚继光，刘谓刘显也。”《明史·戚继光传》载：“继光为将号令严，赏罚信，士无敢不用命。与大猷均为名将。操行不如，而果毅过之。大猷老将务持重，继光则飙发电举，屡摧大寇，名更出大猷上。”本文不想全面论述俞、戚之优长，只就二人军事思想的优长作一粗略的叙述，以求教于方家。

军事思想主要是军队建设思想和战争指导思想。前者主要是练兵④，后者主要是用谋。相对而言，戚继光长于练兵而俞大猷善于用谋。当然，他们在各自非优长的方面也有闪光的思想、独到的见解。总之，二人思想互补，形成了明代军事思想的一个高峰。

一、军队建设思想

军队建设的根本目的是要建立一支精兵、一支节制之师。俞大猷说：“‘节制’

① 查继佐《罪惟录》列传卷十九《戚继光传》。

② （同治）《福建通志》卷二〇三《俞大猷传》。

③ 查继佐《罪惟录》列传卷十九《俞大猷传》。

④ 练兵：这里是指广义的练兵，即包括练兵、练将和改善武器装备。

二字，兵法之大要也。‘分数分明，步伐止齐’八字，节制之条目也。‘七书’千万言，十字该之矣。明此十字之义，于兵思过半矣。”① 戚继光强调说：“舍节制必不能军。”② 可见，二位都是要建立一支节制之师。

军队建设思想大体可分为三方面的内容：练兵、练将和改善武器装备。军队建设思想是戚继光的优长，概括起来其特点是全面、系统、具体、实用。俞大猷在军队建设方面虽然没有戚继光那样全面、系统、具体、实用，但也有其独到的见解和精辟的论述。下面分别作些叙述。

（一）练兵

练兵，实际包括两个方面：军队的组建和军队的训练。

1. 军队的组建。组建一支军队首先是选兵。戚继光主张精选。首先，注重士兵的成分，只选那些乡野老实之人以及惯战之人，而切记不可用那些城市油滑之徒和奸巧之人。其次，注重素质，不能只看体态是不是“丰伟”、会不会武艺、力量大小和是否伶俐，“而必胆为主”，“精神力貌兼收”。③

其次是编伍。选好兵后，要编成队伍。戚继光十分注重编伍，强调军队的组织编制要适应战斗队形的需要，打仗需要有什么样的战斗队形，就要有与这种战斗队形相适应的编制。另一方面，战斗队形的变化也要在编制的伍法中有所予设，“一切法只在伍法中变化”④。这种编制和队形相一致的最大好处是便于管理，便于训练，便于协同作战，从而增强战斗力。

再次是配发武器。军队编成后，要配备武器。戚继光讲究人和武器的完美结合。他指出，不同的士兵“皆当因其材力而授习不同”的兵器⑤，即让不同年龄、不同体格和素质的士兵使用不同的兵器。这样既能充分发挥士兵的长处，又能充分发挥武器的威力，从而增强战斗力。

戚继光授器的另一思想是：一个士兵不仅要给他长兵器，还要给他短兵器；不仅给他进攻性的兵器，还要给他防御性的兵器。

组建军队要选兵、编伍和配发武器，这是组建任何一支军队都要做的。但戚继光和一般人不同，其最大的不同就是每一步都从增强军队战斗力出发。

俞大猷也是主张选兵的。他主张选兵要选那些目光有神、力能举石二百斤以上，年龄在二三十岁之间的人。他认为选这样的人进行训练才能有成效。对那些准

---

① 俞大猷《正气堂续集》卷四《兵略问对四条》。

② 戚继光《练兵实纪》卷九《练将·第二十五严节制》。

③ 戚继光《纪效新书》（十八卷本）卷一《束伍篇·原选兵》。

④ 戚继光《纪效新书》（十四卷本）卷一《束伍篇》题解。

⑤ 戚继光《纪效新书》（十八卷本）卷一《束伍篇·原授器》。

备做部队头目的甲长，选拔时要求更高一些：年龄二十五岁以下，身体强健，思想敏锐。

关于军队的组建，俞大猷还有两点颇有见地的思想：一是平战结合的思想。平时保留甲长一级的骨干，战时每名甲长迅速招到一甲的士兵，从而使军队扩大九倍以迎敌。二是海防军应以水兵为主，水兵占十分之七，陆兵占十分之三，从而能歼敌于海上。

2. 军队的训练。军队的训练要解决的是为什么要练、练什么和怎么练的问题。俞、戚二人均重视练兵。戚继光在嘉靖三十五年（1556）十一月提出“杀敌、练兵，可以并行不悖”① 的问题。后来他说：“训练有备，兵之事也。”②“战必以练兵为先。”③“不惟战需练，亦必练而后能守。”④ 而俞大猷强调练兵最早也最为精辟。他说：“有兵而不练与无兵同，精兵而不练与弱兵同，练兵而不熟与不练同。若动调四方乌合之兵，猝然而集，猝然而驱以应敌，将士之情不协，进止分合之律不知，此则万战而万败也。”⑤ 这种对练兵的重要性的深刻阐述是俞大猷在嘉靖三十四年（1555）前提出的。

练什么？怎么练？戚继光指出主要是练令、练艺、练阵和练胆。

首先是练号令。戚继光说：“束伍既明，即当练习吾令。”⑥ 擂鼓要进，鸣金要止；旗指东则东，指西则西；有令则进，有禁则止。只有这样，全军步伐一致，万众一心，共同对敌，才能夺取战争胜利。怎么练令？第一，令士兵记熟号令。第二，绝对执行号令，“如违误承接号令，而不误事，止于捆打；若因而误事者，军法从事”⑦。

其次是练艺。艺，指技艺，包括使用火器的技术和使用冷兵器的武艺，总之是杀敌的本事。到了明代，使用各种冷兵器的武艺明显分成两个流派：一种是游荡江湖、舞枪弄棒人用的武艺，戚继光把它叫作“花法”；一种是战场厮杀用的武艺，戚继光把它叫作“真艺”。他强调要学真艺：“平日所习所学的号令营艺，都是照临阵的一般。”⑧ 如何练真艺？第一，向士兵讲明，练武艺是和他们的切身利益甚至生死密切相关的，从思想上激发士兵练艺的热情。第二，将领要向士兵讲解各种

---

① 戚继光《纪效新书》（十八卷本）卷首《纪效新书总叙·任临观请创立兵营公移》。

② 戚继光《练浙兵议》，《重订批点类辑练兵诸书》卷三；《戚少保年谱耆编》卷一，嘉靖三十六年。

③ 戚继光《蓟镇急务》，《重订批点类辑练兵诸书》卷三；《明经世文编》卷三四九。

④ 戚继光《练兵条议疏》，《重订批点类辑练兵诸书》卷二；《明经世文编》卷三四七。

⑤ 俞大猷《正气堂集》卷六《与李同野书》。

⑥ 戚继光《纪效新书》（十八卷本）卷二《紧要操敌号令简明条款篇》篇前语和题解。

⑦ 戚继光《纪效新书》（十四卷本）卷二《练传令》。

⑧ 戚继光《纪效新书》（十八卷本）卷首《纪效新书总叙·纪效或问》。

武器的性能和使用方法（技艺），并“如法逐名教诲”，使他们真正掌握。第三，定期进行考核赏罚。考核要考对敌的真本事。进步者受赏，屡无长进者受罚，甚至革退。不仅学艺的士兵，领导者也因其所领导士兵习艺的好坏而受赏罚。

再次是练阵。阵法，指战斗队形。戚继光创制了鸳鸯阵、一头两翼一尾阵等阵法。他指出，必须平日所习所学的“营艺，都是照临阵的一般，及至临阵，就以平日所习者用之”，而反对“虚套”，认为那些“虚套”，“就操一千年，便有何用?”① 如何练实用的阵法？第一，循序渐进。在士兵个人练好武艺的基础上，才能合一队练；各队练好，才能合一哨练；各哨练好，才能合一营练。第二，场操与野操相结合。练营阵不仅要在练兵场练好，还要进行实地操练。他说：“若操于场不操于野，终未见实境，临时仍是不合彀。若不先操于场辄操于野，则人无程式，众多惑乱，亦不可得如意。”②

最重要的是练胆。“练胆气乃练之本也。”③ 一仗是胜还是败，在很大程度上取决于士兵的士气。怎样治气？戚继光认为关键是“练心”，因为“气发于外，根之于心”；“心者内气也，气者外心也”。“气根于心则百败不可挫”，因此治气，或者说练胆气就要练心，“练心则气自壮”④。如何练心？“不外身率之道而已矣。倡忠义之理，每身先之，以诚感诚”⑤。他认为要练士兵的心气，最重要的是将领自身做出表率，要对士兵讲明道理、以身作则、诚心感化，另一方面，“必佐之以不时之赏、斧钺之威”⑥，即把赏罚作为练心的一种手段。练心，练胆气，不仅在操场上进行，更重要的是注重平时养成，即随时随地培养和锻炼。

关于练什么、怎么练，俞大猷有更为明确和简要的回答。他说：“练兵必先练胆，练胆必先教技。技精则胆壮，胆壮则兵强。”⑦ 又说：“伍法，乃总管之技艺也。正伍合战，奇伍冲应，奇变为正，正复为奇，相生相救，胆有不雄者乎！”⑧ 又说：“教甲兵以阵法，乃众人合力之技艺也；教甲兵以技艺，乃一人自用之阵法也。二者皆精，胆有不雄者乎！”⑨ 总之就是练技艺、练阵法、练胆。他具体指出练什么艺、练什么阵，提供了教科书《剑经》。戚继光的练兵练技艺也是按俞大猷的练法

---

① 戚继光《纪效新书》（十八卷本）卷首《纪效新书总叙·纪效或问》。

② 戚继光《纪效新书》（十四卷本）卷七《营阵篇·操伏解》。

③ 戚继光《纪效新书》（十四卷本）卷十一《胆气篇》题解。

④ 戚继光《纪效新书》（十四卷本）卷十一《胆气篇·胆气解》。

⑤ 戚继光《纪效新书》（十四卷本）卷十一《胆气篇·胆气解》。

⑥ 戚继光《练兵实纪杂集》卷一《储练通论上·练心气》；《纪效新书》（十四卷本）卷十一《胆气篇·胆气解》。

⑦ 俞大猷《正气堂集》卷十一《大同镇兵车操法》。

⑧ 俞大猷《正气堂集》卷十一《广西选锋兵操法》。

⑨ 俞大猷《镇闽议稿》。

进行的。

俞大猷的练胆不仅限于练技、练阵。他说："由是悬赏以鼓舞之，行罚以督责之，明节制以整齐之，申礼义以化导之。积之日月之久，兵不'有勇知方'，子路之言欺我矣。"① 这就是说，俞大猷练胆的方法是以教技艺为主，同时注意思想教育、赏罚鼓舞督责和明节制。

就练胆而言，戚继光和俞大猷有相同点，也有区别。其相同点是都进行思想教育，或"倡忠义之礼"或"申礼义以化导之"；都把赏罚作为练胆或练心的一种手段。其最大区别是戚继光强调练心，"练心则气自壮"。俞大猷强调练技，"技精则胆壮"。应该说二者都是对的，但比较起来，戚继光从思想上解决胆气的主张，显得更为根本一些。

练胆是俞大猷的首创，是他对我国古代兵学的一大贡献。在这之前，人们很早就认识到士气的重要，《尉缭子》中指出："夫将之所以战者，民也；民之所以战者，气也。气实则斗，气夺则走。"②《吕氏春秋》则指出："夫民无常勇，亦无常怯。有气则实，实则勇；无气则虚，虚则怯。怯勇虚实，其由甚微，不可不知。"③但他们都没有提出如何练胆的问题。俞大猷提出练胆的思想之后，练胆的主张逐渐为人们所接受和叙述，戚继光更进一步地做了阐发（即练心）。总的来看，后来人们的众多叙述都没有超出俞、戚二人的思想。这里不妨举一例。郑若曾在《江南经略》中说：

> 何谓练胆？有所畏，有所恃是也。盖军士畏贼则不畏我。平日武场中操演，信赏必罚，常如在阵时，使兵知我之威，必不可犯，灰其退走之心，遇敌而忘之。是之谓有所畏也。联属队伍有法，譬如敌击吾左，恃右必救，敌击吾右，恃左必救，敌击前后，首尾互救，气势常壮，敢于攻战。是之谓有所恃也。④

这里所说的"有所畏"，无非是俞、戚的赏罚，而所说的"有所恃"乃俞、戚练阵法中的应有之义。所以俞、戚练胆与练心思想是首创的，也是全面和深刻的。

从上述可见，俞、戚二人在选兵和练兵方面既有相同之处，也有不同之处，正是这种不同可以互补。譬如，选兵，"必胆为主"是对的，但也应照顾到年龄和力量；练兵之重要性，俞大猷精辟的论述，弥补了戚继光论述的不足；练胆，"身率

---

① 俞大猷《正气堂集》卷十一《大同镇兵车操法》。
② 《尉缭子·战威第四》。
③ 《吕氏春秋》卷八《仲秋纪·决胜》。
④ 郑若曾《江南经略》卷一上《兵务举要·练兵》。

之道路”重要，但“技精则胆壮”也有一定道理，等等。所以，二者结合，使选兵和练兵思想更加丰富和完备。

（二）练将

“练将”一词是戚继光提出的。培养训练军人（包括将官和士兵）从商周就开始了。宋代和明代的武学，则是培养和训练将官的。但在漫长的历史岁月中，人们只提“选将”“任将”“将将”而没有提“练将”。戚继光提出了练将的问题，表明了随着军事技术的进步，训练将领越来越受到重视，从而使练将、选将、任将、将将构成一个完整的体系。戚继光的练将思想包括练将的重要性、将领的标准、练将、选将、任将、将将，全面而又具体，富有创造性。

1. 将领的作用

戚继光从打仗和练兵两方面来阐述将领的重要性。他说：“借以今日论之，万一有剧盗起，城或不守，野被荼毒，使有善将兵者一鼓歼之，出生灵于水火中，所系岂小小哉！”[①] 又说：“夫为将之道，疆场安危、三军死生系焉。”[②] 在他看来，将帅是关系战争胜负、民众安危、军队存亡的大问题。“练兵之要在练将”[③]，只有合格的将领才能练出合格的士兵。

2. 将领的标准

戚继光认为，练将，就是把将领训练成德、才、识、艺兼备的人。

将德 戚继光说：“约之以一言，曰：‘正心术而已矣。’”[④] 又说：“兹三言以蔽之，曰：‘勤、敬、廉。’”[⑤] 总之，是以心术正为其核心，以爱国、保民、爱军、恶敌为其政治品质，以“勤、敬、廉”为其思想作风。戚继光还具体列出了关于将德的条款，主要有心术正，有志向，做好人；廉洁奉公，不搞虚套；谦虚谨慎，勤于职守；宽容大度，爱护士卒；将道贵严，无信不立；等等。他特别强调“治心”“练心”，“善为将者治其心”，“以将对兵言贵乎练心”[⑥]。而“治心”“练心”的关键一是“坚心”，一是“窒欲”；其方法一是把贪欲消灭在萌芽状态，一是要“慎独”。

将才 戚继光强调将领要学习兵法，不懂兵法就不可能成为干城之器的全才。要想懂得兵法，就得学习。要想学好兵法，关键是理论联系实际。兵法就像药铺，里面各种药都有。要想使这些药能治病，就得先请医生诊察病情，对症下药，才能

---

① 戚继光《纪效新书》（十四卷本）卷十四《练将篇》题解。
② 戚继光《纪效新书》（十四卷本）卷十四《练将篇·勤职业》。
③ 戚继光《纪效新书》（十四卷本）卷十四《练将篇》题解。
④ 戚继光《练兵实纪》卷九《练将·第二十六明保障》。
⑤ 戚继光《练兵实纪杂集》卷三《将官到任宝鉴》。
⑥ 戚继光《止止堂集·愚愚稿·大学经解》。

有效。要学好兵法，使其在战争中发挥作用，就得根据具体的敌情、我情和山川形势来运用兵法，才能奏效。学兵法不结合实际，在实际当中不学兵法，都不可能成为卫国保家的将才。再一点就是要“师其意，不泥其迹”，不能生搬硬套，要活学活用，要反复理解它的精神实质，然后灵活地运用到实战当中去，才能百战百胜。

将艺 将领以指挥作战为职责，应不应习武艺？往往有的人以项羽的“剑一人敌，不足学，学万人敌”为借口，不学武艺。戚继光指出：“欲为全才之将，凡种种武艺，皆稍习之，在俱知而不必俱精。再须专习一二种，务使精绝，庶有实用，庶可练兵。”①

3. 关于练将

怎样培养将领？戚继光讲：“先教心，次之以理法艺术。”② 具体的方法，概括起来一是读书，一是实践。

关于读书，戚继光具体地列出了关于思想品德修养、增长军事才干、广博学识等方面的书籍，让将领学习。读书要把树立正确的思想观念放在首位。“首教以立身行己，捍其外诱，明其忠义，足以塞于天地之间，而声色货利为人害者，悉去之。”③

在戚继光看来，读书只是一方面，另一方面就是实践。他认为，仅仅读书“不履夫实境，是犹瞽目者谈五色之丝”④，虽然可以把丝的颜色说得真真切切，但真把有颜色的丝拿来，问是什么颜色，他依然不能回答。因此，要把有书本知识的将官“置诸桴鼓实用之间”⑤，到各作战部队营中，学习阵法、操法。有成效后调在一起进行考核，果然精通，则把他们放在实战部队中，“出则置诸战阵之后，将实境以试之；试之既久，小委以尝之；尝之无疑，然后可用”⑥。培养将领既要注意读书，也要重视实践，有书本知识的人要履实境，身在实境中的人要读书。

4. 关于选将、任将

经过这样的培养训练，戚继光把这些武学生员分为四等。一等是“纯乎纯矣，而兼以文义，雅有德量”的人，则可任大将。一等是“优于技艺，励于鼓舞，短于文学”的人，则可以任偏裨。一等是“才有余而志不足以当之，勇有余而志不足以承之”的人，则只能任小将。再有一等就是“为愚、为诈、为贪，而皆有一长者”，则收在幕府之中，依据情况加以任用，用时多加优待，但不给职位，事后还

---

① 戚继光《练兵实纪》卷九《练将》第二十《习武艺》。

② 戚继光《纪效新书》（十四卷本）卷十四《练将篇·练将或问》。

③ 戚继光《纪效新书》（十四卷本）卷十四《练将篇·练将或问》。

④ 戚继光《练兵实纪杂集》卷一《储练通论上·练真将》。

⑤ 戚继光《纪效新书》（十四卷本）卷十四《练将·练将或问》。

⑥ 戚继光《纪效新书》（十四卷本）卷十四《练将·练将或问》。

收在幕府。[1] 这就是说，只有品德高尚、文武全才的人才能被任为大将。德可以，只有武将之才，而文学欠缺，只能作偏裨。才勇均可以，只是志向不高，品德有欠缺，只能当小将。虽有一技之长，但品德不好的贪诈之徒，只能有事时偶尔用之。

5. 关于将将

朝廷如何对待将领？戚继光认为，对于真正难得的纯臣，就要“诚以致之，绝疑间以重之，归其事柄，任其设施，言必行而计必听。财谷无问出入，求裨于用而已矣。机宜毋掣其肘，俾有成功而已矣。食之尽其材，鸣之通其意，务使展千里之足，驰九轨之道”[2]。这就是说，对将领要“诚”而不要用智数，要充分信任将领而不信谗，要重用他们，言听计从而不掣肘，要给予便宜行事的权力而不中制，从而充分发挥他们的才干。

戚继光关于练将的思想是全面的，而他提出的读书和“履实境”的训练方法，揭示了培养、训练实用人才的普遍规律，是前人所不及的。

俞大猷关于将领的论述没有戚继光那样全面和具体，但也有戚继光所不及之处。请看他的一些论述：

关于将领标准 俞大猷把将领分为大将和战将，“所谓大将者，学足以通古今，识足以包夷夏，气足以运宇宙，忠足以贯日月”[3]。学、识、气、忠四字既是大将的标准，也是对要做大将的人提出的奋斗目标。虽然只是四个字，但真正能做到这四个字的人恐怕只是凤毛麟角。他心目中的大将是出将入相全才。

关于选将 俞大猷主张，凡来应选者，不论他是官是士还是布衣百姓，都应以客礼相待，留在自己的幕府之中。主选者要同这些应选者同居、同行、同吃、同游，与这些人“论古今人才得失”，“谈天下形势虚实”，“或研究经传以探其蕴藉之精，或稽察行谊以观其学术之正，或论苍生疾苦以观其恻隐之形，或论社稷安危以视其担当之重。率然而辨以暗昧之狱，观其独断之决何如也；忽然而施以斤辱之威，观其无惧之色何如也。以此论辩经旬越月，则其人之智愚贤否，铢铢两两皆了然在吾权衡之下矣”[4]。由此可见俞大猷选将是多么慎重，他的考察又是多么全面。这种选将方法确有其可取之处：一是他不论门第，是官、是士、是百姓都可以应选；二是主选官亲自与这些人以较长的时间进行接触、考察、谈话、了解，不是只凭介绍或看材料；三是选人选的是他的德才、实际的能力和品德，而不是其他。

关于任将 俞大猷说：“诚于委任之际，考察行能，指以所授之方，语以所委

① 戚继光《练兵实纪杂集》卷一《储练通论上·分将品》。

② 戚继光《纪效新书》（十四卷本）卷十四《练将篇·练将或问》。

③ 俞大猷《正气堂集》卷十五《奉报兵部尚书克斋李公书三首》。

④ 俞大猷《正气堂集》卷四《又答选将练兵书》。

之事，令其自揣可否，自陈规模：须某色甲兵，藉某人参佐，要若干兵船，要若干资粮，某处进攻，某时成绩，始终要领，悉俾经纶。兵难遥度固矣，节制之方独不可先定乎？于是即其计谋，稽其声实，若果遇真将焉，立谈之下，已可得其为人之大概矣。苟其兵法不知，应对不备，才能不伟，志气不充，已知此辈遇贼决无成功之理。况且支吾曲避，决不至与贼相遇，则将焉用彼将哉？”① 经过这样细致的考察，淘汰那些德才不胜任的人，相信委任的将领定能指挥部队夺取胜利。

关于将将 俞大猷认为，对于选择出来的好的将领，任用要专，要付与其全权。“‘阃以外，将军以之。’不独示之有专，以使士卒用命，且使之得以展布四体，不从中制，事机仓卒，无所肘系故尔。”② 切不可一有事情，还未等朝廷发令，一些文墨之臣就在后边说三道四了，这样会干扰将领的用兵，对夺取战争的胜利产生负面影响。

此外，俞大猷特别强调了一点就是将领要熟悉己情。他说：“凡门下之术士、谋客、副将、部长以至于数十万之士卒，皆当知其孰贤孰迂，孰勇孰怯，孰精孰疏，孰长于骑而短于步，孰能于此而不能于彼，真如儒生之识字义，一字不容放过。”③ 将领做到这点，在指挥上就能做到心中有数，用谁前攻，用谁后守，以谁为正，以谁为奇，都能恰到好处，不战则已，战则大战大胜、小战小胜。

俞大猷这些论述是他为将的经验总结，有独到之处。戚继光说，经过读书加实践的培养，“纯乎纯矣，而兼以文义，雅有德量”的人，可以任大将。这显然没有俞大猷对大将的要求高。戚继光的选将是从武学的学员中选，显得有局限性，而俞大猷的选将是从社会中选，更具有普遍性。戚继光的任将是对武学学员的任命，而俞大猷谈的是战前任命将领。所以二人对将领的论述既有相同点又有不同点，既互相印证，又互相补充，使当时的练将思想更加丰富和完备。

戚继光和俞大猷的练将思想，丰富了我国古代兵学思想的宝库。孙子说：“将者，智、信、仁、勇、严也。”④ 孙子对将领的标准说得全面但不易掌握，而戚继光对将领的标准阐述得相当详细，便于人们操作。戚继光的读书加实践的练将方法，揭示了培养将领的普遍规律，为前人所未发。俞大猷的选将、任将思想也是前人没有具体讲过的，都丰富了古代兵学关于将领的思想。

（三）改善武器装备

戚继光改善武器装备的思想主要有两个方面：一是武器装备要优于敌人，二是

---

① 俞大猷《正气堂集》卷一《上佥宪伍山陈公条陈用兵二弊二便书》。

② 俞大猷《正气堂集》卷一《上兵部尚书东塘毛公书》。

③ 俞大猷《正气堂集》卷一《上宣大军门侍郎联峰翟公书》。

④ 《孙子兵法·计篇》。

武器配备要刺卫结合。

1. 武器装备要优于敌人

戚继光认为，兵器种类甚多，古往今来用的各不相同，但其关键“在于因敌变置”[①]。就是说，用什么兵器不是主观确定的，而是根据敌人特点和所用兵器的情况来决定的。

但有一点是不变的，就是要使自己的武器装备优于敌人。他说：“称干比戈，用众首务。”[②] 就是要讲究“称比之术”。什么是“称比之术”？“杀敌三千，我不损一，则称比之术也。譬如彼以何器，我必求长于彼，使彼器技未到我身，我举器先杀到他身上了。他应手而死，便有神技，只短我一寸，亦无用矣。是以我不损一人，而彼常应手便靡。”[③] 又说：“兵家之事，短不接长，必须每事长他一分。如他有弓矢之利，我以何物胜其弓矢？他有短刀之利，我以何物胜其短刀？他有万马冲突，我以何物当他冲突？使他件件不及我，般般短于我。”[④]

优于敌人不是说敌人用什么武器，我也造什么武器，只是比他造得更好就行了，而是要懂得“异用之术”。他说：“一向边塞不知较量异用之术，惟以虏为师，彼以何利，我即以本器当之。”[⑤] 戚继光则不然，他不是跟在敌人的后面跑，而是采取“异用之术”，使自己的武器装备优于敌人。在南方，倭寇的长刀很厉害，他不是造出比倭寇更好的长刀，而是用牌、筅、枪、钯来对付倭寇的长刀。在北方，鞑靼善骑射，他不是训练出比鞑靼更善于骑射的骑兵，而是以更有杀伤力的火器来对付敌人的弓矢，以边墙和车营来阻止敌骑兵的冲突。

在要优于敌人的思想指导下，戚继光不断改善自己的武器装备，“旧可用者更新之，不堪者改设之，原未有者创造之”[⑥]。在更新、改设、创造过程中，他求新、求精、求实。求新就是采用当时最先进的武器装备。当时火器是最先进的武器，所以他尽力采用。求精就是对每件武器装备他都要求制造精良。他说：“火器不精，不如无。”[⑦] 求实就是讲求实用。他说：“今制火器者，类愈多而愈无实用，用火器者，益失法而每以自误。”[⑧] 明代的火器有二三百种之多，边防用的火器也有一百二十种左右，但戚继光装备部队的只有十种左右。武器装备不要搞得那么多、那么

---

① 戚继光《练兵实纪杂集》卷五《军器解》。

② 戚继光《练兵实纪杂集》卷五《军器解》。

③ 戚继光《练兵实纪杂集》卷五《军器解》。

④ 戚继光《上军政事宜》，《明经世文编》卷三百五十；《重订批点类辑练兵诸书》卷三。

⑤ 戚继光《练兵实纪杂集》卷五《军器解》。

⑥ 戚继光《议分蓟区为十二路设东西协守分统其路建制车营配以马步兵而合练之》，《明经世文编》卷三百四十九；《重订批点类辑练兵诸书》卷三。

⑦ 戚继光《练兵实纪》卷一《练伍法·第四骑队牌》。

⑧ 戚继光《纪效新书》（十四卷本）卷三《手足篇·神器解》。

繁杂，要精、要实用，以提高部队的战斗力。

2. 武器配备刺卫兼合

戚继光认为，“所用之器，必长短相杂，刺卫兼合”①，远近兼授，相资为用。“远多近少者，合刃则致败；近多远少者，未接而气夺；远近不兼授，则虽众亦寡。”② 部队装备的武器必须有一定的规则。这个规则就是既要有长兵器，也要有短兵器；既要有进攻性兵器，也要有防卫性兵器；既要有近距离击敌的兵器，也要有远距离击敌的兵器；而且某一种兵器多了也不行，少了也不行，一定使这些兵器有机地结合起来，形成一种整体的战斗力。戚继光“鸳鸯阵”的武器配备就是这种“长短相杂，刺卫兼合”原则的绝好例证。“鸳鸯阵”中镖枪、狼筅和长枪是冷兵器中的长兵器，而牌、腰刀和镋钯则为短兵器，把这些兵器结合在一个“鸳鸯阵”中，这是不是“长短相杂”？牌和筅主要是抵挡敌人的箭和刀，是防御性兵器，防护长枪的进攻。长枪主刺杀，是主要的进攻性武器，镋钯保护长枪，防止敌人进至长枪手跟前。这样，牌、筅、枪、钯有机结合在一起，是不是“刺卫兼合”？所以“鸳鸯阵”的武器配备，能进攻，能防御，以防御掩护进攻，以进攻实施有效防御，形成攻守兼备的整体战斗力。

戚继光所处的时代是由冷兵器向火器逐渐过渡的时代，冷兵器和火器混杂使用是当时的特点。戚继光把冷兵器和火器有机地结合起来，形成了前所未有的战斗力。舰船上的武器配备就是一例。戚继光舰船上配备的兵器主要有无敌神飞炮、大佛朗机、百子铳、鸟铳、火桶、喷筒、火箭、三飞、六合铳等火器和长枪、藤牌、镋钯、钩镰刀、撩钩、犁头镖、小铁镖、弓箭等冷兵器。这些兵器的运用首先组成至少一百步之内的火力杀伤系统。在这个火力杀伤系统中，既有击沉敌船、杀伤敌船甲板上敌人的火器，也有烧毁敌船帆篷，使其失去航行能力的火器。而其冷兵器到接舷战时，既能割断敌船绳索、捞取敌人的首级，又能俘获敌船。戚继光正是把这众多的火器和冷兵器有机地结合起来，才使他的舰船具有强大的战斗力，能在各种情况下打击和消灭敌人。

俞大猷同样十分重视兵器。他说：“量我之长，制彼之短；以吾之能，敌彼之不能，又何战而不胜哉？”③ 这里既讲出了兵器的重要，又阐述了兵器的配备原则。“量我之长，制彼之短；以吾之能，敌彼之不能”，实际和戚继光使自己的武器优于敌人的见解道理是一样的。但这是俞大猷在嘉靖二十二年（1543）提出来的，比戚继光提出的武器优于敌人要早约 20 年。

---

① 戚继光《纪效新书》（十八卷本）卷一《束伍篇·原授器》。

② 戚继光《纪效新书》（十四卷本）卷三《手足篇·授器解》。

③ 俞大猷《正气堂集》卷一《再上联峰翟公书》。

俞大猷主张的武器配备原则同样是“长短相卫”。他说：“弓矢、大小铳炮杀人于百步之外，牌、刀、钯、枪、狼筅，击斗于数步之间。长短相卫，彼此相资，乃可取胜。”① 根据这一原则，无论是陆军还是水军，既配备火器又配备冷兵器，既配备长兵器，又配备短兵器。舰船上如此，战车上也是如此。

俞大猷也特别注重火器。他说：“鸟铳为军中之雄器。”② 又说：“盖海上之战无他术，大船胜小船，大铳胜小铳；多船胜寡船，多铳胜寡铳而已。”③ 对于战船和兵器的关系，他说：“战船制胜，全在器械。”④ 而战船上的器械重要的就是火铳。他说：“车必藉火器以败贼。”⑤ “古人言车，必言强弩。盖古时火炮之法未备，若今一佛朗机，岂十架千斤弩所可比？一鸟嘴铳，二架千斤弩亦不能如也。”⑥ 正因为如此，他力主多配备火器。俞大猷更是战船和战车制造的行家里手。

从上述可知，戚继光和俞大猷都主张用先进的兵器武装自己的部队，都主张配备武器要“长短相卫”，只是俞大猷提出的更早一些，而戚继光阐述得更详尽全面。

《司马法》中讲：“兵不杂则不利。长兵以卫，短兵以守。太长则难犯，太短则不及。太轻则锐，锐则易乱。太重则钝，钝则不济。”⑦ 戚继光、俞大猷阐述的武器配备原则是对《司马法》这一原则的继承和发展，不但比《司马法》显得深刻，而且更重要的是戚继光把这一武器配备原则运用得得心应手，巧妙地把各种兵器有机地结合在一起，极大地提高了部队的整体战斗力。戚继光的“称比之术”，特别是他的“异用之术”是对古代关于武器配备思想的重大发展，是为其实践证明了的具有现实指导意义和普遍意义的思想。

戚继光不仅对练兵、练将和改善武器装备做了具体全面的论述，而且对人和武器，练将和练兵等之间的关系也做了较为深刻的论述。

人和武器 戚继光认为：“有精器而无精兵以用之，是谓徒费；有精兵而无精器以助之，是谓徒强。须兵士立得脚根定，则拽柴可以败荆，况精器乎！”⑧ 这里指出人与武器相比，人更重要。“立得脚根定”（勇敢、临阵不退缩）的士兵，就像春秋战国时期晋楚城濮之战的晋国士兵那样，用车拖曳树枝，扬起尘土，佯示撤退，就打败了楚国，何况用精良的兵器呢？

---

① 俞大猷《正气堂集》卷十一《广西选锋兵操法》。

② 俞大猷《正气堂集》卷十《又与李克斋都宪》。

③ 俞大猷《正气堂集》卷五《议以福建楼船击倭》。

④ 俞大猷《正气堂集》卷五《论河船式》。

⑤ 俞大猷《正气堂续集》卷六《京营战车近议·上本兵稿》。

⑥ 俞大猷《正气堂集》卷十一《大同镇兵车操法》。

⑦ 《司马法·天子之义第二》。

⑧ 戚继光《练兵实纪杂集》卷二《储练通论下·原火器》；《纪效新书》（十四卷本）卷三《手足篇·神器解》。

练兵和练将　“必练将为重，而练兵次之。夫有得彀之将，而后有入彀之兵。练将譬如治本，本乱而末治者，未之有也。”① 没有好的将领就不可能带出好的士兵，“练兵之要在先练将”②。将与兵相比，将更重要。

将德和将才　戚继光认为，将领应该德、才、识、艺兼备，而且很重视才、识、艺的训练，但他更重视将德。他说：“材艺之美，必有不二之心，庶成其德器。”③ 一个人如果有“不二之心”，那么他会日日夜夜想着公事，有一尺之长，必能够尽一尺之用。

练胆和练艺　对士兵的训练既要练胆也要练艺，但二者比较起来“练胆气乃练之本也”④，“治气，用兵之机也”⑤，把士兵的心理素质、勇敢杀敌的心理训练看作练兵的根本和关键。

心和气　戚继光认为，“气发于外，根之于心”⑥。勇气不过是良好心理素质的外部表现，出自内心的胆气才是真正的胆气，而出自真正胆气的勇敢才是真正的勇敢。因此，他得出结论：“练心则气自壮。”⑦ 练气必须从练心入手，练心是根本的。

恩和威　练胆气要赏罚并用，恩威兼施。仅仅用感召、奖赏、恩惠不行，还要有惩罚、威严，二者是不能舍其一的。戚继光认为：“苟无威，则气决不作；苟无恩，则威决不行。故恩如形而威如影。形动则影即动，形偃则影亦偃，形大则影亦大，形小则影即小。孰能为无影之形，则可以因恩而去威；孰能为无形之影，则可以威而胜恩。恩其舟也，威乃舟之舵也。”⑧ 恩和威像形和影那样不可分离，但有形才能有影，恩是本源性的、主要的。

从上述可以看出，戚继光关于治军诸因素相互关系的认识，是他治军思想中最精彩、最富有哲理的内容。它表明，戚继光的治军思想是一个完整、系统的理论体系。这一理论第一层次是人和武器，而就人来讲，下一层次是练谁，再下一层次是练什么，从而形成了互相联系的体系。说它是完整的，是因为这一体系包括了治军的各个方面和各个方面的各个环节。这一体系告诫人们，要想建立一支强大的军队必须从宏观、从整体出发，从各个具体的环节入手，扎扎实实地去做，才能达到目

① 戚继光《纪效新书》（十四卷本）卷十四《练将篇》题解。

② 张廷玉《明史》卷二百十二《戚继光传》。

③ 戚继光《纪效新书》（十四卷本）卷十四《练将篇・练将或问》。《练兵实纪杂集》卷一《储练通论上・储将》有与此基本相同的记载。

④ 戚继光《纪效新书》（十四卷本）卷十一《胆气篇》题解。

⑤ 戚继光《纪效新书》（十八卷本）卷首《纪效新书总叙・纪效或问》。

⑥ 戚继光《纪效新书》（十四卷本）卷十一《胆气篇・胆气解》。

⑦ 戚继光《纪效新书》（十四卷本）卷十一《胆气篇・胆气解》。

⑧ 戚继光《止止堂集・愚愚稿上・大学经解》。

的。没有全局观念，只抓治军的某一方面或某一方面的某一环节，是不能建立起一支强大的军队的。

军队建设思想确实是戚继光的长处，他的思想系统、完整、具体、实用，不仅在明代将领中，在古代将领中也是仅见的。

二、战争指导思想

战争指导思想主要是指用兵过程中的谋略，大体可分为四个部分，一般战争指导原则以及战略、战役和战术思想。俞大猷以善于谋略著称，在这几个方面都有自己独特的建树。当然，戚继光在某些方面也有深刻的见解。

（一）一般战争指导原则

在这方面俞大猷提出的几点是值得重视的：万全之画、功收万全、长久之安。

1. 万全之画

俞大猷说："堂堂讨罪、有征无战之兵，必为万全之画。"① 什么是"万全之画"？就是战前要进行谋画，要定计，而这种谋画和计策是万全的、没有纰漏的。用兵一定要先定计谋，"先胜而后求战，古之道也"②。"若先战而后求胜，未必遂取全胜。"③ 一定要做到"计定而后大举，兵集而后齐发"④。所谓"万全之画"，还在于做好战前准备。俞大猷说："持重养威，使在我之势已张，计出万全，乃图大举，一举成擒，可坐算而见效也。"⑤ 要做好准备，造成绝对压倒敌人的态势，这样才能"有征无战，收功可必"⑥。

2. 功收万全

俞大猷特别强调功收万全，就是说不是简单打败敌人，而是要获得全胜，不使自己有少挫。怎样才能获得全胜？他提出三点：一要集中几倍于敌的兵力，实行十围五攻。"十指分凿，不如合拳独击。"⑦ 他说："贼虽甚寡，而我兵必甚众；贼虽甚弱，而我兵必甚精。"⑧ 又说："十围五攻之势成，泰山压卵之形张，乃可收万全

---

① 俞大猷《正气堂续集》卷四《拙速解下》。
② 俞大猷《正气堂续集》卷上《与凌洋山书》。
③ 俞大猷《正气堂集》卷十六《前会剿议》。
④ 俞大猷《正气堂集》卷八《与金存庵省庵书》。
⑤ 俞大猷《正气堂集》卷七《论不应张总督之调》。
⑥ 俞大猷《正气堂集》卷十六《前会剿议》。
⑦ 俞大猷《正气堂集》卷十五《论抚河源剿从化机宜》。
⑧ 俞大猷《正气堂集》卷八《与任复庵书》。

之功。”[1] 二是要有宽裕的时间，不应限以旦夕。“堂堂之兵，不在急迫，要于成功而已。若兵未集而势尚弱，或兵既集而机未便，皆不可轻举挫锐。”[2] 他特别反对一些人用《孙子》“兵闻拙速，未睹巧之久也”的论述，催促进兵。他说：“速而果拙，何贵于速？迟而果巧，何嫌于迟？”[3] 三是集中物力，不惜用钱。他说：“欲求永逸之计，当为一劳之图，以数年之费而费于一举。”[4] 不要怕花钱而不肯用大征。“用兵贵乎持重，虑事贵乎万全。与其轻动以图侥幸之功，孰若大举以为久安之图！”[5]

3. 长久之安

俞大猷认为，“治乱之机，常相倚伏”[6]，因此要“治”不忘“乱”，平时要做好准备。隆庆和议后，北方出现了较为安宁的局面。这时他提出要居安虑危，加强北方防务，使北方形成“无事擅虎豹在山之势，遇警无临渴掘井之忧，真若泰山磐石，有万万年之固矣”[7]。他认为，这可能与当时正在“汰兵”“省财”不相符合，但是他说：“国家省财者，省其虚费之财也。省财则财聚。聚财于无事之时，将以待有事之用。与其用之于有事之时，仓卒而无措，孰若用之于无事之先，以为有事之备，则从容而万全乎！”[8] 俞大猷这种深谋远虑的思想尤其体现在维护国家治安上。他在平定了农民和少数民族暴动之后，总是提出长治久安之策。他认为，过去用兵之人“不为善后之计，是以贻有今日之乱”，今天我们“若不多方周处，以贻长久之安，得无取疑于后人哉”[9]！

战前必为万全之画，作战求得功收万全，战后以贻长久之安。这就是俞大猷对战争的一般指导原则。

戚继光的一般战争指导原则有与俞大猷相同之处，也有其不同点。

算定战 戚继光说：“大战之道有三：有算定战，有舍命战，有糊涂战。”[10] 他主张算定战，主张“须是未战已前，件件算个全胜”[11]，“就要以全取胜，一些亏吃

---

① 俞大猷《正气堂集》卷十五《款吴平用伍端以大杀倭寇》。
② 俞大猷《正气堂集》卷十五《用兵不宜急迫》。
③ 俞大猷《洗海近事》卷上《拙速解》。
④ 俞大猷《正气堂余集》卷二《赠大司马北川陆公荣召南部序》。
⑤ 俞大猷《正气堂集》卷十六《讨古田贼呈》。
⑥ 俞大猷《正气堂续集》卷七《为恳乞圣明增修武备以臻万世治安事疏》。
⑦ 俞大猷《正气堂续集》卷七《为恳乞圣明增修武备以臻万世治安事疏》。
⑧ 俞大猷《正气堂续集》卷七《为恳乞圣明增修武备以臻万世治安事疏》。
⑨ 俞大猷《正气堂集》卷十三《议添设松源县治》。
⑩ 戚继光《练兵实纪杂集》卷四《登坛口授》。
⑪ 戚继光《练兵实纪杂集》卷四《登坛口授》。

不得"[①]，并提出以自己的主观努力达到"件件算个全胜"。这同俞大猷的万全之画有异曲同工之妙。

大创尽歼 戚继光主张对敌人要给予歼灭性打击，才能阻止他们的侵略和进犯，对倭寇"非大创尽歼，终不能杜其再至"[②]；对于北方的鞑靼，定要使它"一战而心寒胆裂"[③]，收"一劳永逸"之功。为此他主张集中兵力。他说："以五当一，始为万全。"[④] 这与俞大猷的功收万全又是一致的。但戚继光为达到"大创尽歼"的目的，还提出两点：一是攻其无备，出其不意；一是"伐其所长"。

攻守结合 "御戎之策，惟战守二端。"[⑤] "自古防寇，未有专言战而不言守者，亦未有专言守而不言战者，二事难以偏举。"[⑥] 戚继光主张战中有守，守中有战，战守结合，夺取胜利。

灵活用兵 戚继光主张用兵要因敌转化，因形措胜。他说："善用兵者，因敌情转化。"[⑦] "因敌转化，因变用权，因人异施，因情措法。"[⑧] "因敌转化，其形莫窥。"[⑨] 这是说对不同的敌人应采取不同的战略战术。

孙子说："夫未战而庙算胜者，得算多也，未战而庙算不胜者，得算少也。多算胜，少算不胜，而况于无算乎！"俞大猷的万全之画、功收万全和长久之安都含有"算"。这就不只是战前"算"，作战要"算"全胜，战后要"算"久安。戚继光"算定战"不只是算"得算多""得算少"的问题，更重要的是通过"算"改变自己的不利态势，以达到"大创尽歼"的目的。

俞、戚二人对一般战争原则的阐发丰富了古代的兵学理论。

（二）战略思想

1. 海防战略

俞大猷是抗倭名将。他生长海滨，颇知水道，袭职之后就在海滨、海岛供职，任宁、绍、温、台地方参将后，又直接同倭寇作战。多年的斗争实践，使这位有战略头脑的军事家提出了一套海防战略。概括起来，就是军民结合御海洋、御河港、

---

① 戚继光《练兵实纪杂集》卷四《登坛口授》。

② 戚祚国等《戚少保年谱耆编》卷一，嘉靖三十六年二月《条练土兵》。

③ 戚继光《定庙谟以图安攘疏》，《重订批点类辑练兵诸书》卷二。

④ 戚继光《请重将权益客兵以援闽疏》，《重订批点类辑练兵诸书》卷一；《明经世文编》卷三百四十六。

⑤ 戚继光《请建空心台疏》，《重订批点类辑练兵诸书》卷二；《明经世文编》卷三百四十八。

⑥ 戚继光《纪效新书》（十四卷本）卷十三《守哨篇》题解。

⑦ 戚继光《纪效新书》（十八卷本）卷八《操练营阵旗鼓篇》。

⑧ 戚继光《纪效新书》（十八卷本）卷首《纪效新书总叙·纪效或问》。

⑨ 戚继光《经略广东条陈戡定机宜疏》，《重订批点类辑练兵诸书》卷一；《明经世文编》卷三百四十六。

御海岸、御内河、御城镇的多层次而有纵深的防御战略。

御海洋　“倭贼之来必由海，海舟防之于海，其首务也。”① 大洋是倭寇入侵的必由之路。倭寇分散而来，到沿海聚齐后，登岸劫掠。我方应“乘其初至而击之，不使得以相待合势而猖獗也”②。这是其一。其二，“倭贼矫悍，攻之洋中，我得上策，一被突入，陆路追战，兵无素练之律，贼怀必死之心”③，要想取胜是困难的。其三，承平日久，内地百姓，“不闻金鼓，不识兵革，一见贼至，鱼惊鸟散……故不如防之于水”④。

御河港　“倭奴入寇由海岸登劫其患小，由河港深入其患大，防御之方在握其机而已。”⑤ 倭寇由海岸登陆后，须留一半人看守船只，另一半人又不能太深入内地劫掠，一是担心失去船只，一是劫掠的货物陆上搬动费力，一是沿海实行海禁，没有可抢的船只，劫掠货物太多难以运走，所以为患不是太大。而由河港深入，倭寇可沿河随意深入，到处有可抢之船，舟能到之处，倭寇就能到，因此，倭寇由河港深入其危害甚大，必须造募更多的船只，严防贼舟由河港深入。

御海岸　在沿海屯扎陆兵，防贼登岸。如南直隶“自金山以至吴淞江二三百里之岸，并无澳分，兵船欲求安稳无可抛泊。贼人之志在于弃焚自舟，到处皆可登入，故防倭之务，屯扎陆兵于此一带，又其最要者也”⑥。但陆兵的屯扎一定要在要害之处或敌人可登岸之处，先处战地，以逸待劳，才能奏效。

御内河　“贼人深入，必抢内地船只，水陆兼进，故夫内河水兵战船又其急务者也。”⑦ “整搠河船以攻之，亦为策之上者也。”⑧ 整修河船，船上搭战棚，船旁加遮板，多备弓弩火器，使自己立于不败之地，待机歼敌。如一时无可乘之机，则逼近敌船，进行牵制，使其不敢深入劫掠。同时将各地的桥梁拆除，使敌陆路难行，我则用船载来陆兵，对敌实行水陆夹攻，将其歼灭。

御城镇　固守沿海城镇，使敌不得内侵。“以今计之，但使沿海孤城，如金山卫，如南汇所防守之兵日增，而黄埔一港兵船日集，则自有拒之使不能内侵，驱之使速下海之势也。”⑨ 沿海城池，以城为营，利则出战，不利则守，牵制敌人，使其不敢深入内侵。既不敢内侵，又不能久留，必然退去。

---

① 俞大猷《正气堂集》卷七《议水陆战备事宜》。
② 俞大猷《正气堂集》卷七《条议防倭事宜》。
③ 俞大猷《正气堂集》卷七《条议防倭事宜》。
④ 俞大猷《正气堂集》卷十六《恳乞天恩亟赐大举以靖大患以光中兴大业疏》。
⑤ 俞大猷《正气堂集》卷五《防倭议》。
⑥ 俞大猷《正气堂集》卷七《议水陆战备事宜》。
⑦ 俞大猷《正气堂集》卷七《议水陆战备事宜》。
⑧ 俞大猷《正气堂集》卷七《论宜整搠河船》。
⑨ 俞大猷《正气堂集》卷七《论金山南汇青村宜增兵》。

俞大猷提出的御海洋、御河港、御海岸、御内河、御城镇的海防防御战略，最大的特点是强调水上防御，包括海洋、河港和内河。他以御海洋为“急务”，为“上策”，认为“防倭征调陆兵已尽天下之选，卒未见有奇效，若用陆兵所费之半而用之于海，则倭患可以渐息”[①]。从这点出发，他认为“水兵急于陆兵”[②]，主张大力发展海军，要“水兵常居十七，陆兵常居十三”[③]。在海洋、河港、内河设置多层次防线，其最大好处就是不等敌人登岸就将其消灭，有效地保卫内地百姓的安全。

此外，俞大猷还强调组织渔民、渔船在海上御倭。他提出了对于沿海渔民“听其采捕，因而为兵”[④] 的主张。但渔船太小，难以御敌，令渔船大者25只另造1只大楼船，小者50只另造1只大楼船，这样，“大小相资，各有实用”。[⑤] 整个沿海有数千只渔船，可造一二百只大楼船，形成一支很强的海上防御力量。

总之，“倭奴之来必由大洋而渐近于内港，已，乃遂入于内地”。因此“大洋虽哨而内港必防，内港虽防而陆兵必练。水陆俱备，内外互援，而又求得其人以共理之。贼来则击，贼去则追，又来又击，又去又追，如是二三年而后可耳”[⑥]。俞大猷提出了海陆配合、内河与内陆配合、军队与渔民配合，以御海洋为主的有纵深多层次的海防防御战略。

戚继光也生长在海滨，袭职之后就在沿海供职，比俞大猷晚几年参加抗倭战争，在理论上没有提出海防战略问题。但在实践中，他执行着一条水陆并防，以陆战歼敌为主的海防防御战略。他在任台、金、严参将时，虽然造了44艘战船，建立了4营水军，但人数和战斗力都远不如他所练的陆兵。在实战中，陆兵是主要的歼敌力量，水兵只起辅助作用。他从没有在海上指挥军队作战，而指挥陆兵则取得了一系列大捷，立下了不朽功勋。

从以上的叙述不难看出：俞大猷的海防方略和戚继光执行的海防战略既有相同点又有区别。其相同点是都主张水陆并防；其区别是俞大猷以防敌于水上为主，而戚继光则以陆上歼敌为主。如果将二者的优长结合起来，将是最佳的海防战略。这一海防战略可概括为：军民合作御海洋、御河港、御海岸、御内河、御城镇，战原野多层次、大纵深的海防防御战略。

中国沿海全面设防当从明代始，明初就确定了水陆并防的海防防御战略：“倭

① 俞大猷《正气堂集》卷七《论海势宜知海防宜密》。

② 俞大猷《正气堂集》卷十《与熊兵备书》。

③ 俞大猷《正气堂集》卷十六《恳乞天恩亟赐大举以靖大患以光中兴大业疏》。

④ 俞大猷《正气堂集》卷十六《恳乞天恩亟赐大举以靖大患以光中兴大业疏》。

⑤ 俞大猷《正气堂集》卷十六《恳乞天恩亟赐大举以靖大患以光中兴大业疏》。

⑥ 俞大猷《正气堂集》卷十六《恳乞天恩亟赐大举以靖大患以光中兴大业疏》。

海上来，则海上御之耳。请量地远近，置卫所，陆聚步兵，水具战舰，则倭不得入，入亦不得傅岸。”[①] 嘉靖四十年（1561），郑若曾在《筹海图编》中，提出了御海洋、固海岸、严城守的海防防御战略。而在这之前，即在嘉靖三十一、三十二年（1552、1553），俞大猷就提出了上述远比郑若曾所概括的更为全面的海防防御战略。所以俞大猷的海防防御战略是最具创造性、最为全面的海防防御战略，是对明初海防防御战略的具体、深入和发展，对当时的抗倭之战具有指导意义，更是对我国古代兵学的补充和丰富。

2. 边防战略

俞大猷对北部防务甚为重视。嘉靖二十一年（1542）俺答大入山西，他应诏到宣大，欲效力边防。嘉靖三十八年（1559），他身陷囹圄，经人搭救，“必欲至北边一效力以了平生，报知己”[②]。隆庆六年（1572），他虽年已古稀，仍一再致书兵部尚书杨博、谭纶，言“灭虏之气，当老犹壮”，要求到北方“展布平生”[③]。他认为北部边防“战守二务甚要”[④]，提出了战守结合的防御战略。

守，防而又防，慎而又慎 “守务之要，《易》曰：‘王公设险，以守其国。’夫险谓之设，必用人谋、人力之造作，非若天险、地险之自然也。”[⑤] 他认为边墙、敌台，固然是可以依赖的屏障，但应该防而又防，慎而又慎，才是万全之策。因此，他建议在京都四面各 30 里外，将民间园地周围各 5 里之远，暂免租税，令各管园地之家种植各种果树，纵横 1 丈种植果树一棵，九九斜连，构成一道树的屏障，使鞑靼骑兵难以驰突，而我战兵或出奇，或设伏，利用树障，相机歼敌。这样，对京城的防卫，除边墙外，又有一道树墙，层层设防，万无一失。

俞大猷还主张在边防地区招集流民，垦荒种地，不纳粮税，同时建立营堡，准备充足的防御器材，进行防御。鞑靼内犯，各堡据城自守，使其野无所掠，堡不能攻，更不敢深入内侵，只有空骑退去。

俞大猷还提出在辽东的宁前[⑥]、山西的代州（今山西代县）和直隶的昌平（今北京昌平区）各增设强兵 12000 人，均建立车营，设一副总兵管辖，进行训练，务成精兵。“在宁前者，可应援辽东；在代州者，可应援三关、大同；在昌平者，可应援宣府及护陵寝。而京师居中，东西各有重兵，无事擅虎豹在山之势，遇警无临

---

① 张廷玉《明史》卷一百二十六《汤和传》。
② 俞大猷《正气堂集》卷十《与李同野又书》。
③ 俞大猷《正气堂余集》卷二《禀大司马杨》。
④ 俞大猷《正气堂续集》卷七《为伏陈战守要务以备采择疏》。
⑤ 俞大猷《正气堂续集》卷七《为伏陈战守要务以备采择疏》。
⑥ 宁前：当指广宁前屯卫，在今辽宁绥中县西南前卫镇。

渴掘井之忧，真若泰山磐石，有万万年之固矣。”[①]

由此可见，俞大猷的守是有纵深有层次的，既依托人工设险的边墙和树障，也依靠民众的坚壁清野，还依靠二线的战略预备队，确实是防之又防、慎之又慎。

战，除戎器，戒不虞 与设险防守的同时，俞大猷更重视战。“战务之要，《易》曰：‘君子以除戎器，戒不虞。’夫戎器谓之‘除’，修而聚之之义也。臣伏思，破虏良法无愈于车，以人推竿，其制甚便。……但车之所藉以胜虏者，铳耳。铳则佛朗机、鸟铳二器最为便利，乃浙江、福建、广东海舟所惯用，其工匠惯造得法。”[②] 俞大猷要用车及车上的火器破虏。他认为，车兵之所以能抵御虏之骑兵，就在于车“能御马之践蹂，而中又有铳炮之雄器，击刺之精兵，追逐之马兵，是一车而兼乎马步之长，故非马所能敌也”[③]。他创立车营，把车步骑、冷兵器和火器结合在一起，形成抵御鞑靼骑兵的合成兵种。他认为，应该建立强大的车兵营，虏“入则并力大举，制万全之胜；出则乘胜长驱，建犁庭之绩”[④]。

总之，俞大猷提出把有层次的设防防守和合车马炮一体的车战相结合，并以车战为主的防御战略。这一防御战略是御虏万全之策，使虏不能进，进则无所掠，战则必败。

戚继光也主张战守结合的边防防御战略。他说：“夫摆边之说，须驻重兵以当其长驱，而又乘边墙以防其出没，方为完策。”[⑤] 戚继光的思想是：一方面在边境地区驻重兵集团，阻止敌人长驱直入，即在野战中歼敌；另一方面要凭借边墙防止敌人进入内地，一旦敌人进入，又凭借边墙防止其退出，配合重兵把他们歼灭。这样就形成两道防线，把防御建立在更加可靠的基础上，确实是一个完美的方略。

戚继光对边防战略的贡献在于他不仅提出了战守结合的防御战略，更重要的是他修建了敌人难以逾越的边墙敌台，建立了足以同敌骑兵抗衡的车步骑营，把防御战略落到了实处。

俞大猷和戚继光共同完善了边防战略思想，并把这一思想落到实处。就设险而守来讲，他们超过了前人。俞大猷提出了多层设防的思想，戚继光修筑了前人没有的边墙、敌台。就用车以战来讲，他们造出了前人没有的战车，制造了前人未曾有的那么多火器，把车步骑完美地结合起来，形成了能抑制敌骑冲突的攻守结合整体，更是前人所没有的。俞大猷安银堡的胜利证明这一理论是正确的，戚继光在蓟镇十六年，边备修饬，蓟门宴然的事实进一步证明这一理论的正确性。

---

① 俞大猷《正气堂续集》卷七《为恳乞圣明增修武备以臻万世治安疏》。

② 俞大猷《正气堂续集》卷七《为伏陈战守要务以备采择疏》。

③ 俞大猷《正气堂集》卷十一《大同镇兵车操法》。

④ 俞大猷《正气堂集·近稿·赠大司马北川陆公荣召南部序》。

⑤ 戚继光《请兵破虏疏》，《重订批点类辑练兵诸书》卷二；《明经世文编》卷三百四十七。

3. 治安思想

俞大猷多次参与平定山海“寇”和少数民族的暴动，为了维持社会长治久安，他提出了如下的主张：

实行保甲法 实行保甲法，让百姓过上安定的生活。他认为应该让百姓过上安定的日子而不起来造反，百姓起来造反之后，用兵是不得已的事。“为今之计，必缓治盗而急治民，略于外而严于内。”立保甲法，“十家为甲，甲有甲长；十甲为乡，乡有乡长。一家为非，罪连一甲；一甲为非，罪连一乡。一甲有难，一乡救之；一乡有难，邻乡救之”①。百姓有难有人救济，为非有人管理，生活无难，当然不会造反。

平时要注意“治民”，使他们有安定的生活，不起来造反。对起来造反的“乱民”，俞大猷也不是一概用军事手段。他说：“大抵治乱民犹治乱绳，难责旦夕之效。保妻子，顾身家之念，盗贼何尝无之？苟治之得道，安之得所，诚信以致其来，威武以制其背，日久则自信服。”②

实行教化 实行教化，使无乱志。俞大猷说：“弭盗之方，教化为要。”③ 又说：“安之使无乱志，惟当责之守令。练兵以威之，则在第二著。”④ 实行“教化”，“安之使无乱志”，是最根本的“弭盗之方”。他在每次征剿之后都提出要设立管理机构，特别是设县，因为在他看来，只有建立州县，才能实行教化；只有实行教化，才能有永久的和平。因为“政必久然后能易其俗，民必亲然后能道之善，惟县令乃可望其有此尔”⑤；“如有州县，则必有学校，乡饮酒礼，四时祀典。民日由之习之，庶几改恶从善，囿于德化而自不知”⑥。所以“弭盗之方，教化为要”。否则，每数十年后就要有一次大乱，每次大乱都要出兵征讨，浪费众多钱粮不说，其残伤民命，如麻如缕，见之者寒心，闻之者酸鼻。为了长治久安，为了不浪费钱粮，为了“活千万年元元赤子之命”，用兵之后，就要建立行政机构，以实行教化。

民族自管 让少数民族自己管理自己，使其融入主流社会。俞大猷在平定五指山黎族暴动后，采取了两项措施：一是黎人自己管理自己。在听抚的黎民中，选择最有能力、最有威信的人，封其官职，给以印信，使他成为黎民中最为尊贵、最有权力的人。由这样有权威的黎人来管理黎人，黎人就不会造反，就可以达到长治久

---

① 俞大猷《正气堂集》卷二《条议汀漳山海事宜》。

② 俞大猷《正气堂集》卷二《论治浪治徭》。

③ 俞大猷《正气堂集》卷十三《议添设松源县治》。

④ 俞大猷《正气堂集》卷十《与范东溟书》。

⑤ 俞大猷《正气堂集》卷十三《添设上杭三图县治》。

⑥ 俞大猷《正气堂集》卷十三《议建州》。

安的目的。二是采取促进黎族进步的措施，“兢兢以布利除害，移风易俗为急”[①]。俞大猷认为，黎人和汉人是“乾父坤母所生之同类，忍置之于衣冠政教之外，俟其为乱，然后从而戮之，则其罪岂专在彼乎”[②]？黎人之乱平息之后，就应该建城郭，设州县，立君长，兴学校，敷教化，设墟市，通往来，改变他们的鄙陋习俗，使他们逐渐融入主流社会，加入州县的版籍，就可以得到长治久安。

戚继光也参加过平息动乱，但未见他提出过如何治安的问题。他只注意军事问题，而对长治久安治理策略鲜见涉及。

应该说俞大猷的安内思想源自哲学家、教育家、文臣王守仁。俞大猷的可贵之处在于：第一、他不是文臣，是一员武将，是一员具有文臣素质的武将；第二、他不仅谋划，而且具体落实这些安内思想。

就战略思想来讲，俞大猷是全面的，无论是边海防御战略，还是安内战略，他都有自己的主张，而这些主张是高明的，是他人包括戚继光所不能比的。全面落实这些战略，边海防御巩固，内地安定，大明江山就可以永久地延续下去。笔者不知，明代还有哪个将领有如此全面而又高明的战略思想。

（三）战役谋划

人们说俞大猷“陈师鞠旅，言必尽谋”[③]。可以说俞大猷对每一场重大战役都有自己的谋划，这里只举几例：

1. 征安南

嘉靖十八年（1539）闰七月，明廷命咸宁侯仇鸾、兵部尚书毛伯温征安南。当时只是千户的俞大猷，上书毛伯温[④]，明确提出：“今之欲议处乎莫贼者有二：伐谋攻心为上，而伐兵攻城乃其次焉者也。”[⑤] 后来的形势发展证明，俞大猷的主张是正确的，明廷是用“伐谋攻心”代替了军事征伐，取得了预想的结果。

2. 抚平新兴、恩平

嘉靖二十六年（1547）十二月，俞大猷升任广东都指挥使司军政佥书。广东新兴、恩平二县百姓和傜民联合“作乱”。当地有司屡招抚而其人屡叛，无可奈何。总督欧阳必进派俞大猷去新兴处理此事。俞大猷到那里后提出：“傜贼化外之人耳，浪贼吾治地之民也。今一县六都，浪贼已居其半，如欲动大兵而尽剿之，则玉石俱焚，有伤太和矣。为今之计，宜缓治傜而急治民。”[⑥] 他采取两手办法：一是发告

---

① 俞大猷《正气堂余集》卷二《赠古儋守崑泉陈君荣迁序》。

② 俞大猷《正气堂集》卷二《处黎》。

③ 黄道周《广名将传》卷二十《俞大猷传》。

④ 即《上两广军门东塘毛公平安南书》。

⑤ 俞大猷《正气堂集》卷一《上两广军门东塘毛公平安南书》。

⑥ 俞大猷《正气堂集》卷二《论治浪治傜》。

示，宣布对待这些造反者的政策，只要改邪归正，就是良民，否则将予以剿灭；一是加紧操练士兵，以进行威慑。俞大猷获得成功，新兴、恩平恢复了安定。

3. 平海卫之战

倭寇将兴化（今福建莆田）劫掠一空后，于嘉靖四十二年（1563）初退至平海（今福建莆田东南平海）。明廷调俞大猷、戚继光来福建歼倭（刘显在兴化陷落前已到）。俞大猷到达战区后，顶住各种压力，实行“连结其势而灭之”之策，“列营以困之”[①]，使平海之倭成了瓮中之鳖。戚继光军到后，俞、刘、戚三军以优势兵力发起进攻，全歼了倭寇。

4. 惠潮之战

嘉靖四十三年（1564），广东的倭患十分严重，既有三股倭寇势力，又有海盗和“山寇”，且海盗与倭寇相勾结。面对这种形势，俞大猷提出了剿倭方略：“宜缓诸剿而急征倭”[②]，剿倭为当时之急务，平定勾结倭寇的吴平和矿徒、农民暴动为缓；离间吴平与倭寇的勾结；招抚矿徒和农民军，令其抗倭。俞大猷按着这一指导思想，首先以伍端的农民军消灭了邹塘之倭，然后调集大军连获两胜，彻底消灭入侵惠、潮之倭，结束了十几年的抗倭战争。

5. 剿吴平

嘉靖四十四年（1565），惠潮之战时回到梅岭的吴平，企图东山再起。福建巡抚汪道昆和总兵戚继光决定将其剿除。戚继光写信给俞大猷，约其会剿吴平。俞大猷提出：“须先灭其在海大小船，然后困攻于陆。不然，彼必由海遁去，一时不能收拾也。”[③] 俞大猷还写信给吴桂芳，请他调兵船将吴平船只尽数击焚，使其水不能遁，只得穷守土围中待毙。但吴桂芳没有速调兵船打吴平，戚继光既没有先灭吴平在海大小船只，又急于进攻吴平，结果吴平驾船出海，造成后来的诸多麻烦。这从反面证明俞大猷灭吴平的谋略是高明的。

上述只是举几个例子，说明俞大猷是善于谋划的，而这些谋划是符合客观实际的，按着这样的谋划去做，就能赢得战斗的胜利，否则就难以奏效。

从现有的材料来看，在抗倭战争中，戚继光虽然作战部署相当周密，但对重大的战役未曾提出作战指导方针。台州大捷是按胡宗宪的战争指导方针取得的，平海卫大捷是俞大猷作战指导思想的胜利，第一次剿吴平的失利是因为没按俞大猷指导思想去办。总之，战役谋划为俞大猷之所长，而戚继光之所以每战必胜，不在于他的谋划，而在于他的练兵。如果有俞大猷的谋划加上戚继光的练兵，军队将无往

---

① 俞大猷《正气堂集》卷十五《兴化灭倭议》。

② 俞大猷《正气堂集》卷十五《宜缓诸剿而急征倭》。

③ 俞大猷《正气堂集》卷十五《又报福建总戎南塘戚公书》。

不胜。

在明代，帝王和文臣中不乏对战役精于谋划者。朱元璋、朱棣、王守仁、努尔哈赤、熊廷弼、孙承宗、袁崇焕等都有对战役的具体谋划。元至正二十七年（1367），朱元璋提出攻取元大都的战争指导方针："先取山东，撤其屏蔽；旋师河南，断其羽翼；拔潼关而守之，据其户槛……然后进兵元都，则彼势孤援绝，不战可克"；克元都后，再挥军西向，"太原以及关陇可席卷而下"。[①] 正德十四年（1519），宁王宸濠反，时任提督南赣汀漳军务都御史王守仁集合诸臣说："贼若出长江顺流东下，则南都不可保。吾欲以计挠之，少迟旬日无患矣。"[②] 于是他派遣大量间谍散布给各府县的檄文说，朝廷发兵要攻打南昌，又给李士实、刘养正写密信，纵恿他们等尽快发兵离开南昌，这使宸濠感到其老巢南昌岌岌可危，遂迟迟不敢发兵东下。待到他知道这些都是王守仁的计谋时，十几天过去了。王守仁达到了"以计挠之"的目的。万历四十七年（1619）萨尔浒之战，在明军四路进攻的情况下，努尔哈赤采取"任他几路来，我只一路去"[③] 的作战指导方针，取得了反明的胜利。天启二年（1622）孙承宗以兵部尚书衔经略辽东，他反对王在晋专守山海关的方针，提出守关外以屏蔽关内的方针，实践证明他的战争指导是正确的，辽东防务渐趋巩固，等等。但在明代武将当中，提出作战指导方针的则难找到第二个俞大猷。

（四）战术思想

俞大猷、戚继光的军队战术主要有陆兵战术、水战战术、车兵战术（合同战术）以及守城战术。这里着重讲一下陆兵战术、水战战术和合同战术。

1. 陆兵战术

叠阵、夺前蛟阵和满天星阵是俞大猷的陆兵战术。叠阵又称"三叠势"，他是将部队分成两部分：正兵和翼兵，正兵是对敌交锋的部队，是主要的；翼兵是保卫正兵，免受敌人对侧翼的攻击，一般不参战。正兵也分成两部分：一大部为参战部队，一小部为预备队策应正兵。叠阵是指参战部队而言。譬如进攻敌人的有 4 哨，每哨有 5 队，进攻时，每哨以 1 队接敌，其余 4 队顺序排在接敌队的后面，队伍在距敌 500—1000 步之外，点鼓慢行，走段距离，后队行出前队前，停止，整顿队形。数次更叠之后，距敌在 50 或 100 步之间，则擂鼓，后队快速地冲到前队之前，与敌交战。战斗一些时间后，后队前冲，接替交战队继续与敌作战。就这样交替进行，直至战败敌人。

---

① 《明太祖实录》卷二十六，吴元年十月甲子。

② 《明史》卷一百九十五《王守仁传》。

③ 傅国《辽广实录》，载《清入关前史料选辑》第一辑。

夺前蛟阵又称“夺前蛟势”，基本与叠阵同，都是后队出前队之前，与敌人交战。其区别在于“出正兵不外三叠法，出奇兵不外夺前蛟”①。什么是“出正兵”？什么又是“出奇兵”呢？曹操说：“正者当敌，奇兵从傍击不备也。”② 原来夺前蛟阵是用来“傍击”敌人时使用的阵法。

这两种阵法都是实用的阵法。其好处是两侧有翼队保护，正兵有预备队，进攻敌人的正兵不断交替，能始终保持旺盛的战斗力，直至击败敌人。既能保护自己，又能有效地打击敌人，这样的阵法是好阵法。

满天星阵是将部队分成前后两排。前排每一队前进，后面都有一队相随，进行保护。前队遇敌交战，后队非紧急情况下不参战，只是紧紧跟随。退兵时，前后队一齐转身，退回。“此乃大捷之势，不用更番叠退也。”③

戚继光的陆兵战术是鸳鸯阵和一头两翼一尾阵。鸳鸯阵是战斗队形。他二牌并列，后面紧跟二狼筅，再后是四长枪，最后是二短兵（镋钯）。路窄用纵队即鸳鸯阵，路宽则鸳鸯阵变成三才阵和两仪阵。这是一个攻守结合，首先使自己立于不败之地的好阵法。戚继光的战术阵法是一头两翼一尾阵。这一阵法是将部队分成四部分：一部为头，是主要进攻敌人的部队；两部为翼，是保护头的；一部为尾，是策应部队。头、尾、翼不是固定不变的，哪支部队首先接敌，哪支部队就是头，他的两侧部队就是两翼，后面部队就是尾。头、尾、翼都是由鸳鸯阵组成的。接敌部队头也由头、尾、翼组成。头战斗一段时间，尾冲上，接替头继续战斗。这实际也是一个叠阵。

由上述可知，俞大猷的叠阵和戚继光的一头两翼一尾阵是异曲同工的。戚继光的头相当于俞大猷的正兵，戚继光的两翼相当于俞大猷的翼兵，戚继光的尾相当于俞大猷正兵的策应部队。两阵法的交战部队都是战斗一段时间后队代前队。只是戚继光的一头两翼一尾阵，由于编制和阵法的一致，显得更规整一些，而俞大猷的翼兵往往是临时派发的，且由兵的多寡来定。

中国是讲究阵法的国家。俞大猷的老师赵本学在其《韬钤内外篇》中，列出古代“圣王贤将”所作“攻守便利”的阵法就有 22 种之多，并指出阵形不论方圆，其要在“内外相维，大小相包；四面如一，触处为首”；“贵为奇正，有分合，利于相救，便于攻守”。俞大猷的叠阵，特别是戚继光的一头两翼一尾阵很好地体现了这一要点，而戚继光的鸳鸯阵攻守结合，特别强调守，首先使自己立于不败之地，确实是一种创造。

① 何良臣《阵纪》卷三《阵宜三篇》。

② 《十一家注孙子》卷中《势篇》曹操注。

③ 俞大猷《正气堂集》卷十一《广西选锋兵操法》。

2. 水战战术

俞大猷说："盖海上之战无他术，大船胜小船，大铳胜小铳，多船胜寡船，多铳胜寡铳而已。"[①] 这里没有具体谈怎么打，但至少讲了两种战法：撞击战和火器战。大船胜小船靠的就是撞击战。所谓"撞击战"，就是用战船的船首撞击敌船舷，将其撞沉的一种战法，通常也称作"犁沉"。在这种战法中，小船很难犁沉大船，而大船则能较容易地把小船犁沉。这是一种古老的战法，明时还在用此法击敌。火器战是主要用火器击敌，或将敌船击沉，或将敌船焚毁，或杀伤敌船上的有生力量，使其失去战斗力，俘获敌船。因主要是用火器，所以火器的大小和多少就是取胜的关键所在。大铳可以将敌船击沉，所以胜过小铳。多铳可以压制敌火力，所以胜于少铳。正因为如此，俞大猷所造的船比较大，所配备的火器比较多。撞击战和以火器击敌是俞大猷水战的主要战术。

戚继光的水战战术也主要是撞击战和火器战。他说："夫福船高大如城，非人力可驱，全仗风势，倭舟自来矮小，如我之小苍船，故福船乘风下压，如车碾螳螂，斗船力而不斗人力，以是每每取胜。"[②] 这就是撞击战。他还说："水战，火为第一。"[③] 他这里所讲的"火"并不是已往火攻的火，而是指火器。他在舰船配备的火器比俞大猷舰船所配备的火器多，其歼灭敌船的方式有二：一是鸟铳等火器杀伤敌甲板上的敌人，"使贼不敢出露身体于船之上，我可径造而擒之"[④]，即俘获敌船；一是用无敌神飞炮和六合铳将敌船击碎沉没。

从上述可知，俞大猷和戚继光的水战战术是一致的，只是戚继光舰船上的火器更大更多，不仅能杀伤敌甲板上的人，还能将敌船击毁、击沉。

我国古代水战战法有四：撞击、接舷、拍竿、火攻。俞大猷和戚继光所倡导的水战战法主要有二：撞击和火攻。但这个火攻已不是古代的火攻，而是以火器击敌，而且以火器击敌已成为主要的战法。这说明聪明的军事家总是随着科学技术的发展，改变自己的战术，有所创造。

3. 合同战术

俞大猷的车营和戚继光的车步骑营都是炮兵、骑兵和步兵三个兵种的合成军，其战术均为合同战术。俞大猷的车营有一营方阵、二营方阵、十干万全阵、五行阵、三才阵等。但不论是一营的方阵还是十干万全阵，作战时都有阵形的变化。我们只以一营的作战为例来说明一下他的具体打法。列营为方营，车头向外，车车相连，形成方形车城。

---

① 俞大猷《正气堂集》卷五《议以福建楼船击倭》。
② 戚继光《纪效新书》（十八卷本）卷十八《治水兵篇·福船说》。
③ 戚继光《纪效新书》（十四卷本）卷十二《舟师篇·火器总解》。
④ 戚继光《纪效新书》（十八卷本）卷十八《治水兵篇》。

车步骑方营基本的作战样式是：如敌四面围攻，战车营四面铳炮反复齐放。敌败走，在中军指挥下，左右兵车进并前列兵车，骑兵跟在长列车兵之后，骑兵后是家丁和中军，再后是后面的车兵，形成这样一个倒梯形营阵。战斗开始，前列车兵一齐放铳，经过几次冲击，敌人大败。骑兵从前列左右出，追击敌人。骑兵出击后，前列车的左右兵车收回，恢复原方阵。骑兵远追后，依令收回，从四角入方营。这就是炮兵和骑兵的协同。车方营变成出战的基本阵形后，车兵铳炮齐放，然后步兵出击，同敌人格斗，约杀 30 步，依令退回车内。车兵向前冲，约 30 步而止。车兵铳炮齐放，然后步兵出车，同敌格斗，约 30 步退回车内。车兵再前冲，约 30 步。这样步兵三冲三退，车兵三进无退。这是炮兵同步兵的协同。经过步兵的格斗，敌败退，骑兵出击，追击敌人，这又形成步骑协同。由此可见，一个车步骑营是步兵、炮兵和骑兵密切协同的整体。其作战特点是既有防守更有进攻。

俞大猷车营最为重要的营阵是十干万全阵。十干万全阵是 10 营车兵和 10 营战兵的合阵。车兵 1 营战兵 1 营合为 1 营，未入阵则称某营，既入阵则称某阵。其阵以天干命名，即甲阵、乙阵、丙阵、丁阵、戊阵、己阵、庚阵、辛阵、壬阵、癸阵，故称十干万全阵。

十干万全阵中有 1 阵为中军，所谓“中军”，即军队的指挥机关，如今日的司令部。哪个阵为中军是不固定的，我们先以己阵为中军。

到战场上，10 营各列成方阵，甲、乙、丙、丁 4 阵在前，戊、庚、辛、壬、癸 5 阵在后，己阵则在戊阵之后。作战时，则实行叠阵，在前 4 阵和在后的 5 阵交替进攻敌人。

戚继光车步骑营作战时也列成方阵，具体战法是：在较多敌蜂拥而至时，鸟铳、火箭、佛朗机，轮番不停地射击；如果敌骑仍不退去并进至车营前边，再以大将军炮和火箭车上的火箭击敌。一旦敌人还不退并进至车前，步兵出车先放铳和火箭，后列成鸳鸯阵，专砍敌马足；马倒之后，乘敌人摔下马时，再击杀他。战车随着步兵缓缓前进。步兵战累了退回车内，车上的火器继续击敌。如敌人溃退，车营中的骑兵进行追击，乘敌败乱之际将其歼灭。火器、步兵、骑兵就是这样迭相为用。

上述可知，俞大猷和戚继光车步骑营的战术既有相同之处又有区别。其相同之处是以车为屏蔽进行防守，以火器击敌，当敌溃退时以骑兵追击敌人以取胜。其最大的区别则是俞大猷的车营战阵多样，作战时有阵形变化，以进攻为主，而戚继光的车步骑营只有一种阵，即方阵，作战时没有阵形变化，以防守为主。如果采用俞大猷的战车形制和战术，装备戚继光的火器，将组建成更为强大的车步骑营。

明代的战车是以车为屏蔽的火器车，车的形制属创造，炮、步、骑的合同战术不仅在国内是首创，在国际上也是前所未有，开启了世界军事史上合同战术的先河。

以上我们可以明显地看出，俞大猷的谋划是全面的，无论是一般战争指导还是战略、战役和战术他都有自己创建性的主张。用谋确实是他的长处。这不仅在明代的将领中，恐怕在古代的将领中也是仅见的。

练兵和用谋是军事思想的两个方面，练兵是用谋的基础，用谋是练兵的运用。要想夺取胜利，二者谁也离不开谁。但二者比较而言，练兵是基础，因为没有一支训练有素的军队去执行，再好的谋略，也不能夺取战争的胜利。当然，有好的军队，瞎指挥同样要吃败仗。二者相得益彰，军队无往不胜。

俞大猷和戚继光的军事思想各有优长：戚继光长于练兵，俞大猷长于谋略；戚继光的练兵十分突出，俞大猷的谋略相当全面。正因为如此，二人的军事思想可以互补，形成更为完备的军事思想。按照这一思想治民，百姓就不会起来造反，少数民族就不会暴乱，社会就可以长治久安。按照这一思想建军，在陆上建立一支战无不胜的精兵；在海防建立一支拥有大船大铳、多船多铳，占到海防军十分之七的水军；在边防建立一支以车步骑营为主的重兵集团。而且能处理好平时和战时的关系，和平时期保留骨干，一旦有事迅速扩军，做到安不忘危，常备不懈。有了这样的陆兵和边海防军，敌人从海上入侵，则实行御海洋、御海港、御海岸、御内河、御城镇、战原野，做到战战有谋划，事事虑周全，主要歼敌于海上；敌人从陆上内犯，实行攻守结合，坚壁清野，调动战略预备队，并发起反击，建犁庭之功，边海防就会巩固。总之，全面贯彻和落实这一完备的军事思想，建立一支有节制的精兵，边海防巩固，内地安定，大明江山就可以长久地延续下去。这就是俞大猷、戚继光军事思想的现实意义。这一完备的军事思想是明代军事思想的一个高峰，是对我国古代兵学的重大发展和丰富。但就个人的特点来说，俞大猷显得更为全面，而戚继光显得更为专一。所以谭纶对俞大猷的评价更高，称俞大猷为“大将”，而称戚继光为“名将”。在笔者看来，俞大猷是难得的有政治头脑、有战略眼光、长于谋略的军事家，而戚继光同样是难得的长于练兵、善于征战的军事家。

（作者单位：中国人民解放军军事科学院）

戚继光的“适成中国之大”思想初探

张凤林　张津铭

根据史料记载，戚继光在南方抗倭十四年，打仗八十余场，杀敌一万余人。其中最大的一仗—— 平海卫大战，他与友军联合杀敌二千四百五十一人。① 后到北方“御虏”十六年，打仗不过十（场），杀人不过百（人）。其中最关键的一仗——董家口大捷，仅杀两个人。② 对于这样的巨大反差，史上有人解释：明王朝文官当政，“太阿之柄，不假武人”，戚继光在北方没有用武之地。清人王懿荣在重刻《止止堂集》序文中也说：“集中多慷慨悲壮之词，唯公西北之志未竟耳。”但是，对于戚继光这位杰出的军事家来说，这样解释显然不够。因为其根本原因不是他没有用武之地，而是他根据南北两方的不同情况，采取了不同的战略方针。在南方，面对来自海外的侵略者，他坚持“大创尽歼”，彻底将其消灭。在北方，面对塞外游牧民族，他坚持“以守为主”，“不战而屈人之兵”，并且提出了一种极其重要的战略思想——“适成中国之大”。

隆庆四年（1570），戚继光把“适成中国之大”的主张，正式提交给朝廷。当时蒙古族西部首领俺答多次请求与中原和好，因为朝廷内部分歧，迟迟不予答复。时任蓟镇总兵官的戚继光上书《覆兵部条议八事》，说：“议封职，以臣服夷酋……施之中华礼乐之邦可也。……今俺酋独雄徼外，我即吝之，能禁彼之自王乎？不如因其请而授之，不割土地，不分人民，适成中国之大。”③

戚继光“适成中国之大”的思想，实际是摆脱了民族偏见的大中华观。他认为“长城内外是一国，蒙汉人民是一家”。蒙汉之间的民族矛盾是国内事情，应该通过中华礼仪去化解，而不应该诉诸武力。在当时的社会环境下，他敢于提出这种思

① 《戚继光志》，山东人民出版社 1999 年版，第 40 页。

② 戚祚国等编《戚少保年谱》，刘聿鑫、凌丽华主编《戚继光年谱》，山东大学出版社 1999 年版，第 289 页。（本文以下凡参引此版者，均简注为《年谱》）

③ 见《年谱》第 235 页。

想，无疑是对传统观念的重大突破，是对大汉族主义的大胆挑战，显示出他极高的政治远见和卓越的军事才华。

一、“适成中国之大”思想产生的基础

戚继光在北方提出“适成中国之大”的主张，不是一时的心血来潮，而是经过多年实践逐步形成的一种重大战略思想。

（一）长城内外同属一个中国的原则，是提出“适成中国之大”主张的思想基础

戚继光在南方抗倭取得全面胜利之后，被调到北方镇守蓟镇。当时的情况是，由于长期南北对峙，长城内外相互为敌，人们习惯上把“南乱”“北患”相提并论，把塞外视为国外，把“胡虏”视为倭寇。很多人希望他到北方以后，还像在南方抗倭那样大规模出师北伐，一劳永逸地消除北方边患。然而通今博古的戚继光深知，塞外广大草原历来是中国领土的一部分，塞外游牧民族历来是中华民族的一员。他说：“议照国家建都于燕，比时属夷为我藩篱，守在旧大宁之地，去塞犹数百里，门庭内固。自夫大宁畀虏，始以蓟镇内边遂为外边……”[①] 意思是，明朝建国之后，已经形成了一个南至岭南、北达漠北的中华大国，塞外是“属夷”，是藩篱，而不是国外。

对于塞外好战分子进犯中原，他也恨之入骨，称他们为“贼”、为“虏”，并坚决反击，绝不手软。但是他对那里的广大民众，给予极大的同情和关爱，说：“夷地不毛，无耕无织，所以仰慕中华者，以其日用，如布帛、锅、铁……不能一日不资于中国。而互市之利，实群夷至望。……盖羁縻虏情可以长久者，正市之谓也。”[②] 他认为只有关心他们的生活，开展边境贸易，互通有无，才能增进民族团结，实现国家的长治久安。

（二）“人心思定，社会思安”的趋势，是提出“适成中国之大”主张的社会基础

戚继光青年时期，曾率山东士兵在长城上戍守五年，深感长城内外的广大民众已经饱受战乱之苦，迫切希望和平安定，特别是此间发生的“庚戌之变”，更使他看到当时社会已经呈现“人心思定，社会思安”的趋势，进一步奠定了促和平、防内战、保统一的决心。

嘉靖二十九年（1550），西部蒙古族首领俺答率大军攻破古北口，直抵安定门。

---

① 引自万历七年七月戚继光《大兵援辽议疏》，见《年谱》第 305 页。

② 引自隆庆四年戚继光《覆兵部条议八事》，见《年谱》第 236 页。

正在京城参加科考的戚继光，被任命为旗牌官督防九门，亲身经历了那场战争的全过程。戚继光认为这场战争是十分激烈残酷的，但是并非不可避免。因为此前俺答已经多次派使者到朝廷请和，其中嘉靖二十六年（1547）二月，俺答第五次提出友好通贡请求，说今后“边内种田，边外牧马，夷汉不相害，东起辽东，西至甘凉，俱不入犯”。态度之坦诚，言词之恳切，使不少边臣为之感动，连连上疏代其求请。可是嘉靖皇帝在一些人的怂恿下，不但不答应俺答的请求，还斩杀来使，并严令“……边臣未能除凶报国，乃敢听信求贡诡言……代为闻奏，殊为渎罔。……通事人役违法启衅者，处以重典”[①]。俺答求通贡不成，便大举进犯，兵临京师城下，发生了震惊朝野的“庚戌之变”。不过此次俺答并没有占城夺地的意图，只从御厩内掠去八人，让他们带进一信，把皇帝大骂一顿，很有武力逼和的意思。

“庚戌之变”的前因后果，使戚继光看到，当时不仅广大民众渴望和平，少数民族上层也希望结束兵连祸结的对立局面。所以他为了适应社会发展，尊重民众愿望，适时提出了“适成中国之大”的主张。

二、“适成中国之大”思想实施的措施

“适成中国之大”虽然是正确的思想，但在大汉族主义占统治地位的明王朝，必然遭到一些诋毁和反对，真正将它付诸实践，并不是一件容易事。特别应该指出，戚继光到北方的主要任务是防御蒙古贵族南下，而蒙古游牧部落的分散局面和他们桀骜不驯的性格，给防御任务带来极大的艰险。在他此次北上之前的十七年中，蓟镇已经连换了十员大将，个个都因防御不当而获罪。其中总督王抒、杨选双双为此丧命。戚继光如果防御失误，不仅会遭到传统观念的强烈谴责，甚至保不住自己的性命。那么，怎样才能既完成防御任务，又实现“适成中国之大”的思想呢？他的主要措施是：

（一）走富国强兵之路，坚持不战屈人之兵

戚继光是个百战百胜的领兵大将，他深知对于好战分子和分裂势力，仅有良好的愿望不行，还必须有强大的军事实力作后盾。对于可能发生的不正义战争，不用强大的正义战争去消灭，就不可能有真正的和平。所以他到北方以后，坚决走富国强兵之路，把主要精力放在重修长城和训练边军上。隆庆二年（1568）正月，他上《请兵破虏四事疏》，说：“须驻重兵以当其长驱，而又乘边墙以防其出没。”并提出一整套训练兵马、加强军备的计划，要求朝廷拨给他十万大军，训练成节制之师，“然后分此十万之众以训九边，九边之兵强矣；举此以训京营，京营之兵强

① 《明世宗实录》卷三二三，嘉靖二十六年四月己酉条。

矣"，并说这是"非直强兵，亦以富国，一劳永逸之上计也"。[①] 这一年他又上书《呈修各路边墙》，说"不过二三年间，金汤势成，不战而屈人之兵者在是矣"。[②]

在封建王朝，戚继光的富国强兵之路，不可能全面走通，他想用十万大军做"种子"，去训练全国军队的计划未能如愿，但是他在蓟镇脚踏实地付诸实践了。经过十几年艰苦努力，他把京城至山海关的两千里长城修成坚不可摧的钢铁防线，把蓟镇的十万大军训练成战无不胜的无敌劲旅。塞外好战分子望而生畏，不敢轻举妄动，分裂势力也大为收敛，从而有效地制止了长城内外的战乱发生，北方呈现一段时间的安定局面。万历二年（1574），总督刘应节上书赞扬戚继光，说他"堵截之功过于斩获，不战之功过于战胜"，"胡虏"慑于他的强大威力，不敢进犯中原，"真不战屈人之兵"。[③]

（二）为和平正义而战，绝不滥杀无辜

戚继光坚持"不战而屈人之兵"的方针，并不是绝对不战，而是在积极备战的基础上，做好打大仗、打恶战的充分准备，以此震慑好战分子，遏制分裂势力。隆庆二年（1568）三月他在《请兵辩论》中说："今以数万之众驰突于原野，如风雨骤集，山崩河决，一拥而至，此胡虏之常……欲使胡虏胆寒心破，一劳永逸，在我亦当以数万之众，堂堂正正，平原旷野，青天白日之下，彼以此来，我以此往，短兵相接，使虏大势败衄，我则以精骑揉之，如此一番，胡虏丧魂，由此而罢。"[④] 这就是说，只有平时做好充分战斗准备，一旦好战分子发动战争，才能堂堂正正地予以有力反击，使之大势败衄，不敢再犯。

在这篇《请兵辩论》中，还有两点应该注意：一是前面的两句话，"彼以此来，我以此往"，犹如后人常说的"人不犯我，我不犯人，人若犯我，我必犯人"。二是后面的两句话"胡虏丧魂，由此而罢"，类似现在人们主张的"有理有力有节"。意思是，只要把对方打得认罪服输，不敢再犯，就立即停火，绝不贪功恋赏而把战争无限升级，绝不黩武嗜杀而给民众造成更大的灾难。这两点说明，戚继光的战争观非常明确，他是为和平而战，为正义而战，绝不为个人名利而滥杀无辜。这也是他在北方打仗不多、杀人很少的一个重要原因。

以万历三年（1575）的董家口大捷为例，那是戚继光在北方取得关键性胜利的一场大战，通过这场大战，彻底征服蒙古朵颜部，蓟镇地区从此和平安定，数十年太平无事。这么一场大战是怎么打的呢？史书上写：蒙古朵颜部首领长秃率兵"盗

---

① 引自隆庆二年戚继光《请兵破虏四事疏》，见《年谱》第157页。

② 见《年谱》第170页。

③ 刘应节《为秋防事竣荐扬重镇大将以裨安攘事疏》，见《年谱》第287页。

④ 见《年谱》第161页。

犯董家口关城”，戚继光“督南北官军自榆木、董家两关出塞，追至聂门……去边一百五十里……生擒长秃以归，斩首二级。余虏负命却遁”[1]。一场由南北两部官军组成的大部队，从东西两关杀出，追击一百五十里到对方腹地。可想而知，这是一场参战人数不少、规模不小的轰轰烈烈的大战。然而这么一场大战，居然只杀两个人就大获全胜，这不是天方夜谭，而是有据可查的历史事实，是戚继光“不战而屈人之兵”的典范，是他把战争艺术运用到至高无上地步的战例，也是他在中国古代战争史上创造的前所未有的奇迹。

还要指出，戚继光督率官军追击一百五十里到聂门（今宽城县崖门子，“崖”在当地读 nie 音），再往北百余里就是会州（今属河北），那里是蒙古朵颜部落的根据地。凭他当时的实力，如果乘胜追击，很容易把朵颜部落彻底打垮，很可能创造比当年李广更辉煌的战绩。然而戚继光放弃了唾手可得的功名利禄，只杀二人，活捉长秃，就收兵回关。这就进一步说明，他为了“适成中国之大”，尽量不把战争扩大，尽量减少给人民造成的战争灾难。

三、“适成中国之大”思想的重大意义

“适成中国之大”思想，是戚继光从当时中国国情出发提出的一种具有前瞻性的战略思想，他把这一思想作为自己在北方一切工作的出发点和归宿，经过十六年的努力，收到了很好的效果，蒙汉民族矛盾得以化解，长城内外长期战乱的局面得以结束，原来最麻烦的被称为九边之首的蓟镇，成为九边中最安全最放心的地方。《明史·戚继光传》说：“继光在镇十六年，边备修饬，蓟门宴然。继之者，踵其成法，数十年得无事。”

此外，戚继光为了实现“适成中国之大”的思想，栉风沐雨重修了长城。其无比宏伟的巨大工程，至今巍然屹立在世界的东方；其巧夺天工的建筑艺术，给中华大地增添了不尽的光彩。它是中华儿女为之骄傲的民族“脊梁”，是全世界共同仰慕的伟大奇观，是全人类极其珍贵的文明瑰宝。

戚继光在北方打仗不多，杀人很少，但是他贯彻了“适成中国之大”的思想，为国家、为人民做出了巨大的贡献，其功绩远不比在南方逊色。

（作者单位：河北省唐山市开平区广播电视局）

---

① 见《年谱》第 289 页。

戚继光在蓬莱的青少年岁月

袁晓春

本文根据《戚少保年谱耆编》《山东通志》《登州府志》《蓬莱县志》《止止堂集》等古代文献，以及《戚继光志》等史料，整理出戚继光青少年时期在蓬莱的相关事件，力求历史真实持之有据，杜绝戏说凭空编造。是否符合我们的心里标准？恳请诸位给予教正。

一、戚继光的少年时期

明朝嘉靖七年闰十月初一（1528 年 11 月 12 日），戚继光出生于山东济宁微山县鲁桥镇，其父戚景通时任江南漕运把总。嘉靖十二年（1533），戚继光跟随祖母阎氏回到登州故居。第二年，七岁的戚继光进入私塾学习。

1. 少年戚继光胆量过人

戚继光从小胆量过人，有一次他到蓬莱阁古建筑去掏鸟蛋。蓬莱阁老建筑檐下有许多鸟做窝。他爬到墙上，手伸进老建筑檐下，没想到掏出来的竟然是一条长蛇。如果是一般的孩子，看到手里盘曲扭动的长蛇，可能会大惊失色失足掉到墙下，然而戚继光此时却面不改色，丝毫不见慌张，顺手将蛇扔出。

2. 少年戚继光喜好布阵

据《戚少保年谱耆编》记载，戚继光九岁时，时常在放学后与小伙伴们嬉戏，他调泥作为营基，砍下竹子用作旗杆，用红布制作军旗，搜集起石头瓦块当作营垒，指挥小伙伴们游戏打仗。当时他的妹妹拔下军旗玩闹，戚继光手舞蛇，把军旗追回重新插回原地。乡里的人看到这种情况称赞说："这哪是孩童中的一般人。"

二、戚继光的家教与求学

青少年时期，戚继光主要受到父亲的严格家教与私塾老师梁玠的谆谆教导两方面的共同教育，养成勇敢、严谨、务实的性格特征。

1. 戚景通刻名碑教育戚继光

戚景通56岁晚年得子，对戚继光自然是非常喜爱，但他不溺爱孩子，对戚继光的教育非常严格。戚景通曾经问戚继光："你有什么志向?"戚继光回答："我的志向在于读书。"戚景通教导道："读书要掌握忠、孝、廉、节四个字，否则读书又有什么用呢?"戚景通多方搜寻，将搜集到的抗元英雄文天祥"忠孝廉节"四字手迹，摹刻镶嵌在家中新建的墙壁上，用以时刻教育戚继光。此外，戚景通专门为忠、孝作了二篇题跋，因跋文文采斐然，明清时期《蓬莱县志》均有收录留存。

2. 父毁锦鞋

有一天，戚景通在院子里，看到戚继光穿着一双崭新的锦鞋高兴地走来走去，不禁奇怪地问道："哪里来的新鞋?"戚继光回答："是姥爷送的。"戚景通见状严肃地教育道："你是个小孩子，却穿着锦缎制作的新鞋。穿上了锦鞋，一定要穿漂亮的锦缎衣服。穿着锦缎的衣服，一定会吃肉食。你父亲清白贫穷是满足不了你的锦衣肉食的。将来你是要进入军中带领部队艰苦作战的，这样下去怎么得了。"戚景通为防止儿子沾染骄奢习气，严令戚继光将锦鞋撕毁了。从这件事情可以看出，戚景通的家教从点滴小事抓起，注意培养戚继光从小形成良好的道德品格。

3. 戚氏府第修缮降格

戚景通时期，戚氏故居作为将军府第在登州蓬莱已有两百多年的历史。戚景通晚年以二品武官的身份退休，回到蓬莱侍奉母亲。因祖居年久失修，戚景通招募工匠修缮故居，其间安排工匠在大门两边雕制四扇花窗。工匠们不解地询问戚继光："公子家是将军府第，按朝廷规制应该制作十二扇雕花窗户，怎么才制作四扇花窗?"戚继光就向戚景通转告了工匠们的疑惑。戚景通听后严肃地教导说："你如能够修身立世，严守祖业，以此来奉祀祖先，能使我不失清白名誉、不去获罪于历代先祖，有清白之名延续家族，四扇雕花窗户也就足够了。"戚景通严厉批评了雕制十二扇花窗这种图虚荣、讲排场的做法，要求戚继光处事谨慎，不事张扬，强调这样才能保全家业。

4. "孝廉、孝廉，将何以遗后"

戚景通为官清廉，从来不接受馈赠或贿赂，因忙于事业不善治家，因而家中积蓄不多。乡里人私下议论戚景通："孝廉、孝廉，将何以遗后?（孝廉、孝廉，将来拿什么传给后代?）"夫人张氏担心将来生活不继。戚景通指着戚继光告诉夫人："这就是家中的财富。"后戚继光赴京城办理袭职手续，临行之际戚景通握住戚继光的手语重心长地说："我留给你的，不要轻易用掉。"戚继光挺身保证："儿应该力求增加，哪会轻易用掉。"旁人不理解说的是什么，都知道戚家没有什么家产。实际上戚氏父子在讲，要将不懈进取的清廉家风传承下去。戚继光赴京期间，戚景通病重去世，家徒四壁，只留下卧床一张、川扇一把。家中积蓄不够办理丧事，夫人张氏借贷才处理了后事。

5. 戚继光在职求学

据戚继光著《止止堂集》和戚祚国等编戚继光年谱记载，戚继光 13 岁就学于蓬莱名儒梁玠先生。梁玠先生为蓬莱诸谷人，秀才出身，屡赴乡试而不中，后出任沧州训导，历任教谕、教授致仕，享年 72 岁。戚继光 17 岁袭职任登州卫指挥佥事，明朝官场规矩，有官职身份需有车马随行。戚继光家贫无资购车马出入，再去梁玠先生处学习，就不能徒步前行，戚继光要继续学习遇到了困难。梁玠先生告诉戚继光："你家世代为将官，现在你也有幸做官，不愿废弃学业，而向老师求学，你可以进一步学习成就功名。我愿意成全你的求学志向。"于是，梁玠先生每天徒步来到戚继光家授学，使戚继光的学业日益长进。

6. 梁玠身教戚继光

梁玠先生每天来到戚家教学，戚继光深受感动。有一天，戚继光准备了丰盛的饭菜，招待梁玠先生。梁玠先生不喜反怒道："你父亲一生清白，未留下什么金钱。你怎么有可能操办这些高档饭菜？我来教你难道是为了享受这些饭菜？"梁玠先生斥责后转身就离开了。身教重于言教，从此戚继光再不敢铺张置办餐饮答谢老师。戚继光与老师梁玠先生感情一直很深。戚继光中年功成名就时曾深情回忆道："先生不以光为不肖，过督之。光今一字一句，皆先生授也。"在戚继光晚年编辑的诗文集《止止堂集》中，收录了其撰写的《中谷梁先生墓志铭》《祭业师广文梁中谷先生》《沧州儒学训导梁玠遇寇纪事》三篇记述怀念梁玠老师的文章，可见梁玠先生对戚继光一生影响很大。

7. 一日三鱼

明朝嘉靖二十四年（1545），戚继光 18 岁迎娶了蓬莱万户王栋将军的女儿王氏。戚家贫穷，曾有戚继光的同事到家畅谈，家中无钱置办酒席，过了许久，王夫人方将酒菜办好摆上。客人走后，戚继光问王氏酒席的来由，原来王夫人是将首饰送至当铺抵押，才置办了酒席。有一次，戚家好多天没有吃到鱼肉，王夫人在市场上买了一条鱼，切成三段，准备做菜，早餐做了鱼头端给戚继光，中午又将鱼尾做给戚继光吃。戚继光问："还有鱼吗？"王夫人答："没有鱼了。"傍晚时分，王夫人将做好的鱼腹给戚继光端了上来，戚继光见状感动地说："一条鱼全都进了我的肚子，夫妻间不应该同甘共苦吗？"王夫人回答："你劳累，我清闲；你吃好一点，我吃差一点。这是夫妻之礼。"这件事说明戚继光夫妻和谐，有举案齐眉、相敬如宾的良好家风。

8. 戚继光作《拟黄台吟》处理妯娌纠纷

明朝嘉靖二十七年（1548），戚继光 21 岁时率登州守军戍守蓟门。当时弟弟戚继美尚未完婚，戚家无资为戚继美迎娶。王夫人典当了从娘家带来的首饰筹措到资金，为弟弟戚继美迎娶了弟媳李氏。由于戚家家贫，弟媳李氏年轻，少不懂事，妯娌间多次发生矛盾。戚继光于是作《拟黄台吟》诗：

四瓜犹畏摘，两瓜更何如？
一摘瓜分半，再摘蔓且除。
家家有南亩，毋使妇人锄。

戚继光向妯娌两个讲述了唐朝章怀太子李贤写作《黄台瓜辞》的由来：相传唐朝武则天掌权时期，太子李贤有感于母子亲情却在权力斗争之时毒杀前太子，用诗来劝谏武则天对太子废黜的频繁，以藤蔓比喻武后，因四个瓜先后被摘而感伤四兄弟性命朝不保夕，希望武后看后醒悟。诗文如下：

黄台瓜辞

种瓜黄台下，瓜熟子离离。
一摘使瓜好，再摘令瓜稀。
三摘尚自可，摘绝抱蔓归。

戚继光通过《拟黄台吟》这首诗，对妯娌二人进行劝导教育，终于使妯娌二人重归于好。

三、戚继光登州军中历练

1. 重责娘舅

明朝嘉靖三十二年（1553），戚继光 26 岁任署都指挥佥事，担起山东沿海的备倭重任，管理蓬莱、文登、即墨三营二十四卫所。当时军中有他的舅舅长期任职，凭借资格老又是长辈，竟然不听从戚继光的命令，在军中的影响特别不好。戚继光按照军队纪律给予舅舅杖责处罚，而后晚间来到舅舅家，当面摘帽道歉，行外甥的礼节。舅舅深受感动地说："知道你执行纪律严格，今后不敢不听从你的命令了。"这件事在军中传开后，军纪为之一变。军人们私下说："执行军纪不避讳亲舅，这是出于公心；军法在先，私礼在后，这是礼让；亲舅舅遭到处罚，更何况其他下属呢。"此事的圆满处理，可以看出戚继光执行军纪的严格与对待军中长辈灵活的处理方式。

2. 严整卫所，撤换军官

戚继光升任山东备倭总督后，发现有的卫所军费空虚，经调查原来是有的军官挪用了卫所的银两，多年的累积挪用造成卫所的经费空虚，甚至不能保证正常的开支。戚继光下令：十天之内卫所官员必须按时归还挪用银两，个别一时还不上的，从其俸禄中扣除。千户李武臣等军官，在戚继光的督促下，归还了挪用的卫所经费，保证了卫所开支。

戚继光还发现许多卫所主管，由于老病等原因，不能正常到岗视事。于是戚继光果断地上报朝廷，对卫所军官进行整顿，撤换了一批年老有病难堪任用的军官，提拔重用了如栾煦、王泮等年轻有为的军官，使山东半岛的明军风气有了明显转变，战斗力大大增强。

3. 戚继光在蓬莱题诗明志，佳句不断

在蓬莱军中任职与不懈的求学期间，历史上英贤人物的光辉业绩，深深激励着年轻的戚继光。他在堂前的柱子上刻下一副对联："功名双鬓黑，书剑一囊轻。"他决心以自己的书剑博取功名。可贵的是，戚继光追求的并非个人功名，而是要为国家建功立业。

戚继光戍守蓟门，路经金岭驿，又作《马上行》：

歧路驱驰报主情，江花边月笑平生。
一年三百六十日，多是横戈马上行。

戚继光在一本兵书的空白处，还写了一首题为《韬钤深处》的五言律诗，抒发自己保家卫国的志向：

小筑暂高枕，忧时旧有盟。
呼樽来揖客，挥麈坐谈兵。
云护牙签满，星含宝剑横。
封侯非我意，但愿海波平。

其中"封侯非我意，但愿海波平"的诗句，成为戚继光诗文中的佳句，流传数百年为人们所传颂。

（作者单位：蓬莱阁景区管理服务中心）

从“登州事变”看“戚家军”与“辽东兵”的差异

宋耀武

孙元化任职登莱巡抚期间，想如当年戚继光那样，训练一支新军，虽然人数不一定很多，但装备精良、训练有素，能在关键时刻为朝廷力挽狂澜。然而，“辽东兵”并没有如孙元化想象的那样，成为一支所向披靡的“戚家军”式的部队，反而葬送了他的性命，投降了敌人，成了叛逆。血的教训，发人深省。

一、孙元化与“登州事变”

孙元化（1581—1632），天启间举人，西洋火炮研究专家。天启二年（1622），辽省防务吃紧，孙元化向朝廷条呈《备京》《防边》两策，受到朝廷的重视。兵部尚书孙承宗出任蓟辽经略，用孙元化筑台制炮主张，筑宁远城。（《明史·孙承宗传》）孙元化后协同袁崇焕驻守宁远。天启六年，努尔哈赤率6万大军号称20万猛攻宁远，明军城头共布置有十一门大炮，威力惊人，使努尔哈赤身受重伤，不久身亡，史称“宁远大捷”。事实证明筑台制炮是抗后金最佳方略。

崇祯三年（1630）一月，孙元化随孙承宗镇守山海关，三月，加山东按察副使，五月，兵部尚书梁廷栋破格荐用孙元化升登莱巡抚。

崇祯四年（1631）八月，清军围攻大凌河（今辽宁陵海），登莱巡抚孙元化奉命调孔有德率军援辽。援军行至直隶吴桥（今河北景县）时，因天气恶劣，给养匮乏，孔有德、李九成发动兵变，连克七座县城。年底，叛军兵临登州城下。

崇祯五年（1632）正月初二，孔有德见城池坚固，久攻不克，施计从镇标将张焘所部降兵中精选三百人诈开城门。进城后，与耿仲明、陈光福等辽军旧部密谋内应。耿仲明打开城门，迎接叛军。不到天明，孔有德已全部占据登州城，活捉巡抚孙元化，登州道、监军道、知府、同知、知县等城内多数官员被俘。正月初四，叛军占领水城，镇总兵张可大自缢于太平楼。在登州沦陷的几个月里，孔有德大肆破坏，并封官进爵。李九成、孔有德自称为都元帅，铸印“替天行道都元帅”，推李九成为首，孔有德次之，耿仲明自称都督。叛军还将搜刮来的金帛子女分配给士兵，用掠获来的巡抚关防索取州县银两，用白银招纳其他叛军。

登州事变后，明廷招抚、投降的意见占了上风，致使一再贻误战机，直到九月初一，明军各路人马才赶到登州。十月，明军开始大举攻城，双方形成僵持局面。进入冬月，天寒地冻，城中粮食耗尽，物资匮乏，叛军甚至啖人肉、点天灯，百姓横遭涂炭。崇祯六年（1633）正月，明军采取劝降手段。眼看登州难保，二月十三日，孔有德率万余人乘船退守海岛，耿仲明也收缩部队，放弃大城，十六日，命叛军王秉忠据守水城，负隅顽抗，自己竟趁夜色逃亡。明军进入大城后立即开始进攻水城。

崇祯六年（1633）四月，孔有德和耿仲明以百余艘船，男女一万两千多人，连同大批军器、枪炮，冲破明军的围追堵截，浮海登陆辽东，降后金，历时十八个月的登州兵乱至此方告结束。

二、“辽东兵”与“戚家军”的差异

明朝初年，采用的是卫所士兵制，每个军户出丁一人，代代不变。同时军队靠自己屯田解决给养，这样做的确使军队能长期驻扎并缓解国家后勤保障压力，尤其是在边塞地区，使边防军依靠屯田一代又一代守边，确实起到了稳定军心、安定边疆的作用。但从明朝中期开始，军队的腐败使卫所军几乎毫无战斗力可言。士兵逃亡和换籍众多，至明中叶以后卫所出现大量空额，所剩残卒也多为军官役用，训练废弛。

戚继光奉命抗倭后，立即进行变革，不用卫所制的士兵，实行募兵制，并对士兵进行职业化训练，同时对武器进行发明、改造和仿制，为部队装备狼筅、戚氏军刀、藤牌、赛贡铳、六和铳、虎蹲炮、后膛的神威将军炮、佛朗机炮、大口径的加农炮等当时东亚最先进的武器。

孙元化将军队的建制由卫所制改为营制，也实行募兵制。对军队的军事训练，孙元化可谓煞费苦心，聘请了西方的军事技术人员来帮助训练，如从澳门聘请葡萄牙军官特谢拉·科雷亚（Goncalvo Teixeira Correa）等火炮专家来训练士兵使用西式武器，部队的军事水平得到了逐步强化。

孙元化的“辽东兵”每营4000人，其中战斗部队2000人，后勤人员2000人（战斗激烈时也是战斗部队），配有双轮车120辆，炮车120辆，粮车60辆，共300辆；武器装备方面，西洋大炮16门、中炮80门、鹰铳100支、鸟铳1200支，炮手还配备手铳（手枪），为了适合近战，每个士兵还装备一把锋利的日本刀。可以说，这是一支极具“现代化”“机械化”装备的军队。

概括地说，“戚家军”和“辽东兵”都是实行募兵制组建的军队，都具有当时最先进的武器装备，都进行了专业化、职业化的军事训练。但是两支军队的综合素质大不一样，所取得的战绩相去甚远。从分析比较两支军队的差异可以看出问题所在。

（一）从招募士兵方面比较

戚继光：注重质量，招选精兵。他提出，时代不同，选兵的方法也应不同。他的选兵标准主要有两条：其一是注重士兵的成分出身，主张“不可用城市油滑之人”，“不可用奸巧之人”，“可用只是乡野老实之人”，“可用乃惯战之人”；其二是注重士兵的素质，挑选那些身体丰伟、体格健壮、武艺精湛、反应伶俐、负有胆气之人，“而必胆为主”。戚继光于嘉靖三十八年（1559）至四十二年（1563），先后三次深入浙江义乌，共招募一万余名农民和矿工，组成闻名中外的“戚家军”。

孙元化：只重数量，不分良莠。辽东也就是现在所说的东北地区，地冻天寒的气候，地广人稀的自然环境，造就了勇敢粗犷的民风。辽东是多民族的聚居地，有明一代战事不断，又使得辽人个个勇猛善战。后金侵占了辽东大部分地区后，实行了野蛮的民族压迫政策，汉人几乎都成为奴隶、农奴，因此辽东的汉人对后金有着刻骨的仇恨。勇敢和仇恨可以造就最好的战士。但是人品有好坏，能力有强弱，素质有高低。孙元化在招募士兵时只考虑苦大仇深、骁勇善战，却不注重人的品质、德行，结果征召来的辽东兵多是“两头冒尖”，打仗勇则勇矣，平时则是十足的匪军作风，军纪败坏，吃喝嫖赌无所不为。

（二）从选将育才方面比较

戚继光：以德为先，选拔良将。德、才、识、艺四者兼备是戚继光的选将标准。他认为，德、才、识、艺四者相比，将德为上。任用将领，只能任用有将德的人。一个将领最重要的品德就是心术要正，要“视兵马为安国保民之具”，“一心从民社上起念”；要立志向，置生死于度外；要宽宏大量，保持廉洁；不妒贤嫉能，不刚愎自用，能集众思，用群策；教育士卒，爱护士卒，与士卒同甘苦共患难；不追求功名，只当尽力报效朝廷，等等。

量才录用，取其所长。戚继光还认为，“驭将之要”在于“分将品”，对所用将领要区分等级，量才录用。他指出，那些德、才、识、艺兼备者，可委任为“大将”，统领千军万马，独当一面，独镇一方；那些将德、将才尚可，“优于技艺，励于鼓舞，短于文学”的少文者，可担任偏将；才有余而志不足或者“勇有余而志不足”者，只能任“小将”；至于那些为愚、为诈、为贪而有一技之长者，只能“因其事变，偶一使之”，切勿“示以爵位”、委以要职。作为将将者，对所练诸将的特长必须了如指掌，哪些堪任大将，哪些能任偏将，哪些只能偶一使之，心中必须有数，使用时扬长避短。

联系实际，习临真战。戚继光非常注重联系实际进行“练将”。不论是在东南沿海抗倭作战，还是戍守蓟镇边塞，戚继光都亲自对所属将校进行言传身教。特别是在镇守蓟期间，他虽是统领十几万步骑的高级将领，仍然亲自登坛口授，讲战守方略，传古代将帅为将之道，做兵器操作示范。他还主张设立武学，选拔有条件的军士入校学习，规定他们先学习理论，明确为将哲理，懂得用兵谋略，精通各种武艺，然后令其分赴边防或随营练“将艺”，使其“习知山川之势”，“熟识旌麾、金鼓之节”，懂得如何运用兵法，“用之不效，而复教之”，反复实践，直至精熟。再指挥实兵练“阵法”，“出则置诸战阵之后，将实境以试之。试之既久，小委以尝之；尝之无疑，然后可用”。练兵法也必须结合实境，“识士伍之情，山川之形，侦敌动静”，然后运用兵法，才能做到“开阖变化，运用无穷”。通过上述锻炼，全面提高将官指挥实兵的才能。然后进行统一“考校”，择优赴阵，“随营出征”，习临“真战”“真法”，在实践中施展智慧，增长才干。

孙元化：选将无德，用人失察。在创建新军时他不重视中层军官的选拔，辽东兵的领兵军官一般是毛文龙的旧部。尤其是孙元化主张“以辽人守辽土”，十分器重辽东人，使得原毛文龙的大批部下在走投无路的情况下纷纷投靠于他。这些人很多是海盗、囚徒出身，虽然打起仗来都是亡命之徒，但个人素质、修养、道德低下，然孙元化又自负地认为自己收留了这么多辽人，是对他们有恩，幼稚地以为辽人自然会对自己忠心，完全无视这些辽人军官会有什么个人想法，根本不注重对他们的教育和管束。

毛文龙以拜干亲的形式，将一批强悍的部将收为义子，这其中以号称“山东三矿徒”的孔有德、尚可喜、耿仲明三个亡命徒最为出名。毛文龙被杀，他们本来就心存不服、心怀怨恨。毛文龙旧部参将刘兴治在皮岛叛乱，杀陈继盛等十余人，总兵黄龙随即赴皮岛镇压。孔有德、耿仲明等更感到不被朝廷信任，率部投奔登莱巡抚孙元化后，虽被委以要职（孔有德被任命为骑兵参将，耿仲明则被派往登州要塞），却对朝廷早有二心。对此孙元化却视而不见，毫无觉察。

（三）从治军统兵方面比较

戚继光：赏功罚过，军纪严明。严明的军纪是战争取得胜利的保证。戚继光认为：“兵众而不知律，必为寇所乘。”他主张“严号令”，“明恩威”，“擂鼓进军，虽水火不却步，鸣金收兵，虽金银不贪”。为此，他制定了民众纪律、战场纪律、对俘虏的纪律等，要求士兵“人人知我之令”。在平时的训练中，戚继光要求士兵熟练掌握金鼓、号炮、旗帜等号令，要求做到统一步调，万人一体。作战时，全体官兵必须集体向前，一人退却则一人斩首，全队退却则队长斩首，队长殉职而全队退却则全队斩首。

此外，戚继光认为，“行赏罚”是练“节制”之师的“要柄”。在“戚家军”中，赏和罚都有严格的规定。戚继光不仅主张赏罚要一视同仁，而且主张赏罚应不分时间、地点和对象，该赏就赏，该罚就罚。作战中冲锋陷阵、英勇杀敌的将士，应该给予奖赏。打胜仗该赏，而胜仗之中有过者也该罚；打败仗该罚，败仗之中有功者也该赏。真正做到赏必须赏得使将士有所喜、有所争，罚必须罚得使将士有所恶、有所惧，使将士“人人知其所以赏与罚之故”，从而达到“感心发，则玩心消；畏心生，则怨心止”。嘉靖四十一年（1562）十月十日，戚继光率部夜袭林墩倭寇，遭倭寇前后夹击，情势危急。哨长刘武等人不顾军令，仓惶退却。戚继光立马横刀守住路口，斩刘武等人。刘武是戚继光的老部下，感情深厚。兵士们见刘武被斩，返身奋战，终于大败倭寇，救出被掳百姓2000余人。戚继光有位舅父在军中任职，“以长挟，不用命”。戚继光将其当众责罚，军风大振。采用这样的治军方针，戚继光造就了一支坚强的部队。

教思豢养，军民相体。在戚继光的一生中，保国安民的爱国思想贯穿了他的全部实际战斗生活。他不同于一般仕禄之辈只知食君禄、报皇恩而根本不了解自己与国家和人民的关系。戚继光则不然，他虽然偶尔也念及“君恩”二字，但在更多的场合强调的是“受国豢”“荷国恩”。他具有一种强烈的“未敢忘危负岁华”的时代责任感。霍去病、班超、祖逖等历史上一些为国建功立业的英雄，都是他学习的榜样。但他只仰慕他们的事业，并不羡慕他们的功赏。此点，正如他自己所说：“封侯非我意，但愿海波平。”他视百姓如父母，常以“军民相体”“保国卫民”训导官兵，时时鼓励官兵杀贼保民。“冻死不拆屋，饿死不掳掠”。对恃强霸道、讹言狂惑、偷摘瓜果、奸淫妇女等士兵，戚继光坚决主张一律论罪。

嘉靖四十二年（1563），“戚家军”先头部队刚到惠安县崇武所，倭寇突然登岸。戚继光见百姓正在田里插秧，便立即下令反击倭寇。部下建议大部队到后再战。戚继光说：“春月农郊，妇子在田，今倭得杀良民一人，即尽数斩之，何足赎失？”即令出击，获胜，使百姓免遭屠戮。戚继光严令：有伐人树株、践人田产、毁人房屋、妄杀平民者，“决以军法从事，抵命”。“戚家军”所到之处，秋毫无犯，无论在哪里作战都能够获得当地百姓的支持。百姓“扶老携幼，快睹威颜者道路充塞”，并“淅米而炊，扫榻以款，士卒如大宾贵客”。这样的军队在封建王朝是非常难得的。

孙元化：治军不严，统兵无魂。他只注重从军事上训练军队，可并没有如戚继光那样真正严格约束管理好军队，忽视对军队的思想教育和纪律约束，对所收留的辽兵、毛文龙旧部根本不进行整顿、改造和教育，导致“辽东兵”并没有成为如

“戚家军”那样不仅作战勇猛，而且纪律严明、秋毫不犯的威武仁义之师，反而仍然是一支亦兵亦匪的队伍。

管窥一斑，可知全豹。一只鸡竟成为“吴桥兵变”的诱因。崇祯四年（1631）八月，皇太极率军攻打大凌河，孙元化急令孔有德率八百骑赶赴前线增援明军。兵抵吴桥时，因遇大雨秋雪，又因为辽东兵的军纪涣散、作风野蛮，一路上扰民不断，与地方上屡有摩擦，百姓人人皆怕，唯恐躲之不及，所以当孔有德部进入吴桥县城时，县人皆闭门罢市。部队给养不足，有一士兵强抢山东望族王象春家的仆人一只鸡，被罚“穿箭游营”。于是该士兵击杀了王象春家的仆人，事后王象春之子不肯罢休，要求查明真相，引发军队不满。恰在此时，几个月前被孙元化派往西北边塞买马的李九成，嗜赌如命，输光了公款，正在琢磨着如何交差，看到这种情形，铤而走险，唆使、煽动自己的儿子李应元和孔有德等发动兵变，火药桶终被点燃。

（四）从指挥作战方面比较

戚继光：是军事家，亲自带兵指挥作战，而且身先士卒，厉行垂范。每次作战，他都是“身撄前锋，亲发劲矢”，或“执锐披坚，见贼则轻身先进”，以表率作用使士卒无不感奋。嘉靖三十五年（1556）戚继光率部于浙江龙山所同倭寇作战。三个倭酋指挥八百多名倭寇，舞刀呼啸，疯狂反击。明军大乱。眼看就要全军溃散，戚继光纵身跳上一块巨石，弯弓搭箭，连发三矢，射杀三个倭酋，接着振臂挥剑，喝住溃军，杀向倭寇，夺取了这次战斗的最后胜利。嘉靖三十六年（1557）春，戚继光率部行至乐清遇大雨，部伍肃立不乱。民邀戚继光进屋避雨。他婉言谢绝说：“千人露立，吾何忍也。”戚继光的言行，赢得全体将士的衷心拥戴。嘉靖四十一年（1562）戚继光率部在福建牛田大破倭寇，回到福清城内，一时驻处尚未解决，“士卒露立，疲劳不堪”，民众因感激平倭之功，“私饷而款歇之”，但兵不敢食，亦不敢入，皆曰：“将军毋令我扰民，虽疲馁实所甘心也。”正因为如此，戚继光和他的“戚家军”到处受着民众的尊敬与欢迎，被称颂为“仁义之师”。

戚继光体恤士卒，爱兵如子，行军打仗“与士卒草蔬野处”，“绝甘同苦”，经岁转战各地，“触风雨，踏泥泞，与士卒同苦而忘身尽瘁”。他“爱士卒甚于爱身”，对部下情同手足，不克扣粮饷，不任意役使，不泯灭功劳，为将士请功、犒赏的疏奏，在他的著作里是屡见不鲜的，每战对阵亡将士，常“解衣含殓率多官哭奠”，对那些作战“被伤的兵勇，各给优恤，命医调理”，表现了一个将帅对士卒的深切关怀。

孙元化：是武器专家，基督教徒，不了解军队的特点，不懂得行军打仗，不亲自带兵指挥作战，又不注重选拔军事将领，这实质上失去了对军队的控制。军队的实际指挥权掌握在孔有德、尚可喜、耿仲明这样的亡命之徒手中。

三、结论

军队的战斗力是由人和武器装备等多方面因素形成的。武器装备是形成战斗力的重要因素。在武器装备一定的情况下，人是形成战斗力的决定性因素。尤其是在古代战争中，在冷兵器时代，人的因素更显得重要。当然，人的因素内容非常广泛，包括兵员的数量、编制体制、指挥管理、战略战术、官兵的素质等。而军队的精神风貌，军人的价值理念（价值观）却是部队的精神支柱，是部队的灵魂。从分析“戚家军”和“辽东兵”的异同可以看出：

1. 军队建设要以人为本。一支军队要履行其使命，既需要强大的物质力量，也离不开与之相适应的精神力量的支撑。物质力量突出表现为武器装备等，精神力量则一般指信念、意志和道德等，其集中表现为军队的正确的价值观。以正确的价值观为代表的“软实力”与以武器装备为代表的“硬实力”等要素，共同构成军队履行使命的实际能力。有什么样的价值观，就有什么样的行为标准。

再先进的武器也是需要人去掌握、去控制的。如果没有一支不辱使命、忠于国家和人民的军队，先进的武器装备就只能是一堆中看不中用的摆设。如果这支军队腐败、堕落，战时投敌叛变，先进的武器装备还可能为敌方所用。当然，在当今世界，科技飞速发展的时代，先进武器装备对战争的胜负起着越来越重要的作用，但是在武器装备大致相当甚至稍弱的情况下，最终决定战争胜负的因素仍然是人不是物。

2. 正确的价值观是军队履行使命的精神支柱。军队履行使命需要强大的战斗精神作支撑，而战斗精神源自广大官兵心灵中坚守的价值观。军人的价值观是军队“软实力”的重要组成部分，决定着军队凝聚力、战斗力的形成。一般来说，军队的使命就是保卫国家安全，维护边疆稳定，在国家和民族需要的时候勇于奉献。这就要求军人要忠于国家、忠于民族。任何国家都强调军队的忠诚，甚至把忠诚与否作为鉴别一支军队及其成员的最基本、最重要的职业素质和道德标准。在高度现代化的全球化时代，“软实力”成为愈益凸显的影响战斗力的重要因素，世界各国特别是大国军队尤为重视军队的“软实力”建设，尤为重视军人价值观的建设，重视军人价值观教育及其养成，以便在当今多元文化价值观的激荡碰撞中更好地凝聚军心、增强战斗力。

军队是一个承载最大牺牲的集团，这是不可更改的价值选择和道德底线。每一个人从选择军旅生涯那一天起，就必须随时准备牺牲，包括牺牲生命。相对于各个社会阶层和集团，军人的牺牲是无条件的和最为彻底的。只要是国家和人民利益的需要，只要军令下达，明知前面是死亡，仍然要扑向死亡。这既是道德的规范、职业的要求，更是价值观的体现。

一支没有信念的军队不但没有凝聚力，更谈不上战斗力。甲午战争之时，淮军统领卫汝贵率军向朝鲜开拔。开拔前，卫汝贵把饷银24万两的三分之一汇往自己家中。其妻回信说："君起家戎行，致位统帅，家既饶于财，宜自颐养，望善自为计，勿当前敌……"卫汝贵果"不负妻望"，平壤之战一开，他和叶志超弃城逃跑。日本人看到这封家书，视为奇闻，将其作为战利品，并一度放入教科书中。可见，只存私心杂念而缺少正确价值观支撑的军队，甚至连战斗的勇气都没有。

3. 纪律是军队的生命，是战斗力生成的重要保证。历数古今中外的军队发展史，无不把建立和执行铁的纪律作为建军的重要原则。戚家军的所向披靡、战无不胜是建立在严格甚至是严酷的军法之上的：如果作战不力而战败，主将战死，所有偏将斩首；偏将战死，手下所有千总斩首；千总战死，手下所有百总斩首；百总战死，手下所有旗总斩首；旗总战死，手下队长斩首；队长战死，而手下士兵没有斩获，十名士兵全部斩首。斩级的赏赐也颇丰，每一级赏银40两！

甲午战争前，日本的海军军官到清朝的军舰上参观，看见清朝水兵的军容不整，水兵们甚至把衣服搭在炮管上当晾衣架用，就说："我们日本海军必然能够战胜貌似强大的清国海军。"日本海军军官之所以这样判断，就是因为看出了清朝水兵的懒散和士气涣散，而这些因素也正是清朝军队在甲午海战中败于日本海军的重要原因。

（作者单位：烟台市蓬莱区人大常委会）

戚继光与托浑布登州海防政策比较研究

张景龙

明清时期，山东海防一直是中国蓝色国土防御上的重要一环。明朝“嘉靖倭乱”和清朝鸦片战争都给当时的山东海疆带来了严重危机。明代戚继光和清代托浑布都曾坐镇登州，负责山东海防事宜。本文拟系统梳理戚继光与托浑布登州海防的各项政策，并尝试归纳二者海防政策的异同点。

一、登州港历史发展概况

蓬莱，古时称登州，位于山东半岛最北端，濒临黄、渤二海，北由庙岛群岛与辽东半岛相连接，形成京津锁钥之势，东与朝鲜半岛、日本列岛隔海相望，地理位置极其重要。加之登州境内海岸线曲折，河流众多，因此形成了众多优良的天然港湾，自古以来就是我国北方重要的对外政治、经济、文化交往的出海口和海防要塞。

隋唐时期，登州古港以政治、经济、文化功能为主，军事功能为辅。随着国家统一、国力强盛的大唐帝国，同我国辽东地区、朝鲜半岛以及日本列岛之间政治、经贸和文化交流的常态化，坐拥“登州海行入高丽渤海道”① 之先天区位优势，登州成为东方“海上丝绸之路”的出海口，并在这一时期逐渐发展成为古代胶东地区的政治、经济、文化中心。尽管隋唐王朝时常卷入朝鲜半岛高丽、新罗、百济三国间“数相侵伐”的纠纷，使得包括登州在内的山东半岛实则充当了中原王朝出兵朝鲜半岛的后勤军事保障基地，但整体而言则难以改变同时期的登州在中朝、中日之间外交互访和朝贡商贸以及文化交流的地位。

宋元时期，登州古港作为海防军事要塞的职能逐渐确立。从五代时期到元朝灭

---

① 《新唐书·地理志七下》。所谓“登州海行入高丽渤海道”是指从古登州（治所在今蓬莱）出发，路经北面的庙岛群岛，抵达今大连老铁山海峡，沿辽东半岛海岸线至朝鲜半岛西海岸。

亡的400余年间，经历朝代更迭、战乱频生的社会大环境，总体来讲，这一时期山东半岛与辽东半岛、朝鲜半岛以及日本列岛的交往并未受到太大影响，依然延续了东方“海上丝绸之路”繁荣发展的局面。虽然北宋前期“新罗、高丽诸国，往年入贡，其舟船皆自登州海岸往还”①，但随着北宋在同契丹政权的战争中屡败，从而使得毗邻辽东半岛的登州港成为宋辽战争的海上前沿哨所。辽军的压境严重阻碍了登州同朝鲜半岛的交往。出于防御北方契丹政权的现实考虑，北宋于庆历二年（1042）在登州设立巡检司，并依托丹崖山修建“刀鱼水寨”，以抵御辽军从海上袭扰。“刀鱼寨”因港内停泊的一种外形酷似刀鱼的浅海巡逻船而得名。从此，“登州水军以刀鱼寨为海军基地，停泊战船，补充给养，训练水师，出哨巡洋，护卫着登州的外海洋面”②。“刀鱼水寨”的建立，标志着登州港口的性质发生历史性转变——北方商贸港口变为海防军事重镇，甚至在以后的元、明、清三朝，登州一直都是重要的海防军事要塞。

明朝时期，登州海防重镇的军事地位得到空前强化。明朝自洪武年间起始终强化与朝鲜的关系，致力于扩大同朝鲜半岛的政治、经济和文化等方面的交流。与此同时，明王朝也曾试图与日本维持和开展友好关系，怎奈此时的日本列岛处于战国纷争的混乱状态，其国内以没落武士为主体的倭寇集团频繁侵扰中国和朝鲜沿海地区，导致中朝与日本之间的严重对立，并爆发了旷日持久的抗倭斗争。在这期间，山东半岛的登州港因其特殊的地理位置扮演了两种角色：（1）继续扮演着东方“海上丝绸之路”的桥头堡。明代，登州是朝鲜半岛进出中国的主要通关口岸，明太祖朱元璋命令高丽使节由登州入境，再由陆地转至南京，郑梦周、郑道传等朝鲜半岛的著名使臣都曾数次登陆登州。（2）扮演了抗击海上倭寇的卫士。山东半岛地区自洪武年间起便频遭倭寇强盗集团的侵扰，因此，明朝廷重视登州的海防建设。洪武九年（1376），在登州地区建立卫所，实行军事屯田；洪武八年（1375），在北宋“刀鱼寨”的基础上环小海筑土城，改建通海孔道，万历二十四年（1596）于土城外侧甃砖，改画河河道绕城南、城东入海，形成护城河，并与此后陆续兴建的海港及其他军事设施构成水城这一完整的海军军事防御基地；明成祖永乐六年（1408）在登州水城增设备倭都司，统领山东沿海卫所军队以抗击倭寇，戚景通、戚继光父子曾先后担任过此职，尤其是戚继光后来便是从这里开启了抗倭英雄的光辉历程。此外，“东征倭寇，自登州运粮赴朝鲜”③。登州也是明朝抗倭援朝的军事后勤基地。总之，纵观整个明朝时期，登州港的海防军事地位在其抗击倭寇、支援

① 《续资治通鉴长编》卷一百五十八《仁宗》。

② 袁晓春《海上丝绸之路——蓬莱》，黄海数字出版，2014年，第1页。

③ 光绪七年刻本《登州府志》卷二十二《海运部》。

朝鲜以及在抵御后金和清的长期斗争中得以空前强化。

清朝时期，登州港海防和对外交往呈现逐渐衰微的态势。清朝前期，统治者极力强化专制主义中央集权：变革明代卫所制度，裁撤沿海卫所，归之入附近州县或改之为州县，取消其军事建置，加速其行政化进程，由八旗和绿营取而代之，奉行“重防其出”“陆防重于海防”的海防政策，在沿海地区实行严格的禁海和迁界政策。但自鸦片战争以后，西方资本主义列强凭借一系列不平等条约，迫使清政府逐步将一些沿海、沿江地区开辟为对外通商口岸。面对有海无防的现实窘境，从 19 世纪 60 年代开始，以奕䜣、李鸿章等为代表的洋务派掀起洋务运动，主张建立近代海军，保护中国海疆安全。清朝时期的一系列变革对登州港产生了直接的影响：（1）裁卫设县，瓦解登州卫所制度，取而代之的是山东八旗和山东绿营；作为海防陆军的八旗兵和绿营兵其本身又受“陆防重于海防”政策弊端的祸害，山东地区唯一一支八旗军驻防在青州，而非登州，驻防登州的仅有海防陆军的九营绿营兵。这些绿营兵的战斗力之弱正如登州镇总兵黄元骧所言：“队伍不整，行营布阵全然不晓。该营守备黄金竟不留心营务，怠于操练，驭兵无术。”[①]（2）第二次鸦片战争后，烟台被开辟为对外通商口岸，由于登州港本身水浅且淤塞严重，不适合大型商船停泊，所以登州港的经贸地位被严重削弱了。（3）1881 年清政府裁减山东登荣水师，仅留 4 艘旧式艇船巡防浅滩险港。随着北洋海军成军以及威海、旅顺两大军港的完工，登州港的海防要塞地位几乎失去。

二、戚继光登州备倭海防政策

自明朝洪武、永乐年间的倭患平息以后，山东海疆平静了百多年。但到了嘉靖三十一年（1552），大批落魄失业的日本武士、农民群体为求出路，与中国东南沿海地区的一些奸商走私集团相互勾结，开始大规模地武装劫掠江、浙、闽等中国东南沿海地区，导致“东南罢敝极矣。……四郊庐舍，鞠为煨烬，千队貔貅，空填沟壑。既伤无辜之躯命，复浚有生之脂膏”[②]。史称“嘉靖倭乱”。尽管山东海防压力骤增，但相对于东南沿海的倭患“重灾区”，山东沿海地区遭受的倭乱危害要轻得多。这与戚继光备倭登州、整饬海防的努力是分不开的。

将门奇才，临危受命。戚继光（1528—1588），字元敬，号南塘，晚号孟诸，世居东牟（今山东蓬莱）。戚家自五世祖戚斌开始一直世袭登州卫指挥佥事，因此，

---

① 中国第一历史档案馆编《雍正朝汉文硃批奏折汇编》（第 8 册），江苏古籍出版社 1991 年版，第 285 页。

② 采九德著《倭变事略》，见中国研究社《倭变事略》（《中国历史研究资料丛书》），上海书店 1982 年版，第 71 页。

作为将门之后的戚继光从小便深受精忠报国的军人家庭氛围的熏陶，再加上年少时饱读儒家经典，研习兵法武备，所以很早便展现出了一定的军事才能。年仅 17 岁的戚继光于嘉靖二十三年（1544）袭职登州卫指挥佥事，从此开启了功勋卓著的军旅生涯。嘉靖二十五年（1546）戚继光负责管理登州卫屯田事务，其大刀阔斧推行改革以消除卫所积弊，操练士兵，整修战船，积累一定治军经验。嘉靖二十八年（1549），戚继光参加山东乡试并考中武举，第二年到北京参加会试，适逢蒙古鞑靼部首领俺答汗率大军进犯京师，严重威胁大明江山的统治根基。戚继光主动加入保卫京师的战斗中，此后被委以戍守蓟门的重任。从嘉靖二十九年（1550）开始，戚继光连续三年率领山东六府的民兵戍守蓟门，春去秋归，过着“一年三百六十日，多是横戈马上行”的戍边生活。几年的军旅生涯使得戚继光逐渐在军界崭露头角，山东巡抚王绩曾这样评价他：“才猷出众，骑射兼人。应武闱而每多中式，领民兵而颇服众心。”① 随着“嘉靖倭乱”的加剧，山东海防压力巨大，在危难之际，戚继光于嘉靖三十二年（1553）被晋升为署都指挥佥事，总督山东沿海三营二十四卫所，整饬海防，力保山东海疆一片安宁。

面对日渐废弛的海防现状，戚继光上任后，励精图治，采取有效措施，积极整顿山东海防。

（一）积极修筑海防工事，大力整顿水师。随着卫所的废弛，山东沿海地区的军事防御设施损坏严重，作战船只损坏严重，水军战斗力极其低下。戚继光十分重视海岸防御工事的修建，为加强各卫所之间的联络，他要求各卫所在沿海辖区内每三十里设一驿站，每十里设一墩。他每到一卫所，都要深入海防一线仔细检查海防设施，要求对于损坏的设施及时维修和扩建。戚继光强调“水陆兼司，陆战尤切”②。加强陆军建设的同时，积极整顿水军，他坐镇登州水城，亲自督造战船，编练水师，将登州水师编练为五营十哨，指挥水师出海巡哨，进行海上操演，进而将水城打造成进可攻、退可守的永不沉没的海上堡垒，大大增强了登州水军的战斗力。③

（二）大力整顿山东卫所领导机构。针对当时山东沿海一些卫所机构的军官老弱病残亡或不称职的现状，戚继光大力整顿卫所领导机构，坚决撤换一批不称职的指挥使，提拔重用一批有真才实干的将官，并要求这些新任官员严于律己、服从命令，在全军将士面前起到表率作用。戚继光打破军中资历限制，而唯以实际才能为依据，任命有才能之人为千户等官员。对于卫所官员玩忽职守的现象，戚继光采取

① 戚祚国等编《戚少保年谱耆编》（卷一），嘉靖三十年二月。

② 戚继光《纪效新书》，人民体育出版社 1988 年版，第 4 页。

③ 《登州古港史》，人民交通出版社 1994 年版，第 183~184 页。

绝不姑息养奸的整治打击政策。例如，当戚继光得知登州卫听事吏刘希奉“旷役律限”后，当即命令登州卫指挥使司将其逮捕，逐一查清案件始末，并将审讯结果据实上报，依据案件情节轻重予以惩处，“具实申来，以凭参革施行，毋得迟错未便”[①]。

（三）大力整肃卫所军纪军风。戚继光上任后，坚决查处卫所中一些与地方豪强相互勾结、私设赌场、聚赌成性、严重败坏军队风气的案件，并严令登州卫指挥使司依法办案，以期坚决刹住军队中的不正之风。此外，在严肃军纪方面，戚继光始终坚持一视同仁的原则。例如，戚继光有位舅父也在军中任职，自恃长辈身份公然不遵守军队号令。为严肃军纪，戚继光暂时摒弃长幼尊卑的观念，毅然采取措施将其舅父当众施以责罚，事后耐心对其申明治军大义，博得其舅父的心悦诚服，自此再也不敢抗命。戚继光通过此事件在军中树立了威信，深得广大官兵的拥护：“法不讳亲，公也；先国后己，让也；舅且不假，况在门墙为之属吏者乎！苟或不戢，只自速罪戾耳。”[②] 自此之后，军中散漫松弛之风得以革除，军队精神面貌焕然一新。

（四）加强军队粮饷管理，厘清卫所钱粮。山东沿海卫所粮饷管理混乱，卫所官员甚至擅自挪用公款，肆意克扣士兵粮饷，府库空虚，兵无粮饷，导致士兵逃亡现象时有发生，严重动摇了军心。为了稳定军心，戚继光到任后要求各卫所相互揭发私自挪用官银的案件，通过严格审查坚决惩处了一批相关涉案官员。例如，嘉靖三十一年（1552），针对登州卫右千户张守祖揭发其前任指挥使擅自挪用官银借予李武臣等人，造成“一向未还……今债主一逐上门逼追，讨要无矮”[③] 的后果，戚继光在详查此事件后，开始着手厘清卫所钱粮，强制要求李武臣等相关借款人员及时归还欠款，通过加强军队粮饷管理，稳定了登州卫所的军心，风气为之一正。

（五）严厉打击地方黑恶势力，稳定地方社会秩序。随着沿海卫所所在的地方风气日益败坏，一些地方黑恶势力伺机抬头，仗势欺人、偷盗现象也屡见不鲜，严重扰乱地方社会秩序，危害到百姓的正常生活。戚继光到任后，大力整治地方不良社会风气，严厉打击地方黑恶势力，亲自密令差役潜捕之，获于野，海上肃然。[④] 此外，戚继光严厉打击地方盗窃团伙，纠正地方偷盗的不正之风。经过此番努力，登州地方不良风气得到有效整顿，稳定了社会秩序，赢得了民心。

---

① 辽宁省档案馆、辽宁省社会科学院历史研究所《明代辽东档案汇编》（下册），辽沈书社 1985 年版，第 1167 页。

② 戚祚国等编《戚少保年谱耆编》，中华书局 2003 年版，第 14 页。

③ 辽宁省档案馆、辽宁省社会科学院历史研究所《明代辽东档案汇编》（下册），辽沈书社 1985 年版，第 1156 页。

④ 戚祚国等编《戚少保年谱耆编》，中华书局 2003 年版，第 14 页。

三、托浑布登州御英海防政策

1840年6月，鸦片战争爆发，英国殖民者携坚船利炮肆虐中国东南沿海地区。中国海疆全面告急。山东半岛作为拱卫京师的海防前沿重镇，海防压力剧增，但由于承平日久，山东海防设施业已废弛。为加强山东海防力量，时任山东巡抚的托浑布奉旨筹办山东海防事宜。

托浑布（1799—1843），博尔济吉特氏，字安敦，号爱山，蒙古世族正蓝旗子弟。嘉庆二十四年（1819）高中三甲第八十三名进士，历任湖南安化、湘潭知县，福州、漳州知府。因平定台湾张丙之乱有功，晋升为广西左江兵备道，后改补福建督粮道。道光十七年（1837）升为直隶按察使，翌年改迁布政使。道光十九年（1839）任山东巡抚。面对空前严峻的海疆危机，托浑布坐镇登州，积极筹办山东海防。

（一）怀柔避战，化解危机。英国远征军统帅乔治·懿律、商务监督查理·义律和伯麦，率领八艘战船前往天津同清政府交涉通商事宜。五艘英国舰船在返航南下途中于道光二十年（1840）八月下旬闯进登州府鼍矶岛外洋海域，“该夷六人驾杉板小脚船一只，驶至登州府水城附近口岸，托渔船代呈字条，求居民卖给食物”[①]。战争的阴云时刻笼罩在登州府上空。当时的登州海防力量极其薄弱，正如《平夷录》所载：“山东水师，本系虚设，遇贼则避，岂能临敌接仗?”[②] 此外，道光皇帝在鸦片战争初期曾提出“抚夷”之略，多次宣谕托浑布：“倘该夷船驶至登郡，情词恭顺，即不必先开枪炮。”[③] 希望以最小的代价来止息干戈。面对登州数万百姓安危，基于登州海防现状以及皇命难违，托浑布采取怀柔之术，派遣“谙习”“夷语”的鲍鹏前往英舰进行交涉，最终满足了英军的补给要求。9月23日，英舰驶离登州洋面，登州转危为安。

（二）修建海岸防御工事。托浑布沿用当时中国沿海各省流行的固防措施，以麻袋贮沙土，在沿海地带修筑土城，以增强海岸防卫能力。他命人从腹地地区购买麻袋四万条运至登州，并召集地方相关官员赴登州一起商讨土城修筑事宜，以麻袋贮沙土，间段排列，筑成沙堆，高过城垣，并于其间段空阔之处安放炮位。在沿海军民的不懈努力下，终于建成了规模较大的沙堤：“大小沙堤共长二千二百三十二丈，高者三丈五尺，根宽六丈，顶宽八尺有奇；低者一二丈不等，根宽三丈，顶宽

---

① 中国第一历史档案馆编《鸦片战争档案史料Ⅱ》，天津古籍出版社1992年版，第401页。

② 关康已《平夷录》（卷一），节选自沈云龙主编《近代中国史料丛刊三编》第十七辑，文海出版社1986年版，第115页。

③ 《清宣宗实录》卷三三七，中华书局1986年版，第38册，第116页。

五尺。”[①] 此外，基于登州府城“北面及附郭之水城东面女墙垛口较多，天桥口闸门、蓬莱阁檐头较高，恐沙堆不能偏护”[②] 的现状，托浑布命人“发价购买棉被数千条运往登郡，于沙堆所不及之处，障以棉被以遮炮击”[③]。

（三）添设重型海防火炮。鸦片战争前夕，登州沿海炮台废弛已极，诚如湖广道监察御史焦友麟在道光二十年（1840）七月十二日上奏道光帝的奏折所言：“登州沿海炮台不下百余处，日久残圮，并不认真修筑，不过外加涂饰，适观而已。更有镇海炮位旧台，据水城之北，正当海口要害，土人呼曰‘望海楼’，近已渐就湮灭，移炮于府城北门，竟置无用之地，亦不思修筑，以镇岩疆。”[④] 可见，加固登州沿海炮台，添铸海防火炮刻不容缓。一方面，整修旧有火炮，从山东各地搜集旧有火炮，挑选出仍能射击的火炮运抵登州以充实海岸防御力量，例如分别从济南调来1300 斤、1000 斤大炮各一门，车炮 4 门，□车炮及耳炮 8 门，170 余斤威远炮 79 门，自诸城调来 600 斤铜炮 3 门、400 斤铜炮 2 门，自济宁调来 180 余斤威远炮 33 门。[⑤] 另一方面，添铸新火炮。托浑布向道光皇帝奏准从正黄旗汉军炮营中选择深谙炮手兵 6 人前往山东教授铸造新式炮车；他派人去福建招募铸炮工匠赶赴登州指导并参与铸造重型火炮；他命人从山东各地购得生铁二十万斤运往登州，征集工匠，开设铸造局，铸造重型铁炮，终于在 1841 年秋铸造出 8000 斤大炮 6 门、6000 斤大炮 10 门、2000 斤大炮 23 门。[⑥]

（四）不断增置登州海防兵力。抵御外敌入侵，保卫山东海疆需要一支强大而又训练有素的军队。鸦片战争前期，山东海防兵力非常薄弱，因此，托浑布曾三次从山东腹地抽调陆军绿营兵力增援登州海防，择地守备。例如，当 1840 年 7 月定海陷落后，道光皇帝要求加强沿海防御力量，托浑布奉旨率领内陆 1000 名陆军绿营兵赶赴登州，扩大海防兵力。此后，托浑布曾于 1841 年 7 月和 9 月先后两次各率领三千绿营兵增援海口。

（五）利用民间力量加固海防。托浑布认为，当地渔民世居海滨，早已适应气象多变的海滨环境，将他们募集起来加以训练以充实海防力量，不失为可行之策。因此，托浑布要求沿海各地方官组织团练募勇，以民众力量保卫海疆。例如在海防

① 关康已《平夷录》（卷二），节选自沈云龙主编《近代中国史料丛刊三编第十七辑》，文海出版社 1986 年版，第 441 页。

② 关康已《平夷录》（卷二），节选自沈云龙主编《近代中国史料丛刊三编第十七辑》，文海出版社 1986 年版，第 392 页。

③ 关康已《平夷录》（卷二），节选自沈云龙主编《近代中国史料丛刊三编第十七辑》，文海出版社 1986 年版，第 392 页。

④ 中国第一历史档案馆编《鸦片战争档案史料Ⅱ》，天津古籍出版社 1992 年版，第 251 页。

⑤ 《蓬莱市志》上册，第七编《军事》，方志出版社 2013 年版，第 503 页。

⑥ 《蓬莱市志》上册，第七编《军事》，方志出版社 2013 年版，第 504 页。

重镇登州府："分守城垣海岸，募雇乡勇一千六百名巡哨洋面，募雇水勇三百名，渔筏一百只，各给枪矛刀械，由该管道府派员会同训练。"① 托浑布派专人训练乡勇，并发给武器以增强他们的战斗能力。此外，托浑布对团练募勇实行一定的奖励政策，以调动他们的积极性："凿沉三板一只，赏银三百两；烧毁大夷船一只，赏银八千两……"②

四、戚继光与托浑布登州海防政策异同

明朝时期的"嘉靖倭乱"和清朝时期的鸦片战争，都直接导致当时的山东海疆陷入严重危机。明朝戚继光与清朝托浑布都曾坐镇登州，筹办山东海防事宜。尽管二人不是同一时代的人，但他们筹办登州海防时所采取的政策存在着诸多共同之处，主要表现在以下几方面：

（一）他们都重视修筑海防设施。戚继光积极修建辖区内沿海卫所的海防设施，如每三十里设一驿站、每十里设一墩，加强各卫所之间的通讯联络，整修水城水门栅栏，完善水城设施。托浑布命人在登州沿海地带以麻袋贮沙土来建造土城，以抵御英军火炮的攻击，募集铸炮工匠，铸造重型铁炮，充实登州沿海防御力量。

（二）他们都重视民间力量。戚继光在备倭期间，严厉打击地方豪强等黑恶势力，纠正盗窃等不良风气，稳定登州地方社会秩序，保障了百姓的正常生活，赢得了民心，有利于民众积极参与保卫登州海疆的行动。托浑布要求地方官员募雇团练乡勇，给予武器，加以训练，并提出奖励政策。这些措施都有利于民众参与到海疆维稳的行动中来。

（三）他们筹办登州海防事务期间都呈现出相对和平稳定的局面。戚继光在山东备倭的两年时间内，登州辖区内几乎未发生倭寇劫掠事件，社会相对稳定。托浑布筹办登州海防事务期间，从未与英国军队发生正面武装冲突，所以在整个鸦片战争期间，登州地区并未遭受战争摧残。

（四）托浑布继承戚继光"束伍法"的治军之道。戚继光认为应该把士兵按照队、哨、官、总的编制严密组织起来，并结合一定的战斗队形，统一指挥以提高军队的战斗力。托浑布坐镇登州布置海防时，曾直接借鉴戚继光"束伍法"编制沿海陆军，以期增强军队战斗力。

当然，戚继光与托浑布毕竟不是同一时代的人，这使得两人在筹办登州海防事务中又有诸多不同之处。

---

① 中国第一历史档案馆编《鸦片战争档案史料Ⅲ》，天津古籍出版社 1992 年版，第 401 页。

② 中国第一历史档案馆编《鸦片战争档案史料Ⅲ》，天津古籍出版社 1992 年版，第 401 页。

（一）站在全球史的角度来看，二人所处的时代大背景不同。戚继光在山东备倭时，世界资本主义经济发展尚属于起步阶段，欧洲英、法、荷、西、葡等国家尚未建立资产阶级政权，工业革命更是无从谈起，西方殖民扩张运动也尚未全面开启，因此，威胁中国海疆安全的敌人并非来自西方，而是来自日本列岛的武士群体以及后来与中国东南沿海的奸商走私集团勾结而成的倭寇劫掠团伙。托浑布筹备山东海防时，世界资本主义经济发展迅速，欧美主要国家相继建立资产阶级政权，英国更是率先完成工业革命，在全球范围内疯狂展开殖民掠夺，凭借船坚炮利，对华发动鸦片战争，所以，西方殖民者成为这一时期威胁中国海疆安全的主要敌人。

（二）二人所实施的具体海防战略思想不同。戚继光在登州备倭时，遵循“水陆兼司”的军队建设原则，在大力发展陆军的同时，又积极整顿水师，督造战船，编练水军，组织水师出海巡哨和海上操演，真正形成登州备倭海陆兼备的局面。托浑布在登州御英时，虽编练水勇，但他内心仍坚持“陆防重于海防”的军事指导思想。这在他上呈道光皇帝奏折中体现得淋漓尽致：“严戒各将士，如瞭见夷船驶近，必须度量炮力可及再行轰击，或竟偃旗息鼓，诱令登岸，设法歼捕。”① 幻想着将海战引向陆战，这等于直接将海上主动权拱手让给英军，严重背离了近代海上战争规律。

（三）从长远功效看，二人筹办登州海防事务的最终效果不同。经过戚继光卓有成效的大力整饬，登州海防尽扫之前松弛颓废之势，变得更加稳固，其军事地位更加凸显。登州在其任职乃至离职后的很长时间内都鲜有遭受倭乱荼毒。这与同一时期的东南沿海倭毒肆虐形成鲜明对比。这在很大程度上要归功于戚继光。反观托浑布督办登州海防，虽然怀柔之策使登州免遭战火之害，但其在登州御夷期间采取的筑沙堆、棉被覆盖蓬莱阁等地势较高地区，铸造重型铁炮等措施愚昧落后，严重脱离实战，根本不可能真正起到海防功效，反而随着登州古军港的衰落而很快被废弃与遗忘。

（作者单位：蓬莱阁景区管理服务中心）

① 中国第一历史档案馆编《鸦片战争档案史料Ⅲ》，天津古籍出版社 1992 年版，第 115 页。

蓬莱发现戚继光及其家族史料探究

王　伟　袁晓春

明朝将领戚继光是中国历史上战功卓著的民族英雄。他扫平倭寇，督修长城，保卫国家安全和百姓幸福，受到百姓的爱戴和崇敬，迄今在山东、浙江、福建、河北、安徽、广东、北京、天津等地，纪念戚继光的塑像据不完全统计有40余尊。各地表彰戚继光功绩的戚公祠等遗迹，被公布为各级文物保护单位，作为国家的历史文化遗产受到保护。戚继光抵御倭寇、不屈不挠的爱国主义思想，已深深植根于中华民族的民族精神中。

1999年，蓬莱市政府投资修建戚继光故里旅游景区，建有戚继光故居、戚继光兵器馆、戚继光广场、戚继光餐饮街等相关设施。近年来蓬莱的城市建设超过以往任何时期，为此笔者和同事们十分关注蓬莱戚继光及其家族史料的开发，先后从城区施工工地上发现和征集了戚继光撰文《明登仕佐郎枣强王傅昭节先生中谷梁公墓志铭》石刻、戚继光篆书《明故寿官卢公配秦氏墓志铭》石刻及记载戚继光之子戚昌国史料的《明故陕西苑马寺少卿兼按察司佥事阎公墓志铭》石刻等5件文物。其中戚继光撰文《明登仕佐郎枣强王傅昭节先生中谷梁公墓志铭》石刻，见于戚继光著《止止堂集》，原文与新发现文物相互印证，史料价值极高。戚继光篆书《明故寿官卢公配秦氏墓志铭》石刻及记载戚昌国史料的《明故陕西苑马寺少卿兼按察司佥事阎公墓志铭》石刻，均不见史载，属于未传世的新发现史料，故撰文介绍，希望对戚继光研究起到抛砖引玉之效。

一、戚继光撰文《明登仕佐郎枣强王傅昭节先生中谷梁公墓志铭》石刻

2004年6月21日，退休教师张进波在蓬莱城南阳光花园施工工地上，发现了刚被挖掘机挖出的戚继光撰文《明登仕佐郎枣强王傅昭节先生中谷梁公墓志铭》石刻。当时墓志铭盖丢失，仅存墓志铭。蓬莱阁管理处袁晓春、李建萍、杨清波等人

闻讯赶赴工地，将这一珍贵文物抢运回蓬莱阁。石刻为汉白玉石质，长 52 厘米，宽 50 厘米，现收藏于蓬莱阁管理处文物库房。

戚继光撰文《明登仕佐郎枣强王傅昭节先生中谷梁公墓志铭》石刻

据戚继光著《止止堂集》[①] 和戚祚国等编《戚少保年谱耆编》[②] 记载，戚继光 13 岁就学于蓬莱名儒梁玠先生。梁玠先生为蓬莱诸谷人，秀才出身，屡举乡试不中，后出任沧州训导，历任教谕、教授致仕，享年 72 岁。戚继光 17 岁袭职任登州卫指挥佥事，因家贫无资购车出入，已有官职身份，再去梁玠先生处学习，就不能徒步前行，戚继光要继续学习遇到了困难。梁玠先生告诉戚继光："你家世代为将官，现在你也有幸做官，不愿废弃学业，而向老师求学，你可以进一步学习成就功名。我愿意成全你的求学志向。"于是，梁玠先生每天到戚继光家授学，使戚继光的学业日益长进。有一天，戚继光准备了丰盛的饭菜，招待梁玠先生。梁玠先生不喜反怒道："你父亲一生清白，未留下什么金钱。你怎么有可能操办这些高档饭菜？我来教你难道是为了享受这些饭菜？"梁玠先生斥责后转身就离开了。从此，戚继光再不敢铺张置办餐饮答谢老师。戚继光与老师梁玠先生感情一直很深，戚继光中

---

① 戚继光《沧州儒学训导梁玠遇寇纪事》，载于《止止堂集》，中华书局 2001 年版，第 126～128 页。

② 戚祚国等编《戚少保年谱耆编》，中华书局 2003 年版，第 9 页。

年时曾深情回忆道："先生不以光为不肖，过督之。光今一字一句，皆先生授也。"[1] 在戚继光晚年编辑的诗文集《止止堂集》中，收录了其撰写的《中谷梁先生墓志铭》《祭业师广文梁中谷先生》《沧州儒学训导梁玠遇寇纪事》三篇记述怀念梁玠老师的文章，可见梁玠先生对戚继光一生影响很大。

戚继光撰文《明登仕佐郎枣强王傅昭节先生中谷梁公墓志铭》石刻，埋藏于明朝万历丙子（1576）年间，距今有四百多年历史。经将《明登仕佐郎枣强王傅昭节先生中谷梁公墓志铭》铭文与戚继光著《止止堂集》中《中谷梁先生墓志铭》[2]原文对照，两文同属一文，墓志铭铭文中戚继光原文一字未变，仅增加阎漳书和栾乐篆盖以及梁玠先生长子梁任重上石等文字。戚继光当年深切怀念老师梁玠的文章石刻重现于世，是近年来戚继光史料的一次重要发现。戚继光著《止止堂集》原文与梁玠先生墓志铭石刻互为印证，因此极具历史研究价值。

明登仕佐郎枣强王傅昭节先生中谷梁公墓志铭

特进光禄大夫、柱国中军都督府左都督、奉敕总理练兵兼镇守蓟州永平山海等处地方、前福浙江广神威营总兵官、门人定远戚继光撰。

赐进士第、刑部山西司主事、郡人澄吾阎漳书。

赐登仕郎、原任陕西宁夏等卫儒学教授、郡人虚室栾乐篆。

余自丱角，盖受业梁先生云。已而，督戎海上。无何，将吴楚闽粤，有事于山海者若干年。隆庆丁卯，召理蓟事。丙子秋七月，按塞而东。先生伯子任重涉暑通刺，及见，则衰绖不能出声。余错愕曰："先生其已乎？"相向哭。既，伯子示所为状乞铭，曰："先君治命也。"语云：知师莫若弟子。先生治命，余即不以文名，无它诿也，乃拭泪而敬述之。

嗟乎！先生竟赍志殁矣。先生竟赍志殁矣。嗟乎！先生有位有施，曰赍志以殁，曷言哉？先生颖特，自襁褓时，群稚莫伍。长而校业，辄居庠序先。十就省试，不第。咸为扼腕。先生顾怡然自解，书于壁曰"天留意，天留意"云，又咸击节壮之矣。嘉靖壬戌，里选上春官。盗遇诸途，强之跽。先生曰："兹行且为儒官，膝苟尔屈，何以风诸生乎？"贼怒，发二矢，中胁，端立，语盗以祸福，寻悟，下马为抽矢出镞，裹其疮而去。事详余所撰《传》中。久之，补沧州训导。代巡王公、督学颜公、庞公慎许可，礼而勖之，誉骎骎起。河间守朱公举异才，置十六县博士之首。戊辰，堇选榆次教谕，别朱公。公曰："吾见若，愧甚。然隋珠和璧，人必珍之。"厚其行，先生悉谢焉。至榆

[1] 戚继光《祭业师广文梁中谷先生》，《止止堂集》，中华书局 2001 年版，第 217~219 页。

[2] 戚继光《中谷梁先生墓志铭》，《止止堂集》，中华书局 2001 年版，第 153~158 页。

次，制府陈公、石公重厥经术，以之摄徐沟令。而御史大夫若部使者合荐于朝。壬申，调代府枣强王傅，遂归。又五年，不起。不赍志以殁哉？

嗟吁！先生负国器，擅风仪，盖庶几江汉秋阳之喻，六艺一德，亶矣并称。至若屡举屡踬，恬弗婴念。暴客为虐，从容陈说，凛乎若不可夺，盗因以化。造士则先德行而后词章，所至横经辩质，无啻家塾。直以培植栽成为己任。诸生莫不奋励，交相庆也。间属治邑，徐人至今思之。是先生志缘才显，才冀志申。而具藻鉴如台省三数公者，既劝之驾，复登诸剡，不免陆沉终身。虽格于时，而道故厄塞矣。倘崇先生以位，则敦尚问学，非端纪耶？登庸俊乂，非弘度耶？启沃朝廷，非吁谟耶？康济寰区，非广化耶？震詟夷虏，非直节耶？盖司教而匡文载征，视政而卓鲁可跂。使卒傅枣强，则江都、长沙之盛，董、贾齐驱。先生顾倦游矣，谓之何哉？且也，先生之父，处士君，隐而学，善著于乡，乃贻胤子。人谓处士知天道矣。嗟乎！处士所绩如此，先生之位如彼，天耶？人耶？先生之才如此，而明时所建立又如彼，天耶？人耶？位不充才，用不殚积，非赍志乎？假以位以用持论，则跖永年，素王不封。或者天之所以笃厚，不在是欤？故相韩者五世始昌。处士善积，先生之善藏，其用昌厥后者，未可量也。

余通籍早，先将军以孝廉典禁旅，贫无橐装，车从亦乏，不得就业于外，先生日枉教焉。致食，正色曰："吾为餔啜图哉！"迨夫撤蔽析岐，无所不至，从而衔命南北，幸不颠踬者，固窃庭训；先生熔埴，不敢忘也。

先生讳玠，字廷瑞，别号中谷，世为登州蓬莱人。元时有仕至万户者，卜居安香里，谱碣具载。五世祖义始迁诸谷。义生兴，兴生福胜，以勤俭起家。福胜生处士雄，博学隐居，郡司理任君以师事之，则先生父也。娶卫氏，三举丈夫。子伯璘、季珮，仲即先生，娶王氏，郡右族贤女，又内刘良女为侧室，皆才德云。子四：任重，县学生，娶张氏，王出，能世其学；任大，聘韩氏，任远、任毅，业儒，尚幼，俱刘出。一女，适淅川令张君俨子德明，县学生，王出也。孙一，育庠，甫十岁，聘于氏。孙女一，适郡学生张君可望子伯鹏，亦郡学生。先生生弘治乙丑七月十六日，而万历丙子三月二十五日卒，享年七十有二。卜以十一月葬诸谷南山之阳。

嗟乎！先生不可见矣，而清操潜懿，恍焉若存。将恐余波前轨，与世俱迈，乃集及门之士，私谥曰"昭节"。先生盖名繇谥著，实以志征。而复为之铭。铭曰：

曷韫于前闷以彰，曷垂于后裕以昌，诸谷垅嵷君之藏。

万历岁次丙子冬十一月，不肖男任重泣血上石。

二、戚继光篆书《明故寿官卢公配秦氏墓志铭》石刻

2004年10月27日，在蓬莱城西紫荆山庄建筑工地，发现了戚继光篆书《明故寿官卢公配秦氏墓志铭》石刻，蓬莱阁管理处李建萍、董韶军、范惠泉等人与蓬莱阁公安派出所民警一起，将《明故寿官卢公配秦氏墓志铭》石刻运至蓬莱阁文物库房。石刻为墓志铭盖、墓志铭2件文物，石质为汉白玉，长98厘米，宽98厘米，保存完整，十分难得，现藏于登州博物馆。

戚继光篆书《明故寿官卢公配秦氏墓志铭》石刻

戚继光篆书《明故寿官卢公配秦氏墓志铭》石刻，为明朝嘉靖癸丑年（1553）六月后戚继光新任署都指挥佥事于蓬莱所书。戚继光时年二十六岁。墓志铭篆盖文为“明故寿官卢公配秦氏墓志铭”，篆书分四行，每行三字，共十二个字，篆法严谨，线条流畅①，是目前存世的戚继光唯一篆书作品。蓬莱籍已故书法家葛家修先生认为戚继光精于篆书，评价其早年的行书作品《幽州道上句》中，“海”“风”“申”“道”等字全部使用篆书，“笔势遒劲，忠勇之气流露于字里行间”。虽然葛

① 张永强《蓬莱金石录》，黄河出版社2007年版，第219~220页。

家修先生未能亲眼所见戚继光的篆书石刻，但其评价准确恰当，已被新发现篆书石刻所证明。

戚继光早年擅篆书，中年后书法多以行书和楷书见长，其行书作品分别存于福建福清瑞岩山“独醒石”“休休台”行书手迹，河北遵化文化馆《登舍身台歌》行书碑刻，山西省博物馆藏的《送小山李先生归蓬莱》行书手迹绢本；楷书作品有北京密云白龙潭寺《游龙潭寺》楷书碑刻等。戚继光的这些书法作品，笔力遒劲，气势磅礴，显示出豪放潇洒的书法风格，均为难得的书法珍品。

明故寿官卢公配秦氏墓志铭

处士卢公墓志铭，乡进士郡人晓峰张诩撰文，乡进士郡人□泉董轮书丹。

钦差山东等处总督备倭都指挥佥事、定远南塘戚继光篆盖。

公讳暹，字世昭，别号沙冈。先世大梁祥符人，自高祖公甫仕元，至中顺大夫。寻以兵乱避地蓬莱，遂家焉。曾大父子成，大父安，父宁，俱以隐德举乡饮。嫡妣梁氏，继丁氏，生妣史氏。先公未生，父立叔之子曰昂。六年，而公始生。公童乳之时，郎知睦爱，奉执而下，事兄之节甚谨。迨父疾笃，命公与兄析居，公不忍□兄而泣者累日。竟不能违父命，然而橐帑无私异也。其负正气，识道理，殊不埒俗之商人，雅好贤士大夫，平生不欲闻释老之言，其所施必自家。始有兄遗孤，曰铸、曰铨，公手食而训之，如子之爱而爱。族塾有不率者，必尽言迪，屡不忍以不善弃焉。正德庚午，旅归昌乐之孤山，客有兄弟为贼掠者，公哀之，与从弟跃马促追，为还所掠。客以其半谢公，公却之。客以白昌乐尹，尹招之奖异，公亦不就而行。归有邻人夜窬，仆获之。公曰：“兹少年也，可以转而向善。”乃命释之，且慰且劝。少年后为悛恶。辛巳客京邸，遭泣妇鬻子于市。公询之，妇曰：“夫死于戍，有遗姑不能葬。”公为之出资，以止其鬻，观者无不为之称义。年六十，始不出游，约门□百余，约曰：“凡我族不克具长婚者，量力助之。”至今，犹为永□。老好谈古事以自怡，与客镇日不厌，足迹不到官。郡守白渠王公，闻其贤，征之，乡饮不就。南墩李公复征之，始就，遂□例授冠带。登人重之，有黄茂耆齿之致焉，享寿八十。生于成化戊子十月初七日子时，卒于嘉靖丁未三月二十一日酉时，附葬沙埠祖原之右。先□禽薛氏，二年而卒。继娶秦氏，秦事公偕老，尤以慈顺贞淑称于家，得寿七十一，生于成化壬寅□月二十一日子时，卒于嘉靖壬子二月二十日子时。子三：长曰金，邑庠生。仲曰介，省祭官。少曰合，总兵府掾史。孙男六：九功、九仞、九德、九章、九栋、九□。孙女五：长适郡人王来召，次适府庠生王东哲，次俱幼。曾孙二，曰寿孙。重喜瓜瓞，可谓蕃□。余辱苇蒹之义，据状而为之铭，其词曰：

尊严尚齿，上宾之光。三□□□，源流之长。隐而未□，耆德之芳。□□□□，执手之将。式庇厥后，衣冠之彰。□□□□，沙埠之阳。

三、记载戚昌国史料《明故陕西苑马寺少卿兼按察司佥事阎公墓志铭》石刻

《明故陕西苑马寺少卿兼按察司佥事阎公墓志铭》石刻现存于登州博物馆，长63厘米，宽63厘米，墓志铭盖、墓志铭上下俱全。

记载戚昌国史料《明故陕西苑马寺少卿兼按察司佥事阎公墓志铭》石刻

蓬莱戚氏家族原保存两部戚氏族谱，但是在“文革”动乱中均散佚，从此戚继光及其家族谱系资料在蓬莱失传。新发现的《明故陕西苑马寺少卿兼按察司佥事阎公墓志铭》石刻，却罕见地载有戚继光儿子戚昌国的有关资料。戚继光有五子，分别为戚祚国、戚安国、戚昌国、戚报国、戚兴国，戚昌国为戚继光第三子。戚昌国，字文明，为万历乙未年（1595）武举人①，历官锦衣卫正千户、锦衣卫指挥、都督同知，赠骠骑将军，是戚继光五个儿子中官职最高者，其事迹载入清朝《蓬莱县志》。

从《明故陕西苑马寺少卿兼按察司佥事阎公墓志铭》铭文中得知，戚昌国的岳父阎澄吾，为明朝嘉靖乙丑年（1565）进士，历任临晋县令、祥符县令、平谷县令等，后升陕西苑马寺少卿兼按察司佥事，享年83岁。阎澄吾有三子四女，其三女儿嫁给戚昌国。

据《黄县戚氏宗谱》记载，戚昌国是戚继光五个儿子中唯一有男性传人的，被

① 《黄县戚氏宗谱》，清朝乾隆版。

蓬莱派戚氏族人尊为八世祖。戚昌国有三子，分别为戚盘宗、戚显宗、戚振宗，被蓬莱派戚氏族人尊为九世祖。《明故陕西苑马寺少卿兼按察司佥事阎公墓志铭》石刻的发现，填补了《黄县戚氏宗谱》等蓬莱派戚氏谱系资料记载的空白，提供了万历辛亥年（1611）戚昌国任锦衣卫正千户，娶妻阎氏，以及其妻阎氏家族方面的珍贵资料，具有一定史料价值。

明故陕西苑马寺少卿兼按察司佥事阎公墓志铭

诰封奉直大夫、南京户部福建司员外郎、眷生陈人登撰。

赐进士第、资政大夫、正治上卿、刑部尚书、前南京吏部尚书、都察院左副都御史、东莱年弟□□□□。

赐进士第、亚中大夫、湖广布政司右参政兼按察司佥事、临海门生□□□□□。

陕省苑卿进阶中议大夫澄吾阎公卒，乃辛亥岁之月也。越年春正月，家嗣肖澄名永泰者，偕二弟，执□撰状乞志。□□□□□□之□，无能扬公之盛美，而二十年来，日侍音容藉有切劘之益，且忝辱姻戚，辄敢仿佛其万分之一，以副□□□□□漳，字汝满，厚号少嵩。□分宜相，国日日横，故改号澄吾，隐然有揽辔澄清之志。世居蓬莱，代多隐德弗耀，至□□□□□□□化□壬辰科进士，登郡甲科兆始于公子七人，书香竞□以迄于祖讳鍌者，遗封君翁讳凤翀。赖祖母黄氏，□□□□□□□果，后以□经授学博士，娶宋氏，生公居长，甫垂髫，颖异出群，嗜学不倦。封君翁甚奇之，每云："此子可光前烈，不会就外□□□《麟经》文□。"裴公右山名绅者，见而奇之，拔居首列，自此屡弁多士。戊午领乡荐，乙丑成进士，授山西临晋令。□内报□，除河南祥符。甫月余，闻祖母讣音归，再补文安，寻调平谷，俱铮铮有声。荐札不下十余疏，人皆以为台谏可待。然公素性不尚圆通，迄有秋部之转，会司农大夫缺，亟借公会计调停。三载考绩，恩诰如制，时值江陵专政，意见不合，出守贵州黎平。未一载，擢陕西苑马寺少卿兼宪衔。莅政之后，圉政焕然改观，当事者忌之，遂慨然赋薄虢而绝仕进之念。家食后闭关息踪，一意以缥缃自娱，课子及孙，以《麟经》开来学。子侄辈咸师事之，乡饮宾席借重十五载。两承恩诏，进阶中议大夫，优游林下几三十年，享年八十有三。於乎！公赋性廉介，秉心醇谨，不设城府，不立町畦，前后凡三□大事，悉遵古制。而一□直方刚健之懿德，真足以起弊维风廉顽立懦者，更□未易殚述也者。乃今螽斯振振，书香绵绵，所谓生顺殁宁，不愧不怍者，公之谓与。公生于嘉靖己丑年五月初七日戌时，卒于万历辛亥年三月十六日寅时，嫡妻梁氏，诰封宜人，□□卒。继室张氏，宜人，亦先公逝。从房孙氏，相公有年，以身从葬。子三人，长即永泰，县庠生，娶梁氏、吴氏，卒，次永贞，府庠生，□□□，梁氏出；永□，县庠生，娶汤氏，张氏出。女五人，长适贡生吴应崐，次适太学生陈人有，三适锦衣正千户戚昌国，四适府庠生□□□，五适府庠生吴应梁。孙男六人，长一传，娶梁氏，次一伟，府庠生，娶王氏，卒，□出。三一绅，娶陈氏，四一化，未聘，五一□，□□□，六一伉，孩提，□出。孙女一，适县庠生蒲迁伟，□出。曾孙三人，长桂，次□，三□，□出。外孙一，陈□□。□□□□□□□，卒于万历壬子年三月初四日，合葬于南郊外。梁氏、张氏之新□□拾□□□出□见□□□□□□□□□，铭曰：

□□惟公，□民是程。衷肠朴茂，气宇渊澄。蚤登黄甲，祖□□□。
□□□□，□□者声。涖□□□，□□□兖。州□□□，□□□□。
□□自适，产业无营。闭门课子，名利两轻。荣膺□□，□□□登。
□承□□，□□□刑。勒之鼎石，百代知之。

四、结论

蓬莱作为戚继光的原籍，现保存有明朝修建雕工精美的两座“戚继光牌坊”，明朝旌表戚继光功绩的“表功祠”，以及从明朝保留下来的芝山戚继光家族墓地，均为全国重点文物保护单位和山东省文物保护单位，为国家保护的历史文化遗产。近年来，先后发现的戚继光撰文《明登仕佐郎枣强王傅昭节先生中谷梁公墓志铭》石刻、戚继光篆书《明故寿官卢公配秦氏墓志铭》石刻及记载戚昌国史料的《明故陕西苑马寺少卿兼按察司佥事阎公墓志铭》石刻等戚继光及其家族成员的珍贵文物，再次证明蓬莱无疑为戚继光原籍。蓬莱地下可能仍埋藏有戚继光及其家族有关成员的重要文物。今后在蓬莱城市建设施工中，仍会有戚继光及其家族新的史料被发现，值得引起国内外学者的关注和重视。

（作者单位：蓬莱阁景区管理服务中心）

戚继光书法浅析

马德成

戚继光短暂的一生，东南抗倭，北方戍边，从实践到理论，在我国军事史上做出了可传千古的贡献。其忠孝节廉、智信仁勇之为将与为臣风骨亦为后世留下了典型的儒将风范。专家学者们对此已有多篇文章做过论述，对其诗词作品也有专门的评价。笔者深受感动和启发，此不赘述。

事实上，戚继光还是一位书法奇才，只因其书法作品遗存较少，特别是其军事理论、军事思想、作战实践功勋卓著，客观上掩盖了其书法的光辉，或者说制约了其书法的发展，而不被世人和专家关注。本文特对其书法加以浅析，由此也可以从这个侧面进一步析其儒将风范形成的轨迹。

从现有和公开的资料看，戚继光书法真迹和碑刻作品很少，仅有七八幅，但形式多样，竖幅、横幅、条幅、扇面、信笺都有，其中扇面疑为近人伪作，此不细考，具有代表性的应该是五幅。

第一幅是《部兵戍蓟》，首句为“叱马过幽州，横行北海头”，以下简称《叱马篇》，见图 1；

第二幅是《明故寿官卢公配秦氏墓志铭》，以下简称《卢公墓志铭》；

第三幅是《结庐忆四首》，见图 2、图 3；

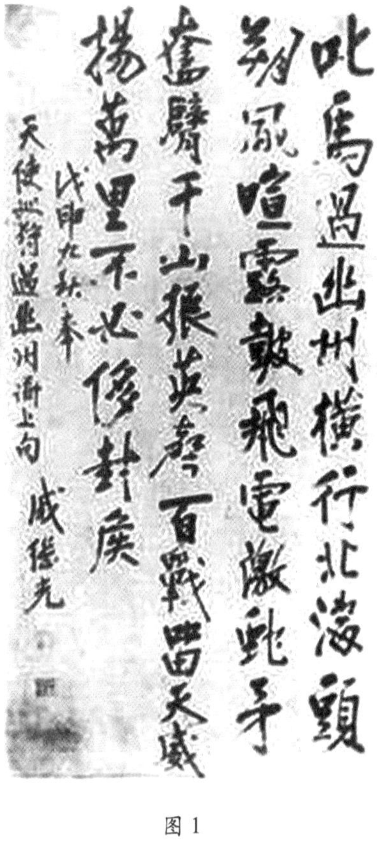

图 1

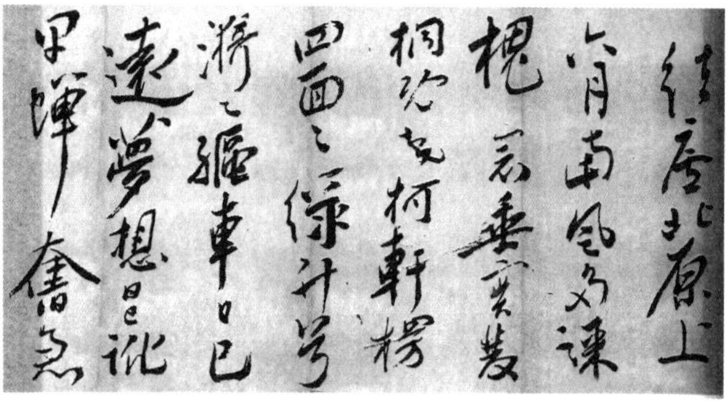

图 2

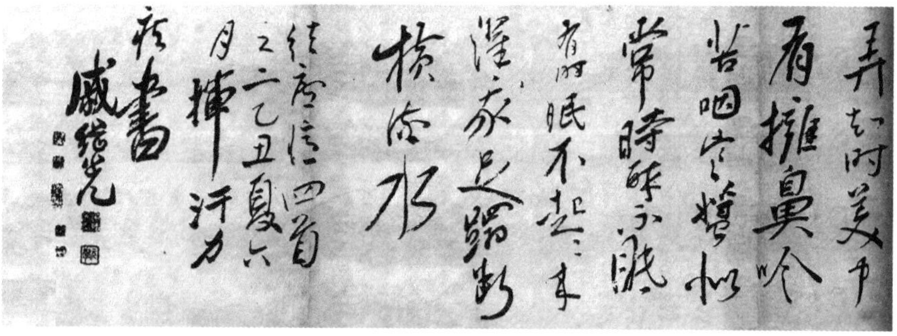

图 3

第四幅是《送小山李先生归蓬莱》诗手迹，以下简称《李小山》篇，见图 4；

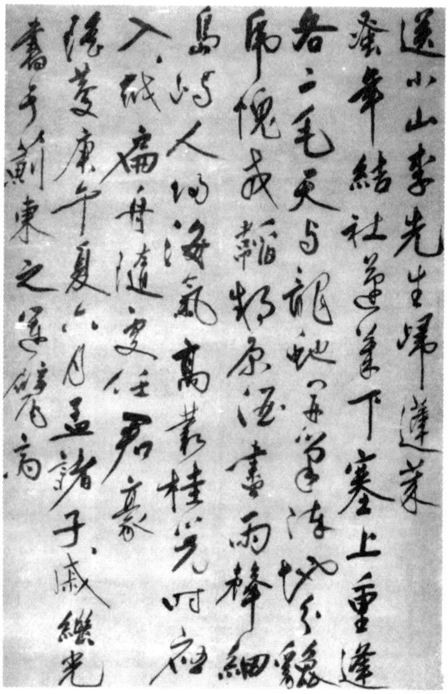

图 4

第五幅是碑刻诗《登舍身台》，以下简称《舍身歌》篇；

清朝著名文学家、书评家刘熙载云：“书者，如也。如其情，如其才，如其志，如其学，总之如其人也。”

我们从戚继光具有代表性的五幅作品中，也可以大概地看出其在不同年龄、不同岗位、不同环境的志向、学识、修为、风骨和心态，试述如下。

一

《叱马篇》，为作者手书，竖幅四行，字形长方，横平竖直，耸肩、凸角，笔画粗细相近，为参魏碑笔意之老宋体。单体字看，笔力刚健，体型匀称，字势挺拔，颇如一个个威武矫健、昂首而立的士兵；通篇看，平头齐脚，布局严整，整而不拘，齐而不板，题款、钤印精致讲究，颇似一个斗志昂扬、跃跃欲试、整装待发的列兵方阵。从中我们似乎可以看到一个身披盔甲、横矛立马的英武小将正在发号施令、作战前训话。

不难看出，该作品已具备较为扎实的书法基本功。约有错落的上下布局，稍有变化的粗细搭配，除了可以看出作者的书法基本功和天赋，还可以看出其既顾全大局又不拘小节，既刚毅果断又善于灵活应变，正直向上而又不过分张扬的性格和严谨扎实而不拘泥刻板的处世作风。一个聪明、好学、文武兼备、作风严谨、志向远大的青年军官形象跃然纸上。

事实上，该书作于嘉靖二十七年（1548），作者时年二十一岁，任登州卫指挥佥事，正带领山东兵前往蓟州戍边。作为一个正处没落王朝的世袭将门之子，在严格的家教与较多见识的条件下，戚继光崇拜的是临危受命、力挽狂澜的“国士”。他的志向自然也是要做一个不负国恩、德能兼备的“国士”，“士”之修养，自然是他“修身”的基本功，书法科目自是其中之一。我们知道，他除了武功、文史修为较高，其象棋技艺很高，对《易经》研究也颇有造诣，以至在后来的练兵、作战、凝聚军心方面都发挥了重要作用。说到家，按现代的说法，“德智体美技”全能，少年戚继光已是当时屈指可数的佼佼者了。

二

《卢公墓志铭》，为《明故寿官卢公配秦氏墓志铭》铭盖，篆书四行，每行三字，线条流畅，笔力遒劲，可谓铁线银钩，颇具李斯、李阳冰之风骨。然而在结体上，较前期篆书打破长方形格局，多有“出格”之长划出现，且收笔果断有力，或加重，如“官”字、“配”字、“铭”字，或快提，如“明”字，或舒缓，如“寿”字，实“胆怯者不敢为，力弱者不能为”。该碑刻立时间为嘉靖三十二年（1553）六月，作者时年二十六岁。

从艺术角度看，该作品可谓篆书史上之极品之一，具有承前启后的历史意义。在清以后，即使邓石如、赵之谦、吴昌硕等大家也无能出其右者。

如果说在明朝书风较唐宋已经萎靡的情况下，戚继光的《叱马篇》独选带有魏碑特点的老宋体作为主修书体，是作者个性和志向追求和展示，那么该幅作品的发现，则说明前者太主观、太局限了，一个书法奇才的面目就被掩盖了。可以说，如果不是其意在建功、志在报国，仅主攻篆书书法一项，也定当名世，明代无篆书大家的局面可能就改变了。或者说，如果其篆书作品多一些传世，这种结论可能也就不存在了。

应当说，作为世家出身的戚继光，在少年识字、学书的过程中，楷书必然为其基础训练科目，事实上，他后来的行楷作品也确实具有明显的“二王”特征。

以上两幅作品的出现，从书法基本功的角度看，还可以推测作者对隶书也必定有所涉猎，因为“正草隶篆，诸体皆能”是工书者的普遍追求，作为有如此天赋和志向的戚继光必定也会涉猎，遗憾的是，还没有发现其传世的隶书作品。当然，也可能作者对前期隶书过于稳重的风格不甚喜欢，在此难以多述。

作为儒家教育出身的“世子”们，其“修身”是基础，书法为必修课，只要出仕，基本都有一笔过得去的书法功夫。值得特别提出的是，戚继光除了具有超常的书法天赋，此时的他作为一名将军，已超越了“齐家”而进入“治国”的阶段，其境界已超越“求艺”，而进乎“求道”阶段了。作为一个剑已磨成、身居要职、立志报国的青年将领，其自信、豪迈、从容、果断的特征，在书法作品中必会自然地流露出来。书法讲“神采为上，形质次之”，此时作者的身份和状态所流露出的神采，岂是仅以书法为工的“书匠”们所能比的呢？

作者后来的作品，艺术魅力略欠，是与其心气、挂虑有关，容当后述。

三

《结庐忆四首》为嘉靖四十四年（1565）六月，戚继光三十八岁时手书长卷。其时戚继光正在福建抗倭前线任总戎事，抗倭荡寇，数日一战，战事十分繁忙。这段时间，作者不仅指挥作战，而且身先士卒，有三箭射三酋之记。

此书有黄庭坚楷书、略带草书之笔意，而又有自己独立的用笔和章法风格，宽博疏朗，沉静果断，豪放大气，表现出从容而刚毅之心态。在炎热的夏天，作者还能运笔写诗，足见其成竹在胸、“运筹帷幄，决胜千里”之气概和浪漫的英雄主义豪情。此前作者曾作的“南北驱驰报主情，江花边月笑平生。一年三百六十日，多是横戈马上行”的诗，是否是作者文学情结的最好写照呢？

四

《李小山》篇（图4），为绢本信笺真迹，行草作品，纵八行，为友人之间书信交流所作，应当比平时书写略为用心一些，此时的戚继光四十三岁，正在蓟镇总兵的位置上。其书法虽为“蝇头”行书，但用笔提按使转灵活，线条粗细多变，撇捺多加长，大开大合，字势略有欹侧，个别横画略加抖动（如“午”字），已明显带有黄山谷草书笔意，说明其对黄山谷草书已有进一步研究和涉猎，取法较高。该作品除了表现出作者卓立不群、超然洒脱的个性，还流露出作者已具“禅”的修养和“道”的心境，精谨、安详而又略有恣肆，所谓“随心所欲不逾矩”，已达书法意境的最高境界。有古人讲，字势左倾，多表现心态抑郁，右偏，则心态较佳。而该作品的左半部分“撇”多加长，这既是黄之特点，也可以看出作者颇有一些小小得意之态流露出来，所谓“恣肆”，应当说是作者在谦恭的诗意之外，向青少年时的好友的一点小小“卖弄”吧。

事实上，此时的作者，东南沿海荡平倭寇，转到蓟镇修长城，御“北虏”，保护京畿之安，已为边防重臣，声重长城内外，前途不可限量。好友相别，寄情于书。此时的书法，在技巧修炼提高的前提下，创作心境已达到作者的最佳水平。

然而，该作品有刻意求“工”的成分，个别笔画过轻，章法不够舒展，未能达到“无意于佳乃佳”的程度。即使作品未能达到此时应有的最佳状态，此时如果“破格”，想效果会好得多。这可能与受篇幅和“行格”的局限，加之作者对好友比较敬重的因素有关。当然，执戈之手，挥剑之腕，写这样的“蝇头”小字，似有英雄无用武之地之感，要求过高的话，也太难为作者了。“大事成于细节”，这恰恰是作者粗中有细、能大能小、能屈能伸之儒将风采的表现。

五

《舍身歌》篇，为作者四十三岁时所作，与《李小山》篇同年，为“二王”一路之行书，虽看不清笔法行迹之细节变化，但结体与章法含蓄内敛，不见锋芒，个别字显得拘谨生疏（如“分”字），与前期作品的风格明显不同。此作既说明作者对书艺仍在求新、求变，也说明历经世事磨砺，个性棱角已钝。当然选这种字体也说明其思想更加成熟，处世更加老到。

与《李小山》篇不同的是，该篇不是为内部交流之用，而是对外宣传展示之作。作者既想通过词意表露心迹，又考虑身份、时局之处境，心有挂碍，故作品显得沉静、庄重，不见波澜。当然，这也大失其艺术光彩。

然而，这正是作者儒将风范之所在，而非一时之“风采”所现，也正是其聪明、睿智之处。

与草莽出身的英雄相比，戚继光受过良好的儒家思想教育，崇尚的是“国士”，讲究的是“忠君报国”，因而，特别注重为臣、为将之道，战胜而不骄，居功而不傲，虽有超常的书法天赋，而不能如出家的怀素、“隐居”的黄山谷那样狂放和超逸，也不能如君临天下之帝王那样奔放、豪迈与雍容。

他崇拜岳飞，也必定知岳飞吃亏之原因。岳飞文武盖世，诗词雄强豪迈，书法刚劲洒脱，处处可见英雄之志、“人杰”之态，在那个已处没落、朝廷昏聩的封建时代背景下，难免会遭小人之嫉、君王之猜。

值得比较的是，作为同期之作的《李小山》篇，虽有“禅”的简净，也有“道”的风骨，而又略露“得意”之张扬，但本篇大相径庭，这不是其深知“功成、名遂、身退”之“道”的真实写照吗?

从书法角度讲，这是作者的悲哀，其实，不也正是那个时代的悲哀吗?

当然，正如扬雄谓“书艺小道，壮夫不为”，戚继光意在建功，志在报国，书法仅仅是其修养和调节心情的业余爱好之一，军事实践所形成的军事思想，才是作者的终极追求，也确实是其留给后世的最大贡献，对书法没有时间做进一步的用功和拓展也在情理之中。

进一步说，戚继光在其后来经历政治变故之后，心情抑郁的情况下，以其已有的书法功力，表现出的郁屈、不平、无奈、激越之情凝定于笔端，寄予纸上，或许更有生命的特征，更具震撼人心的“艺术”感染力。然而，与其逝后没有留下积蓄一样，这样的作品我们还没有见到。作为一个伟大的民族英雄，是历史给他留下了遗憾，但同时也是历史为戚继光做的“留白”，他给后人留下了无限的想象空间，一个名垂千古的儒将形象似乎更加丰满，魅力更加光彩照人……

（作者单位：烟台市蓬莱区文联）

戚继光与蓬莱阁

叶玉杰

自先秦时期《山海经》及《列子·汤问》中出现有关“蓬莱”的文字记载以来，到秦皇、汉武来蓬莱寻长生不老药，与汉元光二年（前133）汉武帝东巡设蓬莱城，有关蓬莱的历史和传说已逾数千年。及至北宋嘉祐六年（1061），知州朱处约在蓬莱丹崖山上建起蓬莱阁开始，蓬莱阁已经走过了九百六十个春秋。在这漫长的历史长河中，无数帝王将相，文人墨客，以及生活在蓬莱这块宝地上的芸芸众生，无不历数着蓬莱阁的风风雨雨，对蓬莱阁怀有深厚的感情，对蓬莱阁神仙文化和海洋文化的形成，产生过深刻的影响和积极的贡献。戚继光就是其中最突出的一个。

戚继光（1528—1588），字元敬，号南塘，晚号孟诸，山东蓬莱人，世袭登州卫指挥佥事，官拜一品都督。他是中国历史上杰出的军事家，军旅诗人，著名的民族英雄。戚继光对家乡蓬莱及蓬莱阁有着深厚的感情，一生将蓬莱阁视为家乡的骄傲和象征，在《福建福清县海口城西瑞严寺新洞记》一文中，自称“余故里山东蓬莱阁下”。戚继光对家乡的感情和戚氏家族对蓬莱阁名扬天下所作出的贡献，体现在如下几个方面。

一、在蓬莱居住时期

戚继光一生近半数时间生活战斗在蓬莱，大体分三个阶段，第一阶段为六岁随祖母回到蓬莱，至二十八岁赴浙江抗倭时期。二十一岁开始，曾连续五年每年一次奉命率部去蓟门戍边，这只能算是短期出差。这二十二年是戚继光的青少年时期，蓬莱的山水和深厚的历史文化底蕴，对戚继光的成长和世界观的形成，起到了至关重要的作用。一方水土养一方人，蓬莱的“仙山”秀水，浩瀚的大海，淳朴的民风，养育出一代英杰。戚继光“生而豁达，质貌庄简”，长得鹰扬，英气勃勃；胆气凛然，天性仁孝；不求安饱，笃志读书。在这一阶段，戚继光以读书学习、习武励志为主。戚继光小时候受学于蓬莱名士梁玠，深受儒家学说的熏陶，“旦暮勤读，忻然忘忧”，十九岁时就在《韬钤深处》一诗中留下了“封侯非我意，但愿海波平”的名句，又刻字于楹：“功名双鬓黑，书剑一囊轻。”由此可见戚继光此时的文学造诣和人生志向。

戚继光世居蓬莱阁脚下，离蓬莱阁仅数箭之遥。戚继光童年时喜欢到蓬莱阁上和海边玩耍，一生与大海和蓬莱阁结下了不解之缘。他曾和好友李文学等结诗社，经常到蓬莱阁上、水城畔、大海边叙志唱和。戚继光任署山东备倭都指挥佥事期间，蓬莱阁下备倭公署后有一太平楼（建于明初，毁于清末，1987 年重修）。这楼“凭堞阚海，溟波万顷，北对三韩之墟，东接五畿之域，岛屿俨列，蜃气时浮”。二十八岁那一年（1555 年）正月初一，戚继光在春节值勤的闲暇，登上了公署后的太平楼，写下了《乙卯元日登太平楼》一诗：“高台元日一登游，东向扶桑送远眸。岸隐潮声连古戎，天回春意满芳洲。鲸波突兀辽阳隔，螺岛微茫海市浮。翘首五云宫阙近，灵氛常映太平楼。”诗人遥望着日出扶桑的东海，听到海浪仿佛传来古战场的厮杀声，看着不远处长山列岛浮现出来的海市幻景，感受到春回大地万物复苏的脚步声，翘首远望着北方的京师，忠君报国、建功立业的责任感油然而生。

第二个阶段是戚继光自二十八岁至五十八岁，三十年东南抗倭和蓟辽戍边，曾数次回故乡省亲，在蓬莱居住。五十六岁时（1583 年），戚继光被免去蓟辽总督职务，改任广东总兵，赴任之前于四月回乡探视，直至秋七月离乡赴粤东上任，总计三个月。这是可考的戚继光离乡三十年，在家乡居住最长的一段时间。这个季节正是蓬莱气候舒适的时候，戚继光乘船来到蓬莱阁下的大海上，写下了著名的《放舟蓬莱阁下》一诗：“三十年来续旧游，山川无语自悠悠。沧波浩荡浮轻舸，紫石崚嶒出画楼。日月不知双鬓改，乾坤尚许此身留。从今复起乡关梦，一片云飞天际头。”此诗总结了戚继光这三十年对家乡的怀念和感情。

第三阶段是戚继光五十八岁（1585 年）冬十月始归蓬莱，还居故里，至六十岁（1587 年）腊月初八，鸡叫三遍去世的两年时间。五十八岁的戚继光受张居正的牵连，再次遭弹劾，被罢官夺俸，带病回乡。回到蓬莱那一天，亲友迎至郊外，戚继光对诸亲友说：“今国家太平，止虏款塞，南交来庭，安所事武臣哉。余可归故里矣。登州故有海市，多仙人侣，余将时栖息蓬莱阁上，冀有安期羡门相与逍遥物外，以乐太平之盛时。”（《戚少保年谱耆编》卷十二）此时的戚继光是告老回乡，准备在蓬莱阁下安度晚年，渴望置身海市幻觉中与蓬莱阁相依，与神仙相伴。

万历十五年（1587）春三月，六十岁的戚继光借着明媚的春光，浏览了蓬莱的山川秀水，看到山上的松树，感慨万千，赋《东海奇松歌》，刻石纪之：“蓬莱畔，奇尔松……松兮人兮奈尔何！摇笔且放奇松歌。”（《戚少保年谱耆编》卷十二）此赋为戚继光绝笔，诗人以松树自喻，大有百年之后葬身蓬莱山川秀水中之意。

戚继光两次修缮蓬莱阁及相关设施，第一次为戚继光二十六岁（1553 年）任山东都指挥佥事时期，当时戚继光挂帅蓬莱阁下的水城帅府，总督山东三营二十四卫所，备倭海上，整刷卫所，对蓬莱阁建筑群及水城等相关建筑做了维护和修缮。

第二次是“万历年间，山东巡抚李戴发起捐资修缮增建（指蓬莱阁），乡宦戚继光赞助，历时三年，于万历十七年（1589）完工”（《蓬莱县志》一九九五年新修本第二十六编）。工程开工时戚继光已经六十岁了，他一生清廉，“四提将印，佩玉三十余年，野无成田，囊无宿镪，惟集书数千卷而已”（《蓬莱县志·戚大将军孟诸公小传》）。可见戚继光当时无多少资产和积蓄，罢官回乡后又被夺俸，后经家庭变故，现金细软又被王夫人带走不少，所剩拿出一部分用于修立家庙，一部分捐助修缮蓬莱阁。最后家徒四壁，他在病重时连延医买药的钱都没有了。由此可见，戚继光视蓬莱阁比自己的生命还重要。试问自蓬莱阁建阁九百六十年来，对蓬莱阁的感情和贡献，有谁能做到如此程度?

二、抗倭御边时期

戚继光对家乡蓬莱的感情和蓬莱阁的影响还表现在如下方面。

戚继光军旅生活四十年，东南抗倭、北方御边三十年。将军身在边陲，心系家乡。戚继光是中国历史上传世作品最多的将帅诗人，诗文集《止止堂集》内《横槊稿》诗集一卷中收录 211 首，曲树程先生整理、注释的《戚继光诗稿》中收录戚继光先生作品 241 首，大多数是这三十年所作。这 241 首诗中竟有 25 首之多与家乡蓬莱和蓬莱阁有关。诗中或是以此为内容，或是以此为背景，或直呼其名，或直叙其意。如：

> 蓬莱有佳人，佩剑游南纪。指顾山海间，徜徉群动里。
>
> ——《振衣台》
>
> 何时投传来东海，还向蓬莱一卜居。
>
> ——《援闽过平阳》
>
> 早年结社蓬莱下，塞上重逢已二毛。
>
> ——《送李文学归蓬莱》
>
> 烽火十年惊泽国，松楸千里隔蓬莱。
>
> ——《春日与胡茂秋、汪文鸣、方景武同集》
>
> 隐约蓬莱沧海畔，氤氲宫殿紫云中。
>
> ——《登阴山》

蓬瀛只在沧波外，宫殿遥瞻北斗齐。

——《山海关城楼》

君下三齐知忆我，朔风吹雁到蓬莱。

——《送徐使君参知山东政事》

梦杳蓬莱闻鹤语，别深沧海失鸥盟。

——《奉挽晓峰张丈》

诸公尽是济世才，吾卧蓬莱亦快哉。

——《在告暂憩小金山》

应知意气凌今古，便到蓬莱亦未央。

——《谢参知陈、少参梁联樯为送》

九曲河流返汉槎，蓬莱原有野人家。

——《结夏山中寄都塞上诸知己》

戚继光是我国历史上少有的儒将，官拜一品，职位较高，与文人墨客、社会名流交游很广，足迹及于大半个中国。在那个交通、通讯及信息落后的时代，戚继光的诗文著述和个人影响，无疑对蓬莱阁起到了很好的宣传和广告作用。

三、所遗古迹

自明洪武十四年（1381）戚继光五世高祖戚斌被洪武皇帝朱元璋授予“明威将军世佥登州卫指挥事”开始，戚氏家族就在蓬莱留下了大量的文物古迹，尤其是戚继光的影响和贡献，至今日已经形成了一种戚继光文化。戚继光文化极大地丰富了蓬莱阁文化的内涵。现在保存完好的主要有戚氏故居、戚氏牌坊、戚家祠堂、戚氏墓园等，纪念性建筑有戚继光纪念馆、太平楼、戚继光立式雕像等。

1. 戚氏牌坊：嘉靖四十四年（1565）朝廷为了奖励戚继光军功、旌表戚氏家族所建，位于戚继光故居南街，东西各一座，均系四柱三间五楼云檐多脊花岗岩石雕坊，巍峨挺拔，气势雄伟。东面为“母子节孝坊”，是朝廷为褒扬戚继光祖母阎氏和他的父亲戚景通而立。牌坊中间额书为“旌表赠特进荣禄大夫中军都督府右都督戚宁妻一品夫人贞节阎氏”，“诰赠特进荣禄大夫中军都督府右都督荐举孝廉戚景通”。西面为“父子总督坊”，是朝廷为表彰戚继光和他的父亲之功绩而建立的。牌坊中间额书为“诰赠骠骑将军护国都指挥使前总督山东备倭戚景通”，“镇守浙福江广郴贵总兵都督同知前总督备倭戚继光”，是国家重点保护文物。

2. 戚继光祠堂：崇祯八年（1635）朝廷为褒扬戚继光而建，赐额“表功”，位于蓬莱城府前街中段东侧，为三进院落家庙式建筑，门房正祠各三间，门房坐东面西，门外两侧各有石狮一尊。门扇阴刻楹联“千秋隆祀典”“百战著勋名”，横额为“海上威风”。

3. 戚继光故居：戚继光故居因年久而不存，1999 年蓬莱市政府投资 2500 万元重建，占地 7000 多平方米，由居住区、书斋、庭院区三部分组成，建成后辟为戚继光纪念馆，展示陈列戚继光生平事迹及兵器等文物，列入蓬莱阁序列对游人开放，已成为蓬莱阁系列旅游文化的重要组成部分，极大地丰富了蓬莱阁的经济、文化、历史内涵。

4. 太平楼及水师府又名备倭都司府：嘉靖三十二年至三十四年（1553—1555）戚继光任署都指挥佥事时驻此，除了当年的水城、水门、城堞、敌台、点将台等设施还保留，原有房屋建筑已经淹没在历史的长河中了。蓬莱市政府于 1992 年出资重建了太平楼，该建筑位于水城小海东侧，二层仿古建筑，坐北朝南，门前广场上立有戚继光全身戎装雕像，现已成为蓬莱阁系列旅游文化的重要组成部分。

蓬莱仙阁，渡云凌空，钟灵神秀，造化无穷。秦皇、汉武、朱太守、戚大帅无非都是蓬莱阁之过客，但他们对于蓬莱阁所做出的贡献，后人不会忘记，就像原中国佛教协会会长赵朴初先生来此游览时留诗：“真临仙阁凌虚地，来读苏公海市诗。不羡群山浮海日，却思戚帅筑城时。”

（作者单位：烟台市蓬莱区历史文化研究会）

戚继光诗《放舟蓬莱阁下》赏析

张凤林

作为中国四大名楼之一的蓬莱阁，深受世人景仰。历代文人雅士在那里挥毫泼墨，留下不少诗歌佳作，使辉煌无比的蓬莱阁文化更加绚丽多彩。其中《放舟蓬莱阁下》是戚继光以蓬莱主人身份写的一首七律："三十年来续旧游，山川无语自悠悠。沧波浩荡浮轻舸，紫石崚嶒出画楼。日月不知双鬓改，乾坤尚许此身留。从今复起乡关梦，一片云飞天际头。"① 感情十分浓重，寓意极其深沉，犹如百花园中的一朵奇葩，在蓬莱阁诗林中绽放异彩，成为蓬莱阁文化的一个闪光亮点，思想性和艺术性都达到了相当高的境界。

一、家乡情谊十分浓厚

漫步蓬莱阁，赞美蓬莱阁的诗歌随处可见。诗人们或触景生情，或感物伤时，或借古讽今，用巧夺天工的手法，写出了不少传世之作，让人读了感叹不已。然而与外地游客相比，戚继光的《放舟蓬莱阁下》饱含着他对家乡的无比热爱的情意，是其他诗歌无法相比的。

戚继光热爱家乡的情感，是建立在以蓬莱为荣、为蓬莱争光的基础上的。青年时期，他写过一首《振衣台》，诗曰："蓬莱有佳人，佩剑游南纪。……"② 他明确表示，自己作为蓬莱人，应有水击三千、鹏搏九万的志向，决心做一个勇于为国轻躯的义士。在军旅中，他时刻以蓬莱人自勉，"封侯非我意，但愿海波平"③。"男

---

① 曲树程注释《戚继光诗稿》，黄河出版社 2007 年版，第 243 页。（本文以下凡参引此稿者，均简注为《诗稿》）

② 戚继光《止止堂集·振衣台》，见《诗稿》第 59 页。

③ 戚继光《止止堂集·韬钤深处》，见《诗稿》第 35 页。

儿铁石志，总是报君心。”[①] 他的诗句表明自己不负蓬莱、不为名、不为利、一心为国为民奋斗终生的志向。后来他到北方镇守蓟镇，在金戈铁马的岁月中，又写了不少怀念故里的诗作。如在《过游乡有感》中，“勒马游乡乡思催，十年不上望乡台”。在《登山海关之观海亭》中说：“故里沧茫看不极，松楸何处梦魂遥。”在《奉挽晓峰张丈》中说：“梦杳蓬莱闻鹤语，别深沧海失鸥盟。”[②] 这些诗句都以极热切的心情写出对家乡的思念。

万历十一年（1583）四月，诗人在金戈铁马大半生、南征北战大半国之后遭遇厄运。因为首辅张居正去世，朝中掀起了一场“倒张”风波，他也蒙受株连，被变相贬谪广东。此时诗人心情郁郁且愤懑难平。但是当他回到久别的故乡，看到家乡美好的山水时，又无法抑制内心的激动。诗中“沧波浩荡浮轻舸，紫石崚嶒出画楼”，正是他当时载欣载奔心情的写照，表达出他对家乡无比热爱的情谊。

二、爱国情怀极为诚挚

戚继光是伟大的爱国将领，他的诗也充满诚挚的爱国激情，《放舟蓬莱阁下》就是其中一例。

有人可能要问，《放舟蓬莱阁下》是一篇失意之作，诗中并没有爱国情思的表露，为何说它充满爱国情怀呢？这就需要把当时情况做简要介绍。

戚继光在南方抗倭取得彻底胜利之后，被调到北方镇守蓟镇。当时由于长城内外长期对抗，民族矛盾非常尖锐，很多人都希望他还像在南方抗倭那样，大规模出师北伐，一劳永逸地消除北方边患。可是戚继光认为，长城以外的广大地区历来是中国领土，塞外并非国外，“胡虏”并非倭寇。他说：“国家建都于燕，比时属夷为我藩篱，守在旧大宁之地，去塞犹数百里，门庭内固。……”[③] 所以他不主张用武力征服塞北，而主张促进民族团结，“适成中国之大”。

隆庆四年（1570），蒙古西部首领俺答多次请求与中原和好。明朝廷因为内部意见分歧，迟迟不予答复。戚继光上书《覆兵部条议八事》，说：“议封职，以臣服夷酋……施之中华礼乐之邦可也。……今俺酋独雄徼外……不如因其请而授之，不割土地，不分人民，适成中国之大。”他还说：“夷地不毛，无耕无织，所以仰慕

① 戚继光《止止堂集·寄书》，见《诗稿》第 38 页。

② 以上三首诗均选自戚继光著《止止堂集·横槊稿》，见《诗稿》第 93 页、154 页、233 页。

③ 引自戚继光万历七年七月《大兵援辽议疏》。见戚祚国等编《戚少保年谱耆编》，刘聿鑫、凌丽华主编《戚继光年谱》，山东大学出版社 1999 年版，第 305 页。（本文以下凡参引此版者，均简注为《年谱》）

中华者，以其日用，如布帛、锅、铁……不能一日不资于中国……”①

戚继光提出“适成中国之大”主张，强调长城内外属一国，蒙汉人民属一家。这是在更大范围和更高层次上的爱国主义。它摆脱了大汉族主义的影响，克服了狭隘的民族偏见，得民心顺民意，经过十六年的贯彻实施，收到了很好的效果。长城内外的长期战乱结束了，民族之间的矛盾缓和了，北方地区出现了前所未有的和平安定的新局面。《明史·戚继光传》载：“继光在镇十六年，边备修饬，蓟门宴然。继之者，踵其成法，数十年得无事。”

戚继光的“适成中国之大”主张，得到柄政大臣张居正等人的支持，却遭到传统观念的极力反对。明王朝的民族观念比较复杂。张居正去世后，戚继光的处境急转直下，反对他的浪潮愈演愈烈。于是朝廷以他“不宜于北”为由，将他调往广东。从此他的“适成中国之大”的思想被抹杀，他的满腔爱国热情被压制。这种情况使他有冤无处申辩，有苦无处诉说，一腔报国宏愿只能凭天地良心，只能靠山川为证。于是他写下“山川无语自悠悠”这样寓意深邃的诗句，把自己壮志难酬之苦，为国担忧之痛，全都蕴含在这悠悠无语之中。而这悠悠无语所饱含的爱国情怀，胜于任何语言的表述。

再看腹联“日月不知双鬓改，乾坤尚许此身留”，更是诗人爱国雄心不减的表露，让人读后似乎听到诗人在愤愤地呼喊：乾坤尚留此身，即当忠心报国！联想他后来所写的诗句“一片丹心风浪里，心怀击楫敢忘忧？”②“依稀已觉黄粱熟，却把梅关当玉关。”③ 可以想象这位爱国老将，虽然年迈多病，却依然壮心不已，虽然倍受屈辱，却犹存报国雄心。

三、艺术手法相当精湛

武将写诗多为一吐为快，往往不注重韵律和文字的推敲。戚继光却不然，他自幼勤奋好学，有良好的文学功底，深谙诗歌创作之道，即使是戎马倥偬之作，也很注重词句的锤炼，讲究诗的形象美和音律美，把诗歌创作艺术提到了相当高度。《放舟蓬莱阁下》是诗人受挫回乡写的一首七律，当时他心潮起伏，感慨万千，诗也写得语气沉重，寓意深长。然而，由于他的艺术手法相当精湛，把失意之作也写得波澜涤荡。诗中还巧妙地运用比喻、烘托、象征等手法，把且悲且喜的感情，写得有声有色；把愤愤难抑的情绪和勃郁不平的心境，都深刻地衬托出来。

---

① 引自隆庆四年戚继光《覆兵部条议八事》，见《年谱》第 235 页。

② 戚继光《端阳奉邀藩臬诸司观龙舟有作》，见《诗稿》第 250 页。

③ 戚继光《入梅岭》，见《诗稿》第 261 页。

古人写诗很注重“含蓄”，讲究把难写之景写在眼前，把不尽之意洒于诗外。本诗在这方面颇为独到，能给人以广阔的想象空间。单以尾联为例，“从今复起乡关梦，一片云飞天际头”，从表面上看，好像是流露一种颓唐消极情绪，似乎诗人看破了红尘，准备回家养老了。可是读者细细品味就会发现，诗外之意非常深远。这里不是消极的颓唐，分明是无奈的愤懑，而这愤懑之中又包含着无限的爱国深情！

戚继光是在齐鲁文化胜地成长起来的诗人，自幼接受齐鲁文化的熏陶，早年写诗多尊贤尚礼，且格律规整，语气彬彬，尽显齐鲁特色。他经过两度北上，前后在长城上生活了二十一年，与北方人民建立起深厚的感情。燕赵人任气好侠的性格，给他的诗歌创作产生不小的影响。《放舟蓬莱阁下》是戚继光在北方长期生活之后的作品，诗中吸纳了北方文化的精华，也融入了燕赵诗歌的风格。虽然是失意之作，写法却自然奔放。《四库全书总目提要》说他的诗“伉键近燕赵之音”，由此可见一斑。

（作者单位：河北省唐山市开平区广播电视局）

后 记

岁月不居，时节如流。不知不觉间已迈入2021年，今年是人间仙境——蓬莱阁建阁960周年。公元1061年，宋朝登州知州朱处约“即其旧以构此阁，将为州人游览之所”。蓬莱阁雄踞丹崖山巅，“将众山移开东海在前昆仑在后，让一阁独立清风有主明月有家”。从此，山东半岛最北端出现了一座千年名阁，文人雅士留下“九万青天登梯得路，三千碧海破浪乘风”的不朽名篇，历史上苏轼、薛瑄、王世贞、施闰章、阮元等文人雅士纷至沓来，留下诗文名碑100余方，形成别具特色的蓬莱阁文化，其中神仙文化、海洋文化、戚继光爱国主义文化等为杰出代表。为了发掘和研究蓬莱阁文化，总结前人时贤的知识成果，2011年8月，蓬莱阁管理处召开全国性“蓬莱阁文化学术研讨会”，来自国内多个研究领域的专家学者齐聚一堂，开展蓬莱阁多元文化学术研讨，形成《蓬莱阁文化学术研讨会论文集》，一大批研究蓬莱阁文化的最新成果荟萃于此。

为隆重纪念蓬莱阁建阁960周年，蓬莱阁景区管理服务中心决定在《蓬莱阁文化学术研讨会论文集》学术成果基础上，编纂出版《蓬莱阁文化研究》。编纂人员克服人手短缺、编纂时间短、校对内容繁杂等诸多困难，以高度的工作责任心加班加点，倾情投入，如期整理编纂出《蓬莱阁文化研究》。本书收录了“蓬莱阁文化学术研讨会”的学术成果，同时新增关于戚继光文化的研究成果，力求以更加全面包容的姿态丰富蓬莱阁多元文化。借此机会，向参与蓬莱阁文化研究的各领域专家学者致以最诚挚的感谢。

文化是生产力，也是向心力和凝聚力。传承与弘扬蓬莱阁多元文化，继续发掘蓬莱阁历史文化资源，让蓬莱阁优秀传统文化世代相传，是一代代蓬莱阁人的历史责任。时值960周年建阁之际，蓬莱阁人在继承前人蓬莱阁文化创造的基础上，总结与吸收多元化文化元素，汇集其学术成果，既有益于当今，必遗惠于后世。

2021年3月